Schöner Schatten *Das Leben von Patricia Highsmith*

Andrew Wilson

Schöner Schatten

Das Leben von Patricia Highsmith

Aus dem Englischen
von
Anette Grube und Susanne Röckel

Berlin Verlag

Werkverzeichnis von Patricia Highsmith

Zwei Fremde im Zug. Roman (1950)
Carol. Roman einer ungewöhnlichen Liebe (1952/1990)
Der Stümper. Roman (1954)
Der talentierte Mr. Ripley. Roman (1955)
Tiefe Wasser. Roman (1957)
Ein Spiel für die Lebenden. Roman (1958)
Der süße Wahn. Roman (1960)
Der Schrei der Eule. Roman (1962)
Die zwei Gesichter des Januars. Roman (1964)
Die gläserne Zelle. Roman (1964)
Der Geschichtenerzähler. Roman (1965)
Suspense oder Wie man einen Thriller schreibt. (1966)
Venedig kann sehr kalt sein. Roman (1967)
Das Zittern des Fälschers. Roman (1969)
Der Schneckenforscher. Stories (1970)
Ripley Under Ground. Roman (1970)
Lösegeld für einen Hund. Roman (1972)
Ripley's Game oder Der amerikanische Freund (1974)
Kleine Mordgeschichten für Tierfreunde. Stories (1975)
Kleine Geschichten für Weiberfeinde. Stories (1975)
Ediths Tagebuch. Roman (1977)
Leise, leise im Wind. Stories (1979)

Der Junge, der Ripley folgte. Roman (1980)
Keiner von uns. Stories (1981)
Leute, die an die Tür klopfen. Roman (1983)
Nixen auf dem Golfplatz. Stories (1985)
Elsie's Lebenslust. Roman (1986)
Geschichten von natürlichen und unnatürlichen Katastrophen. Stories (1987)
Ripley Under Water. Roman (1991)
›Small g‹ – eine Sommeridylle. Roman (1995)
Die stille Mitte der Welt. Stories aus dem Nachlass (2002)
Die Augen der Mrs. Blynn. Stories aus dem Nachlass (2002)

Für Kate Kingsley Skattebol
und Charles Latimer
(1937–2002)

Inhalt

Einführung

> »Das Individuum hat eine
> Mannigfaltigkeit von Schatten,
> die alle ihm gleichen und die
> augenblicksweise gleichberechtigt sind,
> es selbst zu sein.«
> *Søren Kierkegaard*[1]

Als Patricia Highsmith zu dem leuchtenden Zifferblatt der Uhr am Eingang der Pennsylvania Station in New York hochblickte, nahm sie vielleicht auch die beiden steinernen Frauengestalten zu beiden Seiten dieser ungewöhnlichen Uhr wahr: Eine der Figuren, die für den Tag steht, blickt über Manhattan hinweg, die andere stellt die Nacht dar und hält die Augen geschlossen – ein Sinnbild des Zwiespalts von Patricia Highsmith selbst, die von dem Gedanken der gespaltenen Identität so fasziniert war. An diesem Tag, dem 30. Juni 1950, verfolgte die neunundzwanzigjährige Schriftstellerin ihr Pendant: eine blonde verheiratete Frau, die sie als Modell für eine im Entstehen begriffene Liebesgeschichte auserkoren hatte. Sie war auf der Suche nach jener Frau, die sie, ohne es zu wissen, zu *Carol*, ihrem Roman über eine lesbische Liebe, inspiriert hatte.

Im Dezember 1948 – anderthalb Jahre bevor Patricia Highsmith an jenem Tag die Pennsylvania Station durchquerte – arbeitete sie für kurze Zeit in der Spielwarenabteilung des Kaufhauses Bloomingdale's, als eine elegante Frau im Nerzmantel den Laden betrat. Die erste Begegnung der beiden Frauen dauerte nicht länger als ein paar Minuten, doch die Wirkung auf die Schriftstellerin war nachhaltig. Nachdem sie die Frau bedient hatte, die eine Puppe für eine ihrer Töchter kaufte und genaue Anweisungen hinsichtlich der Lieferung hinterließ, spürte sie »eine seltsame Benommenheit im Kopf, ich fühlte mich einer Ohnmacht nah und zugleich auch erhoben, als hätte ich eine Vision gehabt«[2], wie sie später gestand. Als ihre Schicht zu Ende war, ging sie nach Hause und skizzierte die Handlung von *The Price of Salt*, das 1952 unter einem Pseudonym erschien und 1990 unter ihrem eigenen Namen und dem Titel *Carol* neu herausgebracht wurde. Einige Tage nach dieser Begegnung bekam sie Windpocken; sie vermutete, sich bei einem der Kinder in der Spielzeugabteilung angesteckt zu haben, doch mit dem Krankheitskeim habe sie »in gewisser Weise auch den Keim des Buches« in sich aufgenommen, denn: »Fieber stimuliert die Fantasie.«[3]

Die Frau im Kaufhaus hatte lediglich bei einer Verkäuferin eine Puppe gekauft, doch Patricia Highsmith versah die Begegnung mit einer tieferen Bedeutung. Sie konnte die blonde Schönheit nicht vergessen, und an jenem Tag im Sommer 1950 durchquerte sie die Pennsylvania Station mit der Absicht, einen Zug zu besteigen, der sie zum Wohnort der Frau in New Jersey führte. Sie war dabei, nach ihr zu forschen, sie auszuspionieren.

Was geschehen war, vermerkte sie – nahezu fotografisch genau – in ihrem Tagebuch. Als sie den Zug nach Ridgewood bestieg, fühlte sie sich schuldig wie eine Mörderin in einem Roman, und als sie an dem Vorstadtbahnhof ausstieg, musste sie zwei Whisky trinken, um ihre Nerven zu beruhigen. Am Bahnhof bestieg sie den Bus Nummer 92, doch nach ein paar Minuten überkam sie die Angst, in die falsche Richtung zu fahren, und sie fragte den Fahrer, ob sie an der Murray Avenue, wo die Frau wohnte, schon vorbeigefahren seien. »Murray Avenue?«, sagten die anderen Fahrgäste, und alle fingen an, ihr mit lauter Stimme Wegbeschreibungen zu geben. Sie wurde rot, stieg aus und ging zu Fuß die abgezirkelten Vorstadtstraßen entlang zum Haus der Frau.

Als sie die Murray Avenue erreichte, eine schmale Straße, die in waldigem Gelände endete, wurde sie derart von Schuldgefühlen überwältigt, dass sie sich entschloss zurückzukehren. Aber dann kam ein meergrüner Wagen langsam aus einer Einfahrt und bewegte sich auf sie zu. Im Auto saß eine Frau mit blondem Haar, die ein blassblaues Kleid und eine dunkle Brille trug. Es war die Frau, die sie suchte.

Schon damals voller Faszination für die ineinander verwobenen Motive von Liebe und Hass, schrieb Patricia Highsmith in ihr Tagebuch: »Was die merkwürdige Sache gestern betrifft, fühlte auch ich mich einem Mord nah, als ich die Frau aufsuchte, die mich fast dazu gebracht hätte, sie zu lieben, als ich sie im Dezember 1948 einen Moment lang sah. Mord ist eine Art der körperlichen Liebe, eine Art von Inbesitznahme. (Ist es nicht auch eine Möglichkeit, vom Gegenstand seiner Aufmerksamkeiten einen Moment lang vollständige und leidenschaftliche Aufmerksamkeit zu erringen?) Um sie unvermittelt festzuhalten, meine Hände an ihrem Hals (den ich eigentlich küssen sollte), als ob ich fotografierte, um sie in einem Augenblick kalt und steif zu machen wie eine Statue.«[4]

Bei ihrer Rückkehr nach New York bemerkte sie, dass Fremde sie argwöhnisch betrachteten, als ob sie, auf ihrem Gesicht verschmiert, Spuren ihrer Schuld sehen könnten. Die beiden Frauen waren an jenem Tag in Ridgewood nicht zusammengetroffen, doch in den nächsten sechs Monaten verspürte Patricia Highsmith den Drang, noch einmal zu versuchen, sie wiederzusehen. Im Januar 1951, als sie den Roman *Carol* schrieb, in dem es um eine Liebesgeschichte zwischen zwei Frauen geht – Therese, einer angehenden Bühnenbildnerin, und Carol, einer Ehefrau mit Kind –, fuhr sie ein zweites Mal nach New Jersey. Diesmal bemerkte sie, dass das Haus der Frau mit seinen schwarzen Erkern und grauen Türmen aussah wie ein Haus im Märchen. Sie schloss die Augen und nahm das Bild in sich auf, bevor sie die Kinder beim Spielen beobachtete und sah, wie wenig sie ihrer Mutter ähnelten. »Ja, ich bin hocherfreut, dass meine Beatrice in solch einem Haus lebt«, schrieb sie in ihr Tagebuch.[5]

Sie projizierte eine komplexe Reihe von Gefühlen auf die Frau, so dass sie sowohl das Vorbild für Carol im gleichnamigen Roman abgeben konnte als auch eine Verkörperung ehemaliger Geliebter darstellte, die Inkarnation ihrer Triebe, Wünsche und Enttäuschungen. Patricia Highsmith könne »eine Balladensängerin der Verfolgungsjagd genannt werden«, schrieb Susannah Clapp im *New Yorker*. »Die Fixierung der Personen aufeinander – zwischen Anziehung und Abstoßung oszillierend – ist ein wesentlicher Zug jeder Highsmith-Geschichte.«[6] Kennzeichnend für sie ist, dass sie die Frauen ihres Lebens – eine ziemlich Schwindel erregende Parade von Geliebten – als Musen benutzte, indem sie ihre eigenen zwiespältigen Reaktionen auf sie beobachtete und diese Gefühle dichterisch verarbeitete.

Wie so mancher romantische Mensch hatte sie oft schnell wechselnde Liebesaffären, doch diese waren Bestandteil ihrer ewigen Suche nach der idealen Partnerin. Um Djuna Barnes' Roman *Nachtgewächse* – ein Buch, das sie von einer der von ihr verehrten Frauen geschenkt bekam – zu paraphrasieren: In Patricia Highsmiths Herz befanden sich Überreste jeder Frau, die sie liebte, Intaglien ihres Wesens. »Mein ganzes Lebenswerk wird ein niemandem gewidmetes Denkmal für eine Frau sein«, schrieb sie in ihr Tagebuch.[7] Sie erkannte selbst, dass bei diesen Frauen der Schlüssel für das Verständnis ihrer Persönlichkeit und ihrer Dichtung lag. »Oh, wer bin ich?«, fragte sie sich selbst in den frühen fünfziger Jahren. »Nur Spiegelungen in den Augen derer, die mich lieben.«[8]

In der Öffentlichkeit jedoch zögerte sie, über ihr Schreiben zu sprechen, weil sie sehr wohl wusste, dass dessen Wurzel oft ihren intimsten Gefühlen sehr nahe kam. »Sie war eine Autorin, die einem extrem wenig entgegenkam, und sie hasste es, über ihr Werk zu sprechen«, sagt Craig Brown, der sie bei verschiedenen Anlässen interviewte.[9] »Auf journalistische Fragen bevorzugt sie offenbar zwei Antworten«, schrieb Janet Watts 1990 im *Observer*. »Die eine lautet: ›Das stimmt‹, die andere: ›Ich verstehe die Frage nicht.‹ ... Sie lächelt, aber wenn ich ihr die Hand drücke, fühlt sie sich wie eine widerstrebende Pfote an, die sich vor jeder Berührung zurückzieht.«[10] Als dieselbe Journalistin sie über ihren ersten Einfall zu *Carol* und ihre Beziehung zu Frauen befragte, erwiderte Patricia Highsmith: »Ich will nichts darüber sagen. Das Gefühlsleben eines Menschen ... Ich halte das alles für zufällig, nicht geplant. Darüber lässt sich sehr schwer reden.«[11]

Nicht nur Journalisten fiel es schwer, ihr nahe zu kommen. Daniel Keel, ihr Nachlassverwalter und Verlagsleiter des Diogenes Verlags in Zürich, sagt, dass es zwanzig Jahre dauerte, bevor Patricia Highsmith ihm so weit vertraute, dass sie mit ihm über ihre Gedanken und Gefühle sprach. »Davor hieß es einfach immer nur ›ja‹ oder ›nein‹«, sagt er. »Es gab große Lücken in der Unterhaltung.«[12] Ein weiterer Freund, der Schriftsteller und Kunstsammler Carl Laszlo, sagt: »Sie war Schriftstellerin, sie konnte nicht gut reden – man hatte immer den Eindruck, dass sie bestrebt war, *nichts* zu sagen, *nichts* herzugeben.«[13]

Barbara Roett, die Lebensgefährtin der verstorbenen Barbara Ker-Seymer, erinnert sich, dass Patricia Highsmith sich verspannte, wenn man sie berührte. »Sie war überhaupt keine sinnliche Person – wenn man sie umarmte, war es, als ob man ein Brett hielt. Ich weiß noch, dass sie sehr erschrocken war, als ich einmal sagte: ›Ich muss mich in die Badewanne legen.‹ Sie hatte sich wirklich nie in eine Badewanne gelegt; lieber saß sie kerzengerade. Ich sagte: ›Pat, wie kannst du nur? Wie kann man nur aufrecht in einer Badewanne sitzen?‹ Sie antwortete: ›Ich wollte mich nie hinlegen.‹ Ich hatte eben irgendwie das Gefühl, dass sie sich in ihrem eigenen Körper nicht wohl fühlte.«[14]

Vivien De Bernardi, eine Freundin, die in der Nähe ihres Hauses in der Schweiz lebte und zu ihren Nachlassverwaltern gehört, glaubt, dass die Schriftstellerin mit Intimität nicht zurechtkam:

»Vielleicht hat sie viele Partnerinnen gehabt, mit denen sie eine sexuelle Beziehung unterhielt, aber es gab nicht viele Menschen, mit denen sie wirklich vertraut umging. Ihre Beziehungen dauerten nie sehr lange.

Sie war aufrichtig und direkt – das sind zwei ihrer wesentlichsten Charakteristika –, es gab keinen Funken Unehrlichkeit in ihr. Und doch gefiel mir das Geschimpfe und Gezanke nicht, die Bosheit, der Hass, der überfloss. Sie kam zu einem Thema und ließ es nicht mehr los. Sie war wie ein Hund, der auf einem Knochen herumbeißt. Es gab ein paar Themen – wenn sie darüber redete, betrachtete ich sie als eine Irre. Ihre echten Freunde liebten sie trotz dieser Eigenarten.

Es war klar, dass diese enormen emotionalen Reaktionen nichts mit der Realität zu tun hatten. Es war etwas in ihrem Inneren, und es war quälend für sie. Die Bosheit hatte viel mehr mit ihr zu tun – mit ihrem inneren Zustand, ihrer Depression, ihrem Zorn und ihrem Selbsthass – als mit irgendetwas Äußerem.

Sie verstand die unmittelbare Wirklichkeit nicht, weil sie eine so fremdartige innere Welt hatte. Ich hatte das starke Gefühl, dass sie es brauchte, in ihren eigenen Schatten hineinzublicken.«[15]

Seit den sechziger Jahren, als Rezensenten und Redakteure zu bemerken begannen, dass ihre Werke sich stark von den herkömmlichen Kriminalromanen unterschieden, haben sich Kritiker schwer getan mit Patricia Highsmiths Stellung in der modernen Literatur. Selbst heute ist es nahezu unmöglich, sie in einen literarischen Kontext oder eine Tradition einzuordnen, da sie selbst eingestand: »Ich denke nie über meinen ›Platz‹ in der Literatur nach, und vielleicht habe ich keinen. Ich betrachte mich als Unterhalterin. Ich erzähle gern eine faszinierende Geschichte. Aber jedes Buch ist ein Streit mit mir selbst, und ich würde es schreiben, auch wenn es nie publiziert werden sollte.«[16]

Ihr Hang zum Unheimlichen, ihr unstillbarer Appetit auf das Groteske, Grausame und Makabre, verdankt sich zu einem großen Teil Edgar Allan Poe, der wie sie an einem 19. Januar geboren wurde, während der Ton ihrer Bücher auch von den *romans noirs* der dreißiger und vierziger Jahre beeinflusst ist. Doch die Thematik und die philosophischen Fragen, die den Kern ihrer Dichtung ausmachen, reflektieren die existenzialistischen Schriften von Dostojewski, Kierkegaard, Nietzsche, Kafka, Sartre und Camus, die sie alle las. Patricia Highsmith war der Ansicht, dass Verhalten und Schicksal nicht vorausgesagt werden können und eine deterministische Sicht des Lebens den Menschen von genau dem ausschließen würde, was ihn von niedrigeren Formen des Lebens trennt. »Wenn man zugesteht, dass das menschliche Leben von der Vernunft geleitet werden kann, wird jede Möglichkeit des Lebens vernichtet«, schrieb sie, Tolstoi zitierend, in ihr Notizbuch.[17] Sie pries Irrationalität, Chaos und emotionale Anarchie und betrachtete den Verbrecher als das perfekte Beispiel des existenzialistischen Helden des 20. Jahrhunderts: einen Mann, der, wie sie glaubte, »aktiv und im Geist frei« sei.[18]

In dem Jahr bevor sie ihren ersten veröffentlichten Roman – *Zwei Fremde im Zug* – schrieb, las sie Albert Camus' *Der Fremde*, dessen Erzähler, Meursault, den von ihr stets favorisierten in sich gespaltenen Helden verkörpert. Der Held von Camus' *Der Fremde*, mutmaßte sie in einem Notizbuch von 1947, repräsentiere »Willigkeit, wie derjenige, der an den Existenzialismus glaubt, vielleicht?«[19], und dann setzt sie den Roman mit Dostojewskis *Aufzeichnungen aus dem Untergrund* in Verbindung, einer Erzählung über die Absonderung eines Menschen von der Gesellschaft. In diesem Zusammenhang bemerkte sie auch, dass der Mensch lieber seine Existenz vernichte als ein Leben auszuhalten, das rational, festgelegt, geplant und voraussagbar ist.

Patricia Highsmith liebte die Bilder des englischen Malers Francis Bacon, die den Menschen in ausweglosen, albtraumhaften Situationen zeigen, und gegen Ende ihres Lebens stand eine Postkarte mit der Reproduktion seines Gemäldes *Study Number 6* auf ihrem Schreibtisch. »Für mich malt Francis Bacon das gültige Bild dessen, was in der Welt geschieht«, sagte sie. »Die Menschheit erbricht sich in eine Toilettenschüssel, und man sieht ihr nacktes Hinterteil.«[20] Die Romane von Patricia Highsmith ermöglichen uns wie Bacons Gemälde, einen Blick auf die dunklen, schrecklichen Mächte zu werfen, die unser Leben bestimmen, während sie gleichzeitig die Banalität des Bösen dokumentieren. Das Alltägliche und das Triviale werden im gleichen Tonfall geschildert wie das Entsetzliche und das Unheimliche, und dieses beunruhigende Nebeneinander gibt ihrem Werk seine bemerkenswerte Kraft. Wie Terrence Rafferty im *New Yorker* schrieb: »Patricia Highsmiths Romane sind auf unvergleichliche Weise verstörend – es sind keine großen, kathartischen

Schreckbilder, sondern banale schlechte Träume, die dazu führen, dass wir uns den Rest der Nacht ruhelos hin und her wälzen ... Unser Gehirn hat alles registriert, das Gewöhnliche und das Schreckliche, mit absoluter Neutralität; wir glauben uns ausgesetzt in flachem, undifferenziertem Gelände, einer Art Wüste – einem Ort ohne Werte, ohne emotionale Orientierungspunkte, ohne unsere Einbildungen und unser Bewusstsein.«[21] Patricia Highsmith arbeitete zwar mit den Mitteln der Suspense, doch ihr Werk ging über die Grenzen dieses Genres hinaus, sie schuf eine ganz neue Form. »Trivialliteratur ist nicht dafür gedacht, uns auf diese Weise zu bewegen«, fügte Rafferty hinzu.[22]

Der Schriftsteller Will Self sagte in einer Fernsehsendung, die sich mit dem Vermächtnis von Patricia Highsmith beschäftigte: »Ich glaube, wenn man sagt, sie ist nur eine Krimiautorin, wie man sagen würde, Polanski hat Thriller gemacht, dann weiß man noch nicht, worum es bei ihr geht. Für mich war es eine physische Erfahrung, als ich mein erstes Highsmith-Buch las, die Erfahrung, mit dem Bösen konfrontiert zu sein ... Ich legte das Buch zur Seite, weil ich etwas greifbar Böses spürte, das da aus den Zeilen herauskam ... Ich glaube, später wird man sagen, sie ist eine der großen Kartografen dieser Topografie der kriminellen Psychopathologie gewesen, eine Schriftstellerin, die in gewisser Weise die kollektive Besessenheit mit Serienmördern und dem Bösen, die wir heute erleben, vorweggenommen hat, eine Vorläuferin, wenn Sie so wollen.«[23]

Daniel Keel zufolge ist sie »besser als andere amerikanische Schriftsteller, wie Philip Roth oder Norman Mailer. Man wird sich noch an sie erinnern, lange nachdem man die ›modischeren‹ Romanciers vergessen haben wird. Ihre Stimme ist einzigartig in der Literatur.«[24]

Die berühmteste Schöpfung von Patricia Highsmith ist Tom Ripley, der charmante Psychopath, der in zweiundzwanzig ihrer Romane die Hauptrolle spielt. Er ist ein kaltblütiger Mörder mit einer Vorliebe für die schönen Dinge des Lebens. Er malt und zeichnet, spielt

Bachs *Goldbergvariationen* und Scarlatti auf dem Cembalo, liest Schiller und Molière und ist sehr stolz auf seine Kunstsammlung, die Gemälde van Goghs und Magrittes sowie Zeichnungen von Cocteau und Picasso umfasst. Das dumpfe Aufschlagen einer Leiche in einem frisch ausgehobenen Grab macht ihm das größte Vergnügen, und er lacht beim Anblick von zwei seiner Opfer, die in einem Auto verbrennen – doch derselbe Mann ist beim Anblick des Grabes von John Keats zu Tränen gerührt.

Patricia Highsmith benutzte Ripley als Mittel, um die Vertrautheit der konventionellen Kriminalerzählung zu durchbrechen. Laut W. H. Auden kann das dem Detektivroman zugrunde liegende Schema wie folgt charakterisiert werden: »Ein Mord geschieht; viele werden verdächtigt; alle, außer einem, der der Mörder ist, scheiden aus; der Mörder wird festgenommen oder stirbt.«[25] Nicht so in einem Highsmith-Roman. »Ich glaube, das Prinzip des ›who-doneit‹ ist eine dumme Art, sich einen Spaß mit Leuten zu erlauben«, sagte sie vom Detektivroman. »Es interessiert mich nicht im Mindesten … Es ist wie ein Puzzle, und Puzzles interessieren mich nicht.«[26]

Raffiniert verführt sie den Leser dazu, sich mit Ripley zu identifizieren, bis sich unsere moralischen Reaktionen am Ende so verkehrt haben, dass wir auf der Seite des Mörders stehen und hoffen, dass er der Strafe entgeht, was ihm tatsächlich mit von Buch zu Buch wachsender Bravour gelingt. »Vor Jahren habe ich irgendwo gelesen, dass nur elf Prozent aller Mordfälle aufgeklärt werden …«, sagte sie in demselben Interview. »Und deshalb denke ich, warum soll ich nicht über ein paar Figuren schreiben, die ebenso in Freiheit geblieben sind?«[27] Zweifellos bewunderte Patricia Highsmith ihren recht vornehmen Menschenschlag von Mördern und betrachtete ihre Opfer als Menschen zweiter Klasse. »In einigen meiner Bücher sind die Opfer böse oder langweilige Menschen, so dass der Mörder wichtiger ist als sie«, gab sie zu. »Das sage ich als Schriftstellerin, nicht als Strafrichter.«[28] Graham Greene, einer ihrer größten Fans, nannte sie »die Dichterin der unbestimmbaren Beklemmung«[29], eine Schriftstellerin, die »eine Welt ohne moralische Romanschlüsse« schuf. »Nichts ist gewiss, wenn wir *diese* Grenze einmal überschritten haben.«[30]

Ab dem zweiten Roman der Serie lebt Ripley in einem Haus bei Fontainebleau namens »Belle Ombre«, und die Metapher des »schönen Schattens« ist Patricia Highsmith angemessen. Mit ihr treten wir in eine Welt ein, in der wir, wie Graham Greene sagte, eine Reihe von »grausamen Vergnügungen«[31] genießen können, wir nehmen teil an der Erkundung des doppelten oder gespaltenen Selbst, einem der wichtigsten Motive ihrer Romane. Die Veränderlichkeit der Identität faszinierte Patricia Highsmith nicht nur in philosophischer Hinsicht, sondern auch ganz persönlich. »Ich hatte heute Abend das deutliche Gefühl … dass ich viele Facetten hätte wie eine Glaskugel oder wie das Auge einer Fliege«, schrieb sie in ein Notizbuch von 1942.[32] Ihre Freundin Julia Diethelm bestätigt die Wahrheit dieses Eintrags: »Mit jedem Menschen, den sie kannte, war sie immer eine andere Pat.«[33] Julia Diethelms Ehemann Bert fügt hinzu: »Deshalb ist es so schwierig, ihren Charakter zu definieren. Sie hatte viele Facetten, viele verschiedene Spiegelbilder.«[34]

Wenn so etwas möglich ist, kann man ihre privaten Notizbücher als die Darstellung wenn nicht eines authentischen Selbst, so doch wenigstens einer in gewisser Weise substanzielleren Identität betrachten als jene, die sie der Außenwelt zu zeigen beschloss. Zusätzlich zu ihren unglaublich detaillierten Tagebüchern führte sie von ihr so genannte *Cahiers*, Notizbücher oder Arbeitsjournale, in denen sie ihre schöpferischen Ideen, Beobachtungen und Erfahrungen verzeichnete. Außerdem war sie eine produktive Briefschreiberin, die jährlich mehrere hundert Briefe schrieb, was ihr das Attribut »postsüchtig« eintrug. Diese privaten Dokumente – die im Literaturarchiv in Bern aufbewahrten Tagebücher, Notizbücher und Briefe – sowie Interviews mit Freunden, Kollegen und Geliebten von Patricia Highsmith bilden den Kern dieses Buches.

Viele Schriftstellertagebücher sind Werke der Selbstmythologisierung, oft fantastischer als die eigene Dichtung, doch nach dem

Vergleich der Aufzeichnungen von Patricia Highsmith mit anderen Quellen und den Informationen aus meinen Interviews wird deutlich, dass ihre privaten Tagebücher ohne Kunstgriffe geschrieben wurden. Die Stimme, mit der sie dort spricht, klingt gequält und selbstkritisch, doch sie ist vor allem geprägt von schonungsloser Ehrlichkeit. Sie führe Tagebuch, sagte sie einmal, weil es sie interessiere, die Motive ihres Verhaltens zu analysieren. »Das kann ich nicht tun, ohne Brotstückchen hinter mich zu werfen, um meinen Weg wiederzufinden, eine gerade Linie in der Dunkelheit zu ziehen.«[35] Ihr Leben lang spielte sie mit dem Gedanken, diese höchst persönlichen Aufzeichnungen zu verbrennen, doch obwohl sie vor ihrem Tod die Gelegenheit dazu hatte, vernichtete sie lediglich einige Briefe einer ihrer jüngeren Geliebten.

Schreiben war Patricia Highsmiths Methode, die dunkleren Aspekte ihrer Persönlichkeit zu erkunden. »Sie schrieb aus dem Unbewussten heraus«, erklärt Daniel Keel. »Es kam einfach aus ihr heraus. Sie benutzte sich selbst, ihr Leben als Quelle.«[36] Wenn sie nicht schrieb, empfand die Schriftstellerin ihr Leben als ein bloßes Vegetieren. »Sie war eine besessene Schreiberin, diese Geschichten sprudelten nur so aus ihr heraus«, sagt Larry Ashmead, ihr Lektor beim Verlag Doubleday in den sechziger Jahren.[37] Patricia Highsmith selbst gestand, dass es ihr nie an Ideen fehle; tatsächlich habe sie so häufig Ideen wie Ratten Orgasmen. Das Schreiben war ein Zwang für sie. »Ich fühle mich elend, wenn ich nicht schreiben kann«, bekannte sie.[38]

Ich bin Patricia Highsmith nie begegnet, aber wie viele Biografen habe ich oft vom Gegenstand meines Schreibens geträumt. Zum ersten Mal »erschien« sie mir vor etwa vier Jahren. Sie saß an einem großen Holztisch, und das Erste, was ich an ihr bemerkte, waren ihre außerordentlich großen Hände. Ihr Teint war grünlich, und sie sah ziemlich furchterregend aus. Sie starrte mich mit ihren dunklen ruhelosen Augen an und gab mir mit einem leichten Kopfnicken die Erlaubnis, in ihr Leben einzudringen. Es kann gut sein, dass mein

Traum nur eine Wunscherfüllung war, aber ich betrachte ihn auch als ein gutes Vorzeichen. Mit ihrem zurückhaltenden Blick und ihrer schwarzen Haarmähne, die sie gelegentlich wie einen Vorhang benutzte, um ihr Gesicht zu schützen, war Patricia Highsmith so verschlossen, dass sie gegen Ende ihres Lebens von Journalisten – ganz zu Unrecht – als »Einsiedlerin« bezeichnet wurde.

Wie ihre erfundenen Figuren war Patricia Highsmith – die passenderweise mit beiden Händen gleich geschickt war – eine doppelte Persönlichkeit, gleichzeitig sie selbst und ihr eigenes Bild; ihre Identität war ständig im Fluss. »Dostojewski wirft man Ambivalenz vor, unlogische Konstruktionen, Widersprüche und, am schlimmsten, Ambivalenz in seiner Philosophie«, schrieb sie 1947. »Aber es gibt immer zwei. Vielleicht ist diese wunderbare, magische, schöpferische, öffentliche & private Zahl das mystische Geheimnis des Universums. Man kann zwei Menschen lieben, die Geschlechter sind in jedem von uns, entgegengesetzte Gefühle existieren nebeneinander. So sehe auch ich die Welt.«[39]

Deshalb ist das Schreiben über Patricia Highsmith ein gefährliches Unterfangen, das sie mit ihrem schwarzen, manchmal boshaften Humor ohne Zweifel zu schätzen gewusst hätte. Als die Tagebücher vor mir lagen, hielt ich einen Moment inne, bevor ich die empfindlichen, feinen Seiten umblätterte. Natürlich war ich neugierig auf ihre Geheimnisse, ich war darauf erpicht, ihre charakteristische Stimme zu hören, die aus der Vergangenheit zu mir sprach. Aber ich fühlte mich auch schuldig, wie eine Figur aus einem ihrer Bücher, besonders als ich das Tagebuch von 1942 öffnete und folgenden Eintrag fand:

> Sieh nach vorn und sieh zurück,
> Noch ist Zeit für neues Glück;
> Tück' bleibt heillos alle Zeiten,
> Fluch dem Leser dieser Seiten![40]

Eine frostige Notiz. Doch bei anderen Gelegenheiten habe ich mich sehr willkommen gefühlt. Türen schienen sich zu öffnen,

Briefe verschollener Freunde und Freundinnen trafen bei mir ein, und ihr innerer Kreis, immer darauf bedacht, ihr Andenken zu schützen, begann sich mir zu erkennen zu geben. Patricia Highsmith bestand darauf, dass zu ihren Lebzeiten keine Biografie von ihr geschrieben würde – es gab in der Tat etliche Ansätze dazu, die sie abblockte –, doch insgeheim war sie sehr stolz darauf, dass man über ihr Leben berichtete, auch wenn sie nicht mehr da sein würde, um das Ergebnis zu begutachten. Sie verabscheute Biografen, die wie Geier um sie herumschwirrten, doch sie erkannte auch, wie sie ihrem Freund Charles Latimer schrieb: »Ich will NICHT so wichtigtuerisch klingen wie Winston Churchill, aber ich bin absolut sicher, dass jemand den Wunsch haben wird, ›etwas zu schreiben‹, wenn ich tot bin.«[41] Ebenso stellte sie fest, dass eine Untersuchung ihrer privaten Beziehungen legitimer Gegenstand einer Forschungsarbeit sein könne. »Im Fall einer Biog[rafie stellt sich die Frage], wie viele von meinen privaten Beziehungen erwähnt werden sollten ... und ich antwortete, ob sie mich gut oder schlecht dastehen lassen, sie sollten erwähnt werden ... Ich sagte, es wäre heuchlerisch, das Thema zu meiden, und dass jeder wissen müsse, dass ich homosexuell bin.»[42]

Das Leben eines Menschen zu beschreiben, noch dazu, wenn es sich um einen so verblüffend vielschichtigen Menschen handelt wie Patricia Highsmith, ist eine höchst subjektive Angelegenheit. Niemand kann ein Leben in seinem ganzen Reichtum dokumentieren, selbst wenn er Zugang zu den ausführlichsten und intimsten Tagebüchern hat. Auch Patricia Highsmith wusste das, wie sie in ihrem Notizbuch von 1940 bezeugt. Es habe, schrieb sie, gewisse Gefühle und Ereignisse gegeben, die sie nicht habe aufzeichnen können. Diese Erinnerungen waren, wie sie es in einem Gedicht ausdrückte, »Verzeichnet in meinem Kopf / Und dort werden sie bleiben / Auch wenn ich tot bin«.[43] Und doch erkannte die Schriftstellerin auch, dass es möglich ist, die komplexe Matrix von Beziehungen aufzuspüren, die die Gegenwart mit der Vergangenheit verbinden. Sie war so besessen davon, ihr Leben aufzuzeichnen und zu analysieren, dass die auf uns gekommenen Notizbücher, Tagebücher und Briefe eine wahre Fundgrube darstellen. Diese Aufzeichnungen wimmeln nur so von Einzelheiten, dass es sich erübrigte, von einer fiktionalisierten Darstellungsweise Gebrauch zu machen, wie heute bei Biografien oft üblich.

Patricia Highsmith selbst notierte in einem Tagebucheintrag über eine Biografie von Dostojewski, dass die beste Methode, einen Schriftsteller gründlich kennen zu lernen, darin bestehe, einen chronologischen Bericht seiner »Stimmungen, Anwandlungen und alltäglichen Aktivitäten«[44] zu erstellen und im Einzelnen aufzuschreiben, wann er worüber geschrieben hat. Gewiss ist dies der beste Weg zum Verständnis, und es ist der Weg, den ich hier zu gehen versuche. Die vorliegende Darstellung ist in erster Linie eine Biografie; auch wenn ich versucht habe, Patricia Highsmith in ihrem historischen und kulturellen Kontext zu schildern, gehört die literarische Kritik nicht in den Rahmen dieses Buches. Allerdings habe ich für Leser, die mit ihrem Werk nicht vertraut sind, zu erklären versucht, warum ihre Romane und Kurzgeschichten sich von der gängigen Kriminalliteratur abheben. Um die geballte Kraft ihres Schreibens zu erklären, habe ich die Quellen zitiert, aus denen auch sie ihre Themen und Gedanken bezog. Denn wie Patricia Highsmith in *Der Stümper* schrieb: »Wenn man wusste, was für Bücher ein Mensch verlangte, dann kannte man den Menschen.«[45]

Nachdem ich ihre privaten, unveröffentlichten Aufzeichnungen gelesen hatte, fühlte ich mich wie ihr Beichtvater, wie der imaginäre mitfühlende Freund, den sie in einem ihrer Notizbücher beschrieb: Er liegt mit ihr vor dem Kaminfeuer, sie haben die Hände hinter dem Kopf verschränkt, und er lauscht der Schriftstellerin, die über »die kleinen dunklen Löcher in der Vergangenheit«[46] erzählt. Der Rauch steigt auf, kräuselt sich und kommt auf mich zu, und Patricia Highsmith beginnt zu sprechen. »Ich könnte Ihnen viele Geschichten erzählen, einige von ihnen sind bitter, viele sonderbar, aber alle wahr.«[47]

Die ewig Suchende

(1921 und davor)

In einem der frühen Notizbücher von Patricia Highsmith gibt es die Skizze eines Jungen, der sich darüber wundert, dass er in dem einen Augenblick glücklich und im nächsten traurig ist. Als der Junge älter wird, fasziniert ihn zunehmend das Problem des Bewusstseins, und es kommen Menschen von weit her, die ihm die Frage stellen: »Was und warum bin ich?«[1] Wie dieser kleine Junge war Patricia Highsmith eine Schriftstellerin auf der Suche nach ihrer Identität. Auf jeder Seite ihrer Notiz- und Tagebücher stellt sie sich immer wieder die gleichen prüfenden Fragen. War sie das Resultat ihres Bewusstseins? Oder bestand ihr Selbst lediglich aus den Wahrnehmungen der anderen? »Es gibt einen immer schärfer werdenden Unterschied … zwischen meinem inneren Selbst, von dem ich weiß, es ist mein wirkliches Ich, und verschiedenen Gesichtern der äußeren Welt«, schrieb sie 1947.[2] Konnte denn eine Schriftstellerin, die sich in die Persönlichkeit ihrer Figuren hineinversetzte, überhaupt so etwas wie eine feste, unverwechselbare Identität haben?

Gegen Ende ihres Lebens war sie fasziniert von Ahnenforschung und stellte eine Menge Unterlagen zusammen, anhand deren sie ihre Abstammung zurückverfolgte über die Stewarts, die Linie ihrer Großmutter mütterlicherseits, bis zu König James I. Sie schrieb an entfernte Verwandte, Ahnenforscher, das College of Arms in London und an Historiker, um die Fragmente ihrer Familiengeschichte zusammensetzen zu können. Parallel zu diesem verzweifelten Verlangen, in der Vergangenheit Wurzeln zu entdecken, gab es den Instinkt, der Gegenwart zu entfliehen, und den unstillbaren Wunsch, Unerreichbarem nachzujagen. Er manifestierte sich in ihrem nomadenhaften Um-die-Welt-Reisen, von ihrem Geburtsort Fort Worth, in Texas, nach New York, Mexiko, Deutschland, Österreich, Italien, England, Frankreich und in die Schweiz. In einem Gedicht, das sie schrieb, als sie erst zwanzig war, stellte sie sich ihren Geisteszustand in der Zukunft vor: Nachdem sie die Welt bereist hätte, mutmaßte sie, würde sie Hunderte von Leuten in verschiedenen Städten kennen, und doch würde sie noch immer einsam sein. »Ich bin die ewig Suchende«, schrieb sie.[3]

Mit dreizehn Jahren kaufte Patricia Highsmith ein paar Schwerter der Konföderierten Armee für dreizehn Dollar. Später sorgte sie dafür, dass diese Waffen aus dem Amerikanischen Sezessionskrieg nach jedem Umzug an einem würdigen Platz zur Schau gestellt wurden. Trotz des europäischen Anstrichs – sie hatte ausreichende Grundkenntnisse der französischen, deutschen, spanischen und italienischen Sprache – war sie unleugbar Texanerin. Ihre liebsten Speisen gehörten zur traditionellen Küche des Südens – Maisbrot, Kohlgemüse, Spareribs, Erbsen und Erdnussbutter –, und gegen Ende ihres Lebens fühlte sie sich am wohlsten in dem Aufzug eines Cowboys außer Dienst: Levi's Jeans mit bequemem Bund, Sneakers und Halstuch.

»Die Tatsache, dass Pat aus Texas stammte, ist unglaublich wichtig, wenn man ihren Charakter richtig einschätzen will«, sagt ihre Freundin, die amerikanische Dramatikerin Phyllis Nagy, die Patricia Highsmith im Alter von sechzig Jahren kennen lernte. »Wenn man solche Dinge zu Leuten sagt, die keine Amerikaner sind, glauben sie, man macht es sich furchtbar leicht, aber sie war tief in der Tradition des Südens verwurzelt. Die Leute vergessen, dass sie ein sehr konservativer Mensch war – sie gehörte nicht zur Boheme wie Jane Bowles, und sie hatte wirklich einige sehr sonderbare Meinungen, die den gängigen Überzeugungen widersprachen.«[4]

Patricia Highsmith wurde am 19. Januar 1921 in Fort Worth geboren, etwa fünfzig Kilometer westlich von Dallas. Nicht nur Poe wurde an einem 19. Januar geboren, sondern auch Robert E. Lee, der Kommandeur der Konföderierten Armee im Sezessionskrieg, den sie später als ihre Lieblingsfigur in der Geschichte bezeichnete. Im Alter von sechs Jahren zog sie von Texas nach New York, kehrte aber im Lauf ihrer Kindheit immer wieder für kurze Zeit nach Texas zurück, einmal sogar für ein ganzes unglückliches Jahr, als sie zwölf war. Doch der Geist des *Lone-Star*-Staates mit seiner Sonne »wie geschmolzenes Metall, nicht gelb, sondern farblos, als hätte die Hitze sie der Farbe beraubt«[5], lag ihr im Blut. Als sie viel später in ihrem Leben von einem Journalisten gefragt wurde, ob sie irgendeinen typisch texanischen Zug an sich selbst erkenne, erwiderte sie: »Vielleicht eine Art von Unabhängigkeit.«[6] Als junge Frau ritt sie gern – der einzige Sport, den sie je aktiv trieb –, und das war ihrer Aussage nach »vielleicht das Einzige, worin ich einem Texaner gleiche«.[7]

Bevor sie von der Geschichte Amerikas hörte, hatte Patricia Highsmith als Kind bestimmt etwas über die Geschichte ihres Heimatstaates erfahren: »Wir erwählten dieses Land; wir nahmen es ein; wir machten es fruchtbar«, lautete ein in texanischen Klassenzimmern viel beschworenes Mantra. Der Satz beschrieb genau »das Gefühl der Zugehörigkeit zu einem Ort und einem Stamm, das viele Texaner teilten«[8], und die Leidenschaft, die die Menschen dort ihrem Land entgegenbrachten, unabhängig davon, welche Fahne – die der Spanier, Franzosen, Mexikaner, Texaner, Konföderierten oder Amerikaner – sie darüber flattern sahen. »Die Texaner im 19. Jahrhundert erschufen keine ›nützliche Vergangenheit‹, die dem Hauptstrom des Denkens im Amerika des 20. Jahrhunderts genehm gewesen wäre«, schreibt der Historiker T. R. Fehrenbach. »Als die Texaner auftauchten, besaßen sie das ›Gedächtnis des Blutes‹, nach dem denkwürdigen Ausdruck der texanischen Schriftstellerin Katherine Anne Porter.«[9]

Die Fahne mit einem einzigen Stern flatterte zehn Jahre über

Texas, das seine Unabhängigkeit erklärte, bevor es von den Vereinigten Staaten annektiert wurde. Doch der Kampf um die Grenze war noch nicht zu Ende. Es gab eine erbarmungslose Konfrontation zwischen den so genannten »zivilisierten« Kräften Amerikas und der ungezähmten Welt der Indianer; dieser Krieg um die Identität eines Landes wurde von Generation zu Generation weitergeführt und war schließlich eine nahezu mythische Geschichte von epischer Größenordnung, die Patricia Highsmith faszinierend fand. Die ständige Schlacht um Land im Grenzgebiet, das wie eine »offene Wunde«[10] empfunden wurde – noch 1870 verhinderten Kiowas, Comanchen, Cheyenne, Kiowa-Apachen und Arapahos, dass die Weißen etwa die Hälfte von Texas betraten –, trug zum Glauben der Texaner bei, dass ihnen das Recht zustehe, nach eigenen Gesetzen zu handeln. In einem Land, in dem einander entgegengesetzte Gruppen ständig um die Vorherrschaft kämpften, musste jeder Mensch nach seinen Normen handeln; die daraus resultierende Ordnung einer sich selbst regulierenden Moral muss auch die Schriftstellerin in ihrem späteren Leben interessiert haben. Typisch für Texaner war das Einstehen für sich selbst, ihr empirisches Denken und ihre Unabhängigkeit, und wie Patricia Highsmith und viele ihrer Romanfiguren neigten sie dazu, sich von Gruppen fern zu halten und sowohl im eigentlichen Sinne des Wortes als auch in geistiger Hinsicht eigene Wege zu gehen.

Parallel zu diesem durchaus kreativen Umgang mit Moral gab es in Texas eine reiche Tradition höllischer Strafandrohungen, die aus der gründlichen Lektüre der Bibel herrührte. Das Alte Testament mit seinen ausführlichen Beschreibungen von Gut und Böse entsprach der geistigen Verfassung der Texaner. »Der junge Texaner las von dem uralten und immerwährenden Bösen, das die ewige Kasteiung und Züchtigung des Menschen nach sich zog«, schreibt Fehrenbach. »Und wenn es auch nur wenige gab, die diese Dinge deutlich aussprechen oder erklären konnten, so gewannen Texaner doch ein zeitloses Bild der Menschenwelt, vom Aufstieg und Fall der Völker, von Knechtschaft und Erlösung, von Gottes Geduld und

Gottes Zorn und von der fortdauernden Unmenschlichkeit, mit der Menschen einander behandeln.«[11]

Fort Worth, Patricia Highsmiths Geburtsort, war Schauplatz vieler erbitterter Auseinandersetzungen. Gegründet wurde die Stadt 1849 von Major Ripley Arnold, und sie diente als militärischer Vorposten, der die weiße Bevölkerung weiter im Osten vor den Überfällen des Indianerstamms der Comanchen schützen sollte. 1853 verließ die Armee die Stadt, doch drei Jahre später ersetzte Fort Worth das benachbarte Birdville als Sitz des Verwaltungsbezirks Tarrant County. Von 1870 an assoziierte man Fort Worth mit Bewegung, Wechsel und dem Einströmen von Menschen, Waren und Vieh, denn es war Zwischenstation auf dem Chisholm Trail, jenem langen Weg, auf dem texanische Langhornrinder aus der Gegend südlich von San Antonio über Oklahoma nach Abilene, in Kansas, getrieben wurden. Seine Stellung als blühende Viehverladestation war endgültig besiegelt, als 1876 die Eisenbahn ihren Einzug hielt; zu dieser Zeit konnte sich Fort Worth mit dreizehn Saloons brüsten, die Namen trugen wie *Red Light*, *The Waco Tap*, *Cattle Exchange* und *Our Comrades.* Man sagt auch, dass die Sitten in Fort Worth lockerer waren als in den Nachbarstädten.

Die Eisenbahn hatte den Status der Stadt revolutioniert, die sich nun stolz selbst zur »Königin der Prärie« erklärte und einen Strom von Einwanderern anzog, die ihr noch mehr Wohlstand verschafften. Die Bevölkerung wuchs von 3000 Einwohnern im Jahr 1876 auf 23 076 im Jahr 1890 und 27 000 zur Jahrhundertwende. 1910 wohnten 75 000 Menschen innerhalb der Stadtgrenzen, und nachdem 1917 im Nordwesten von Texas Öl entdeckt worden war, nahm die Wirtschaft einen noch lebhafteren Aufschwung. 1924, drei Jahre nach der Geburt von Patricia Highsmith, bezifferte sich der durch die Erdölförderung in den neun Raffinerien der Region erzielte Umsatz auf 52 Millionen Dollar pro Jahr, und so wurde Fort Worth zur »Hauptstadt des Öls in Nordtexas«.

Von ihrem Geburtshaus aus, zwei Straßen südlich der Gleisanlagen, die die Stadt in ost-westlicher Richtung durchschneiden, hörte

Patricia Highsmith, wie sie es in ihrem ersten veröffentlichten Roman *Zwei Fremde im Zug* beschreibt, das donnernde Geräusch, den »störrischen, unregelmäßigen Rhythmus« der Züge, die sich in die Prärie fraßen, eine Landschaft, die sich wellt wie eine nachlässig geschüttelte »rötlich braune Decke«.[12] In diesem Roman hört Guy während eines Besuchs in seinem Geburtsort, dem erfundenen texanischen Städtchen Metcalf, in der Ferne eine Lokomotive heulen. Diese Töne erinnern ihn an seine Kindheit »in ihrer Schönheit, Reinheit und Einsamkeit. Wie ein wildes Pferd, das sich unter einem weißen Reiter aufbäumte.«[13] Und es waren die Eisenbahn – mit ihrem charakteristischen spinnenartigen Gleisnetz – und das reiche Angebot an Arbeit in ihrem Gefolge, die Patricia Highsmiths Familie nach Fort Worth lockten.

Patricia Highsmiths Großeltern mütterlicherseits, Daniel und Willie Mae Coates, zogen 1904 von Alabama nach Texas, um sich die wirtschaftliche Blüte von Fort Worth zu Nutze zu machen. Beide Eheleute kamen aus soliden wirtschaftlichen Verhältnissen und waren bestrebt, sozial aufzusteigen. Daniel war der Sohn des Plantagenbesitzers Gideon Coats (das »e« im Familiennamen wurde gegen Ende des 19. Jahrhunderts eingefügt); Willie Mae war die Tochter des Arztes Dr. Oscar Wilkinson Stewart. Patricia Highsmith war besonders stolz auf diese beiden Urgroßväter, die den amerikanischen Abenteurer- und Pioniergeist verkörperten. Sie konnte nicht verstehen, warum ihre Familie nun – ihrer Ansicht nach – sozial so tief gesunken war, und wandte sich immer wieder der Vergangenheit zu, um sich ihrer Herkunft zu versichern.

Gideon Coats, geboren 1812, kam aus South Carolina und reiste nach Alabama, um sich dort neu anzusiedeln. Der bärtige, dunkeläugige Mann suchte nach einem passenden Platz für das Anlegen einer Plantage und entschied sich für Coats Bend, damals ein Gelände mit ausgedehntem, dichtem Waldbestand und Wiesen voller Wildkräuter. Nach echter Pionierart kaufte er für eine unbekannte Summe dem Stamm der Cherokee etwa zweitausend Hektar Land ab und baute darauf 1842 das Coats Mansion, ein Haus mit zehn Zimmern zu je vierzig Quadratmetern und mit vier Meter hohen Decken. Beim Bau des Hauses wurden keine Nägel verwendet, sondern nur Holzstifte, ein architektonisches Detail, das Patricia Highsmith später begeistern sollte. Sie war so angetan von dem Plantagengebäude, dass sie ein Foto davon in einem ihrer Alben aufhob. Später gestand sie, dass zu ihren Lieblingsbüchern Margaret Mitchells amerikanischer Bürgerkriegsklassiker *Vom Winde verweht* gehöre, »weil es ein echter Roman über den Süden ist«, und sie fügte, vielleicht ein wenig naiv, hinzu: »Mein Urgroßvater in Alabama hatte hundert oder mehr Sklaven, und sie waren nicht unglücklich.«[14]

1842 heiratete Gideon Coats Sarah Deckered. Das Paar hatte acht Kinder, zu denen Patricia Highsmiths Großvater Daniel gehörte, geboren am 13. Oktober 1859. Die Coats waren berüchtigt für ihre großen Füße und Hände, eine Eigenart, die sie Patricia Highsmith vererbten. »Vielleicht hat man uns krumme Hölzer zu schnell gerade biegen wollen, und wir haben deshalb so große Hände und Füße«, schrieb ein Verwandter der Schriftstellerin in Anspielung auf das Wort »Biegung« im Namen des Stammsitzes der Familie.[15]

Willie Maes Vater, Dr. Oscar Wilkinson Stewart, wurde 1829 als eines der sechzehn Kinder der Eheleute Elizabeth Dechard und William Stewart geboren. Oscars Vater war so fromm, dass der Teppich in seinem Schlafzimmer Löcher bekam, weil er »beim häufigen Beten so lange auf den Knien lag«.[16] Der Junge studierte Medizin und diente als Stabsarzt der Konföderierten im Sezessionskrieg. Mit seiner Frau Mary Ann Pope zog er acht Kinder auf, zu denen Willie Mae gehörte, geboren am 7. September 1866 in Auburn, Alabama. Das Mädchen war erst sieben, als ihr Vater im September 1873 im Alter von vierundvierzig Jahren in Memphis, Tennessee, an Gelbfieber starb.

Die beiden Familien vereinten sich mit der Heirat von Daniel Coates und Willie Mae Stewart am 25. Dezember 1883 in Coats Bend,

Alabama. Daniel bekam eine Kornmühle, ein Lagerhaus und eine Sägemühle von seinem Vater, und doch entschloss sich das Ehepaar kurz nach der Jahrhundertwende, mit seinen fünf Kindern – Edward, Dan, John, Claude und Mary, alle zwischen 1884 und 1895 geboren – neunhundert Kilometer weit in den Westen zu ziehen, weil es dort eine bessere Zukunft zu finden hoffte.

»Sie packten alles zusammen, was sie hatten, ihr Porzellan, das Kristall und das Silber, und fuhren nach Westen«, sagt Don Coates, Willie Maes Urenkel. »Zu den Gründen, warum sie die lange Reise machten, gehört, wie ich vermute, etwas sehr Selbstsüchtiges: Sie wollten sich nur um ihre eigene Familie kümmern, nicht um die große Familie daheim in Alabama. Meine Urgroßmutter ging nicht aufs College, aber sie war Autodidaktin und las alles, was ihr in die Hände fiel. Willie Mae war auch erstaunlich willensstark, wie Pat. Ich erinnere mich, dass ich einmal sonntags zum Essen zu ihr ging, und ich war etwas überrascht, weil sie ganz aufrecht in ihrem Schaukelstuhl saß, gar nicht entspannt wie sonst. Als Daddy fragte, was los sei, gab sie schließlich zu, dass sie die Decke frisch gestrichen hatte und dabei von der Leiter gefallen war. Trotz ihres hohen Alters strich sie die über drei Meter hohen Decken noch selbst, aber so war Großmutter, sie tat, was sie wollte, und ließ sich von niemand reinreden. Sie war eine absolut unabhängige Frau.«[17]

Auch Dons Bruder Dan erinnert sich an die Matriarchin Willie Mae, die 1955 im Alter von achtundachtzig Jahren starb. »Sie war eine sehr kleine Frau – vielleicht ein Meter fünfundfünfzig groß – und irgendwie drahtig, mit einer kleinen Brille mit Metallfassung«, sagt er. »Sie arbeitete hart, war sehr eigensinnig und sagte ziemlich unverblümt und rechthaberisch, was sie zu sagen hatte. Sie war äußerst selbstständig und fürchtete weder Tod noch Teufel. Und sie machte den besten Milchshake von ganz Amerika. Pat identifizierte sich richtig mit ihr und achtete sie wegen ihrer Arbeitsmoral.«[18] Patricia Highsmith erinnerte sich an Willie Mae als eine Frau mit ausgeprägtem moralischem Bewusstsein, die ihr den Unterschied zwischen Gut und Böse beibrachte: »Sie war eine Schottin, sehr praktisch, aber mit einem großen Sinn für Humor, und mit mir war sie sehr nachsichtig.«[19]

Die Southside von Fort Worth – das Viertel, in dem sich die Familie von Patricia Highsmith ansiedelte – war schon am Ende des 19. Jahrhunderts ein Wohngebiet, doch in den ersten zehn Jahren des 20. Jahrhunderts gab es einen massiven Zustrom neuer Bewohner. Die Verkehrswege wurden verbessert, und man war stolz auf eine Straßenbahn, deren Gleise ein Viereck umschrieben, von der Main Street zur Magnolia Avenue, von dort in westlicher Richtung zur Henderson Street, dann nach Norden zur Daggett Avenue und schließlich nach Osten zur Jennings Street.

Als Willie Mae und Daniel in Fort Worth ankamen, wohnten sie zuerst in der West Daggett Avenue 523; im Jahr 1910 zogen sie ein paar Häuser weiter, in die Nummer 603, ein traditionelles Holzhaus, das wie die Miniaturausgabe des heimatlichen Coats Mansion aussah. Dort eröffneten sie eine Pension. Das taten sie, laut Patricia Highsmith, »praktisch ohne Kapital … und die Gäste waren anfangs junge Männer mit Talent und Zartgefühl«.[20] Durch und durch unternehmerisch gesinnt, vermietete das Ehepaar auch eine Reihe kleiner rot gestrichener Holzhütten hinter ihrem Haus an Familien von Schwarzen; die Gegend wurde später als Red Alley oder Negro Alley bekannt.

»Hinter dem Haus war eine Seitenstraße, eine breite Passage mit kleinen rot angestrichenen Häuschen, die Willie Mae an schwarze Familien vermietete«, erinnert sich Dan, »und das war ein Teil ihres Einkommens. Sie war eine ziemlich gute Geschäftsfrau und verstand sich auf das, was sie tat. Eines Tages veranstalteten die Leute in dieser Straße eine Party, und sie betranken sich alle. Es waren ungefähr fünfundzwanzig Schwarze, die einen Höllenradau machten und wüst schimpften und fluchten. Sie zog sich in aller Eile ein weißes Gewand über – ich werde das nie vergessen – und ging hinaus, um den Schwarzen die Stirn zu bieten, die alle völlig blau waren. Sie ging geradewegs zu ihnen hin und sagte denen, die nicht dort wohnten, dass sie dorthin zurückgehen sollten, wo sie herkamen, und zwar auf der Stelle. Und wissen Sie was? Sie taten, was sie ihnen gesagt hatte – o Gott, so wie sie reagierten, hätte man glauben können, sie hätte ein Gewehr in der Hand gehalten.«[21]

Manchmal klopften schwarze Kinder aus der »Roten Straße« an die Hintertür des Hauses der Coates und baten um Essensreste. »Sie gab ihnen einen Teller voll Sachen, die vom Mittagessen übrig geblieben waren, und die Kinder nahmen ihn mit in ihre Straße«, erinnerte sich Willie Maes Enkelsohn Dan – der Vater von Dan und Don –, der von 1913 an, nach dem Tod seiner Eltern, bei seinen Großeltern lebte.[22] »Das Haus war schlicht und baufällig, hier und da gab es Anzeichen von Armut, aber es gab immer Platz und zu essen für einen weiteren Bewohner, und zwar reichlich, und Liebe genug für ein weiteres Herz«, schrieb Patricia Highsmith in ihr Notizbuch.[23]

Der Pension gegenüber war der zweistöckige Ziegelbau einer Fabrik, der die Druckerei »Exline-Reimers Printing Company« beherbergte. Auch die Angestellten dieser Firma genossen Willie Maes Gastfreundschaft. »Nicht wenige von den Postleuten der Eisenbahngesellschaft aßen bei ihr«, schrieb Dan an seine Cousine Patricia Highsmith, »und auch die Leute von X-REIMERS auf der anderen Straßenseite kamen vorbei.«[24]

Die einzige Tochter von Willie Mae und Daniel, Mary Coates, kam als jüngstes der fünf Kinder am 13. September 1895 in Coats Bend, Alabama, zur Welt. Sie sah eindrucksvoll aus, wie »eine zweite Greta Garbo«.[25]

Ein Foto von Mary, aufgenommen einige Jahre nach der Geburt ihrer Tochter, zeigt eine schlanke, elegante Frau mit modischem Bubikopf, der ein perfekt geschminktes Gesicht umrahmt; die wissende Pose – eine Hand verführerisch aufs Knie gelegt, die Knöchel zierlich gekreuzt, die Augen schelmisch zur Seite gewendet – verrät selbstbewusste Sexualität. Bei der Betrachtung dieses Bildes wird klar, dass Mary großen Wert auf ihr Äußeres legte – nicht unüblich in einer Zeit, in der laut zeitgenössischer Werbung die Schönheit einer Frau entscheidend sein konnte bei der Frage, ob man märchenhaften Erfolg einheimste oder scheiterte. »Die erste Pflicht einer Frau ist es, anziehend zu sein«, hieß es in einem Werbeslogan, und ein weiterer lautete: »Ihr Meisterwerk – Sie selbst!«[26] Auf demselben Foto sieht man Marys Tochter Patricia, neben ihr auf dem Rasen vor dem Haus der Coates sitzend, doch Mary scheint das jungenhaft aussehende Mädchen mit der ängstlichen Miene, dem lieblosen Haarschnitt und dem pummeligen Gesicht herzlich gleichgültig zu sein.

Mary gestand einmal, dass zwischen ihr und ihrer Mutter eine gewisse Distanz und Frostigkeit geherrscht habe. Ihr Vater war in sie vernarrt, aber Willie Mae äußerte Mary gegenüber nie, dass sie ihre Tochter liebe, und das führte dazu, dass diese sich ihrer eigenen Aussage zufolge in ihrer Kindheit von dem einzigen Menschen, dem sie gefallen wollte, zurückgestoßen fühlte – ein emotionales Muster, das auch Patricia Highsmith kennen lernen sollte.

»Du hast davon gesprochen, was deine Großmutter nicht alles getan hat«, schrieb Mary Coates ihrer Tochter in einem undatierten Brief. »Sie behandelte dich anders als mich. Es war, als wäre sie nicht der gleiche Mensch. Sie starb, ohne mich je wissen zu lassen, ob ich es geschafft hatte, bei ihr anzukommen oder nicht. Aber mein Vater war anders – er sagte ihr, dass ich besser wäre als alle Jungen zusammen.«[27]

Mary zeigte schon früh eine besondere Begabung für Zeichnen und Malen und hoffte, Modezeichnerin werden zu können. »Sie war unglaublich kreativ und ein sehr visueller Mensch, diese Talente erbte Pat von ihr, und ganz sicher waren Willie Mae, Mary und Pat alle extrem willensstarke Frauen«, sagt Don. »Als Kind hatte Pat bestimmte Nöte und Wünsche, und sie glaubte, dass Mary kein offenes Ohr dafür hatte. Aber Mary arbeitete hart und hatte Erfolg, und so konnte sie ihrer Tochter eine Ausbildung ermöglichen. In vielerlei Hinsicht tat sie viel mehr für Pat und ihre Zukunft, als sie es hätte tun können, wenn sie zu Hause geblieben wäre, um Mama zu spielen und Plätzchen zu backen.«[28] – »Mary war, Gott segne sie, eine sehr exzentrische Frau«, fügt Dons Bruder Dan hinzu. »Du lieber

Himmel, sie war so komisch, man konnte sich ausschütten vor Lachen mit ihr, einfach eine wunderbare Dame. Sie war sehr kontaktfreudig, aber wahrscheinlich nicht die beste Mutter der Welt. Sie war sehr auf ihre Karriere bedacht, überhaupt nicht ausgerichtet auf ein trautes Heim.«[29]

Mit Anfang zwanzig ging Mary Coates eines Tages in Fort Worth am Schaufenster eines Fotografen vorbei und erblickte das Bild eines schwarzhaarigen, dunkeläugigen Mannes mit eher einfachen Zügen und einem schmalen, drahtigen Körper; offensichtlich machte das Bild einen solchen Eindruck auf sie, dass sie sich auf die Suche nach dem Abgebildeten machte. Dieser Mann war Patricia Highsmiths künftiger leiblicher Vater, Jay Bernard Plangman.

Jay Bernard Plangman, oder Jay B., wie er später genannt werden sollte, wurde in einer Straße in unmittelbarer Nähe des Hauses der Coates in Fort Worth geboren, West Broadway Nummer 508, am 9. Dezember 1887. Seine Eltern Minna Hartman und Herman Plangman waren beide deutscher Herkunft, und – was vielleicht ungewöhnlich ist – von dieser Seite der Familie erbte Patricia Highsmith ihr dunkles Haar und ihre dunklen Augen.

Ihre eigenen physischen Eigenarten erweckten Patricia Highsmiths Neugier, doch wenn jemand die Vermutung äußerte, dass sie vielleicht schwarze Vorfahren gehabt habe, wischte sie den Gedanken sofort vom Tisch. Fünf Jahre vor ihrem Tod erhielt sie einen Brief von einem Mann aus dem englischen Bradford. Seinem Schreiben hatte er ein Bild seines Großvaters väterlicherseits beigelegt, Henry Highsmith, eines in South Carolina geborenen Schwarzen, und er fragte die Schriftstellerin, ob sie zu einem Zweig dieser Familie gehöre.

Patricia Highsmith – die sich selbst für liberal hielt, doch zu diesem Zeitpunkt davon überzeugt war, dass Schwarze die Krise der öffentlichen Fürsorge in Amerika zu verantworten hätten – schrieb einen hochnäsigen Brief zurück, in dem sie betonte, dass Highsmith nicht der Name ihres leiblichen Vaters sei (Stanley Highsmith war ihr Stiefvater) und dass weder schwarzes noch indianisches Blut in seinen Adern geflossen sei.

Doch ihr Teint war so dunkel, dass sie sich eines Tages genötigt sah, einige diskrete Nachforschungen hinsichtlich ihrer Herkunft anzustellen. »Vor einiger Zeit hast du gefragt, ob meine (und Jay B.s) Mutter indianisches Blut hätte, wegen ihrer dunklen Hautfarbe und ihrer schwarzen Haare und Augen«, antwortete ihr Walter Plangman, ihr Onkel. »Nein, sie hatte ganz sicher kein indianisches Blut.«[30]

Die dunklen Züge konnten zurückverfolgt werden bis zu Jay B.s Großmutter Liena, die in den späten fünfziger Jahren des 19. Jahrhunderts zusammen mit ihren zwei Schwestern, aus Deutschland kommend, in Galveston, Texas, eingetroffen war. »Sie arbeiteten als Dienstmädchen bei wohlhabenden Familien in Galveston, das zu der Zeit die größte Stadt in Texas war«, schrieb Jay B.[31]

Es gab schon seit über zweihundert Jahren einen stetigen Einwandererfluss von Deutschland nach Texas, doch Anfang der vierziger Jahre des 19. Jahrhunderts gründeten preußische Adlige eine neuartige Körperschaft, die dazu dienen sollte, den Handel mit der Neuen Welt bedeutend zu erleichtern – und ihnen ein Vermögen zu bescheren. Die Organisatoren des »Adelsvereins«, der *Society for the Protection of German Immigrants* in Texas, hofften auf einen zunehmenden Einfluss ihrer Gesellschaft. Sie glaubten, dass sich durch sie neue Märkte in Deutschland erschließen und sich zugleich auch neue Möglichkeiten für die aufstrebende Arbeiterklasse ergeben würden. Aus mehreren Gründen entschieden sie sich für Texas. Das Klima des Landes galt als zuträglich, der Boden war fruchtbar, und es gab dort auch nicht die finanziellen Beschränkungen, die andere Staaten den Einwanderern auferlegten. Da Texas also offenbar grenzenlose Entwicklungsmöglichkeiten bot, hofften die hohen Herren, dass die Einwanderer ihm ihren Stempel aufdrücken und ein Miniatur-Deutschland im amerikanischen Süden gründen würden. Gegen eine Summe von 240 Dollar und die Erklärung, dass man sich verpflichte, drei Jahre lang ein Gebiet von mindestens 600 Hektar zu bewirtschaften, versorgte der Adelsverein jede einwanderungswillige Familie mit einer kostenlosen Schiffspassage und 13 000 Hektar unbebauten Landes. Es war zu schön, um wahr zu sein. 1844 machte sich Prinz Carl von Solms-Braunfels, ein Cousin der englischen Königin Viktoria, zu einer Informationsreise nach Texas auf, doch er fand bald heraus, dass die Gesellschaft nie in der Lage sein würde, ihre großartigen Versprechen wahr zu machen. Große Teile des Landes, das der Adelsverein seinen Mitgliedern zur Verfügung stellen wollte, bestand aus steinigem, kargem, dürrem Boden und lag mitten im indianischen Territorium. Wollte er nicht betrügerischer Landnahme bezichtigt werden, konnte der Verein dort keinen Grund kaufen. Als die siebentausend neuen Einwanderer schließlich in dem Land ankamen, wo Milch und Honig fließen sollten, war die Gesellschaft nahezu bankrott.

Die Einwanderungswelle erlebte einen Höhepunkt in den fünfziger Jahren des 19. Jahrhunderts, als fast eine Million Deutsche nach Amerika übersiedelten. Die Niederlage der Revolution von 1848, die enttäuschten Hoffnungen der Demokraten sowie Missernten und Hunger trieben Hunderttausende von Deutschen dazu, ihr Heimatland zu verlassen. Die deutsche Gemeinde war so bedeutend, dass es um 1860 in Amerika etwa zweihundert deutschsprachige Zeitungen und Zeitschriften gab. In Deutschland selbst wurden Bücher veröffentlicht, die über die Möglichkeiten informierten, sich in Amerika anzusiedeln, und es wurden mehrere Gesellschaften gegründet, die den Zweck hatten, den Einwanderungsprozess zu erleichtern. Patricia Highsmiths Urgroßmutter Liena heiratete im Alter von sechzehn Jahren Henry Hartman, der auch gerade erst aus Deutschland eingewandert war, und am 6. September 1865 brachte sie in Indianola ihre Tochter Minna zur Welt. Als Minna – der Patricia Highsmith nur ein paar Mal begegnete und die sie als »sehr fröhlich, nicht groß und sehr dunkelhaarig«[32] beschrieb – einundzwanzig war, heiratete sie Herman Plangman, der mit seiner Mutter Gesina und seinem Vater Herman aus dem deutschen Emden nach Texas gekommen war. »Sie waren alle Lutheraner, glaube ich«, schrieb

Patricia Highsmith später, »hart arbeitende, respektable Leute, die in bescheidenem Wohlstand lebten.«[33]

Liena bekam ein weiteres Kind, einen Sohn namens Oscar, und nachdem ihr Mann an Tuberkulose gestorben war, heiratete sie ein zweites Mal, Ernest August Kruse, einen Kaufmann, der 1839 in Deutschland geboren worden war und Häuser in der Houston Street und Main Street in Fort Worth besaß. Das Paar bekam 1876 einen Sohn, der ebenfalls auf den Namen Ernest getauft wurde. In den achtziger Jahren lebten Liena und Ernest August Kruse und ihre Tochter Minna mit den Kindern Bernard, Herman und Walter in Fort Worth in einer Straße einander gegenüber. Walter erinnerte sich, dass Liena »mir Deutsch beibrachte, bevor ich Englisch sprechen lernte«.[34] Viele deutsche Einwanderer aus der ersten Generation versuchten, die Kultur der Alten Welt wieder erstehen zu lassen, aber 1917 beantragte die Mehrheit der Deutschamerikaner in Fort Worth als Folge des Ersten Weltkriegs die Einbürgerung, um ihrem neuen Land gegenüber ihre Loyalität zu bekunden.

Schon in frühem Alter und als Schüler der Sixth-Ward-Schule – derselben Schule, die auch Patricia Highsmith besuchen sollte – betätigte sich Jay B. künstlerisch, genauso wie seine zukünftige Frau Mary Coates. Am liebsten zeichnete er. Nachdem er eine Zeit lang bei der Texas & Pacific Railroad gearbeitet hatte – er war sein ganzes Leben lang ein Eisenbahnfan –, schrieb er sich bei der Chicago Academy of Fine Arts ein und bestand 1912 die Abschlussprüfung. In den folgenden Jahren arbeitete er zunächst als Grafiker für den *Fort Worth Star-Telegram*, und als seine Tochter geboren wurde, war er Konstruktionszeichner bei der Pearce Oil Company. Während der Weltwirtschaftskrise unterrichtete Jay B. an der Fort Worth Public School. Einer seiner Kollegen hat seine Freundlichkeit im Gedächtnis behalten. »Er [Jay B.] bekam drei Dollar am Tag für den Unterricht und gab mir einen Dollar davon ab«, sagte der Grafiker Marvin Van Orden. »Das zeigt, was für ein Mann er ist, wie Mr. Plangman wirklich war – er schenkte ein Drittel seines Einkommens her, in einer Zeit, als das Geld wirklich knapp war.«[35]

Man würde es sich zu leicht machen, wenn man die Fixierung auf das Problem der Identität in Patricia Highsmiths Literatur schlicht auf ihre unglücklichen frühen Lebensumstände zurückführte, doch die Geschichte ihrer Familie war so bedrückend, dass es schwer fällt zu glauben, sie habe dabei keine Rolle gespielt. Der Name Highsmith war nicht einmal ihr eigener Name – sie kam als Mary Patricia Plangman zur Welt –, und sie begegnete ihrem leiblichen Vater erst, als sie zwölf Jahre alt war.

Die Hochzeit von Mary Coates und Jay Bernard Plangman fand am 16. Juli 1919 statt, doch schon ein Jahr später machte das Paar eine Krise durch, die schließlich zur Scheidung führte. Im Sommer 1920 entdeckte Mary, dass sie im vierten Monat schwanger war; sie wollte das Kind behalten, aber Bernard legte ihr eine Abtreibung nahe. Fünf Monate vor der Geburt versuchte Mary, das Kind abzutreiben, indem sie Terpentin trank. »Es ist komisch, dass du den Geruch von Terpentin so magst, Pat«, sagte ihre Mutter später zu ihr.[36] Fünfzig Jahre nach ihrer Geburt bat Patricia Highsmith ihre Eltern, ihr die genauen Umstände der versuchten Abtreibung zu erläutern.

»Ich bin für die Abtreibung und für die Verringerung der Bevölkerung, deshalb darfst du nicht einen Moment lang glauben, dass dieser Gedanke mich ärgert«, schrieb Patricia Highsmith ihrem Vater 1971, »und laut meiner Mutter wollte sie ein Kind, und sie hat sich von dir scheiden lassen, um es unbehelligt bekommen zu können.«[37]

Jay B. gestand, dass die Abtreibung seine Idee gewesen sei. »Ich schlug eine Abtreibung vor, weil wir gerade erst anfingen, uns künstlerisch in New York zu etablieren, und ich glaubte, es sei das Beste, die Gründung einer Familie bis auf weiteres zu verschieben«, schrieb er seiner Tochter. »Auf Terpentin ist Mary durch eine Freundin gekommen, und dann hat sie es erfolglos ausprobiert.«[38]

Er hatte vor, mit Mary nach Manhattan zu gehen, wo sie als Illustratorin arbeiten sollte und er ihr Manager geworden wäre. »Er glaubte, dass sie durch ihre Fähigkeiten und sein Verkaufsgeschick gutes Geld verdienen könnten«, schrieb Dan Coates seiner Cousine.

»Und als sie schwanger wurde, dachte er, es wäre besser, sie würde abtreiben, weil ein Baby zu dieser Zeit seine Pläne durchkreuzt hätte.«[39]

Nach einer kurzen Trennungszeit von drei Wochen, in der Mary in Anniston, Alabama, Urlaub machte, kehrte sie zu ihrem Mann zurück und sagte ihm, dass sie die Scheidung wolle – ein damals weniger unübliches Begehren, als man vielleicht glaubt. Zwischen 1870 und 1920 gab es in Amerika fünfzehnmal so viele Scheidungen wie in den Jahren zuvor, und die Statistiken zeigen, dass 1924 eine von sieben Eheschließungen mit Scheidung endete. »Mehr Ehefrauen als je zuvor hatten während ihrer Ehe gearbeitet und selbst Geld verdient«, schreibt Sarah Jane Deutsch in ihrer Darstellung der Geschichte der amerikanischen Frauen zwischen 1920 und 1940, »und wenn sie in einer unbefriedigenden Ehe lebten, wussten sie, dass ihnen noch andere Möglichkeiten offen standen.«[40] Seit neuestem war die Frauenemanzipation auf dem Vormarsch: 1920 konnten Frauen überall in den Vereinigten Staaten gleichberechtigt mit Männern an den landesweiten Wahlen teilnehmen, das Ergebnis des siebzigjährigen Kampfes der amerikanischen Suffragetten. »Vor allem gab es in den zwanziger Jahren einen alles durchdringenden Geist des Neuanfangs«, schreibt Sarah Jane Deutsch.[41] Es war das Zeitalter der befreiten, unkonventionellen Frau, als laut Frederick Lewis Allen, dessen Klassiker *Only Yesterday* die Epoche umriss, »Frauen nach Freiheit lechzten – Freiheit zu arbeiten, und sich zu vergnügen ohne die Fesseln, die sie zuvor zu einem vergleichsweise untätigen Leben verurteilt hatten«.[42] Die Frauen mit ihrem neuen Kurzhaarschnitt und weit über die Knöchel angehobenem Rocksaum verwandelten sich durch ihre eigene Kraft in Menschen, die Allen als unreif bezeichnete, in »hartgesottene Halbwüchsige«, die nicht mehr über Liebe nachdachten, sondern über Sex.

Jay B. bot an, »alles zu tun, um die Ehe nicht zu zerstören«[43], aber es war nutzlos. Die Verbindung dauerte nur achtzehn Monate. »Ich erinnere mich, dass sie [die Coates] einen Anwalt nahmen und die Scheidung einreichten, und sie sagten ihm [Jay B.], dass sie nichts von dem wollten, was er hatte«, schrieb Dan an Patricia Highsmith.[44]

Aus den Akten des 67th Judicial District of Texas, die im Gerichtsgebäude von Tarrant County in Fort Worth aufbewahrt werden, geht hervor, dass die Ehe von Mary Coates Plangman und Jay Bernard Plangman am 10. Januar 1921 geschieden wurde. Neun Tage danach brachte Mary, am 19. Januar 1921 nachts um 3.30 Uhr in der West Daggett Avenue 603 in Fort Worth, ein Mädchen zur Welt, ihr einziges Kind.

Der Mann, der die Rolle ihres Vaters übernehmen sollte, war ebenfalls ein Grafiker, Stanley Highsmith; er war fünf Jahre jünger als Mary und wohnte in der College Avenue 2424 in Fort Worth. »Stanley war ein sehr ruhiger Mann, er sprach sehr leise, aber er hatte sehr viel Humor, einen trockenen Humor, und war ein großartiger Fotograf«, sagt Dan Coates.[45] Auf Fotos erscheint er sehr gepflegt, mit einem ordentlich gestutzten Schnurrbart und einer kleinen runden Brille. Er wurde 1900 als uneheliches Kind geboren, und seine Mutter zog ihn allein auf, bis sie wieder heiratete. Pat erfuhr von den Umständen der Geburt ihres Stiefvaters erst viel später, als sie schon über vierzig war.

»Er ist kein schwacher Charakter, er hat nur keine Energie«, schrieb sie ihrer Mutter über Stanley. »Es ist jetzt ganz klar zu erkennen, aus dem, was du mir sagst, dass es immer ›Hindernisse‹ für ihn gab, Dinge, die ihm von klein auf das Gefühl gaben, schwach und minderwertig zu sein.«[46]

Als Patricia drei Jahre alt war, heiratete ihre Mutter Mary Coates Plangman am 14. Juni 1924 Stanley Highsmith. Ihre Familie, die kleine Hölle, wie die Schriftstellerin sie später bezeichnete, war damit komplett.

2

Geboren unter einem unglücklichen Stern

(1921–1927)

Patricia Highsmith wurde 1921 in einem Land geboren, das vor großen Veränderungen stand und einerseits von einer nostalgischen Sehnsucht nach der Vergangenheit, andererseits von der erregenden Aussicht auf die Zukunft geprägt war. Nach der Volkszählung von 1920 wurden die Vereinigten Staaten zum ersten Mal in ihrer Geschichte offiziell als urbane Nation anerkannt, da über 50 Prozent seiner Bevölkerung in Städten lebten. (Zehn Jahre später sollten es 69 Prozent sein.)

Im Herbst 1920 entschieden sich bei der Präsidentenwahl ungefähr 16 Millionen Amerikaner – etwas über 60 Prozent derer, die zur Wahl gingen – für Warren Harding, den silberhaarigen, elegant gekleideten republikanischen Senator aus Ohio. Harding versprach die Rückkehr zur »Normalität«: »Nicht Revolution, sondern Restauration; keine chirurgischen Eingriffe, sondern Ruhe und Gelassenheit.« Harding erkannte rasch, dass die Amerikaner keine weitere Einmischung in die Weltpolitik wünschten – die amerikanische Unterstützung der Alliierten im Ersten Weltkrieg hatte zu einer Krise geführt, es gab eine steigende Inflation, Arbeitslosigkeit und soziale Unruhen –, sondern Beschränkung auf die innenpolitischen Angelegenheiten und Verbesserung der Lebensumstände. In seiner Antrittsrede, die vom Radio übertragen wurde, versprach Harding 1921 Steuersenkungen und weniger Gesetze, Maßnahmen, von denen er sich eine rasche Ankurbelung der Wirtschaft erhoffte. Unter seiner Präsidentschaft – und anschließend ab 1923 unter John Calvin Coolidge, seinem Nachfolger, dem ehemaligen republikanischen Vizepräsidenten – erholte sich Amerika von der Nachkriegskrise, und es kam zu einer fieberhaften Hochkonjunktur; die Wirtschaft florierte, und der Absatz von Verbrauchsgütern steigerte sich. 1929 stieg das Bruttoinlandsprodukt um 40 Prozent bei entsprechend niedriger Inflation.

Die zwanziger Jahre waren das erste Zeitalter der Massenmedien. Werbefachleute wurden als die neuen »Kapitäne des Bewusstseins«[1] bezeichnet, und am Ende des Jahrzehnts besaßen drei von vier Amerikanern ein Radio und sagten, sie gingen mindestens einmal in der Woche ins Kino. Die großen amerikanischen Firmen zogen ihren Nutzen aus Henry Fords Ideen der Massenproduktion billiger Luxusgüter und der besseren Bezahlung der Arbeiter, um ihre Kaufkraft zu steigern. Doch das Land konnte dieses rasende Tempo nicht lange durchhalten, und 1929 folgte – wie bei einem manisch-depressiven Menschen – auf die manische Phase, die Amerika gepackt hatte, eine niederschmetternde Depression.

Ironischerweise war die Epoche trotz all der Versprechungen Hardings, Amerika zur »Normalität« zurückzuführen, von sozialen Unruhen und kulturellen Krisen gekennzeichnet. In den Vereinigten Staaten herrschte die bisweilen paranoide Angst vor einer sozialen Revolution im Gefolge anarchistischer Erhebungen; einem Kommentator zufolge lag ein sonderbarer Pesthauch in der Luft. Im Jahr von Patricia Highsmiths Geburt wurden Nicola Sacco und Bartolomeo Vanzetti – italienische Einwanderer und überzeugte Anarchisten, die im Jahr zuvor in Braintree, Massachusetts, unter Mordverdacht festgenommen worden waren – aufgrund von Beweisen, die von vielen für fadenscheinig gehalten wurden, zum Tode verurteilt. »Ich leide, weil ich ein Radikaler bin ... ein Italiener«, sagte Vanzetti, während der mit dem Fall befasste Richter zu dem Schluss kam, dass die Männer vielleicht die Morde nicht begangen hatten, die man ihnen zur Last legte, dennoch aber »Feinde unserer Institutionen«

seien; und er fügte hinzu: »Die Ideale der Angeklagten sind dem Verbrecherischen verwandt.« Trotz einer mit großem Einsatz geführten Kampagne für die Freilassung der beiden Anarchisten, angeführt von einigen der prominentesten amerikanischen Intellektuellen wie Albert Einstein, John Dos Passos und Dorothy Parker, wurden sie im August 1927 hingerichtet. Der Fall spaltete das Land. »Ganz recht, wir sind zwei Nationen«, schrieb John Dos Passos in dem Roman *USA* – einem Buch, das Patricia Highsmith las –, was sich auf die Reaktionen der Öffentlichkeit auf das Gerichtsverfahren bezog.

Zur gleichen Zeit gab es in der europäischen und amerikanischen Kunst und Literatur eine Art Schisma. »Um 1922 ungefähr brach die Welt auseinander«, bemerkte Willa Cather über das Jahr, das ihrer Meinung nach das Ende des Traditionalismus der Vergangenheit und den Beginn der aufkommenden Moderne bildete. In diesem Jahr veröffentlichte Harold Stearns einen Essayband mit dem Titel *Civilization in the United States*, dessen wesentliche Aussage darin bestand, dass Amerika keine Zivilisation besitze. In diesem Buch hallte die Desillusionierung von Schriftstellern wie Ernest Hemingway, Ezra Pound, Katherine Anne Porter, William Carlos Williams und F. Scott Fitzgerald nach, die Amerika verlassen hatten, um sich in Europa niederzulassen. »Wir haben kein Erbe, keine Tradition, an der wir uns festhalten können«, schrieb Stearns, »außer dem, was uns schon unter der Hand verwelkt ist und zu Staub zerfiel.«[2]

Auch T.S. Eliots Gedicht »Das wüste Land« war Ausdruck einer brüchig gewordenen Welt, in der nach der Erschütterung des Ersten Weltkriegs die Menschheit in die Wüste der völligen Illusionslosigkeit, des Zerfalls aller Ideale und Werte geriet. Patricia Highsmith setzte sich 1941, als Studentin am Barnard College, damit auseinander; es war 1922 erschienen, im gleichen Jahr wie James Joyces *Ulysses*, Katherine Mansfields *Das Gartenfest*, F. Scott Fitzgeralds *Die Schönen und die Verdammten* und *Tales of the Jazz Age*. Ein Jahr vor Patricia Highsmiths Geburt hielt Einstein an der Columbia University von New York eine Vorlesung über die Relativitätstheorie;

Wittgensteins *Tractatus logico-philosophicus* erschien; Freuds *Traumdeutung* wurde in Amerika gedruckt, und der Rorschach-Test wurde eingeführt. In den zwanziger Jahren hielten Begriffe wie »Libido«, »Es« und »Über-Ich« ihren Einzug in den allgemeinen Diskurs, und im Prozess gegen die so genannten »thrill killers« Leopold und Loeb, zwei wohlhabende Studenten der Universität von Chicago, die einen vierzehnjährigen Jungen ermordet hatten und bei der Rechtfertigung ihrer Tat Nietzsches Begriff des »Übermenschen« ins Spiel brachten, wurde von der Verteidigung Freud zitiert. Die Popularität von Freud wurde durch das Verlangen nach Neuheit und Rebellion noch gesteigert, und viele junge Amerikaner betrachteten seine Theorien, einem Historiker zufolge, als »Rechtfertigung, Konventionen über Bord zu werfen, besonders sexuelle Konventionen«.[3]

Gleichzeitig erwachte eine unersättliche Gier nach Sensationsgeschichten und schauerlichen Mordfällen. Beim Fall Snyder-Gray wurden eine verheiratete Frau, Ruth Brown Snyder, und ihr Liebhaber Henry Judd Gray des Mordes an dem Ehemann der Frau angeklagt, und über den Prozess wurde eingehender berichtet als über »ernstere« Themen wie Innen- oder Außenpolitik. Als Nan Britton, die heimliche Geliebte des verstorbenen Warren Harding und Mutter ihres gemeinsamen unehelichen Kindes, 1927 ihre Autobiografie *The President's Daughter* veröffentlichte, war das amerikanische Jahrzehnt der »Normalität« endgültig als Schwindel entlarvt.

Die Stimmung der neuen Zeit, die glanzvolle Fassade und ihr dunkler Schatten, wurde von Amory Blaine, dem Helden von F. Scott Fitzgeralds Roman *Diesseits vom Paradies* in folgende Worte gefasst: »Da war nun eine neue Generation ... und sie wuchs heran und fand alle Götter tot ... jeden menschlichen Glauben, jede Überzeugung erschüttert.«[4] Patricia Highsmith sollte die perfekte Chronistin einer solchen Welt werden.

Für einen Biografen ist es allzu leicht, die Kindheit des von ihm beschriebenen Menschen im Nachhinein minutiös nach Anhaltspunkten zu durchsuchen, die den Anschein erwecken, als könnten sie das

Geheimnis der schöpferischen Kraft erklären. Die Versuchung besteht darin, dass man sich auf die Suche nach einem Ereignis macht, einem unartikulierten psychologischen Trauma, das zu einer Erschütterung der Identität und folglich zu einer Außenseiterstellung des Kindes führte. Unglückliche Kindheit plus Verdrängung gleich Schriftsteller, lautet die Gleichung. Eine reizvolle Theorie – und dazu eine, die Patricia Highsmith selbst bisweilen vertrat –, doch diese schlichte Erklärung wird uns nie Aufschluss geben können über jene geheimnisvolle Eigenschaft, die die literarische Fantasie kennzeichnet. Patricia Highsmiths Kindheit war in vielerlei Hinsicht verzweifelt und unglücklich, doch das erklärt selbstverständlich nicht, warum sie Schriftstellerin wurde.

Damit ist allerdings nicht gesagt, dass eine detaillierte Erkundung ihrer frühen Jahre nicht zu Erkenntnissen über familiäre und kulturelle Einflüsse führen kann, die ihren Charakter formten. Jeder von uns, schrieb sie 1941 in ihr Notizbuch, sei gezwungen, sich mit der Tatsache auseinander zu setzen, dass unsere Persönlichkeit zum großen Teil von den Erfahrungen unserer Kindheit und Jugend gebildet werde, und auch wenn man versuche, bestimmte Aspekte oder Eigenschaften zu ändern, so sei doch eine grundlegende Wandlung des Charakters nicht möglich. Diese frühen prägenden Erfahrungen, notierte sie, »bestimmen nun, was man ist und was man sein wird«.[5] Sie glaubte, dass Vererbung wichtiger sei als der Einfluss des Milieus, und war doch auch der Meinung, dass die Erfahrungen der ersten fünf Lebensjahre die Persönlichkeit formten.[6] In einem Interview aus dem Jahre 1981 mit Diana Cooper-Clark sagte sie, sie glaube, dass Menschen mit einer Erblast des Bösen auf die Welt kommen, sie vertraue jedoch auch auf die Besserungsmöglichkeiten der individuellen Persönlichkeit. »Was von den so genannten schlechten Schulen gesagt wird, finde ich zum Lachen«, sagte sie. »Ich habe etliche davon besucht. Was zählt, ist die Motivation des Einzelnen. Ehrgeiz und Tatkraft, das zählt.«[7] Und auch wenn manche Menschen behaupteten, dass ihre Probleme ihre Wurzeln nicht in ihrer Kindheit hätten, könne man doch jederzeit eine Verbindung herstellen. »Irgendeine kleine Sache wird der Grund dafür sein ... eine Vielzahl winziger Dinge sind wie die Sandkörner, die eine Düne bilden«, schrieb sie 1942 in ihr Notizbuch.[8]

Ein Bild der ein Jahr alten Patsy, wie sie damals in ihrer Familie genannt wurde, zeigt sie auf einem kleinen Sessel sitzend mit einem Ball in der Hand; ihr dunkles Haar ist streng geschnitten, und ihre mandelförmigen wachen Augen lassen sie wie ein asiatisches Baby aussehen. Tatsächlich nahmen einige ihrer Nachbarn in Fort Worth an, sie habe chinesische Vorfahren. Ihre Mutter verbrachte viel Zeit außer Haus, um ihre Karriere zu verfolgen – schon drei Wochen nach der Niederkunft übernahm Mary einen Auftrag in Chicago –, was zur Folge hatte, dass Patsy von ihrer Großmutter Willie Mae aufgezogen wurde, die ihr später auch das Lesen beibrachte. »In meiner Familie hieß es, dass ich mit zwei Jahren Kinderreime flüssig lesen konnte, aber wahrscheinlich wusste ich sie auswendig«, sagte sie einmal.[9]

Die Bindung zwischen den Frauen im Haus war stark – bis Stanley Highsmith die Szene betrat. Schon als sie ihm zum ersten Mal begegnete, habe sie ihren Stiefvater nicht gemocht, schreibt Patricia Highsmith. Sie erinnert sich, dass sie drei Jahre alt war, als Stanley wie ein Eindringling auftauchte, und sie war sich so gut wie sicher, dass er nicht ihr Vater war. Interessanterweise assoziierte sie später das Eintreten ihres Stiefvaters in ihr Leben mit dem Verlust einer eigenartigen Fantasiesprache. Patsy war dabei, ein Buch zu lesen, als eine hoch gewachsene Gestalt ihr Zimmer betrat und sie fragte, ob sie ein bestimmtes Wort auf der Seite lesen könne. »See-Same, öffne dich!«, rief das kleine Mädchen, stolz darauf, diesen ganz besonderen Zauberspruch zu kennen. Stanley verbesserte ihre Aussprache; es heiße »Sesam«. Aber als Patsy das Wort wiederholte, fühlte sie sich irgendwie niedergeschlagen. Stanley lächelte nachsichtig auf sie herab, »seine dicken roten Lippen waren zusammengepresst, ein langer Strich unter seinem schwarzen Schnurrbart«, und obwohl ihr Verstand ihr sagte, dass seine Belehrung ihr nützte, verabscheute sie Stanley von diesem Augenblick an.

»Und ich wusste, dass er Recht hatte, und ich hasste ihn, weil er Recht hatte, wie die Erwachsenen immer Recht hatten, und weil er mein zauberisches ›See-Same, öffne dich!‹ zerstört hatte, und weil das neue Wort jetzt für mich keine Bedeutung mehr hatte, mein Bild zerstört hatte und fremd, unfreundlich und unbekannt geworden war.«[10]

Nach der Hochzeit zog Stanley aus der College Avenue in Fort Worth, wo er bisher gewohnt hatte, in das Haus von Willie Mae und Daniel Coates, wo er mit seiner neuen Frau einige Zimmer bewohnte. Er arbeitete als Texter für die Agentur Wimberly-Hubbard, und Mary versuchte, sich als Grafikerin und Illustratorin einen Namen zu machen. »Sie war auch (oder ist) sicher sehr weiblich«, schreibt Patricia Highsmith über ihre Mutter. »Für sie war es ganz normal, dass eine Frau sich für ihre Arbeit interessierte und sich dementsprechend verhielt, aber nach meiner Erinnerung hielt sie keine Vorträge darüber; sie tat es einfach.«[11]

Als sie unter den Augen von Willie Mae, die warmherzig war, aber Haare auf den Zähnen hatte, im Haus der Coates heranwuchs, erkannte Patsy, dass in ihrer Familie die Frauen die meiste Energie hatten; die Männer waren ihrer Meinung nach eher langweilig. Ihr Großvater Daniel arbeitete als Gebietsleiter für die Lokalzeitung, den *Star-Telegram*, doch seine Frau war eigentlich die Starke in der Familie. »Es gab keine kraftvollen Männer in meiner Familie«, sagte sie später.[12] Diese Sicht der Männer als des schwächeren Geschlechts steht völlig im Gegensatz zu ihrer späteren Überzeugung, dass Männer den Frauen bei weitem überlegen seien – eine Meinung, die sich in ihrem Werk spiegelt, besonders in der Sammlung bissiger Short Stories *Kleine Geschichten für Weiberfeinde*. Diese Neueinschätzung stand zweifellos in Verbindung mit den komplizierten und zeitweilig widersprüchlichen emotionalen Reaktionen auf die Probleme ihrer eigenen sexuellen Identität. Im Gespräch mit der Autorin und Wissenschaftlerin Bettina Berch äußerte sie 1984, dass sie Frauen nur in Zusammenhang mit Männern sehe. Sie seien, wie sie glaube, bloße Anhängsel, verheiratet oder völlig abhängig. »Was auch sehr merkwürdig ist, denn meine Mutter war sehr ... sie war sicher sehr mutig. Sie verfolgte ihre Karriere, seit sie zwanzig war ... Ich hatte also in meiner Kindheit das Bild einer sehr starken, unabhängigen Frau vor mir, und doch sehe ich Frauen nicht so. Ich sehe sie als Jammergestalten, meistenteils. Um die Wahrheit zu sagen, finde ich, dass sie immer nur heulen und quengeln können ...«[13]

Ein halbes Jahr nach Stanleys Einzug bei den Coates hatte Patsy immer noch kein Vertrauen zu ihm gefasst. An Weihnachten 1924, mit fast vier Jahren, war sie schweigsam und sah ernst und ängstlich aus, wie ihre Mutter ihr später erzählte, »und das ist gut möglich, denn in den Monaten zuvor hatte mein Stiefvater die Szene betreten«.[14] An diesem Weihnachtsmorgen war Patsy, als sie durch die Schiebetüren spähte, die das Wohnzimmer vom Besuchszimmer trennten – wo der Baum mit seinem roten und silbernen flammenförmigen Schmuck und den Eiszapfen aus Stanniolpapier stand –, misstrauisch und unsicher. Später schrieb sie, dass sie als Kind nie besonders lebhaft gewesen sei, außer wenn sie auf der Straße spielte.[15]

An diesem Tag aß die Familie Haferbrei zum Frühstück und trank Kaffee; dann folgte heiße Milch mit geschlagenen Eiern, die man aus großen Silberschalen trank; und während alle ihre Geschenke aufmachten, knabberten sie die von Willie Mae gebackenen Plätzchen. Sie gingen nicht zur Kirche, doch Daniel sprach ein kurzes Gebet, bevor sie sich zum Essen setzten. Mittags gab es gebratenen Truthahn, Maisbrot, Kartoffelbrei aus Süßkartoffeln mit Walnüssen und süßem Eischnee, Zwiebeln und Stangensellerie, gefolgt von selbst gemachtem Vanilleeis und einem Stück von Willie Maes Fruchtkuchen, der leicht nach Brandy schmeckte.

Einen Monat später, im Februar 1925, machte die vierjährige Patsy ihre erste Bekanntschaft mit einem aufregenden Thriller, als sie die Zeitungsberichte über Floyd Collins las. Es war ein packendes Drama aus dem wirklichen Leben, an dem die ganze Nation Anteil nahm. Am 30. Januar hatte der Höhlenforscher Floyd Collins versucht, einen neuen Eingang zu den Mammoth-Höhlen in Kentucky zu finden, als ihm ein tonnenschwerer Felsbrocken auf den

Fuß fiel. Über zwei Wochen war er in dem kalten, feuchten Gang eingeschlossen und wartete auf Rettung, während über der Erde ein gewaltiger Medienrummel vor sich ging.

Die Sensationslüsternheit des Publikums war unersättlich, und es wurde in ganz Amerika über den Fall berichtet. Nachdem er vierzehn Tage in dem unterirdischen Gang ausgeharrt hatte, starb Collins. Die Behörden waren der Ansicht, es sei zu gefährlich, den Leichnam zu bergen, und ließen ihn achtzig Tage in der Höhle. Der dramatische Kampf um die Rettung des Eingeschlossenen und der schauerliche Höhepunkt der Geschichte regten die Fantasie des kleinen Mädchens an.

»Ich weiß noch, wie ich in meinem Spielanzug aus dem Haus rannte«, schrieb Patricia Highsmith später, »um den *Fort Worth Star-Telegram* von der Veranda zu holen, und dann rannte ich zurück in die Küche, um meiner schottischen Großmutter laut daraus vorzulesen. Um sieben Uhr früh stand sie immer am Herd und rührte in einem Topf mit Haferbrei. Das war meine erste Abenteuergeschichte, und sie war umso spannender, weil sie in Fortsetzungen kam.«[16]

Patricia Highsmith war vier, als sie selbst in ein Drama um Leben und Tod verwickelt wurde. 1925 bekam sie die Spanische Grippe, eine schwere, von Spanien ausgehende Epidemie, die unzählige Todesopfer forderte: Zwischen 1918 und 1919 erkrankten weltweit zwischen zwanzig und vierzig Millionen Menschen, in Amerika nach einer Schätzung fünfundzwanzig Millionen Menschen, ein Viertel der Gesamtbevölkerung, davon etwa 375 000 bis 550 000 tödlich. Patricia Highsmiths Aussagen zufolge gab der Arzt sie auf, und er stellte seine Besuche im Haus ein, weil er nicht mit einem weiteren Todesfall in Verbindung gebracht werden wollte. »Meine Großmutter, die Tochter eines Arztes war, gab mir Kalomel, eine Art von Abführmittel, das Quecksilber enthält. Und damit schaffte ich es.«[17]

»Woher kommt Schuld?«, fragte Patricia Highsmith. Sie wies die Vorstellung zurück, dass ein Kind schuldig geboren wird, und sah stattdessen in frühen Kindheitserfahrungen eine mögliche Ursache für spätere Schuldgefühle. Ebenso äußerte sie die Ansicht, dass alle ihre Romane ihr Interesse an diesem Thema widerspiegelten und dass sie Figuren erschaffe, die angetrieben würden von Schuld oder der Abwesenheit von Schuld. »Es interessiert mich, ob bestimmte Leute unter bestimmten Umständen ein Gefühl von Schuld haben oder nicht«, sagte sie,[18] und auch die Kritiker haben zu Recht die Tatsache unterstrichen, dass Unrechtsbewusstsein beziehungsweise dessen Mangel zu den dominanten Themen ihres Werks gehört.

»Es ist das Reich der Schuld und der Wirkung von Schuld, der Angst und ihrer destruktiven Möglichkeiten, der Verstellung und Verzweiflung und Unruhe«, sagt William Trevor über Patricia Highsmiths Welt. »Sie interessierte sich mehr für Hass als für Liebe, mehr für die schrägen Typen als für die Normalen, mehr für die Unterlegenen als für die Erfolgreichen.«[19] In einem Highsmith-Roman kommt es einem, Susannah Clapp zufolge, »manchmal so vor, als würde Schuld aus einem gesprungenen Gefäß auslaufen und ins nächste tropfen«.[20]

Willie Maes Beschreibungen ließen in Patricia Highsmith Erinnerungen aufsteigen. Sich selbst sah sie als »eine kleine dunkelhaarige Gestalt«, als »ein aufgewecktes Kind mit ängstlichem Gesicht, über dem bereits der grau-schwarze Geist des Verhängnisses schwebt, ein vorherbestimmtes Unglücklichsein, um das dieses Kind wusste, weshalb es oft weinte«.[21] Da Authentizität und Gedächtnis keine deckungsgleichen Begriffe sind, ist es fraglich, ob die Schriftstellerin damals all diese Gefühle tatsächlich hatte oder ob es sich um Gefühle handelt, die sie später in die Vergangenheit zurückprojizierte. Doch als sie zwischen achtzehn und zwanzig war, sah sie mit einer Mischung von poetischer Sehnsucht und erschreckender Entfremdung auf ihre Kindheit zurück, wie sie es in einem Gedicht von 1942 ausdrückt, das mit den Worten beginnt: »Ich wurde geboren unter einem unglücklichen Stern.«[22]

Gegen Ende ihres Lebens, als sie viel Zeit auf Gewissensprüfung und Selbstanalyse verwandte, vertraute sie ihrer Freundin Vivien De Bernardi an, dass sie annehme, im Alter zwischen vier und fünf sexuell missbraucht worden zu sein.

»Sie hat mir einmal erzählt, dass sie glaube, im Haus ihrer Großmutter vielleicht missbraucht worden zu sein«, sagt Vivien. »Sie hatte keine deutliche Vorstellung davon, aber zu diesem Zeitpunkt war sie ein kleines Kind, vier oder fünf Jahre alt, und sie erinnerte sich an zwei Männer, die ins Haus kamen, vielleicht Vertreter, meinte sie. Einer der Männer hob sie hoch und setzte sie auf einen Tisch oder auf das Waschbecken in der Küche. Worin der Missbrauch im Einzelnen bestand, weiß ich nicht, aber ich glaube nicht, dass sie so etwas wie Vergewaltigung meinte. Sie hatte das Gefühl, von diesen beiden Männern verletzt worden zu sein, auf eine Weise, die sie nicht richtig begriff. Sie hat nicht begriffen, was vor sich ging, und ihre Erinnerung an das Ereignis war nicht deutlich.«[23]

Auch wenn dieser Vorfall ihr Sexualverhalten nicht erklärt, bezog sich Patricia Highsmith möglicherweise darauf, als sie der konservativen Politikerin Anita Bryant schrieb, die gegen die Homosexuellenbewegung zu Felde zog. »Ich habe nicht gesagt, dass Menschen homosexuell geboren werden«, heißt es da, »aber oft werden sie durch bestimmte familiäre Umstände im frühen Alter von sieben oder acht in die Homosexualität getrieben.«[24] Wenn es wirklich einen Missbrauch gab, so hat er sehr wahrscheinlich zu den Gefühlen von Gespaltenheit und Entfremdung beigetragen, die Patricia Highsmith ihr ganzes Leben lang verfolgten. Vielleicht gehörte ein solches Ereignis zu den Ursachen des überwältigenden Schuldgefühls, unter dem sie schon seit der frühen Kindheit litt.

Als kleines Mädchen hatte Patricia Highsmith einen schrecklichen, immer wiederkehrenden Traum über das Geborenwerden, einen Albtraum, der ganz unverkennbar die Schuld symbolisiert, die ihr junges Leben überschattete. Sieben Schwestern und Ärzte stehen um ihren kleinen Körper herum, in einer Atmosphäre von »Düsternis und Schwermut«. Sie liegt auf einem Tisch, kann jedoch von diesem sonderbaren Standpunkt von außerhalb ihres eigenen Körpers aus nichts anderes sehen als sich selbst, umgeben von den Ärzten, die mit einer Mischung aus Neugier, Mitleid und Entsetzen auf sie herabblicken. »Sie nicken in feierlicher Übereinstimmung über irgendeinen unaussprechlichen Defekt, den ich habe«, schrieb sie. »Die Urteilsverkündung ist unwiderruflich, und das ist schlimmer als der Tod, weil ich dazu verurteilt werde zu leben. Ich hatte diesen Traum oder diese Vision vor meinem sechsten Lebensjahr und noch oft danach.«[25]

Ebenfalls in dieser Zeit wurde sie von einem halluzinierten Fleck gequält, einem grauen Klecks, der in diagonaler Richtung über den linken oberen Rand ihres Gesichtsfeldes tanzte und flackerte; er nahm dann die Form einer Maus an. Die »Maus« tauchte immer dann auf, wenn sie gerade las oder irgendetwas intensiv ansah. Von ihr fühlte sie sich jedoch weniger gestört als von den Reaktionen der Menschen, mit denen sie zusammen war und die ihre eigene Überraschung beim Auftauchen des Phantomgebildes bemerkten. »Ich schämte mich natürlich, ihnen von meiner ›Maus‹ zu erzählen. Aber die fantasierte Figur war so lebendig, dass ich nie in der Lage war, mein Erschrecken vor den anderen zu verbergen ...«[26] Als sie zwischen fünf und sieben war, tauchte die graue Figur vier- oder fünfmal in der Woche auf. Dann bekam sie eine getigerte Katze zum Geburtstag, und kurz darauf verschwand die Maus.

Es muss dahingestellt bleiben, ob die Hinweise auf den sexuellen Missbrauch im Kindesalter glaubhaft sind oder nicht; doch in jedem Fall hatte Patricia Highsmith auch angenehme Erinnerungen an ihre frühe Kindheit im Haus ihrer Großmutter. Sie pflegte im Schlafanzug vor dem Gasofen im Wohnzimmer zu sitzen und den Fortsetzungsroman in der Lokalzeitung zu lesen. Von Kindesbeinen an empfand sie eine fast physische Liebe zum geschriebenen Wort, und beim Lesen hielt sie die Zeitung oft ganz nahe vor ihre Nase, um den Geruch der Druckerschwärze einatmen zu können. Fasziniert war sie auch von einem Buch über die Geschichte des Ersten Weltkriegs, das Grauen erregende Schwarz-Weiß-Fotos von verwundeten und toten Soldaten enthielt. Doch ihre Lektüre beschränkte sich nicht auf düstere Themen; sie blätterte auch gern in einem Buch über Hollywood mit vielen Fotos von Stars und Sternchen der Matinee-Vorstellungen. »Auf der Nase von einer dieser blonden Schönheiten mit herzförmigen Lippen saß eine große Fliege, und ich und meine kleine Freundin zerquetschten sie, indem wir das Buch genau an dieser Stelle zuschlugen. Das gab ein Gelächter!«, erzählte sie später.[27]

Dennoch war es zu dieser Zeit, im Alter von sechs Jahren, als ihr, ihren späteren Analysen zufolge, zum ersten Mal bewusst wurde, dass sie sich hinsichtlich ihrer Emotionalität und Sexualität von der Norm unterschied. »Mein Charakter war im Wesentlichen geformt, bevor ich sechs war«, schrieb sie an ihren Stiefvater.[28] Es mag sein, dass das Bewusstsein der Sexualität sich im Regelfall später einstellt, doch Patricia Highsmith fühlte sich schon mit sechs Jahren auf merkwürdige Weise anders, und sie brachte dieses Gefühl mit ihrem Wunsch in Verbindung, mit anderen Mädchen zusammen zu sein, den sie in der Folge verdrängen musste. Natürlich artikulierte sie als Kind diesen Wunsch nicht, doch später schrieb sie in einem autobiografischen Gedicht ohne Titel:

> Es war doch eine Tragödie, was ich sah,
> »Verboten!«, einem Wort in roter Farbe gleich,
> »Aufhören!«, und das sechsjährige Kind, das ich war,
> konnte es lesen.[29]

Es ist unbestreitbar, dass Patricia Highsmith Stanleys Anwesenheit im Haushalt ablehnte; sie warf ihm vor, sich zwischen sie und ihre Mutter gedrängt zu haben. Als sie acht Jahre alt war, stellte sie sich in ihrer Fantasie immer wieder vor, Stanley umzubringen, und in ihrem Notizbuch gestand sie »die bösen Gedanken, von Mord an meinem Stiefvater zum Beispiel, als ich acht war oder jünger«.[30] Im Alter von einundzwanzig sagte sie im Laufe eines Streits, bei dem sie bezichtigt wurde, sich nicht in die Normalität einzufügen, zu ihrer Mutter, der Grund, warum sie anders sei als andere, sei »vor allem Sex«; dass sie sich dem Üblichen nicht anpassen könne, sei »das Ergebnis von verdrängten Beziehungen in der Familie, der einzigen Welt eines Kindes viele Jahre lang«.[31]

Patricia Highsmith lebte diese vergifteten Gefühle nicht aus, sondern verdrängte und internalisierte sie. »Ich lernte von früh auf, mit einem bitteren und mörderischen Hass zu leben. Und lernte, auch meine positiveren Gefühle zu unterdrücken«, schrieb sie.[32] Die finsteren Gedanken nährten ihre düstere Fantasie. »All das ist wahrscheinlich die Ursache, warum ich dazu neige, blutrünstige Geschichten von Mord und Gewalt zu schreiben«, bekannte sie.[33]

Eine Familie ohne inneren Zusammenhalt

(1927–1933)

Im Alter von sechs Jahren zog Patsy mit ihrer Mutter und ihrem Stiefvater von Fort Worth nach New York. Das Manhattan von 1927 war eine Stadt der Gegensätze, schön und trist zugleich, hin- und hergerissen zwischen den alten Gewissheiten der Vergangenheit und den erregenden Aussichten des Maschinenzeitalters. »1927 kann als der Angelpunkt bezeichnet werden«, schreibt der New Yorker Architekturhistoriker Robert Stern, »an dem das Gleichgewicht zwischen Alt und Neu kippte und sich das Neue endgültig durchzusetzen begann.«[1]

New York, das als kulturelle und ökonomische Hauptstadt des Landes angesehen wurde, verkörperte die Haltung des »nichts ist unmöglich!«, die Amerika in den späten zwanziger Jahren kennzeichnete. Technische Neuerungen entwickelten sich in erstaunlicher Geschwindigkeit: In dem Jahr, als die Familie Highsmith nach Manhattan zog, wurde der erste nationale Rundfunksender eingerichtet; in einem Gebäude der Bell-Telefongesellschaft an der West Street gab es die erste öffentliche Vorführung eines Fernsehapparats; zwischen New York und London konnte man drahtlos telefonieren; die ersten Tonfilme liefen an; und Charles Lindbergh wurde nach seinem ersten Alleinflug über den Atlantik von New York nach Paris mit einer »Great Blizzard« genannten achtzehnhundert Tonnen Papier verschlingenden Konfettiparade gefeiert. Wolkenkratzer

– diese Totems der kapitalistischen Mythologie Amerikas – stiegen wie riesige steinerne Schäfte auf der Suche nach den Grenzen des Himmels von den Straßen der Stadt in die Höhe.

Für die kleine Patricia Highsmith muss – wie für viele andere – die Ankunft in New York eine aufregende Erfahrung gewesen sein. Ein zeitgenössischer Besucher vergleicht die Stadt mit einem jungen Mädchen, »gierig, gesund, lebhaft und noch immer voller Illusionen«.[2] Das Gefühl von Energie, Selbstvertrauen und Optimismus war ständig gegenwärtig – New York sollte als erstes städtisches Konglomerat eine »Weltstadt« im Sinn Oswald Spenglers werden –, und doch muss das kleine Mädchen auch eingeschüchtert gewesen sein von den riesigen Gebäuden und der unübersehbaren Menschenmenge in den Straßen. 1925 kamen in der Londoner Innenstadt auf knapp einen halben Hektar sechzig Menschen, während es in New York hundertzweiundsechzig waren.[3] New Yorks Einwohner waren unverkennbar heterogen. Die Zahlen von 1927, im Stadtführer der Works Progress Administration aufgelistet, zeigen, dass es in Manhattan 465 000 jüdische Einwohner gab, die damit über ein Viertel der Bevölkerung ausmachten; hingegen zählte 1930 die Stadt 224 670 Schwarze, 117 740 Italiener, 86 548 Iren, 69 685 Russen, 69 111 Deutsche und 59 120 Polen.[4] Dazu stieg die Zahl der Autos von 125 101 im Jahr 1918 auf 790 123 Ende der zwanziger Jahre, was bedeutete, dass es in Manhattan mehr Kraftfahrzeuge gab als in ganz Europa.[5]

Zwanzig Jahre später beschrieb Patricia Highsmith in der Kurzgeschichte »The World's Champion Ball-Bouncer«, erschienen im April 1947 in der Zeitschrift *Woman's Home Companion*, das Gefühl der Entfremdung, das sie und ihre Familie bei der Ankunft in New York überkam. Die Leverings – Mutter Leila, Vater A. J. (ein Schriftmaler wie Stanley) und Tochter Elspeth – sind vor kurzem aus dem Süden nach New York gekommen. Elspeth hatte vom Empire State Building geträumt, doch als sie morgens ihren Haferbrei isst, überwältigen sie Gefühle von Einsamkeit und Fremdheit, und sie erkennt, dass sie die Fahrt zum höchsten Wolkenkratzer der Welt doch nicht unternehmen will. Sie bemerkt die schmutzigen Wände der Wohnung – ein Zeichen dafür, dass zahllose Familien die Wohnung vor ihnen bewohnten – und fühlt sich äußerst unbehaglich in ihrer neuen Umgebung. Sie entdeckt ein Mädchen, das auf dem Gehsteig Ball spielt, und ihre Mutter schlägt vor, dass sie hinuntergehen und sich mit dem Mädchen anfreunden soll, aber als Elspeth sich vorstellt, wird sie nur unfreundlich angestarrt, und das Mädchen bemerkt: »Du redest so komisch.«[6] Elspeths Gesicht verkrampft sich, sie läuft ins Haus zurück, erzählt aber ihrer Mutter und ihrem Vater nicht, dass sie mit dem Mädchen gesprochen hat. Tränen rollen ihre Wangen hinab, als ihre Eltern sie zu trösten versuchen, aber »sie sind beide so still wie sie selbst in diesem langen Augenblick, in dem sie den Atem anhielt«.[7]

Als Kontrapunkt zu dem ständigen Gedudel vom Neuesten, Besten und Modernsten, mit dem Manhattan zu dieser Zeit berieselt wurde, herrschte eine gedämpfte, bedrohlich anmutende Stimmung, die Walter Lippmann 1929 als »dissonante Melodie, aus tausend Geräuschen zusammengesetzt«[8] bezeichnete und die auch von F. Scott Fitzgerald beschrieben wurde. »Um 1927 zeigte sich eine weit verbreitete Neurose ... Meine Zeitgenossen hatten begonnen, in den dunklen Schatten der Gewalt einzutreten und darin zu verschwinden«, schrieb er in seinem Essay »My Lost City«.[9] Ein ehemaliger Klassenkamerad brachte seine Frau und sich selbst in Long Island um; ein anderer stürzte sich von einem New Yorker Wolkenkratzer hinunter; einer seiner Freunde wurde während der Prohibition in einer »Mondscheinkneipe« mit illegalem Alkoholausschank in Manhattan brutal zusammengeschlagen und schleppte sich noch in den Princeton Club, wo er dann starb. »Dies waren keine Katastrophen, nach denen ich umständlich hätte suchen müssen – es handelte sich um meine Freunde; und außerdem geschahen diese Dinge nicht während der Wirtschaftskrise, sondern in der Zeit des wirtschaftlichen Aufschwungs.«[10] Laut Statistik wurden 1929 in New York 401 Morde gemeldet, während es in Chicago im selben Jahr keinen einzigen gab.[11]

Eine der unglückseligen Nebenerscheinungen des Maschinenzeitalters – der Begriff diente 1927 einer Kunstausstellung in der 57. Straße West als Titel –, das besessen war von Fortschritt, Geschäft und Komfort, war die Entmenschlichung, die mit ihm einherging, die Auszehrung der Seele, die Patricia Highsmith später in ihren Werken erkunden sollte. »Es ist die Stadt von Spaß und Zerstreuung«, schrieb Ford Madox Ford 1927 über New York, »und Spaß und Zerstreuung sind so heilig, dass alles entschuldigt wird, was man tut, um sie sich zu verschaffen.«[12] Die Stadt war so facettenreich und vielschichtig, dass viele Kommentatoren keine Kriterien mehr fanden, um sie zu beschreiben. »Von keiner anderen Stadt kann mit so viel Recht gesagt werden, sie widersetze sich jedem Versuch, die für sie typischen Eigenschaften zusammenzufassen«, schrieb ein zeitgenössischer Beobachter.[13]

Vor diesem Hintergrund muss man sich die Ankunft von Mary und Stanley Highsmith in New York vorstellen. Sie hatten Fort Worth verlassen, weil sie als Grafiker auf eine bessere Zukunft hofften, und bald nachdem sie sich in der Stadt niedergelassen hatten, begann Mary freiberuflich als Illustratorin zu arbeiten. »Mein Stiefvater, Highsmith, arbeitete für die Telefongesellschaft – wie heißt das? – die Gelben Seiten, als Layouter«, sagte Patricia Highsmith in einem Interview, »und meine Mutter war eine Zeit lang Modezeichnerin für Zeitungen und *Women's Wear Daily*.«[14]

Die Familie wohnte in einer Wohnung Ecke 103. Straße und Broadway, und die sechsjährige Tochter wurde unter dem Namen Mary Patricia Highsmith – nicht unter ihrem Geburtsnamen Plangman – in der Nähe ihrer Wohnung eingeschult.[15]

Am ersten Schultag brachte ihre Mutter sie zu dem großen Gebäude aus roten Backsteinen und grauem Zement, wo einige hundert Kinder Fangen spielten und sich Bälle zuwarfen. Mary ging mit ihrer Tochter an der Hand über den Schulhof und führte sie in eine große düstere Turnhalle. Der bedrückende Saal war schmutzig grau und dunkelgrün gestrichen, und die wenigen Lampen, die es gab, waren in Drahtkäfigen eingeschlossen. Die Fenster waren so hoch in der Wand eingelassen, dass man nichts von der Außenwelt sehen konnte.

Patricia wurde der Klasse 1A zugewiesen, aber dann machte man einen Lesetest mit ihr und stellte fest, dass sie besser war als die anderen in ihrer Altersgruppe, worauf sie in Klasse 2B kam, in der die Kinder zwei Jahre älter waren als sie. Leider hielten Patsys mathematische Fähigkeiten nicht mit ihrem Lesevermögen Schritt; sie glaubte, das Zeichen für die Multiplikation sei ein umgekipptes Pluszeichen. In der Klasse saß sie in der hintersten Reihe, und sie hatte das Gefühl, ihr Südstaatenakzent kennzeichne sie als Außenseiterin. Am Ende ihres ersten Schultages, als ihre Mutter kam, um sie abzuholen, verließ Patsy das Gebäude mit einem schwarzen Jungen, mit dem sie Hand in Hand die Treppe hinunterkam. Später nahm sie an, dass sie sich mit ihm anfreundete, weil er zu den wenigen Menschen gehörte, die das, was sie sagte, verstanden und umgekehrt.

»Sobald ich laufen konnte, war ich in die kleine Straße hinter unserem Haus gegangen, zu den schwarzen Kindern, deren Eltern die Mieter meiner Großmutter waren, und hatte mit ihnen gespielt und herumgetobt«, schrieb sie einmal. »Es war keine Überraschung für mich, nein, es war eine angenehme Entdeckung, dass es in New Yorker Schulen schwarze Kinder gab. Ich war vorher nicht in der Schule gewesen, nicht in den Südstaaten, und deshalb wusste ich nichts von Rassentrennung.«[16]

Mary war eine liberal denkende Frau, es machte ihr nichts aus, dass ihre Tochter sich mit schwarzen Kindern abgab, aber Willie Mae war entsetzt. Es mochte noch angehen, mit den Kindern der »Negro Alley« hinter dem Haus zu spielen, doch sich in der Schule in New York mit ihnen anzufreunden war etwas ganz anderes. Sie überredete Mary und Stanley zu einem Schulwechsel, und die kleine Patsy kam nun in eine Privatschule in der Nähe der Kreuzung der 103. Straße und Riverside Drive, mit Blick auf den Hudson. Dort fand sie es allerdings langweilig, denn es gab nicht mehr Hunderte, sondern nur noch etwa dreißig Schüler und Schülerinnen in dem Gebäude.

Patricia Highsmith erinnerte sich später daran, wie sie in meterhohem Schnee die Straße zum Riverside Park hinunterlief, nur eine Straße von der Schule entfernt, und mit vor Kälte blauen Lippen heimkehrte. Zum Mittagessen gab es freitags immer Nieren, die sie nicht mochte, und nachdem sie gezwungenermaßen ihren Teller leer gegessen hatte, schlich sie sich oft zur Toilette, um sich zu erbrechen.

Im Februar 1929 zog die Familie nach Texas zurück, und das achtjährige Mädchen kam in die alteingesessene Sixth Ward School, die ab 1904 Stephen F. Austin Elementary School hieß, in der Lipscomb Street 319 in Fort Worth. Die Schule lag nur wenige Blocks südlich der Gleisanlagen der Texas & Pacific Railway, und vom Schulhof aus konnte man das Rattern der Züge hören. Im Zeugnis hatte sie gute Noten in fast jedem Fach. Ihre schlechteste Note war eine Drei in Schönschrift.

Auf dieser Schule erwachte Patsys Interesse und Bewunderung für die Indianer. Sie freute sich auf die eine Stunde in der Woche, in der es den Schülern gestattet war, in den Büchern der Bibliothek herumzustöbern. Jedes Mal las sie etwas über Indianer, »über Indianer in ihren Tipis, Indianer, wie sie Bögen und Pfeile anfertigten ... Ich behielt es die ganze Woche im Kopf und konnte es kaum erwarten, mich wieder auf meinem Schemel niederzulassen – einem dunklen fügsamen Würfel –, das Buch dort aufzumachen, wo ich beim letzten Mal aufgehört hatte, um weiterzulesen und mehr über das Volk zu erfahren, das schon lange vor meiner Geburt in diesem Land gelebt hatte.«[17]

Sie las auch ein Buch über griechische Mythen, ein Geschenk ihrer Eltern, und war gebannt von Arthur Conan Doyles Sherlock-Holmes-Geschichten. »Die Atmosphäre und die Handlung rissen mich mit«, sagte sie, »ich dachte, dass Sherlock Holmes ein Genie sei.«[18] Im Alter von elf und zwölf Jahren lauschte sie diesen Geschichten gespannt im Radio.

Die erste Erfahrung mit der Magie des Geschichtenerzählens machte sie nach einer Sommerreise mit ihrer Mutter und ihrem

Stiefvater zu den Endless Caverns bei New Market in Virginia. Nach ihrer Rückkehr musste sie in Englisch einen Aufsatz schreiben mit dem Titel: »Wie ich meine Sommerferien verbracht habe«, den sie anschließend vor der ganzen Klasse auswendig vortragen musste. Schüchtern und verlegen, wie sie war, stotterte Patsy am Anfang ein wenig, doch als sie dann die Höhlen beschrieb mit ihren blumenartigen Kalksteinformationen, merkte sie, dass ihre Klassenkameraden ihr gebannt zuhörten.

»Die Höhlen waren von zwei Jungen entdeckt worden, die einem Kaninchen nachliefen«, schrieb sie später. »Das Kaninchen verschwand in einer Erdspalte, und die Jungen folgten ihm und fanden sich in einer unterirdischen Welt – riesig, bunt, kühl und wunderschön. Als ich zu dieser Stelle kam, hatte sich die Stimmung im Klassenzimmer gewandelt. Alle hatten zuzuhören begonnen, weil sie interessiert waren. Ich war plötzlich unterhaltend geworden, und ich übertrug auch ein persönliches Gefühl auf alle. Ich vergaß meine Befangenheit, und mein kleiner Vortrag lief viel besser. Zum ersten Mal erlebte ich, dass ich Freude durch eine Geschichte weitergab. Es war eine Art Magie, aber sie ließ sich erzeugen, und ich hatte sie erzeugt.«[19]

Das Fort Worth der Kinderjahre von Patricia Highsmith hat sich in den letzten fünfzig Jahren stark verändert. Heute steht das Haus der Coates an der West Daggett Street nicht mehr, es wurde abgerissen, um Platz für einen Parkplatz zu schaffen, und das südliche Ende der Straße ist nur noch eine Ansammlung von unbebauten Industriegrundstücken. Ein Spaziergang durch die Innenstadt mit ihren glitzernden Wolkenkratzern und seelenlosen Bürohochhäusern ist ziemlich niederschmetternd. Doch trotz der Fadheit der modernen Architektur sind heute noch einige Gebäude erhalten, die Patricia Highsmith gesehen haben muss, als sie in Fort Worth lebte.

Nicht weit von dem Grundstück des einstigen Hauses der Coates entfernt ist das Rosenberg-Coomer House in der Lipscomb Street 426. Es wurde 1908 erbaut und ist mit seinen zwei Stockwerken, seinen Holzwänden, seinem Dach mit den Ecksparren und den kleinen Giebeln vorn und an den Seiten typisch für den vorherrschenden Wohnhausstil an der Südseite zu Beginn des neuen Jahrhunderts.

Mittwochnachmittags ging sie mit ihrer Großmutter in die Stadt. Auf dem Weg über die Brücke sah sie hinunter auf das mexikanische Viertel; sie sah die streunenden Hunde und die halb nackten Kinder, die Männer, die vor ihren Baracken herumlungerten oder mit Einkäufen nach Hause zurückkehrten. Im Stadtzentrum gingen Willie Mae und ihre Enkelin oft ins Kino, weil die Vorstellungen mittwochs billiger waren. Patsy bekam Schokolade, und sie richtete es so ein, dass ein Riegel einen ganzen Film lang dauerte, schälte das Stanniolpapier langsam ab, bis die Schokolade in ihrer Hand schmolz. Später erinnerte sie sich beim Geruch von Gewürznelken daran, dass ihre Großmutter im Kino immer eine Gewürznelke im Mund hatte, um ihren Atem zu erfrischen. Nach dem Kino ging Willie Mae mit ihr zu Kresses, einem billigen Warenhaus, wo sie, wie sie sich erinnerte, einmal einen Blechfrosch zum Aufziehen kaufte. »Das war Amerika – Texas – 1929«, schrieb sie in ihr Notizbuch.[20] In der Schule schwärmte sie für eine Mitschülerin. »Ich weiß noch, wie ich gefaltete Zettel in den Spalt zwischen den Steinen in dem alten Sixth-Ward-Gebäude steckte, sie sollten von einem bestimmten rothaarigen Mädchen aus einer Klasse unter mir gefunden werden.«[21] Zwanzig Jahre danach sollte sich die Schriftstellerin während einer sechsmonatigen Analyse bei einer New Yorker Psychotherapeutin an ihre Liebe zu diesem namenlosen Mädchen mit feuerrotem Haar erinnern.

Im Januar 1930 zog die Familie wieder nach New York, diesmal nach Astoria, im Stadtteil Queens. Ein Foto aus dieser Zeit zeigt Patricia mit ihrem Stiefvater Stanley vor dem Haus, das sie damals vermutlich bewohnten. Sie trägt einen schicken Wintermantel mit Pelzbesatz, Hut und Wollhandschuhe und hält ein Fahrrad (ihr erstes), doch sie blickt nicht mit Stolz oder Freude in die Kamera, sondern mit einem Ausdruck von Unsicherheit. Sie hat einen dichten Pony, ihre kleinen schwarzen Augen blinzeln ins Licht, und ihr Mund sieht aus, als würde sie die Wangen einziehen.

Als sie 1919 in Astoria ankam, wohnte die Familie zunächst in der 21. Road, in der Nähe des Astoria-Parks, und zog dann, wahrscheinlich 1931, in die 28. Straße.[22] Zu dieser Zeit erlebte das Viertel einen bemerkenswerten wirtschaftlichen Aufschwung. In den zwanziger Jahren war die Infrastruktur wesentlich verbessert worden, eine U-Bahn-Fahrt kostete nicht mehr als fünf Cent; in der Folge stieg der Bedarf an Wohnhäusern deutlich an, und die ganze Gegend in der Nordwestecke von Queens war plötzlich von Büroangestellten äußerst begehrt. Für nur vierunddreißig Dollar im Monat konnten zwei Familien in einem neu erbauten Ziegelhaus wohnen, nur zwei Minuten zu Fuß von der Ditmars Avenue entfernt, und mit der U-Bahn dauerte es nicht länger als eine Viertelstunde zur Grand Central Station oder zum Times Square.[23] Obwohl die neuen Apartmenthäuser nicht vergleichbar waren mit den eleganten, aristokratischen Wohngebäuden an der exklusiven 12. oder 14. Straße – einer als »The Hill« bekannten Gegend –, galten sie mit ihren großen Fenstern, Veranden und hohen Decken als gediegen und doch preiswert.[24]

Das eindrucksvolle Panorama Manhattans, mit sattem Grün und Wasser im Vordergrund, wie es sich von Queens aus darstellte, war, dem bedeutenden Architekturkritiker Lewis Mumford zufolge, »eine der schönsten Stadtansichten der Welt«.[25] In Manhattan vollzog sich in diesen Jahren ein grundlegender Wandel: Zwischen 1929 und 1930 wurden fünf der wichtigsten Wolkenkratzer hochgezogen, darunter das Chrysler und das Empire State Building, überdies eine ganze Reihe neuer Brücken und Autobahnen um die Insel herum. Der *New Yorker* schrieb im November 1929, die Stadt sei nie zuvor so »zerrissen«[26] gewesen, da sie sich mit immer neuer proteischer Energie selbst verwandele.

Die junge Patricia Highsmith fühlte sich aber gewiss auch von anderen Dingen in ihrer unmittelbaren Umgebung angezogen: von dem breiten Boulevard der 30. Avenue mit seinen vielen lebhaften Geschäften; von dem verführerischen Big House der Astoria-Studios an der Ecke 35. Avenue und 35. Straße, erbaut 1920 von der Players-

Lasky Corporation (die nach 1927 den Namen Paramount Pictures erhielt), als Konkurrenz für die Studios in Hollywood und Drehort des ersten Films der Marx Brothers, *Cocoanuts*; von der Church of the Most Precious Blood an der 37. Straße, deren Architektur aufregende Bezüge zum Jazz-Zeitalter wie auch zum Wien der Jahrhundertwende aufwies; von dem Fährhafen am Fuß des Astoria-Boulevard. Fasziniert war sie von der »eigenartigen Imposanz«[27] der Hell-Gate-Brücke, eines eindrucksvollen Bauwerks und wichtigen Verbindungsglieds des Eisenbahnverkehrs zwischen Kanada, Neuengland und dem Südwesten. Im Alter von fünfundzwanzig Jahren spielte Patricia Highsmith sogar mit dem Gedanken an einen Roman über ein junges Mädchen, Letitia, das in Astoria aufwächst; die Brücke mit ihren charakteristischen Parabelbögen sollte ein zentrales Motiv des Buches werden.

In ihrer neuen Schule – Primary School 122, Ditmars Boulevard 2101 – bekam Patricia Highsmith jedes Jahr sehr gute Noten. Am 10. Februar 1930 kam sie in die vierte Klasse, und ihre Zeugnisse zeigen, dass sie eine gewissenhafte, fleißige Schülerin war, die für Betragen und Leistung gleichermaßen Lob einheimste. Als sie in Astoria wohnte, kam Patricia – die im September 1932 bei einer Körpergröße von einem Meter zwanzig knapp 37 Kilo wog – keinen einzigen Tag zu spät zur Schule.[28] Als Kind sei sie, wie sie selbst einmal schrieb, »schwermütig und sehr erwachsen«[29] gewesen, und es überrascht daher nicht, dass sie sich zu Lesestoff für Erwachsene hingezogen fühlte. Sie besuchte regelmäßig die Niederlassung der städtischen Bücherei von Queens in Astoria, einen Ziegelbau, der mit Hilfe einer Spende von Andrew Carnegie errichtet worden war, und da sie begierig war, etwas über menschliches Verhalten und dessen Ursachen zu erfahren, lieh sie sich Bücher über Psychologie aus. »Ich stürzte mich sofort auf die Abteilung Psychologie, nahm Bücher heraus und setzte mich in eine Ecke, um Bücher zu lesen, die nicht ausgeliehen werden konnten«, sagte sie.[30]

In Astoria wuchs Patsys Faszination für das psychologisch »Abnorme«, die sie ihr ganzes Leben lang beibehielt. Andere Mädchen ihres Alters lasen Märchen, sie aber war gefesselt von Karl A. Menningers *The Human Mind*, einem detaillierten Bericht über »abweichendes« Verhalten wie Kleptomanie, Schizophrenie und Pyromanie. (Interessanterweise gingen einige der in Menningers Buch versammelten Studien auf die Forschungen Robert Ripleys zurück, des extravaganten Autors der weltweit bekannten Zeitungskolumne »Ripley's Believe It or Not!«; zu Beginn des 20. Jahrhunderts bereiste Ripley auf der Suche nach bizarren Phänomenen aller Art die Welt.) *The Human Mind* erschien 1930 bei Knopf in New York und war eines der ersten psychiatrischen Sachbücher, das einem breiten Publikum die dunkleren Aspekte menschlichen Verhaltens nahe zu bringen versuchte. Von der Kritik ausgezeichnet, wurde es über tausendmal rezensiert und erwies sich sofort als Bestseller. Gleich nach Erscheinen wurden siebzigtausend Exemplare davon verkauft. »Es ist eine einfache, geradlinige Darstellung der Prinzipien einer dynamischen Psychiatrie«, schrieb Sydney Smith, der Herausgeber einer überarbeiteten Neuauflage des Buches, »und es beleuchtet die Schattenseiten des menschlichen Geistes.«[31]

Menninger gründete eine psychiatrische Klinik in Topeka, Kansas, und stieg später zum Vorsitzenden der American Psychoanalytic Association auf; er wurde ein prominenter Mann, der in ganz Amerika Interviews gab, Reden hielt, Ratschläge erteilte und über den viel geschrieben wurde. Sein Buch war auch deshalb so erfolgreich, weil er komplexe psychologische Phänomene in einer klaren und prägnanten Sprache erläuterte und seine Argumente mit authentischen Fallbeispielen untermauerte. Schon die ersten Zeilen des Buches müssen Patricia Highsmith gefesselt haben:

> Wenn eine Forelle nach einer Fliege schnappt, dabei einen Angelhaken verschluckt und nicht mehr frei und ungehindert schwimmen kann, fängt sie an zu kämpfen, sie zappelt und spritzt und schafft es manchmal zu entkommen. Öfters allerdings wird sie mit der Situation nicht fertig.
>
> Auf die gleiche Weise kämpft der Mensch gegen seine Um-

> gebung und die Haken, die ihn gefangen halten. Manchmal meistert er seine Schwierigkeiten; manchmal wird er nicht mit ihnen fertig. Sein Kampf ist alles, was die Welt sieht, und für gewöhnlich missversteht sie ihn. Es ist schwer für einen freien Fisch zu verstehen, was mit einem Fisch geschieht, der am Haken hängt.[32]

Der Unterricht endete um halb vier Uhr nachmittags. Patricia war dann allein zu Hause – Mary und Stanley waren noch auf der Arbeit; es setzte sich in den grünen Sessel im Wohnzimmer und las Menningers Fallgeschichten: die glücklich verheiratete Frau und Mutter, die ihre beiden Kinder erschoss und sich anschließend an nichts erinnerte; der wohlhabende Kaufmann, der nicht aufhören konnte, Banken zu überfallen, und die Studentin, die sich zu ihrer weiblichen Zimmergenossin hingezogen fühlte. »Für mich waren sie natürlich real, und deshalb stimulierten sie meine Fantasie mehr, als es Märchen oder Romane hätten tun können«, schrieb Patricia Highsmith 1989, ein Jahr vor seinem Tod, an Karl Menninger.[33]

Menningers Ablehnung des Begriffs von Normalität gefiel Patricia, die sich in der Wirklichkeit des Alltags oft unwohl fühlte. Im Vorwort zu *The Human Mind* schrieb er: »Das Attribut ›normal‹ erscheint mir äußerst abstoßend; ich sehe weder Hoffnung noch Trost darin, auf dieses Niveau zu sinken. Meiner Meinung nach ist es Unwissenheit, die Menschen glauben lässt, das Anomale sei das Schreckliche, aus Unwissenheit hält man so ungerührt an der Meinung fest, das ›Normale‹ sei in der Nähe des Mittelmäßigen und Durchschnittlichen angesiedelt. Aber jeder, der irgendetwas erreicht, ist a priori anomal …«[34]

Das Buch stimmte mit der schon instinktiv in dem jungen Mädchen vorhandenen Überzeugung überein, dass es hinter der Anstandsfassade eines Menschen eine gärende Masse von Widersprüchen und perversen Wünschen gibt – eine psychologische Dynamik, die sich anbot für kreative Erkundung. »Ich kann mir nichts vorstellen, was geeigneter wäre, die Fantasie in Gang zu setzen, sie dazu anzutreiben, dass sie etwas erschafft, als der Gedanke – die Tatsache –, dass jeder Mensch, an dem man irgendwo auf der Straße vorbeigeht, ein Sadist sein kann, ein triebhafter Dieb oder sogar ein Mörder«, schrieb sie.[35]

Der Drang, ihre nächsten Menschen hautnah zu erkunden, äußerte sich auch in ihrem Interesse an der menschlichen Anatomie. Ein weiteres Werk, das sie beeinflusst hat und das für eine Neunjährige ebenfalls ein ungewöhnlicher Lesestoff war, ist George Bridgmans *The Human Machine*, ein Buch über die Strukturen des menschlichen Körpers, das eigentlich für Kunststudenten geschrieben worden war. »Es war ein wichtiges Buch im Haushalt, weil meine Mutter und mein Stiefvater als Zeichner einigermaßen in der Lage sein mussten, den Körper eines Menschen darzustellen«, schrieb sie in einem Brief an ihren deutschen Verleger.[36] Sie las außerdem Jack London, Louisa May Alcotts *Kleine Frauen*, Robert Louis Stevensons Romane, John Ruskins *Sesam und Lilien* und Bram Stokers *Dracula*. Letzteres Werk stellte sie vor sich auf, während sie in der Wohnung ihrer Eltern allein ihr Mittagessen einnahm. Das Buch ließ sie vor Schrecken erstarren – beim Umblättern stellte sie sich vor, dass ein Geist die Diele betrat, obwohl es heller Tag war.

Im Biologieunterricht in der Schule lernte sie Gregor Mendels Kreuzungsversuche an Erbsen und Bohnen und die Vererbungsgesetze kennen. Die Wahrheit über ihre Geburt erfuhr sie von ihrer Mutter, als sie zehn war, doch die Einzelheiten hatte sie lange vorher gewusst, wie sie behauptete. Sie hatte schon seit langem gemutmaßt, dass Stanley nicht ihr leiblicher Vater sei – und schließlich musste sie nur in den Spiegel sehen, um festzustellen, dass sie mit ihren dunklen Augen und ihrem schwarzen Haar weder ihrer Mutter noch ihrem Stiefvater ähnlich sah. Und jetzt bestätigten die Mendelschen Gesetze ihren Verdacht. Ihren eigenen Angaben zufolge war ihre Mutter ein blonder Typ mit grauen Augen, und ihr Stiefvater hatte ebenfalls graue Augen.[37] Zudem bewahrte ihre Mutter im Haus der Großmutter Zeichnungen auf, unter denen der Name Mary Plangman, nicht Mary Highsmith stand. »Ich erinnere mich, dass ich fragte, warum dieser Name? Ganz zu schweigen davon, dass mein Stiefvater erst auftauchte, als ich drei war«, sagte sie zu Craig Brown.[38]

Das, was ihr ihre Mutter enthüllte, war also kein Schock für sie, doch das Wissen darum, dass Stanley nicht ihr leiblicher Vater war, muss sie doch, wenn auch unbewusst, dazu veranlasst haben, sich Gedanken über ihre Identität zu machen. Und die Folge davon war ein Gefühl extremer Beunruhigung.

»Als ich neun oder zehn war, hatte ich die Befürchtung, sterben zu müssen, wenn ich einschlief. Ich brauchte ewig lange, um einzuschlafen, und ich weiß noch, dass ich oft bis zwei Uhr wach lag. Ich hatte das Gefühl, dass ich aufhören würde zu atmen, deshalb nahm ich Wasser und zog es die Nase hoch, damit es mich irgendwie wach hielt. Das muss mehrere Wochen so gegangen sein, sogar Monate.«[39]

In ihrer Kindheit hat sie offenbar auch Krankheiten gehabt. In einem undatierten Brief an ihre Großmutter – das früheste handschriftliche Dokument von Patricia Highsmith – geht es um etwas, was sie ihr »Gift« nennt:

> Liebe Grandma,
> in diesem Sommer habe ich so viel im Meer gebadet, dass ich keine Zeit hatte, dir so oft zu schreiben wie im Winter. Ich spare Geld, weil ich dir etwas kaufen will, wenn du zu uns kommst ... Wir möchten alle so sehr, dass du zu uns kommst. Mutter und Stanley werden dir zeigen, dass es hier auch schön ist.
>
> Von meinem Gift bin ich jetzt schon ganz geheilt. Mutter hat mich geheilt. Ich schicke dir einen alten Brief, den ich vor langer Zeit geschrieben habe und vergessen habe, dir zu schicken. Stanley grüßt euch alle, und er freut sich auf deinen Besuch ...
>
> Wie geht's Grandpa – und ich würde mir so wünschen, zu Hause zu sein, dann könnte ich im Hof spielen. Grüße an alle,
>
> Patsy.[40]

Im Jahr 1931 versuchte Patricia Highsmith einmal mit Hilfe einer vier Meter langen Stange eines der hohen Fenster in der Schule zu öffnen. Dabei erblickte sie auf der Straße einen Mann, der schnellen Schrittes vorbeiging. Er trug einen dunklen Anzug, aber keinen Hut, und eine Aktentasche unter dem Arm; dieser gewöhnlich aussehende Mann weckte in der jungen Patsy die brennende Sehnsucht, sich auch frei bewegen zu können, ohne die Kontrolle der Eltern und Lehrer. Für die intelligente Zehnjährige war dieser Mann ein Sinnbild der Unabhängigkeit, des Vermögens, alles tun und überall hingehen zu können. »Das Bild hinterließ einen unauslöschlichen Eindruck in mir«, schrieb sie später, »denn von diesem Augenblick an wusste ich, dass auch ich so etwas wollte.«[41] Fasziniert von dem Mann und von dem, was er in ihr wachgerufen hatte, kletterte sie zu dem Fenster hinauf.

»Patsy, komm bitte sofort herunter!«, sagte ihre Lehrerin, während die Schüler sich vor Lachen bogen.

»Also kam ich herunter«, erinnerte sich Patricia Highsmith, »aber das Bild hatte ich immer noch vor Augen.«[42]

Der Zwischenfall ist wichtig, weil er auf die zwiespältige Haltung der Schriftstellerin hinsichtlich einer Gruppenzugehörigkeit hinweist. Die Tatsache, dass sie sich zu keiner Gruppe wirklich zugehörig fühlte, war kennzeichnend sowohl für ihre berufliche Laufbahn als auch für ihr Privatleben. Einerseits wollte sie den Grenzen des Klassenzimmers entfliehen und wie der einsame Mann auf der Straße sein, aber auf der anderen Seite verspürte sie den Drang, ihre Klassenkameraden zum Lachen zu bringen. Ihrer Aussage nach fühlte sie sich in der Schule wie eine »Arbeiterin in einem Ameisenhaufen, ohne Identität, Bedeutung, Individualität und Würde«,[43] und darum kämpfte sie gegen jede Art von Einförmigkeit. Mit elf weigerte sie sich, Französisch zu lernen, bevor der Lateinunterricht begonnen hatte – auf diesen Gedanken war sie durch ein Buch von Hugh Walpole gekommen –, und las stattdessen in ihrer Freizeit die Essays von Hazlitt und Boswells *Leben des Dr. Samuel Johnson* in der Schulbibliothek. Vielleicht verabscheute sie die Vorstellung einer

Gruppe, in der sie um ihre Identität fürchten musste, doch Vivien De Bernardi vertraute sie an, dass ihr zehntes Lebensjahr das »glücklichste Jahr« ihres Lebens war, weil sie zu einer Bande gehörte.[44]

Zu Beginn der Pubertät war Patricia Highsmith noch nicht aufgeklärt. »Als ich elf war, musste mir meine Mutter das mit der Menstruation erklären«, schrieb sie später in einem Brief an ihren Stiefvater. »Dann fügte sie hinzu: ›Glaubst du nicht, dass ein Mann etwas damit zu tun hat?‹ Ich antwortete: ›Nein – ich weiß nicht.‹ Das war das Ende ihrer Aufklärung.«[45]

Zur gleichen Zeit wurde die Beziehung zwischen Mary und Stanley immer instabiler. Patricia Highsmith erinnerte später ihre Mutter in einem Brief an die ständigen Streitereien, die sich in der Wohnung abspielten. »Ich erinnere mich an dauernden Streit ... Du hast mit Trennung gedroht, deinen Koffer gepackt (und manchmal wieder ausgepackt), hast gedroht, sofort zu gehen, und so weiter.«[46]

Im Sommer 1933 entfloh die Zwölfjährige ihrem höllischen häuslichen Umfeld und verbrachte einen Monat in einem Sommerlager für Mädchen in der Nähe von Walker Valley im Staat New York. Sie schrieb ihren Eltern jeden Tag, und zwei Jahre darauf wurden ihre Briefe, die die Begabung des jungen Mädchens offenbaren, in der Zeitschrift *Woman's World* veröffentlicht. Sie aß Pflaumen und Cornflakes zum Frühstück, lernte schwimmen und Feuer machen, spielte Tennis, röstete Marshmallows und schlief in Schlafsälen. Sie wurde zur Gruppensprecherin gewählt und musste die Schlafräume inspizieren, und an bestimmten Abenden ging sie mit einer Gruppe von Mädchen nackt im See schwimmen, was man »Diana-Schwimmen« nannte. »Diana heißt, dass man keine Kleider anhat«, schrieb sie. »Glaubt ihr, dass es richtig ist, das zu machen? Es ist sehr dunkel.«[47] Die Briefe zeigen, dass sie die Erfahrung offensichtlich sehr genoss. »Ein paar Mädchen sind doof, aber ein paar sind ziemlich nett«, schrieb sie. Sie bewunderte ihre Tennislehrerin, Miss Edna, die »einen wunderbaren Aufschlag hat. Sie lässt ihren Schläger zweimal kreisen, bevor sie den Ball abschlägt.«[48] Ein Höhepunkt des

Lagerlebens war der »Verkehrte Tag«, an dem die Aufsichtspersonen mit den Mädchen Kleider und Pflichten tauschen mussten. Der Brief, den sie über diesen Tag schrieb, dokumentiert auch ihre frühe Liebe zum lebendigen, humoristischen Sprachstil.[49]

Im Sommerlager vermisste Patsy ihre Mutter, und sie bat sie in einem Brief, sie zu besuchen; gegen Ende ihres Aufenthalts schrieb sie von ihrer Sehnsucht und ihrer Aufregung, Mary wiederzusehen. »Heute Abend packe ich meinen Koffer für die Heimreise. O Freude, o Freude!«[50] Offenbar hatten Mary und Stanley versucht, in Abwesenheit der Tochter ihre Schwierigkeiten auszuräumen, doch als Patsy nach Hause kam, teilte ihr ihre Mutter mit, sie ziehe nun einen Schlussstrich unter ihre Ehe. Sie werde sich von Stanley scheiden lassen und mit ihrer Tochter nach Fort Worth zurückkehren, wo sie wieder mit Willie Mae zusammenwohnen wollten. Es werde alles wieder so sein wie früher. »Die Familie Highsmith war ohne inneren Zusammenhalt, nur so kann ich es beschreiben, eine Familie, die am Rande eines Abgrunds stand«, schrieb die Schriftstellerin an ihre Mutter, »und dann kam wirklich der Einsturz, der Zusammenbruch, als ich zwölf, dreizehn war.«[51]

Am Ende des Sommers 1933 verließ Mary ihren Mann und fuhr mit ihrer Tochter nach Fort Worth. Doch schon nach wenigen Wochen kam Stanley nach Texas und kehrte mit seiner Frau wieder nach New York zurück. Patsy blieb bei Willie Mae. Sie litt enorm unter der Trennung.

»Gerade hatte sie in New York eine soziale Gruppe gefunden, in der sie sich wirklich aufgehoben fühlte«, sagt Vivien De Bernardi. »Sie war in diese Gruppe von Kindern integriert, und dann wurde sie mit zwölf wieder zurückverfrachtet nach Texas. Dieses hypersensible Kind – sie war ein wirklich gescheites, aufgewecktes Kind, New York war für sie wie Wasser für einen Verdurstenden –, dieses Kind wieder bei den Provinzlern abzustellen muss unglaublich traumatisch für sie gewesen sein.«[52]

Patricia Highsmith trug es ihrer Mutter nach, dass sie sie in dieser wichtigen Lebensphase so enttäuscht hatte. Natürlich liebte sie ihre Großeltern, doch sie war verbittert und fühlte sich von ihrer Mutter verraten, weil diese sie belogen hatte. In einem Brief an ihren Stiefvater gestand sie, dass die Handlungsweise ihrer Mutter sie erheblich beeinträchtigt habe:

»Wenn es um dieses (für mich) entsetzliche Jahr zwischen zwölf und dreizehn ging, das ich in Texas verbrachte, sagte sie nie: ›Wir haben dich bei Grandma abgestellt, weil wir pleite waren.‹ Oder: ›Ich habe mich entschlossen, zu Stanley zurückzukehren. Es tut mir Leid, weil ich dir gesagt habe, wir würden uns scheiden lassen, aber dem ist nicht so.‹ Wenn sie entweder das eine oder das andere gesagt hätte, wäre die Situation leichter zu ertragen gewesen.«[53]

Ihrem Vater Jay B. schrieb sie einmal, dass ihre Mutter »nie erkannte, was für ein verheerender Vertrauensbruch das damals für mich war«[54], und einer späteren Äußerung zufolge betrachtete sie diese Zeit als die traurigste ihres Lebens.[55]

Verdrängte Wünsche

(1933–1938)

Im Archiv des Independent School District von Fort Worth findet sich ein Eintrag, der dokumentiert, dass Willie Mae am 14. September 1933 ihre zwölfjährige Enkelin in der Junior High School an der South Jennings Avenue anmeldete. Nach ihren häufigen Schulwechseln fiel es Patsy schwer, sich mit den neuen Klassenkameraden anzufreunden, und die Tatsache, dass diese zwei Jahre älter waren als sie, verstärkte ihr Gefühl des Ausgeschlossenseins. Einige ihrer Klassenkameraden luden sie für den 31. Oktober zu einer Halloween-Party ein, doch man hielt sie für zu jung und nahm sie nicht ernst. Sie fühlte sich fremd und allein und ging tief in der Nacht noch auf die Straße, wo sie in einem Augenblick der Rebellion versuchte, die Radkappe eines geparkten Autos abzureißen. Genau fünfzig Jahre später beschrieb Patricia Highsmith den Vorfall; wie sie mit dem Gedanken spielte, die Luft aus dem Reifen zu lassen, sich dann dagegen entschied und wie sie sich bei alldem »verdächtig« vorkam.[1]

In der Schule lernte sie ein Jahr lang schreinern – später stellte sie in ihrer Freizeit Holzskulpturen her, menschliche Figuren und Tiere –, doch sie war das einzige Mädchen in dem Kurs. An diesem Punkt ihres jungen Lebens formulierte sie einen Gedanken, der ihr half, ihre konfuse sexuelle Identität zu verstehen: Sie sah sich als unverkennbar männliches Wesen, das sich aber in einer weiblichen Schale verbarg. »Ich bin das lebendige Beispiel für meinen inneren

Widerspruch, den ich im Alter von zwölf Jahren glänzend ausdrückte: ein Junge im Körper eines Mädchens.«[2] Viel später, im Jahr 1948, sagte eine Wahrsagerin in New Orleans einmal zu ihrer Mutter: »Sie haben ein Kind – einen Sohn. Nein, eine Tochter. Es hätte ein Sohn sein sollen, aber es ist ein Mädchen.«[3] Patricia Highsmith gestand in ihrem Tagebuch, dass ihr diese Bemerkung lange nicht aus dem Kopf ging.

In diesem Jahr in Texas fühlte sie sich meistens verlassen und elend, und sie wandte sich an ihren dreiundzwanzigjährigen Cousin Dan Coates, der immer noch im Haus von Willie Mae und Daniel lebte. Er hatte die Fähigkeit, sie aufzumuntern. In dieser Zeit kamen sich die beiden so nahe, dass sie einander fast wie Bruder und Schwester betrachteten; später begann Dan seine Briefe an sie mit »Liebes Schwesterherz«. In einem Brief, den sie Dan 1968 schrieb, erinnerte sie ihn an die glücklichen Zeiten, die sie zusammen verbracht hatten, als sie auf dem Rasen vor dem Haus Fußball gespielt und in der Küche Geschirr abgetrocknet hatten; sie hatten herumgealbert und einander »nasse Geschirrhandtücher an den Kopf geworfen«.[4] Sonntagabends kam manchmal der Priester der Gemeinde vorbei, um mit ihnen zu essen. Patricia Highsmith entsann sich des Esszimmers, das oft von liebestollen Mücken heimgesucht wurde. Diese Insekten wurden offenbar weniger von dem Essen angezogen, das auf dem Tisch stand, als von der Aussicht, die Familie in Verlegenheit bringen zu können. »Diese Mücken im Esszimmer waren anders als alle Mücken, die ich davor oder danach je sah«, schrieb sie. »Sie verfolgten einander und kopulierten in der Luft.«[5]

Kurz nach ihrer Rückkehr nach Fort Worth begegnete sie zum ersten Mal ihrem leiblichen Vater Jay Bernard Plangman. Bei dem Treffen, das im Haus ihrer Großmutter stattfand, gaben sich beide zurückhaltend. Sie erinnerte sich, dass sie sich beim Anblick des Unbekannten unbehaglich fühlte, zugleich aber auch neugierig war und dass sie sich beide jeder Gefühlsäußerung enthielten. Jay B. nahm nur ihre Hand, als ob er sagen wollte: Ja, du bist meine Tochter, »aber er war fast ein Fremder, ziemlich schroff und formell«.[6]

Nach dieser ersten Begegnung begleitete er sie ein paarmal zur Schule und holte sie ab, doch ihre Beziehung vertiefte sich nicht, und sie sehnte sich immer noch hauptsächlich nach ihrer Mutter.

Ihren eigenen Worten nach war sie »sehr deprimiert«[7], und um sich etwas aufzuheitern, mähte sie den Rasen ihrer Großeltern und bekam dafür jeweils fünfzig Cent, so dass sie am Ende die zwölf Dollar gespart hatte, die sie brauchte, um eine Taschenuhr zu kaufen, die ihr ausnehmend gut gefiel. In einem Brief, den sie 1972 an einen Freund der Familie schrieb, erzählte Patricia Highsmith, dass sie die Uhr fast wie einen Talisman betrachtete, einen Gegenstand von außerordentlicher Schönheit, den sie als Ersatz für echtes Glück benutzte. Ihre Mutter fehlte ihr immer noch sehr, doch die Arbeit für die Uhr, die sie am Ende auch erwerben konnte, half ihr, ihren elenden Zustand zu vergessen; es war, schrieb sie, »etwas, für das ich arbeiten, das ich erringen konnte, etwas, das ich immer anschauen konnte, als ich es verdient hatte«.[8] Einige Zeit darauf gab sie die Uhr ihrem Stiefvater, was sie selbst »merkwürdig« fand, da sie »damals alle Ursache hatte, ihn nicht zu mögen«.[9]

Sie sprach gelegentlich mit ihren Freunden und Freundinnen über ihre unglückliche Kindheit, besonders jenes schreckliche Jahr in Texas. »Aus ihren Erzählungen schloss ich, dass sie als Kind sehr gelitten hat«, sagt Bert Diethelm. »Sie war ein Mensch, den ich mir nicht als kleines Mädchen vorstellen konnte, mit einer Puppe im Arm und einem fröhlichen Lied auf den Lippen. Auf allen Fotos sieht man sie als düsteres, introvertiertes Kind, und diese Kindheit hat bestimmt einen Einfluss auf ihre Arbeit gehabt. Ich glaube, dass sie sich als Kind abgelehnt gefühlt hat, und auch später wurde sie abgelehnt. Ich glaube, es gab sehr viel Unglück für sie.«[10]

Rückblickend war sie der Meinung, dass diese Zeit – und was sie als den Verrat ihrer Mutter ansah – besonders entscheidend gewesen sei im Hinblick auf ihre künftigen Beziehungen. »Sobald ich etwas Festes habe, lehne ich es ab«, schrieb sie ihrem Freund Alex Szogyi, »das ist immer wieder passiert – vielmehr, ich habe dafür gesorgt, dass es so passierte. Natürlich wiederhole ich damit das Muster der halben Zurückweisung meiner Mutter mir gegenüber. Als sie mich ›verlassen‹ hat, mich bei meiner Großmutter ließ, als ich zwölf war, als sie mit mir nach Texas fuhr mit dem Versprechen, dass sie sich von meinem Stiefvater scheiden lasse ... darüber bin ich nie hinweggekommen. Deshalb suche ich mir Frauen, die mich auf ähnliche Weise verletzen, und hüte mich vor solchen, die gute Wesen sind.«[11] Die Trennung von ihrer Mutter dauerte nur ein Jahr, doch der Schaden war angerichtet, ein für alle Mal, wie sie es sah. 1934 sah sie Mary und – zu ihrer Enttäuschung – auch ihren Stiefvater wieder, die sie zurückbeorderten und ihr sagten, es wäre das Beste, wenn sie wieder bei ihnen in New York lebte. Sie erinnerte sich an den Tag, an dem sie Fort Worth verließ und ihre Großmutter sie auf der Treppe vor dem Haus auf den Mund küsste. Sie erinnerte sich auch an ihre Gedanken, als sie abfuhr: »Ihr Kuss war noch feucht auf meiner Oberlippe, und ich wischte ihn nicht ab, sondern fürchtete mich vor dem Zeitpunkt, wenn der Wind ihn unvermeidlich getrocknet hätte und seine Kühle verschwunden wäre.«[12]

Die verheerende Wirkung des Börsenkrachs vom Oktober 1929 war in New York nicht sofort zu spüren, doch als Patricia Highsmith zurückkehrte, merkte sie, dass die Stimmung in der Stadt sich merklich geändert hatte. 1932 erhielten dort 1,6 Millionen Menschen eine Art von Unterstützung, und ein Drittel der Fabriken in der Stadt waren stillgelegt.[13] Auf ganz Amerika bezogen, ergab sich ein noch düstereres Bild; Millionen von Menschen reisten kreuz und quer durchs Land auf der nahezu aussichtslosen Suche nach Arbeit. Die Arbeitslosen – zwischen 1929 und 1933 stieg ihre Zahl von 500 000 auf 12 Millionen an – lebten in Slums, die nach dem 1929 gewählten republikanischen Präsidenten Herbert Hoover »Hoovervilles« genannt wurden, und in jeder Stadt gab es Bettler und Apfelverkäufer und Schlangen vor Essensausgabestellen. Hoover wurde 1932 abgewählt und durch den Demokraten Franklin D. Roosevelt ersetzt, den Vater des New Deal, dessen Antrittsrede mit dem Satz: »Das Einzige, was wir zu fürchten haben, ist die Furcht selbst«, Berühmtheit erlangte. Die Schauspielerin Lilian Gish, die diese Rede hörte, sagte, Roosevelt sei ihr damals vorgekommen wie »in Phosphor getaucht«.[14]

Um den Schatten der Schwermut über Manhattan zu vertreiben, initiierte der neue Bürgermeister der Stadt, Fiorello La Guardia, der von 1933 bis 1945 im Amt war, ein ehrgeiziges Programm, das den Bau neuer Autobahnen, Brücken und Transitverkehrssysteme einschloss. Später schilderte Patricia Highsmith in *Zwei Fremde im Zug* das »schmutzige Gewirr der Dächer und Straßen Manhattans, die aussahen wie ein Paradebeispiel dafür, wie eine Stadt nicht gebaut sein dürfte«.[15]

Die neue Wohnung der Highsmiths, Bank Street 1, lag im Herzen von Greenwich Village, einem Viertel, das damals schon als nonkonformistisch und tolerant galt. Zur Zeit der Jahrhundertwende hatten italienische Arbeiterfamilien dort gewohnt, dann kamen immer mehr Schriftsteller und Künstler, die sich von den gewundenen Sträßchen angezogen fühlten, dem Charme der Alten Welt, den billigen Mieten und dem allgegenwärtigen Götterbaum, auch »Hinterhofbaum« genannt, weil er auf kargem Boden, mit wenig Wasser und einem Minimum an Licht gedieh. Der bereits erwähnte offizielle Stadtführer kommt in seiner kurz gefassten Geschichte des Viertels zu dem Schluss, das »Village« sei »Zentrum der amerikanischen Renaissance oder des verrückten Künstlerlebens ... je nach Standpunkt« gewesen, wo »langhaarige radikale Männer und kurzhaarige radikale Frauen« den politischen Fortschritt und die sexuelle Freiheit predigten.[16] 1927 wurde am Washington Square Ost das Museum of Living Art gegründet, das Werke von Man Ray, Brancusi, Matisse, Picasso, Mondrian, Leger und Juan Gris ausstellte; drei Jahre später öffnete in der 8. Straße das Whitney Museum seine Pforten, wo Traditionen »eher begründet als bewahrt« werden sollten. In einem Haus in der Grove Street – wohin die Highsmiths 1940 umziehen sollten – hatte der Publizist und Revolutionär Thomas Paine seine letzten Lebensjahre verbracht, und in der unmittelbaren Umgebung hatten große Schriftsteller wie Edgar

Allan Poe, Walt Whitman und Henry James zeitweilig gewohnt. Allerdings verkam die künstlerische Atmosphäre des »Village« bald zum Klischee, und 1935 schrieb die Soziologin Caroline Ware, dass die ganze Gegend voller »Pseudo-Bohemiens«[17] sei. Dennoch übte das Viertel westlich des Washington Square noch immer eine Schockwirkung auf die Besucher aus; 1936 schrieb ein Autor, es sei ein Mekka »für Exhibitionisten und Perverse aller Art«.[18]

Als sie 1934 nach New York zurückkehrte, wurde Patricia Highsmith wieder in einer neuen Schule angemeldet, der Julia Richman High School, in der 67. Straße Ost, Nummer 317, die sie bis 1938 besuchen sollte. Es war eine Mädchenschule, die nach der ersten (jüdischen) Schuldirektorin der Stadt New York benannt worden war und in vier Gebäuden achttausend Schülerinnen beherbergte. 60 Prozent der Mädchen waren italienischer Abstammung, 30 Prozent waren Jüdinnen, der Rest setzte sich aus irisch-, deutsch- und polnischstämmigen Kindern zusammen. Das entsprach dem Völkergemisch der Stadt. Die Schülerinnen mussten eng zusammenrücken, da der Zustrom von Einwanderern, besonders Juden, die vor Hitler flohen, ständig zunahm. Die Statistik zeigt, dass zwischen 1930 und 1939 jüdische Kinder über 30 Prozent aller schulpflichtigen Kinder ausmachten.[19] Dieser hohe Anteil ist zum einen auf die judenfeindliche Politik der Nazis, zum andern auf die National Origins Acts von 1921 und 1924 zurückzuführen, Gesetze, die die Einwanderung aufgrund der Prozentzahl der bereits in Amerika Lebenden regelten. Der Bedarf an Schulplätzen war so groß, dass die Behörden sich gezwungen sahen, Fertighäuser aus Holz aufzustellen, die noch bis nach dem Zweiten Weltkrieg in Betrieb waren.[20]

»Ich musste meinen Platz auf der Bank immer mit jemandem teilen, aber es gab Mädchen, die dicker waren und die deshalb für sich allein sitzen durften«, schrieb Patricia Highsmith später. »Es waren die Hitler-Jahre, und die Schule war völlig überfüllt, so dass in drei Schichten unterrichtet wurde, die erste begann um Viertel vor acht, die zweite um neun, die dritte um Viertel vor zehn. Die Klassenräume waren überbelegt, und man hatte keine Aussicht, besondere Hilfe zu bekommen, falls man welche brauchte.«[21]

Trotz der kulturellen Vielfalt der Schule fühlte sich Patricia Highsmith isoliert. Als Protestantin fühlte sie sich von den die Mehrheit ausmachenden jüdischen und katholischen Schülerinnen ausgeschlossen, und unter dieser sozialen Absonderung litt sie sehr. »Nichtkatholiken und Nichtjuden wurden ab vierzehn Jahren und älter nicht zu den Partys von Katholiken und Juden eingeladen, und Katholiken und Juden schlossen sich auch gegenseitig aus. Es gab nie genug Protestanten, um eine Party zu veranstalten.«[22]

Im Jahre 1908, sechsundzwanzig Jahre bevor Patricia Highsmith diese Schule besuchte, veröffentlichte Julia Richman (zusammen mit Isabel Richman Wallach) ein Buch, das die ethische Anschauung dieser Einrichtung widerspiegelt. Es trug den Titel *Der gute Staatsbürger* und war als praktischer Führer für Kinder angelegt, der ihnen die Grundprinzipien des modernen öffentlichen Lebens nahe bringen sollte. Darin gibt es Kapitel über die Feuerwehr, das Gesundheitswesen, die Straßenreinigung und die Polizei. Julia Richmans Ausführungen über das Thema Verbrechen hätten Patricia Highsmith bestimmt später ihr charakteristisches kehliges Lachen entlockt: »Verbrechen ist ein hässliches Wort, und es steht für hässliche Taten. Es ist schlimm genug, gegen Unordnung und öffentliche Unruhen ankämpfen zu müssen, doch das Verbrechen ist noch weit schlimmer ... Menschen begehen Verbrechen, weil sie von Zorn, Neid und Gier getrieben sind; doch gewöhnlich achten sie sorgfältig darauf, sich den Anschein von Anstand zu geben, solange ein Polizist in Sichtweite ist.«[23] In Patricia Highsmiths Welt mag das Verbrechen etwas Grauenvolles sein, doch es ist auch etwas, das von einer psychologischen Notwendigkeit herrührt, und es wird so kühl und logisch beschrieben, dass der Leser zu dem Glauben verleitet wird, es sei Teil des normalen, alltäglichen Verhaltens. Und nicht nur das: Wo ein Polizist in ihren Romanen auftaucht, kann nicht angenommen werden, er sei weniger ruchlos als der Verbrecher, den er verfolgt. Die Moral ist verschoben, wodurch auch die Sichtweise des Lesers unsicher wird; die Perspektiven ändern sich, und die allgemein anerkannten Begriffe von Wahrheit und Gerechtigkeit werden unterminiert.

In der neuen Mädchenschule verspürte sie Langeweile. »Es machte viel mehr Spaß, mit Jungen zusammen in die Schule zu gehen, wie es vor meinem vierzehnten Lebensjahr war«, sagte Patricia Highsmith später, »weil sie viel mehr Humor hatten als die Mädchen, das muss ich sagen, es gab was zu lachen. Und dann plötzlich zwischen vierzehn und siebzehn dieser Haufen von Mädchen ... die Dinge auswendig lernten. Ziemlich langweilig.«[24]

Im Schularchiv findet man nicht nur den Nachweis, dass Patricia Highsmith in fast allen Fächern sehr gute Noten bekam, sondern auch Hinweise auf ihre Persönlichkeit. Auf den Karteikarten stehen Kommentare wie: »Schüchtern?«, »Sie ist immer so außerordentlich freundlich zu mir!« und: »Sollte weiter beobachtet werden«. Doch was die Schriftstellerin im Gedächtnis behielt, ist drückende Langeweile, so dass sie in jeder freien Minute in eine Parallelwelt entfloh – die stets aufregende Welt der Dichtung. Ihre unmittelbare Wirklichkeit langweilte sie so sehr, dass sie selbst zum Sportunterricht ein Buch mitnahm, das sie las, während sie ganz oben an einem Seil hing. »Es fiel der Lehrerin und auch niemandem sonst ein, nach oben zu blicken«, bemerkte sie.[25]

Zu ihrer Lieblingslektüre gehörten die unheimlichen Geschichten Edgar Allan Poes »mit ihren raffinierten Fantasien über Tod, Auferstehung und Weiterleben nach dem Tod«.[26] Sein Vorstellungsvermögen sei wild und ungezähmt, schrieb sie später, er habe »alles gewagt«.[27] Sie besuchte sein Cottage in Fordham, zwanzig Kilometer von New York entfernt, und sie war begeistert, dort Notizen von ihm und Skizzen zu sehen, die er von seiner Frau Virginia und seiner Katze angefertigt hatte. Und es beeindruckte sie, als sie erfuhr, dass Poe eines Tages zu Fuß über die Brücke des Bronx River nach Manhattan gelaufen war, um ein Manuskript abzugeben. Ein anderer Autor, der zu ihren literarischen Helden gehörte, Joseph Conrad, dessen *Taifun* eines ihrer Lieblingsbücher war, veranlasste sie zu einem Tagtraum: Sie wollte von zu Hause weglaufen, sich im Inneren eines Schiffs verstecken, das am Pier des Hudson River, nur ein paar Blocks von ihrer Wohnung entfernt, vor Anker lag. »Ich ... vertiefte mich in den Anblick der rostigen Frachter, die am Ende der Christopher Street am Dock lagen, und ich wünschte mir, auf eines dieser Schiffe hinaufzuklettern und der Schule und der Familie zu entfliehen. Ihre Namen faszinierten mich, viele davon waren fremd und unaussprechlich.«[28] Dieser Wunsch wird in *Zwei Fremde im Zug* von einer ihrer Figuren geteilt, Guy, der sich daran erinnert, dass er als Vierzehnjähriger »darauf gebrannt hatte«, zur See zu fahren.[29] Es ist nicht schwer zu verstehen, warum Patricia Highsmith von Conrads Erzählung so fasziniert war. Zum einen muss es der Schauplatz gewesen sein – die gesamte Handlung spielt auf dem Ozean –, zum anderen geht es um eine homoerotisch gefärbte Beziehung zwischen Kapitän McWhirr, der von seinen Instinkten geleitet wird, und dem ihm an Intelligenz überlegenen Ersten Steuermann Jukes. Diese Dialektik zwischen zwei Männern wird sie in ihren eigenen Werken später ausgiebig erkunden.

Die junge Patricia Highsmith erlebt die Freuden des Eskapismus und den dazugehörigen Nervenkitzel, als sie im Januar 1935 das Verfahren gegen den deutschstämmigen Bruno Richard Hauptmann in der Presse verfolgt, dem die Entführung und Ermordung von Charles A. Lindbergh jr., dem kleinen Sohn des berühmten Atlantikfliegers, zur Last gelegt wird. Die Vierzehnjährige ist so gebannt von dem »Jahrhundertprozess«, dass sie Zusammenfassungen einzelner Verhandlungen in ihr Tagebuch einträgt. »Hauptman [sic] Prozess. Schreit: ›Hört auf mit den Lügen‹«, schrieb sie im Februar, bevor sie den Schuldspruch notiert. »Hauptman [sic] schuldig, verurteilt zum elektrischen Stuhl.«[30] Zwölf Jahre später, 1947, beim Schreiben von *Zwei Fremde im Zug*, vereinte sie die Namen von Mörder und Opfer dieses Aufsehen erregenden Kriminalfalls des frühen 20. Jahrhunderts, als sie ihren ersten psychopathischen Mörder schuf: Charles A. Bruno.

Als Patsy vierzehn war, fragte ihre Mutter sie: »Bist du lesbisch?«, und fügte grausam hinzu: »Du fängst an, dich wie so eine aufzuführen.« Später erinnerte sich Patricia Highsmith, dass diese »ziemlich vulgäre und erschreckende Bemerkung«[31] das Gefühl der Entfremdung und Absonderung in ihr noch verstärkte. »Es klingt wie: ›Schau mal diesen Buckligen da, ist der nicht zum Brüllen‹ auf der Straße. Ich war kein Krüppel auf der Straße, sondern ein Mitglied der Familie meiner Mutter.«[32]

In der Schule begann sie, für Mitschülerinnen zu schwärmen, und in ihrem Tagebuch notierte sie, dass sie nach einem »Gefingere« mit einem Mädchen zu nervös sei, um im Deutschunterricht neben diesem zu sitzen. Ihre Beziehungen waren zu dieser Zeit aller Wahrscheinlichkeit nach romantische, verschämte Angelegenheiten, doch in gewisser Weise spürte sie noch immer, dass sie ihre sexuelle Identität verdrängen musste. »Ein sehr wichtiger Zug bei mir ist, dass ich als Kind und als Jugendliche nicht offen, frei, naiv, leichtgläubig und so weiter anfing. Naiv war ich, das stimmt sicher, aber ich war verschlossen und reserviert.«[33]

Mary machte sich Sorgen wegen des eigenartigen Verhaltens ihrer Tochter, versuchte aber nicht zu verstehen, was sie durchmachte, und sagte einfach: »Warum bringst du das nicht in Ordnung?«[34], bevor sie den Raum verließ. Sie wollte, dass ihre Tochter »so war wie alle anderen«[35], doch Patsy fühlte sich von ihren verletzenden Bemerkungen verwirrt. Wie konnte sie, fragte sie sich, »wie alle anderen« sein, wenn die Verhältnisse, in denen sie lebte, so seltsam waren? Merkte ihre Mutter nicht, wie sie auf ihre Tochter wirkte, wenn sie es nicht unterließ, sie zurückzuweisen? Im Rückblick erinnerte sich die erwachsene Patricia Highsmith daran, wie sehr sie sich durch die Kommentare ihrer Mutter gedemütigt fühlte; hätte Mary sie wirklich geliebt, hätte sie dann nicht versucht, ihr zu helfen oder zumindest die Meinung eines Kinderpsychologen einzuholen?

Patsy machte es wie die Schnecken, die sie später so obsessiv beschäftigen sollten – sie zog sich in sich selbst zurück, legte sich eine raue Schale an, um sich von der Außenwelt abzuschotten. »Bis ungefähr dreißig war ich im Wesentlichen wie ein Gletscher oder wie ein Stein«, schrieb sie in ihr Notizbuch. »Ich nehme an, dass ich mich ›schützte‹. Es hing sicher mit der Tatsache zusammen, dass ich meine wichtigsten Gefühle vollständig verheimlichen musste.

Das ist die Tragik der von ihrem Gewissen gepeinigten jungen Homosexuellen, dass sie nicht nur die Gegenstände ihres sexuellen Begehrens, sondern auch ihre Menschlichkeit und natürliche Herzenswärme verbergen müssen.«[36]

Muriel Mandelbaum, geborene Wiesenthal, eine Mitschülerin an der Julia Richman High School, hat die junge Patricia Highsmith als erstaunlich klug, doch extrem zurückhaltend im Gedächtnis behalten, ein Mädchen, das zu den anderen immer Distanz wahrte. »Sie wohnte wie ich an der West Side, und wir fuhren zusammen mit dem Bus in die Schule«, sagt sie. »Wir wetteiferten miteinander, wer mit dem Rätsel in der *Herald Tribune* am schnellsten fertig war. Kreuzworträtsel lösen konnte sie sehr gut.

Sie war außerordentlich hübsch – groß und schlank –, mit einem aristokratischen Gesicht. Ich war erschrocken, als ich die Bilder sah, die gegen Ende ihres Lebens aufgenommen worden waren. Als ich sie kannte, legte sie Lippenstift auf und hatte langes Haar. Sie war weiblich, sie hatte überhaupt nichts Maskulines an sich. Natürlich hatte ich keine Ahnung, aber man sah es ihr nicht im Geringsten an, dass sie vielleicht lesbisch war.«[37]

Patricia Highsmith verdrängte ihre Gefühle nicht nur zu Hause und in der Schule, sondern sie meinte, sich sogar beim Tagebuchschreiben selbst zensieren zu müssen. »Ich kann nicht schreiben, was ich will. Verbote«, schrieb sie 1935. »M. [ihre Mutter] sagt, ich bin sehr x, und ich glaube es zum ersten Mal selbst«, heißt es an anderer Stelle.[38]

Es überrascht nicht, dass das junge Mädchen sich gezwungen sah, ihre erwachende Sexualität zu unterdrücken. Sie lebte zwar im freizügigen Greenwich Village, doch die Weltwirtschaftskrise von 1929 setzte den Emanzipationsbestrebungen der Frauen einen Dämpfer auf. In den drei Jahren nach dem Zusammenbruch der

Wall Street gab es in der Gesellschaft zunehmend Widerstand gegen arbeitende Frauen; eine vakante Stelle sollte – so die allgemeine Meinung – eher von einem Mann als von einer weiblichen Konkurrentin besetzt werden. 1931 äußerte die Dekanin des Barnard College – eines reinen Frauen-College, das Patricia Highsmith von ihrem siebzehnten bis einundzwanzigsten Lebensjahr besuchte –, dass jede Absolventin sich fragen solle, ob sie es wirklich für absolut notwendig halte zu arbeiten. »Der größte Dienst, den Sie der Gemeinschaft erweisen können … besteht darin, den Mut zu haben, die Lohnarbeit zu verweigern«, sagte sie.[39]

Die Haltung gegenüber Lesbierinnen war noch ablehnender. In Menningers Buch *The Human Mind* wurde Homosexualität bei Frauen unter »Perversionen von Affekt und Neigung« abgehandelt – neben Fetischismus, Pädophilie und Satanismus – und durch das Fallbeispiel einer Studentin illustriert, die sich in ihre Zimmergenossin verliebt hatte. »Sie verhalten sich wie andere Liebespaare«, schrieb Menninger, »streiten sich wie Hund und Katze, haben Anfälle von Eifersucht und versöhnen sich dann wieder stürmisch.«[40] Auf der Titelseite der *New York Times* erschien 1935 ein Bericht über »Persönlichkeitsveränderung bei Frauen durch Drüsenoperation«, der enthüllte, dass Frauen, die zeitweise unter »männlichem Empfinden« litten – zur damaligen Zeit offensichtlich ein Euphemismus für gleichgeschlechtliche Liebe – durch die Entfernung einer Adrenalindrüse behandelt, ja sogar von ihren unnatürlichen Wünschen »geheilt« werden könnten. Die Operation, so hieß es, helfe solchen Frauen, ihre »Aversion gegen die Ehe« zu bekämpfen, und führe dazu, dass sie weniger männlich wirkten.[41]

Auch in der Literatur kamen lesbische Frauen nur als bizarre Figuren vor. Die Veröffentlichung von Radclyffe Halls *The Well of Loneliness* 1928 machte das Problem zwar sichtbar, doch die Lesbierinnen wurden als in Frauenkörpern eingeschlossene Männer dargestellt, statt einfach als Frauen, die zufällig andere Frauen liebten. Das Buch weckte die Nachfrage des Publikums nach Veröffentlichungen zu diesem Thema, und in der Folge erschien eine Flut von

Romanen, die den Hass auf homosexuell veranlagte Frauen nur noch anheizten. Sie stellten sie als »betrügerische, perverse Missbildungen der Natur« dar, die »im Trüben fischen«,[42] während Journalisten sie in populären Zeitungen ganz offen schmähten. So lautete eine Schlagzeile des *New York Evening Graphic* 1931: »Bar in Greenwich Village Falle für unschuldige Mädchen«. In diesem Artikel wurden die Gäste des *Bungalow*, einer Bar voll »lispelnder junger Männer und Mädchen mit tiefen Stimmen«, beschrieben: »Wenn sie eifersüchtig sind, gehen sie gelegentlich mit den Fingernägeln aufeinander los. Sie reden laut, kreischen, gießen Häme übereinander aus und bestellen ständig Gin. Immer nur Gin.«[43]

Lesbische Frauen galten in den dreißiger Jahren als »monströs«[44], und es ging vielen jungen Frauen wie Patricia Highsmith, die ihre Wünsche unterdrückte. Vielleicht war es diese allgemeine Stimmung der Selbstzensur, die dazu beitrug, dass die Schriftstellerin sich so fasziniert zeigte von der Märchengeliebten, der geisterhaften Frau, die nur in ihrer Fantasie existierte. Da sie das wirkliche Gegenüber nicht haben konnte, musste sie sich mit einer Gestalt begnügen, die ihre Vorstellungskraft erschaffen hatte. Als sie vierzehn war, verliebte sie sich in jemanden – höchstwahrscheinlich in ein Mädchen –, mit dem sie nur ganz kurz Kontakt gehabt hatte. »Zwischen vierzehn und siebzehn und darüber hinaus war ich in jemanden verliebt, den ich nur ein paar Wochen lang in der Schule gesehen hatte, als ich vierzehn war. Kurz danach waren wir auf verschiedenen Schulen in New York, wir sahen einander nie wieder, und wir waren auch nie befreundet und hatten uns nicht einmal die Hand gegeben.«[45]

Es war ein Muster, das sich ständig wiederholen sollte: Immer wieder stattete sie ihre Geliebten mit Eigenschaften aus, die sie offensichtlich nicht besaßen. In einem unveröffentlichten Interview mit Bettina Berch wurde die Schriftstellerin nach dem Wesen der Liebe gefragt. »Fantasie«, gab sie zur Antwort. »Weil alles sich im Auge des Betrachters abspielt. Hat nichts mit der Realität zu tun. Wenn man verliebt ist, ist man in einem Zustand von Wahnsinn.«[46]

Nach der Schule trank sie ein Sodawasser bei *Caso's*, einem Drugstore an der Ecke 68. Straße/Third Avenue, der auf ihrem Nachhauseweg lag. Vierzehn Jahre später suchte sie das Lokal noch einmal auf, und die bittersüßen Erinnerungen an jene Zeit stiegen mit Macht in ihr auf. »Und die Krisen, die ich dort erlebt habe, die Gesichter, nach denen ich suchte, die ich sah oder vermisste, die Nachmittage, die durch irgendein überwältigendes Ereignis in der Schule wie verwandelt waren, Tage, die das Leben, das man hatte, absolut und permanent durcheinander brachten, daran erinnere ich mich.«[47]

Das Leben war manchmal »eine endlose Hölle auf Erden«, wie sie in ihrem Tagebuch bekannte.[48] Stanley und Mary stritten dauernd, und obwohl sie von der Möglichkeit träumte, dass die beiden sich scheiden ließen, wusste sie, dass das wenig wahrscheinlich war. »M. wird S. nie verlassen und wahres Glück nie, nie kennen lernen«, schrieb sie.[49] Nachts weinte sie sich oft in den Schlaf.

Im April 1935 erhielt sie von Ray Wallace, einem Redakteur von *Woman's World*, die Nachricht, dass das Magazin die Briefe publizieren wolle, die sie zwei Jahre zuvor ihren Eltern aus dem Sommerlager geschrieben habe, und dass man ihr bei Erscheinen im Juli fünfundzwanzig Dollar zahlen werde. Schreiben – das Ordnen der Erfahrung – gefiel ihr, und zwar, wie sie vermutete, weil ihr eigenes Leben zu Hause so chaotisch war. Sie erinnerte sich an die tiefe Befriedigung, die sie empfand, als sie mit vierzehn Jahren den ersten Satz einer Erzählung geschrieben hatte: »Er machte sich zum Schlafengehen fertig, zog seine Schuhe aus und stellte sie parallel, mit den Spitzen zum Raum, neben sein Bett.«[50] Was danach geschah, wusste sie nicht mehr, doch »es gab mir das Gefühl von Ordnung, als ich die Schuhe in meiner Vorstellung so akkurat neben dem Bett aufgestellt sah ... Ich sehnte mich nach Ordnung und Sicherheit.«[51]

Als sie vierzehn oder fünfzehn war, begann sie auch an einem epischen Gedicht im Stil von Tennysons *Königsidyllen* zu schreiben, das in Blankversen eine romantische – leider nicht erhaltene – Geschichte in einer Welt von Schlachten und Schlössern erzählt. Ihr Intelligenzquotient betrug damals, laut einer ihrer Eintragungen, 121, und sie las so unterschiedliche Bücher wie *Der Monddiamant* von Wilkie Collins, *Moby Dick* von Herman Melville, *In einem andern Land* von Ernest Hemingway sowie Bücher über Vererbung, Handlesekunst und »Christliche Wissenschaft».

Patricia Highsmiths Mutter war eine glühende Anhängerin der von Mary Baker Eddy in der unruhigen Zeit nach dem Ende des Sezessionskriegs in Massachusetts gegründeten *Church of Christ, Scientist.* Mary Eddys Ziel war es, das Urchristentum und die untergegangene Methode der geistigen Heilung wieder zu beleben; sie propagierte eine Reihe alternativer medizinischer Methoden, darunter die Homöopathie. Die Wurzel der Krankheiten lag ihrer Anschauung nach im Geist, und der Körper konnte nur durch Behandlung des Geistes auf Heilung hoffen. 1930 gab es etwa 2400 Gemeinden der »Christlichen Wissenschaft« in Amerika; 1936 zählte die Sekte offiziell 269 000 Anhänger in den Vereinigten Staaten. »Das Publikum wünscht zuckersüße Versprechungen … Optimismus … und Worte, die klebrig sind wie Pfefferminzbonbons«, schrieb ein Kommentator damals. »[Es] zahlt einen hohen Preis an Mrs. Eddy für das Privileg, sich dem falschen Glauben hingeben zu können, dass im Zeitalter von Angst und Materialismus alles eitel Sonnenschein sei.«[52] Es ist durchaus nachvollziehbar, warum das Buch von Mary Eddy, *Science and Health with Key to the Scriptures*, das seit 1875 immer wieder aufgelegt wurde, auch Patricia Highsmith in ihrer Jugend beeinflusst hat. Im Mittelpunkt dieses Werks steht Mary Eddys Überzeugung, dass der menschliche Geist die Wirklichkeit bestimme, »denn an sich ist nichts weder gut noch böse, das Denken macht es erst dazu«, heißt es am Anfang mit einem Zitat aus Shakespeares *Hamlet*, und dieser Gedanke muss der jungen Patricia Highsmith gefallen haben. Ihr ganzes Leben lang hat sie ihn immer wieder aufgenommen. »Manchmal hat man die geistige Gewohnheit, oder vielmehr, man wendet diesen Trick an, dass man weiter fröhlich und munter ist und sich vorstellt, man mache Fortschritte, wenn es in Wahrheit ganz und gar nicht so ist«, sagte sie in einem Interview.[53]

Mit Anfang zwanzig fand sie das Gedankengebäude der »Christlichen Wissenschaft« lächerlich und distanzierte sich davon. Mit siebenundzwanzig wertete sie die von Mary Eddy propagierten Methoden der geistigen Ermunterung, die auf ihre Mutter einen beträchtlichen Einfluss gehabt hatten, als »hysterisch«.[54] Als junges, schüchternes und unsicheres Mädchen jedoch, das Angst hatte, aufgrund seiner Sexualität als Außenseiterin gebrandmarkt zu werden, sah sie in den Lehren der Sekte einen Strahl der Hoffnung. Versprochen wurde ihr, dass »Sünde und Begehren« vor dem »göttlichen Prinzip« im menschlichen Bewusstsein verschwänden, und so entschloss sie sich, die Lehren von Mary Baker Eddy selbst anzuwenden, und glaubte nach einer gewissen Zeit, dass sie sich nun tatsächlich »hoffnungsvoller« fühle.[55]

Mit fünfzehn Jahren begann Patricia Highsmith, ihre *Notizbücher* zu führen, achtzehn mal einundzwanzig Zentimeter große Hefte, in die sie Einfälle und Skizzen notierte, die sie mit dem deutschen Wort »Keime« bezeichnete. Sie gehörte zu einer Gruppe »intellektueller« Mädchen, die sich gern mit Büchern von Hemingway, Katherine Mansfield, Proust und T. S. Eliot zeigten, und sie las jeden Tag die *Herald Tribune* auf dem Weg zur Schule.

»Seit ich sechzehn oder siebzehn war, hatte ich solche Ideen, die man [sic] manchmal als gruselig bezeichnet«, erinnerte sie sich, »aber wirklich abstoßend war es nicht, glaube ich.«[56] Im Juni 1937 schrieb sie eine Erzählung mit dem Titel »Crime Begins«, und eine ihrer Lehrerinnen bezeichnete sie als die Beste der Schule in diesem Schuljahr. Auf das Thema, das Wechselspiel von Moral und Schuld, sollte sie ihr ganzes Leben lang in verschiedenen Variationen immer wieder zurückkommen; inspiriert wurde sie dazu von eigenen Erfahrungen.

»Die erste Geschichte, an die ich mich wirklich erinnere, schrieb ich, als ich sechzehn war. In der High School, in die ich ging, gab es drei Exemplare eines bestimmten Geschichtsbuchs, und es gab so viele Mädchen – es war eine reine Mädchenschule –, die das Buch gleichzeitig haben wollten ... Es fiel mir ein, dass man es stehlen könnte, und so schrieb ich eine Geschichte über ein Mädchen, das dies tat. *Ich* habe das Buch nie gestohlen ... Das Mädchen höhlt ein dickes Heft aus und steckt das Buch hinein ... Es war nicht schlecht – im gleichen Stil, den ich heute benutze, sehr schlicht, ein sehr schlichter Stil.«[57]

Eine weitere Erzählung, »Primroses Are Pink«, wurde 1937 in der Herbstnummer der Kunst- und Literaturzeitschrift der Schule namens *The Bluebird* veröffentlicht und handelt von einer seelischen Krise, die aufgrund einer banalen Sache wie der Farbe von Primeln ausbricht. Zwei Fassungen der Geschichte sind heute überliefert: die in *The Bluebird* gedruckte Version und eine etwas längere, selbstsicherere Manuskriptfassung, die eine spätere Überarbeitung sein könnte.

Der Anfang der gedruckten Erzählung lautet folgendermaßen: »Mr. Fleming war ein Mann, der sehr hohe Ansprüche stellte. Schon lange wünschte er sich ein sportliches Bild für sein Arbeitszimmer, hatte aber nie eines gefunden, das sowohl seinem Geldbeutel wie seinem Geschmack Genüge tat.«[58] Der erste Absatz der Manuskriptfassung ist in seiner Banalität viel beunruhigender, erschreckender: »Der freudestrahlende Mr. Theodore Fleming kam mit großen Schritten in das Vestibül seines Hauses, grüßte den Liftboy und betrat den Lift. Im zwölften Stock stieg er aus und ging munter in seine Wohnung. Seine Frau war im Wohnzimmer.«[59]

Fleming kauft ein monochromes Bild eines Jockeys auf einem bekannten Rennpferd, und nachdem er erfahren hat, dass der Reiter bei diesem Rennen Blassgelb (engl. *primrose*, gleichbedeutend mit »Primel«) und Weiß trug, lässt er sein Bild in diesen Farben bemalen. Als Flemings Frau Catherine jedoch das veränderte Bild sieht, kommt ihr das Gelb des Jockeydresses falsch vor, und sie wünscht, dass es umgefärbt wird in Rosarot. Sie denkt an die Primeln im Garten ihrer Mutter, die rosarot waren. Fleming, von Zweifeln und Angst überwältigt, stellt sich obsessiv die Frage nach der korrekten

Farbe der Primel, wodurch er einen Streit mit seiner Frau heraufbeschwört. Er entschließt sich am Ende, das Bild in der Wohnung aufzuhängen, muss jedoch allen Gästen erklären: »Das ist blassgelb. Englische Primeln sind blassgelb, wissen Sie.« Offenbar bleibt die Beunruhigung, die er erfahren hat, bestehen.

Das Schreiben scheint das einzige Ventil für Patricia Highsmiths unterdrückte Gefühle gewesen zu sein. »Ich weiß, warum ich zu schreiben anfing – um ein Gefühl aus mir herauszubekommen, es auf dem Papier vor mir zu sehen, organisiert, so gut ich es nur organisieren konnte«, sagte sie später.[60] Durch die Erfahrung des Schreibens befreite sie sich, doch gleichzeitig bestrafte sie sich durch Hungern. Das sechzehnjährige Mädchen wog nur achtundvierzig Kilo, und es litt bis zum Alter von neunzehn unter verschiedenen gesundheitlichen Problemen, die später mit Magersucht in Verbindung gebracht wurden: Appetitlosigkeit, geringes Körpergewicht, Aussetzen der Menstruation, Verstopfung, Hyperaktivität, blau angelaufene Fuß- und Fingerspitzen, verlangsamter Herzschlag und flaumige Behaarung der Haut. »All diese Symptome hatte ich zwischen fünfzehn und neunzehn«[61], kritzelte sie neben einen Zeitungsartikel von 1969.

Die Magersucht, Ausdruck einer extrem geringen Selbstachtung, kann im Fall der Schriftstellerin als Zeichen des fast schon pathologischen Wunsches gelesen werden, sich ihrer Identität zu entledigen. Den Drang zur Selbstauslöschung findet man später in vielen ihrer Romane, besonders in *Der talentierte Mr. Ripley*. Er kann auf eine Reihe komplexer emotionaler Faktoren zurückgeführt werden: die unglückliche Kindheit, die Ablehnung durch die Mutter in der Pubertät, das Gefühl, von der Realität abgeschnitten zu sein, und die unsichere sexuelle Identität. »An allem sparen, leben wie eine Ratte«, schrieb sie über diese Jahre in ihr Tagebuch. »Keinerlei Selbstwertgefühl. In der Jugend nicht genug gegessen, um die Aufmerksamkeit der Eltern zu gewinnen und auch, um mich selbst zu bestrafen, aus sexuellen Gründen usw.«[62]

Es gibt viele Theorien über den Zusammenhang von Sexualität

und Schreiben, doch Patricia Highsmith selbst glaubte, dass ihre schöpferische Kraft Ausdruck versagter und unterdrückter Wünsche sei. In einer Skizze von 1942 beschrieb sie ihre Erfahrung als Sechzehnjährige, als sie versuchte, ein Porträt des Mädchens Henrietta (eigentlich ein Selbstporträt) zu zeichnen. Sonntags war diese Henrietta/Patricia besessen vom Geist der Kreativität, der Drang zu schreiben und zu malen wurde übermächtig, doch am Ende des Tages fühlte sie sich unzufrieden und kreuzunglücklich und wollte nur noch weinen. Ihre Eltern brachten ihr Eis und Kaffee, doch sie wies alles zurück und blieb in ihrem dunklen Zimmer, obwohl ihr Magen knurrte und ihre Augen voll Tränen standen. Schreiben, so empfand sie es, war ein kathartischer Prozess, durch den sie sich von dem Gift der Gefühle befreite, die sich in ihr aufgestaut hatten. Doch umso elender kam sie sich vor, wenn dieser Prozess durch eine Blockade nicht in Gang kam. »Dann spürte sie die Verbindung zwischen ihrer Frustration und ihrem Verlangen mit ihren unerfüllten sexuellen Wünschen, was ... in diesem Alter völlig angemessen war.«[63] Doch die sexuellen Wünsche sollten nicht lange unerfüllt bleiben.

Mary Highsmith sah, wie wenig die kleine Pat am anderen Geschlecht interessiert war, und entschloss sich, einen Freund für ihre Tochter zu finden. Die beiden gingen zusammen aus, erst zum Essen, dann in ein Tanzlokal, aber als der Junge die Sechzehnjährige zum Abschied küssen wollte, sträubte sie sich voller Ekel und Abscheu. »Es ist, wie wenn man in einen Eimer voll Austern fällt, oder?«, erzählte sie ihrer Mutter.[64] Sie hoffte auf einen Rat von ihr, doch Mary schwieg sich aus.

»Ich dachte, wenn es das ist, was ich am Ende eines Abends dafür zahlen muss, dass ein junger Mann mich zum Essen einlädt, würde ich mein Essen lieber selbst bezahlen. Es ist nie dazu gekommen, weil ich mich mit diesem Jungen nicht mehr traf – es war für uns beide reine Zeitverschwendung.«[65]

Und doch schlief sie, laut Vivien De Bernardi, im Alter von sechzehn Jahren einmal mit einem Mann. »Sie hat mir einmal erzählt, dass sie ihre erste sexuelle Erfahrung mit sechzehn hatte. Es war mit einem Mann. Es gefiel ihr überhaupt nicht. Es machte ihr nicht den geringsten Spaß. Sie hatte überhaupt keine Beziehung zu ihm – sie war nur neugierig. Wie bei einem medizinischen Experiment.«[66]

Frauen fand sie wesentlich attraktiver, und »die zufällige Berührung der Hand eines Mädchens war himmlisch!«, wie sie sich später erinnerte.[67] Im November 1937 hatte sie ein Rendezvous mit einem Mädchen aus ihrer Schule, Judy Tuvim, die später Schauspielerin wurde, den Namen Judy Holliday annahm und einen Oskar für den 1950 lancierten Film *Die ist nicht von gestern* bekam. Die beiden jungen Mädchen hatten viel gemeinsam, denn beide hatten eine unglückliche Kindheit hinter sich. Die Ehe von Judys Eltern brach ein Jahr nach ihrer Geburt auseinander; sie hatte miterleben müssen, wie ihre Mutter sich durch Einatmen von Gas umbringen wollte, und hatte sie erst im letzten Moment retten können. Patricia und Judy waren Außenseiterinnen, und doch schmiedeten sie große Pläne für eine bessere Zukunft. »Ich nehme an, ich war von Natur aus ein Snob. Es machte mir Spaß, anders zu sein und besser zu werden und jeden anderen um mich herum zu verbessern«, sagte Judy später.[68]

Patricia Highsmiths neue Freundschaften mussten vorerst auf Eis gelegt werden, denn nach ihrem High-School-Abschluss im Januar 1938 hatte sie vor, für ein paar Monate nach Fort Worth zu ihren Großeltern zurückzukehren. In ihrem letzten Schuljahr hatte sie sich entschlossen, fleißig zu sein, um gute Noten zu bekommen, und ihre Durchschnittsnote bei der Abschlussprüfung war eine glatte Zwei. Die besten Einzelnoten erhielt sie in den Fächern Englisch, Französisch, Deutsch und Amerikanische Geschichte, und sie gehörte zu den besten hundert von über fünfhundert Prüflingen.

Bevor sie New York verließ, stattete sie der New York University am Washington Square einen Besuch ab, wo sie eventuell studieren wollte. Es hatte eine Zeit gegeben, in der sie gern mit Jungen zusammen in einer Klasse gewesen war, doch jetzt entschied sie sich dagegen. »1938 kamen mir alle Studenten der NYU wie fünfundzwanzig vor, obwohl die Mehrzahl sicher jünger war«, sagte sie. »Jeder schien hundert Kilo schwer zu sein, alle Gesichter waren bärtig, und ich wusste, wie es sich anfühlte, wenn sie einen in einem Saal oder auf der Treppe anrempelten.«[69]

Ende Januar fuhr sie per Schiff von New York nach Houston, und als sie vor der Küste von Miami war, sah sie begeistert die schimmernden Lichter der Stadt in der Dämmerung und einen Regenbogen, der sich übers Meer spannte. Im Februar kam sie bei Willie Mae in Fort Worth an und bemerkte, dass das Haus, seit sie es zum letzten Mal gesehen hatte, ziemlich heruntergekommen war. Sie traf auch Jay B., ihren leiblichen Vater.

Vater und Tochter gingen zum Essen aus und verbrachten täglich immer mehr Zeit miteinander; ihre Treffen kulminierten schließlich darin, dass Jay B. allem Anschein nach einen ungeschickten Versuch machte, sie zu verführen. »Und jetzt zu meinem Vater«, schrieb sie über dreißig Jahre danach an ihren Stiefvater. »Es gab ein paar längere Küsse, als ich siebzehn war, in Texas, nicht gerade väterlich. Das ist alles, was ich meinte. Ich will die Sache nicht aufblasen. Inzest ist ein starkes Wort. Dass mein Vater ein Gentleman ist, hat nichts damit zu tun. Es ist genauso sinnlos wie zu sagen, Gentlemen hätten keine sexuellen Wünsche, was absurd ist …«[70] Es gibt auch Hinweise darauf, dass er ihr vielleicht sogar pornografische Bilder gezeigt haben könnte. »B. zeigt mir Pornobilder (in mir mischen sich Abscheu & Faszination & Scham für ihn)«, notierte sie dazu.[71] Offensichtlich war es eine ungewöhnliche Vater-Tochter-Beziehung. Er betrachtete sie nicht als sein Kind, und Pat sah in ihm keinen echten Vater. Nach dem emotionalen Durcheinander zu Hause, den ständigen Streitereien zwischen Mary und Stanley, durch die sich das Mädchen immer mehr in sich selbst zurückgezogen hatte, musste Pat ihren leiblichen Vater, der so lange abwesend gewesen war, fast notwendigerweise idealisieren. Wie viele der nur schattenhaft wahrgenommenen Gestalten, von denen sie später besessen war und die sie inspirierten, diente auch Jay B. als eine Tabula rasa, eine weiße Leinwand, auf die sie ihre Fantasien projizieren konnte. Dazu kam, dass Jay B. in ihrer näheren Umgebung derjenige war, der ihr am ähnlichsten sah. Wenn sie ihn betrachtete, muss sie sich lebhaft vorgestellt haben, wie sie selbst ausgesehen hätte, wäre sie als Junge geboren worden; diese narzisstische Faszination dürfte sie ihm noch näher gebracht haben. Ihre Gefühle müssen Vater und Tochter verwirrt haben, gegenseitige Anziehung und Widerspiegelung waren gewiss auch erotisch gefärbt. Auffällig ist, dass Patricia Highsmith, die eine Reihe von traumatischen Zwischenfällen in ihren Tagebüchern und Notizheften beschreibt, diese Situationen nicht detailliert wiedergibt; vielleicht war die Angelegenheit zu delikat und zu schmerzhaft, als dass sie darüber hätte schreiben können.

In Fort Worth traf Pat die Entscheidung, am Barnard College zu studieren, einem reinen Frauen-College, das zur Columbia University in New York gehörte. Sie las viel – zu ihren Lieblingsautoren gehörten damals Proust und die englischen Essayisten des 18. Jahrhunderts Addison und Steele –, und sie ritt zusammen mit ihrer Freundin Florence Brillhart. Später erinnerte sie sich daran, dass sie eines Tages zusammen mit ihrer fast völlig blinden Großmutter im Taxi in einen Vorort von Fort Worth fuhr, wo sie den 1935 gedrehten Film *Ein Sommernachtstraum* von Max Reinhardt sahen, in dem James Cagney, Dick Powell, Mickey Rooney und Olivia de Havilland die Hauptrollen spielten. Die Musik war von Mendelssohn Bartholdy. »Ich dachte an diesem Abend: ›Mendelssohn war nicht älter als ich heute, als er die Ouvertüre schrieb. Was für ein Genie!‹«[72]

Abends ging sie in den Straßen ihrer Heimatstadt spazieren. Dabei stellte sie sich gern vor, unter welchen seelischen Qualen die Besitzer der ehrwürdigen Häuser litten. Sie stand noch immer deutlich unter dem Einfluss von Menninger, als sie beim Anblick der reichen Anwesen an der West Side davon träumte, dass in einem von ihnen ein Wahnsinniger lebte, der Sohn eines reichen Viehbesitzers, in einem anderen vielleicht eine unglückliche ältere Frau, deren Sohn Schande über sie gebracht hatte. Die Spaziergänge, die sie mit siebzehn spät in der Nacht in den Straßen machte, waren voller Überraschungen, und doch war sie durch ihre Lektüre auf sie vorbereitet. Während dieser Reise in den Süden der USA begegnete sie auch einem Jungen, der später Bruno werden sollte, der psychopathische Mörder ihres ersten Romans *Zwei Fremde im Zug*. »Als ich siebzehn war, traf ich in Texas kurze Zeit einen sehr verwöhnten Jungen, der Bruno sehr ähnlich war, absolut zügellos«, sagte sie. »Er war von einer wohlhabenden Familie adoptiert worden, eine absolute Niete, und er stand am Anfang der Genese von Bruno, der wirklich ein ganz schöner Psychopath war.«[73]

Im Juni fuhr sie mit dem Schiff nach New York zurück. Das Semester begann im September, und so hatte sie noch drei Monate, in denen sie die Stadt genießen konnte. Im Metropolitan Museum of Art hörte sie eine Vorlesungsreihe über Ägypten, sie kaufte einige Bände der Werke Dickens' und nahm ihre Beziehung zu Judy Tuvim wieder auf. »Ich treffe Judy oft. Aber ich mag ihre Familie nicht.«[74]

Mehr und mehr ließ sie sich auf Dinge ein, die ihr Vergnügen bereiteten. »Im letzten Monat habe ich mich so sehr verändert«, schrieb sie am 8. September 1938 in ihr Tagebuch. Eine aufregende Zukunft schien ihr bevorzustehen. »Ich träume von den guten Zeiten, die vor mir liegen, hoffe ich.«[75]

Geschmack an der Freiheit

(1938–1940)

Am 28. September 1938 ging Patricia Highsmith den Broadway hinunter, durchschritt die hohen Eisentore des Barnard College und schrieb sich für ein vierjähriges Studium im Fach Englische Literatur ein. »Jetzt winkte die Freiheit, nach der ich mich so gesehnt hatte«, schrieb sie über ihre ersten Studienjahre.[1]

Das Barnard College gehörte zur Columbia University und war ein reines Frauen-College; es war bekannt für seine hohen Ansprüche und galt als eine recht exklusive Hochschule. Bei seiner Eröffnung, im Herbst 1889, war es das erste unabhängige College in New York, das Frauen einen Bachelor-Studiengang anbot. Zu den Frauen, die vor Patricia Highsmith dort ihr Studium abschlossen, gehörten die Astronomin Henrietta Swope, die Schriftstellerinnen Margaret Mead, Zora Neale Hurston, Phoebe Atwood Taylor und Elizabeth Janeway sowie die Lyrikerin und Literaturkritikerin Babette Deutsch. Der offizielle Wahlspruch des College entspricht dem der Columbia University: *In lumine tuo videbimus lumen* (In deinem Lichte sehen wir das Licht), doch den Studentinnen gefiel der griechische Spruch »Wir folgen dem Weg der Vernunft«, der zu beiden Seiten einer Athene-Statue am Schulgebäude zu sehen ist, besser. Im Fall von Patricia Highsmith könnte der Wahlspruch jedoch eher lauten: »In deinem Lichte sehen wir die Dunkelheit«, oder: »Wir folgen dem Weg der Unvernunft.«

Um ins Barnard College aufgenommen zu werden, musste man strengen Anforderungen genügen. Man brauchte gute Noten in den wichtigsten Schulfächern, vor allem in Englisch, Mathematik und Fremdsprachen, sehr gute Noten bei den schulischen Abschlussprüfungen, eine Empfehlung des Schuldirektors und gute Noten bei der Aufnahmeprüfung des College, die weitreichende Kenntnisse erforderte. »In den dreißiger Jahren konnten die vierjährigen Colleges nur von Mädchen besucht werden, die außerordentliche Leistungen vorzuweisen hatten«, schrieb Donald Glassman, der Chronist der Geschichte des Barnard College.[2]

Patricia Highsmith belegte nicht nur Seminare in englischer Literatur, sondern auch Schreibkurse in den Fächern Kurzgeschichte und Drama – interessanterweise nie im Fach Roman – und Kurse in Griechisch, Latein und Zoologie. Es ging an diesem College sehr akademisch zu; die fast tausend Studentinnen sollten eine gründliche Ausbildung in ihren jeweiligen Fächern bekommen. »Es war der klassische Elfenbeinturm, man hatte nur eine einzige lange Liste von Büchern.«[3] In den vier Jahren bis zu ihrem Abschluss beschäftigte sich Patricia Highsmith mit einer Fülle von Texten der englischen und amerikanischen Literatur, angefangen von den mittelalterlichen Epen über Chaucers *Canterbury-Geschichten* bis hin zu Joseph Conrad, Henry James, T. H. Lawrence und T. S. Eliot, außerdem mit den Klassikern der Weltliteratur, mit Homers *Odyssee*, mit Ovids *Metamorphosen*, Dantes *Göttlicher Komödie*, Goethes *Faust* und den Werken von Schiller, Proust und Puschkin. Später schrieb sie, dass sie in jenen Jahren ein Heureka-Erlebnis gehabt habe, als sie erkannte, dass alle Künste in Wirklichkeit gleich seien: »Alle Kunst beruht auf einem Verlangen nach Kommunikation, auf einer Liebe zur Schönheit, einem Bedürfnis, aus dem Durcheinander eine Ordnung zu schaffen.«[4]

Dekanin der Hochschule war Virginia Corcheron Gildersleeve, die selbst am Barnard College studiert und dann Englisch unterrichtet hatte. Kate Kingsley Skattebol, die damals noch Gloria Kathleen Kingsley hieß, ebenfalls am Barnard College studierte und zu

Patricia Highsmiths engsten Freundinnen gehörte, erinnert sich, dass die Dekanin ein typischer Blaustrumpf war. »Wir fanden sie ungeheuer streng und unerreichbar, vor allem deshalb, weil es nie einen persönlichen Kontakt zu ihr gab«, sagt sie. »Ich weiß noch, dass sie einmal eine Rede hielt, in der sie sagte, sie wolle, dass das College unseren Verstand trainiere, damit wir später der Gesellschaft nützen könnten.«[5] Die Dekanin war der Meinung, dass die jungen Frauen, die das College absolvierten, sich nicht nur durch weitreichende Kenntnisse in ihrem Spezialgebiet auszeichnen sollten, sondern auch durch ihre vollendete Persönlichkeit. In einem ihrer Berichte schrieb sie, dass sich ihr College »mit jeder Facette des studentischen Lebens« zu beschäftigen habe und eine »rundum kultivierende Umgebung« für die jungen Frauen bereitstelle. »Die Öffentlichkeit verlangt viel von einem College: Wohnung, soziale Entwicklung, Ratschläge für die Gesundheit und Überwachung des gesundheitlichen Zustands, berufliche Beratung und nach der Prüfung eine Anstellung für die jungen Frauen.«[6] Und scherzend fügt sie hinzu: »Manche Leute meinen sogar, wir sollten auch dafür sorgen, dass unsere Absolventinnen die geeigneten Ehemänner finden.«[7]

Eine der Lieblingslehrerinnen von Patricia Highsmith war Ethel Sturtevant, Assistenzprofessorin für Englisch, bei der sie die Kunst des Schreibens von Kurzgeschichten erlernte und der sie später den Roman *Ein Spiel für die Lebenden* widmete. Ethel Sturtevant war eine elegante Frau, deren Vorliebe Jane Austen, den Brontë-Schwestern, Henry James und George Meredith galt. Sie hatte 1911 ihren Unterricht am Barnard College aufgenommen, wo sie bis zu ihrer Pensionierung im Jahr 1948 blieb. »Meine Studentinnen sollten die Aufgaben nicht für mich, sondern für sich selbst machen«, sagte sie. »Wofür man arbeitet, das bleibt einem im Gedächtnis.«[8]

Von denen, die sie gekannt haben, wurde sie beschrieben als »charmant, humorvoll, eigenwillig, mit einer magischen Stimme und dem Gesicht einer echten Schönheit. Manchmal trug sie einen großen eleganten breitrandigen Hut und warf den Kopf zurück wie ein Filmstar. Die Studentinnen verehrten sie natürlich.«[9] Was sie als besonders lobenswert herausstrich, waren Texte, die sie als »bedeutend« und »spannend« bezeichnete, wie sie wohl auch die Geschichten der jungen Patricia Highsmith charakterisiert hatte. Wie Patricia Highsmith heiratete sie nie; sie lebte mit ihrer Mutter in der 116. Straße West und zog nach ihrer Pensionierung in ein Haus in East Lyme, Connecticut, das ihrer Familie gehörte. Dort zeigte ihr Patricia Highsmith 1950, zwei Jahre nach dem Ausscheiden der Lehrerin aus dem College, Auszüge ihres Romans *Carol*, die Geschichte einer lesbischen Liebe, und die ältere Frau reagierte mit den Worten: »Das hat wirklich Biss! Es ist ein ausgezeichneter Text, Pat.«[10]

Gegen Ende des Jahres 1938 hatte Patricia Highsmith die Vision eines jungen, geisterhaften Mädchens, das zu den Klängen eines Walzers von Tschaikowski vor sich hin tanzt. Während es durch den Raum gleitet, hat es das Gefühl, die Musik komme aus seinem Inneren. Jahre hat es gedauert, bis die Melodien gestaltet waren, doch jetzt pulsiert der Rhythmus völlig mühelos, aus sich selbst heraus. Es gibt keinen Unterschied zwischen dem Mädchen und der Musik, keinen Bruch zwischen der inneren und der äußeren Welt. Das Ich des Mädchens ist nicht nur die Quelle der Kunst, sondern gewissermaßen auch ihr Gegenstand.

Diese Vision, die sie eingangs in ihrem ersten Notizbuch niederschrieb, kann als Symbol ihrer sich entwickelnden schöpferischen Kraft interpretiert werden, ihrer imaginativen Fähigkeiten, die sich machtvoll zu erkennen geben und im Begriff sind, »in selbstloser Spontaneität auszubrechen«.[11] Zunächst finden sie Ausdruck in der Zeitschrift des College. Im Dezember 1938 wird Patricia Highsmith Redakteurin des *Barnard Quarterly*, eine Tätigkeit, der sie auch in höheren Semestern nachgehen wird. In der Herbstausgabe des Jahres 1939 wird dort ihre Kurzgeschichte »Stille Nacht« veröffentlicht. Im Mittelpunkt dieser Geschichte stehen zwei alte Frauen, Hattie und Alice, die in einem Hotel in New York zusammenleben und deren Beziehung, wie später so oft bei Patricia Highsmith, von zärtlicher Liebe und unversöhnlichem Hass gekennzeichnet ist. Mitten in der Nacht, während Alice schläft, nimmt Hattie eine Schere und schneidet Löcher in Alices neue Angorastrickjacke. »Zahnlos und dämonisch schimmerte ihr Gesicht im Mondlicht«, heißt es in der Geschichte. »Sie betrachtete die Strickjacke mit der Miene eines Menschen, der mit der Gabel ein Stück Fleisch auf dem Teller hin und her schiebt, bevor er das Messer ansetzt.«[12] Als Alice herausfindet, was ihre Freundin getan hat, ist sie zunächst völlig hilflos. Dann aber beschließt sie, Hattie als Rache eines Nachts ihren langen Zopf, der ihr ganzer Stolz ist, abzuschneiden – hält jedoch im letzten Moment inne.

1966 überarbeitete Patricia Highsmith die Geschichte und gab ihr den Titel »... geht seltsame Wege«. Hier schneidet Alice tatsächlich den Zopf ihrer Freundin ab, so dass nur noch ein hässlicher Stummel übrig bleibt. Und obwohl die beiden Frauen einander um Verzeihung bitten, gibt es keinen Zweifel daran, dass ihre verdrängten Gefühle weiterhin ihr Leben beeinträchtigen werden; aber keine von ihnen kann ohne diese merkwürdige sadomasochistische Beziehung leben.

Der Einfall zu dieser Geschichte kam Patricia Highsmith, als sie eines Tages im Gramercy Park spazieren ging und die alten Frauen beobachtete, die dort auf den Bänken saßen. Immer häufiger fand sie im wirklichen Leben die Vorbilder für ihre Erzählungen. »Ich kann keine Figur erfinden, die nicht aus dem echten Leben stammt – mit so wenig Änderungen wie möglich. Miss Sturtevant sagt, die Fähigkeit zu abstrakten Schöpfungen kommt mit der Erfahrung. Aber sogar Proust griff auf die Realität zurück, um seine Figuren zu schaffen. Warum nicht?«[13]

Später schreibt die Schriftstellerin in *Suspense oder Wie man einen Thriller schreibt*, dass sie manchmal Freunde und Bekannte anzapfte, um sich inspirieren zu lassen; gelegentlich benutzte sie auch gewisse körperliche oder charakterliche Eigenarten von Bekannten, um Geschichten daraus zu entwickeln. Allerdings betonte sie, dass sie nie wirklichkeitsgetreue Porträts von Menschen anfertige und dass sie sich von der Realität immer nur anregen lasse, Figuren zu schaffen, die ihr eigenes Leben hätten.

Das Übernatürliche, das sie früher bevorzugte, langweilte sie jetzt; Gespenstergeschichten kamen ihr nun kindisch und idiotisch vor. Doch ihre Geschichten verraten zu dieser Zeit noch immer ihre alte Vorliebe. Trotz der zuweilen fantastischen, grotesken oder bizarren Inhalte ist der Stil ihrer Erzählungen knapp, dokumentarisch und im Ton fast hyperrealistisch. 1940 schreibt sie, dass sie Maupassant bewundere wegen seiner »stilistischen Ökonomie«: »Welche enorme Befriedigung muss es einem geben, eine Geschichte so zu formen, wie er es kann! Man muss ›formen‹ sagen, weil es nicht nur Schreiben ist, sondern Verdichten und Wegschneiden, wie es ein Bildhauer macht, etwas meißeln, bis es ganz schlank und klar ist. Und die Arbeit vertrauensvoll dem Schmelzofen der Zeit übergeben; zu wissen, dass sechs vollendete Seiten die höchste Form der Idee sind, die man gehabt hat: Diese Befriedigung ist der einzig wahre Lohn des Künstlers, und das ist seine größte Freude auf Erden.«[14]

Sie war immer schon eine unersättliche Leserin gewesen, doch jetzt lehnte sie Essenseinladungen ab, um zu Hause bleiben und sich in die dunklen Fantasielandschaften von Thomas Mann, Strindberg, Goethe, Joyce, T. S. Eliot und Baudelaire vertiefen zu können. Schon der Gedanke, allein und von Büchern umgeben zu sein, war von einem fast wollüstigen Schauer begleitet. Wenn sie sich in ihrem Zimmer umsah, das bis auf den Lichtstreif der Lampe dunkel war, und die vagen Umrisse ihrer Bücher betrachtete, fragte sie sich: »Besitze ich nicht die ganze Welt?«[15]

In ihrer College-Zeit schloss sich Patricia Highsmith immer wieder anderen Ideologien an, in denen sie einen Schlüssel für das Verständnis der Welt zu finden hoffte. Mit siebzehn Jahren war sie von der östlichen Philosophie fasziniert. Später schrieb sie, dass sie »sehr stark«[16] von ihr beeinflusst gewesen sei und sich zwei Jahre eingehend damit beschäftigt habe. In ihrem ersten Notizbuch findet sich unter dem Datum August 1939 eine Liste der wichtigsten Merkmale des Hinduismus, außerdem die Beschreibung der yogischen Theorie der Entstehung der Welt und eine Reihe von Verhaltensmaßregeln, deren Befolgung auf die Erlangung einer höheren Bewusstseinsstufe abzielt: Gewaltlosigkeit, Wahrhaftigkeit, nicht stehlen, Mäßigung, keine Besitzansprüche stellen, Reinheit, Genügsamkeit, Nüchternheit, Lernbereitschaft und Hingabe. Doch trotz gründlicher Lektüre gab sie den Osten als Quelle der philosophischen Erleuchtung schließlich auf, weil sie spürte, dass ihre Erfahrungen mit diesen Gedanken nicht übereinstimmten: »... es gibt keine wirkliche Verbindung mit meinem Leben in der westlichen Welt«.[17]

Konnte ihr vielleicht der Kommunismus die Antworten geben, nach denen sie suchte? Als Heranwachsende hatte sie sich schon als Intellektuelle bezeichnet und sich hinter Schriftsteller gestellt, die wie Thomas Mann glaubten, dass Politik jedermanns Sache sei. Als sie im Juli 1936 vom Ausbruch des Spanischen Bürgerkriegs erfuhr, der von zunehmenden ideologischen Querelen begleitet war, war es für die Fünfzehnjährige völlig selbstverständlich, sich nicht auf die Seite der faschistischen Militärregierung Francos zu stellen, sondern auf die der Republikaner, die für Demokratie und Freiheit kämpften. In wenigen Monaten war Spanien ein Symbol der Hoffnung für Antifaschisten auf der ganzen Welt geworden; der Konflikt setzte unter Intellektuellen hitzige Debatten in Gang, die Vorboten der kommenden politischen Machtkämpfe waren. W. H. Auden sagte, der Kampf »mache wie unter dem Licht eines Röntgenapparats die Lügen deutlich, auf denen unsere Zivilisation aufgebaut ist«,[18] und C. S. Lewis nannte diesen Konflikt »eine Schlacht zwischen Licht und Finsternis«.[19]

Während des Spanischen Bürgerkriegs bekam das geschriebene Wort eine besondere Bedeutung im Kampf gegen den Faschismus. Auch Autoren wie John Dos Passos mit seinem sprachlich aufwühlenden 1938 erschienenen Roman *Adventures of a Young Man* faszinierten die junge Patricia Highsmith, die sich leidenschaftlich für Freiheit und freie Meinungsäußerung engagierte. Viele amerikanische Intellektuelle wandten sich wie sie dem Kommunismus zu, weil sie erkannten, dass es der Demokratie in Spanien nicht gelungen war, den Vormarsch der Faschisten aufzuhalten – 1939 schlugen die nationalistischen Kräfte den Aufstand nieder, und der Diktator Franco regierte das Land –, und weil sie die heuchlerische Haltung ihres eigenen Landes dem Konflikt gegenüber ablehnten. Patricia Highsmith wurde Kommunistin »aus dem einfachen Grund, weil die USA Franco finanzierten, der von Hitler und Mussolini unterstützt wurde«, wie sie später bekannte.[20] Francos Sieg trieb die Menschen dazu, die anerkannten Moralbegriffe infrage zu stellen, und viele junge Schriftsteller fühlten sich niedergeschlagen und der modernen Welt entfremdet. Frederick R. Benson, der Verfasser eines wichtigen Werks über die Haltung der Schriftsteller gegenüber dem Spanischen Bürgerkrieg, schreibt in einem Passus, der auf das Werk von Patricia Highsmith besonders gut zutrifft:

> Krieg und Faschismus enthüllten die Fähigkeit der Menschen zum Bösen, wodurch bestimmte optimistische psychologische Annahmen Lügen gestraft und den politischen Argumenten der rechten Verteidiger des ›nationalen Sozialismus‹ der Boden entzogen wurde … Oft war ein individuelles Gewissen kaum mehr zu erkennen, und als unmittelbares Resultat zeigte sich eine nihilistische Grundhaltung als Resultat des Identitätsverlusts.[21]

Der Spanische Bürgerkrieg »hatte eine große Wirkung auf mich, auf meine ganze Generation«,[22] sagte Patricia Highsmith. 1939 trat sie der *Young Communist League* bei, die 1922 gegründet worden war und 1935 etwa achttausend Mitglieder zählte. Später sagte sie Patricia Losey – deren Ehemann, der Filmregisseur Joseph Losey, auf der schwarzen Liste stand –, dass auch sie beinahe auf die schwarze Liste gekommen wäre, weil sie mit den Kommunisten sympathisierte. Sie las *Die Klassenkämpfe in Frankreich 1848 bis 1850* von Karl Marx, das *Kommunistische Manifest* von Marx und Engels und andere marxistische Schlüsseltexte wie *Der Bürgerkrieg in Frankreich*, *Der 18. Brumaire des Louis Bonaparte* und Stalins *Grundlagen des Leninismus*. »So wie der Sozialismus funktioniert«, notierte sie voller Begeisterung, »hasst man die Reichen!«[23] Bei aller Unruhe in Europa blieb das Barnard College jedoch eine äußerst konservative Hochschule. »Es gab nur zwei Mädchen in meinem Schlafsaal, die demokratisch eingestellt waren, die Übrigen waren für die Republikaner«, sagt ihre Kommilitonin Rita Semel.[24] Zweifelsohne wären viele ihrer Zeitgenossen entsetzt gewesen, wenn Patricia Highsmith ihnen erzählt hätte, dass sie einer kommunistischen Organisation angehörte.

In den dreißiger Jahren des 20. Jahrhunderts profitierte die Kommunistische Partei in Amerika von der sich stetig verschlechternden Wirtschaftslage; in den ersten drei Jahren der Weltwirtschaftskrise – die einen so tiefgreifenden gesellschaftlichen Einschnitt bedeutete, dass man manchmal zutreffend vom »amerikanischen Erdbeben« sprach – verdoppelte die Kommunistische Partei ihre Mitgliederzahl; in den ersten zwei Jahren von Roosevelts New Deal und in den beiden darauf folgenden Jahren verdoppelte sie sich noch einmal. Laut Statistik vom Oktober 1936 waren die meisten Mitglieder in Amerika geboren und keine Einwanderer.

»Für die Amerikaner der zweiten Generation stellte die kommunistische Bewegung ein Ventil für ihre rebellischen Tendenzen dar«, schreibt Joseph Starobin, ein Historiker des amerikanischen Kommunismus, »ein Heilmittel für ihre moralische Entwurzelung, ein Vehikel für ihren Ehrgeiz.«[25] In ähnlicher Weise zog die *Young Communist League* die zunehmend unzufriedene Jugend des Landes an, Männer und Frauen, die sich mit dem Hauptstrom der Gesellschaft uneins fühlten. Das erste Ziel dieser *League* war nach den Worten ihres Führers Gil Green die Zerstörung des kapitalistischen Staates zum Zweck der Errichtung der Diktatur des Proletariats.

Während ihrer zweijährigen Mitgliedschaft in der YCL wurde Patricia Highsmith vermutlich beigebracht, dass die Organisation einer Maschine vergleichbar sei, die über verschiedene Treibriemen mit unterschiedlichen Teilen der Gesellschaft verbunden ist, der Studentenschaft wie auch den jungen Arbeitern. Lewis Miller, ein Autor des YCL-Handbuchs, schrieb: »Wir arbeiten mit den Massen, wodurch wir unserer Organisation ständig neue Mitglieder zuführen.«[26]

Im Januar 1941 hörte Patricia Highsmith die Rede von Earl Browder, dem Generalsekretär der Kommunistischen Partei Amerikas, bei einer Versammlung zum Gedächtnis Lenins im Madison Square Garden. »Lenin starb vor siebzehn Jahren«, sagte Browder. »Doch sein Geist lebt weiter, der Geist unseres geliebten Lehrers und Führers vieler Millionen Menschen in allen Ländern, weil nur er und seine Partei uns den Ausweg aus dem imperialistischen Krieg gezeigt haben, den Weg, der Frieden und Sozialismus bringt.«[27] Browder griff dann die Politik Roosevelts an und erklärte, dass die amerikanische Demokratie nur Tünche sei, getarnter Imperialismus. Das amerikanische Volk solle sich ein Vorbild an der Sowjetunion nehmen, wo, wie Browder äußerst naiv behauptete, »das Volk die Herrschaft ausübt«, wie es »den Lehren Lenins und seines großen und weisen Nachfolgers Stalin entspricht«.[28]

Doch Ende 1941 fühlte sich Patricia Highsmith zunehmend unbehaglich in Gesellschaft ihrer Genossen. »Versammlung der *League* heute Abend«, schrieb sie im September 1941 in ihr Tagebuch. »Ich fühle mich nicht wohl mit ihnen & nutzlos, weil wir jetzt alle Geld sammeln sollen. Ich frage mich, ob es nicht besser wäre, ich würde ihnen sagen, dass ich eine von den Degenerierten bin & sie mich ausschließen sollen.«[29] Im November schrieb sie in aller Eile eine – wie sie meinte – wohlgesetzte Epistel, in der sie darlegte, warum sie aus der Partei austrat, und Ende Dezember, als sie schon eine Zeit lang mit einer Gruppe eleganterer – und reicherer – Leute verkehrte, kommentierte sie ihre neue Wertschätzung des Geldes im Tagebuch. Während sie vorher der Ansicht war, dass der Besitz von Geld die künstlerische Kreativität dämpfe, war sie nun der Ansicht, dass Geld im Gegenteil der Würdigung des Schönen diene.

Viele ihrer Zeitgenossen machten eine ähnlich desillusionierende

Erfahrung mit der kommunistischen Bewegung. Arthur Koestler, dem Patricia Highsmith im Oktober 1950 begegnete und der ein enger Freund von ihr werden sollte, war über den Zustand der Welt nach dem Untergang der marxistischen Ideale, dem Aufstieg des Faschismus und dem Zustandekommen des Hitler-Stalin-Pakts verzweifelt. Er schrieb, dass er sich wie Picasso und andere dem Kommunismus zugewandt hatte in der Hoffnung, eine Quelle klaren Wassers zu finden; dann aber drehte er der Bewegung den Rücken wie ein Mann, der sich aus einem vergifteten Strom rettet, in dem »die Trümmer überfluteter Städte und die Leichen der Ertrunkenen« treiben.[30]

Schon bevor Patricia Highsmith aus der Young Communist League austrat, machte sie sich ernste Sorgen um die Wirkung ihres Engagements auf ihre kreative Kraft. Sie lehnte die materialistische Forderung ab, nach der Romane ideologisch untermauert werden mussten; die Entwicklung der Handlung sollte die Wahrheit einer Weltanschauung beweisen. Wenn sie so zu schreiben versuchte, sagte sie, würde das Resultat dröge und gewollt sein, es ergäbe sich keine echte Geschichte, sondern die Geschichte wäre nur das Vehikel für eine Idee. Ein besserer Ansatz sei es, wenn man sich eine Geschichte ausdenke und sie in eine erzählerische Form bringe, um danach zu fragen, ob sie eine »universelle Idee« enthalte. »Wenn nicht…, dann kann man die Geschichte ad acta legen«, notierte sie.[31]

Neben dem Studium von Marx begann Patricia Highsmith im Oktober 1939 mit der Lektüre des anderen großen Pioniers des Denkens im 20. Jahrhundert: Sigmund Freud. Später sagte sie, dass sie der Psychoanalyse misstraue, doch aus den Aufzeichnungen in ihren Notiz- und Tagebüchern wird deutlich, dass Freuds Gedankenwelt ihre Persönlichkeit und ihr Schreiben formte. »Das bewusste Denken ist das schwächste (Wie sehr ich daran glaube!)«[32], schrieb sie 1940, und drei Jahre später hieß es im Notizbuch: »Am höchsten zu stellen ist der ausschließliche Gebrauch des Unbewussten, bei fast völligem Ausschluss des bewussten Denkens, das sich immer nach denen richtet, die uns umgeben. Im Unbewussten liegt all unser Öl, unser Feuer, unser Aroma und das Maß an Göttlichkeit, das uns allen zugeteilt ist.«[33]

Sie glaubte, dass sie ihre besten Ideen dann hatte, wenn ihre Rationalität ausgeschaltet war – wenn sie bügelte oder im Garten arbeitete –, und sie erlaubte sich auch tagsüber zu träumen. Die Ideen, die zur Oberfläche ihres Bewusstseins aufstiegen und sich in ihrer frühen experimentellen Dichtung artikulierten, waren von Anfang an finster, unheimlich und begleitet von einem bedrückenden Einsamkeitsgefühl. Die neun Stories, die zwischen 1939 und 1942 im *Barnard Quarterly* veröffentlicht wurden, veranschaulichen ihre bereits zu diesem Zeitpunkt hervorragende Fähigkeit, Unrast und Unbehagen mitzuteilen und in der Wiedergabe der alltäglichsten Situationen Spannung zu erzeugen. »Pat, die anders ist ... Pat, die extrem ist«, heißt es 1942 von ihr in der College-Zeitschrift *Mortarboard*, »Pat ist das Mädchen, das stehend liest ... und das ganze College erschauert beim Hören ihrer gewandt geschriebenen Meisterwerke im *Quarterly* ...«[34]

»Ein wahnsinnig netter Mann«, erschienen im Frühjahr 1940 im *Barnard Quarterly*, handelt von einem nicht näher bezeichneten Mann, dem es gelingt, ein kleines Mädchen in sein Auto zu locken. Die Mutter des Mädchens scheint von der Gefahr nichts zu merken. »Das ist ein wahnsinnig netter Mann für einen aus der Stadt, Charlotte«, sagt sie. »... Und das Auto, ist das nicht schick?«[35] Später sagte Patricia Highsmith über die Erzählung: »Eine Suspense-Story, verstehen Sie?«[36] Im Herbst 1940 erschien »Eel in the Bathtub«, dessen Protagonist, der Junggeselle Nicholas Carr, so schwer zu fangen ist wie ein schlüpfriger, schlangengleicher Aal. Er ist zwanghaft mit den Gegenständen beschäftigt, die ihn umgeben – mit seiner Uhr, seinen Kleidern, seinem Picknickkoffer –, und sagt einen Wochenendausflug mit Freunden und ein Rendezvous mit einem Mädchen ab, um allein sein zu können. »Movie Date«, erschienen im Winter 1940, ist eine grausame, aber auch anrührende Geschichte über Danny – langweilig und pickelig – und Helen, das Mädchen, das er liebt. Sie kann es nicht haben, wenn er bei ihr ist, und erzählt ihm, dass sie demnächst einen älteren Mann heiraten wird, obwohl sie weiß, dass ihn diese Nachricht tief kränken wird. In der Tat ist er entsetzt, und die Erzählung endet damit, dass er ankündigt, nicht nur mit seiner Arbeit, sondern vielleicht auch mit seinem Leben Schluss zu machen. Patricia Highsmith lässt sich jedoch nicht zu einem Melodram hinreißen, sondern spielt die emotionale Intensität geschickt herunter, indem sie nichts von Dannys Qualen und umso mehr von den banalen Dingen erzählt, die ihn umgeben.

Im Frühjahr 1941 erscheint »The Legend of The Convent of Saint Fotheringay«, die in humoristischem Ton erzählte Geschichte eines kleinen Jungen, der als Mädchen namens Mary aufwächst. Eines Tages wird das Kind von einer Nonne des Klosters Saint Fotheringay, in dem nur Frauen leben, gefunden. Die Mädchen, die dort aufgezogen werden, dürfen von der Existenz des Jungen nichts erfahren. »Mary« weiß die ganze Zeit, dass sie anders ist als die anderen. Durch die Drohung, das Kloster in Brand zu setzen, kann sie die Nonnen erpressen, sie freizulassen, doch nach ihrer Flucht wird das Kloster auf geheimnisvolle Weise zerstört, und all seine Bewohner kommen um. Man sollte nicht zu viel in diese Geschichte hineingeheimnissen, doch anzumerken ist, dass einer von Patricia Highsmiths Mädchennamen Mary lautete und dass sie von früh auf das Gefühl hatte, eigentlich eine männliche Identität zu haben. »Es ist mir untersagt, seinen Namen … zu nennen«, sagt sie am Ende der Geschichte, »doch jeder von euch, dessen bin ich mir sicher, liebe Leser, würde ihn erkennen, wenn ich es täte.«[37]

Am liebsten schrieb sie knapp und präzise, mit der gleichen nüchternen, ökonomischen Technik, die ihren Stil bis zum Schluss auszeichnen sollte, doch es gab eine Ausnahme: »Silver Horn of Plenty«, eine Erzählung, die im Winter 1941 im *Barnard Quarterly* erschien. Später sagte sie, dass diese Geschichte – ein Prosagedicht in der Technik des Stream of Consciousness, mit einer Frau, die sich auf eine Silvesterparty vorbereitet, im Mittelpunkt – auf Erfahrungen von Partys zurückgehe, die sie in ihrer Kindheit mit ihren Eltern besucht hatte.[38] In diesem Text spürt man deutlich den Einfluss modernster Erzählweisen; die impressionistische Geschichte besitzt keine starke zentrale Handlung und ist aus einer Reihe fragmentarischer Bilder zusammengesetzt. Dennoch ist es eine typische Highsmith-Geschichte, denn die wichtigsten Themen sind die gespaltene Identität und die unterschwellige Sexualität.

Wie Karl Menninger die psychologischen Qualen bloßlegte, die sich im Inneren der angesehensten, scheinbar ausgeglichensten Männer und Frauen verbargen, so zerreißt Patricia Highsmith mit ihrem untrüglichen Gespür für ihren Erzählgegenstand die Maske der Normalität, um die darunter liegenden Schrecken zu enthüllen.

»Fast jeder Mensch in dieser Welt ist stolz auf seinen scharfen Verstand, seine Großherzigkeit, seine Freundlichkeit, seine Klugheit, in der irrealen Unverletzlichkeit seines Arbeitszimmers«, schrieb sie 1940. »Aber jeder Mensch zieht seine Rüstung an, wenn er in die Welt hinausgeht, panzert sein Herz und sichert seinen Mund ... Im Herzen jedes Menschen sitzen Einsamkeit und Scham und Stolz.«[39]

Über diese Notiz kritzelte sie später das Wort »wichtig«.

Als Patricia Highsmith aus den sicheren Grenzen ihres Arbeitszimmers hinaustrat, schien ihre Rüstung intakt zu sein, unverletzlich. Das Gesicht, das sie der Welt zu zeigen beschloss, trug keine Spuren ihrer inneren, privaten Qualen. Ihre Kommilitoninnen im Barnard College hielten sie für zurückhaltend, scheu und fast ungreifbar. »Sie war eine Einzelgängerin, ein wenig überheblich, aber sehr tüchtig, und ich erinnere mich nicht, dass sie sich mit irgendjemandem näher einließ«, sagt Deborah Karp (damals noch Burstein) über ihre Nachfolgerin in der Redaktion des *Quarterly*.[40]

Rita Semel, im Jahr 1941 Patricia Highsmiths vorgesetzte Redakteurin, hielt sie für außerordentlich reif. »Sie war ganz anders als die anderen Mädchen«, sagt sie. »Sie wusste, was sie im Leben machen würde und was sie werden wollte: Schriftstellerin. Damals waren Worte ihr Leben, und es war klar, dass sie erreichen würde, was sie sich vornahm. Ich mochte sie, aber ich kann nicht sagen, dass ich sie *kannte.* Es war mir klar, dass sie als Person sehr vielschichtig war, aber es war schwierig, sie kennen zu lernen. Wir waren Freundinnen, aber auf eine sehr konventionelle Art, denn sie war verschlossen und gab nichts preis. In der Redaktion arbeiteten wir stundenlang zusammen, und doch muss ich sagen, dass ich nichts von ihr wusste.«[41]

Die Schriftstellerin Mary Cable (damals Mary Pratt), die den gleichen Schreibkurs am Barnard College besuchte wie Patricia Highsmith und sie 1940 kennen lernte, beschreibt sie ebenfalls als recht kühl, ein hübsches Mädchen, das sich keine Mühe gab, den anderen näher zu kommen.

»Ich weiß noch genau, dass sie nicht sehr gesprächig war«, erinnert sie sich. »Sie gab sich einfach keine Mühe. Wenn wir zum Beispiel beide zu früh zum Unterricht kamen, setzte sie sich hinten in den Klassenraum. Wir unterhielten uns eigentlich nie, und das war irgendwie ziemlich entmutigend.

Und doch sah sie sehr gut aus und war immer gut angezogen und geschminkt. Unsere Lehrerin war Ethel Sturtevant, und von Anfang an war klar, dass Pat sehr gut schreiben konnte. Aber wenn sie gelobt wurde, reagierte sie kaum; vielleicht wusste sie immer, dass sie gut war.«[42]

Das Gegenteil stimmte: Patricia Highsmith war gepeinigt von Selbstzweifeln. 1938 schrieb sie ein Gedicht über den schöpferischen Prozess, der so aussah, dass eine Art »Weißglut«, eine maßlose Schaffenswut sie erfasste, die letztlich zu nichts anderem führte als einem Papierkorb voller bekritzelter Seiten, Nikotinflecken an den Fingern und einem unangenehmen Geschmack im Mund.[43] Stundenlang notierte sie ihre Gedanken, Beobachtungen und Einfälle in ihren Notizbüchern, doch beim erneuten Durchlesen war sie enttäuscht und davon überzeugt, dass ihr Stil nur Unreife und Mittelmäßigkeit verrate. Sie fühlte sich unsicher und uneins mit ihrer Umwelt, wie sie es in einem Gedicht in einem Notizbuch ausdrückt:

Welch tiefe Traurigkeit hat mich verstört,
Denn diese Welt birgt nichts, was mir gehört.[44]

Es gab Zeiten, in denen sie einfach verschwinden, sich auslöschen wollte, und sie stellte sich vor, sie sei nicht mehr als ein abstraktes Gedankenfragment in der Wüste. In ihrem Tagebuch schrieb sie einen ergreifenden Bericht darüber, wie die Vorfreude auf ein Rendezvous mit einer Frau Verlegenheit und Verwirrung wich, weil sie in ihrer Schüchternheit kein Wort herausbrachte; und je weniger es ihr gelang, das Gespräch in Gang zu halten, desto sicherer war sie sich, dass ihr Gegenüber annahm, sie sei dumm und habe nichts zu sagen, was zur weiteren verbalen Blockade führte. Auf dem Heimweg machte sie sich Vorwürfe, weil sie nicht in der Lage gewesen war, ihre Gedanken und Gefühle zu äußern. Die lähmende Schüchternheit sollte sie bis in ihr mittleres Alter hinein behalten: In einem Brief an Arthur Koestler beschrieb sie die »entsetzliche Schüchternheit meiner Jugendjahre bis über zwanzig, die wie ein physischer Schmerz war. Ich glaube, es gibt Psychiater, die eine solche Schüchternheit für umgekehrte Arroganz und Eingebildetheit halten. Diese Erklärung hilft aber nicht, sie besser zu ertragen.«[45]

Auch zu Hause fühlte sie sich unbehaglich. Gegen Ende des Jahres 1939 zog die Familie in eine Wohnung in der Morton Street 35 in Greenwich Village, doch die Beziehung zwischen Mary und Stanley verschlechterte sich zunehmend, so dass er schließlich für einige Monate auszog und allein in einer Wohnung in der Charles Street, einige Blocks nördlich der Morton Street, lebte. Zu dieser Zeit hatte Patricia Highsmith begonnen, ihre Mutter in einem neuen Licht zu sehen. Obwohl Mary sie in Texas mit ihrer Großmutter allein gelassen hatte, spürte Pat, dass sie ihr immer noch nahe war. Zwar machte sie Mary für die ständigen Streitereien in ihrer Kindheit verantwortlich, hielt ihr aber – in einem Brief an ihren Freund Alex Szogyi 1967 – zugute, dass sie trotz irrationalen Handelns unbestreitbar intelligent sei. Mary war die Ursache der Probleme ihrer Kindheit, sie stand im Mittelpunkt ihrer »Kindheitshölle«. »Es ist schrecklich, wenn sich Liebe in Hass wandelt«, schrieb sie, »es gibt nichts Schlimmeres.«[46] Doch ihre Gefühle blieben ambivalent, und im Juli 1940 drückte sie diese in einem bezeichnenden unvollendeten Gedicht aus, das vergleichbar ist mit einem jener Schmerzensschreie, mit denen Sylvia Plath auf die Probleme mit ihrem Vater reagierte:

Ich leb' in einer Mutter-Ehe,
Die ist mein ganzes Wohl und Wehe.[47]

Das feste Band zwischen Mutter und Tochter bestand wie in den schlimmsten Ehen aus einer Mischung von Liebe und Verachtung, und sie stellte fest, dass es unmöglich war, dem zu entkommen. Ihre zukünftigen Beziehungen zu Frauen würden sich – zu ihrer größten Pein – stets nach dem paradoxen Schema dieser Urbeziehung gestalten.

Die Mädchen in ihrer Umgebung legten ihre Schüchternheit als Zeichen für Arroganz und Hochmut aus. Die meisten von ihnen waren zudem nicht in der Lage, ihren schwarzen, oft derben Humor zu verstehen. Genau das jedoch war es, was Kate Kingsley Skattebol (Pat nannte sie immer bei ihrem Mädchennamen Gloria Kathleen Kingsley) anzog. Die beiden Frauen verband eine enge Freundschaft bis zu Patricia Highsmiths Tod 1995. Sie trafen sich in den Redaktionsräumen des *Quarterly*, wo Gloria Kingsley Patricia Highsmith zaghaft eine Kurzgeschichte übergab, die sie begutachten sollte. Beim nächsten Treffen wetteiferten die beiden Studentinnen im Schreiben von Limericks, für die Patricia Highsmith eine Vorliebe hatte und die sie auch meisterlich zu verfassen verstand.[48]

»Es machte Spaß, mit ihr zusammen zu sein«, sagt Kate Kingsley, »sie hatte sehr viel Humor. Sie schockierte gern die Leute. Sie frischte meine Lebensgeister auf. Ich sehe sie vor mir, wie sie in der Bibliothek stand – sie las immer im Stehen –, von Büchern umgeben. Sie hatte eine sehr gute Figur, war sehr schlank, gut angezogen und sah exotisch aus. Etwas Geheimnisvolles umgab sie, und sie war äußerst verführerisch. Nachdem wir Limericks ausgetauscht hatten, fingen wir an, uns zu unterhalten, und mir wurde klar, dass sie furchtbar viel gelesen hatte.

Ich bin sicher, dass ich nur deshalb so lange ihre Freundin geblieben bin, weil wir nie eine erotische Beziehung hatten. Deshalb gab es bei uns nie dieses zeitweilige emotionale Unvermögen. Ich mochte sie sehr gern, aber es war nichts Sexuelles. Sie wollte mich nicht verführen und ich sie ganz bestimmt auch nicht. Aber ästhetisch gesehen – ich glaube, in dieser Hinsicht bewunderte ich sie – war sie mein Idol. Ich glaube, ich wusste von Anfang an, dass Pat lesbisch war. Ich bin im Theatermilieu aufgewachsen, unter gesellschaftlichen Außenseitern, und ich kannte Homosexuelle. Aber ich denke, die Tatsache, dass Pat lesbisch war, hatte sehr wenig mit ihrem Schreiben zu tun.«[49]

Patricia Highsmith hatte schon längst ihre Unschuld verloren – ab November 1938 traf sie sich regelmäßig mit einer zwanzigjährigen Frau namens Virginia, von der sie sagte, sie sehe aus wie Virginia Woolf –, aber zu Anfang ihres Studiums verehrte sie den weiblichen Körper noch auf eine fast schulmädchenhafte Weise. Am 13. April 1940 nahm sie am Hürdenlauf der »Griechischen Spiele« teil – es handelte sich um »den Versuch, einen klassischen Wettbewerb wieder aufleben zu lassen, soweit es die modernen Mittel zulassen«[50], mit sportlichem Wettkampf, Originalkostümen, Tanz, Musik, Gesang und der Weihe des Feuerbringers Prometheus. Das groß angelegte Fest gab ihr aber auch die Gelegenheit, die anderen Mädchen in ihren kurzen Röcken zu beäugen. In ihr Programmheft kritzelte sie neben dem Namen einer anderen Hürdenläuferin das Wort: »Beine!«

»Das Barnard College war sehr etepetete in dieser Zeit«, sagt Rita Semel. »Heute mag es dumm klingen, aber damals wusste ich nicht mal, was lesbisch ist – ich hatte das Wort nie gehört.«[51] Deborah Karp erinnert sich, dass Pat oft Reithosen trug. »Sie sah extrem schick aus, und keine von uns kam darauf, dass sie Frauen mögen könnte«.[52]

Patricia Highsmith idealisierte ihre Beziehung zu Virginia und beschrieb das Zusammensein mit ihr als den »ersten kurzen Blick auf ein Stück Himmel auf Erden«.[53] Sie schrieb es dem guten Einfluss der etwas älteren Frau zu, dass ihre Beobachtungsfähigkeit schärfer wurde und ihr Selbstbewusstsein wuchs. Die »wahre Liebe«[54] zwischen ihnen habe die Fähigkeit, sie zu verändern. Als sie einmal im gesprenkelten Schatten der Bäume den Bürgersteig entlangging, hatte sie den Eindruck, ewig so weitergehen zu können. Die ganze Welt sang. Sie verglich die Sonne mit Beethoven; das Flüstern der Gräser war wie die Musik von Chopin; die scharfen, atonalen Schreie der Vögel klangen wie Strawinskys Klänge, der Wind in den Bäumen war wie Debussys Musik. Auf ähnliche Weise beschrieb sie in ihrem Roman *Carol* aus dem Jahr 1952 die Liebe Thereses zu Carol. »Aber das Tempo? Das Tempo war meins ...«, schrieb sie in ihr Notizbuch, »ich war der Rhythmus, und die ganze Welt marschierte an diesem Nachmittag in meinem Rhythmus.«[55]

Wenn sie verliebt war, dachte sie damals, konnte sie fühlen und handeln wie andere, sie »sah, was gesehen werden sollte ... reagierte auf die korrekte Weise«.[56] Aufschlussreich ist, dass sie später hinzufügte: »Man kehrt erst wirklich in die Normalität zurück, wenn man sich entliebt hat. Nicht während man liebt.«[57] Schon für die achtzehnjährige Patricia Highsmith bestand eine Verbindung zwischen Liebeskummer und dem Verlangen zu schreiben. Immer wenn sie sich wegen Virginias Grausamkeiten unglücklich fühlte, hatte sie das dringende Bedürfnis, ihren Gefühlen dichterisch Ausdruck zu geben. »Va. fehlt mir, kann es nicht beenden«, schrieb sie im März 1939. »Muss etwas Gutes schreiben, um mich zu beruhigen & zu befriedigen.«[58] Das Schreiben wurde für sie zu einem kathartischen Prozess. Durch diese Tätigkeit konnte sie den widersprüchlichen Regungen von Liebe und Hass, die in ihr brodelten, Gestalt verleihen. »Ich lese, schreibe und erschaffe«, schrieb sie im Dezember dieses Jahres. »Ich muss mich in der Arbeit verlieren, damit es keinen Raum mehr für das andere/irgendetwas anderes gibt.«[59]

Zerwühlte Betten

(1940–1942)

»Die typische Studentin von 1940«, hieß es in einer offiziellen Geschichte des Barnard College, »sah jünger aus als ihre Altersgenossinnen, war zwanglos in Pullover und Rock gekleidet, trug Halbschuhe und Söckchen und das Haar oft zu Zöpfen geflochten. Wenn sie sich überhaupt schminkte, so benutzte sie nur Lippenstift, und sie benahm sich ganz lässig und natürlich.«[1] Dieses liebliche Bild passt ganz und gar nicht zu Patricia Highsmith in diesen Jahren, die sich von ihrer Umwelt abgesondert und entfremdet fühlte. Was konnte sie tun, fragte sie sich, um das Leben intensiver zu erfahren? Ihre Adoleszenz hatte sie als eine behütete Zeit erlebt, in der sie zumeist in den von der Welt der Bücher gesetzten Grenzen gelebt hatte. Mit Anfang zwanzig erkannte sie, dass es Zeit war, die aus fiktionalen Menschen und Geschichten zusammengesetzte Landschaft der Fantasie hinter sich zu lassen zugunsten der Welt der »wirklichen Menschen«. Das Ideal, so sollte sie bald erfahren, war eine Verbindung von beidem – das aus Büchern erworbene Wissen musste mit den eigenen Erfahrungen verschmolzen werden.

Anregung erhoffte sie sich von dem amerikanischen Schriftsteller Thomas Wolfe, dessen postumen Roman *Es führt kein Weg zurück* sie im Juni 1941 las. Er glaubte, dass große Dichtung nur aus persönlicher Erfahrung entstehen könne. »Man entkommt der Autobiografie nicht, wo immer man auf Dichtung von echtem und bleibendem Wert stößt«, schrieb er einmal.[2] Die Idee, aus der unmittelbaren Erfahrung heraus zu schreiben, gefiel Patricia Highsmith, und sie verglich sich selbst später mit einem Stück fruchtbarer Erde, aus der sie ihre schöpferische Nahrung empfing. »Mutter sagt, er [Wolfe] sei ein kolossaler Egoist und ich ähnelte ihm in dieser Hinsicht«, schrieb sie in ihr Tagebuch. »Egoist, ja, und auch Genie.«[3] Sie selbst betrachtete ihn als einen Dichter, einen Autor, der sein Selbst als zentralen Gegenstand seines Werks benutzte, im Gegensatz zu Romanciers wie Somerset Maugham, die für sie bloß passive Beobachter der Welt waren. Sie hatte nicht vor, Wolfes »überladenen«, altmodischen Stil voller Kommas und Semikolons zu imitieren, bewunderte ihn jedoch wegen seiner unbedingten Hingabe an sein Werk und weil er »sich selbst treu« geblieben war. Sie wusste aber auch, dass sie als Schriftstellerin interessanteres Material finden musste als den täglichen Klatsch und Tratsch am Barnard College.

Da sie kein literarischer Junkie blieb, der sich mit Büchern als Droge von der Realität absonderte, sondern aktiv am literarischen Leben teilzunehmen begann, konnte es zwangsläufig nicht ausbleiben, dass sich ihre Sexualität bald regte. Mit neunzehn besuchte sie – zögernd zunächst – mit einer Gruppe von anderen Mädchen ihres College eine Bar in Greenwich Village. Dort traf sie Mary Sullivan, eine eher kleine burschikose Lesbierin mittleren Alters, die den Buchladen im Waldorf-Astoria-Hotel führte. Mary lud Pat zu einer Party ein. Die anderen Mädchen wurden ebenfalls eingeladen, lehnten aber ab. Pat sagte zu, und innerhalb einer Woche war ihre »nonnenhafte Jugend beendet«.[4] Sie beschrieb jedes Detail ihres sexuellen Erwachens in ihren Tagebüchern, verzeichnete mit brutaler und präziser Offenheit ihre Beziehungen zu einer großen Anzahl von Männern und Frauen, einschließlich Mary Sullivan. Dieser intime Bericht über die verborgen gehaltenen Vorgänge im inzestuös gefärbten Beziehungsgeflecht der schwulen Szene New Yorks in den vierziger Jahren ist deftige Lesekost. Während die Notizbücher der Schriftstellerin, eingeteilt in Abteilungen wie »Zitate«, »Orte«, »Leute« und »Keime«, als Vorratskammer für kreative und philosophische Gedanken dienten, benutzte sie ihre Tagebücher, um sich vom Tumult ihres privaten Lebens zu entlasten. Dieses zwanghafte Kartieren ihrer emotionalen und sexuellen Erfahrungen wirft die Frage auf, was sie dazu bewegte: Warum hatte sie ein so starkes Bedürfnis, diese intimen Dinge in solch epischer Breite aufzuzeichnen?

Die Promiskuität wie deren obsessive Beschreibung kann auf ein und dieselbe Wurzel zurückgeführt werden: den Wunsch nach besserem Verständnis ihres Selbst. Es war Pat bewusst, dass sie »sich selbst besser kennen lernen«[5] musste, und durch das Tagebuchschreiben wurde die Suche nach dem Selbst sowohl mit dem intimen Verhältnis zu Frauen als auch mit dem Akt des Schreibens verklammert. Sie glaubte an die inspirierende Wirkung der Frauen, die sie liebte, betrachtete sie als Musen, durch die sie Werke schaffen könne, auf die sie stolz war.

»Unsere Werke sind Spiegel, in denen der Geist seine natürliche Abstammung erschaut«, schrieb sie auf den ersten Seiten ihres Tagebuchs von 1941 nach der Lektüre von Carlyles *Sartor Resartus.*[6] Wenn man diese Metapher weitertreibt, könnte man sagen, dass das Bild, das uns aus den Tagebüchern von Patricia Highsmith entgegentritt, aus vielen glitzernden Spiegelsplittern besteht, mit denen sie ihre sich ständig verändernde Identität zu rekonstruieren versuchte. Überschwänglich, naiv, widersprüchlich, rührend, banal und romantisch, wie die Einträge sind, sind sie für den Forscher interessant als Dokument der ständigen Verwandlung eines Lebens in Literatur. Indem sie über ihre verschiedenen Affären schrieb, hoffte die Schriftstellerin, in einer Art von katalysatorischer Kettenreaktion ihre schöpferischen Kräfte anzuregen. Sie glaubte, dass sie durch den Akt des Aufzeichnens die emotionale Essenz jeder Erfahrung erfassen könnte, Gefühle, die ihr dann helfen würden, eine Kurzgeschichte oder einen Roman zu gestalten. »All diese kleinen Mitteilungen und Beobachtungen in diesem Notizbuch sollten eines Tages einen Roman ergeben«, schrieb sie. »Die Frage ist, was könnte ihr Bindeglied sein? Meine Aufgabe ist es jetzt, nach diesem Bindeglied zu suchen.«[7]

Wenn man ihre Notizbücher liest, fällt auf, dass zwischen den beiden Seiten ihrer Persönlichkeit eine unleugbare Spannung herrscht, eine Gegenüberstellung von Puritanismus und Promiskuität, Geist und Körper, Bewusstem und Unbewusstem, Philosophischem und Trivialem. Vergnügen wird nur empfunden, um sogleich von Schuldgefühlen abgelöst zu werden; es werden Behauptungen aufgestellt, gegen die dann unweigerlich Widerspruch eingelegt wird; und Geliebte werden gepriesen und verehrt, denen nach der unvermittelten Entdeckung einer neuen Quelle von wunderbaren Erlebnissen keine Beachtung mehr geschenkt wird. So können die Tage- und Notizbücher als Monologe des Begehrens gelesen werden, als Dokumente, in denen die proteische, schimärische Natur der Liebe im Detail zum Ausdruck kommt.

Am Barnard College las Patricia Highsmith Prousts *Auf der Suche nach der verlorenen Zeit* und fand das Werk »eine Freude und sehr anregend«.[8] Proust und Highsmith sind in stilistischer Hinsicht diametral entgegengesetzt – Prousts psychologisch subtile Prosa ist diskursiv und ausschweifend; Patricia Highsmith schreibt transparenter, knapper, kompakter –, doch der Gegenstand, den beide Schriftsteller erforschen, ist ähnlich: die illusionäre Natur der Liebe. Besonders *In Swanns Welt*, der erste Teil des Romanzyklus, muss Patricia Highsmith gefesselt haben, und ohne Zweifel hat Prousts Sicht des erotischen Begehrens ihr eigenes Schreiben und auch ihr Leben beeinflusst. Wenn wir lieben, sehen wir, Proust zufolge, nicht die wirklichen Eigenschaften eines Menschen, seinen Charakter oder seine äußere Erscheinung, sondern wir schaffen uns ein Fantasiebild, das wir dann auf diesen Menschen projizieren. Liebe ist nicht empirisch, sondern eidetisch; es geht um ein sichtbares Bild unserer Vorstellung. Bei den ersten Anzeichen von Verliebtheit kommen Erinnerung und Vorahnung ins Spiel, die unser Gefühl formen. Das Liebesobjekt ist nur eine Silhouette, eine Tabula rasa, die der Fantasie als Basis dient. So gab es für den Proustschen Erzähler nicht nur eine Albertine, die er liebte, sondern eine Frau mit wechselnden Identitäten, und in der Folge auch in ihm verschiedene Persönlichkeitsaspekte, die zu Albertine jeweils in einer anderen Beziehung standen. Glück ist für ihn unmöglich; es gibt nur immer neue Ausgangspunkte für neues Begehren.[9]

Patricia Highsmiths Beziehung zu Mary Sullivan ging weiter – Mary schickte Pat jeden Nachmittag unter dem Namen Mike Thomas einen Strauß Gardenien –, bis sie sich im Juli 1941 trennten. Daneben traf sie sich weiterhin mit ihrer alten Freundin Virginia, doch keine der beiden Frauen genügte ihr. Sie stellte bei sich selbst ein unstillbares Verlangen nach neuen Eroberungen fest und erkannte die Destruktivität ihres Verhaltens, ohne es ändern zu können; resigniert bezeichnete sie es als »degeneriert«.

Ihre ehemalige Kommilitonin Rita Semel erinnert sich an eine Essenseinladung in Pats Wohnung: »Ich kam zum Abendessen vorbei, ihre Mutter war nicht da, und sie begann, mich anzumachen. Ich war sehr verwirrt, ich wusste nicht, was eigentlich passiert. Sie versuchte mich mit Worten und mit Taten zu verführen, aber ich glaube, ich habe sie einfach weggeschoben und bin bald darauf gegangen. Erst Jahre später begriff ich, was sie vorhatte. Nachher sagte ich nichts und sie auch nicht.«[10] Eine Freundin sagte einmal, dass Patricia Highsmith zerwühlte Betten hinterließ. »Wie Pat es bei diesem ständigen Auf und Ab schaffte, in den Unterricht zu kommen, weiß ich nicht – sie hatte so oft einen Kater«, sagt Kate Kingsley. »Es bleibt mir ein Rätsel, wie sie überhaupt irgendetwas fertig bringen oder etwas lesen konnte.«[11]

Paradoxerweise nährte sich Patricia Highsmiths offenbar unstillbare sexuelle Abenteuerlust von einem Gefühl der Unvollkommenheit oder dem frustrierenden Gefühl, während des Liebesaktes immer nur Beobachterin zu sein. Oft war Sex für sie offenbar nur eine Art Betrug, ein allgemein überschätzter Schwindel, so falsch wie eine plumpe Jahrmarktsattraktion. »Doch warum muss ich immer daneben stehen und mich selbst und die anderen beobachten, als wären wir Schauspieler auf der Bühne!«, schrieb sie.[12]

Eine ihrer damaligen Freundinnen war die »bezaubernd naive«[13] Malerin Buffie Johnson, die sie Anfang Juli 1941 kennen lernte. »Sie war anders als die anderen, sie war sehr hübsch«, erzählt Buffie.[14] Bei ihrer ersten Begegnung fragte Pat Buffie nach ihrer Telefonnummer und lernte sie zum Erstaunen der Malerin sofort auswendig. »Das hat mich überrascht«, sagt Buffie, »und ihr gutes Gedächtnis beeindruckte mich, besonders weil ich mir selbst überhaupt nichts merken kann.«[15] Buffie war mit den führenden Literaten New Yorks befreundet, darunter Tennessee Williams, Truman Capote, Paul und Jane Bowles, und nahm Pat am 19. Juli zu einer Party mit, bei der viele Verlagsleute zugegen waren. »Sie waren viel älter als sie, aber sie zögerte nicht, sie anzusprechen«, sagt Buffie. »Als ich mitten in einem Gespräch aufblickte, merkte ich plötzlich, dass alle anderen Gäste die Party verlassen hatten. Ohne Gute Nacht zu sagen, war Patricia mit der Gruppe der Redakteurinnen weggegangen.«[16] Eine dieser Frauen war Rosalind Constable.

Rosalind, eine elegante in England geborene Journalistin, war vierunddreißig Jahre alt und gehörte zum Redaktionsstab der Zeitschrift *Fortune*, doch für Patricia Highsmith hätte sie mit ihrem »blonden Haar eines holländischen Jungen und den frosthellen Augen«[17] eine Figur aus einem Proustschen Roman sein können. Sie war für sie weniger ein Individuum als ein Symbol, die Verkörperung der von ihr selbst geschaffenen idealisierten Geliebten. »Ich glaube nicht, dass je irgendetwas zwischen ihnen passierte, aber Pat betete sie an«, sagt Kate Kingsley. »Sie war wirklich ein Rollenvorbild für sie.«[18]

Am Tag nach ihrer ersten Begegnung rief Pat Rosalind an und wurde in deren Wohnung in der Madison Avenue eingeladen, wo die beiden Frauen zusammen tranken und Schallplatten hörten. Um zwei Uhr nachts wollte Pat gehen, aber Rosalind schlug ihr vor, im Zimmer ihrer Mitbewohnerin zu übernachten, wo sie »herumalberten und ziemlich viel lachten«.[19] Pat rührte es besonders, dass Rosalind, die im Begriff war, sich als Avantgarde-Expertin und kulturelle Trendsetterin einen Namen zu machen, ein Band, das zum Kleid ihrer Freundin gehörte, als Erinnerung an ihren gemeinsamen Abend aufhob.

Nach diesem Treffen wusste Patricia Highsmith, dass sie die ältere Frau liebte, und in der darauf folgenden Zeit der Trennung vertieften sich ihre Gefühle. Während einer vierwöchigen Reise durch Amerika, die sie zusammen mit ihrem Onkel John und dessen Frau Grace unternahm, schrieb sie im Tagebuch ein fesselndes Porträt Rosalinds. Jedes Mal, wenn sie irgendwo Halt machten – die Reise führte über Chicago, Sioux Falls, die Badlands und die Rocky Mountains nach Reno, Sacramento, San Francisco und Los Angeles –, ging sie zur Post, um nachzufragen, ob ihr Briefe von Rosalind nachgeschickt worden seien. Wenn sie in mondhellen Nächten mit ihren Verwandten im Auto saß, träumte sie von »Glück und künftiger Liebe«.[20]

Für sie war Rosalind nicht nur ein neuer Gegenstand der Verehrung, sondern eine Statue, eine Titanin, ein Engel. Sie war ihre Beatrice, ihre einzige Inspirationsquelle, ihr »Stück Himmel«.[21] Man sagte damals, dass Rosalind Constable über alles Bescheid wisse, ob es sich um die neuesten Slang-Ausdrücke oder den Anfang einer beginnenden künstlerischen Bewegung handelte.[22] Für Patricia Highsmith war sie weniger ein Objekt sexueller Begierde als eine platonische Gefährtin. Sie sagte einmal, sie verehre sie lieber aus der Ferne und sonne sich in der unbefleckten Reinheit ihrer Beziehung, als sich in einem unkontrollierten Augenblick dem körperlichen Vergnügen mit ihr hinzugeben. Von Anfang an wusste sie, dass Rosalind eine feste Beziehung hatte – sie war mit der Künstlerin und Galeriebesitzerin Betty Parsons liiert –, aber gerade diese Unerreichbarkeit gehörte für die Schriftstellerin wohl zu den attraktivsten Eigenschaften ihrer Geliebten. »Wenn wir lieben, ohne dass unsere Liebe erwidert wird, sind wir uns viel mehr bewusst, dass wir lieben. Wir brauchen an nichts anderes mehr zu denken«, schrieb sie. »Wenn wir wiedergeliebt werden, gibt es, für mich zumindest, etwas, was mich zurückhält, fast eine Furcht vor der Vollendung.«[23] Als sie Ende August nach New York zurückkehrte, nahm Patricia Highsmith ihre Beziehungen sowohl mit Männern als auch mit Frauen wieder auf. Eine potenzielle Liebhaberin bemerkte trocken, dass Pat denselben Fehler mache wie die alliierte Armee, sich nämlich »an zu vielen Fronten mit zu geringen Kräften«[24] zu engagieren.

Aber die Schriftstellerin rechtfertigte ihre Promiskuität damit, dass sie nicht »stagnieren« und sich fit halten wolle für ihre wahre Liebe: Rosalind. »Den Rest nehme ich, indem ich mir die Nase zuhalte«, schrieb sie, »wie einen Löffel Rizinusöl.«[25]

Was Rosalind betrifft, so steht fest, dass sie mit Pat flirtete. Sie ging Hand in Hand mit ihr durch Greenwich Village, nannte sie »Schätzchen« vor ihren Freunden und ließ die Jüngere im Taxi auf ihrem Schoß sitzen. Doch die Beziehung kam nicht so rasch voran, wie Pat es sich wünschte, und immer öfter verarbeitete sie ihre Sehnsüchte in Träumereien. Sie erkannte, dass ihre Leidenschaft sie aus dem Gleichgewicht bringen konnte; sie zwang sich, nur zu bestimmten Zeiten des Tages an Rosalind zu denken, etwa wenn sie mit vielen Menschen zusammen war oder nachts im Bett. Und allmählich schob sich das Abbild Rosalinds in ihrer Fantasie vor die Wirklichkeit. »Leider muss ich mich damit begnügen, statt dich öfter zu sehen, und nach einer Weile gelingt einem die Täuschung ganz gut«, schrieb sie.[26]

Für Mary und Stanley war die Fixierung ihrer Tochter auf Rosalind die Erklärung für manch seltsames Verhalten zu Hause. »Pats Mutter dachte, dass Pat durch Rosalind auf die schiefe Bahn geriet«, sagte Kate Kingsley.[27] Mary Highsmith schrieb ihrer Tochter: »Stanley und ich waren hundertprozentig auf deiner Seite, egal, was du wolltest. Das lag uns am Herzen. Dann hast du Rosalind getroffen und hast dich verändert. Wir waren nicht mehr deine Freunde ... Stanley sagt, dass du uns jetzt als ignorant, dumm und primitiv hinstellen willst, damit du den Leuten zeigen kannst, wie weit du dich von deinem armseligen und schmierigen Hintergrund entfernt hast.«[28]

Pat glaubte, dass ihre Mutter auf ihre neuen eleganten Freundinnen wie Rosalind eifersüchtig sei; Mary konnte aber einfach nicht begreifen, warum sich ihre Tochter so merkwürdig verhielt. Sie drohte ihr sogar an, sie vom Barnard College zu nehmen, wenn sie keine Einsicht zeigte. Doch Rosalind war nicht der eigentliche

Grund für Pats Benehmen. »Rosalind soll meinen Charakter verändert haben«, schrieb sie einmal an ihren Stiefvater.[29] Doch sie war zu diesem Zeitpunkt schon zwanzig, und ihre Persönlichkeit war bereits geformt. Die eigentliche Ursache ihrer Probleme war die Beziehung zu ihrer Mutter.

Als Mary nach dem Tod ihres Vaters Daniel Coates am 28. Dezember 1941 nach Fort Worth zurückkehrte, war Pat traurig. Ihre Mutter symbolisiere, wie sie schrieb, »die Stabilität, die Weiblichkeit, die Behaglichkeit und Wärme meines Lebens«[30], doch als sie wieder in New York war, begannen die beiden schon nach ein paar Tagen wieder zu streiten. Pat wusste, dass sie ein Problem mit ihrer Mutter hatte; in ihrem Tagebuch hatte sie ja bereits die Theorie vertreten, dass sie eine libidinöse Beziehung zu ihrer Mutter habe. Die Anwesenheit Stanleys nahm sie ihr immer noch übel. Einmal sagte sie Mary, dass sie nie Frieden schließen könnten, solange er bei ihnen lebte; sie fühlte sich nur dann wohl, wenn nicht er, sondern sie, Pat, die Familiensituation kontrollierte. »Ich bin froh, wenn ich der Chef sein kann«, schrieb sie, »wenn ich ihnen Feuer geben kann und sie beherrsche, wie gestern.«[31] Mary meinte, ihre Tochter sei »ein intellektueller Snob«[32], während Pat ihrer Mutter vorwarf, sie sei langweilig und beschäftige sich im Übermaß mit Prominentenklatsch, Fred Astaires neuem Film oder Carol Lombards Tod bei einem Flugzeugabsturz. »Mutter sagt natürlich, ich sei unmenschlich, ich würde sie wie einen Hund behandeln, ich würde nichts im Haushalt tun, und das kommt alles a) von ihrer Eifersucht, b) ihrer Unterlegenheit, c) weil sie keine Arbeit bekommt und sich deshalb grämt.«[33]

Patricia Highsmiths Mutter machte sich Sorgen, weil sie sah, dass sich ihre Tochter von anderen jungen Frauen unterschied, und sie prophezeite ihr, dass sie nach ihrem College-Abschluss nie Erfolg haben oder eine gute Stelle bekommen werde. Das Geheimnis weiblichen Glücks seien ein Ehemann und Kinder, fügte sie hinzu, und diese Bemerkung fand ihre Tochter empörend. Auch Stanley griff sie an und warf ihr ihren schlechten Charakter vor; sie möge nur Leute, die sie lobten. 1940 zog die Familie in eine Wohnung in der Grove Street 48 in Greenwich Village, zwei Jahre später wechselten sie erneut die Wohnung und lebten jetzt in der 57. Straße Ost 345. Patricia Highsmith sehnte sich danach, von Mary und Stanley wegziehen zu können. Mary vertraute weiterhin den Schriften der »Christlichen Wissenschaft«; außerdem las sie Dale Carnegie, einen der ersten Ratgeberpäpste, der zu dieser Zeit seinen ersten Bestseller, *Wie man Freunde gewinnt*, schrieb, während ihre Tochter in dem Bewusstsein, dass es möglicherweise etwas in ihr gab, was nicht ganz in Ordnung war, daran dachte, sich psychologische Hilfe zu holen. »Ich redete von einem Psychiater, & sie redete von M. B. Eddy!«, schrieb sie in ihr Tagebuch.[34]

Im Juni 1942 gab Mary ihr eine Ohrfeige, nachdem die Einundzwanzigjährige ihrer Mutter vorgeworfen hatte, sie könne nur über »Banalitäten« sprechen.[35] Neun Tage später skizzierte Patricia Highsmith eine Geschichte über ein junges Mädchen, das seine Mutter ins Bett bringt. Die scheinbar pflichtbewusste, gutherzige Tochter stimmt allem zu, was die alte Frau verlangt – sogar ihrer Forderung, ihren Freund nie wiederzusehen –, sie bereitet den gebrechlichen Körper auf die Nacht vor, leert die Waschschüssel aus und holt ihr einen Becher heiße Milch. Dann nimmt sie eine Schere aus ihrer Tasche, stößt sie mit einem Lächeln der Mutter in die Brust und dreht die scharfen Klingen mit aller Macht hin und her. In ihr Tagebuch schrieb Patricia Highsmith über Stanley und Mary: »Was wissen sie von meiner Wut, Ungeduld, Frustration, meinem Ehrgeiz, meiner Energie, meiner Verzweiflung, meinen Liebes- & Hassgeschichten und von meinen Ekstasen!? Nichts! & sie können nie etwas davon wissen.«[36]

Die Fantasie, die an die Stelle der Realität tritt – dieses Motiv zieht sich durch viele der späteren Romane von Patricia Highsmith, doch auch in ihren ersten Werken schimmert das Thema bereits durch. Im September 1941 schreibt sie die Kurzgeschichte »Die Heldin«, eine düstere Story über eine Hauslehrerin, die das Haus ihres Arbeitgebers in Brand setzt, um sich den perversen Wunsch erfüllen zu können, die beiden Kinder Nicky und Heloïse zu retten. Die junge Frau, Lucille, träumt davon, die Kinder vor einem Eindringling, einer Überschwemmung, einem Erdbeben in Sicherheit zu bringen. Nur in einer solchen Situation könnte sie, so stellt sie sich vor, ihre Tapferkeit und Ergebenheit unter Beweis stellen. Im Lauf der Geschichte löst sich Lucille immer mehr von der Wirklichkeit, bis sie am Ende glaubt, das Feuer selbst legen zu müssen, um ihre Liebe zu zeigen. »Sie würde warten, bis die Flammen hochgeschlagen wären zum Fenster des Kinderzimmers, bevor sie sich unter größter Gefahr ins Feuer stürzte.«[37] Lächelnd holt sie einen Benzinkanister aus der Garage, leert ihn um das Haus herum aus, steckt das Benzin in Brand und tritt dann zurück, um die Flammen zu beobachten. Am Ende explodiert der Kanister, während sich Lucille dem Haus nähert, um ihre Pflicht zu erfüllen. Während der ganzen Geschichte kämpft sie mit der Erinnerung an die Geisteskrankheit ihrer toten Mutter; sie weiß, dass sie den Wahnsinn von ihr geerbt hat. Vor dem Spiegel stehend, reißt sie die Augen auf und versucht verzweifelt, das Gefühl des in ihr aufbrechenden Irrsinns zu unterdrücken, bis die Wahnvorstellungen sie schließlich doch überwältigen.

Patricia Highsmith schickte die Geschichte an eine Reihe von Zeitschriften, erhielt jedoch nur Absagen. Sogar das *Barnard Quarterly* lehnte eine Veröffentlichung der »Heldin« ab. Offenbar hielt man die Story für zu schockierend und fürchtete, sensible junge Frauen könnten zu Nachahmungstaten verleitet werden. Schließlich nahm *Harper's Bazaar* sie an und veröffentlichte sie im August 1945. Ein Jahr später erschien die Geschichte in der renommierten Sammlung der *O. Henry Memorial Award Prize Stories of 1946*.

Zu dieser Zeit faszinierte Patricia Highsmith immer mehr das, was zeitgenössische Psychiater als »abweichendes Verhalten« bezeichneten. »Jeder Mensch birgt in sich eine schreckliche andere Welt, höllisch und unbekannt«, schrieb sie 1942 in ihr Notizbuch. »Es ist ein riesiger Abgrund, tiefer als die tiefsten Krater der Erde, oder es ist die dünnste Luft weit jenseits des Mondes. Aber es ist erschreckend, und es ist grundlegend anders als das, was dem Menschen von sich vertraut ist, also verbringen wir unsere Tage damit, am entgegengesetzten Ende unseres Selbst zu leben.«[38] Ihr Verhalten war nach ihrer eigenen Erkenntnis alles andere als konventionell, doch ihre bohemehaften Tendenzen wurden von stabilisierenden Eigenschaften in Schach gehalten, etwa von ihrer eisernen Arbeitsdisziplin und ihrer Neigung, ihre Gefühle zu unterdrücken. Ihr Herz verglich sie einmal mit einem eingedämmten Fluss, der eines Tages über seine Ufer treten und alle Spuren von Hässlichkeit wegwaschen würde. Sie stand unter dem Zwang, sich selbst voranzutreiben, sich neuen Herausforderungen zu stellen, auch wenn sie wusste, dass es nicht möglich war, ihnen zu genügen. Manchmal hatte sie das Bedürfnis, bestraft zu werden, und drückte diese masochistischen Impulse in quälerischen Gedichten aus; der Anfangsvers eines Gedichts aus dieser Zeit lautete: »Ich bin zu sehr Meister meiner selbst.«[39]

Gegen Ende 1941 fühlte sie sich durch den horrenden Zwiespalt zwischen ihren selbst gesetzten Zielen und dem, was sie erreicht hatte, fast zum Selbstmord getrieben. Warum war sie nicht besser? Erfolgreicher und kreativer? »Erlebte heute Abend meinen ersten Selbstmordaugenblick«, schrieb sie in ihr Notizbuch. »Es kommt, wenn man sich mit Arbeit konfrontiert sieht, leeren Blättern überall, und im Kopf Scham und Verwirrung.«[40]

Als ein wesentliches Problem betrachtete sie die Tatsache, dass schöpferische Menschen wie sie selbst ohne die Schranken lebten, die andere schützten. Depressivität, oder, wie sie es bezeichnete, Melancholie, kam daher, dass man sich wie ein Grashalm einem stürmischen Wind beugen musste, dass man zuzeiten geschlagen und gebrochen und zertrampelt wurde. Diese Düsterkeit, dieses überwältigende Gefühl der Verzweiflung, spiegelt sich in ihrem Werk wider. Nie würde sie fähig sein, wie sie einmal äußerte, über apfelfrische Gesichter, prasselndes Kaminfeuer und Maienflor zu schreiben, und es ergab für sie keinen Sinn, den Menschen in seinem Status quo zu bestärken. Sie war an der Schaffung von Klischees nicht interessiert, wollte vielmehr die Normalität demontieren und untergraben, so dass das Vertraute und das Konventionelle unvermittelt dunkel und bedrohlich wirkten. Schließlich war zu viel nicht in Ordnung mit dem Einzelnen und mit der Welt.

Mit dem japanischen Überraschungsangriff auf den amerikanischen Flottenstützpunkt Pearl Harbor am 7. Dezember 1941 begann der Pazifische Krieg, und die USA traten in den Zweiten Weltkrieg ein. Patricia Highsmith hatte die Ursachen des Krieges in Europa oft analysiert; im Juni dieses Jahres hatte sie mit ihrem Stiefvater darüber gestritten. Er schob die unheilvolle Entwicklung auf die angeborene Bosheit der Menschen, sie hingegen sah Kriegsgewinnler am Werk. Seit Mitte der dreißiger Jahre hatte sich Amerika isolationistisch verhalten, gemäß den Grundsätzen der Neutralitätsgesetze von 1935 bis 1937, doch nach dem Einmarsch der Nazis in die Tschechoslowakei 1939 suchte Roosevelt nach einer Möglichkeit, den bedrohten Ländern finanzielle Unterstützung zukommen zu lassen. Nach dem deutschen Überfall auf Polen wurden die Neutralitätsgesetze zwar gelockert, und der Kongress genehmigte 1941 Roosevelts finanzielle Forderungen, doch erst nach der Bombardierung von Pearl Harbor war Amerika gezwungen, seine neutrale Position aufzugeben, um die Feinde der Demokratie mit allen Kräften anzugreifen. Für Historiker ist Pearl Harbor – Roosevelt nannte es ein Datum fortbestehender »Infamie« – jener einzigartige Augenblick, in dem Amerika seine Unschuld verlor. Zweifellos änderte sich die Stimmung schlagartig, doch nach dem Bombardement der Japaner verzeichnete man nicht so sehr den Übergang von Unschuld zu Erfahrung als vielmehr die nachhaltige Erschütterung der amerikanischen Arroganz, des Glaubens der Amerikaner an die eigene Stärke und Unangreifbarkeit. Das Zeitalter der Angst, dessen Anfänge man bis in die späten dreißiger Jahre und bis zu Orson Welles' Radiosendung *The War of the Worlds* von 1938 zurückverfolgen konnte, hatte in diesem denkwürdigen Ereignis seinen historischen Kristallisationspunkt erreicht.

Das Barnard College unterstützte den Krieg durch Kurse, in denen die Studentinnen in die Grundlagen der Krankenpflege, das Lesen militärischer Karten und die Auslegung von Luftaufnahmen eingeführt wurden. Ab März 1942 besuchte Patricia Highsmith mit Kate Kingsley regelmäßig Unterrichtsstunden, in denen die jungen Frauen lernten, feindliche Flugzeuge zu identifizieren. Dekanin Gildersleeve bestand allerdings darauf, dass ihre Studentinnen nicht nur als Kriegshelferinnen benutzt wurden. »Die Köpfe der jungen Leute gehören zu den wertvollsten Aktivposten unseres Landes«, schrieb sie damals. »Wir dürfen diese Köpfe keinesfalls für die Verrichtung niedrigerer, einfacherer Arbeiten missbrauchen, denn es könnten Chemikerinnen, Wirtschaftswissenschaftlerinnen, Mathematikerinnen, Sozialarbeiterinnen, gut ausgebildete Sekretärinnen aus ihnen werden ... Und wir brauchen noch viel mehr dieser Köpfe, um den Krieg zu gewinnen.«[41]

Dennoch ist offensichtlich, dass sich Patricia Highsmith zu dieser Zeit viel mehr für Herzensangelegenheiten interessierte als für die Folgen der internationalen Krise. Ihr Tagebuch berichtet von einer kurzen, aber intensiven Beziehung zu einer Kommilitonin, Helen, die allgemein als heterosexuell galt und mit einem jungen Mann verlobt war. Unerreichbare heterosexuelle Frauen faszinierten in der Tat Patricia Highsmith ihr ganzes Leben lang. In ihrem Tagebuch bekennt sie, dass sie Helen begehrt, und vergleicht ihre Attraktivität mit der »aller Heteros, in die ich in jüngeren Jahren so wahnsinnig verliebt war«.[42] Am ersten Tag im College, nachdem die Bombardierung von Pearl Harbor bekannt geworden war, gingen die beiden Frauen am Hudson River spazieren, und dann gestand Pat Helen ihre Liebe bei einem Glas Bier. Seit dem Anfang ihrer Beziehung im Oktober 1941 hatte die Schriftstellerin ihre neue Eroberung schlecht behandelt, hatte vor ihr mit anderen Frauen geflirtet und war ihr manchmal mit absoluter Gleichgültigkeit gegenübergetreten. Doch als sie befürchten musste, dass Helen sich wieder ihrem Verlobten zuwandte, der kurz vor der Einberufung stand, suchte Patricia Highsmith nicht mehr, ihre Gefühle zu verbergen. Es war eine schmerzliche Szene. Helen fragte ihre weinende Freundin: »Was willst du, dass ich tue, Pat?« Gerade jetzt wollte sie ihren Freund nicht einfach in den Krieg ziehen lassen, und etwas später schrieb sie ihr einen Brief, in dem sie ihr mitteilte, dass sie ihre Freundschaft beenden müsse. Die Beziehung verschlechterte sich, als Helen entdeckte, dass Pat Kommilitoninnen erzählt hatte, sie werde schon dafür sorgen, dass ihre Geliebte »ihren kleinen Freund« bald vergesse.[43] In ihr Notizbuch schrieb Patricia Highsmith: »Liebe ist ein Ungeheuer zwischen uns, das jede von uns in einer Faust gefangen hält«[44] – einen ähnlichen Satz arbeitete sie auch in ihren Roman *Carol* aus dem Jahr 1952 ein bei der Beschreibung der sich zunehmend verschlechternden Beziehung zwischen Therese und Carol. Patricia Highsmith machte sich in Bezug auf Helen offenbar noch immer enorme Hoffnungen, doch obwohl sie sich in der ersten Hälfte des Jahres 1942 immer wieder sahen, entwickelte sich die Freundschaft mit der Frau, die sie auch in ihrem Tagebuch verklärt hatte, nicht weiter.

Ein echtes Verständnis für die Probleme des 20. Jahrhunderts konnte nach Patricia Highsmiths Überzeugung nur derjenige aufbringen, der den Begriff der Normalität zurückwies und in der Lage war, die komplexen individuellen und sozialen Zusammenhänge von einem marginalisierten Standpunkt aus zu betrachten. Um die Wahrheit einer Situation darzustellen, sei es notwendig, schrieb sie, das schützende Pflaster der Normalität abzureißen und die eiternde Wunde darunter freizulegen. Schriftsteller, die die Wahrheit ihrer Zeit wiedergeben wollten, hätten die Pflicht, die rote, rohe Haut anzukratzen und sich dem fauligen Zentrum des Problems zu nähern. In einem anderen Zusammenhang verglich sie den Künstler, der seine Wirklichkeit wahrheitsgemäß darstellt, mit einer Spinne, die aus sich selbst heraus ihr Netz webt. Sie entschloss sich, ihr eigenes Gefühl der Fremdheit, ihre eigenen psychologischen Verschrobenheiten als Grundlage für ihre eigenartigen literarischen Fantasien zu nutzen. Um schöpferisch tätig zu sein, war es erforderlich, das eigene Selbst auszubeuten, und so wandte sie sich dem zu, was sie für die wichtigste Triebkraft in ihrem Leben hielt: Sex. »Ja, vielleicht ist Sex mein Thema in der Literatur, da es den stärksten Einfluss auf mich hat, auch wenn es sich in Unterdrückung und Verneinung äußert.«[45]

Im Januar 1942 entwarf sie eine Kurzgeschichte über eine Frau, die sich allein in einem Zimmer befindet und ein kratzendes Geräusch aus einer Kommode hört. In panischer Angst vor Mäusen öffnet sie eine Schublade und sieht nichts Ungewöhnliches, nur das Mieder ihres Hochzeitskleids, doch einige Tage später, als das Geräusch aufgehört hat, findet sie eine kleine Maus, die steif und leblos auf dem Spitzenbesatz liegt. Zwei Monate darauf hatte sie eine Eingebung; sie wusste plötzlich, dass es Zeit sei, »einen guten, klassischen, schönen Thriller zu schreiben wie Collins' *Monddiamant* … in dem es sogar Metaphysisches« geben sollte.[46] Sie las noch einmal »Crime Begins«, die Geschichte, die sie als Teenager geschrieben hatte, und stellte fest, dass Suspense ihre Stärke war. »Das Morbide, das Grausame, das Anomale fasziniert mich«, schrieb sie.[47]

Besonders wirkungsvoll wäre ihrer Ansicht nach ein solches Buch, wenn sie das fantastische Thema realistisch verpackte, »… im Ton der Plausibilität, erzeugt durch Realismus«.[48] Der Urtyp, der Jedermann des 20. Jahrhunderts, wäre der Psychopath. »Der abnorme Blickpunkt ist immer der beste, um das Leben des 20. Jahrhunderts darzustellen, nicht nur, weil so viele von uns abnorm sind und es erkennen oder auch nicht, sondern weil das Leben des 20. Jahrhunderts durch Abnormalität etabliert und aufrechterhalten wird. Ich würde gern einen Roman schreiben, mit all den literarischen Qualitäten des *Blutmals*, über eine abnormale Figur, die das gegenwärtige Leben sieht, ganz alltägliches Leben, doch die Aufmerksamkeit dadurch auf die Abnormalität lenkt, bis der Leser am Ende merkt, und kaum davor zurückschreckt, dass er überhaupt nicht abnormal ist und dass die Hauptfigur genauso gut er selbst sein könnte.«[49]

Dieser Eintrag in ihrem Notizbuch, geschrieben sechs Jahre vor *Zwei Fremde im Zug* und zwölf Jahre vor *Der talentierte Mr. Ripley*, ist eine prägnante Zusammenfassung ihrer literarischen Methode, die uns einen wesentlichen Anhaltspunkt dafür gibt, warum ihre Romane und Erzählungen eine so aufwühlende Wirkung haben. Patricia Highsmiths Welt wird durch die verzerrende Brille eines »abnormen« Menschen gesehen, doch ihr Stil ist so transparent und unaufgeregt, dass der Leser am Ende selbst einen Blickwinkel einnimmt, der deutlich gestört und verrückt ist. Im Werk Patricia Highsmiths gehen die spannungsgeladenen Bereiche des Bewussten und des Unbewussten so nahtlos ineinander über, dass der Leser dazu verlockt wird, mit dem Alogischen, dem Irrationalen und dem Chaotischen zu sympathisieren, doch dann wird die schräge Perspektive immer wieder durch ihren eintönigen Stil normalisiert.

Patricia Highsmith setzte sich das Ziel, jeden Abend unter der Dusche eine Handlung zu erfinden, und sie fühlte sich schon zu diesem Zeitpunkt zu dem Thema hingezogen, das ihre Romane charakterisieren sollte: den zweideutigen Gefühlen von Anziehung und Abstoßung zwischen zwei Männern. »Ein starker Charakter erscheint schwach, wenn er mit gleicher Kraft in zwei verschiedene Richtungen gezogen wird«, notierte sie.[50] In diesem Stadium erwog sie die Möglichkeit eines Romans mit lesbischer Thematik, doch davon nahm sie bald Abstand, weil es sich als unnötig erwies. »Es kommt auch so gut genug heraus. Man kann nichts dagegen machen.«[51]

Einmal malte sie sich in diesen Jahren die Zukunft aus und erkannte, dass ihre Persönlichkeit sich nicht grundlegend verändern würde. Sie stellte sich vor, dass sie noch disziplinierter würde, doch immer wäre sie nur zu kreativer Tätigkeit fähig, wenn sie aus ihrem Unbewussten schöpfen konnte. Ihre Alkohol- und Nikotinsucht würde vielleicht noch stärker werden; sie würde immer noch schüchtern sein, wenn es darum ging, ihre Gefühle auszudrücken, und verstört reagieren, wenn Gefühle gezeigt würden. Sie würde immer anfällig sein für die Liebe, sich aber allein am wohlsten fühlen.

Wie für eine der »armen Seelen« in Dantes *Göttlicher Komödie* würde es ihr Schicksal sein, weder für Gott noch für den Teufel zu leben, sondern nur für sich selbst. Und in ihrem Notizbuch vergleicht sie sich mit jenen Jammervollen, die »von Gnade und Gerechtigkeit« gleichermaßen verworfen werden, wie es im dritten Gesang der »Hölle« in der *Göttlichen Komödie* heißt. »So ist das klägliche Gebaren der armen Seelen, die ihr Leben lang sich weder Ruhm noch Schmach verdienen konnten. Sie sind den faulen Engelscharen beigemischt, die gegen Gott sich nicht empörten, noch treu ihm waren, sondern nur für sich.«[52] Vielen der von Patricia Highsmith erschaffenen Figuren erging es nicht anders. Und das war für sie, wie sie gleich darauf bemerkt, »ein erschreckender Gedanke«.[53]

Der Kerker deiner selbst

(1942–1943)

Es ist schwer, Patricia Highsmith einer bestimmten literarischen Kategorie zuzuordnen, doch wenn man nach einer Schule, einem Vorbild sucht, das in dieser Zeit ihre literarischen Obsessionen zusammenfasste, so muss man den Namen Julien Green erwähnen. In den frühen vierziger Jahren beschäftigte sie sich eingehend mit dem Werk des amerikanisch-französischen Schriftstellers. Im September 1941, während der Arbeit an »Die Heldin«, las sie seinen Roman von 1934, *Der Geisterseher*; sechzehn Monate später vermerkte sie in ihrem Tagebuch, wie sehr sie seinen Roman *Varuna* bewundere: Dieses Buch habe ihr mehr gegeben als jedes andere. 1944 schrieb sie, dass sie Green lese und dadurch »Leben, Mut, Ruhe« gewinne.[1]

Julien Green, geboren 1900 in Paris, war irisch-amerikanischer Abstammung, wurde aber in Frankreich erzogen, wo er in kultivierter Atmosphäre aufwuchs. Als Kind fühlte er sich als Außenseiter, und wie Patricia Highsmith begleitete ihn dieses Gefühl von Isolation und Entfremdung sein Leben lang. Seine Kindheit betrachtete er als einen unterirdischen Strom, der das Erwachsenenalter schattenhaft durchzog. Mit vierzehn verlor er seine Mutter, und mit sechzehn konvertierte er zum Katholizismus, doch sein lebhaftes Interesse galt auch dem Buddhismus und anderen östlichen Philosophien. In frühem Alter erkannte er – wiederum eine Parallele zu Patricia Highsmith –, dass er sich zu den Angehörigen seines eigenen Geschlechts hingezogen fühlte, und in der Folge setzte er sich immer wieder mit dem Kampf zwischen dem Streben des Geistes und dem Verlangen des Körpers auseinander. Mit achtundzwanzig Jahren entschloss er sich, seine inneren Widersprüche und Spannungen in einem Tagebuch zu dokumentieren. Von den späten dreißiger Jahren an wurden diese Tagebücher zuerst auf Französisch, dann auf Englisch publiziert. »Dieses neue Tagebuch, das so regelmäßig wie möglich zu führen ich mir vornehme, wird mir, denke ich, helfen, mehr Klarheit über mich zu gewinnen.«[2]

Diese bekenntnishaften Dokumente ähneln auf frappierende Weise sowohl stilistisch als auch thematisch den Notizbüchern von Patricia Highsmith; sie erhellen die zahllosen Berührungspunkte zwischen den Werken der beiden Autoren. Als Patricia Highsmith 1943 die Bekenntnisse Greens las, schrieb sie in ihr Tagebuch (das sie teilweise auf Französisch führte): »*Je sens une amitié rare avec J. Green ... je reconnais comme mes propres pensées.*« (Ich fühle mich in außerordentlicher Freundschaft mit J. Green verbunden ... ich erkenne fast meine eigenen Gedanken wieder.)[3] Wie ihr ging es auch Julien Green schlecht, wenn er nicht arbeitete; es war, als würde er in solchen Zeiten nicht existieren. Auch er bewunderte das Werk Edgar Allan Poes. Er spürte die Ursprünge seiner schöpferischen Kraft in frühen prägenden Erlebnissen auf: »Alles, was ich schreibe, kommt geradewegs aus meiner Kindheit«[4], und er glaubte an die Zerrissenheit der menschlichen Seele. So schrieb er 1938: »Ich glaube, in jedem von uns sind nicht nur die zwei Menschen, von denen Paulus spricht, sondern ein gutes Dutzend Persönlichkeiten, die nur selten einig sind und einander beinahe ständig behindern. Eine dieser Persönlichkeiten ist ein Exzentriker – nein, sagen wir es offen, eine dieser Personen ist ein Wahnsinniger.«[5] Die Realität betrachtete er als Projektion des Denkens jedes Einzelnen; ein Mensch, schrieb er einmal, könne mittels seines Bewusstseins zwischen Paradies und Hölle hin und her reisen. Und er war wie seine amerikanische Verehrerin fasziniert von der Natur des Selbst. »Müde, immer ich selbst zu sein. War schon je von solcher Traurigkeit die Rede?«[6], schrieb er

1940. Dieser Satz könnte fast als ein literarischer »Herzensschrei« Greens an die Adresse Patricia Highsmiths interpretiert werden. Ob sie diese Worte las, ist nicht bekannt. Wir wissen jedoch, dass sie schon damals mit obsessiver Energie ähnliche Ideen in ihrem eigenen Werk verfolgte.

Julien Green war davon überzeugt, dass sein Werk sich von seinem Leben nährte, von seinen Träumen und Verdrängungen, und er behauptete, ähnlich wie die Amerikanerin, dass Glück und Zufriedenheit dem Prozess des Schreibens abträglich seien. »Bücher zu schreiben tröstet den Schriftsteller für alles, was das Leben ihm versagt«, schrieb er 1948. »Vielleicht erschiene ihm ein erfülltes Leben sogar als ein unproduktives Leben. Der Zufriedene schreibt nicht.«[7]

Greens Roman *Wenn ich du wäre* birgt verblüffende Ähnlichkeiten zu Patricia Highsmiths *Der talentierte Mr. Ripley*. Er wurde 1947 in Frankreich und 1949 in Amerika veröffentlicht und untersucht, Green zufolge, die Traurigkeit, die Milton in *Samson Agonistes* anspricht: »Du wurdest, o härtestes Gefängnis, zum Kerker deiner selbst!«[8] Wie Tom Ripley mit seinem nahezu pathologischen Selbsthass ist Fabien Especel, der Protagonist von Greens Romans, von dem Verlangen erfüllt, seine eigene Persönlichkeit mit der eines anderen zu vertauschen. Fabien kann nicht ertragen, dass »seine Seele während der ganzen Zeit, die sie auf Erden zubrächte, an ein und denselben Leib gebunden bliebe«[9], und als ein Fremder ihm die Gelegenheit bietet, durch Aussprechen eines magischen Satzes in den Körper einer Person seiner Wahl zu schlüpfen, nimmt er das Angebot sofort an.

Im Vorwort des Buches schlägt Green das Thema an, das Patricia Highsmith zu ihrem eigenen machte: »Wer von uns«, schreibt er, »hat sich noch nie gesagt: ›Wenn ich er wäre … Wenn ich du wäre …?‹«[10] Unsere Unzufriedenheit stamme aus der ewigen Gleichheit, die uns umhüllt, der Erkenntnis, dass jeder von uns gefangen ist in seinem eigenen solipsistischen Gefängnis. »Unsere Traurigkeit rührt zum Teil daher, dass wir immer die gleichen sind und an jedem Morgen mit dem gleichen Problem erwachen, das zu lösen uns aufgegeben ist, nämlich uns selber zu ertragen, bis zum Abend und bis zum Tod.«[11] Mit einem Zitat von John Donne, den auch Patricia Highsmith sehr hoch schätzte, schließt er, dass der moderne Mensch ein »kranker Gott« sei.

Julien Greens Stil zeichnet sich durch äußerste Einfachheit und Direktheit aus, seine Romane und Erzählungen ziehen den Leser in ihren Bann und zwingen ihn zum zeitweiligen Ausblenden seines kritischen Verstands. Greens gesamtes Werk ist gekennzeichnet durch eine merkwürdige Mixtur aus zwei unterschiedlichen literarischen Traditionen: Auf der einen Seite ist er dem Realismus verpflichtet, der Tradition von Balzac und Flaubert (dem sich auch Patricia Highsmith, einem Tagebucheintrag zufolge, »eng verwandt« fühlte)[12]; auf der anderen Seite gibt es fantastische Elemente, die auf E.T.A. Hoffmann und Poe hinweisen. Auch Patricia Highsmiths Werk könnte auf diese Weise analysiert werden; ihre Prosa ist ebenfalls unaufdringlich, aber unter ihrer vordergründig realistischen Oberfläche glimmt das Abnorme und Wahnhafte – eine wahrhaft berauschende Mischung.

Am 2. Juni 1942 schloss Patricia Highsmith am Barnard College ihr Studium mit dem akademischen Grad des Bachelor of Arts ab. Von ihrer Großmutter bekam sie zwanzig Dollar, die sie – außer einer kleinen Summe zum Erwerb von Holz für eine Skulptur – nicht für sich verwendete; stattdessen lud sie damit ihre Freunde und ihre Familie zum Essen ein. Mit Geld war sie immer knapp gewesen, jetzt aber, da sie sich nichts sehnlicher wünschte, als endlich in eine eigene Wohnung zu ziehen, war es wirklich dringend nötig, dass sie selbst etwas verdiente.

Doch von gewissen Vorstellungen wollte sie nicht abrücken. »Ich wollte vermeiden, irgendetwas Nützliches zu lernen«, sagte sie einem Journalisten. »Ich habe nie gelernt, richtig zu tippen, weil ich nicht darauf festgenagelt werden wollte, eine Sekretärin zu sein.«[13] In der Welt der Zeitschriften zu arbeiten erschien ihr verlockender, und sie bewarb sich, ermutigt von Rosalind Constable, bei

Mademoiselle, *Good Housekeeping*, *Time*, *Fortune* und *Vogue*. Doch es lag ihr leider ganz und gar nicht, sich so zurechtzumachen, als entspringe sie direkt solchen Modejournalen. Anfang Juni hatte sie ein Vorstellungsgespräch bei *Vogue*; zwei Wochen später kam ein Telegramm mit einem abschlägigen Bescheid. Offensichtlich hatte man Probleme mit ihrem Aussehen. »Sie sagten, du hast ausgesehen, als ob du gerade aufgestanden wärst«, sagte Rosalind.[14] An ihrer Jacke war nichts auszusetzen, aber die weiße Bluse, die sie beim Vorstellungsgespräch trug, war nicht sauber, und ihre potenziellen Arbeitgeber waren darüber entrüstet, dass sie keinen Hut aufgesetzt hatte. Sie war enttäuscht, tröstete sich aber damit, dass die Zeit kommen würde, »da werde ich größer sein als *Vogue*, und ich kann meinem guten Stern danken, dass ich ihrem verderblichen Einfluss entkommen bin«.[15]

Wie so viele aufsteigende oder bereits etablierte Autoren träumte auch Patricia Highsmith davon, für den *New Yorker* zu schreiben. Am 16. Juni traf sie sich mit William Shawn, dem damaligen Chefredakteur der Zeitschrift, und am Tag nach diesem Treffen schickte sie ihm vier Hefte des *Barnard Quarterly*. Nach einiger Zeit wurde sie aufgefordert, ein paar Probekolumnen der Rubrik *Talk of the Town* zu schreiben, aber letztlich kam doch nicht das zustande, was sie sich erhofft hatte, und sie sah sich genötigt, eine Stelle anzunehmen, die sie in einem Brief an Shawn als »nichts Aufregendes«[16] bezeichnete. Sie wurde Redaktionsassistentin bei Ben Zion Goldberg, dem russischstämmigen ehemaligen Herausgeber des *Jewish Morning Journal*. Zu dieser Zeit war der Autor des Buches *The Sacred Fire* auch ein produktiver Kolumnist bei verschiedenen Zeitungen. Patricia Highsmith sollte im Verlag FFF Publishers arbeiten, der verschiedene jüdische Zeitungen belieferte. Nach dem Vorstellungsgespräch bot ihr Goldberg die Stelle mit einem Gehalt von zwanzig Dollar in der Woche an. »Ich habe nicht gefeilscht«, schrieb sie. »Ich kann einfach nicht feilschen.«[17]

Zu ihren Aufgaben gehörte es, im *Jewish Family Almanach* Artikel über jüdische Kunst und Kultur, über Kochen und Inneneinrichtung zu schreiben und zu redigieren. Das überrascht vielleicht ein wenig, wenn man bedenkt, dass sie seit ihrer Schulzeit antijüdische Vorurteile hegte. Als die Zeitschrift *The Oldie* 1993 mit der Bitte an sie herantrat, ihren ersten Job zu beschreiben, unterschlug sie ihre Arbeit für eine jüdische Firma, obwohl sie mit Goldberg noch lange in Kontakt stand. Kate Kingsley sagt: »Weder damals noch später wollte sie irgendjemanden wissen lassen, dass sie eine Stelle bei FFF hatte.«[18]

Im Frühherbst 1942 hatte sie noch Beiträge zu einem Buch über den historischen und kulturellen Einfluss der Juden in den Vereinigten Staaten geliefert, doch im November gab es nicht mehr genug Arbeit für sie, und der Verlag sah sich gezwungen, sie zu entlassen. Patricia Highsmith wusste jedoch aus ihrer Zeit bei FFF Nutzen zu ziehen. Einen der Angestellten, einen untersetzten, pummeligen, hinkenden kleinen Mann, fand sie so faszinierend, dass sie eine Geschichte über ihn schrieb: »Der Schatz« wurde im August 1943 in der Zeitschrift *Home & Food* veröffentlicht.

In der Geschichte geht es um zwei Männer – Archie, den Krüppel, und einen nicht namentlich genannten Buchhalter –, die eine herrenlose Tasche auf einem U-Bahnsteig entdecken. Der Buchhalter nimmt die Tasche an sich, Archie folgt ihm. Es kommt zu einem bizarren Katz-und-Maus-Spiel in den Straßen New Yorks, an dessen Ende der Buchhalter, getrieben von Angst und Scham, die Tasche seinem Gegenspieler überlässt, der sie in seine schäbige Wohnung mitnimmt. Voll gespannter Erwartung öffnet er den Reißverschluss – und findet statt Geld Hunderte von Schokoladenbonbons und Kaugummis.

Die Geschichte ist nicht nur an sich interessant, sondern auch weil Patricia Highsmith hier zum ersten Mal versucht, dieses Thema – zwei Männer, die einander verfolgen – literarisch zu gestalten. In späteren Romanen, etwa in *Die zwei Gesichter des Januars* oder *Venedig kann sehr kalt sein*, wird sie es tiefer ergründen. Darüber hinaus ist es faszinierend, wie die beiden Protagonisten alles, was mit der Tasche zu tun hat, zum Fetisch machen und glauben, dass der bloße

Besitz einer gefüllten Tasche sie glücklich machen wird. »Der goldfarbene Reißverschluss sandte einen freudigen Kitzel durch seine Finger«, heißt es in der Erzählung. »Das Geräusch des Reißverschlusses war ein Gesang voll Verheißung, voll mechanischer Schönheit.«[19]

Es war gut und schön, Short Stories zu schreiben, doch zu diesem Zeitpunkt konnte Patricia Highsmith damit die ersehnte finanzielle Unabhängigkeit noch nicht erreichen. Um Geld zu verdienen, tippte sie Briefe für Zeitschriften und nahm im Dezember 1942 sogar einen Job an, bei dem sie vor Kaufhäusern stand und Kunden über Deodorants und Leberpillen befragte. »Es war weit von Homers *Ilias* entfernt, dass man völlig fremde Leute bat, sich für einen Moment auf den Zustand ihrer Achselhöhlen zu konzentrieren.«[20] Doch es war eine freudige Überraschung für sie, als sie am 23. Dezember erfuhr, dass sie wieder eine Vollzeitstelle antreten konnte, diesmal mit einem Gehalt von dreißig Dollar in der Woche, bei dem Comicverlag Michel Publishers. »Ich betrat einen Comicladen, mit Plakaten von ›Black Terror‹ an den Wänden und verschiedenen anderen Figuren, die fliegen konnten, und Raketen und all diesen Sachen«, sagte sie später in einem Interview. »Es war wie das Erlernen eines Handwerks … Vier Leute saßen da und zeichneten, und außer mir gab es drei Leute, die das Zeug schrieben.«[21]

Der Job ermöglichte ihr, Anfang 1943 aus dem Elternhaus auszuziehen. Sie hatte eine Wohnung an der 56. Straße Ost 353 an der Kreuzung zur First Avenue gemietet, in der sie dann dreizehn Jahre lebte. Später verglich Patricia Highsmith ihre kleine Wohnung mit dem Apartment, das Carson McCullers in »Court in the West Eighties« beschreibt. »Meine Wohnung war zufällig in einer der fünfziger Straßen Ost«, schrieb sie, »aber auch hier ging die Wohnung im ersten Stock auf einen kleinen Hof, und die Fenster der Nachbarn gegenüber oder rechter Hand waren nicht sehr weit entfernt, vielleicht sechs Meter.«[22] In einem Brief an ihre Patentochter Winifer Skattebol äußerte sich Patricia Highsmith sehr liebevoll über diese Wohnung. Sie bestand aus »einem Raum, der zugleich als Wohn-

und als Schlafzimmer fungierte, mit einem breiten Bett, das auch als Couch diente, plus einer richtigen Küche, plus einem Bad mit Wanne und Dusche.«[23]

Wenn sie am Sutton Place herumspazierte, mussten der Schriftstellerin die eklatanten Unterschiede im Lebensstandard der Bewohner des Viertels ins Auge fallen. Die Gegend um die Hafenanlage an der 53. Straße Ost soll in der Tat Sidney Kingsley 1953 zu seinem Stück *Dead End* inspiriert haben, in dem es um die extremen Gegensätze zwischen Arm und Reich ging. »In diesem Viertel flattert wollene Winterunterwäsche an der Leine, nur einen Katzensprung entfernt von den Fenstern eines Börsenmagnaten der Wall Street«, hieß es in *The New York City Guide*. Und weiter las man, dass »die Gesellschaftsdame in ihrem Boudoir Wand an Wand wohnt mit einer Familie, die von der Fürsorge lebt und nicht einmal über warmes Wasser verfügt«.[24] Wenn Patricia Highsmith ihre Wohnung in Richtung East River verließ, hat sie sicher oft die *Nourmahal*, Vincent Astors luxuriöse Yacht, gesehen, die am Ende der 52. Straße Ost vor Anker lag, aber es kann ihr nicht entgangen sein, dass daneben die stinkenden Abwässer der Stadt in das Hafenbecken geleitet wurden.

Als Erstes hatte Patricia Highsmith in ihrem neuen Verlag die Geschichte von Barney Ross, einem Boxer und Helden des Zweiten Weltkriegs, in Comicform zu schreiben; es folgte der Lebensbericht von Edward Rickenbacker, einem Helden des Ersten Weltkriegs, der sechsundzwanzig feindliche Flugzeuge abgeschossen hatte. Beide Männer erfreuten sich in dieser Zeit enormer Popularität, und die Comicgeschichten trugen dazu bei, dass in Kriegszeiten der Mut nicht sank. Patricia Highsmiths Einstellung gegenüber dem Krieg war zwiespältig; sie glaubte nicht mehr an die allzu simplen antikapitalistischen Theorien des Kommunismus, aber der unreflektierte amerikanische Patriotismus ging ihr ebenfalls gegen den Strich. »Wir redeten vage über den Krieg«, schrieb sie über ein Treffen mit Rosalind Constable. »Ich äußere mich immer vage, weil ich weder kommunistisch noch reaktionär bin.«[25]

Darüber hinaus schrieb sie über Einstein, Oliver Cromwell, Isaac Newton, Galilei und David Livingstone. »Meine Arbeit hatte nichts mit Literatur zu tun«, sagte sie später über ihre Zeit als Comictexterin, »aber sie regte meine Fantasie an.«[26]

Die Schriftstellerin und Kritikerin Susannah Clapp glaubt, dass Comics das perfekte Medium für Patricia gewesen seien. »Ihre Sprache ist nicht von selbstbewusster Eleganz«, schreibt sie. »Die Syntax ist nicht geschmeidig. Sie ist nicht diskursiv oder elaboriert; eine Zeit lang hat sie die Handlungen von Comics entworfen; die Schärfe und Treffsicherheit der Comictexte muss ganz in ihrem Sinn gewesen sein.«[27] Nach einigen Monaten verließ Patricia Highsmith Michel Publishers und wechselte zum Fawcett-Verlag über, wo sie Texte schrieb, die den Titel »Golden Arrow«, »Spy Smasher«, »Pyroman«, »Black Terror« oder »Captain Midnight« trugen. »Diese wahnsinnigen Geschichten mussten einen Anfang, eine Mitte und ein Ende haben«, sagte sie später, »alles andere war ziemlich formell, zum Beispiel die erste Feindberührung auf Seite zwei … Es war, wie wenn man zwei B-Pictures am Tag ausspucken muss. Ich musste zwei Ideen pro Tag produzieren.«[28]

Abends und am Wochenende jedoch schrieb sie Geschichten von ganz anderer Art. Sie spielten in einer Welt, in der es keine Supermänner und oft kein Happy End gab. Um am Ende eines solchen Tages als »Schreiberling«, wie sie sich selbst bezeichnete, in eine kreative Stimmung zu kommen, legte sie sich oft um sechs Uhr abends kurz hin, nahm dann ein Bad und zog sich um. »Das verschaffte mir die Illusion von zwei Tagen in einem und machte mich für den Abend so frisch, wie es den Umständen nach möglich war.«[29]

Sie hatte eine Vorliebe für das Unheimliche und Schaurige. Intuitiv entdeckte sie die ungebührlichen Triebe, die hinter dem süßesten Lächeln der Menschen in ihrer Umgebung lauerten. In dieser Zeit entwarf sie eine Geschichte von zwei Mördern, Vater und Sohn, die beide den Tod des anderen planen, und dieselbe Frau, des einen Ehefrau, des anderen Mutter, lieben. Der Vater tötet den Sohn durch einen Messerstich in den Rücken, während dieser sich vorneigt, um seiner Mutter den Gutenachtkuss zu geben. Dann hatte sie den Plan, eine Geschichte über einen Homosexuellen namens Jack zu schreiben, der bei seiner Mutter lebt. Sein Tagebuch kommt abhanden, und er nimmt an, dass seine Mutter, die nichts von seiner homosexuellen Veranlagung weiß, es gelesen habe; die Scham überwältigt ihn, und er bringt sich um. In der Tat hat aber die Mutter das Tagebuch nie gelesen, und als sie es findet, entschließt sie sich, es aus Respekt vor ihrem Sohn nicht zu öffnen.

In einer weiteren Geschichte sollte es um die Frustrationen und Hassgefühle einer gewöhnlichen Frau gehen, die, während sie die Sachen ihres Mannes aufräumt, davon träumt, einen Stein in die Hand zu nehmen und damit seinen Schädel zu zertrümmern. »Vielleicht würde ich das dunkelrote Blut sehen, das wie ein großer Fluss herausströmt, und ich würde sehen, wie er blutet und blutet und blutet«, fantasiert die Frau.[30] Für viele waren Patricia Highsmiths grausige Schnappschüsse des zeitgenössischen Lebens geradezu Übelkeit erregend. Ein Redakteur des *New Yorker* bezeichnete eine ihrer Short Stories, »These Sad Pillars«, über einen Mann und eine Frau, die versuchen, ihre Verabredungstermine auf die Pfeiler eines U-Bahnsteigs zu kritzeln, als »unappetitlich«.[31] Doch die junge Schriftstellerin war entschlossen, sich durch Ablehnungen nicht entmutigen zu lassen. Schließlich, so sagte sie sich, wurden auch die größten Schriftsteller Amerikas, Männer wie Melville, Poe und Whitman, zu Lebzeiten nicht anerkannt. »Sie schrieben in einem Vakuum – ihrer selbst«, notierte sie.[32]

Im Dezember 1942 begann sie, mit satirischen Texten zu experimentieren. Dieser Textform bediente sie sich später sehr wirkungsvoll in Sammlungen wie *Kleine Geschichten für Weiberfeinde* und *Geschichten von natürlichen und unnatürlichen Katastrophen*. Sie entwarf die Handlung einer modernen moralischen Erzählung über einen Mann, Roderick, der besessen ist vom Zwang zu sparen. Er verehrt und fetischisiert das Geld so sehr, dass er es im Gebälk seines Daches hortet, aber eines Tages bricht das Dach über ihm zusammen, und seine Leiche muss aus einem Berg von Halbdollarmünzen ausgegraben werden. Die Moral? »Wenn du Geld hasst, dann halte dich davon fern, und wenn du es magst, dann gib es aus. Und wenn du es sparst, dann verbanne es wenigstens aus deinem Hirn.«[33] Das ist ein Rat, den sich Patricia Highsmith selbst in ihrem späteren Leben hätte zu Herzen nehmen können; Freunde bezeugen, dass sie mit zunehmendem Alter immer mehr davon besessen war, kein Geld auszugeben. »Sie war pathologisch knauserig«, sagt ihr Freund Peter Huber. »Ich könnte Stunden davon erzählen, wie knauserig sie war.«[34]

Es entsprach nicht ihrem Interesse, über gesunde, glückliche, ausgeglichene Menschen zu schreiben; sie setzte Zufriedenheit mit Dummheit gleich. Sie glaubte, dass Wahnsinn als etwas betrachtet werden müsse, das gefeiert werden sollte, statt von Psychiatern zurechtgebogen und in normale Bahnen gelenkt zu werden. »Ich glaube, es sollte den Leuten erlaubt werden, mit ihren Perversionen, Abnormitäten und Unglücken aufs Ganze zu gehen«, schrieb sie 1942 in ihr Notizbuch. »Wahnsinnige Menschen sind die einzigen aktiven Menschen, sie haben die Welt erschaffen.«[35]

Faszinierend war für sie der Unterschied zwischen dem eigenen Inneren und der Fassade, die man der Welt zu zeigen beschließt. Menschen, die es verstehen, die Risse zwischen beiden Bereichen zuzukleistern, hielt sie für unehrlich, während die anderen, die kein Bewusstsein dieses fundamentalen philosophischen Problems hatten, für sie unbedarft waren. Sie bewunderte nur solche Männer und Frauen, die nicht in der Lage oder nicht willens waren, diesen Zwiespalt zu verheimlichen. »Ich mag Menschen, bei denen man sieht, dass sie kämpfen«, schrieb sie.[36]

Begierig las sie William Blake und notierte seine Aussage: »Aktives Böses ist besser als passives Gutes«[37], und im September 1942 stellte sie ziemlich kühl fest: »Perversion interessiert mich am meisten und ist wirklich die Dunkelheit, die mich führt … Ich liebe es, über grausame Taten zu schreiben. Mord fasziniert mich … Physische Grausamkeit zieht mich am meisten an. Sie ist visuell & dramatisch. Geistige Grausamkeit ist eine Folter, sogar für mich, wenn ich daran denke. Ich habe zu viel davon selbst kennen gelernt.«[38] Zwei Wochen nach diesem Eintrag bekannte sie, ihre eigene Prosa sei »psychopathisch«.[39]

In diesem Geisteszustand war sie, als sie die Geschichte erfand, die die Basis ihres ersten unveröffentlichten und unvollendeten Romans bilden sollte: *The Click of the Shutting.*

Auf der Suche nach Material sah sie ihre alten Notizbücher und Tagebücher durch; sie hoffte, dass sie durch das Lesen dieser Seiten ihr Unbewusstes dazu ermuntern könnte, eine passende Geschichte zu erfinden, »die trüben Gefühle in mir zu klären«[40], wie sie es formulierte. Sie spürte, dass die schöpferische Kraft sich in ihr regte: »Meine Zeit ist gekommen, wie die einer schwangeren Frau«, sagte sie.[41] Sie durchforschte ihr eigenes Leben, um das emotionale Zentrum des Buches zu finden, und in einem frühen Manuskriptstadium waren alle Figuren ihr selbst und den jungen Frauen ähnlich, die sie geliebt hatte. Alex war Judy Tuvim, die Schulfreundin der High School, die sich später als Schauspielerin Judy Holliday nannte; Christina war Virginia nachempfunden, und Gregory, der Schriftsteller und Protagonist des Romans, sollte ihre eigenen Züge tragen.

Auch Proust hatte die Technik der Transposition der Geschlechter angewandt, und sie hatte von ihm gelernt. Doch sie wusste, dass es nicht genügte, realen Frauen männliche Namen zu geben, um homosexuelle Frauen in sexuell ambivalente Männer umzuwandeln. Homosexualität war natürlich ein Tabuthema, und wenn sie ihre Figuren dieser fundamentalen Eigenschaft beraubte, blieben seltsam blutleere Geschöpfe übrig, Charaktere, denen der sie bestimmende Charakterzug, ihr von der Norm abweichendes Sexualverhalten, fehlte. Wenn sie über Figuren schreiben sollte, die »extrem gehemmt waren ... dann kommt im Allgemeinen ein sexueller Schwächling dabei heraus, ein Schizophrener, eine unterdrückte, gehemmte Charaktermaske einer kräftigen, lebendigen Person«.[42]

Wie immer die Entscheidung bezüglich des Dilemmas von Geschlecht und Sexualität ihrer literarischen Geschöpfe auch ausfallen würde – es war klar, dass Gregory, die zentrale Figur, deren Lebenslauf sie von der frühen Jugend bis zum Erwachsenenalter nachzeichnen wollte, ihr selbst nachgebildet sein sollte. Gregory »unterhielt sich oft vor dem Einschlafen damit, dass er … Gefühle in sich hervorrief, er sei ein anderer Mensch, natürlich jemand, den er nicht kannte«.[43] Und genauso war Patricia Highsmith selbst besessen von dem »unlösbaren Problem dessen, was ich bin«.[44] Sie fing nicht nur an, sich selbst zu verlieren, um in der Welt ihrer imaginären Figuren zu leben, sondern spürte bisweilen in der Tat, dass ihre Identität ihr entglitt.

Ein weiterer Entwurf für den Roman stellt eine Figur namens Michael vor, Gregorys Freund und Idol; die hier nur angedeuteten psychologischen und sexuellen Spannungen zwischen ihnen wird Patricia Highsmith später in aller Ausführlichkeit in *Zwei Fremde im Zug* und *Der talentierte Mr. Ripley* ausloten. Gregory, der sich auf seltsame Weise von Michael angezogen fühlt, bemerkt einmal zu seinem Freund, dass viele große Männer der Geschichte Homosexuelle waren; diese Szene hat eine verblüffende Ähnlichkeit mit den Gesprächen zwischen Tom Ripley und Dickie Greenleaf in *Der talentierte Mr. Ripley.*

»Es ist für Gregory immer von größter Wichtigkeit, einen Helden zu haben«, notierte Patricia Highsmith in ihr Notizbuch. »Für sich genommen, ist er nichts … Er weiß alles über das Studium der Homosexualität, und einmal zählte er bei einem Spaziergang Michael … ganze Listen von Personen auf, Alexander der Große, Julius Caesar … die homosexuell waren.«[45]

Michael lehnt das mit den Worten ab:

> Quatsch! … Woher weißt du, dass sie Homos waren?
> (Das Wort ließ einen Schauder der Scham über Gregorys Rücken laufen.)[46]

Theorie und Praxis der Homosexualität durchdrangen alles, was Patricia Highsmith schrieb. In jedem ihrer Notizbücher fasste sie ihre Beobachtungen zum Thema unter dem Titel N. O. E. P. S. zusammen – Notes On Ever Present Subject (Anmerkungen zum immer gegenwärtigen Thema). Mit neunzehn Jahren stellte sie fest, dass die Beziehungen zwischen Gleichgeschlechtlichen immer von kurzer Dauer und letztlich nie befriedigend waren, weil jeder immer glaubte, er würde mit einem anderen Partner glücklicher sein. Ein Jahr später erklärte sie, dass Homosexuelle unbewusst jeden Ausdruck von Gefühlen mit Heimlichkeit verbanden, wodurch sie noch ihre tiefsten und positivsten Gefühle einer Zensur unterwarfen. Lesbierinnen stießen sie für gewöhnlich ab. Nicht nur, weil die meisten von ihnen ihrer Meinung nach dumm und schmutzig, sondern auch weil sie ihr gesellschaftlich nicht ebenbürtig waren. Homosexuelle Männer suchten sich intellektuell gleichrangige Partner, während lesbische Frauen nur Möchtegernmänner seien, die nicht einmal erwarteten, gleichwertige Partnerinnen zu finden. Das gehöre zu den negativen Aspekten ihrer Sexualität.

»Die Lesbierin, die klassische Lesbierin, sucht nie nach jemandem, mit dem sie auf gleichem Fuß steht. Sie ist … der soi-disant Mann, der keine ebenbürtige Partnerin sucht, der sie nur benutzt, um Verbindung zu etwas Irdischem und Handfestem zu haben, was er sonst nicht hätte.«[47]

Ihre Bewunderung für schwule Männer spielte sich nicht nur in ihrer Vorstellung ab. Im Sommer 1942 lernte sie den deutschstämmigen Fotografen Rolf Tietgens kennen. Eine gemeinsame Freundin – die Fotografin Ruth Bernhard – stellte sie einander vor, und bald fühlten sich Rolf, ein homosexueller Mann, und Pat, eine homosexuelle Frau, auf merkwürdige Weise zueinander hingezogen. Ruth Bernhard, die von Patricia Highsmith immer nur mit dem Nachnamen angesprochen wurde, teilte sich mit Rolf ein Atelier in New York. Sie sagte ihm, dass er nicht die geringste Chance hätte, mit Pat zu schlafen.

»Pat Highsmith war eine sehr interessante und gut aussehende Frau«, erinnert sich Ruth. »Sie sah wild aus, ihr Gesichtsausdruck war äußerst eindringlich, und ich mochte sie furchtbar gern. Sie war sehr direkt, sie sagte, was sie dachte – sie war unvergesslich. Ich machte ein paar Aktaufnahmen von ihr, sie war sehr schlank, knabenhaft. Sie war zurückhaltend, ich wusste nicht viel über sie, aber es war immer interessant, wenn man mit ihr zusammen war. Unsere Beziehung war platonisch, aber intensiv. Ich hatte keine Affäre mit ihr.«[48]

Im August verbrachten die beiden Frauen zusammen mit Rolf einige Tage im Haus des Künstlers Jack Augustin in Valley Stream auf Long Island. Während eines Spaziergangs in einem sumpfigen Wald wurde Pat von einem Polizeihund in den Hintern gebissen. Der Zwischenfall ängstigte Ruth Bernhard offenbar mehr als das Opfer selbst. »Das Allerwitzigste ist«, schrieb Patricia Highsmith, »dass Bernhard weinte und zitterte, als es passierte, mich auf dem Heimweg dauernd umarmte & praktisch behandelt werden musste, weil sie einen Schock hatte.«[49]

Allem Anschein nach war Ruth Bernhard ein wenig in Patricia Highsmith verliebt, aber Letztere hielt sie für »leider weiblich im Innern«.[50] Als sie in die Stadt zurückkehrten, fühlte sich Pat immer mehr zu Rolf hingezogen, von dessen Homosexualität sie Kenntnis hatte. »Ich werde eines Tages einen Mann wie ihn heiraten«, schrieb sie.[51] Er war groß, dunkelhaarig und gut aussehend, doch vor allem sprach er ihren Geist an, denn er redete »wie Christus und John Donne«.[52] Er sei so etwas wie ihr Alter Ego gewesen, sagt Dorothy Edson, damals Redakteurin bei *Harper's Bazaar* und eine gute Freundin sowohl von Tietgens als auch von Patricia Highsmith. »Ich erinnere mich, dass Rolf Patricia fragte, was Lesbierinnen tun, wenn sie sich lieben, und sie antwortete: ›Sie liegen einfach da und umarmen sich.‹ Rolf sagte: ›Wie langweilig.‹«[53] Später widmete ihm die Schriftstellerin ihren Roman *Die zwei Gesichter des Januars.*

Auch Rolf machte verführerische Fotos von Pat, darunter einige Aktfotos, denn ihr knabenhafter Körper faszinierte ihn. Als er ihr eine seiner Aufnahmen zeigte, sagte er: »Ich wusste, dass dir die hier gefallen würde. Weil du wie ein Junge aussiehst. Du bist ein Junge, weißt du.«[54] Sie wusste, dass er sie mochte, wegen ihres schlanken, starken Körpers und weil sie sich nicht scheute, ihre Meinung zu sagen. »Ja, er stellt sich vor, dass ich ein junger Mann bin«, schrieb sie.[55]

Zusammen schlenderten sie die 57. Straße hinunter zum Hudson River, wo sie die Schiffe betrachteten und Zärtlichkeiten austauschten. »Er küsste mich ein paarmal, und ausnahmsweise hatte auch ich Lust dazu«, schrieb sie. »Es war ganz wunderbar und vollkommen, und für mehrere Momente konnte ich das Glück sehen und es am Himmel lesen wie ein sonderbares neues Wort, das dort geschrieben stand ... Mehrere Male brach er ab, weil er darüber lachen musste, dass ihm ein Mädchen gefiel, da die Mädchen ihn verfolgt haben und er ausgewichen ist ... Also heute Abend bin ich neu ... Ich würde sehr gern mit ihm schlafen. Und ich weiß, dass er es will.«[56]

Sie sprachen beide offen über ihre Sexualität, was sie nicht voneinander entfernte, sondern die gegenseitige Anziehung nur noch verstärkte. Mitte September versuchten sie miteinander zu schlafen. Sie zogen sich aus, legten sich aufs Bett, aber »keiner von uns fühlte sich erregt, keiner wollte oder trug dazu bei, dass etwas passierte«.[57] Sie erzählte Rolf von ihren Liebschaften, besonders von ihrer anhaltenden Zuneigung für Rosalind Constable, und erkannte: »Ich habe definitiv eine Psychose, wenn ich mit Menschen zusammen bin ... Ich kann es nicht lange ertragen. Vielleicht ist Rosalind die Einzige auf der ganzen Welt, in deren Beisein ich mich über Stunden ruhig fühlen kann.«[58]

Aber zwei Tage darauf, nachdem sie den Nachmittag in einer Ausstellung der Werke von Toulouse-Lautrec verbracht und dann mit ihrer Mutter zusammen zu Abend gegessen hatten, versuchten sie es noch einmal, diesmal in seinem Apartment. Sie war erregt, aber Rolf bekam keine Erektion. Es war aber nicht so schlimm, dass dieser Versuch fehlgeschlagen war, tröstete sie sich; denn schließlich war Rosalind die Einzige, die sie wirklich begehrte. »Ich liebe Rosalind & will nichts anderes in körperlicher Hinsicht, eigentlich will ich sie nicht haben, weil ich sie auf solch wunderbare Weise liebe. Tatsache ist, ich bete sie an.«[59]

Die nahezu abgöttische Verehrung dieser – wie sie ihr vorkam – goldhaarigen Göttin sollte die nächsten acht Jahre bestehen bleiben, bis ihre Freundschaft sich allmählich abkühlte; doch ihr ganzes Leben lang suchte Patricia Highsmith nach Frauen, die sie verehren konnte. Sex war für sie bei weitem nicht der wichtigste Faktor in einer Beziehung; vielmehr war es diese Gottähnlichkeit, die sie herbeisehnte.

Im Lauf des Jahres 1943 suchte sich Patricia Highsmith eine Reihe von Frauen aus, von denen sie annahm, dass sie in ihrem Gefühlsleben neben Rosalind Platz hätten. Von Mai bis September hatte sie eine kurze, aber intensive Beziehung zu der Malerin Allela Cornell. Von Anfang an betrachtete sie diese neue Geliebte als eine Seelenverwandte. Allela sah eigenartig aus, hatte eine schmale, knabenhafte Figur, einen dunklen Wuschelkopf und trug eine kleine runde Brille, die ihre Augen größer erscheinen ließ. Auf einer Zeichnung, die Patricia Highsmith einmal von ihr anfertigte, sieht man sie ein Buch lesen, mit Augen, die zwei großen Spiralen ähneln, bestehend aus einer unendlichen Reihe von kleineren Wirbeln – eine geistig verwirrte Frau.

»Allela war nicht sehr attraktiv, eigentlich beinahe hässlich«, sagt ihr Freund, der Komponist David Diamond, der damals einen Loft in Greenwich Village mit ihr teilte. »Deshalb überraschte es mich, dass Pat – die ich durch Allela kennen lernte – und sie miteinander schliefen. Pat sah blendend aus, sie hatte einen wunderbaren Teint, Pfirsichhaut, ein schönes Gesicht, und ich werde mich immer an ihre großen Hände und ihre äußerst ausdrucksvollen Finger erinnern. Sie hatte einen leicht gebückten Gang wie Greta Garbo, sie trug Männerhemden mit offenem Kragen und gut sitzende Jacken; sie war eher schweigsam als redselig, und sie hatte etwas Rätselhaftes und Geheimnisvolles an sich. Aber trotz des körperlichen Unterschieds mochten Pat und Allela einander ungeheuer.«[60]

Allela hatte als Malerin Erfolg gehabt: 1934 stellte sie im New York Watercolor Club aus, fünf Jahre später erhielt sie einen Preis bei der Golden Gate Exhibition in San Francisco. Doch es gelang ihr nicht, ihre Bilder zu verkaufen, und so musste sie auf den Straßen New Yorks Porträts zeichnen, jeweils für einen Dollar. Allela und Pat besuchten gemeinsam Kunstvorlesungen, und oft diente Patricia Highsmith ihrer neuen Geliebten als Modell. Allelas großes Ölporträt von ihr, in roter Jacke und weißer Bluse, mit einem gequälten Ausdruck in den großen, eulenhaften Augen und mit grünlichem Teint, hing später an prominenter Stelle in den verschiedenen Häusern der Schriftstellerin. »Pat liebte das Porträt«, sagt Kate Kingsley. »Aber ich glaube, in diesem Gesicht liegt fast etwas wie Unheil, als käme es geradewegs aus dem Grab.«[61]

Patricia Highsmith fand Allela nie körperlich attraktiv, sie betrachtete sie weniger als eine reale Frau, vielmehr als »eine Idee, aus einem Röntgenstrahl geboren«[62], und am Ende ging die Beziehung in die Brüche. Schnellen Ersatz fand die Schriftstellerin in der dreißigjährigen verheirateten Chloe, die als Mannequin arbeitete und die sie als »schlank«, »dunkel« und »neurotisch« beschrieb.[63] Zu Beginn ihrer Freundschaft sagte Chloe, sie wolle keine weitergehende körperliche Beziehung: Pat dürfe mit ihr im Bett liegen und sie küssen, aber nicht mehr. Diese »wunderbar-schreckliche«[64] Folter sprach Patricia Highsmiths Fetischismus an, und sie bewunderte Chloes Schönheit, als sei sie eine Alabasterstatue oder eine Schaufensterpuppe. Als es im Oktober doch zu intimeren Beziehungen kam, empfand Patricia Highsmith eine sonderbare Enttäuschung, und Rosalind gegenüber bekannte sie: »Etwas in mir ist verdreht, dass ich eine Frau nicht mehr liebe, wenn sie mich mehr liebt als ich sie.«[65] Rosalind blätterte in einem ihrer Notizbücher, und als sie einige Bemerkungen über Chloe gelesen hatte, fragte sie Pat, ob das Heft ein Tagebuch sei. Nein, erwiderte die junge Schriftstellerin, es sei nur ein literarisches Notizbuch, in dem sie Ideen für Romane und Kurzgeschichten aufschreibe. »Dann muss dein Tagebuch ja ein Festgelage sein«, gab Rosalind zurück.[66]

Ihren Job fand Patricia Highsmith zunehmend langweilig und geistlos, und sie träumte davon, die Hektik Manhattans hinter sich zu lassen und nach Mexiko zu reisen, wo sie hoffte, ihren Roman schreiben zu können. Dass Chloe sich bereit erklärte, sie zu begleiten, versetzte sie anfangs in freudige Erregung, aber dann stellte sie fest, dass ihre neue Geliebte ihr nicht mehr so viel bedeutete wie am Anfang ihrer Beziehung. Sie verhandelte mit ihrem Arbeitgeber, der gedroht hatte, sie zu entlassen, wenn sie abreisen würde, und ihr schließlich doch seine Zustimmung gab – unter der Bedingung, dass sie ihre Geschichten aus Mexiko nach New York in den Verlag schickte. Dann bereitete sie sich auf das kommende Abenteuer vor. Für fünfundsechzig Dollar im Monat untervermietete sie ihre Wohnung; für fünfundsiebzig Dollar verkaufte sie ihren Eltern ihr Radio und ihren Plattenspieler; sie lernte Spanisch, bestellte ihr Zugticket und überstand eine schmerzhafte Typhusimpfung. Doch es ärgerte sie, dass Chloe ihre Begeisterung für die Reise offenbar nicht teilte. »[Chloes Pläne] ändern sich schneller als die russische Front«, notierte sie.[67]

Mit den dreihundertfünfzig Dollar, die Patricia Highsmith zusammengekratzt hatte, brachen die beiden Frauen im Dezember nach Mexiko auf.

Ein sorgsam gepflegtes Bohemeleben

(1943–1945)

»Die Dinge waren nicht immer logisch in Mexiko«, schrieb Patricia Highsmith in ihrem 1959 veröffentlichten Roman *Ein Spiel für die Lebenden.*[1] Gerade dieses Irrationale war es, von dem die Schriftstellerin sich in diesem Land angezogen fühlte. Sie war der Meinung, am besten schreibe sie nachts, wenn ihr Intellekt am schwächsten war; das Träumen war für sie »die höchste Leistung des Geistes«[2], und später schrieb sie an Kate Kingsley, dass sie anstrebte, einen Roman zu schreiben, der mehr Gemeinsamkeiten mit Lewis Carrolls *Alice im Wunderland* aufwies als mit Dostojewskis *Schuld und Sühne.*[3]

Sie war sich wohl bewusst, dass dieses Land für viele Schriftsteller eine große Anziehungskraft besaß: D. H. Lawrence, Hart Crane, Aldous Huxley, Katherine Anne Porter, John Dos Passos, Tennessee Williams, Malcolm Lowry und Paul und Jane Bowles waren alle aus dem Norden nach Mexiko gereist. Während der Weltwirtschaftskrise betrachteten Autoren und Künstler das postrevolutionäre Mexiko als Land der Verheißung, einen Ort, wo man den Geist des Naiven entdecken konnte – eine dynamisierende Erdverbundenheit, die es im »Maschinenzeitalter« der »kultivierteren« Länder nicht gab. »Hier spüre ich, dass das Leben real ist, die Menschen leben und sterben hier wirklich«, sagte Hart Crane zu Katherine Anne Porter. »In Paris ... werden nur Papierpüppchen ausgeschnitten.«[4] Ein Reiseführer, geschrieben 1935 für den amerikanischen Markt, äußert sich durchweg enthusiastisch über das Land trotz seines gewalttätigen Rufs. »Mexiko ist reich an Kontrasten«, heißt es darin. »Es gibt heiße Landschaften und hohe Berge; die ruhigen Indianer mit ihren edlen Gesichtern und die (sich zuweilen amüsant, zuweilen wild gebärdenden) Betrunkenen; die ständige Gegenwart von Macheten, Karabinern, automatischen Waffen, die doch sehr selten abgefeuert werden … Das ganze Leben und der Tod sind deutlich gegenwärtig, deutlicher, als wir beides zu sehen gewohnt sind.«[5]

Außer für pulsierendes Leben und raue Gefühlsäußerungen war Mexiko auch bekannt dafür, dass es die künstlerische Sensibilität verdarb. Malcolm Lowry sprach in seinem Roman *La Mordida* von einem gottverfluchten Ort, wenn man von Kummer und Sorgen geplagt sei,[6] und Patricia Highsmith selbst erkannte »die subtilen und schädlichen Wirkungen dieser lateinamerikanischen Atmosphäre«.[7]

Von New York aus reiste sie mit Chloe zunächst nach San Antonio in Texas, wo sie am 14. Dezember ankamen, und von dort nach Mexico City, wo sie Weihnachten verbrachten. In diesen zwei Wochen verschlechterte sich die Beziehung zwischen den Freundinnen zunehmend; Chloe warf Pat vor, sie sei neurotisch, und fragte sich, warum sie darauf bestanden hatte, sie nach Mexiko mitzunehmen. Am Weihnachtstag lief Patricia Highsmith allein durch die stillen Straßen von Mexico City hinauf zum Schloss Chapultepec, wo sie Halt machte, um mit einer Gruppe mexikanischer Soldaten zu plaudern. Aber sie sagte 1991 in einem Interview, dass sie sich aufgrund ihrer spärlichen Spanischkenntnisse kaum unterhielten, sondern mehr lachten. Sie erinnerte sich an die gedrungenen Männer mit ihren kleinen Füßen in dicken Armeestiefeln, an ihr Lächeln und ihre Freundlichkeit.[8] Doch ein Jahr nach dieser Reise blickte sie voller Traurigkeit auf ihren Aufenthalt in Mexico City zurück: »Vor einem Jahr war mir elend zumute«, schrieb sie in ihr Notizbuch.[9]

Der Abend dieses Weihnachtstages verlief katastrophal; die beiden Frauen verbrachten ihn mit Teddy Stauffer, dem in der Schweiz geborenen Jazzmusiker und Clubbesitzer, der später die Schauspielerin Hedy Lamarr heiratete und viel zu Acapulcos Renommee als internationalem Ferienort beitrug. Sie saßen in Bars und tranken immer mehr, und dann kam Pat zu dem Schluss, dass Chloe ihr nicht gut tue. Solange sie zusammen seien, werde sie nicht fähig sein zu schreiben. Es sei klar, schrieb Patricia Highsmith in ihr Tagebuch, dass Chloe ihren Ehemann immer noch liebte und dass sie lieber mit Teddy Stauffer ausging, als einen Abend mit ihr allein zu verbringen. Trotz ihrer zur Schau getragenen Gefasstheit bringt das Tagebuch deutlich zum Ausdruck, dass das Scheitern der Beziehung sie betrübte. In den ersten Tagen des neuen Jahres malte sie sich eine Zukunft aus, die wie ein mächtiger Geysir dem Himmel entgegenstrebt, um am Ende ganz klein zu werden und wieder in der Erde zu verschwinden. »Wie reich ist dein Fleisch«, schrieb sie von ihrer Geliebten, »doch wie arm ist dein Geist.«[10]

Von Mexico City aus reiste sie allein in Richtung Süden und erreichte am 7. Januar Taxco, eine bezaubernde Stadt, die fast zweitausend Meter über dem Meer am südöstlichen Abhang der Atachi-Berge liegt. Sie gefiel ihr so gut – Taxco sei, wie sie in ihrem Tagebuch notierte, eine der wenigen mexikanischen Städte, wo Frauen Hosen tragen könnten –, dass sie in Erwägung zog, sich auf Dauer dort niederzulassen.

Die Ursprünge der Stadt liegen im Dunkeln. Nach der Legende war der französische Goldsucher Joseph de la Borde, später unter dem Namen José de la Borda bekannt, auf der Rückreise eines erfolglosen Schürfabenteuers in Acapulco, als sein Maultier über einen Felsbrocken stolperte. Bei näherer Untersuchung zeigte sich, dass der Stein von Silbereinschlüssen glitzerte. Die Silberminen, die José de la Borda daraufhin aufbaute, brachten ihm ein Vermögen ein, und im Jahr 1748 beschloss er, Gott für sein Glück zu danken, indem er den Bau der Kathedrale von Santa Prisca finanzierte. Das reich verzierte barocke Gebäude beherrscht bis heute die Landschaft; Aldous Huxley beschrieb es nach einem Besuch Taxcos als »eine der prächtigsten und hässlichsten« Kathedralen, die er je gesehen habe, und nannte es »einen verdrehten Geniestreich«[11]; und

Malcolm Lowry bezeichnete es als »Bordas scheußlich-schöne Kathedrale«.[12]

So wie das Silber im 18. Jahrhundert dazu beitrug, Taxcos Wirtschaft anzukurbeln, so verhalf das wertvolle Metall der Stadt im 20. Jahrhundert zu einer Verjüngungskur. 1931 beschloss der Architekt William Spratling – er hatte bereits 1929 ein Haus in der Stadt gekauft und gehörte später zu den engeren Bekannten Patricia Highsmiths, als sie in Taxco lebte –, sich mit der Kunst des Silberschmiedens zu befassen, und eröffnete sein Geschäft *Las Delicias*.

Als Freund William Faulkners und Diego Riveras wurde er zu einer Art Leitstern, der viele Künstler und Schriftsteller dazu verlockte, nach Taxco zu kommen. Hart Crane, der sich in Mexiko aufhielt und versuchte, sein episches Gedicht über die »Conquista« zu schreiben, besuchte ihn regelmäßig, und noch Jahre danach erzählte man sich in der Stadt, dass der Dichter eines Tages auf den Turm der Kathedrale von Santa Prisca geklettert war und dort so laut die Glocken läutete, dass man sie in der ganzen Stadt gehört habe. Er hätte das nicht tun dürfen, schrieb Paul Bowles, »aber offenbar gab es auch keine Strafe für seine Tat, denn Trunkenheit wurde in diesem toleranten Ort nicht als ernsthafte Verfehlung angesehen«.[13]

Bowles zog zusammen mit seiner Frau Jane 1940 nach Taxco; 1941 verbrachte das Paar einen weiteren Sommer in der Stadt. Jane mochte Taxco lieber als Acapulco, doch Paul Bowles konnte die prahlerische Künstleratmosphäre der Stadt nicht ausstehen, er hasste ihr »sorgsam gepflegtes Bohemeleben«.[14] Aldous Huxley, der in den frühen dreißiger Jahren dort war, war ähnlicher Meinung. Er bemerkte, dass die Stadt bevölkert sei »von Künstlern und Marketendern der Kunst, deren hauptsächlicher Beitrag zur Sache der Schönheit des Geistes darin besteht, dass sie mehrere Stunden täglich leicht oder völlig betrunken sind«.[15]

Nach einigen Monaten Aufenthalt in Taxco beschrieb Paul Bowles in einem Brief an Virgil Thomson die kreative Lethargie, die wie eine erstickende Hitzeblase über der Stadt hänge. »Die alte gewohnheitsmäßige Lähmung hält hier das Bewusstsein fest im Griff«, schrieb er. »Der Ort ist nicht existent ... Man ist versucht, auf seine Zehen herunterzusehen und an Leben und Tod zu denken.«[16] In der Tat wäre Bowles beinahe dort gestorben, als er sich im Sommer 1941 mit Gelbsucht ansteckte. Seine schwere Krankheit zwang ihn und Jane, Taxco endgültig den Rücken zu kehren.

Als Patricia Highsmith Anfang Januar 1944 in Taxco ankam, wusste sie wohl um den literarischen und künstlerischen Ruf der Stadt. Vielleicht hatte sie sogar das 1932 erschienene Buch von William Spratling, *Little Mexico*, mit dem Vorwort von Diego Rivera und den Illustrationen des Autors gelesen. Der schmale Band skizziert auf lebendige impressionistische Weise das Leben Taxcos in den frühen dreißiger Jahren des 20. Jahrhunderts mit vielen Details, die Patricia Highsmith wiedererkannt haben muss, als sie über zehn Jahre später in den Straßen der Stadt herumspazierte. »Von oben gesehen, ist die Hauptstraße, der *camino real*, ein sich hin und her drehender Weinstock mit Ranken«, schrieb Spratling.[17] »Im schwarzen Basalt des Pflasters sind die Bilder des Tierkreises, Wappentiere, Sterne und andere Glück bringende Zeichen eingraviert.«[18]

An einem typischen Spätnachmittag konnte man eine Reihe von alten Frauen sehen, die auf dem Kopfsteinpflaster saßen und ihre Tamales oder heißen Tortillas feilboten; um sechs Uhr folgte das tägliche Ritual des Promenierens auf dem Platz, bei dem Mütter die neugeborenen Babys ausführten, während die Männer unter majestätischen Bäumen saßen und über finanzielle Angelegenheiten oder die Neuigkeiten von den nahe gelegenen Minen debattierten. Neben dem Stimmengewirr konnte man einschläfernde Gitarrenklänge und leisen Gesang hören, der aus den Lehmziegelhäusern drang.

Das Haus, das Patricia Highsmith anmietete, hieß Los Castillos – Casa Chiquita; auf einer von ihr angefertigten Zeichnung sieht man, dass es ein einstöckiges traditionelles mexikanisches Haus war mit dekorativen Kacheln, die die hölzerne Eingangstür einrahmten, und großen, fleischigen Kakteen im Garten. Kleine Eidechsen huschten hinein und heraus und sonnten sich auf dem schrägen Dach, und aus einem der Fenster konnte Pat das geräuschvolle

Mampfen eines Schweins hören, das sich an Abfällen gütlich tat. Für Miete, Essen und ein halbtags arbeitendes Dienstmädchen bezahlte sie vierundfünfzig Dollar pro Monat. In ihrem Tagebuch vermerkte sie, dass ihrer Meinung nach ihr Haus das schönste in ganz Taxco sei. Sie hatte genug Platz zum Schreiben, genug Geld (theoretisch), um ein paar Monate in Mexiko leben zu können, und eine Schreibmaschine, die sie aus New York mitgebracht hatte. Sie schrieb Briefe an ihre Freunde, ihre Mutter und Großmutter, in denen sie das Leben in ihrer neuen Umgebung beschrieb und sich über das Dienstmädchen und die gefürchteten *pulgas*, d.h. Flöhe, beklagte, die sie überall bissen.

Vormittags malte oder zeichnete sie, nachmittags ging sie spazieren, anschließend schrieb sie bis spät in die Nacht. In ihrer freien Zeit schrieb sie Gedichte über Katzen – im April erwarb sie ein junges Kätzchen, das sie nach dem französischen Rokokomaler Fragonard nannte –, sie las Bücher über mexikanische Geschichte und östliche Philosophie, die sie als »Balsam für die Seele« bezeichnete.[19] Sie erfreute sich an den saftigen Tomaten, die sie mit runden Handtaschen mit Kordeln zum Zusammenziehen verglich, doch nach ein paar Wochen regte sich Überdruss in ihr angesichts der mexikanischen Küche und des zähen Fleisches. An einigen Abenden spazierte sie die Straße hinunter zum Hotel Victoria, wo sie mit amerikanischen Landsleuten zusammen an der Bar saß; dabei bemerkte sie, dass man in Taxco nicht trank, »um gesellig beisammen zu sein…, sondern um sich restlos zu betäuben«.[20] Alkohol war für sie ein weiteres Mittel, sich Zugang zu ihrem Unbewussten zu verschaffen, und in ihren Notizbüchern und Tagebuchaufzeichnungen kommt sie immer wieder darauf zurück, dass Trinken für den echten Künstler etwas Wesentliches sei, weil er dadurch zu Wahrheit, Einfachheit und ursprünglichen Emotionen vorstoßen könne.[21] Die potenziell zerstörerische Wirkung des Alkohols war ihr jedoch durchaus bewusst – besonders in Kombination mit den ablenkenden Einflüssen ihrer Bekannten aus Taxco. In ihrem Tagebuch notierte sie, dass sie Taxco im Mai verlassen werde und durch die Distanzierung von den Trinkern der Stadt und ihrer »verderbten Atmosphäre«[22] endlich imstande sein werde, richtig zu arbeiten. Denn trotz der scheinbar idyllischen Atmosphäre fand sie das Leben in der Stadt hart, besonders als ihr das Geld auszugehen begann. Manchmal war ihr einfach alles zu viel. »Flöhe, Ameisen, Katzen, Hunde, die Mexikaner, alle quälen mich«, schrieb sie. »Einige wollen Geld, andere etwas zu essen, wieder andere Sinnengenuss, alle wollen etwas, und da es ihr Land ist, kriegen sie es.«[23]

Obwohl sie in Taxco regen gesellschaftlichen Umgang pflegte, fühlte sich Patricia Highsmith zuweilen schrecklich einsam und dachte oft an Allela Cornell und Rosalind Constable. Abends sehnte sie sich nach einer »handfesten Umarmung«, aber diese Sehnsucht musste sie unterdrücken. »Manchmal ist das Verlangen mein gespenstisches Gegenstück«, schrieb sie, »es steht traurig neben mir. Nachts liege ich da und betrachte den Mond.«[24]

Im März bekam sie Besuch von Ben Zion Goldberg, ihrem einstigen Arbeitgeber, der oft spätnachts vorbeikam, um mit ihr über ihre Arbeit zu sprechen. »Er macht vieles so wie ich«, schrieb sie auf Spanisch in ihr Tagebuch. »Er sagt, er ist Heide (und hatte bis jetzt Erfolg mit dieser Philosophie).«[25]

Mitte März fuhren die beiden mit einigen anderen Freunden aus Taxco in das weiter südlich gelegene Acapulco, das Patricia Highsmith in ihrem Roman *Ein Spiel für die Lebenden* folgendermaßen beschreiben sollte: »Acapulco lag in strahlender Morgensonne, ein Kreis grüngoldener Hügel mit dem Rand aus großen Hotels, die mitten im Ozean zu stehen schienen. Die weißen Flecken der Segel lagen reglos auf der Wasserfläche.«[26]

In Acapulco beobachtete die Schriftstellerin, wie ein Seesturm, einem wütenden Ungeheuer gleich, den Ozean aufpeitschte, ein Detail, das sie später in ihren Roman *A Dove Descending* einarbeitete, der, 1946 begonnen, unvollendet blieb. Nach dem Sturm war der Strand schmaler als zuvor, und das Wasser leuchtete phosphoreszierend; als sie mit ihren Füßen in den nassen Sand trat, schimmerte die ganze Küste von einer Unmenge grüner Funken.

Zurück in Taxco, konzentrierte sie sich auf das Schreiben. Sie spielte mit dem Gedanken, eine Sammlung von Kurzgeschichten über die Gemeinde der Auslandsamerikaner in Taxco herauszugeben, und wollte dabei besonders auf die oft aufgeworfene Frage eingehen, ob man sich von der neuen Umgebung distanzieren oder sich ihr anpassen sollte. »Sie versuchen, beides zu tun, und verlieren ihre Seelen, ihre Götter, ihren Geist«, schrieb sie. »Die gespaltene Persönlichkeit macht den Amerikaner zu einem totalen Versager und reißt ihn entzwei.«[27]

Sie führte dieses Projekt nie zu Ende, doch die auf Henry James zurückgehende Idee des Amerikaners im Widerstreit mit einer fremden Umgebung sollte sie in vielen ihrer Romane weiterverfolgen. Bei der Arbeit schwankte ihre Stimmung zwischen einer überströmenden Freude und absoluter Verzweiflung, je nach der Menge und der Qualität dessen, was sie schrieb. An einem besonders trüben Tag schrieb sie auf Spanisch in ihr Tagebuch: »Ich denke an mein Leben, an meine Arbeit, und denke, dass ich nie irgendetwas zustande bringen werde.«[28]

Während ihres fünfmonatigen Aufenthalts in Mexiko arbeitete Patricia Highsmith an ihrem Roman *The Click of the Shutting*, den sie im Jahr zuvor schon geplant hatte. Inzwischen hatte sich der Text in einen Schauerroman verwandelt, der im zeitgenössischen New York spielte und dessen Hauptpersonen zwei junge Männer waren: Gregory Bulick – Patricia Highsmith identifizierte sich ursprünglich selbst mit dieser Figur –, der in Greenwich Village lebt und dessen Vater ein rüpelhafter Alkoholiker ist, und George Willson, ein privilegierter Jugendlicher, dessen Familie in verschwenderischem Wohlstand lebt. Das Muster der beiden unterschiedlichen jungen Männer, die eine eigenartige Beziehung zueinander entwickeln, wird sie später in vielen Romanen wieder aufnehmen. Beim Schreiben machte sie sich Gedanken über die Gefahren, die ein Schriftsteller bei seinem ersten Roman zu gewärtigen hatte: »... dass jede Figur man selbst ist«.[29]

Das Manuskript umfasst nur 272 Schreibmaschinenseiten. Obwohl der Roman unvollendet geblieben ist, fesselt er durch seine typische Highsmith-Thematik: Homoerotik, die Anziehung durch einen Doppelgänger und das Auslöschen der eigenen Identität. Der erste Satz lautet: »›Ich werde so tun, als würde ich hier leben‹, flüsterte Gregory, als er den Häuserblock betrat.«[30] Sie schrieb diese Zeilen, als sie in Los Castillos – Casa Chiquita lebte, und sie war stolz darauf. Die nächsten Seiten beschreiben, wie der unsichere Jugendliche dem reichen, schönen George zu seinem Haus folgt und sich vorstellt, wie es wäre, die eigene Identität abzulegen und die eines anderen, unendlich faszinierenderen Selbst anzunehmen. »Er dachte oft und manchmal mit dem unheimlichen Gefühl einer möglichen Verwirklichung, dass er als George Willson hätte geboren werden können statt als er selbst ... War es sein Körper, der das aus ihm machte, was er war, oder etwas in seinem Inneren?«[31]

Patricia Highsmith suchte in ihren späteren Romanen, besonders in *Der talentierte Mr. Ripley*, diesen Gedanken tiefer zu ergründen. Die Figur des Gregory teilt mit Ripley auch die unbestimmte, zwiespältige Sexualität. Auf zwanzig Seiten wird in *The Click of the Shutting* ein sexuell gefärbter Traum beschrieben, in dem George seine Schulfreunde Charles und Bernard vor sich sieht, die in einer Rettungshütte am Flussufer erwachen. Bernard, dessen Wimpern und Stimme wie die eines Mädchens sind, beobachtet Charles, während dieser vor ihm im Zimmer auf und ab geht und ihm seinen Körper zeigt; »... er zog seine Arme etwas nach hinten, so dass Bernard seine Brust bewundern konnte, die in der Mitte gefurcht und unterteilt war durch Muskeln wie der Thorax eines riesigen Insekts oder wie eine Rüstung«.[32]

Ein weiterer Traum Gregorys kann als Metapher für den in den Texten Patricia Highsmiths immer wiederkehrenden Doppelgänger betrachtet werden: New York muss evakuiert werden, doch Gregory verpasst das letzte Schiff, und er ist nun die einzige lebende Seele in der Stadt. Er geht die Fifth Avenue entlang und sieht in einiger Entfernung den Schatten eines Mannes, dessen Verfolgung er aufnimmt: »... Angst und Neugier bekriegten sich in ihm, und der Schatten tauchte immer wieder in einer Straße auf und verschwand ebenso schnell, um ihm nicht zu begegnen.«[33] Als er das Gespenst endlich erreicht, verwandelt es sich in einen anderen bewunderten Freund, Paul. »Paul ärgerte sich über ihn, blickte finster, er ärgerte sich über etwas, was er getan hatte.«[34]

Es gelingt Gregory allmählich, sich in den exzentrischen Haushalt der Willsons einzuschleichen, er lässt sich auf eine besonders enge Beziehung zu Margaret, der Mutter, ein, und das Buch endet damit, dass er die Familie bittet, in der Mansarde ihres Hauses wohnen zu dürfen. Patricia Highsmith plante eine Fortsetzung des Romans. Sie entwarf einen dramatischen Höhepunkt, einen Kampf um Margaret zwischen Gregory und George, in dessen Verlauf die Frau mit dem Kopf an ein Möbelstück stoßen und sterben sollte.

Während sie an ihrem Buch schrieb, wurde Patricia Highsmith oft von Unsicherheit und Zweifeln heimgesucht. Sie fragte sich, wie sie die Geschichte beenden sollte und ob sie überhaupt etwas Bedeutsames zu sagen habe, doch sie erkannte auch, dass der Roman für ihre Entwicklung äußerst wichtig war. »Er ist eine Steigerung und Romantisierung meiner eigenen Hoffnungen, Freuden und Desillusionierungen, verbunden mit, das glaube ich wirklich, einem geistigen Erwachen«, schrieb sie in ihr Tagebuch.[35] Als sie das erste Kapitel wiederlas, fand sie, dass ihr Stil dem von Carson McCullers ähnlich war, aber Freunde, denen sie den Entwurf zu lesen gab, sagten ihr, dass es ihm noch an Intensität mangele.

Sie selbst war unzufrieden mit dem, was sie in Mexiko geschrieben hatte. In einem Brief vom 12. Mai 1944 an Kate Kingsley schrieb sie, dass sie alles bisher Geschriebene mit Ausnahme der ersten sechs Seiten zerreißen wolle. Doch *The Click of the Shutting* gewinnt trotz seiner holprigen Sätze und der melodramatischen Handlung ein neues Profil, wenn man es mit dem Buch vergleicht, von dem es offensichtlich angeregt wurde, mit André Gides 1925 erschienenem Roman *Die Falschmünzer*. Patricia Highsmith las ihn 1941, und im folgenden Jahr notierte sie, dass »Jugendliche in einem Roman enorme

Möglichkeiten haben. Bezeugt durch das, was André Gide mit ihnen in den *Falschmünzern* anstellte. Sie sind gut, weil sie Extreme sind ... Was ich immer wieder als grundlegend für den Roman ansehe, ist das Individuum, das in diesem Jahrhundert fehl am Platze ist.«[36]

Wie in *The Click of the Shutting* ist in Gides Roman die fragmentarische Welt der Jugend ein Hauptthema; die Figuren heißen dort Bernard, Georges und Marguerite, es geht um Homoerotik und die geliehene Persönlichkeit, und der Höhepunkt – ein Junge begeht im Klassenzimmer Selbstmord – lässt Gregorys Traum anklingen, in dem Charles und Bernard einen toten Hund in die Schule mitbringen. Die Figur des Edouard, eines Schriftstellers, dessen Tagebuch einen großen Teil des Buches ausmacht, stellt wie Proust die Theorie auf, dass Liebe im Wesentlichen illusionär ist. Unwillkürlich und unbewusst bilde sich jeder Liebende nach den Forderungen seines Partners, um dem Idealbild zu entsprechen, das der andere von ihm hat. Wer wirklich liebe, könne nicht aufrichtig sein.[37]

Auch Patricia Highsmith glaubte, dass Liebe auf einer Fantasie beruhe, wie schon der Titel zeigt – *The Click of the Shutting* –, der sich auf das Klicken eines zuklappenden Messers bezieht und von einigen Versen aus Elizabeth Barrett Brownings Gedichtzyklus *Sonette aus dem Portugiesischen* inspiriert ist. Das XXIV. Sonett beschreibt eine verschlossene, auf sich selbst konzentrierte Welt, die ein liebendes Paar umhüllt und vor Eindringlingen schützt, einen solipsistischen, imaginären Raum, den die Dichterin mit einer warmen Hand vergleicht, die ein Klappmesser hält und schließt. Nachdem das Klappmesser sich mit einem Klicken geschlossen hat, können sich die Liebenden angstlos einander zuwenden.

Für Gide wie für Patricia Highsmith unterlagen Gefühle den Einwirkungen von Ängsten und Fantasien aller Art. Die Protagonisten Patricia Highsmiths illustrieren die in den *Falschmünzern* dargelegte Theorie, dass vorgetäuschte Gefühle ebenso stark empfunden werden können wie so genannte »echte« Gefühle. Gides gefälschtes

Geld symbolisiert für ihn die falsche, erfundene Persönlichkeit, während Patricia Highsmith sich komplizierte Plots mit Schwindlern und Hochstaplern ausdenkt, um die quecksilbrige Natur der menschlichen Identität darzustellen.

Offenbar benutzte sie den Roman – sie las ihn Ende 1947 noch einmal, neben Gides *Tagebuch* und *Corydon* – als Inspiration für ihr eigenes Schaffen, und die Figur des Edouard war für sie eine Art fiktionalisierter Mentor. Wie dieser glaubte auch sie, dass die Wirklichkeit nur dann existierte, wenn ihr Tagebuch sie spiegelte; und ebenso sehr muss sie sich zu seiner Theorie der Depersonalisation hingezogen gefühlt haben, der Fähigkeit des Schriftstellers, seine eigene Identität zurückzustellen und die Eigenschaften von anderen anzunehmen. Auf diese Weise, schreibt Gide, sei er in der Lage, die Gefühle anderer Menschen zu empfinden, als wären es seine eigenen. Auch Patricia Highsmith sprach in ihren privaten Aufzeichnungen oft davon, dass ihre Fantasie ihr innere Erlebnisse verschaffe, die »wirklicher« seien als die Wirklichkeit um sie herum. Die Kritiker warfen ihr gelegentlich vor, das Verhalten ihrer Gestalten sei inkonsequent und unlogisch; Patricia Highsmith wollte aber damit auf ein Paradox hinweisen: die Irrationalität des zivilisierten rationalen Menschen. Gide sprach in den *Falschmünzern* von einem anderen Widerspruch: von der Tatsache, dass man in der Literatur auf Männer und Frauen stößt, die sich logisch verhalten, während die Menschen, denen man im wirklichen Leben begegnet, meist unberechenbare und vernunftwidrige Dinge tun. Menschen, deren konsequente Handlungsweise unsere Bewunderung errege, seien genau dadurch als künstliche Menschen erkennbar.

Diesen Gedanken nahm Graham Greene in seinem Vorwort zu Patricia Highsmiths Sammlung von Short Stories *Der Schneckenforscher* auf: »[Ihre] Geschöpfe sind irrational, weil sie sich grundlos in ein Leben geworfen finden, und dann merken wir, wie unglaubwürdig die meisten erdachten Figuren sonst sind, Puppen in einem geradlinigen Leben, das von Punkt A bis Punkt Z verläuft, wie das von Pendlern, die tagtäglich mit dem gleichen Zug fahren.«[38]

Patricia Highsmith war zwar fasziniert von den philosophischen Erörterungen in Gides Roman, doch sie versuchte nie, die reflektierende metaliterarische Ebene des Buches zu imitieren, sondern behielt ihre stilistische Einfachheit bei. Sie bewunderte das Werk von James M. Cain, dem Autor von *Die Rechnung ohne den Wirt, Mildred Pierce* und *Doppelte Abfindung*, beschrieb ihn als »eine Art Genie«[39] und bezeichnete seinen Roman *Serenade in Mexiko* als »ein großes Buch, brillant«[40]. Und obwohl sie sich mit Kafka identifizierte, ging sie auch in seinem Fall nicht so weit, seinen Stil zu kopieren. »Geschichten von Angst und Entsetzen, physischem oder geistigem Schrecken, fantastischen, ungewöhnlichen Geschehnissen, physisch oder geistig«, schrieb sie im Oktober 1944 in ihr Notizbuch, nachdem sie *Die Verwandlung* gelesen hatte, »sind eindrucksvoller, wenn man sie in gewöhnlicher (aber ausgezeichneter) Sprache erzählt; als für die alltägliche Welt außergewöhnlich bleiben sie nur im Gedächtnis, wenn man sie in alltäglicher Sprache darstellt.«[41]

Nach fünfmonatigem Aufenthalt in Mexiko ging Patricia Highsmith das Geld aus, und Anfang Mai machte sie sich auf die Heimreise. Am 8. Mai übernachtete sie in Mexico City im Hotel Montecarlo – das in *Zwei Fremde im Zug* als »ein großes, heruntergekommenes Gebäude, das wie die einstige Residenz eines Generals wirkte«[42], beschrieben wird –, wo sie mit ihrer »alkoholsüchtigen Schönheit«[43] Chloe zusammentraf, die beschlossen hatte, in Mexiko zu bleiben. Vier Tage später war sie in Monterrey, wo sie sich auf die Zollbeamten in der Grenzstadt Laredo vorbereitete, die sich, wie sie wusste, besonders für ihre zahlreichen Bücher und Papiere interessieren würden. Aus Monterrey schrieb sie einen Brief an Kate Kingsley, in dem sie ihrer Freundin über die Fortschritte, die sie mit ihrem Roman machte, berichtete. Sie hatte jetzt hundertsechzig Seiten von *The Click of the Shutting* geschrieben, doch sie bezeichnete das alles als »mittelmäßiges Zeug«.[44] Natürlich war *Jugendbildnis* von James Joyce, das sie gerade las, in ihrer Situation nicht unbedingt hilfreich. »Was braucht man mehr nach diesem Buch?«, fragte sie sich.[45] Sie sprach Kate Kingsley auf eine Reihe von Freundinnen aus College-Zeiten an und wollte wissen, ob eine von ihnen sich für den Krieg engagierte. Etwa sechs Millionen amerikanische Frauen arbeiteten damals in kriegswichtigen Betrieben, und ungefähr hunderttausend traten in die Armee ein. Patricia Highsmith beschloss jedoch – wie viele andere Frauen mit Hochschulbildung –, sich dieser Bewegung nicht anzuschließen. Statt einen Job in einem kriegswichtigen Betrieb anzunehmen, würde sie, wie sie einmal sagte, lieber nach Russland fliehen, wo sie wenigstens als Kampfpilotin ausgebildet würde.

War so etwas nicht besser, als Küchen auszufegen? »Pat eignete sich nicht dazu, in einer Masse von uniformierten weiblichen Militärbediensteten unterzugehen oder mitten in einer Schar kriegsbegeisterter Frauen in einer Fabrik zu arbeiten«, schreibt Kate Kingsley, »aber vielleicht wäre es etwas anderes gewesen, wenn es eine Gelegenheit gegeben hätte, sich als Einzelne hervorzutun. Man muss auch in Betracht ziehen, dass ihr jeder Krieg zuwider war, egal, wer ihn führte.«[46]

Im Juni war sie wieder in Fort Worth, bei ihrer Großmutter, wo sie ihre Tage mit Schreiben, Lesen und Zeichnen verbrachte. Anfangs war der Besuch erfreulich, doch in künstlerischer Hinsicht gab es wenig Stimulierendes, und sie stellte fest, dass sie die typischen Unterhaltungsthemen wie die Vorteile des örtlichen Golfplatzes, die Auswahl der Schlager im Radio oder das Wetter kaum noch ertragen konnte. Fort Worth, schrieb sie, sei »eine Stadt der wirklichen Toten«[47], und als einer ihrer Cousins sich bei einer Porträtsitzung weigerte, längere Zeit still zu sitzen, rannte sie aus dem Haus und lief verärgert bis zum Stadtrand. Ihre Vernunft sagte ihr, dass ein so trivialer Anlass nicht derartig heftige Gefühle auslösen sollte, dennoch war sie in diesem Augenblick nur um Haaresbreite davon entfernt, sich das Leben zu nehmen. »In solchen Momenten eines maßlosen Zorns flammt ›Selbstmord‹ in mir auf, so unausweichlich wie Blitz Donner hervorruft«, schrieb sie in ihr Notizbuch. »Ich ging wieder nach Hause und empfand eine so unbeschreiblich melancholische Erregung, dass ich mich fragen musste, was das wohl war.«[48]

Doch ihr boshafter Humor hatte sie offenbar nicht verlassen, wie man aus einem weiteren Eintrag in ihrem Notizbuch über eine kleine Hündin der Familie namens Trixie Queen ersehen kann: »Möchte gern sehen, wie sie ihr großes Geschäft in Form ihrer Initialen TQ macht. Das wäre eine schöne Übung für den Hund und mal was Neues für seine Besitzer.«[49]

Wenn man bedenkt, wie sehr Patricia Highsmith an der Malerei hing, überrascht es vielleicht nicht, dass die Unterbrechung der Porträtsitzung durch die Ungeduld des Jungen eine derart extreme Reaktion bei ihr hervorrief. Als Heranwachsende hatte sie mit dem Gedanken gespielt, ihr Leben der bildenden Kunst zu widmen, nicht dem Schreiben. »Bis ich dreiundzwanzig war, konnte ich mich nicht entscheiden, ob ich zeichnen, malen oder schreiben wollte«, sagte sie einmal[50]; letzten Endes stellte das Schreiben jedoch die größte intellektuelle und kreative Herausforderung für sie dar. 1947 erkannte sie, dass es die beste Entscheidung gewesen war, sich auf die Literatur zu beschränken. »Die Malerei hätte nie vielschichtig genug, nie kompliziert und klar genug sein können, um mir wirklich Spaß zu machen«, schrieb sie.[51] Doch sie musste auch zugeben, dass das, was sie von der bildenden Kunst gelernt hatte, ihr Schreiben beeinflusste. »Denke an jede Geschichte, die zu schreiben ist, wie an ein gemaltes Bild«, notierte sie. »Ich denke klarer in Begriffen eines Malers. Es gibt eine Wahl zwischen Worten, wie es eine Wahl zwischen Gouache und Wasserfarben gibt.«[52] Auch als sie sich für das Schreiben entschieden hatte, hörte sie mit dem Malen und Zeichnen nicht auf; Zeichnen, schrieb sie, öffne ihr Herz.[53]

Die Bilder, Skizzen und Zeichnungen, die nach ihrem Tod im Diogenes Verlag veröffentlicht wurden[54], stellen nur einen winzigen Teil ihres gesamten malerischen Opus dar: Landschaften, Liebende, Tiere (besonders ihre Katzen), die Ausblicke aus ihren Fenstern in New York, New Orleans, Venedig, Rom, Florenz, Positano und

Paris; aber auch eines ihrer gelegentlichen surrealen Bilder wie *Marcel Proust untersucht sein Badewasser.* Es zeigt, wie der Schriftsteller mit Schatten unter den Augen ein Röhrchen voll Wasser aus einer Miniaturbadewanne in der Hand hält. Oder das Bild mit dem Titel *Departure* von 1948, das einen weiblichen Torso zeigt; die Brüste haben sich in eckige Augen verwandelt, der Nabel ist eine Nase, die Taillenlinie scheint zu lächeln. »Ich habe immer gedacht, dass Pat als Malerin enorm begabt war«, sagt Vivien De Bernardi. »Sie hatte wirklich Talent zum Zeichnen, eine beachtenswerte Linienführung und ein außergewöhnliches Auge. Ich nehme an, sie hat ihr Talent größtenteils von ihren Eltern geerbt – ihre Mutter hatte den gleichen Blick für die Linie.«[55] Als Janice Robertson, Pats Lektorin im Londoner Heinemann-Verlag, sie in den frühen siebziger Jahren in ihrem Haus in Moncourt besuchte, sah sie, dass der Fußboden in einigen Zimmern in »Edelsteinfarben gestrichen war, hellrot und leuchtend blau, und die Wirkung war fast magisch; es waren zweifellos die Fußböden einer Malerin«.[56]

Wenn sie zeichnete, habe sie ihren *jeux d'esprit* freien Lauf gelassen, sagt Kate Kingsley. »Die Bilder pulsierten fast unter ihrer Hand, sie besaßen eine Wirklichkeit, die das Gewöhnliche besser aussehen ließ, als es war. Atmosphäre, Absicht und Nuance lagen in einem Strich. Das ist die befreite Pat, die ausdrücklich so kunstlos agiert, dass sie jenseits der sichtbaren Gestalt der Dinge, die sie porträtiert, ihr ›So-Sein‹ erreicht. Ich meine damit nichts Esoterisches, nur dass die Zeichnungen Humor, Charakter und visuelle Präsenz besaßen; ich wusste sofort, das ist diese Straßenszene, dieser Glockenturm, diese Person. Ich glaube, es war Degas, der sagte, dass Kunst nicht das Sichtbare wiedergibt, sondern sichtbar macht. Das meine ich, wenn ich sage, dass Pat das ›So-Sein‹ der Dinge heraufbeschwören konnte.

Wir werden nie wissen, in welchem Maß es ihr gelungen wäre, sich als bildende Künstlerin zu vervollkommnen, wenn sie sich entschlossen hätte, dieser Berufung zu folgen. Pats Leben hatte seine vergnüglichen Seiten, aber noch mehr als die Liebe war es die Kunst, die ihre Kreativität entfesselte und sie immer wieder mit überbordender Freude erfüllte.

Es zog sie zur Kunst in all ihren Formen, vor allem zum Zeichnen, Malen, Bildhauern, Schnitzen und Schreinern, all das machte sie. Es waren Dinge, die man mit den Händen macht, und ihre Hände waren bemerkenswert, wesentlich größer und stärker, als man es für ›normal‹ halten würde.«[57]

Es ist kein Zufall, dass viele von Patricia Highsmiths Gestalten künstlerische Berufe haben. Guy in *Zwei Fremde im Zug* ist Architekt und skizziert mit Vorliebe Gebäude und Menschen in New York. Jack Sutherland in *Elsie's Lebenslust* ist Grafiker und Illustrator; Dickie in *Der talentierte Mr. Ripley* ist Maler wie Theodore in *Ein Spiel für die Lebenden*, Ed Coleman in *Venedig kann sehr kalt sein* und Jensen in *Das Zittern des Fälschers*; Therese in *Carol* ist angehende Bühnenbildnerin. In diesem Roman vergleicht Therese ein quadratisches Fenster vor weißem Himmel mit einem Bild von Piet Mondrian; in Chicago ruft ihr die verschwommene Linie des Horizonts ein Bild von Camille Pissarro ins Gedächtnis, und an anderer Stelle beschreibt sie die Züge einer ihrer Freundinnen mit einer Figur von El Greco. Wenn sie zeichnet, hat sie das freudig erregte Gefühl, etwas Neues zu schaffen, eine ganze Welt entsteht um sie herum, die sie mit einem Wald mit Millionen schimmernder Blätter vergleicht.

In den späteren Ripley-Romanen ist Tom Ripley ein begeisterter Hobbymaler und Kunstsammler (er besitzt eine Reihe von Zeichnungen von van Gogh, Magritte, Picasso und Cocteau), und die gesamte Handlung von *Ripley Under Ground* dreht sich um die fragwürdige Authentizität einer Anzahl von Bildern eines Malers, von dem wir wissen, dass er tot ist. »Wenn man mehr Fälschungen malte als eigene Bilder, wurden dann die Fälschungen nicht natürlicher, wirklicher, echter als die eigenen Bilder? Würden sie nicht irgendwann mühelos entstehen und einem zur zweiten Natur werden?«[58]

Patricia Highsmith sah die Welt mit dem Auge des Künstlers. Sie beschreibt nicht nur penibel die Dinge, die ihre Figuren umgeben, und evoziert dadurch eine Art poetische Klaustrophobie, es wimmelt in ihren Texten auch von visuellen Metaphern, die fast malerisch anmuten. In *Carol* sehen geschälte Pfirsiche, die in einem Teller mit Flüssigkeit schwimmen, wie kleine orangerote Fische aus, und im selben Roman heißt es von einer Bergkette in Colorado: »Die Berge erwiderten ihren Blick wie majestätische Löwen, die griesgrämig geradeaus schauten.«[59] In *Der Stümper* gleichen die »aufgequollenen Lippen« Kimmels »irgendwie einem feisten, quergeteilten Herzen«[60], ein Philodendron sieht aus wie ein abstraktes Gemälde, und eine Gruppe von Bäumen erinnert eine Figur an die geisterhaften geflügelten Gestalten auf einem Bild von William Blake.

Dank ihrer starken visuellen Vorstellungskraft fiel es Patricia Highsmith nicht schwer, sich Geschichten auszudenken, die sich für die Umsetzung in Comics eigneten, doch als sie im Juli nach New York zurückkehrte, fühlte sie sich als Versagerin. Sie hatte kein Geld und hatte einen Roman geschrieben, der, wie sie wusste, nicht veröffentlichungswürdig war. Jetzt konnte sie nur noch die Tätigkeit wieder aufnehmen, der sie zuvor nachgegangen war, allerdings diesmal auf freiberuflicher Basis, wodurch sie etwa dreimal so viel verdienen würde wie bei einer Festanstellung. Es fiel ihr keineswegs leicht, für diesen Markt zu schreiben; sie fürchtete sich davor, unwillkürlich das simple Handlungsgerüst und die klischeehafte Gestaltung der Figuren der trivialen Geschichten zu übernehmen, sie fragte sich, ob das ständige Produzieren von Comics nicht ihre eigene schriftstellerische Arbeit auf irgendeine Weise verderben würde; dabei verglich sie ihre Begabung mit einem Gebäude, das allmählich von Termiten untergraben wird.

In den nächsten sechs Jahren schrieb sie weiterhin Comictexte, aber bald wurde ihr das Entwickeln neuer Ideen für dieses Genre zu langweilig, und es war für sie nur noch eine einfache Art, Geld zu verdienen: Jede Seite brachte ihr zwischen vier und sieben Dollar ein, so zynisch war sie im Lauf der Zeit geworden. Die Comicgeschichten wurden nach einem strikten Schema produziert, das einen minimalen Einsatz von Fantasie und Inspiration erforderte, doch diese Arbeit als »Schreiberling« ließ ihr wenigstens genug Zeit, um sich ihren eigenen Texten zu widmen.

Als der Sommer 1944 zu Ende ging, war das Liebesleben von Patricia Highsmith so durcheinander wie eh und je. In ihrem Tagebuch sprach sie von mehreren Liebesaffären, die sie nebeneinander hatte, unter anderem mit der dreiundzwanzigjährigen Natica Waterbury, einer schönen blonden New Yorkerin, die sich später als Fotografin, Pilotin, Mäzenin und Bildhauerin betätigte und Sylvia Beach in ihrer Verlagsbuchhandlung *Shakespeare & Company* in Paris zur Hand ging. Pat erkannte, dass ihr Gefühlsleben sich nicht mehr im Gleichgewicht befand, und selbst wenn sie in einem Moment Glück empfand, erwartete sie nie, dass es dauern könnte, sondern sah immer schon das Ende der Affäre voraus. Insgesamt wirkten die Beziehungen zu so vielen Partnerinnen eher betäubend; sie bemerkte, dass dort, wo »das Herz ist, alles so dick ausgepolstert ist, dass nichts mehr zu fühlen ist«.[61] Und doch schrieb sie auch, dass sie im Gegensatz zu den meisten Homosexuellen im Grunde eine Romantikerin sei. Scheinbar unbedeutende Gesten und kleine Liebesbeweise machten ihr Freude, wie die Haarsträhne einer Geliebten, ein lang ersehnter Brief, Schmutzspuren an den Schuhen, die sie an ein Liebeserlebnis erinnerten, und ein Telefongespräch, das sie erschüttern konnte – vor Freude oder vor Traurigkeit. »Schatten hängen über uns«, schrieb sie im Zusammenhang mit ihrer Beziehung zu Natica, »und meine Seele ist voller Melancholie, denn die Trennung, von der wir noch nichts wissen, wirft ihren Schatten voraus, selbst wenn wir zusammen sind.«[62]

Nach dem Zusammenbruch dieser kurzen, aber intensiven Beziehungen war sie jedes Mal so niedergeschlagen, dass sie sich manchmal außerstande sah zu schreiben. Ihre Traurigkeit war so tief, ihr Geist so gelähmt, dass sie glaubte, nicht einmal genug Energie für den Selbstmord aufbringen zu können. Und schließlich fragte sie sich, ob überhaupt eine Freundschaft oder Liebe all die Schmerzen wert sei, die sie durchlitt. »Man sollte die Liebe auf eine einfache Gleichung reduzieren«, schrieb sie. »Man sollte die Tage des äußersten Glücks am Anfang der unausweichlichen Hölle am Ende gegenüberstellen.«[63]

Sonderbare Angstschwingungen

(1945–1948)

Unmittelbar nach dem Krieg war New York das Epizentrum einer schöpferischen Explosion, hervorgerufen durch die intellektuelle Dynamik europäischer Emigranten, die vor Hitler geflohen waren, um sich in Amerika niederzulassen; zu ihnen zählten so unterschiedliche Begabungen wie die Brüder Mann, Wladimir Nabokov, Herbert Marcuse, Bertolt Brecht, Igor Strawinsky und Ludwig Mies van der Rohe. Einige Historiker halten diese Bewegung in Richtung Westen sogar für das wichtigste kulturelle Ereignis der zweiten Hälfte des 20. Jahrhunderts, da sie eine sehr bedeutsame Verlagerung des Zentrums der intellektuellen Macht zur Folge hatte. Amerika wurde mit vielen Gedanken konfrontiert, die das europäische Geistesleben in den Jahren zwischen dem Ersten und dem Zweiten Weltkrieg umtrieb, Themen, die etwa in W. H. Audens Gedicht »Das Zeitalter der Angst« aus dem Jahr 1947 ihren Ausdruck fanden. »Es scheint mir, als wären die Amerikaner damals zum ersten Mal mit ihrer Einsamkeit konfrontiert gewesen«, schrieb Anatole Broyard über die Nachkriegsjahre. »Die Einsamkeit war wie der Morgen nach dem Krieg, wie ein gewaltiger Katzenjammer. Der Krieg hatte den amerikanischen Lebensrhythmus unterbrochen, und als wir versuchten, ihn wieder aufzunehmen, konnten wir ihn nicht wiederfinden – er war nicht mehr vorhanden. Es war, als wäre eine große Bombe hochgegangen, als hätte eine Buwusstseinsexplosion im Leben Amerikas alles zerstrümmert.«[1]

Greenwich Village war ein Zentrum der kreativen Energien von Schriftstellern und Künstlern. Broyard, der zu dieser Zeit einen Buchladen in der Cornelia Street besaß, kam es vor, als ob sich die in diesem Viertel lebenden Künstler eine eigene, unmissverständlich neue Identität geschaffen hätten, die sich von der Schlichtheit der amerikanischen Tradition absetzte. Für Broyard und seine Zeitgenossen, unter ihnen Patricia Highsmith, war es, »als hätten wir nicht gewusst, wo Bücher anfangen und wo sie enden ... Wir lasen sie nicht nur; wir wurden zu Büchern ... Bücher waren für uns, was die Drogen für junge Männer in den sechziger Jahre waren.«[2] Besonders der existenzielle moderne Albtraum, wie er von Kafka dargestellt worden war, fand ein großes Echo. In diesen Nachkriegsjahren war Kafka sehr in Mode, »im Village damals so populär wie einst Dickens im viktorianischen London«.[3]

Patricia Highsmith las Kafka zum ersten Mal Ende 1942 und erneut zu Beginn des Jahres 1943. Sie arbeitete sich durch *Das Schloss*, das in Amerika 1930 veröffentlicht worden war, meinte aber, dass sie den vielschichtigen Roman wohl nicht verstanden habe. Im August 1945 schien sie allerdings doch einen Zugang zu Kafkas Werken gefunden zu haben und entdeckte sogar, dass sie vieles mit dem Prager Autor gemein hatte. In ihrem Notizbuch vermerkte sie, dass ein Artikel von Charles Neider über Kafka in der *New York Times Book Review* in vielerlei Hinsicht auch auf sie zutreffe, besonders die Aussagen, dass der Kompromiss zwischen Idealismus und Realismus Schuld nach sich ziehe und dass die moderne Welt jeder moralischen Sicherheit beraubt, »in steter Veränderung und ambivalent« sei. Neider schrieb: »Umfangreicheres Wissen und die damit einhergehende Erweiterung des Bewusstseins eröffnen die Möglichkeit größerer Sünden. Daher ist das Gefühl von Sünde und Ambivalenz charakteristisch für unsere Zeit. Und Franz Kafka ist einzigartig, weil er diese Tatsachen rein imaginativ, emotional und poetisch wiedergibt, während wir durch seine bewussten Träume eine intensivere, vollständigere und vor allem experimentellere Wahrnehmung dieser Vorgänge in uns selbst gewinnen.«[5]

Im Februar 1948 las Patricia Highsmith Edwin Berry Burgums *The Novel and the World's Dilemma*, eine Analyse moderner Literatur mit Essays über Marcel Proust, Thomas Mann, James Joyce, Virginia Woolf, Aldous Huxley, Thomas Clayton Wolfe, William Faulkner und Franz Kafka. In diesem Buch war von Kafkas »kranker« Persönlichkeit die Rede, davon, dass er »ans Psychopathische« grenze und über die Verarmung des Glaubens und den Zusammenbruch der mystischen Lehren schreibe. »Fantasie und Wahn«, schrieb Burgum, »sind heute die letzten Zufluchtsorte des Menschen, der nie an die Menschlichkeit glaubte und nie auf Gott vertrauen konnte.«[6] Nach der Lektüre dieser Seiten schrieb Patricia Highsmith in ihr Notizbuch, dass auch sie, wie Kafka, pessimistisch und unfähig sei, ein System zu entwerfen, in dem ein Individuum vom Glauben an einen Gott, eine Regierung oder ein Selbst gestärkt werde. Ähnlich wie Kafka sah sie in den großen Abgrund, der das Geistige und das Materielle trennt, und erblickte die entsetzliche Nichtigkeit, die Leere und Entfremdung im Herzen des Menschen; das alles musste sie durch ihr Schreiben erkunden. Ihr nächster Held sollte ein Architekt sein, »ein junger Mann, der sich als Kenner auf dem Gebiet der Kunst und daher seiner selbst bewegt« und der, wenn er mordet, »keine Schuld und nicht einmal Furcht empfindet, wenn er an die Möglichkeit der gesetzlichen Vergeltung denkt«.[7] Je mehr sie von Kafka las, desto größer wurde ihre Angst, als sie schließlich erkannte: »Ich bin ihm so ähnlich.«[8]

Wie Lucille, die verhaltensgestörte Protagonistin von »Die Heldin«, erkannte Patricia Highsmith, dass sie das Leben durch eine »verformte Linse«[9] sah. Statt Ereignisse und Erfahrungen so zu nehmen, wie sie waren, neigte sie dazu, ihre Bedeutung überzubewerten und Freude oder Schmerz allzu intensiv zu empfinden. In ihren Notizbüchern schrieb sie ihre Gedanken darüber nieder. Sie kam zu dem Schluss, dass sie ihre Sicht nicht völlig neu ausrichten, sondern nur einige kleine Korrekturen vornehmen wolle. Oft beschlichen sie »sonderbare, diffuse Angstschwingungen«[10], die ihren Schatten über sie warfen, eine Beklemmung, die sie sich nicht erklären konnte. Sie machte sich über ihren Hormonhaushalt Sorgen, weil ihre Regel oft monatelang ausblieb, und suchte einen Arzt auf, der ihr Medikamente zur Regulierung des Zyklus verschrieb.

Wenn sie auf der Straße jemanden sah, den sie kannte, ging sie auf die andere Straßenseite, um ihm nicht begegnen zu müssen. Wenn sie mit Menschen in Kontakt kam, stellte sie fest, dass sie sich in viele verschiedene falsche Persönlichkeiten spaltete; und weil sie Lüge und Betrug abscheulich fand, zog sie es schließlich vor, sich zurückzuziehen, statt weiterhin Theater zu spielen. Sie sprach von der »ewigen Heuchelei in mir«[11], doch ihr rascher geistiger Gestaltwandel wurzelte wohl eher in ihrer außerordentlichen Fähigkeit, sich mit anderen zu identifizieren. Ihre imaginative Fähigkeit, ihr eigenes Ich zurückzustellen und sich die Eigenschaften der sie umgebenden Menschen anzuverwandeln – ihre negative Kraft, wenn man so will –, war so groß, dass sie oft das Gefühl hatte, ihre inneren Bilder seien realer als die äußere Wirklichkeit. Sie stellte sich in eine Reihe mit dem Wahnsinnigen und Elenden, »dem geisteskranken Menschen, der sich eins fühlt mit der ganzen Menschheit, dem ganzen Leben, weil er seinen Geist und damit sein Ego, sein Selbst verloren hat«[12], und sie erkannte, dass dieser Geisteszustand eine Kraftquelle für ihre Dichtung war. Es sei ihr Ziel, notierte sie, über die untergründige Krankheit dieses »Dädalus-Planeten«[13] zu schreiben und das Wesen des menschlichen Daseins einzufangen: ewige Enttäuschung. Die Handlung war ihr zu diesem Zeitpunkt weniger wichtig; die Erforschung des Bewusstseins interessierte sie mehr. Sie wollte sich in den Geist ihrer Figuren hineinversetzen, um sie besser darstellen zu können.

Als im August 1945 »Die Heldin« in *Harper's Bazaar* erschien, wurde eine Lektorin des Verlags Knopf auf sie aufmerksam. »Ihre Charakterisierung der Lucille ist außerordentlich real und prägnant«, urteilte Emily Morison. Sie stellte den geschickten tragischen Schluss und den klaren, direkten Stil von Patricia Highsmith heraus. »Ich bin wirklich so beeindruckt von dieser Geschichte«, fügte sie hinzu, »dass ich sehr gern ein Buch von Ihnen prüfen möchte, selbstverständlich im Hinblick auf eine Veröffentlichung.«[14] Nach einem Treffen mit der jungen Schriftstellerin schrieb Emily Morison eine interne Notiz, dass Patricia Highsmith gerade an einer Erzählung von etwa vierzig Seiten sitze, die sie ihr vorlegen werde, sobald sie sie beendet hätte. Im Winter wolle sie auch anfangen, einen weiteren Roman zu schreiben, und dann dem Verlag einige Kapitel und einen Entwurf schicken. Emily Morison schrieb 1946 und 1948 an Patricia Highsmith, um Material zu erhalten, doch sie versäumte, die Autorin vertraglich zu verpflichten.

Trotz des Interesses seitens des Knopf-Verlags schien es Patricia Highsmith im Spätsommer und Herbst 1945 noch immer unmöglich, einen Roman zu veröffentlichen. Die New Yorker Agenten sagten ihr ganz offen, dass sie ihre Geschichten optimistischer enden lassen müsse, um sie besser verkaufen zu können. »Es ist traurig, wenn man schreibt und nicht publiziert werden kann«, bekam sie einmal zu hören. Diese Aussicht schien sie allerdings nicht zu bekümmern. Als sie einmal im August aus einer Literaturagentur ins blendende Sonnenlicht hinaustrat, kam sie zu dem Schluss, dass sie die Welt völlig anders sah als ein geschäftstüchtiger Agent. »Wir sprechen nicht die gleiche Sprache«, notierte sie.[15]

Im Oktober 1945 hielt Jean-Paul Sartre einen Vortrag, der 1947 auch ins Englische übersetzt wurde und sich als sehr einflussreich erweisen sollte: *Ist der Existenzialismus ein Humanismus?* Darin hieß es, dass für Menschen »die Existenz der Essenz voraufgeht«. Nach seiner Überzeugung gab es keine vorherbestimmte menschliche Natur; die Individuen konnten frei ihre Wahl treffen, sie waren verantwortlich für ihr Sein. Diese Ansichten kommen auch in seinem Stück *Bei geschlossenen Türen* und in seinem grundlegenden philosophischen Werk *Das Sein und das Nichts* zum Ausdruck, in dem er das Wesen des menschlichen Bewusstseins beschreibt.

Seine Bücher, die alle Hoffnungen und Befürchtungen des Nachkriegsfrankreich spiegelten, waren in Pariser Intellektuellenkreisen bald in aller Munde. »Sartre ist heute zwangsläufig in Mode bei Leuten, die einst ebenso zwangsläufig den Surrealismus zu ihrer Mode machten«, schrieb Janet Flanner, eine spätere Freundin von Patricia Highsmith, in ihrer Kolumne im *New Yorker* im Dezember 1945.[16] Die philosophische Revolution, die um die individuelle Freiheit kreiste, erregte bald auch in New York Aufsehen, und es wurden Tausende von Zeitungszeilen geschrieben, die sich mit Sartres komplizierten Gedankengebäuden beschäftigten. »In Paris, in Greenwich Village und sogar im Zentrum von Manhattan wird viel über Existenz und Existenzialismus gesprochen«, schrieb Jean Wahl in der Oktobernummer des *New Republic*[17], während das auflagenstarke Magazin *Time* im Januar 1946 erklärte, »der Existenzialismus habe mehr Wörter und mehr Tinte gefordert als jede andere geistige Bewegung, seitdem die europäische ›verlorene Generation‹ nach dem Ersten Weltkrieg den Dadaismus ins Leben rief. Der Existenzialismus hat zwar seinen langhaarigen snobistischen Flügel … Aber das Wort ist auf das Niveau eines jeden Mannes und einer jeden Frau gesunken.«[18] Sartres Philosophie entsprach auch dem Nachkriegspessimismus. Nach dem Abwurf der Atombombe auf Hiroshima im August 1945 musste sich Amerika eingestehen, dass – wie ein Historiker hervorhob – »durch die Bombe ein Instrument für die Auslöschung der Menschheit geschaffen worden war, und die Amerikaner fragten sich, wie sie mit dieser unheilbaren Krankheit der Zivilisation künftig leben sollten«.[19]

Die philosophische Thematik von Sein und Nichts hatte Patricia Highsmith schon immer fasziniert, und nachdem sie Sartres Werk gelesen hatte, fühlte sie sich angeregt durch seinen kühnen Angriff auf das konventionelle Denken. »Das Rätsel des Universums«, schrieb sie in ihr Notizbuch, »die Beziehung eines Individuums zum anderen und zum Rest der Menschheit.«[20] Besonders interessant fand sie Sartres Analyse der Beziehungen zwischen Subjekt und Objekt, die Wirkung anderer Menschen auf das eigene Bewusstsein, die er durch eine Anekdote erläutert. In *Das Sein und das Nichts* stellt er sich vor, von Eifersucht getrieben, durch ein Schlüsselloch zu spähen, um herauszufinden, was sich hinter der Tür abspielt. Zunächst nimmt ihn die Szene völlig gefangen – das ist das präreflexive Stadium des Bewusstseins –, er ist sich seiner selbst nicht bewusst und nimmt nur die Bilder vor seinen Augen wahr. Dann aber hört er Schritte hinter sich und erkennt voller Scham, dass jemand ihn beobachtet. Der Schock zwingt ihn zu der Erkenntnis, dass er selbst zum Objekt geworden ist, betrachtet von einem anderen Bewusstsein. Das eigene Selbst ist somit keine Erweiterung der Welt, sondern unvermeidlich ein Objekt unter anderen, das zur Welt gehört. Diese einschneidende Erkenntnis sollte Patricia Highsmith in ihren Werken darstellen. In *Der talentierte Mr. Ripley* etwa ermordet Ripley Dickie Greenleaf, als er schockiert feststellt, dass er weder mit ihm noch mit irgendjemandem sonst eins sein kann.

Ripleys Gefühl der Fremdheit – oder der Entfremdung, des Getrenntseins, der Verzweiflung – artikuliert den existenziellen Ekel, wie er von Sartre beschrieben wurde. Der Mensch könne sich selbst befreien, indem er schreibt und liest, erklärte Sartre in seinem Buch *Was ist Literatur?*, das Patricia Highsmith im Januar 1948 las. Literatur war laut Sartre keine bloße eskapistische Übung, sondern sie konnte ein Werkzeug der Befreiung sein, ein Katalysator wirklicher Veränderungen, durch den der Mensch persönliche Freiheit erlange. Zu dieser Literatur zählte *Der Fremde* von Albert Camus (den Sartre einmal als »Außenseiter« unter den Romanen bezeichnet), erschienen in Frankreich 1942, von Patricia Highsmith im Frühjahr 1946 gelesen.

Die ersten Sätze des Buches lauten: »Heute ist Mama gestorben. Vielleicht auch gestern, ich weiß nicht.«[21] Meursault, der Ich-Erzähler, lebt wie ein Held in einem Highsmith-Roman innerlich von der Wirklichkeit abgeschieden. Bei einem Kampf tötet er einen Araber, doch bei dem Gerichtsverfahren zeigt er sich seinem Schicksal gegenüber völlig gleichgültig. Er weigert sich, den ungeschriebenen Regeln der Gesellschaft zu folgen, und wird daraufhin für seine Tat zum Tod verurteilt. »›So, meine Herren‹, hat der Ankläger gesagt. ›Ich habe Ihnen den Lauf der Ereignisse vor Augen geführt, der diesen Mann dazu gebracht hat, im vollen Bewusstsein seines Tuns zu töten. Ich betone das‹, hat er gesagt. ›Es handelt sich nicht um einen gewöhnlichen Mord, um eine unbedachte Tat, der sie mildernde Umstände zubilligen könnten. Dieser Mann, meine Herren, dieser Mann ist intelligent. Sie haben ihn gehört, nicht wahr. Er weiß zu antworten, er kennt die Bedeutung der Worte. Und man kann nicht sagen, er hätte gehandelt, ohne sich seines Tuns bewusst zu sein. (…) Hat er wenigstens sein Bedauern ausgedrückt? Nie, meine Herren. Nicht ein einziges Mal im Laufe der Ermittlung schien dieser Mann von seiner abscheulichen Missetat berührt.‹«[22] Genau diese Eigenschaft, das Fehlen wahrer Reue, führt zu seiner Verurteilung.

Seine größte Tugend – seine Ehrlichkeit, die Weigerung, das zu sagen, was man von ihm erwartet, die leidenschaftliche Suche nach Wahrheit – führt zu seinem Fall, und während er in seiner Zelle auf die Hinrichtung wartet, erkennt er, dass das Leben unwirklich ist; erst jetzt, im Angesicht des Todes, begreift er, was Freiheit ist.

Als Patricia Highsmith das Buch gelesen hatte, beschrieb sie es als ein Beispiel »der Vernichtung des Individuums im 20. Jahrhundert … Es ist eine Tour de force. Es ist ein Werk des brillantesten Impressionismus.«[23] Wie Camus war auch sie an der Erforschung der traurigsten Aspekte ihrer Generation interessiert, an »der Abwesenheit von Persönlichkeit«.[24] Der Antiheld des französischen Romanciers, der in einem gefühllosen Nebel durch den algerischen Sommer streunt, regte sie zum Nachdenken über einen fiktiven Mann an, »für den die Ereignisse immer irrealer werden«.[25]

Eines Tages Ende 1945, als die junge Autorin mit ihrer Mutter und ihrem Stiefvater einen Spaziergang am Ufer des Hudson River machte, hatte sie die Idee, einen Roman über zwei Männer zu schreiben, die ihre Mordopfer vertauschen. Am 16. Dezember öffnete sie ihr Notizbuch und schrieb den Entwurf der Handlung. Es sollte ihr erster veröffentlichter Roman werden: *Zwei Fremde im Zug*. Ursprünglich drehte sich der Plot um zwei Männer, Alfred und Laurence, die Frauen umbringen wollten, die sie nicht mehr liebten.

Die Vertauschung der Opfer würde uns beide entlasten, weil sie jedes mögliche Motiv eliminieren würde, denkt Alfred, der später Bruno werden sollte. Ja, wir werden uns beide für das Verbrechen fassen lassen, aber die Polizei wird kein Motiv finden. Wir werden frei sein![26]

Alfred begeht den Mord, doch Laurence ist anfangs unfähig zu seiner Revanche und beginnt, seinen Doppelgänger zu hassen. Schließlich tötet er Alfreds Frau doch und wird festgenommen. Das Gefühl der Schuld hat ihn zerstört. In den folgenden vier Jahren änderten sich die Figuren und ihre Motive noch oft, doch das zentrale Thema des doppelten Mordes blieb immer gleich. Bis zum Frühjahr 1947 hielt Patricia Highsmith an der Idee fest; erst dann setzte die Handlung ihre Fantasie wieder in Gang.

Ihre bevorzugte Technik, um sich selbst in die richtige Schreibstimmung zu bringen, bestand darin, sich aufs Bett zu setzen, umgeben von Zigaretten, Aschenbecher, Streichhölzern, einem Becher Kaffee, einem Doughnut und einem Teller mit Zucker. Sie musste jedes Gefühl von strenger Disziplin verbannen und den Akt des Schreibens so vergnüglich wie möglich gestalten. Ihre Körperhaltung war, wie sie bemerkte, fast embryonal, und tatsächlich hatte sie ja vor, »einen eigenen Mutterschoß«[27] zu erschaffen. In *Suspense oder Wie man einen Thriller schreibt* enthüllte sie später, dass sie sich oft einredete, sie sei nicht sie selbst, um für die Arbeit in einen »Zustand von Unschuld« zu gelangen, frei von den alltäglichen Sorgen, den Nöten und Ängsten des Lebens. »Wie schnell einem das gelingt, ist wohl ein Kriterium für den Grad an Versiertheit, den man erreicht hat«, schrieb sie. »Die Fähigkeit wächst mit der Übung.«[28]

Am 23. Juni 1947 begann sie mit der Niederschrift von *Zwei Fremde im Zug*, und in ihrem Tagebuch notierte sie, wie der Anfang aussehen sollte: »Ich will einen kurzen ersten Teil, in dem die beiden jungen Männer und die Möglichkeit der Morde vorgestellt werden.«[29] Sie arbeitete intensiv und hatte nach weniger als einem Monat bereits achtzig Seiten zustande gebracht. Ben Zion Goldberg, ihr ehemaliger Chef, äußerte sich anerkennend über das erste Kapitel und sagte, es sei »eine ausgezeichnete Story«, und der schwarze Dichter und Schriftsteller Owen Dodson, den sie im August kennen lernte, lobte sie für ihren ökonomischen Stil. Sie fand die Erfahrung des Schreibens heilsam und beschrieb das Buch als »eine zu offene Beschreibung meiner Gefühle, des Geheimnisses meiner selbst«[30]. Ben Goldberg wies sie darauf hin, dass das Thema des Romans bereits die Basis für *The Click of the Shutting* gewesen war. Es ist »die Beziehung zwischen zwei Männern. Meist haben sie ganz verschiedene Charaktere, manchmal besteht ein deutlicher Kontrast von Gut und Böse, manchmal sind es Freunde, die nicht zueinander passen.«[31] Während sie die Beziehung erkundete – in diesem Fall zwischen dem psychopathischen Bruno und dem Gegenstand seiner Verführungskunst, den sie zunächst Tucker, später Guy nannte –, wurde ihr bewusst, dass sie dabei war, sich in den amoralischen Killer zu verlieben. »Ich bin so froh, wenn Bruno in dem Roman auftaucht«, schrieb sie. »Ich liebe ihn!«[32]

Sie betrachtete den Roman als einen neun Monate alten Embryo im Mutterschoß der literarischen Schöpfung, und während sie daran arbeitete, las sie Trivialromane und analysierte deren Erzähltechnik. Sie bewunderte sie wegen ihrer klaren Handlungsstruktur und ihres schlichten Stils, gleichzeitig schwelgte sie aber auch in einem Gefühl der Überlegenheit, dem Wissen, dass sie es besser konnte. Ende November stellte sie eine Liste stilistischer Tipps zusammen. Bei der Arbeit sollte sie folgende Punkte beherzigen: die Szene rasch aufbauen und direkt zum Punkt gelangen; schnell und leicht schreiben, denn zu viel Mühe würde zu einem matten Stil führen; nur die Gefühle und den Standpunkt der Protagonisten beschreiben; sicherstellen, dass das Resultat unterhaltsam sei, denn dies sei der erste Grund, warum Leute nach einem Roman griffen; immer versuchen, so zu schreiben, dass der Leser nach weiterem Lesestoff dürste.[33]

In einem alten Heft, in das sie später Kochrezepte schrieb, skizzierte sie spielerisch eine Szene des Buches. Tucker ist wie Guy in der letzten Fassung ein Architekt, der seine Frau Miriam hasst und seine neue Freundin heiraten will, während Bruno seinen reichen Vater nicht mehr erträgt. Diese Voraussetzungen stimmen im Großen und Ganzen mit der publizierten Fassung überein, doch Patricia Highsmiths Stil ist längst nicht so gewandt wie später. In dieser Szene erinnert sich Tucker an die vorangegangene Nacht, als er Bruno im Zug kennen lernte und dieser den Mord an Miriam plante.

»Er sah sie jetzt, wegen des Gesprächs letzte Nacht mit dem Typen im Zug. Sie umbringen?... Er sah Brunos frohlockendes Gesicht. ›Wenn ich Ihre Frau töten würde, wie wäre das?‹ Ein Mensch wie Bruno würde es tun. Wie einfach wäre alles, wenn Miriam tot wäre!« [34]

Tucker hat den Ehrgeiz, eine spektakuläre Stadt aus Glasgebäuden zu bauen, er bewundert die Arbeit von Mies van der Rohe und Frank Lloyd Wright, doch sein Traum verdüstert sich durch einen »Schatten«: Bruno, der ihm keinen Augenblick mehr aus dem Kopf geht. Diese Faszination der Dualität drückt sich in den frühen Titeln aus, die »Die andere Seite des Spiegels«, »Die Rückseite des Spiegels« und »Der andere« lauten; man mag darin auch einen Hinweis auf die Romane Dostojewskis erkennen.

Patricia Highsmiths gespaltene Perspektive verwirrte allerdings die Verlage. Ihre neue Agentin, Margot Johnson von der Agentur A & S Lyons, schickte ihr unvollendetes Manuskript an die Lektorin Marion Chamberlain von Dodd, Mead & Company, die es mit Begeisterung aufnahm, ihr jedoch empfahl, noch weiter daran zu arbeiten.

»Ich glaube, sie muss eine Wahl treffen, und wenn sie das nicht tut, wird das Buch eine fatale Lücke aufweisen«, schrieb sie im Januar 1948 an Margot Johnson. »Ich glaube, es muss entweder Brunos Geschichte sein, klar und ohne Umschweife, oder es muss ›unterhaltsam‹ sein, in der Nachfolge Graham Greenes; dann wären die beiden jungen Männer Schauspieler, und die wahre Bedeutung der Geschichte wäre der Spaß des Zuschauers; es gäbe eine Figur, die mit ihnen beiden zu tun hätte, die am Ende aber frei von beiden wäre.« [35]

Marion Chamberlain riet der Autorin, Bruno »hervorzuheben« und Tucker »abzuschatten«; das Ergebnis wäre ein tragischer Roman, »grausam, aber bewegend«. Sie kam zu dem Schluss, dass Patricia Highsmith noch nicht reif sei für einen Vertrag; es sei zunächst wichtig, das Buch zu überdenken und neu zu gestalten. Patricia Highsmith war vom abschlägigen Bescheid enttäuscht, aber nicht am Boden zerstört, und sie diskutierte mit ihrer neuen Freundin Lil Picard über ihre Figuren. Diese meinte, Tucker sei im Vergleich mit Bruno charakterlich ziemlich substanzlos. »Ich denke und denke – an meinen Onkel Herman und auch an Rolf«, schrieb Pat darauf in ihr Tagebuch, als sie versuchte, sich Tucker bildlich vorzustellen. »Ja, er wird eine dunklere, kleinere Version von Rolf T[ietgens].«[36] Sie begann, ihren Roman umzuschreiben und erkannte bald, dass die Lektorin mit ihrer Äußerung Recht hatte: »Sie ist im Begriff, ein größeres Buch zu schreiben, als sie vielleicht plante, und es wird ihren vollen Einsatz fordern.«[37]

Wie liebe ich meine Virginias!

(1945–1948)

Patricia Highsmiths lange intellektuelle Liebesaffäre mit Dostojewski begann im Alter von dreizehn Jahren. »In meiner Jugend war ich sehr beeindruckt von *Schuld und Sühne*«, schrieb sie einmal, »vom Thema des Buches, wie Raskolnikow sich zu rechtfertigen versucht und wie er dabei scheitert. Ich weiß, dass das moralisch eine große Wirkung auf mich hatte.«[1] Im Sommer 1945 kritzelte sie ein Zitat von Dostojewski auf den Innendeckel ihres dreizehnten Notizbuchs: »Oh, glaubt nicht an die Eintracht der Menschen!«[2] Sie bewunderte ihn, weil er sich vom konventionellen Naturalismus abwandte und die Technik des psychologischen Realismus einsetzte, und es steht außer Frage, dass der russische Autor des 19. Jahrhunderts, besonders sein Roman *Schuld und Sühne*, den sie im Mai 1947 wiederlas, einen großen Einfluss auf ihr Werk hatte. Nach der Lektüre schrieb sie in ihr Tagebuch, Dostojewski sei ihr »Meister«. Später äußerte sie, dass *Schuld und Sühne* als Kriminalroman gelesen werden könne, eine Ansicht, die auch Thomas Mann vertrat. In seiner Einführung zu einer Folge kürzerer Romane Dostojewskis, die in Amerika Anfang 1946 erschienen, schrieb er, das Buch sei »der größte Kriminalroman aller Zeiten«.[3]

Die Parallelen zwischen *Schuld und Sühne* – der Geschichte des verarmten Studenten Raskolnikow, der eine alte Pfandleiherin und ihre Schwester ermordet – und Patricia Highsmiths erstem veröffentlichten Roman *Zwei Fremde im Zug* sind auffallend. Wie Dostojewskis Antiheld beschäftigen sich auch die beiden Fremden im Zug, Bruno und Guy, in ihrer Fantasie mit den Morden, bevor sie zur Tat schreiten. In ihrer Vorstellung proben sie die Morde derart naturgetreu, dass sie fast die wirklichen Tötungsakte ersetzen könnten. Bei Dostojewski steigert sich Raskolnikow in einen Zustand der Hysterie hinein; kurz vor der Ausführung der Tat denkt er: »Wenn ich mich jetzt schon so fürchte, wie wird es erst dann sein, wenn es wirklich einmal *zur Tat selbst* kommen sollte!«[4] In einem ähnlich hektischen Zustand befindet sich Bruno, während er Guys Frau Miriam in dem surreal und karnevalistisch anmutenden Erlebnispark in Texas verfolgt und sich in Gedanken ausmalt, wie er sie töten könnte: ihren Kopf unter Wasser drücken, sie mit seinem Messer, seinem geliebten »sauberen Instrument«, erstechen, ihr die Hand vor den Mund halten, bis sie erstickt; doch schließlich entscheidet er sich, sie zu erdrosseln. Guy, der keinen Schlaf mehr findet und zerfressen wird von Schuldgefühlen, stellt sich vor, wie er Brunos Vater ermordet und Indizien hinterlässt, die zu dessen Sohn führen: »Nachts, wenn er nicht schlafen konnte, beging er wieder und wieder den Mord, und es beruhigte ihn wie ein Opiat.«[5] Natürlich verwandelt sich die Fantasie in typisch Highsmithscher Weise in Realität, und die Welt der Vernunft kippt.

Bei der Beschreibung Brunos klingt Dostojewskis Figur des reichen Gutsbesitzers Swidrigailow an: Der wohlhabende Psychopath aus Long Island ist ein »groß gewachsener blonder junger Mann« mit einem »blassen unentwickelten Gesicht«. Seine Haut ist »so weich wie die eines Mädchens, wachsklar«.[6] Das Gesicht des ebenfalls blonden Swidrigailow wird beschrieben als maskenhaft, mit zu heller Haut, zu hellem Bart, zu dichtem Haar, zu blauen Augen und zu starrem Blick. Raskolnikow fühlt sich von Swidrigailow abgestoßen, doch andererseits durch eine seltsame Mischung aus Liebe und Hass auch wieder zu ihm hingezogen. Sein Alter Ego hat eine verborgene Macht über ihn, was auch Guy Bruno gegenüber empfindet, der seine unbewussten Begierden symbolisiert. »Hatte er etwa nicht erkannt, dass Bruno war wie er? Warum sonst hatte er Bruno leiden können? Er liebte Bruno.«[7]

Guy ist wie Raskolnikow, der Student der Rechtswissenschaft, ein Mann, der die Ordnung repräsentiert, während Swidrigailow – wie Bruno – die Unordnung verkörpert. Beide Romane können als eine fiktionalisierte Debatte gelesen werden, in welcher der Kampf zwischen dem Bewussten und dem Unbewussten abgehandelt wird, der ewige Konflikt zwischen dem Apollinischen und Dionysischen.

»Ich habe meine eigene Idee von Kunst, und das ist sie: Was die meisten Menschen als fantastisch und nicht universell genug betrachten, halte ich für den eigentlichen Kern der Wahrheit«, schrieb Patricia Highsmith, eine Passage aus einem Brief Dostojewskis paraphrasierend, in ihr Notizbuch.[8] Raskolnikow ist keine Karikatur, kein Stereotyp, kein flaches Zeichen für einen einzigen Aspekt menschlichen Verhaltens, sondern ein Beispiel für die Widersprüchlichkeit jedes Menschen. »… im nächsten Augenblick war er schon ein anderer Mensch als im vorhergegangenen«, heißt es in *Schuld und Sühne* über Raskolnikow. »Was war denn mit ihm Besonderes geschehen, das ihn so verwandelt hatte?«[9] Patricia Highsmith, die immer von den zwei Naturen des Menschen fasziniert war, erörtert das gleiche Thema in *Zwei Fremde im Zug.* Guy ist der Prototyp eines Menschen, der den Gesetzen von Vernunft und Ordnung folgt, er liest Platon und Sir Thomas Brownes *Religio Medici*, und für ihn ist das Böse zunächst eine äußerliche Macht, etwas, was deutlich von ihm entfernt ist. Er weist Brunos Glauben an die Universalität des Verbrechens, die Möglichkeit, dass jeder von uns ein potenzieller Mörder ist, empört zurück; doch nachdem er Brunos Vater getötet hat, muss er die Wahrheit erkennen: »Und dennoch, dachte er nun, liegen Liebe und Hass, Gut und Böse im Herzen des Menschen eng beieinander.«[10] Wie Swidrigailow durch die Beziehung zu Raskolnikow existiert, so ist Bruno Guys »verworfenes Ich«, das er »zu hassen vermeinte und in Wahrheit möglicherweise liebte«.[11]

In *Schuld und Sühne* wird Dostojewskis Antirationalismus von

Rasumichin formuliert. Den Artikel, den Raskolnikow über die Beziehung zwischen Verbrechern und Gesellschaft geschrieben hat, kommentiert er mit den Worten, dass die lebendige Seele nicht den Gesetzen der Logik folge. Die Motive des Handelns sind alles andere als durchsichtig; getrieben wird der Mensch oft von den widersprüchlichsten Impulsen. Beide Schriftsteller versorgen den Leser nicht mit einem deutlich abgegrenzten und definierten Charakter; das Bewusstsein ihrer Protagonisten kann durch dichterische Mittel zwar sichtbar gemacht, doch nicht erklärt werden. In einem ihrer Notizbücher exzerpierte Patricia Highsmith einen erhellenden Absatz aus Dostojewskis Roman *Der Idiot* zu diesem Thema: »Vergessen wir nicht, dass die Motive des menschlichen Handelns gewöhnlich unendlich komplexer und vielfältiger sind, als wir es mit unseren nachträglichen Erklärungen zu begreifen vermögen, und selten mit Gewissheit bestimmt werden können. Es ist manchmal viel besser für einen Schriftsteller, sich mit einer einfachen Erzählung dessen, was sich ereignet hat, zu begnügen.«[12] Das ist die exakte Beschreibung von Patricia Highsmiths literarischer Vorgehensweise und zudem ein weiser Ratschlag für jeden Biografen.

Dem Beispiel des russischen Schriftstellers folgend, erkundete Patricia Highsmith diese Widersprüche und Zwiespältigkeiten, diese Paradoxe des menschlichen Bewusstseins mit Raffinesse und Geschick. In *Zwei Fremde im Zug* gibt es unendlich viele Beispiele für ihre Kunst. Etwa Brunos Erzählung von seinem Einbruch in ein Apartment in Astoria – aus purem Nervenkitzel nahm er ein Tischfeuerzeug und eine Statue aus farbigem Glas mit. »Ich habe extra lauter Sachen genommen, die ich nicht haben wollte«, sagt er.[13] Am Ende des Romans wendet sich Guy, nachdem er Owen alles gebeichtet hat, an Gerard, den Detektiv, der seine Worte mitgehört hat, und sagt »etwas ganz anderes, als was er hatte sagen wollen«.[14] Dieser Satz spielt auf eine Szene in *Schuld und Sühne* an, in der Raskolnikow das Bedürfnis verspürt, Sonja Marmeladowa alles zu gestehen, und dann erkennen muss, dass sein Geständnis sich unter der Hand in etwas ihm Fremdes verwandelt.

Patricia Highsmiths Werk entzieht sich jeglicher Kategorisierung, doch wenn man unbedingt auf einem Interpretationsmodell bestünde, käme man mit der Tradition des fantastischen Realismus, in der auch Dostojewski verwurzelt war, vielleicht am weitesten. Zwischen beiden Autoren gibt es viele Parallelen; und beide wurden stark vom Werk Edgar Allan Poes beeinflusst. In einem Essay, den Dostojewski 1861 schrieb, verdeutlicht er die Beziehung zwischen Fantastik und Realismus bei Poe: »Doch in den Erzählungen Poes sieht man alle Einzelheiten der vorgestellten Sache oder des Ereignisses mit solcher Deutlichkeit, dass man am Ende von der Möglichkeit ihres tatsächlichen Bestehens, ihrer Realität, vollkommen überzeugt ist, obgleich diese Dinge fast völlig unmöglich sind oder in dieser Welt nie geschehen sein können.«[15] In einem Brief an einen angehenden Schriftsteller vom Juni 1880 ging er noch weiter. »Das Fantastische muss so dicht am Realen sein, dass man fast daran glauben muss …«[16]

Patricia Highsmith verankert ihre Romane und Erzählungen in der Realität, indem sie eine Menge mehr oder weniger reizloser Details aufführt – Kleider, körperliche Eigenheiten, Essen und Wein, Häuser und Zimmer, die genauen Einzelheiten des Lebens, die den Leser übergangslos in die Welt des Unheimlichen entführen. Jean-Paul Sartre hat in einem Essay über das Fantastische diese Technik einmal als semiotischen Exzess beschrieben – solche Details wirken wie Schilder, die am Straßenrand stehen und nichts bedeuten. Es ist eine Technik, die der Beschreibung und Kritik der modernen Welt angemessen ist.

Tzvetan Todorov zeigt in seinem einflussreichen Buch über das Fantastische in der Literatur, dass die modernen Detektivgeschichten die Gespenstergeschichten der Vergangenheit ersetzt haben. Viele von Todorovs Definitionen des Fantastischen können auf Patricia Highsmiths literarische Produktion angewandt werden. Alle Werke der fantastischen Literatur, schreibt er, zeichnen sich durch bestimmte Merkmale aus: die gespaltene Identität, den Zusammenbruch der Abgrenzung zwischen dem Individuum und seiner Umgebung und das allmähliche Zusammenfallen von äußerer Realität und innerem Bewusstsein. Diese Eigenschaften »beinhalten die wesentlichen Elemente der fantastischen Themen«.[17] Der Literaturwissenschaftler Michail Bachtin beschreibt Dostojewskis Figuren wie folgt: »Bei Dostojewski stehen die Teilnehmer des Spiels auf der Schwelle (der Schwelle zwischen Leben und Tod, Wahrheit und Falschheit, Gesundheit und Wahnsinn) … es sind ›die Leichen des Heute‹, die weder sterben noch hoffen können, wiedergeboren zu werden.«[18] Auch für Patricia Highsmiths Figuren gilt dies. Sie zwingt den Leser, die Perspektive ihrer Helden einzunehmen, deren Aufgabe darin besteht, uns wie Charon über das dunkle Wasser des Acheron zur finsteren Welt des Hades zu führen.

Auch in persönlicher Hinsicht lassen sich Parallelen zwischen Patricia Highsmith und Dostojewski ziehen. Wie er erkannte sie, dass sie gewissermaßen in das Leiden verliebt war und sich zuweilen Situationen aussetzte, die zwangsläufig seelische Verletzungen nach sich zogen. Beim Lesen einer Biografie Dostojewskis notierte sie 1959, dass auch sie oft den Wunsch hatte, gedemütigt zu werden, »herabgewürdigt, verflucht, bespuckt« wegen ihrer »zartesten Gefühle«.[19] Ihr Interesse für Dualität und Zwiespältigkeit führte sie auf ihre Kindheit zurück; die ihr eigene Verquickung von Liebe und Hass wurzelte in ihrer Beziehung zu ihren Eltern. Doch gleichzeitig war ihr bewusst, dass diese dunkle, von Gespenstern bewohnte innere Landschaft ein fruchtbarer Boden für ihre Dichtung war. »Daraus werde ich schaffen, entdecken, erfinden, beweisen und enthüllen«, schrieb sie an anderer Stelle.[20]

Aus ihrer nächsten Umgebung, besonders aus ihrem Familienkreis, verlautete jedoch oft, dass sie eine verdrehte Sicht der Wirklichkeit habe. Im April 1947 gab sie in ihrem Notizbuch ein Gespräch mit ihrer Mutter wieder, das vermutlich tatsächlich stattgefunden hatte und in dessen Verlauf Mary ihr vorwarf, dass sie der wirklichen Welt nicht ins Gesicht sehe. Patricia Highsmith antwortete, dass sie tatsächlich die Welt »von der Seite her« ansehe, »aber da die Welt die Realität von der Seite her ansieht, ist seitwärts die einzige Art, die Welt wahrhaft zu betrachten«.[21] Das Problem sei, dass ihre psychische Optik anders sei als die ihrer Umgebung. Ihre Mutter antwortete, dass sie sich dann ebenso gut eine neue Brille besorgen könne. Aber das überzeugte Pat nicht. »Dann brauche ich auch eine neue Geburt«, schlussfolgerte sie.[22]

Im November 1946 hatte sich Stanley Highsmith endlich zu der Entscheidung durchgerungen, seine Stieftochter zu adoptieren. Es gab einen offiziellen Gerichtstermin in Westchester County, New York, der Patricia Highsmith zufolge zur Beantragung eines Passes diente. Sie musste unter Eid aussagen, dass sie seit der Heirat ihrer Mutter im Jahr 1924 mit Stanley unter einem Dach gelebt hatte. In dieser Zeit habe sie »mit töchterlicher Liebe zu ihm aufgeblickt und ihn respektiert«, und nun hege sie den Wunsch, »dass auch das Gesetz ihn als ihren Stiefvater anerkenne«.[23] Sie fügte hinzu, dass sie seit langem beruflich und gesellschaftlich den Namen Mary Patricia Highsmith, nicht Plangman, benutze und wünsche, dass dies nun auch ihr gesetzlicher Name werde. Besonders schwer fiel es ihr allerdings zu sagen, dass sie in den letzten einundzwanzig Jahren »in Frieden und Eintracht« mit ihrer Familie zusammengelebt habe.[24]

Zwischen der ersten Idee zu *Zwei Fremde im Zug* und dem Entwurf der Handlung beziehungsweise der darauf folgenden Niederschrift begann Patricia Highsmith an einem weiteren Buch zu arbeiten, das sie *The Dove Descending* nannte. Sie fing im Sommer 1946 damit an und entlehnte den Titel, der auf religiöse Erlösung deutet, einem Vers von T. S. Eliots Gedicht »Little Gidding« aus den *Vier Quartetten.* Das unvollendete Manuskript umfasst nur siebenundsiebzig Seiten bzw. acht Kapitel, doch in ihren Notizbüchern entwarf sie die Geschichte bis zum Schluss. Der Roman wird in der ersten Person erzählt – eine für Patricia Highsmith unvertraute Erzählform – und handelt von einem jungen unterdrückten Mädchen, das von seiner Tante aufgezogen wird. Der Vater des Mädchens, ein Architekt, ist an Tuberkulose gestorben, die Mutter bei einem Autounfall ums Leben gekommen. Das Mädchen, das im Entwurf Leonora, im späteren Manuskript Marcia heißt, ist der Autorin in vielerlei Hinsicht ähnlich: Sie hat dunkle Augen und ein schmales Gesicht und besucht die Briarley Academy, ein reines Frauen-College, wo sie Englisch studiert.

Im Entwurf ist das Mädchen hin- und hergerissen zwischen einem Verehrer aus der Kindheit, Martin, einem freundlichen, doch konventionellen Mann, und dem Alkoholiker Carl, der als Bildhauer in Mexiko ein ungebundenes, wildes Leben führt. Mit ihrer Tante reist Marcia nach Mexiko, wo sie bald mit Carl durchbrennt. Doch in Acapulco gibt es einen schrecklichen Sturm, und Carl ertrinkt. Er ist aber nicht umsonst gestorben, denn mit seinem Tod konfrontiert, erlebt das Mädchen einen gefühlsmäßigen Neuanfang. Sie entscheidet sich gegen die Sicherheit, die Martin ihr bietet, und wendet sich einem dritten Mann zu, Cappie, dessen Temperament sie anzieht. Die Handlung ist etwas gewollt, und obwohl Patricia Highsmith die acht Seiten, die sie pro Tag auf ihrer Schreibmaschine tippte, gut genug fand für eine erste Fassung, blieb sie insgesamt unzufrieden und verglich ihre Gefühle mit denen eines Liebhabers, der es nicht geschafft hat, seiner Geliebten zu gefallen.

Wenn die schöpferischen und verändernden Kräfte der Liebe wirklich so groß sind, wie Patricia Highsmith oft geschrieben hat, kann der Einfluss von Virginia Kent Catherwood als Muse im Leben der Schriftstellerin nicht hoch genug eingeschätzt werden. Diese Frau, die sie ab Juni 1946 regelmäßig traf (sie hatte sie schon im November 1944 bei einer Party in der Wohnung von Rosalind Constable kennen gelernt), kam – im Gegensatz zu Patricia Highsmith – aus einem sehr angesehenen Haus. Sie wurde 1915 als Tochter von Atwater Kent, einem wohlhabenden Erfinder und Radiohersteller aus Philadelphia, geboren. Nach dem Schulabschluss studierte Virginia Tucker Kent Bildhauerei in Paris und wurde 1933 König Georg V. und Königin Mary von England vorgestellt. Ihr Debütantinnenball

Ende Dezember 1933 war das verschwenderischste Fest, das es in Philadelphia seit der Weltwirtschaftskrise gegeben hatte. Atwater Kent ließ ein sechzigköpfiges Orchester im vornehmen Bellevue-Stratford-Hotel aufspielen; die Musiker allein kosteten ihn zwischen fünf- und zehntausend Dollar. »Seit Jahren hat niemand mehr die Kühnheit besessen, ein solch kolossales Orchester für ein privates Fest zu engagieren«, lautete der Kommentar eines Lokalreporters.[25]

Die Klatschspalten der Zeitungen beschäftigten sich gern mit Virginia; im Januar 1935 brachte man sie mit Franklyn Roosevelt jr. in Verbindung, doch im April desselben Jahres heiratete sie den vermögenden Bankier Cummins Catherwood. Am Tag ihrer Hochzeit in der Erlöserkirche von Bryn Mawr in Pennsylvania trug Virginia »ein Kleid aus schimmerndem weißem Satin mit hochgezogener Taille und eng anliegenden Ärmeln. Der Schleier über ihrem Gesicht war an einer knappen Kappe aus Tüll befestigt, und zwischen zwei Sträußchen aus Orangenblüten zu beiden Seiten des Kopfes verlief ein schmales glänzendes Stirnband. Üppige Bahnen aus Tüll bauschten sich über der fünf Meter langen Schleppe. Zierliche weiße Satin-Pumps vervollständigten das Bild. Der Brautstrauß bestand aus weißen Orchideen und Maiglöckchen.«[26] Das war die begeisterte Beschreibung in der Zeitung.

Nach der Rückkehr aus den Flitterwochen mietete das Paar einen Landsitz in Bryn Mawr, der damals auf zweihunderttausend Dollar geschätzt wurde. Es gab zwanzig Zimmer, ein Cottage für den Gärtner, Garagen für vier Autos und einen Swimming-Pool. Die Idylle hatte jedoch nicht lange Bestand: Schon am 4. April 1941 wurde in Blaine County, Idaho, die Scheidung vollzogen. Die Umstände sind bis heute nicht genau bekannt, doch Ann Clark zufolge, die in den späten vierziger Jahren mit Patricia Highsmith liiert war, trennte sich das Paar, nachdem Cummins Catherwood entdeckt hatte, dass seine Frau lesbisch war.

»Pat erzählte mir die Geschichte nur einmal, aber offenbar verlor Virginia das Sorgerecht für ihr Kind, weil jemand eine Tonbandaufzeichnung in einem Hotelzimmer gemacht hatte, die bewies, dass sie eine lesbische Affäre gehabt hatte. Sie wurde dem Gericht vorgespielt. Natürlich findet sich etwas von dieser Geschichte in *Carol*.«[27]

Patricia Highsmith wusste um diese Ähnlichkeit. »Ich mache mir Sorgen, weil Ginnie Carols Fall zu sehr auf sich beziehen könnte«, schrieb sie 1950 in ihr Tagebuch, »obwohl Ann eine andere Frau kennt, die sich in der gleichen Lage befindet.«[28] Später schrieb sie, dass Virginia in der Landschaft ihrer Fantasie eine zentrale Stellung einnehme und sie sich in ihrem Werk mehrmals ihrer bedient habe. »Wo ist Ginnie, ohne die *Carol* nie geschrieben worden wäre?«, schrieb sie 1966 in ihr Tagebuch, zwei Monate bevor Virginia mit einundfünfzig Jahren starb. »Wie liebe ich meine Virginias! Sie ist die ›Lotte‹ in *Das Zittern des Fälschers*, die Frau, die mein Held immer lieben wird, mit seinem Körper und auch mit seiner Seele.«[29]

Zwei Wochen bevor sie sich mit Virginia einließ, dachte Patricia Highsmith im Tagebuch über die Wichtigkeit einer Geliebten in ihrem Leben nach, einer Frau, die in der Lage wäre, ihr alle Wunder dieser Welt zu erklären. Ohne die Gegenwart einer solchen Person, schrieb sie, sei sie bloß ein Schatten. Liebe wirke wie ein Schmiermittel in einem Motor, wie ein Katalysator, der neue Reaktionen auslöse. Bestimmt verlieh ihr die reiche, glamouröse Dame der Gesellschaft genau das Gefühl von »Einssein« und »Zeitlosigkeit«, das sie brauchte, um ihre schöpferische Fantasie zu entfalten.[30] Sie war »die andere Hälfte des Universums«, und »gemeinsam bilden wir ein Ganzes«.[31] Sie verglich sich selbst und Virginia mit den negativen und positiven Komponenten eines Atoms, Hälften, die allein für sich nicht existieren konnten. Dieses Verlangen, sich eine klar umrissene Doppelgängergestalt zu suchen, erweist sich als wichtiges Thema in ihrem Werk.

Doch gerade als sie das neue Glück mit Virginia zu kosten begann, erfuhr sie im September 1946, dass ihre frühere Geliebte, die Malerin Allela Cornell, versucht hatte, durch Trinken von Salpetersäure ihrem Leben ein Ende zu setzen. Sie war nicht gleich tot. Von Schmerzen gequält, lag sie noch zwei Wochen bei vollem Bewusstsein im Krankenhaus. Tragischerweise kam sie in dieser Zeit zu der Erkenntnis, dass sie doch nicht sterben wollte. Sie sprach über das, was sie tun wollte, wenn sie wieder gesund würde, und sagte einem der Ärzte: »Ich möchte, dass Sie mir Modell sitzen, dann brauche ich nie mehr nach einem Modell zu suchen.« Sie glaubte, dass sie in einem Monat aus dem Krankenhaus entlassen werden würde, was den behandelnden Arzt zu Tränen rührte, doch dann, am 4. Oktober, fiel sie ins Koma und starb.

Offenbar hatte der Selbstmord Allelas nichts mit Patricia Highsmith zu tun. »Allela war einsam«, sagt Maggie Eversol, eine ihrer Freundinnen.[32] »Pat spielte bei ihrem Entschluss keine Rolle.«[33] David Diamond sagt: »Allela hatte sich mit einer anderen Frau eingelassen, die sie sehr schlecht behandelte. Sie kam von einer niederschmetternden Reise nach Alabama zurück, die sie mit dieser Frau gemacht hatte. Allela liebte sie, aber es war ganz klar, dass diese Frau ihre Gefühle nicht erwiderte, und ein paar Wochen später trank sie eine ganze Flasche Salpetersäure.«[34]

Doch Patricia Highsmith schrieb sich selbst ein gewisses Maß an Schuld zu. Sie fragte sich, warum Allela sie überhaupt geliebt habe, wo doch abzusehen gewesen sei, sie würde sie um den Verstand bringen. Sie nannte sich selbst ein »böses Ding«[35], las Allelas Liebesbriefe wieder und hatte ein schlechtes Gewissen, wenn sie daran dachte, wie sie in der Zeit, die sie gemeinsam verbracht hatten, mit ihr umgegangen war. Im Vergleich zu der engelsgleichen Allela seien sie und der Rest der Menschen nur Unkraut, der sich vom Abfall der Erde nähre, schrieb sie.

Während sie um Allela Cornell trauerte, wurde ihr zudem bewusst, dass die Gefahr bestand, dass der Tod ihr Virginia Kent Catherwood infolge ihrer Alkoholsucht entreißen könnte. Die Anregung zu der Szene, in der Bruno in *Zwei Fremde im Zug* seine durch den exzessiven Alkoholkonsum verursachte schreckliche Lähmung erleidet, die seine Nerven angreift, erhielt Patricia Highsmith offensichtlich, als sie Virginias Zusammenbruch im Mai 1947 miterlebte, bei dem ihre Geliebte ihre Stimme und das Gefühl in ihren Fingern verlor. Im Roman wird das folgendermaßen geschildert:

> Er rang nach Luft. Er konnte nicht sprechen, seine Zunge war wie gelähmt. Es hatte seine Stimmbänder erwischt! … Mit Händen, die ihm nicht gehorchten, deutete er auf seinen Mund. Er lief zum nächsten Spiegel. Sein Gesicht war weiß und um den Mund herum flach, als hätte man ein Brett dagegen gedrückt, mit bizarr gebleckten Zähnen. Und erst seine Hände! Nie wieder würde er ein Glas in die Hand nehmen, eine Zigarette anzünden oder Auto fahren können. Nicht einmal auf die Toilette würde er allein gehen können![36]

Im Sommer 1947, nach nur einem gemeinsamen Jahr, war ihre Beziehung so zerrüttet, dass Virginia bei ihren Streitereien mit Fäusten auf Pat losging. Virginia hatte sich in eine neue Affäre mit einer Fotografin, Sheila, gestürzt, was Patricia Highsmith nicht tolerieren konnte; im Juli entdeckte sie eines Abends ihre Freundin mit der neuen Liebhaberin nackt im Bett. Eine Zeit lang versuchte sie, Virginia von Sheila abzubringen; als das misslang, begann sie sich vorzustellen, wie sie ihre Rivalin umbrachte. Sie schrieb ein Gedicht mit dem Titel »Heute Abend will ich morden«[37] in ihr Notizbuch. Der Gedanke an die Beziehung zwischen Virginia und Sheila war ihr unerträglich, und die brodelnde Mischung aus Liebe, Hass, Eifersucht, Wut und Frustration führte zu einer langen Periode chronischer Schlaflosigkeit.

Am 23. Oktober setzte sie sich um vier Uhr morgens in ihrem Bett auf, nahm ihr Notizbuch und beschrieb ihre Qual: »Nachts, allein, wach nach kurzem Schlaf, bin ich wahnsinnig … Ich bin ohne Besonnenheit, Urteil, moralische Kriterien. Es gibt nichts, was ich nicht tun würde, Mord, Zerstörung, abartige sexuelle Praktiken. Allerdings würde ich auch meine Bibel lesen.«[38] In den nächsten Monaten beschwor sie Virginia immer wieder in ihrer Fantasie herauf; sie verehrte ihr Bild genauso, wie sie den wirklichen Körper geliebt hatte. Sie wusste, dass es ihr nicht gelingen würde, sie je zu vergessen, eben weil »ich sie so wenig kenne, meine Vorstellung von ihr ist absolut, unveränderlich«.[39] Doch der Zusammenbruch ihrer Beziehung im Herbst zwang sie, ihren eigenen geistigen Zustand infrage zu stellen, und im November beschrieb sie ihre Sorgen: »Ich bin beunruhigt, weil ich das Gefühl habe, mehrere Leute zu sein ... Sollte mich nicht wundern, wenn ich im mittleren Alter gefährlich schizophren würde.«[40]

Im Januar 1948 überflog sie das Manuskript des noch titellosen Buches (*Zwei Fremde im Zug*) und erkannte, dass die siebzig Seiten, die sie nach der Trennung von Virginia geschrieben hatte, schwach waren und eine gründliche Überarbeitung erforderten. »Es ist, als hätte ich ein gebrochenes Bein gehabt, als ich das schrieb«, bemerkte sie.[41]

Ohne Frauen gebe es »keine Stille, kein Ausruhen, keine Schönheit im Leben«.[42] Sie brauchte sie, um zu arbeiten, um zu existieren. Doch der Gedanke, dass eine Beziehung das Leben eines Menschen verbesserte, sei falsch, schrieb sie und führte dann die Tatsache an, dass der Liebesakt bei Insekten oft mit schweren Verstümmelungen, wenn nicht sogar mit dem Tod ende.

Am Barnard College studierte Patricia Highsmith ein Jahr lang Zoologie; ihr Leben lang fühlte sie sich zu Tieren hingezogen, besonders zu Katzen und Schnecken, die sie gern in ihrem Haus hielt. Ihre Faszination für die Gastropoden beschrieb sie in einem imaginären Interview, das sie mit sich selbst führte: »Wie sind Sie zu diesem seltsamen Zeitvertreib oder Hobby gekommen, Miss H.?« fragte sie. Ihr Gefühl für diese Geschöpfe habe sich zum ersten Mal 1946 gezeigt, antwortete sie dann, als sie an einem Fischmarkt in New York vorbeikam und zwei Schnecken mit dunkel cremefarbenem, braun gestreiftem Gehäuse erblickte, die sich in einer bizarren Umarmung befanden. Sie kaufte sie, setzte sie in ein Glasgefäß und beobachtete ihren Paarungsakt, den sie mit höchster, beinahe wissenschaftlicher Genauigkeit schilderte. In einem späteren Rundfunkinterview, bei dem sie nach ihren Schnecken gefragt wurde, erwiderte sie: »Sie vermitteln mir eine Art Seelenruhe.«[43]

Im Februar 1947 beschloss sie, eine Geschichte über diese Geschöpfe zu schreiben, eine Mischung von Wissenschaft und Fantasie, doch ihre Agentin beschied ihr, der Text sei »zu abstoßend, um einem Verlag vorgelegt zu werden«.[44] Nahezu ein Vierteljahrhundert später äußerte Graham Greene seine Bewunderung für »Der Schneckenforscher«, eine Erzählung, die mit dem Ekel erregenden Ende des Schneckenzüchters Peter Knoppert endet. »Mr. Knoppert hat die gleiche Beziehung zu seinen Schnecken wie Patricia Highsmith zu ihren Gestalten«, schrieb Greene.[45]

In ihrem Werk erforschte Patricia Highsmith auf philosophische Weise die fundamentale Dualität des Menschen, aber auf persönlicher Ebene stellt man fest, dass sie sich immer hin- und hergerissen fühlte zwischen den Bestrebungen des Geistes und der Triebhaftigkeit des Körpers. Ihr Intellekt drückt sich in ihrer Neigung zum fast mönchisch zurückgezogenen Leben aus, während sie ihren Instinkten den Hang zur Promiskuität verdankte, zumindest im Sommer und Winter des Jahres 1947, als sie das starke Bedürfnis verspürte, sich mit gleichgesinnten Künstlern und Künstlerinnen, Schriftstellern und Intellektuellen, einer kleinen Boheme, zu umgeben. Nach ihrer Tagesarbeit – sie schrieb Comics, Kurzgeschichten und den Roman – stürzte sie sich in das brodelnde gesellschaftliche Leben des Nachkriegs-Manhattan.

Jane Bowles hatte sie schon Ende 1944 nach ihrer Rückkehr aus Taxco kennen gelernt, doch drei Jahre später, als sich Pat im Sommer von Virginia Kent Catherwood trennte, trafen sich die beiden Schriftstellerinnen häufiger. Patricia Highsmith spricht in ihren Tagebüchern von einem kurzen Flirt – sie planten sogar eine gemeinsame Reise nach Afrika –, doch es kam dann doch nicht zu einer festen Liebesbeziehung. Als Jane Bowles' Biografin Millicent Dillon sie interviewte, erwähnte sie nichts davon und sagte nur, dass sie einmal an einer Party in der Wohnung der Bowles in der 10. Straße West in Greenwich Village teilgenommen habe, bei der etliche Prominente wie John Gielgud, Jerome Robbins und Oliver Smith zugegen waren, »jeder berühmt, außer mir, so empfand ich es!«.[46] Eine weitere Party wurde, wie sie in ihrem Tagebuch schrieb, zu Ehren von Simone de Beauvoir und Dorothy Parker gegeben, aber die Ehrengäste tauchten leider nicht auf. Patricia Highsmith erhielt an diesem Abend einen schriftstellerischen Rat von Jane Bowles: Sie solle nicht zu viel planen, sondern sich lieber von ihrer Fantasie beflügeln lassen und den Text später noch einmal überarbeiten.

In dieser Zeit lernte Patricia Highsmith auch Bowden Broadwater kennen, den dritten Ehemann von Mary McCarthy, der beim *New Yorker* arbeitete, ferner die Schauspielerin Stella Adler, den Komponisten Marc Blitzstein, den Autor und Redakteur Leo Lerman und die deutschstämmige Avantgardekünstlerin Lil Picard, später bekannt als »die Gertrude Stein der New Yorker Kunstszene« oder »die Urmutter der Hippies«. Lil unterstützte sie während der traumatischen Zeit der Trennung von Virginia; die beiden Frauen besuchten zusammen Zeichenkurse und viele Ausstellungen, unter anderem im Metropolitan Museum Gobelins der Schule von Cluny, Werke von Rufino Tamayo und Salvador Dalí.

»Pat war eine unermüdliche Museen- und Galerienbesucherin, und sie verließ selten das Haus ohne einen kleinen Spiralblock, den sie voll zeichnete, wenn sie gerade Lust hatte oder irgendetwas Schönes festhalten wollte«, erinnert sich Kate Kingsley. »Sie glaubte, dass Zeichnen, Malen und Musik wertvolle Tätigkeiten waren, wenn nicht die wertvollsten überhaupt, die ein Mensch verrichten konnte.«[47]

Fünf Jahre nachdem sie das College verlassen hatte, war Patricia Highsmiths Wissensdurst hinsichtlich klassischer und zeitgenössischer Kultur noch immer unstillbar. Ende 1947 und Anfang 1948 besuchte sie Aufführungen der Werke von Bach und Hindemith und ein Konzert von Edith Piaf. Im neuen Haus ihrer Eltern in Hastings-on-Hudson übte sie Klavier, und mit Freunden diskutierte sie über das Drama des Existenzialismus. Sie sah eine der ersten Aufführungen von Tennessee Williams' Stück *Endstation Sehnsucht*, die Verfilmung von Dostojewskis *Schuld und Sühne* und von Eugene O'Neills *Trauer muss Elektra tragen*, von dem sie sagte, es sei »der beste Film, den ich je in Amerika sah. Drei Stunden unerlöster Tragödie, man sieht das Leben, aber über Morde und Selbstmorde. So will ich mein Buch.«[48]

Manchmal war sie von dem endlosen Reigen der Film- und Theaterabende, Ausstellungseröffnungen und Cocktailpartys erschöpft. Doch bei einem solchen Anlass lernte sie im Februar 1948 den Schriftsteller Truman Capote kennen, der ihr später bei der Bewerbung um ein Stipendium in der Künstlerkolonie Yaddo im Bundesstaat New York behilflich war. Sie hatte seine Bücher bisher etwas hochnäsig beurteilt, hatte geglaubt, dass er es »glänzend verstand, seine Sätze voranzutreiben«[49], es jedoch nicht verstehe, seinen Figuren Tiefe zu verleihen, was sie als grundsätzliches Manko betrachtete. Doch als sie ihn kennen lernte, war sie sofort vernarrt in ihn. »Ich gehe gern mit dem kleinen Truman aus«, schrieb sie in ihr Tagebuch. »Er ist so aufmerksam und so berühmt!«[50] Auch seinen sorglosen, leichtherzigen Umgang mit seiner eigenen Homosexualität fand sie erfrischend. Er ergötzte sie mit der Anekdote, dass er mit vierzehn seinen Eltern gesagt hatte: »Alle sind an Mädchen interessiert, nur ich, T. C., interessiere mich für Jungen!«[51]

Zu dieser Zeit gehörte Capote bereits zu den Prominenten Manhattans. Am 1. März lud sie ihn in ihre Wohnung in der 56. Straße Ost ein. Sie wusste, dass eine Empfehlung von ihm das Auswahlkomitee von Yaddo beeindrucken würde. Er selbst war im Sommer 1946 dort gewesen, zur gleichen Zeit wie Carson McCullers. »Er stand mit den Leuten von Yaddo auf gutem Fuß«, erinnerte sich Patricia Highsmith später, »und er sagte: ›Ich helfe dir, dorthin zu kommen, wenn du mir die Wohnung untervermietest.‹ Das war unsere Vereinbarung. Capote hat [den Erzählungsband] *Baum der Nacht* in dieser Wohnung zu Ende geschrieben.«[52] Aber Patricia Highsmith erkannte auch, dass Capotes Einfluss auf die Dauer zerstörerisch wirken konnte. An einem Sonntag kurz nach ihrer ersten Begegnung rief er sie an und lud sie zum Tee ein. »Bei diesem Tee-Nachmittag waren wahrscheinlich Irving Berlin und Bernstein, tausend Leute«, erzählte sie später dem Journalisten Craig Brown, »aber ich sagte, dass ich sonntags zu arbeiten pflege. Ich arbeitete lieber. Man kann nicht beides tun.«[53]

Die Bewerbung für Yaddo schickte sie Anfang März ab. Ihr Roman war erst zu einem Drittel fertig, und sie empfand das dringende Bedürfnis nach einer »konzentrierten Periode der Stille«[54], die sie in Yaddo ausnutzen konnte. Sie legte einen Teil des Manuskripts der Bewerbung bei und beschrieb das Buch, das sie fertig schreiben wollte, als »im Wesentlichen psychologisch«; im Mittelpunkt stünden »zwei junge Männer, die sich gegenseitig zu einem Mord verpflichten«.[55] Als Arbeitsproben schickte sie ihre bereits veröffentlichten Kurzgeschichten, darunter »Die Heldin«. Sie verfügte über Referenzschreiben von Ethel Sturtevant, Rosalind Constable, ihrer Agentin Margot Johnson, die sie als »eine ernsthafte junge Schriftstellerin, die wir für sehr begabt halten«[56] einführte, Mary Louise Aswell, der Literaturredakteurin von *Harper's Bazaar*, und natürlich von Truman Capote.

Patricia Highsmiths Bewerbungstexte wurden als literarisch nicht besonders hochstehend beurteilt, doch es wurde auch eingeräumt, dass sie einer gewissen Kraft nicht entbehrten, und einer der Juroren sagte, sie seien viel besser geschrieben als die Erzählungen der Autoren der »höheren« Genres. »Sie *schreibt* besser als die meisten unserer Schriftsteller, nicht im allerhöchsten Sinn, selbstverständlich, sondern nur in dem, dass es bei ihr Bewegung gibt, Gewandtheit, Leichtigkeit und Freiheit«, urteilte der Juror, »und eine solche Schriftstellerin verdient ganz gewiss einen respektablen Platz in einer Zeit, in der selbst die besten Bücher, oder mindestens einige von ihnen, ungeschickt geschrieben sind … In jedem Fall stimme ich mit Ja – es sei denn, es gäbe zu viele Anfragen von wirklich außergewöhnlichen Menschen.«[57]

Zehn Tage später erhielt Patricia Highsmith einen positiven Bescheid über ihre Aufnahme in die Künstlerkolonie. Sie war begeistert. »So eine Erleichterung«, schrieb sie in ihr Tagebuch, »wie ein Soldat, dessen Leben für die nächsten zehn, zwölf Wochen organisiert ist!«[58] Ihre Großmutter Willie Mae war besonders beeindruckt und machte sich sogar die Mühe, all die Broschüren zu lesen, die von Yaddo geschickt wurden. »Wie weit gespannt sind ihre Interessen«, schrieb Pat über ihre Großmutter, »um wie viel *großartiger* ist dieser Mensch als alle seine Nachkommen.«[59]

Yaddo bot Patricia Highsmith die Gelegenheit, ein neues Leben zu beginnen, und so nahm sie sich vor ihrer Reise in den Norden Zeit, ihre Fehler der Vergangenheit zu analysieren. Sie erkannte, dass die Wahl ihrer Partnerinnen ihrer seelischen Gesundheit schadete, und um die eigenen Beweggründe besser zu verstehen, fertigte sie eine Tabelle mit ihren wichtigsten Geliebten an. Sie kennzeichnete sie durch ihre Initialen, ihr Alter, ihre körperlichen Eigenheiten, ihre Haut- und Haarfarbe, ihren Charaktertyp und hielt außerdem die Dauer der Beziehung und den Grund für deren Abbruch fest, dazu die Zeit, die sie nach dem Ende der Beziehung noch an sie dachte. Bei den Namen standen Kürzel, die in ausgeschriebener Form lauteten: »Ende wegen mangelnder Sympathie meinerseits«, »Ende wegen mangelnder Sympathie ihrerseits«, »Schlechtes Urteil von meiner Seite« und »sehr vorteilhaft«.

Diese Tabelle auf einem losen Blatt Papier zwischen den Seiten eines ihrer Notizbücher ist eine faszinierende Lektüre, nicht nur wegen der Informationen über die Frauen, die Patricia Highsmith liebte, sondern auch wegen ihrer Bedeutung im Hinblick auf die Schriftstellerin selbst. Eine solche Aufstellung, in der Liebesbeziehungen mit fast mathematischer Präzision analysiert werden, könnte eine gewisse Herzenskälte verraten, eine Mitleidlosigkeit, die ihrer romantischen Natur widerspricht. Doch noch eher wirkt diese Tabelle wie ein verzweifelter Versuch zu begreifen, warum sie nie eines dauerhaften Glücks teilhaftig wurde – eine Frage, die sie den Rest ihres Lebens beschäftigen sollte. Die sich anschließende

Selbstanalyse ist von schonungsloser Ehrlichkeit; unter Zuhilfenahme von Freudschen Kategorien klagt sie sich selbst an und schließt mit den Worten: »Es mangelt mir an Sympathie, ich bin unduldsam gegenüber dem, was mich anzieht, deshalb unbewusst masochistisch. Bin entschlossen, mich zu bessern und meinen Charakter radikal zu verändern.«[60]

Yaddo, Schatten und Licht

(1948)

Auf das Titelblatt eines Exemplars von *Zwei Fremde im Zug*, das Patricia Highsmith der Künstlerkolonie von Yaddo schenkte, schrieb sie: »Für Yaddo, in tiefster Dankbarkeit für den friedvollen Sommer, der mich dieses Buch hat schreiben lassen.«[1] Am Ende ihres Lebens zeigte sie noch einmal, wie hoch sie diese Institution schätzte, indem sie sie zur einzigen Nutznießerin ihres Nachlasses bestimmte und ihr nicht nur eine Summe von drei Millionen Dollar vermachte, sondern auch Erlöse aus zukünftigen Honoraren. Es war eine überaus noble Geste, wenn man bedenkt, dass sie nur zwei Monate in Yaddo verbracht hatte, und zwar fünfzig Jahre zuvor.

Am 10. Mai 1948 traf sie in Yaddo ein. Zweifellos sprachen die düstere Atmosphäre des Ortes und seine klösterliche Kargheit ihre zum Schaurigen neigende Fantasie an. Es hieß, Edgar Allan Poe habe einen Teil seines Gedichts »Der Rabe« auf dem Gelände geschrieben, wo später die Künstlerkolonie entstand, und ihre Geschichte liest sich wie die Handlung eines Sensationsromans aus dem 19. Jahrhundert. 1881 wurde das Grundstück von dem Wall-Street-Magnaten Spencer Trask und seiner Frau Katrina gekauft. Trasks Vater hatte sein Vermögen mit der Herstellung von Stiefeln für die Soldaten der Unionsarmee während des Sezessionskriegs verdient; der Sohn steckte sein Geld in verschiedene Unternehmungen, finanzierte unter anderem in den achtziger Jahren des 19. Jahrhunderts die sich neu etablierende *New York Times* sowie Thomas Edisons Projekte zur Elektrifizierung New Yorks. Später wurde er der erste Präsident der Edison-Elektrizitätsgesellschaft.

Spencer und Katrina Trask lebten in Brooklyn, doch nach dem Tod ihres fünfjährigen Sohnes Alan im Jahr 1880 kauften sie ein Sommerhaus in Saratoga Springs im Bundesstaat New York und entschlossen sich schließlich, ihren ständigen Wohnsitz dorthin zu verlegen. Bald nachdem sie die 1850 erbaute und von Kiefern umstandene heruntergekommene Villa bezogen hatten, beratschlagten sie im Familienkreis darüber, wie sie ihr neues Heim nennen sollten. Katrina fragte ihre Tochter Christina, welchen Namen sie am liebsten hätte. Die Familie trug immer noch Trauerkleidung, und Christina hatte oft gehört, dass gesagt wurde, ihr Leben sei von der Tragödie des Todes ihres Bruders überschattet. Das kleine Mädchen überlegte einen Moment sehr konzentriert und sagte dann: »Jetzt weiß ich es. Wir nennen es *Yaddo*, Mama, weil es so poetisch ist! *Yaddo, shadow – shadow, Yaddo!* Es klingt wie Schatten, aber es wird kein Schatten sein.«[2]

Christina hatte unbewusst ein altes englisches Wort ausgewählt, das »Schimmer« bedeutet. »Sie spürte, dass das Wort *shadow* zu uns gehörte«, erinnerte sich Katrina Trask, »und doch schrak sie unwillkürlich davor zurück. Ohne dass sie es wusste, war das Wort eine Prophezeiung für die kommenden Jahre, denn es bedeutete allmählich immer weniger ›Schatten‹, und nachdem das Leben hier zu strahlen anfing, immer mehr ›Licht‹.«[3]

Aber dann wurden die Trasks von weiteren Tragödien heimgesucht. Christina und ihr Bruder Spencer jr. starben 1888, nachdem sie sich bei ihrer Mutter mit Diphtherie angesteckt hatten. Katrina war gesagt worden, dass sie daran sterben werde, dass die Krankheit in diesem Stadium jedoch nicht mehr ansteckend sei, deshalb ließ sie die beiden Kinder kommen, um sich von ihnen zu verabschieden. Der fatale Irrtum der Ärzte hatte den Tod Christinas und Spencers jr. zur Folge, während die Mutter überlebte. Im Jahr darauf, 1889, kam das vierte Kind der Familie, Katrina, zur Welt, das zwölf Tage nach der Geburt starb. Dann brannte 1891 das Anwesen der Trasks nieder.

Doch das Ehepaar ließ sich von seinem unermesslichen Leid nicht überwältigen. Sie gaben ein neues Haus in Auftrag, das 1893 fertig gestellt wurde. Über dem Kamin befand sich ein Glasmosaik mit den stolzen Worten: *Flammis Invicta per Ignem Yaddo Resurgo ad Pacem* – »Die Flamme wird vom Feuer nicht besiegt, und Yaddo ersteht in Frieden«. 1899, bei einem Spaziergang im Kiefernwald, hatte Katrina eine Vision. Ihr Bericht davon ist zum Teil rührselig, doch man erkennt auch die edle Absicht. 1900 wurde Yaddo als Künstlerinstitution gegründet, und die ersten Künstler kamen 1926.

»Ich habe die Zukunft ganz klar vor Augen«, sagte Katrina zu ihrem Mann. Ihr Heim würde ein Zufluchtsort für Künstler und Schriftsteller werden. »In Yaddo werden sie das heilige Feuer finden und ihre Fackeln an der Flamme entzünden. Sieh nur, Spencer! Sie gehen im Wald spazieren, sie wandern im Garten herum, sie sitzen unter den Kiefern, Männer und Frauen, und sie schaffen unermüdlich ihre Werke!« [4]

Wenn man heute in Yaddo herumwandert, fühlt man sich zunächst verunsichert. Das Herrenhaus ist ein strenges, fast abweisendes Gebäude voller Möbel im viktorianischen Stil und sentimentaler Porträts der Trasks in vergoldeten Rahmen. Die Kiefern, die das Haus umgeben und vor neugierigen Blicken abschotten, werfen lange Schatten, und die vier Seen – jeder steht für eines der verstorbenen Trask-Kinder – schimmern im Sonnenlicht. Die hier kursierenden Gerüchte, dass die Kinder einst in diesen Gewässern ertranken, entbehren jeder Grundlage, doch wenn man das einsam gelegene knapp zweihundert Hektar große Gelände betrachtet, versteht man, dass solche und ähnliche Geschichten immer wieder aufkamen.

In den zwei Monaten, die sie hier verbrachte, wohnte Patricia Highsmith im Erdgeschoss des West-Hauses, eines turmbewehrten, märchenhaft anmutenden Gebäudes ein paar hundert Meter vom Haupthaus entfernt. Am ersten Tag wurde sie von der Verwalterin

Elizabeth Ames in Empfang genommen, die, laut Truman Capote, wie eine Figur aus einem modernen Schauerroman aussah und sich auch entsprechend benahm. »Sie war eine sonderbare, gruselige Frau, schweigsam und finster wie Mrs. Danvers in *Rebecca*«, sagte Capote. »Sie schlich immer überall herum und spionierte, beobachtete genau, wer arbeitete und wer nicht und was jedermann tat.«[5]

Elizabeth Ames behielt Patricia Highsmith fest im Blick und schätzte sie sehr zu Recht als »schwere Trinkerin«[6] ein. Morgens, bevor sie zu arbeiten anfing, brauchte die junge Schriftstellerin einen starken Drink, nicht um sich aufzuputschen, sondern um ihre Energie zu dämpfen, weil sie in Gefahr war, sich in einen manischen Gemütszustand hineinzusteigern. »Bis zum Ende meines Aufenthalts«, schrieb Chester Himes, der afroamerikanische Krimiautor, der sich zur gleichen Zeit in Yaddo aufhielt und das gegenüberliegende Zimmer bewohnte, »war ich jeden Tag betrunken.«[7] Zu den anderen Stipendiaten gehörten Patricia Highsmiths späterer Verlobter, der Schriftsteller Marc Brandel, außerdem Irene Orgel, Flannery O'Connor, Paul Moor, Vivien Koch Macleod, Stanley Levine, Gail Kubik, W. S. Graham, Clifford Wright, Harold Shapero und seine Frau Esther Geller Shapero: Männer und Frauen, die von Patricia Highsmith als gesellig und unprätentiös beschrieben wurden. In einem Brief an Ronald Blythe aus dem Jahr 1967 bezeichnete sie Flannery O'Connor als »sehr still, und sie blieb oft allein, während andere von uns furchtbar kontaktfreudig und unschriftstellerisch waren. Damals saß ich zwischen diesen beiden Stühlen.«[8]

In einem Brief an Kate Kingsley schrieb sie, dass viele Stipendiaten, nachdem sie tagsüber in ihren Zimmern eingeschlossen gewesen seien, »mit der Energie von Lachsen zur Paarungszeit« die drei Kilometer nach Saratoga Springs liefen, um sich mit Bier einzudecken; es werde so exzessiv getrunken, dass manche Leute zwei Tage lang verkatert seien.[9] An ihrem zehnten Tag in Yaddo suchte eine Gruppe von Stipendiaten eine lokale Bar auf, wo Patricia Highsmith fünf oder sechs Martinis und zwei Manhattans trank und beinahe das Bewusstsein verlor. »Es galt, sich zu mischen, um Spaß zu haben«, schrieb sie. »Marc war bald hinüber und lag mit seinem Rotschopf in seiner Karottensuppe.«[10]

Dennoch lebte Patricia Highsmith äußerst diszipliniert, frühstückte um acht Uhr morgens (sonntags eine halbe Stunde später), nahm sich ein Lunchpaket mit aufs Zimmer und arbeitete bis in den späten Nachmittag hinein. Morgens las sie oft in der Bibel. Dieser feste Tagesrhythmus entsprach vollkommen ihren Bedürfnissen. »Man arbeitet dreißig Prozent besser unter solchen Bedingungen«, sagte sie später.[11] Vergleicht man den Roman mit einem Kind, das sie in sich trug, so war Yaddo die »unübertreffliche Klinik«[12], der beste Platz, um es zur Welt zu bringen.

Acht Tage nach ihrer Ankunft las sie einen Zeitschriftenartikel über Albert Einstein. Es erfüllte sie mit Befriedigung zu erfahren, dass seine Forschungen ihre eigenen Gedanken über die Dualität bestätigten. Die Bemerkungen in ihrem Tagebuch erinnern an das achtundzwanzigste Kapitel von *Zwei Fremde im Zug*, als Guy nach seinem Mord über den Menschen und das Universum nachdenkt: »Die Dualität kennzeichnete alles in der Natur bis hin zum kleinsten Proton und Elektron im Atom … Wer weiß, ob nicht am Ende der Teufel und der liebe Gott Hand in Hand um jedes Elektron herumtanzten!«[13] Sie war sich der philosophischen Themen bewusst, die ihrem Roman zugrunde lagen, doch sie ließ nicht zu, dass sie den raschen Fluss des Erzählens und den Spannungsbogen unterbrachen. Einmal fragte sie einen Mitstipendiaten in Yaddo, den Maler Clifford Wright, ob er wisse, wie man eine Pistole hält[14] – leider wusste er es nicht; und sie verfolgte den Fall des vierundzwanzigjährigen Mörders Robert Murl Daniels mit dem kindlichen Gesicht, dessen Zeitungsfoto sie neben der Schlagzeile MÖRDER GESCHNAPPT in ihr Tagebuch klebte. Darunter schrieb sie »Bruno«, den Namen ihres psychopathischen Mörders. »Bevor ich *Zwei Fremde im Zug* schrieb«, sagte sie einmal, »fand ich das Foto dieses netten Jungen … Er hatte Gott weiß wie viele Leute getötet, zwei, drei, vier, und er machte Witze und lachte ständig mit der Polizei, das beeindruckte mich.«[15]

Am 17. Juni hatte sie eine weitere Fassung des Buches fast fertig. Sie konnte nicht mehr klar über die Struktur nachdenken und hatte das Gefühl, »wie eine Blinde«[16] zu schreiben. Sie fühlte sich schwach und erschöpft, doch nachts hatte sie so viel Energie, dass sie nicht schlafen konnte. Sie hatte zu hektisch geschrieben, und das erste Kapitel und der Ton des Ganzen stellten sie noch nicht zufrieden. »Ich muss noch viel entspannter an das Buch herangehen«, schrieb sie, »es muss mit Besonnenheit und anhand neu erworbener Kenntnisse noch einmal überprüft werden.«[17] Der schöpferische Prozess, das Schreiben mit Höchstgeschwindigkeit, zeitigte Folgen, und oft fühlte sie sich nach einem Tag am Schreibtisch wie »eine Sprungfeder«[18]; es gab kein Ventil für ihre sexuellen und emotionalen Sehnsüchte. Unter Missachtung der Vorschriften traf sie sich in Saratoga Springs mit einer Freundin, mit der sie dann nach Glen Falls und Hastings reiste. Die zwei Nächte, die sie zusammen verbrachten, waren, wie sie sagte, voller Seligkeit; das Mädchen empfand sie wie ein Blatt, das aus Indien oder vom Pazifik zu ihr geflogen gekommen war, und noch lange nach ihrer Abreise spürte sie die Gegenwart der Geliebten. »Ich kann fühlen, dass unsere Lippen noch vereint sind«, schrieb sie. »Es erschreckt und entzückt mich, und es macht mich wahnsinnig, weil J. nicht bei mir ist.«[19]

Andererseits kam sie Marc Brandel näher, dem neunundzwanzigjährigen Sohn des englischen Romanciers John Davys Beresford, dessen wirklicher Name Marcus Beresford lautete. Er wurde am 28. März 1919 in London geboren, studierte am St Catharine's College in Cambridge und am Westminster College und publizierte 1945 seinen erfolgreichen ersten Roman, *Rain Before Seven*, dem 1947 *The Rod and the Staff* folgte. Ein amerikanischer Kritiker bezeichnete dieses Buch als ein »erstklassiges Werk« und Brandel als »einen Autor, der etwas zu sagen hat«.[20]

Am 26. Juni gingen Pat und Marc zusammen zum See hinunter und sprachen über Homosexualität. Sie fand seine Haltung sehr tolerant und ermutigend – sie hatte mehr Selbstvertrauen, wenn sie mit ihm zusammen war –, und obwohl sie ganz offen über ihre eigenen Neigungen sprach, ließ er sich nicht davon abhalten, ihr einen Heiratsantrag zu machen, den er noch dreimal wiederholte. Marc verließ Yaddo am 28. Juni, aber in der folgenden Woche schrieb er ihr und erklärte ihr noch einmal seine Liebe. Er schlug auch eine gemeinsame Reise vor. »Er hält mich für sehr weiblich«, schrieb sie, »und er sagt, ich gefalle ihm besser, wenn ich ein wenig lesbisch bin, weil das die Sonderbarkeiten seines Temperaments ausgleichen würde.«[21]

Als sie im Juli nach New York zurückkehrte, traf sie sich weiterhin mit ihm. Er hatte schon Bücher veröffentlicht, deshalb legte sie Wert auf seine Meinung über ihre Schreibkunst, und sie war hocherfreut, als er ihr gegen Ende August sagte, dass die 235 Seiten, die sie bis dahin geschrieben hatte, »sehr, sehr gut« seien.[22] Sie hatte den starken Wunsch, eine Beziehung mit Brandel einzugehen, wusste aber zugleich, dass sie sich sexuell nur zu Frauen hingezogen fühlte. »Marc sagte immer, dass sie sehr schön war, das war sein erster Eindruck von ihr«, sagt Brandels zweite Frau Edith, die selbst später mit Patricia Highsmith befreundet war. »Er war sehr in sie verliebt damals, aber wenn sie zusammen schliefen, war sie am nächsten Morgen übellaunig, weil sie sich selbst zuwider war, wenn sie es tat.«[23]

Im September mietete Marc Brandel ein Haus in Provincetown, dem Fischerdörfchen an der Spitze von Cape Cod; er hoffte, dass Pat und er in den paar Wochen, die sie dort gemeinsam verbringen wollten, ihre Schwierigkeiten beheben konnten. Sie wollten beide ihre Romane zu Ende schreiben und sich gleichzeitig einander wieder annähern. Provincetown schien der geeignete Ort für berufliche und persönliche Offenbarungen, denn das malerische Dorf hatte schon immer auf Eingebung und Einsicht suchende Künstler und Schriftsteller wie ein Magnet gewirkt. 1899 hatte der Impressionist Charles Hawthorne, den das mittelmeerisch anmutende Licht angezogen hatte, die Cape Cod School of Art gegründet, und sein Unterricht fand oft im Freien, an Stränden und Molen statt. Dort malten die Studenten die portugiesischen Fischer, die Provincetown zu ihrer Heimat erkoren hatten. Im Jahr 1916, als Eugene O'Neill sein erstes Stück *Bound East For Cardiff* hier aufführen ließ, gab es fünf Sommer-Kunstschulen im Dorf; vom Beginn der zwanziger Jahre an galt das ganze Gebiet als Mekka für avantgardistische Künstler wie Marsden Hartley, Charles Demuth und Stuart Davis und für Lehrer wie Hans Hofman, der eine entscheidende Rolle bei der Entwicklung des abstrakten Expressionismus spielte. In den vierziger und fünfziger Jahren hielten sich Tennessee Williams, Marlon Brando, Jackson Pollock und Mark Rothko hier auf.

1948, als Patricia Highsmith dort war, galt Provincetown als Greenwich Village am Meer, ein Zentrum der Boheme und der modernen experimentellen Kunst. Brandel wusste natürlich Bescheid über die lockeren Sitten, die hier herrschten, doch auf die Folgen des Besuchs seiner Freundin war er nicht vorbereitet. Statt sie näher zusammenzubringen, vertiefte Provincetown nur die Kluft zwischen ihnen. Brandel war vor Pats Ankunft ein wenig nervös und ängstlich und bat eine Fremde, Ann Clark, die damals noch Ann Smith hieß, ihm zur Seite zu stehen. Sie machte in einem Fischerhäuschen in der Nähe gerade Urlaub. Er konnte nicht ahnen, dass die beiden Frauen ein paar Stunden nach ihrer ersten Begegnung schon ein Liebespaar würden. Ann war Malerin und Designerin, fünfundzwanzig Jahre alt, schlank, hoch gewachsen, knabenhaft, ein ehemaliges *Vogue*-Mannequin; Zeichnungen, die Patricia Highsmith von ihr anfertigte, zeigen eine mädchenhafte Gestalt mit sehr langen Beinen.

»Ich hatte Marc am Abend zuvor kennen gelernt, und er war mir sofort unsympathisch gewesen«, erzählt Ann. »Er war unattraktiv, weil er so zynisch war, und fürchterlich betrunken, und er hatte eine sehr helle Haut mit Sommersprossen, er sah ungesund aus. Er fing gleich an mit einem langen Vortrag über den großen Erfolg, den er mit seinem ersten Roman in England gehabt und wie ihn Elizabeth Bowen so hoch gelobt hatte, obwohl er für sie keinerlei Achtung empfand, und dann, nachdem diese ziemlich unschöne Unterhaltung noch weitergegangen war, beugte er sich übers Geländer und übergab sich.

Am nächsten Morgen kam er zu mir auf die Veranda und war völlig am Boden zerstört, ein Wrack. Er sagte mir, dass er in Yaddo gewesen sei und eine Schriftstellerin, Patricia Highsmith, kennen gelernt habe, die ihm erzählte, sie sei lesbisch, er habe sich aber in sie verliebt und wolle sie heiraten. Er habe sie dazu überredet, sich mit ihm in Provincetown zu treffen und ein paar Wochen mit ihm zu verbringen; beide wollten ihre Romane dort zu Ende schreiben. Sie sollte an diesem Tag mit dem Fünf-Uhr-Bus ankommen. Er war ganz aus dem Häuschen vor Angst und fragte mich, ob ich nicht um fünf auf einen Drink zu ihm hinüberkommen könne. Er bettelte und bettelte, und schließlich bekam ich Mitleid mit ihm. So sagte ich ihm, dass ich mit einer Freundin, die ich an diesem Wochenende erwartete, um fünf bei ihm sein würde.

Es war kalt geworden und regnerisch, und ich hoffte, dass Marc geheizt hatte. Er empfing uns an der Tür, und wir gingen in das höhlenartige, schlecht beleuchtete Wohnzimmer. Dort stand Pat, in der Nähe der einzigen Lampe, hinter einem Tisch. Typisch Pat – sie machte einen Schritt zurück, nicht vorwärts, als sie uns sah. Sie war absolut schweigsam, sah etwas ängstlich aus, aber wunderschön.

Nachdem wir eine Menge getrunken hatten, ist das Nächste, woran ich mich erinnere, dass ich neben Marc an der Mole stand und er mich aufforderte, ins Wasser zu springen. Offensichtlich gab es zwischen Pat und mir eine starke Anziehung, und es war das einzige Mal in meinem ganzen Leben, dass ich mich auf eine Art Wettkampf mit einem Mann um eine Frau einließ. Marc sprang, aber ich hatte Angst und entschloss mich, an einem mit Muscheln bedeckten Pfeiler hinunterzurutschen. Dabei schnitt ich mich an den Beinen, und unter der Hose kam Blut heraus. Aber es tat überhaupt nicht weh. Die nächste Erinnerung ist, dass ich in der Damentoilette eines großen Tanzsaals war, wo eine schwarze Band spielte. Pat kniete auf dem Boden und wischte Blut auf, und ich sagte: ›Hör auf damit, es tut nicht weh.‹ Dann weiß ich, dass es regnete, und ich und Pat sind auf einem Stapel Seile an einer kleineren Mole in der Nähe meines Hauses, und wir liebten uns, und ich war völlig außer mir. Ich hatte noch nie im Leben so etwas gefühlt.

Am nächsten Morgen taten mir natürlich die Beine weh, und ich schämte mich furchtbar und hatte einen Kater, und gleichzeitig hatte ich die größte Angst, Pat nie mehr wiederzusehen. Als ich packte, um in die Stadt zurückzufahren, klopfte es an der Tür, und da stand sie.«[24]

Die beiden Frauen tauschten ihre Adressen aus, und als Pat Ende September wieder in Manhattan eintraf, nahm sie sofort ein Taxi zu Anns winzigem, von Kakerlaken verseuchtem Apartment in der 12. Straße West, und sie gingen schnurstracks ins Bett.

»Wenn man bedenkt, dass ich schon mit so vielen Männern geschlafen hatte, dass ich mich nicht einmal mehr an alle erinnern konnte, kam mir das, was passierte, unglaublich vor. Am nächsten Morgen sagte ich: ›Ich habe heute meine Jungfräulichkeit verloren.‹ Sie konnte nicht glauben, dass ich nie zuvor mit einer Frau im Bett gewesen war. Aber es stimmte. Ich gestand ihr, sie habe alles, was ich je von einem anderen Menschen gewollt hatte, und ich meinte es wirklich so. Ich sagte auch, dass ich völlig perplex sei, weil ich geglaubt hatte, etwas über Sexualität zu wissen, und offenbar nichts darüber wusste. Sie antwortete: ›Ich habe das nicht erfunden, weißt du.‹ Darauf ich: ›Für mich doch.‹ Das Erste, was sie mir schenkte, war eine kleine Eieruhr in einer silbernen Fassung. Sie schrieb eine Karte dazu: ›Liebe Ann, die besten Dinge des Lebens dauern mindestens drei Minuten, in Liebe, Pat.‹«[25]

Ann erinnerte sich noch deutlich an Pats Wohnung in der 56. Straße Ost. Man ging zuerst durch ein Eisengitter, das an ein anderes, zum Hof blickendes Haus grenzte, dann wandte man sich nach rechts und kam zu einem einzeln stehenden einstöckigen Haus. Wenn man oben war, trat man bei ihr direkt in die kleine Küche, und dann gab es noch ein Bad und einen Wandschrank, und an der Wand vor dem Wohnzimmer hing ein Foto von Ruth Bernhard, das Bild eines hölzernen Arms, der einen Puppenkopf hielt. Eine bogenförmige Tür führte ins Wohnzimmer, das zwei Fenster zum Hof hatte, aber weil das gegenüberliegende Haus zu dieser Seite keine Fenster hatte, fühlte man sich in der Wohnung ganz für sich. Im Schlafzimmer war ein breites Bett, darüber hing ein Gemälde von Allela Cornell. Auf dem Tisch am Fenster standen eine Pflanze und die Schale mit Patricia Highsmiths Schnecken. Außerdem befand sich im Schlafzimmer ihr Schreibtisch mit der Schreibmaschine, und auf den Regalen darüber waren ihre Notizbücher und ein Wörterbuch aufgereiht, in das sie auch neue Wörter eintrug, die sie irgendwo hörte. (»Was für ein Vergnügen es ist, das Wörterbuch zu lesen!«, schrieb Patricia Highsmith in ihr Notizbuch. »Das einzige Buch, das ich kenne, das wahr und ehrlich ist.«[26]) Es gab einen Plattenspieler und einen Stapel Platten. Sie hatte damals eine Vorliebe für Lee Wiley, der »A Ship Without A Sail« sang.

Anns Arbeitsplatz war damals nur ein paar Blocks von Pats Wohnung entfernt. Sie trafen sich abends in einem kleinen Park am Ende der 57. Straße oder in der Wohnung, wo Pat ihrer Freundin Lammkoteletts mit Knoblauch oder Steaks mit grünem Salat vorsetzte. »Wir schlenderten nach Hause in ihre Wohnung, tranken Kaffee, und dann fingen wir irgendwann an, uns auszuziehen, wir duschten und begannen, uns zu küssen, und manchmal standen wir stundenlang so da, so schien es mir wenigstens, unfähig, uns zu bewegen«, schreibt Ann. »Mit niemandem sonst war es je so gewesen; wenn wir uns berührten, loderte ein Feuer in uns auf. Schließlich legten wir uns ins Bett und liebten uns bis zum Morgengrauen. Ich wachte rechtzeitig auf, um zur Arbeit zu gehen, und wenn ich das Haus verließ, schlief sie noch. Sie schien so tief und heiter zu schlafen. Sie hatte etwas sehr Stilles.«[27]

Die beiden Frauen hatten eine ausgesprochene Vorliebe für Wortspiele, und Ann fand Pat außerordentlich geistreich und humorvoll; oft alberten sie in der Wohnung herum und tanzten zu Plattenmusik. Laut Ann benahmen sie sich wie Kinder, wenn sie zusammen waren. Als Pat 1995 starb, überkam Ann eine so tiefe Trauer, dass sie den Eindruck hatte, sie zerberste mitten im Körper.

»Sie war der einzige Mensch, in den ich wirklich tief verliebt war, sie gefiel meinen Augen, meinem Geist, meinem Körper, meiner Seele. Sie war die erste Frau, mit der ich ins Bett ging, und ich wäre sehr froh gewesen, wenn sie auch die letzte gewesen wäre.

Von Pat und mir habe ich Lachen, Musik und Leidenschaft im Bett in Erinnerung behalten. Aber ich hatte den Eindruck, dass sie ihren hervorragenden Eigenschaften sozusagen einen Riegel vorschob, das heißt ihrem Humor, ihrer Zärtlichkeit, ihrer Fähigkeit, zu lieben und zu lachen und es sich wohl ergehen zu lassen, im Sonnenlicht, nicht im Schatten.

Ich habe wohl Pat immer für sehr weiblich gehalten, obwohl sie manchmal sehr burschikos sein konnte und auch burschikose Charakterzüge hatte. Wenn ich sie umarmte, schien sie immer so zerbrechlich zu sein. Ich war größer, und obwohl ich schmal bin, habe ich mich immer stärker als sie gefühlt und das Bedürfnis gehabt, sie zu beschützen. Ich habe nie den Eindruck gehabt, sie sei gesund. Mit dem Essen war sie sehr vorsichtig, und ihr Gewicht veränderte sich nie. Durch sie nahm ich die Gewohnheit an, immer ein wenig auf dem Teller übrig zu lassen und nie eine große Mahlzeit zu essen. Manchmal sah sie erschöpft aus, und sie war außerordentlich blass. Schriftsteller sehen wohl oft gequält aus.«[28]

Ende November 1948 begann Patricia Highsmith auf Empfehlung des Komponisten David Diamond eine Therapie bei der New Yorker Psychoanalytikerin Eva Klein Lipshutz. Damals gehörte eine Psychoanalyse in New York fast zum guten Ton. »In New York hatte die Psychoanalyse etwas Unvermeidliches«, schreibt Anatole Broyard. »So wie man die U-Bahn nehmen musste, um irgendwohin zu gelangen. Die Psychoanalyse lag in der Luft wie Feuchtigkeit, wie Rauch … Der Krieg war ein böser Traum gewesen, den wir jetzt analysieren wollten … Das herrschende Gefühl war, dass wir vergessen hatten, wie man lebt.«[29] Eine Therapie war kein Neuland für Patricia Highsmith: Im März des vorangegangenen Jahres hatte sie nach einer unglücklich verlaufenen sexuellen Erfahrung mit einem Mann

Dr. Rudolf Lowenstein aufgesucht, der ihr gesagt hatte, sie brauche eine etwa zweijährige Analyse. Sie hatte sich damals nicht dazu entschließen können, doch jetzt war sie zu einer Therapie bereit. Sie hoffte, dass die Therapie ihr helfen würde, den Sex mit Marc zu genießen, denn sie wollte ihn heiraten. Konnte sie Heterosexualität erlernen?

Freud glaubte, dass es keinen Sinn habe, Homosexuelle von ihren gleichgeschlechtlichen Neigungen zu »heilen«. Die Psychotherapie diente vielmehr dazu, den Patienten zu helfen, Frieden zu schließen mit ihrer Sexualität. In den späten vierziger und fünfziger Jahren gab es jedoch viele amerikanische Psychotherapeuten, die im Bann des Kultes um die Verbesserung des Individuums und die Wiederherstellung der »Normalität« standen und Freuds Schriften zu einem Glaubenssystem umdeuteten, das sie dazu benutzen wollten, um »ungesunde« erotische Triebe und alle Spuren von Homosexualität auszumerzen.

»In den Nachkriegsjahren gab es Psychiater, für die gleichgeschlechtliche Liebe nur das Symptom einer tiefergehenden Persönlichkeitsstörung war«, schreibt Lillian Faderman, Autorin einer Geschichte der lesbischen Lebenswelt im Amerika des 20. Jahrhunderts. »Sie würde verschwinden, wenn diese Störung beseitigt wäre. Die Frau würde einfach heiraten und zufrieden zu Hause bleiben, Kinder aufziehen und die Wünsche ihres Göttergatten erfüllen.«[30] Das eifrige »Heilen« der Homosexuellen von ihrer »seelischen Krankheit« vollzog sich kritiklos bis zum Ende der fünfziger Jahre. Ein Therapeut, Albert Ellis, verkündete sogar, dass ein Drittel seiner lesbischen Patientinnen nach der Behandlung »spürbare Verbesserungen« aufwiesen, den restlichen zwei Dritteln attestierte er noch »erhebliche Verbesserungen« bei ihrem Kampf um die Gewinnung eines konventionellen Sexualverhaltens. »Eine Lesbierin, die in der Stadt lebt und nicht zu irgendeiner Zeit versucht hat, sich einer solchen Behandlung zu unterziehen, ist eine Seltenheit«, schrieb der Psychologe Dr. Richard Robertiello in seinem 1950 erschienenen Buch über die Psychoanalyse einer Lesbierin.[31] Im

Mittelpunkt des Buches steht eine Frau, die mit ihrer Sexualität völlig zufrieden ist und sich wegen ihrer Schlaflosigkeit zum Therapeuten begibt. Robertiello vertiefte sich in den Fall und behauptete am Ende, er habe die Frau von ihrer »Perversion« geheilt (leider litt sie weiterhin unter Schlaflosigkeit).

Patricia Highsmiths Therapeutin, die von der Schriftstellerin immer nur mit ihrem Mädchennamen Eva Klein genannt wurde, obwohl sie damals schon Eva Klein Lipshutz hieß, machte 1947 ihren Abschluss in Psychoanalyse an der Columbia University und betrieb danach Forschungen über die Behandlung von Alkoholikern, über Traumanalysen in gruppentherapeutischen Sitzungen und die Psychodynamik von Hauterkrankungen. Als Patricia Highsmith sich an sie wandte, arbeitete sie am New York Medical College. Die Schriftstellerin verdiente damals als Comictexterin durchschnittlich 55 Dollar die Woche, 30 Dollar verschlangen die wöchentlichen Therapiesitzungen. Das gefiel ihr nicht, aber sie war der Meinung, dass es sich lohne, so viel Geld auszugeben, wenn die Analyse ihr half, heterosexuell zu werden. Die Therapeutin sagte ihr, dass Sex mit einem Mann »ganz normal« sei und jeder ihn praktiziere,[32] aber Pat erwiderte, dass es ihr körperlich unmöglich sei. »Geschlechtsverkehr«, schrieb sie später in einem Brief an ihren Stiefvater, um ihm die Geschichte mit Marc Brandel zu erklären, »ist Stahlwolle im Gesicht, das Gefühl, vergewaltigt zu werden, und das führt dann zu dem Gefühl, als ob man ganz bald Durchfall bekommen würde. Wenn sich das grässlich anhört, dann kann ich dir versichern, es ist noch grässlicher im Bett. Ich hab's versucht …«[33]

Heute mutet die Interpretation des Falles von Patricia Highsmith durch Eva Klein, die offenbar die Freudschen Begriffe nachbetete, ausgesprochen einfältig an. Die Patientin selbst jedoch nahm das, was ihr die Therapeutin sagte, ernst und beschrieb jede Sitzung in einem eigenen Teil des Tagebuchs, das der Analyse der Analyse gewidmet war. Nach der ersten Sitzung Ende November kam sie zu dem Schluss, dass die Therapie »ein Weg zu mir«[34] sei, und bald betrachtete sie die Therapeutin als Muttterersatz: »… schon habe ich das Gefühl, dass Mrs. Klein meine Mutter ist«, schrieb sie.[35] Eva Klein befragte sie über ihre Kindheit und war besonders interessiert an den Ereignissen von 1926, dem Jahr, in dem Patricia Highsmith, laut Vivien De Bernardi, möglicherweise sexuell missbraucht worden war. »Habe versucht, mir das Jahr '26 in die Erinnerung zurückzurufen«, schrieb sie ins Tagebuch. »Von der Sexualität meiner Eltern ist mir nichts im Gedächtnis geblieben.«[36]

Nachdem sie mit ihrer Patientin einen Rorschach-Test gemacht und eine Sitzung mit freiem Assoziieren abgehalten hatte, war Eva Klein der Meinung, dass Patricia Highsmiths grundsätzliches Problem darin bestand, dass sie ihre Mutter ablehnte. Sie fühle sich schuldig wegen ihrer Hassgefühle und kompensiere sie, indem sie Beziehungen mit anderen Frauen eingehe, mit denen sie dann ein Muster aus Liebe und Trennung ausagiere. Was sie mit Virginia Kent Catherwood erlebt hatte, sei für alle ihre Liebesgeschichten mit Frauen charakteristisch. »Ja, was ich an ihr liebte, war, dass sie eine Mutter für mich war«, schrieb die Schriftstellerin daraufhin in ihr Tagebuch. »Und hat sie nicht immer gesagt, ich sei ein Kind?«[37]

Eva Klein offenbarte ihrer Klientin, dass sie nie glücklich gewesen sei, Frauen hasse und Männer liebe. Einen Traum, den Patricia Highsmith ihr erzählt hatte, in dem sie die Toilettenspülung betätigt und den Badezimmerboden überschwemmt hatte, wurde – eine absurde Idee – als Wunsch der Klientin interpretiert, ihre Mutter wie Exkremente in der Toilette verschwinden zu lassen. Es gebe zudem eine »grundlegende Störung in ihrer Beziehungsfähigkeit und ihrer Sexualität seit den frühesten anal-sadistischen Lebensjahren«.[38] Sie empfahl ihr, eine Gruppentherapie mit vier verheirateten, latent homosexuellen Frauen anzufangen. »Vielleicht werde ich mir einen Spaß daraus machen, ein paar von ihnen zu verführen«, bemerkte Patricia Highsmith dazu im Tagebuch.[39]

Es ist fraglich, ob die Therapie ihr wirklich half. Bestimmt wurde sie gezwungen, ihr Unbewusstes, die Quelle ihrer Kreativität, einer Prüfung zu unterziehen. Oft träumte sie davon, ein Mann zu sein, dem Kastration drohte. Und während der Therapie wurde ihr klar, dass sie letzten Endes niemals eine so genannte »gesunde« Beziehung eingehen konnte, da es ihr unmöglich war, mit irgendjemandem, sei es Frau oder Mann, zu »verschmelzen«. Doch zweifellos verstärkte sich ihre Verwirrung durch Eva Kleins Auslegung der Homosexualität als einer seelischen Krankheit sowie durch die Lektüre Edmund Berglers, der die Ansicht vertrat, lesbische Frauen seien krank und könnten sich ihres Lebens nur wieder freuen, wenn sie sich ein oder zwei Jahre lang dreimal wöchentlich therapieren ließen.

Unbeabsichtigt stellte die Therapie, die sie von ihrer Homosexualität heilen sollte, schließlich die Bedingungen dafür her, dass Patricia Highsmith einen Roman über lesbische Liebe schrieb. Um Eva Kleins Sitzungen bezahlen zu können, sah sich die Schriftstellerin genötigt, eine Zeit lang eine zusätzliche Arbeit aufzunehmen, und Anfang Dezember hatte sie eine Stelle in der Spielwarenabteilung des berühmten Kaufhauses Bloomingdale's mitten in Manhattan. Es sollte eine tiefgreifende Erfahrung für sie werden, sowohl in persönlicher Hinsicht als auch im Hinblick auf ihre schöpferische Begabung. Das Buch, das daraus entstand, nimmt in der Geschichte der homosexuellen Literatur einen bedeutenden Platz ein, aber es steht als überzeugender Roman auch für sich selbst: *The Price of Salt*, das später unter dem Titel *Carol* bekannt wurde.

Auf der Stelle verliebt

(1948–1949)

Am 8. Dezember 1948, als Patricia Highsmith erst ein paar Tage bei Bloomingdale's arbeitete, betrat eine elegante blonde Frau die Spielwarenabteilung. Pat hatte sie nie gesehen, doch sie fing augenblicklich Feuer. Es war nicht nur eine schöne und faszinierende Frau – sie sah außerdem Virginia Kent Catherwood ähnlich, wenn man den Äußerungen Patricia Highsmiths in ihren Tagebüchern glauben darf. Die Frau kaufte eine Puppe für eine ihrer Töchter, hinterließ ihren Namen und ihre Adresse und gab Anweisungen für die Lieferung, dann verließ sie das Kaufhaus. Die beiden Frauen trafen sich nie wieder, doch der Eindruck, den die Unbekannte hinterließ, war unauslöschlich, und später wurde sie, wie Patricia Highsmith selbst sagte, als Carol in dem gleichnamigen Roman wiedergeboren.

Als das Buch unter ihrem eigenen Namen wieder veröffentlicht wurde, schrieb die Autorin im Nachwort: »Vielleicht fiel sie mir auf, weil sie allein oder weil ein Nerzmantel eine Seltenheit war oder auch wegen ihres leuchtenden hellblonden Haars.«[1]

Aber gab es wirklich eine solche Frau? Und wenn ja, wer war sie? Als *Carol* im Jahr 1990 wieder veröffentlicht wurde, wurde Patricia Highsmith von Journalisten gefragt, ob sie beim Schreiben des Buches eine bestimmte Person vor Augen gehabt habe, doch die bekanntermaßen diskrete Schriftstellerin weigerte sich, darüber Auskunft zu geben. »Ich beantworte keine Fragen über mich selbst oder Leute, die ich kenne, so wenig wie ich die Telefonnummern von Leuten weitergebe«, sagte sie Sarah Dunant in der *Late Show* der BBC 2.[2] In ihrem Tagebuch taucht allerdings der Name einer gewissen Mrs. E. R. Senn auf, die in der North Murray Avenue in Ridgewood, New Jersey, wohnte: Im Roman heißt sie Mrs. H. F. Aird, und sie wohnt ebenfalls in New Jersey. Als ich in der Leihbibliothek von Ridgewood das örtliche Telefonbuch aus dem Jahr 1952 durchblätterte, fand ich einen Mr. Ernest R. Senn, der in New York als Verwaltungsbeamter arbeitete. Im Verzeichnis der lokalen High-School-Absolventen gab es zwei Schüler mit dem Familiennamen Senn, die wohl aus dieser Familie stammten. Ich schrieb an beide und erhielt Wochen später den Brief eines Mannes, der mich darüber in Kenntnis setzte, dass sein Vater leider nicht der Ernest Senn sei, nach dem ich suchte. Weitere Wochen verstrichen, bis ich von einer der Töchter der Senns eine Antwort erhielt.

»Es war eine riesige Überraschung für mich, als ich Ihren Brief las und mir klar wurde, was Sie alles getan haben, um mich ausfindig zu machen und mich über meine Mutter zu befragen«, hieß es darin. Weitere Briefe wurden gewechselt, bis es mir nach Monaten endlich gelang, mit Priscilla Kennedy, der anderen Tochter von Mrs. Senn, in London zu sprechen. Von ihr erfuhr ich ein paar Dinge über die Frau, die 1948 Patricia Highsmiths Fantasie so erhitzte.

Sie hieß Kathleen Senn und wohnte mit ihrem Mann Ernest Richardson und ihren Kindern in der North Murray Avenue in Ridgewood, einem damals wohlhabenden Vorort in New Jersey. Sie war 1911 in Denver, Colorado, geboren worden; ihr Vater hieß Elmer W. Wiggins, ihm gehörte die Fluggesellschaft Wiggins Airways, die ihren Sitz in Dedham, Massachusetts, hatte. Das alles ist bereits mehr, als Patricia Highsmith über ihre Inspirationsquelle wusste: Nicht einmal ihr Vorname war ihr bekannt, und noch weniger wusste sie über ihren biografischen Hintergrund. Hätte sie allerdings etwas darüber gewusst, hätte sie sich womöglich tatsächlich sofort in sie verliebt.

»Sie hatte das Skidmore College absolviert und sah aus wie eine echte Dame der Gesellschaft«, sagt Priscilla. »Sie hatte ein Dienstmädchen, das ihr im Haushalt half, und ging oft in den Country Club. Sie war äußerst unabhängig und hatte vor nichts Angst, aber unglücklicherweise war sie Alkoholikerin und wurde in dieser Zeit immer wieder in psychiatrische Anstalten in New York eingewiesen.«[3]

Nach jener sehr kurzen Begegnung mit Kathleen Senn bei Bloomingdale's fühlte sich Patricia Highsmith abends nach der Arbeit nicht wohl; am nächsten Tag, dem 9. Dezember, schrieb sie die Handlung einer Liebesgeschichte zwischen zwei lesbischen Frauen, einem künstlerisch begabten Mädchen und einer älteren weltläufigen Frau.

»Ich sehe sie im gleichen Augenblick wie sie mich, und ich bin auf der Stelle in sie verliebt«, schrieb sie in ihr Notizbuch. »Auf der Stelle habe ich panische Angst, weil ich weiß, dass sie weiß, dass ich Angst habe und dass ich sie liebe.«[4]

In diesem ersten Entwurf war das junge Mädchen eine achtzehnjährige Waise namens Liselle Freyer; die blonde Frau hieß Mrs. Sean und wohnte in Ridgefield, New Jersey. Sie lädt Liselle zum Mittagessen ein, und nach ein paar Cocktails macht sie ihr Komplimente wegen ihres hübschen Aussehens. Das Mädchen ist schüchtern, doch sie schafft es immerhin, Mrs. Sean zu gestehen, dass sie sie für hinreißend hält, worauf sie ein Treffen für den folgenden Samstag ausmachen. Mrs. Sean holt Liselle mit ihrem Wagen in New York ab, und sie fahren zu ihrem Haus in dem Vorort. Dort küssen sich die beiden, bevor Mrs. Sean sie wie ein Kind mit einem Becher heißer Milch ins Bett bringt.

»Ich sehe ein ganzes Buch vor mir«, schrieb Patricia Highsmith, »mit genug Dramatik, in der Spielwarenabteilung im siebten Stock … Die Spielzeugwelt innerhalb des Kommerz-Gefängnisses. Der gefangene Traum … Nur teilweise wird das Kind davon an der Nase herumgeführt. Das Kind weiß Bescheid. Ich habe kein frohes Kind gesehen, als ich dort war.«[5]

Drei Tage nachdem sie dies geschrieben hatte, verließ Patricia

Highsmith das Kaufhaus Bloomingdale's wieder. Dann, am 22. Dezember, bekam sie Fieber und wurde in der U-Bahn ohnmächtig. Ihre Therapeutin Eva Klein fragte sie, woran sie dachte, als sie das Bewusstsein verlor. »An den Tod«, erwiderte Patricia Highsmith.[6] Kurz darauf wurde festgestellt, dass sie Windpocken hatte, und über Weihnachten waren ihr Gesicht, ihre Oberarme, ihre Ohren und ihr Hals mit eitrigen Pusteln bedeckt; sie sehe aus, schrieb sie, als wäre sie in einen Flak-Beschuss geraten.

Im Haus ihrer Eltern in Hastings-on-Hudson war sie so schwach, dass sie im Bett bleiben musste, doch ihre Mutter ließ ihr keine angemessene Behandlung zukommen, sondern traktierte sie mit »Christlicher Wissenschaft«. »Soll ich dir etwas von Mary Baker Eddy vorlesen?«, fragte sie. »Nur ein Aspirin, bitte«, gab die Kranke zur Antwort.[7] Schließlich wurde ihr Zustand so schlimm, dass man einen Arzt rufen musste, der jedoch, obwohl ihm Mary Highsmiths unorthodoxe Heilmethoden auffielen, seine Meinung für sich behielt.

Anfang 1949 setzte Patricia Highsmith ihre Psychotherapie fort und verzeichnete deren Fortschreiten in ihrem Tagebuch. Noch immer wollte sie durch Arbeit mit Eva Klein sich selbst »in die Lage versetzen, geheiratet werden zu können«[8], doch je mehr sie sich analysierte, desto klarer wurde ihr, dass ein gemeinsames Leben mit Marc Brandel verheerend wäre. Trotzdem gelang es ihr nicht, sich aus der Beziehung zu lösen, und in den nächsten Monaten schwankte sie immer wieder zwischen dem verzweifelten Wunsch, geheiratet zu werden, und der niederschmetternden Gewissheit, dass sie in einer Ehe nicht nur ihn, sondern auch sich selbst zerstören würde. Ende März befürchtete sie, schwanger zu sein, und ließ eine Urinprobe in einem Labor untersuchen. »Sie war hysterisch vor Angst, als sie mich anrief und es mir erzählte«, erinnert sich Ann. »Ich sagte ihr, dass sie immer abtreiben könne – ich selbst hatte eine Abtreibung vornehmen lassen –, aber glücklicherweise kam es nicht dazu.«[9] Die beiden Frauen feierten Pats Nicht-Schwangerschaft mit ein paar Glas Bier.

»Erstaunlich, wie schön die Welt in einem einzigen Augenblick aussehen kann«, schrieb Patricia Highsmith in ihr Tagebuch.[10] Sie bekam ein Diaphragma und schlief weiterhin mit Marc, sagte ihm aber, dass sie ihn nur noch ein paar Nächte in der Woche besuchen werde, nicht jeden Abend, wie er es gewünscht hätte; am Tag nach dieser Entscheidung stimmte sie allerdings der offiziellen Verlobung mit ihm zu. »Besser, du überlegst dir, wen du eigentlich liebst«, sagte Ann zu ihr, »weil du dabei bist, verdammt viel wertvolle Zeit zu vergeuden.«[11] Ihre Unfähigkeit, sich zwischen verschiedenen Geliebten zu entscheiden, sollte die Schriftstellerin in den nächsten Jahren oft emotional stark belasten. Einer der Gründe, warum es ihr so schwer fiel, sich von Marc zu trennen, hing damit zusammen, dass sie seinen Verstand idealisierte; es imponierte ihr, dass seine Bücher veröffentlicht wurden, und zweifellos fühlte sie sich von seinem Interesse an ihr ein wenig geschmeichelt. Die psychologische Dynamik zwischen ihnen war sehr komplex und erschöpfte sich nicht darin, dass sie sich wie in einer traditionellen Beziehung mit vorgegebenen Geschlechterrollen voneinander angezogen fühlten. Sie waren beide Künstler, und Patricia Highsmith stellte sich gern vor, dass sie außerhalb der Normen und Regeln existierten, doch letzten Endes musste sie erfahren, dass eine Beziehung, die sich nur im Geist abspielt, verheerende Folgen für das Gefühlsleben hat.

In ihrer siebenundvierzigsten und letzten Therapiesitzung am 24. Mai 1949 riet ihr Eva Klein, sich in den nächsten Monaten an niemanden zu binden; auf diese Weise sollte sie sich selbst vor Enttäuschungen schützen. Pats letztes Wort zu diesem Thema hörte sich allerdings wesentlich pragmatischer an: »Sauer, weil ich diese Rechnung noch bezahlen muss, bevor ich fahre.«[12] Ihr Traum einer Reise durch Europa nahm endlich Gestalt an, und die Zerstreuungen der Alten Welt reizten sie mehr als alles, was New York ihr bieten konnte.

Europa, und besonders England, hatte schon seit langem ihre Fantasie angeregt. Als Teenager war sie von George Cukors Film *David*

Copperfield, der 1935 herausgekommen war, zu Tränen gerührt gewesen, und nachdem sie *Tom Browns Schulzeit* von Thomas Hughes gelesen hatte, schrieb sie einen Aufsatz, der von diesem Buch inspiriert war. 1947 bemerkte sie: »Meine hartnäckigste Obsession: dass Amerika sich fatalerweise … von der eigentlichen Wirklichkeit wegbewegt, dass nur die Europäer über diese Wirklichkeit verfügen.«[13] Für sie stellte Europa die Verfeinerung und Verehrung des Geistes dar, die Quelle anspruchsvoller Philosophien und vor allem: Freiheit. »Von Emigranten wird gesagt, sie würden fliehen«, schrieb sie 1953. »Im Gegenteil, es sind Suchende.«[14] Ihr erster Impuls, nach Europa zu reisen, verdankte sich möglicherweise ihrer Lektüre, »denn fast alles, was sie literarisch interessierte, waren Werke von Leuten, die die politisch Korrekten heute als tote weiße europäische Männer bezeichnen«, bemerkt Kate Kingsley. »Und dann fiel noch ins Gewicht, dass Europa Tapetenwechsel bedeutete, das Aufladen ihrer Batterien. Außerdem hatte sie Lust auf Abenteuer, und dort würde sie die Gelegenheit haben, etwas völlig anderes kennen zu lernen.«[15]

Die erste Einladung, den Atlantik zu überqueren, war von Lil Picard im September 1948 ausgesprochen worden. Sie lehnte zwar ab, kam aber zu dem Schluss, dass sie in nächster Zeit unbedingt eine Europareise machen wollte. Von dem Geld, das sie als Comictexterin verdiente, konnte sie einiges zurücklegen, und im Mai 1949 buchte sie die Überfahrt. Sie war in bester Stimmung, weil ihre Agentin ihr am 20. Mai, vierzehn Tage bevor sie ihre Reise auf der *Queen Mary* antreten sollte, mitteilte, dass der Verlag Harper & Brothers vorhabe, ihren Roman, das noch titellose Manuskript von *Zwei Fremde im Zug*, zu veröffentlichen. Am gleichen Abend traf sie sich mit Marc Brandel, und sie beschlossen bei einer Flasche Champagner, an Weihnachten zu heiraten. »Drei absolute Pluspunkte in meinem Leben!«, schrieb sie in ihr Tagebuch.[16]

Bevor sie nach Europa aufbrach, aß sie mit Joan Kahn, ihrer Lektorin bei Harper & Brothers, mit der sie in den nächsten dreizehn Jahren eng zusammenarbeiten sollte, zu Mittag. Sie war etwas nervös beim Essen, doch Joan sagte, ihr erster Roman sei ein ausgezeichnetes Buch. Am 4. Juni brachten Rosalind und ihre Mutter sie zum Schiff. Sie war verärgert, weil ihre Kabine, die sie sich mit drei anderen Frauen teilte, im Touristendeck lag und sie nicht Erster Klasse reisen konnte – sie hatte ihrer Therapeutin einfach zu viel Geld bezahlen müssen, wie sie meinte. Noel Coward war an Bord, doch da sie »unter Deck« reiste, konnte sie kein Treffen mit ihm arrangieren. Die Mahlzeiten wurden den Passagieren nur »hingeworfen«, und es gebe »keinen einzigen attraktiven Menschen in der Touristenklasse«, wie sie höhnend bemerkte.[17]

Während sie den Atlantik überquerte, schlief sie, tippte Comicstories auf ihrer Schreibmaschine und stellte sich vor, wie es bei ihrer Rückkehr in Amerika sein würde. Doch je mehr sie über die geplante Heirat mit Marc nachdachte, desto größer wurde ihre Angst davor. Sie schrieb, dass das häusliche Leben sie abstoße und der Gedanke an Babys, Kochen, verlogenes Lächeln, Urlaub, Kino und Sex – besonders daran – ihr widerwärtig sei. Als das Schiff am 10. Juni in den Hafen von Southampton einfuhr, war sie zu dem Schluss gekommen, dass das eheliche Glück nichts für sie sei. Sie ging zum Bahnhof und kaufte ein Erster-Klasse-Ticket nach London, und an der Waterloo Station holten ihre Gastgeber sie ab: Dennis Cohen, der wohlhabende Gründer des Verlags Cresset Press (in dem *Zwei Fremde im Zug*, *Der Stümper* und *Der talentierte Mr. Ripley* erscheinen sollten), und seine Frau Kathryn. Sie fuhren sie in einem Rolls-Royce zu ihrem luxuriösen Haus in der Old Church Street in Chelsea, wo es ein üppiges Mittagessen mit einem ausgezeichneten Riesling gab. Patricia Highsmith hatte die Cohens am 10. März bei einer Party Rosalind Constables in New York kennen gelernt, bei der auch die Schriftstellerin Mary McCarthy und ihr Mann zugegen waren.

Die schöne Kathryn Cohen, die als Ärztin im St George's Hospital in London arbeitete, nahm Patricia Highsmith sofort ganz gefangen. Sie war gebürtige Amerikanerin (ihr Mädchenname lautete Kathryn Hamill), war in ihrer Jugend Revuegirl gewesen und hatte ihren Mann Dennis kennen gelernt, als sie in den *Ziegfeld Follies* auftrat. Eine Weile arbeitete sie dann als Sekretärin für Aneurin Bevan, bevor sie sich am Newnham College in Cambridge einschrieb, um Medizin zu studieren.

Die Rolle der verfeinerten und weltläufigen Gastgeberin war Kathryn wie auf den Leib geschrieben. Sie lud Pat zum Mittagessen mit der Schauspielerin Peggy Ashcroft ein, ging mit ihr in die Tate Gallery, und sie machten eine kleine gemeinsame Reise nach Stratford-upon-Avon, wo sie Diana Wynyard als Desdemona auf der Bühne sahen. Rasch wurden die beiden Frauen Freundinnen. Während ihres zweiwöchigen Aufenthalts im Haus der Cohens fühlte Pat sich wohl genug, um in allen Einzelheiten über ihr kompliziertes Gefühlsleben zu sprechen. Sie fragte Kathryn auch um Rat wegen ihrer hormonellen Störung, die sie immer noch beunruhigte. »Alles in allem glaube ich«, sagte Kathryn zu ihr, »dass du ein bisschen mehr männliche Hormone hast – wenn man deine Reaktionen auf Männer beobachtet.«[18]

Am 25. Juni stieg Patricia Highsmith an der Victoria Station in einen Zug und dann in ein Schiff um, das den Ärmelkanal überquerte, und fuhr wieder mit dem Zug nach Paris. Die Zerstreuungen in der Stadt, die sie als »stolz, schrill, schmutzig, herrlich in tausenderlei Hinsicht«[19] beschrieb, genügten nicht, um ihre Gedanken von Kathryn abzulenken. Sie frequentierte die zweifelhaften Nachtklubs des Quartier Latin einschließlich des berüchtigten *Le Monocle* und sehnte sich doch nach einer emotionalen Intensität, die die dort gebotenen schnellen sexuellen Begegnungen ihr nicht gewähren konnten. »In meinem ganzen Leben keine so ausschweifenden drei Tage gehabt«, schrieb sie in ihr Tagebuch. »Ich bin einsam. Ich brauche Kathryn oder Ann!«[20] Sie besuchte den Louvre, wo sie die Nike von Samothrake entdeckte, jene kopflose griechische Statue, die sie später als vollkommene Verkörperung von Mut und weiblicher Schönheit beschrieb und die in *Carol* bei der Begegnung von Therese und Carol auftaucht: »Therese drehte sich um, und Carols Schönheit traf sie wieder, als stünde sie vor der geflügelten Nike von Samotrhake.«[21]

Einige Tage später reiste sie nach Marseille, wo sie im Haus eines Freundes der Familie wohnte. Sie beschloss, dass es für ihre Gesundheit besser wäre, wenn sie Eva Kleins Rat befolgte und sich vor weiteren emotionalen Verwicklungen schützte, und schrieb Marc einen Brief, in dem sie ihm mitteilte, dass sie ihre Verbindung zeitweilig für beendet betrachte. Von Marseille aus fuhr sie mit dem Bus nach Genua, wo sie einen »grauenhaften« Schlafanzug wegwarf, ein Geschenk ihres Verlobten. Am nächsten Tag war sie in Mailand, und als sie in der Dämmerung den Dom besichtigte, wurde sie mit einer Prostituierten verwechselt. Dann reiste sie nach Venedig, Bologna, Florenz und Rom. Zwei Tage nach ihrer Ankunft in Rom lag sie krank in ihrem Hotelbett und dachte, dass es niemanden kümmerte, wenn sie an diesem Ort einsam sterben würde. Sie schickte Kathryn nach London ein Telegramm, worauf Kathryn sie am nächsten Tag anrief. Ja, sagte sie, sie werde kommen und sie in Neapel treffen; und sofort ging es der Kranken merklich besser.

Sobald Patricia Highsmith am 24. August in Neapel eintraf, verliebte sie sich in die große Stadt des Mezzogiorno. Sie stand in einer schmutzigen Gasse und hörte das Läuten der Kirchenglocken, das Zischen der Espressomaschinen, das Bellen der Hunde, das Hupen der Autos, das Geklapper des Geschirrs und das klagende Echo amerikanischer Songs aus den Radios in den Straßen. Überall standen Bettler, und die Stadt roch nach kaltem Schweiß, verrottendem Obst, Urin und Exkrementen. An diesem Ort hatte sie die Eingebung, die sie dazu brachte, jenen Roman zu schreiben, der auf ihren Erfahrungen bei Bloomingdale's basierte.

Am 3. September traf Kathryn in Neapel ein. Anfangs waren die beiden Frauen etwas schüchtern im Umgang miteinander; Pat wollte Kathryn einen Gutenachtkuss geben, traute sich aber nicht aus Angst vor Zurückweisung. Wie Tom Ripley fühlte sie sich neben dem Gegenstand ihrer Verehrung schäbig und unbehaglich wegen ihrer schlechten Zähne, ihres ungekämmten Haars und ihrer ungepflegten Schuhe. Am 7. September fuhren die beiden Frauen mit einem Freund Kathryns nach Positano, dem magischen Dorf an der amalfitanischen Küste, das in *Der talentierte Mr. Ripley* als Mongibello wiedererstand. Patricia Highsmith fand den Ort bezaubernd. »Schon der Name gefällt mir«, schrieb sie, »und unten am Meer ist eine ideale, von Steinen umgrenzte kleine Bucht ...«[22]

Von Neapel aus fuhren Kathryn und Pat mit dem Schiff nach Palermo. Sie saßen bei Mondlicht auf dem Deck, und als das Schiff an Fahrt gewann, beobachtete die Schriftstellerin, wie sich weiße Wellenkämme am Bug bildeten und die Lichter des Schiffes blitzten und flackerten wie ein seltsames silbriges Buschfeuer. »Nachts, im weichen Wind an Deck ... Man ist durchflutet von Glück und Verheißung wie von einer Begeisterung, einem göttlichen Zauber, und man verliebt sich in jeden, der in der Nähe ist, man ist erfüllt davon zu geben.«[23]

In den darauf folgenden Tagen wurden die beiden Frauen ein Liebespaar, doch als sie mit dem Nachtschiff nach Neapel zurückreisten, wurde ihnen klar, dass ihre gemeinsame Zeit begrenzt war. Kathryn musste nach England zurück, und Patricia Highsmiths Ferien waren zu Ende. Am 23. September – dem »Schreckenstag« – schloss die Schriftstellerin die Tür ihres Hotelzimmers mit einem Gefühl tiefster Niedergeschlagenheit. Kathryn überreichte ihr als Abschiedsgeschenk ein rosa-blaues Halstuch, das sie in Capri gekauft hatte. Patricia Highsmith fuhr zurück nach Genua, von wo sie die Rückreise nach Amerika antreten wollte.

Im Rückblick wurde ihr bewusst, dass die dreieinhalb Monate ihrer Reise sowohl ihre Sinne als auch ihre literarische Eingebung angeregt hatten. »[Europa] erweitert die Interessen«, schrieb sie, »man wird vielschichtiger als mit siebzehn.«[24] Während ihr Schiff das dunkle Meer durchpflügte, dachte sie über ihre Zukunft nach. Die Affäre mit Kathryn war intensiv und leidenschaftlich gewesen, doch sie erkannte auch, dass sie eine flatterhafte Natur war und eine Beziehung nicht länger als zwei oder drei Jahre aufrechterhalten konnte. »Aber wenigstens lohnen sich diese zwei Jahre, lohnen alles«, schloss sie. »Ich kann mir England & Kathryn vorstellen, zwei Jahre lang ...«[25]

In London hatte Patricia Highsmith eine Auswahl der Werke des Philosophen Søren Kierkegaard gekauft, herausgegeben von Robert Bretall. In das Buch kritzelte sie die Worte: »Wahrheit ist Subjektivität«, die die Philosophie des Dänen präzise zusammenfassen. Nachdem sie das Buch gelesen hatte, bezeichnete die Schriftstellerin Kierkegaard als ihren »Meister«, wie sie auch Dostojewski genannt hatte. Tatsächlich geht es bei beiden Autoren um ähnliche Themen – Irrationalität, Verlust der Identität und die fragmentarische Natur des Bewusstseins –, die auch in den Werken von Patricia Highsmith eine mehr oder weniger prominente Rolle spielen. In Kierkegaards *Die Krankheit zum Tode* (1849) beschrieb der Philosoph einen Mann, der verzweifelt ist über den Verlust seiner Identität:

»Und doch liebt ein solcher Verzweifelter, dessen einziger Wunsch diese unsinnigste aller unsinnigen Verwandlungen ist, er liebt die Einbildung, die Veränderung werde eine ebenso leichte Sache sein, wie wenn es darum geht, einen anderen Frack anzuziehen. Denn der Unmittelbare kennt sich selbst nicht, er erkennt sich ganz buchstäblich nur am Frack; dass er ein Selbst hat (und hier zeigt sich wieder die unendliche Komik), erkennt er nur an Äußerlichkeiten.«[26]

Dieser Satz fasst die untergründige Motivation der Highsmithschen Antihelden, besonders von Tom Ripley in *Der talentierte Mr. Ripley*, prägnant zusammen.

Søren Kierkegaard starb 1855, seine Werke wurden erst Jahrzehnte später in andere europäische Sprachen übersetzt. Einer der Gründe für die verzögerte Rezeption seiner Werke liegt in der Modernität seiner Gedanken, die eher ins 20. als ins 19. Jahrhundert passen. Er wird von vielen als der »Vater« des Existenzialismus betrachtet. Freiheit liegt für ihn weniger in der Wahl selbst, die richtig oder falsch sein kann, als in der Entscheidung des Einzelnen, überhaupt eine Wahl zu treffen. Es sei weniger die Frage, ob man das Gute oder das Böse wähle, schrieb er, man müsse vielmehr entschieden *wollen* und dadurch Gutes und Böses in eine Stellung zueinander bringen. Noch im November 1950 fragte sich Patricia Highsmith, deutlich von Kierkegaard beeinflusst, in ihrem Notizbuch, was sie im Wissen, sterben zu müssen, in ihrem Werk zustande bringen wolle. Ihre Antwort lautete: »Bewusstsein allein, Bewusstsein in meiner besonderen Epoche.«[27]

Sie zog auch Parallelen zwischen den Werken Kierkegaards und Prousts, vor allem zwischen den Texten über die Liebe. Nur wenn man glaube, dass man die Pflicht habe zu lieben, und indem man den Gegenstand seiner Zärtlichkeit als etwas Festes und Statisches betrachte, sei man fähig, Liebe dauern zu lassen, las sie bei Kierkegaard. In jeder Liebe, und sei sie noch so vertrauensvoll, gebe es jedoch ein Element von Angst, das aus der Möglichkeit der Veränderung herrühre. Besonders dieser letzte Gedanke gefiel Patricia Highsmith außerordentlich.

Carol in tausend Städten

(1949–1951)

Wenn Patricia Highsmith gehofft hatte, ihre Abenteuer in Europa würden zur Auflösung ihrer emotionalen Probleme führen, so stellte sich nun heraus, dass sie sich getäuscht hatte. Durch die Reise wurde alles nur noch schlimmer. Nachdem das Schiff im Hafen von Philadelphia angelegt hatte, nahm sie einen Zug nach New York, wo sie am 15. Oktober 1949 eintraf. Vier Tage später aß sie in ihrer Wohnung mit Marc zu Abend. Er wollte sie immer noch heiraten, und er sagte, er sei sich sicher, dass sie den Rest ihres Lebens gemeinsam mit ihm verbringen wolle. Sie begannen wieder, miteinander zu schlafen, doch sie dachte nur an Kathryn. »Ich fühle, dass ich sie liebe, wirklich«, schrieb sie, »*so* war es mit niemandem je zuvor, seit Ginnie.«[1]

Jeden Tag wartete sie auf einen Brief von Kathryn. Sie schickte ihr Lippenstift, Butter, Feigen und Schokolade – Dinge, die im Nachkriegsengland noch immer rationiert waren –, doch sie war zu schüchtern, um ihren Brief abzusenden, in dem sie ihr ihre Liebe gestand. Die Qual des Wartens auf eine Nachricht von Kathryn inspirierte sie Ende Oktober zu einer Geschichte über einen Mann, der sich ähnlich fühlt. Sie beginnt mit dem Satz: »Jeden Morgen spähte Don in seinen Briefkasten, und nie war ein Brief von ihr darin.«[2]

Nach einer Urlaubsromanze entbrennt Don in leidenschaftlicher Liebe zu Rosalind und will sie heiraten. Er schickt ihr einen Brief, doch als darauf keine Reaktion erfolgt, ist er immer mehr davon überzeugt, dass ihr Antwortbrief an eine falsche Adresse gelangt ist. Als Erstes in einer Reihe von irrationalen Handlungen bricht er den Briefkasten seines Nachbarn Dusenberry auf und liest den Brief, den die in Dusenberry verliebte Edith geschrieben hat. Darauf schreibt er Edith einen Brief, den er mit Dusenberry unterschreibt, und macht ein Treffen mit ihr an der Grand Central Station aus. Dann erhält er doch einen Brief von Rosalind, die seinen Heiratsantrag ablehnt. Außer sich vor Verzweiflung, begibt er sich zu dem Rendezvous mit Edith, beobachtet sie von weitem, bevor er auf sie zutritt und erklärt: »Es tut mir Leid.« Die Geschichte endet damit, dass er in Richtung Lexington Avenue schlendert und mit Tränen in den Augen an den Brief denkt, den er Rosalind schreiben muss.

Sie nannte die Geschichte, die sie Mitte November abtippte, »Love is a Terrible Thing«, was sich anhört wie ein Kommentar zu Patricia Highsmiths ganzem Leben. »Die Geschichte ist so sehr K. und ich selbst«, schrieb sie in ihr Tagebuch.[3] 1968 wurde sie im *Ellery Queen Mystery Magazine* unter dem Titel »The Birds Poised To Fly« (»Warten«) publiziert, später kam sie in der Sammlung *Der Schneckenforscher* heraus. Als sie ihrer Familie die Geschichte vorlas, fielen die Worte »neurotisch« und »degeneriert«; und sie wurde gefragt, warum sie immer über so finstere Dinge schreiben müsse. Dieses Urteil zeigt, dass Stanley und Mary nicht verstanden, was ihre Tochter beschäftigte und woraus sie ihre schöpferische Kraft bezog.

Im Herbst 1949 schrieb Patricia Highsmith weiterhin an ihrem Roman, zu dem jene Unbekannte im Nerzmantel sie im Dezember 1948 bei Bloomingdale's inspiriert hatte. Es war ihr durchaus bewusst, dass das Buch ihre Beziehungen mit Frauen wie Virginia Kent Catherwood und Kathryn Hamill Cohen widerspiegelte und eine Art Beichte darstellte. Im Oktober las sie einer Freundin eine Seite daraus vor und bemerkte später in ihrem Tagebuch, es sei »ganz und gar ich selbst«. Weiter schreibt sie: »So ist es also. Vielleicht kommt daher mein Selbstvertrauen ... Habe noch nie so etwas gehabt, einen solchen Erguss meiner selbst, in allen Formen des Schreibens. Ein großes Strömen.«[4]

Das Buch ist im gleichen präzisen, unter die Haut gehenden Stil geschrieben wie ihre Thriller, doch es ist im Wesentlichen eine Liebesgeschichte und die Handlung denkbar einfach. Therese Belivet ist eine angehende Bühnenbildnerin, die zeitweilig in der Spielwarenabteilung des New Yorker Kaufhauses Frankenberg's arbeitet. Eines Tages, kurz vor Weihnachten, begegnet ihr eine Kundin, Carol Aid, die eine Puppe für ihre Tochter kauft. Die beiden lernen sich kennen und verlieben sich ineinander, dann begeben sie sich auf eine Reise mit dem Auto quer durch Amerika (ein Motiv, das Jack Kerouacs Roman *Unterwegs* von 1957 anklingen lässt). Doch sie werden von einem Privatdetektiv verfolgt, der von Carols Ehemann engagiert worden ist. Er soll Beweise sammeln, die in einem Scheidungsprozess gegen Carol verwendet werden können, um ihr das Sorgerecht für das gemeinsame Kind zu entziehen.

Es ist unschwer festzustellen, dass Carol eine aus allen Eigenschaften, die Patricia Highsmith an Frauen bewunderte, zusammengesetzte Figur ist. Wie Kathleen Senn, die Frau im Nerzmantel, die eines Tages bei Bloomingdale's auftauchte, hat sie blondes Haar und graue Augen; ihre Anmut, Eleganz und Weiblichkeit sowie eine gewisse göttinnengleiche Unerreichbarkeit rücken sie in die Nähe der verführerischsten Musen, die Patricia Highsmith kannte. Therese ist eine etwas jüngere und naivere Version ihrer selbst. Wie sie ist Therese sich ihrer selbst nicht sicher, sie hat das Gefühl, als würde ihr etwas fehlen, und sie definiert sich über andere, besonders diejenigen, die sie liebt: »... Es gab keinen Augenblick, in dem sie nicht Carol in Gedanken vor sich sah, und alles, was sie sah, schien sie mit Carols Augen zu sehen.«[5] Patricia Highsmith ließ ihre Figuren in diesem Buch gelegentlich Sätze sprechen, die man ähnlich in ihren Notizbüchern finden kann. So hatte sie einmal 1942, nachdem sie ein Glas heiße Milch getrunken hatte, notiert: »Sie schmeckt organisch, nach Blut und Haaren, Fleisch und Knochen. Sie schmeckt lebendig wie ein Embryo, den man aus dem Schoß saugt.«[6] Im

Roman heißt es, nachdem Therese ein Glas Milch von Carol bekommen hat: »Die Milch schien nach Knochen und Blut zu schmecken, nach warmem Fleisch, nach Haar, sie war vollkommen salzlos wie Kalk, aber lebendig wie ein wachsender Embryo.«[7]

Die Figur des Richard, Thereses Freund, den sie später zugunsten von Carol zurückweist, scheint wenigstens teilweise Marc Brandel nachgebildet zu sein. Sex zwischen den beiden war immer eine schwierige Angelegenheit gewesen, Patricia Highsmith war nie damit zurechtgekommen, und im Roman wird die Liebe zwischen Therese und Richard folgendermaßen beschrieben:

> Sie dachte an die erste Nacht, als er bei ihr geblieben war, und schon verkrampfte sie sich. Es war alles andere als vergnüglich gewesen, und mittendrin hatte sie gefragt: »Ist es richtig so?« Wie konnte es richtig und so unangenehm sein, hatte sie gedacht.[8]

Als Richard die »unnatürliche« Neigung seiner Freundin entdeckt, schreibt er Therese einen verächtlichen Brief, in dem er ihre Beziehung zu Carol »unappetitlich und pathologisch«, »haltlos und infantil« nennt. Im Mai 1950 schrieb auch Marc einen solchen Brief an Patricia Highsmith, »in dem er mir sagte, ich würde mich an meine ekelhaften, infantilen Krankheiten klammern, wie ein kleines Mädchen sich an eine Puppe klammert«.[9]

Allerdings beendete Marc, anders als Richard in *Carol*, den Brief mit einem neuerlichen Heiratsantrag. Seine Gefühle für sie waren wesentlich komplexer als Richards Zuneigung für Therese; nach langem Bohren von Pats Seite musste er eines Tages zugeben, dass er sich unter anderem deshalb so zu ihr hingezogen fühlte, weil sie ihn an einen seiner Brüder erinnerte. »Ich überlasse es seinen Analytikern, ihm zu erklären, dass die Gründe, warum er mich mag, mit Homosexualität zu tun haben, was ich immer gewusst habe«, schrieb sie in ihr Tagebuch. Etwas später bekannte er, dass er Frauen mit lesbischen Neigungen von jeher bevorzugt habe.

In einem frühen Stadium trug das Buch den Arbeitstitel *The Argument of Tantalus*, was auf die griechische Mythologie Bezug nimmt. Tantalus, der Sohn von Pelops und Niobe, wurde auf verschiedene Weise für seine Missetaten bestraft. Für Patricia Highsmith sind diese Strafen stellvertretend für die Qualen, die Homosexuelle in der Gesellschaft auszustehen haben. Im Hades steht der ausgehungerte und durstige Tantalus unter einem Obstbaum und vor einem Teich mit klarem Wasser. Jedes Mal, wenn er nach den Früchten greift, erhebt sich der Wind und weht die Zweige von ihm fort, und wenn er sich niederbeugt, um zu trinken, geht das Wasser zurück, und der Teich trocknet aus. Nach einer anderen Erzählung sitzt Tantalus an einem reich gedeckten Tisch, doch er weiß, sobald er eine der Speisen berührt, wird ein riesiger Felsbrocken, der über ihm aufgehängt ist, sich lösen und ihn zerschmettern.

Homosexuelle befanden sich, nach Patricia Highsmiths Ansicht, in einer ähnlich aussichtslosen Lage; sie brauchten die Liebe eines Geschlechtsgenossen, um körperlich und seelisch zu überleben, doch sobald sie das erkannten, wurden sie von der Gesellschaft zurückgestoßen. Sie mussten lernen, sich wegen ihrer eigenen Wünsche zu schämen und sie zu verdrängen, und wurden doch ihres Lebens nicht mehr froh. »Die junge Heldin meines Buches mag manchen heute wie ein schüchternes junges Ding vorkommen«, schrieb Patricia Highsmith im Nachwort zu *Carol*, das erst fünf Jahre vor ihrem Tod unter ihrem eigenen Nachnamen erschien, »doch muss man sich vorstellen, dass die Bars, in denen Homosexuelle verkehrten, damals dunkle Eingänge in Manhattan waren und dass ihre Gäste, um sich ja nicht verdächtig zu machen, lieber eine Station vor oder nach der ausstiegen, von der aus die betreffende Bar bequem zu erreichen gewesen wäre.«[11]

Ursprünglich hatte Patricia Highsmith vor, den Roman tragisch enden zu lassen; Therese und Carol sollten sich endgültig trennen. So hatte sie es selbst oft genug erfahren: Keine ihrer Beziehungen hatte bisher besonders lange gedauert. Sie schrieb aber als Alternative auch einen optimistischeren Schluss und zeigte ihn ihrer Agentin Margot Johnson, die sie im Oktober 1950 dazu überredete, dieser Version den Vorzug zu geben. »Werde MJ beide Versionen zeigen«, schrieb Patricia Highsmith, »und ich bin sicher, sie wird dem ›lichteren‹ Ende zuneigen, bei dem T&C zusammen zurückfahren.«[12]

Die Wahl dieser (später modifizierten) optimistischeren Lösung, bei der Therese am Ende auf Carol zugeht und die Beziehung neu beginnen kann, ist vielleicht überraschend angesichts der Atmosphäre von Angst und Einschüchterung, die damals in Amerika herrschte. Der republikanische Senator Joseph McCarthy machte sich die paranoide Stimmung im Nachkriegsamerika zunutze, um eine Hexenjagd zu beginnen, die sich anfangs nur gegen Kommunisten richtete, den so genannten »Feind im Inneren«. McCarthy appellierte an Neidgefühle auf Intellektuelle und Kommunisten, von denen er sagte, sie seien »mit einem silbernen Löffel im Mund geboren« worden, und sprach von einem Krieg zwischen Gut und Böse. Politisch Andersdenkende und Missliebige jeder Art müssten ausgesondert werden, andernfalls würde die amerikanische Zivilisation ihrem Ende entgegensehen. Sein Feldzug gegen Kommunisten führte zu einer Massenhysterie, und bald verlegte er sich auch auf die Verfolgung von Homosexuellen. »Vielleicht genauso gefährlich wie die Kommunisten sind die sexuell Perversen, die in den letzten Jahren unsere Regierung untergraben haben«, schrieb der Republikaner George Gabrielson 1950 in einem offiziellen Bericht.[13]

Laut McCarthy stellten Homosexuelle ein Sicherheitsrisiko dar; der Senat habe daher jedes Recht, sie aus der Regierung zu entfernen. Der Kampf für ein »moralisch sauberes« Amerika führte dazu, dass jede lesbische Frau und jeder schwule Mann unter dem Verdacht standen, verbrecherische Dinge zu tun. Laut dem Bericht eines Senatskomitees war Homosexualität »den Maßstäben des normalen gesellschaftlichen Verhaltens diametral entgegengesetzt, so dass Menschen, die sich derart betätigen, von der Gesellschaft im Allgemeinen ausgestoßen werden«.[14] Bis zum April 1950 hatten einundneunzig Homosexuelle allein im Außenministerium ihre Kündigung erhalten, und jeder Homosexuelle – Mann oder Frau –, der irgendeine Stellung in der Verwaltung bekleidete, fühlte sich bedroht. McCarthys Angriff auf abweichendes Verhalten dauerte bis 1954, als der Senat ihm Einhalt gebot. Drei Jahre später starb er, doch seine Einstellung wirkte noch lange nach. Sobald irgendwo ein Homosexueller entdeckt wurde, konnte das zu einer Massenpanik führen, denn noch immer wurde in Zeitschriften und anderen Massenmedien Homosexualität mit Verbrechen und Drogensucht in Verbindung gebracht und jede von der Norm abweichende sexuelle Betätigung zu einer Bedrohung für die geistige und körperliche Gesundheit der Nation erklärt. Selbst so genannte seriöse Blätter wie *Human Events*, deren Leserschaft vorwiegend der Führungsschicht angehörte, forderten, dass Homosexuelle und Lesbierinnen entlarvt und zur Strecke gebracht werden müssten. »Durch die Natur ihres Lasters gehören sie einer finsteren, geheimen und gut funktionierenden Internationale an«, hieß es in der Zeitung.[15]

Patricia Highsmith verfolgte mit außerordentlicher Wachheit die apokalyptischen Szenarien im Amerika der frühen fünfziger Jahre. In *Carol* gibt es Hinweise auf die Gefahr von Atombomben: Therese fragt einen Bekannten, ob er vorhabe, seine Arbeit in den Dienst dieser neuen Technik zu stellen. Überhaupt kann der ganze Roman als eine Kritik an der McCarthy-Ära gelesen werden. Therese entflieht dem seelenlosen Konformismus des gefängnisgleichen Kaufhauses und der bedrückenden Beziehung zu Richard, um ihre Träume von persönlicher und sexueller Freiheit mit Carol zu verwirklichen. Doch auf ihrer Fahrt durch Amerika werden die beiden Frauen von dem Privatdetektiv – der deutlich für den finsteren Senator steht – beobachtet und verfolgt. Therese kommt es vor, als ziehe der Detektiv ein sadistisches Vergnügen aus seiner Arbeit, deren Ziel es ist, die Liebenden zu trennen.

> Der Detektiv hatte ihr gezeigt, was sie bisher nur undeutlich ahnte, nämlich, dass die ganze Welt sich gegen sie verschworen hatte, und plötzlich war das, was sie und Carol miteinander

> verband, nicht mehr ein Gefühl der Glückseligkeit oder Liebe, sondern ein Ungeheuer, das zwischen ihnen stand und sie beide in seinen Fäusten gefangen hielt.[16]

Genau wie McCarthy und seine Helfershelfer ihren Opfern mit heimtückischen Mitteln Fallen stellten, so installiert der Detektiv im Hotelzimmer der Frauen in Waterloo ein Mikrofon, und seine Aufzeichnungen werden dann benutzt, um Carol zu erpressen, Therese aufzugeben. »Alles ging ganz glatt heute morgen. Ich kapitulierte ganz einfach«, schreibt Carol in einem Brief an Therese, als der Konflikt zwischen der Liebe zu ihrem Kind und zu ihrer Geliebten sie zu zerreißen droht.[17] Doch am Ende schreibt Patricia Highsmith: »Es würde immer Carol sein – in tausend Städten, in tausend Häusern, in fremden Ländern, wohin sie zusammen reisen würden, im Himmel und in der Hölle.«[18]

Heute scheint uns das nicht weiter bemerkenswert zu sein, doch damals war die Tatsache, dass ein Roman mit der Aussicht auf ein gemeinsames Leben zweier lesbischer Frauen endete, etwas außerordentlich Radikales. »Bis zu diesem Buch«, schrieb Patricia Highsmith in ihrem Nachwort von 1990, »mussten weibliche wie männliche Homosexuelle in amerikanischen Romanen für ihre abseitigen Neigungen büßen, indem sie sich die Pulsadern aufschnitten, sich in einem Swimming-Pool ertränkten oder indem sie zu heterosexuellen Beziehungen ›überwechselten‹, wie man das damals nannte, oder allein, elend und gemieden, in qualvolle Depressionen fielen.«[19]

Trivialromane über Lesbierinnen, oft als Softpornos für heterosexuelle Männer geschrieben, gab es seit den frühen fünfziger Jahren. Doch der Ausdruck abweichender Sexualität war immer ein gefährliches Unterfangen. So wurde etwa gegen Tereska Torres' Bestseller *Women's Barracks*, erschienen 1950 im Fawcett-Verlag – der Untertitel lautete »Die offenherzigen Erinnerungen einer französischen Soldatin« –, eine Senatsuntersuchung wegen des Verdachts auf Pornografie eingeleitet. Die Verlage wollten das profitable Genre weiterhin publizieren, unterwarfen jedoch ihre Autoren einer strengen Zensur. Ann Bannon, eine Autorin lesbischer Trivialromane, sagt: »Der Leser sollte seinen Spaß haben, das war das Wichtigste, dem wurde alles andere untergeordnet.«[20]

Marijane Meaker, die später auch eine Beziehung zu Patricia Highsmith hatte, war damals Sekretärin bei Fawcett. Nachdem ein Lektor sie nach Homosexualität in Internaten und Colleges befragt hatte, schrieb sie unter dem Pseudonym Vin Packer den 1952 veröffentlichten Roman *Spring Fire.* Das Buch endet damit, dass eine lesbische Frau wieder heterosexuell wird, während ihre Freundin in eine psychiatrische Anstalt eingeliefert wird. Marijane Meaker wurde von ihrem Lektor angewiesen, die Geschichte unglücklich enden zu lassen, »andernfalls würde die Post die Bücher wegen des obszönen Inhalts beschlagnahmen lassen«.[21] »Am Ende«, schreibt Jaye Zimet, Autorin eines Buches über lesbische Trivialliteratur in dieser Zeit, »bekommt die Lesbierin immer, was sie verdient … Heirat, Wahnsinn … oder Selbstmord.«[22]

Im August 1950 ging Patricia Highsmith allein ins Kino und sah sich John Hustons *Asphaltdschungel* an, eine Adaption des Romans von W. R. Burnett über eine Diebesbande, die nach dem Überfall auf ein Juweliergeschäft nach und nach auseinander bricht. Der Film gefiel ihr, und sie fand es bemerkenswert, wie der Zuschauer nach und nach dazu gebracht wurde, sich mit der Sicht der Kriminellen zu identifizieren. Als sie auf dem Heimweg die Third Avenue entlangging, suchte ihr Blick die schattigen Winkel und dunklen Gassen zu durchdringen. Die Erforschung der kriminellen Psychologie durch die Mittel der Fiktion waren ihres Erachtens nahe liegend in dieser Ära der Nachkriegszeit. »Wenn ich nur das ganze Chaos der heutigen Welt und meiner eigenen Seele zusammenfügen könnte, um eine Geschichte daraus zu machen!«, schrieb Patricia Highsmith in ihr Notizbuch.[23] Typisch für sie ist, dass sie ihre eigene emotionale Ratlosigkeit und Verwirrung stets mit dem Lauf der äußeren Ereignisse zusammenbrachte. Im Winter 1949 und während des ganzen folgenden Jahres war sie manchmal so durcheinander, dass sie befürchtete, einem Realitätsverlust zu erliegen. Sie bezeichnete sich als im Wesentlichen »polygam«[24], und es war ihr klar, dass ihre frei ausgelebte Sexualität und ihre Neigung, ihren Geliebten so nahe zu kommen, dass sie sich selbst zu verlieren drohte, jederzeit zu einem psychischen Zusammenbruch führen konnten. Offenbar war die Welt ihrer Fantasie für sie wirklicher als das, was sie in der Tat sah. Es war, als bewohne sie eine geheime, abgelegene Welt, die »auf der anderen Seite des Spiegels« lag – wie einer der Arbeitstitel für *Zwei Fremde im Zug* lautete.

Im Januar 1950, nach einer Autofahrt nach Fort Worth und zurück nach New York zusammen mit einer Freundin, beschrieb sie in ihrem Notizbuch ihre Angst vor dem Verrücktwerden. Sie hatte keine irrationalen Gedanken, sondern vielmehr das Gefühl, »als würde einem das ganze Gebäude seiner Kenntnisse aus der Hand gleiten«[25] oder als ob der Nord- und der Südpol plötzlich die Plätze getauscht hätten. Zu dieser Zeit skizzierte sie die Handlung einer Geschichte von einer Frau, die allein in New York lebt und nachts in ihrer Wohnung kratzende Geräusche hört. Allmählich kommt sie dahinter, dass ihre Angst keine äußere Quelle hat, sondern aus ihrem Inneren stammt, »irgendeinem Teil ihres Lebens, den sie nicht kennt«.[26] Später sollte sie diesen Gedanken in ihren unheimlichen Geschichten »Leer ist das Vogelhaus« und »Die Schrecken des Korbflechtens« Ausdruck verleihen.

Im April, als sie gerade einen Brief an Marc geschrieben hatte, in dem sie ihm mitteilte, dass sie sich von ihm trennen werde – diesen Entschluss sollte sie allerdings bald wieder rückgängig machen –, erhielt sie Post aus England. Kathryn Cohen schrieb ihr höflich, dass sie die Beziehung nicht fortführen wolle. Der Gedanke, dass Marc ihren Brief am gleichen Tag erhielt, an dem sie den Brief Kathryns öffnete, muss für Patricia Highsmith höchst schmerzhaft gewesen sein. »So bekommen wir beide am gleichen Tag unser Fett ab.«[27]

Verletzt und traurig zog sie sich in ihre Fantasiewelt zurück und verlor sich in der erfundenen Welt von Therese und Carol. Sie verglich den Prozess des Schreibens dieses Romans mit der Dokumentation ihrer eigenen Geburt, und obwohl es sie viele Qualen kostete, sah sie voraus, dass es ihr bestes Buch werden könnte. Diese Meinung wurde von ihrer Mentorin Ethel Sturtevant geteilt, der sie ein Kapitel zeigte. Ihre ehemalige Lehrerin las die erste Hälfte einer Seite, sah zu ihr auf und rief: »Das ist wirklich Liebe!« Pat, die sich der wahren Natur der Beziehung zwischen Therese und Carol immer noch ein wenig schämte, versuchte sie davon zu überzeugen, dass es sich um nichts weiter handelte als um die fehlgeleitete Sehnsucht nach der Mutter, doch Ethel Sturtevant ließ das nicht gelten. »Das ist das Erwachen der wahren Sexualität«, erwiderte sie. »Es ist faszinierend.«[28]

Patricia Highsmith identifizierte sich absolut mit Therese und verliebte sich in Carol. »Ich lebe nun vollständig mit ihnen«, schrieb sie, »ich kann nicht einmal über eine *amour* nachdenken (auch ich liebe Carol).«[29] Realität und Imagination näherten sich nun gefährlich an, und im Juni wandelte sich die Melancholie der vergangenen Monate in einen fast manischen Zustand. Sie war außer sich vor Glück und hatte ekstatische Träume von Carol. »Ich will ihr treu sein«, schrieb sie.[30] Wegen einer Stirnhöhlenentzündung musste sie zum Arzt, der ihren schlechten Gesundheitszustand ihrer übermäßigen nervösen Anspannung zuschrieb und ihr Beruhigungstabletten verordnete. Nach einem heftigen Streit mit Rosalind Constable, in dessen Verlauf die Ältere sie beschuldigte, exzentrisch, faul und promiskuitiv zu sein, nichts anderes als eine Landstreicherin, fühlte sich Patricia Highsmith noch verletzlicher und zutiefst erschüttert.

Sie hatte ihre eigenen Erfahrungen in Kunst umgewandelt, und jetzt stellte sie fest, dass sie sich wie eine Figur aus einem ihrer Bücher verhielt. Am 30. Juni fuhr sie mit dem Zug nach Ridgewood in New Jersey, um sich auf die Suche nach Kathleen Senn zu machen. »Heute fühle ich mich ganz seltsam, wie ein Mörder in einem Roman nahm ich den Zug nach Ridgewood«, schrieb sie in ihr Tagebuch.[31] Wieder zurück in New York, schrieb sie ein Gedicht an die Fremde über ihre Liebe, die sie mit einem blassen, doch nicht auszumerzenden Flecken auf ihrem Herzen verglich.[32]

Sie hatte zwar Fantasien darüber, wie sie ihre Hände um die Kehle der Unbekannten legte und zudrückte, bis ihr Opfer still und kalt wie eine Statue war, doch ihre Antriebskraft war Liebe, nicht Hass. Es war lebenswichtig für sie, jemandem ihre Liebe zu schenken; wenn niemand in der Nähe war, suchte sie sich irgendeine Frau, die diese Rolle übernehmen konnte. Es machte ihr nichts aus, dass ihre Gefühle nicht erwidert wurden, denn »die Geste ist richtig! Der Gedanke, das Privileg dieser Hingabe!«[33]

»Für alle Virginias«, lautet die Widmung des Romans *Zwei Fremde im Zug*, der am 15. März 1950 veröffentlicht wurde. Obwohl Marc Brandel bei der Gestaltung eine wichtige Rolle gespielt hatte, weil er Pat etwa dazu gebracht hatte, das letzte Kapitel neu zu schreiben und sogar den endgültigen Titel gefunden hatte, entschloss sich die Autorin, seinen Namen nicht zu erwähnen. Stattdessen widmete sie das Buch der Frau, die sie geliebt hatte, ihrer ersten Freundin Virginia und Virginia Kent Catherwood.

Zwei Tage nach der Veröffentlichung gab Patricia Highsmith eine Party. Es kamen Freundinnen wie Kate Kingsley, Rosalind Constable, ihre Lektorin Joan Kahn und einige Journalisten, die sie flüchtig kannte. Auch Djuna Barnes sollte kommen, doch sie rief an und sagte ab, weil sie sich den Rücken verrenkt hatte. Später erinnerte sich Patricia Highsmith an den Augenblick, als sie ihren ersten Roman gedruckt vor sich sah: »Ich weiß noch, wie ich den Karton [mit Büchern] auf dem Boden meiner Wohnung in New York aufmachte und mein erster Gedanke war: ›Die werden eine Menge Platz in der Welt beanspruchen.‹ Da war er, so ein Würfel, und es war komisch, dass mir das passierte. Ich war nicht besonders stolz … aber ich dachte: ›Sie werden Platz brauchen.‹«[34] Sie erinnerte sich Jahre später auch an die Verlegenheit, die sie empfand, wie sie Ronald Blythe 1971 schrieb: »Ich dachte: Wie habe ich nur so verwegen sein können, so was zu riskieren, anzunehmen, ich könnte das Publikum unterhalten, anzunehmen, ich sei eine Schriftstellerin, wie Dickens oder Graham Greene?«[35]

Doch die Kritiken waren positiv. »Auf dem Umschlag ist die Warnung zu lesen, dass man nach diesem Buch nicht mehr so einfach mit einem Fremden im Zug ein Gespräch anfängt«, schrieb ein Rezensent ohne Namensangabe im *New Yorker.* »Das ist fraglos die Untertreibung des Jahres ... Das erschreckende Bild eines seltsam anziehenden jungen Mannes, der alle Komplexe hat, von denen Sie je gehört haben. Höchst empfehlenswert.«[36] Die *New York Herald Tribune Book Review* befand, dass der Roman »einer der düstersten dieses Jahres« sei. »Er hat seine offensichtlichen Fehler. Er ist nicht immer glaubwürdig, und die Figuren sind nicht vollkommen überzeugend. Und doch ist es ein höchst überzeugendes Buch ... Wenn man den Roman Seite um Seite liest, gerät man immer mehr in eine düstere Spannung. Er wird glaubwürdiger, als man es für möglich gehalten hätte ... Eine selten einsichtsvolle Studie über kriminelle Psychologie.«[37]

Schon wenige Tage nach der Veröffentlichung traten Regisseure auf den Plan, die *Zwei Fremde im Zug* verfilmen wollten. Am 22. März lehnte die Agentin ein Angebot über 4000 Dollar ab; schließlich erklärte sie sich mit 6000 Dollar für die zeitlich unbegrenzten Verfilmungsrechte zuzüglich 1500 Dollar für die Mitarbeit am Drehbuch einverstanden. Dieses Angebot stammte von Alfred Hitchcock, der sich erst nach Vertragsabschluss mit Margot Johnson zu erkennen gab. Am 17. Mai schrieb er einen Brief an die Werbeleiterin von Harper & Brothers, Ramona Herdman, in dem er ihr für die Zusendung des Romans dankte und ihr mitteilte, dass er seinen nächsten Film nach ihm drehen werde.[38] 1961 sollte Hitchcock die Filmrechte an Patricia Highsmiths Roman *Der süße Wahn* erwerben, der dann im November des folgenden Jahres verfilmt wurde. »Natürlich hat Hitchcock jetzt alle Rechte, und zwar auf ewig«, schrieb Patricia Highsmith 1967 an ihren französischen Verleger Robert Calmann-Lévy.[39] Zu einem späteren Zeitpunkt ärgerte sie sich darüber, dass Hitchcock nicht mehr für *Zwei Fremde im Zug* bezahlt hatte, doch sie musste auch anerkennen: »Es war kein schlechter Preis für ein erstes Buch. Ich arbeitete damals wie wahnsinnig, um meinen Lebensunterhalt zu verdienen und meine Wohnung zu bezahlen.«[40] Im September, als sie mit Ann Smith in Provincetown Urlaub machte, schickte Hitchcock ihr ein Telegramm, in dem er sie bat, an den Dreharbeiten teilzunehmen, doch sie lehnte trotz der Summe, die er ihr versprach, ab. »Das überraschte mich, weil ich wusste, dass Pat zu dieser Zeit so wild auf Geld war«, sagt Ann.[41] Offensichtlich war sie aber sehr stolz auf die Tatsache, dass sie dem berühmten Regisseur die Filmrechte an ihrem ersten Roman hatte verkaufen können. Brian Glanville, der ihr 1952 in Florenz begegnete, erzählt: »Sie trug den Brief von Alfred Hitchcock mit sich herum, in dem er in ein paar Zeilen schrieb, dass er sich entschlossen habe, seinen nächsten Film nach ihrem Buch *Zwei Fremde im Zug* zu drehen.«[42]

Für Hitchcock erwies sich die Verfilmung als ein schwieriges Unterfangen. Im Juli engagierte er für 2500 Dollar pro Woche den Schriftsteller Raymond Chandler. »Ich schufte immer noch für Warner Brothers, an dieser Hitchcock-Sache«, schrieb Chandler am 13. September an Bernice Baumgarten. »An manchen Tagen denke ich, es macht Spaß, an anderen denke ich, es ist eine verdammte Dummheit. Das Honorar sieht gut aus, ist es aber nicht.«[43] Chandler beendete das Drehbuch am 26. September, doch nachdem er es über seinen Agenten an Hitchcock geschickt hatte, erhielt er ein barsches Telegramm mit der Nachricht, er sei entlassen. Danach engagierte der Regisseur Czenzi Ormonde, die das Drehbuch umschreiben sollte. »Die große Schwierigkeit der Geschichte bestand immer darin, es dem Publikum glaubhaft zu machen, dass Guy sich so verdammt lächerlich verhält, wie er sich verhält«, schrieb Chandler in einem Brief an Hitchcock, den er nie abschickte[44], und er kommt zu dem Schluss, der Film habe »keine Kraft. Keine Charaktere. Keinen Dialog«.[45] »Ein Hitchcock-Film muss ganz Hitchcock sein«, schrieb er seinem Agenten. »Ein Drehbuch, das irgendein Anzeichen eines bestimmten Stils aufweist, muss zusammengestrichen oder verändert werden, bis sich alles völlig harmlos anhört.«[46]

Patricia Highsmith schrieb 1977 die Einführung zu einem Buch über Chandler und sprach darin von ihrer Bewunderung für den

Schöpfer des Philip Marlowe und von den Schwierigkeiten, die er bei der Umwandlung ihres Romans in ein Drehbuch gehabt hatte. »Eines meiner Bücher, *Zwei Fremde im Zug*, hat Chandler ziemlich zu schaffen gemacht, als er in Hollywood als Drehbuchautor arbeitete, und von seinem Grab aus zahlte Chandler es mir mit gleicher Münze heim«, heißt es dort. »Es ist schwierig, Raymond Chandler zu charakterisieren ... Er schrieb in einem Brief: ›Ich nehme an, alle Schriftsteller sind verrückt, aber wenn sie gut sind, glaube ich, dass sie sehr ehrlich sind.‹ Das klingt tatsächlich wie ein Schriftsteller, der sich nicht vor seiner Aufgabe drückt, sondern nach der eigenen Überzeugung arbeitet und sein Herzblut für seine Arbeit hingibt.«[47]

Im Juli 1951 lief der Film in Amerika an, doch da sich Patricia Highsmith zu dieser Zeit in Europa aufhielt, sah sie ihn erst im Oktober. Zunächst gefiel er ihr recht gut, und sie war angetan von Robert Walkers Darstellung des Bruno; doch später gab sie ihrer Enttäuschung darüber Ausdruck, dass Hitchcock die Schockwirkung ausgeklammert habe: Im Film führt Guy, der kein Architekt, sondern ein Profi-Tennisspieler ist und von Farley Granger gespielt wird, seinen Mord nicht aus. Außerdem gefiel ihr Ruth Roman in der Rolle der Ann nicht. »Ich hielt das für grotesk«, sagte sie. »Und noch grotesker ist, dass er [Guy] Politiker werden will und diesen steinernen Engel liebt.«[48]

Nach monatelangem Zögern kam es im Herbst 1950 zum endgültigen Bruch zwischen Patricia Highsmith und Marc Brandel. Im November schlug sie Brandels neuen Roman *The Choice* auf und las auf der ersten Seite die allgemein übliche Formulierung, dass die Figuren des Buches keinerlei Ähnlichkeit mit lebenden Personen hätten. Doch schon nach kurzem Blättern war ihr klar, dass das nicht stimmte: »Ich bin Jill Hillside & zwar bis ins kleinste Detail...«[49]

Oberflächlich gesehen ist Brandels Buch ein Thriller; es geht um den seltsamen Fall von Nat Mason, der berufsmäßig Kakerlaken vernichtet, die Unterwäsche von Frauen stiehlt und Giftbriefe verschickt. Doch in Wahrheit verarbeitet Brandel in diesem Buch seine unglückliche Liebesgeschichte mit Patricia Highsmith. Im Mittelpunkt stehen Ned Marlowe, ein Comiczeichner, seine Freundin Jill und deren Geliebte Ann Dawson, und diese Dreiecksgeschichte spiegelt das Dreiecksverhältnis zwischen Brandel, Pat und Ann Smith wider. Jill ist eine junge schlanke Frau mit dunklem Haar, kräftigen Händen, zarten Schenkeln und kleinen, kindlichen Brüsten. Ned liebt sie, doch er spürt, dass es immer eine gewisse Distanz zwischen ihnen gibt, vor allem während des Liebesakts. Manchmal fragt sie ihn unvermittelt, während er sie küsst: »Was für ein Datum ist am Mittwoch?«, oder sie sagt, dass sie am nächsten Morgen Zahnpasta kaufen muss. »O Gott, wenn er sie nur ein einziges Mal wirklich erreichen könnte, dachte er«, schrieb Brandel.[50]

Als Ned die Wahrheit über Jill und Ann herausbekommt, ist er schockiert und abgestoßen, und er vergleicht die Entdeckung mit dem Gefühl, wenn ein Verband abgenommen wird: »Du wusstest die ganze Zeit, wie schlimm es war, die Ärzte hatten es dir gesagt, aber du hattest es nicht geglaubt, bis du den Stumpf sahst.«[51] Die homosexuelle Welt ekelt ihn an, er glaubt, dass es darin nur Eifersucht, kurze, flüchtige Beziehungen und Hysterie gibt; die einschlägigen Bars sind für ihn »Arenen für Monstrositätenschauen«.[52] Ned kämpft mit allem, was ihm zur Verfügung steht, um seine Geliebte zurückzugewinnen. Eines Tages lernt er Ann kennen, die ihm erzählt, dass Jill nur einen hässlichen, brutalen Kerl in ihm sieht. Doch nach einem schwachen Höhepunkt, bei dem der Kammerjäger entlarvt wird und sich schließlich umbringt, gibt es die vage Aussicht auf eine Wiederannäherung von Ned und Jill – was für Brandel und Patricia Highsmith mittlerweile unmöglich geworden war.

Im Oktober 1950 kamen der Schriftstellerin die ersten Zweifel, ob der Roman über die Liebe zwischen Carol und Therese überhaupt veröffentlicht werden sollte. Nach der Publikation von *Zwei Fremde im Zug* galt sie als Thriller-Autorin; das Letzte, was sie wollte, war, nun als Verfasserin von Lesbenromanen bekannt zu werden. Nach einem Gespräch mit ihrer Agentin stimmte sie zu, das Buch unter einem Pseudonym erscheinen zu lassen. Unter anderem machte sie sich Sorgen darüber, was ihre vierundachtzigjährige Großmutter darüber denken würde. »Pat sagte, sie werde einen anderen Namen benutzen, weil sie ihre Großmutter nicht gegen sich aufbringen wollte«, erinnert sich Ann.[53]

Im Januar 1951 wählte sie, auf Anns Vorschlag hin, Claire Morgan als Pseudonym; eine Cousine ihrer Mutter war mit Rex Morgan, einem Architekten, verheiratet, und Claire war der Name einer Freundin ihrer Mutter.[54] Patricia Highsmith schrieb in ihr Tagebuch, dass es eine »zeitweilige, partielle Erlösung von der Scham« war.[55]

Das Buch wurde im Januar 1951 von Harper & Brothers angenommen, aber Patricia Highsmith empfand es als die größte Ironie, dass sie darin ein optimistisches Ende konzipiert, im Leben aber immer nur Frustration und Zurückweisung erlebt hatte. »Ach, ich schreibe ein Buch mit einem glücklichen Ende, aber was passiert, wenn ich die Richtige finde?«[56], fragte sie. Eine Frau zu finden, die sowohl Muse als auch Geliebte für sie sein könnte, war für sie lebenswichtig. Ohne eine solche Frau »kann ich mich auch als Schriftstellerin nicht weiterentwickeln, ich kann nicht so leben«.[57] Sie plante eine weitere Reise nach Europa – *Zwei Fremde im Zug* sollte in England im Februar 1951 bei Cresset Press und in Frankreich bei Calmann-Lévy zu Beginn des folgenden Jahres herauskommen –, aber nach ihrer Rückkehr wollte sie mit einer Frau zusammenleben, die sie liebte. Das sei doch nicht zu viel verlangt!, meinte sie.

Bevor sie abreiste, besuchte sie ein letztes Mal Kathleen Senn. Am 21. Januar fuhr sie nach Ridgewood, New Jersey, um die Frau zu sehen, die sie zu ihrem Buch über zwei lesbische Frauen inspiriert hatte. Sie schloss die Augen und ließ das Bild des Hauses mit den Märchentürmen in sich aufsteigen. Und sie rief sich ihre Begegnung in der Spielwarenabteilung von Bloomingdale's, die den Lauf ihres Lebens verändert hatte, noch einmal ins Gedächtnis.

Als das Buch unter dem Titel *The Price of Salt* im Mai 1952 veröffentlicht wurde, hieß es in der *New York Times Book Review*, es zeichne sich durch »Aufrichtigkeit und guten Geschmack« aus, aber es sei »trotz des hochexplosiven Themas« entschieden wenig explosiv geschrieben. »Therese bleibt als Figur schwach, und die anderen Personen sind nicht mehr als Schattenrisse.«[58] Doch das Publikum stimmte mit diesem vorschnellen, abschätzigen Urteil nicht überein; als der Roman 1953 als Taschenbuch erschien, wurden über eine Million Exemplare davon verkauft. »Roman über eine Liebe jenseits der gesellschaftlichen Normen« hieß es auf dem Umschlag; darunter sah man das grelle Bild eines unschuldig aussehenden Mädchens mit sorgenvollem Blick, das von einer älteren eleganteren Frau umarmt wird, während im Hintergrund die Gestalt eines erschrocken aussehenden jungen Mannes auftaucht. Bei Homosexuellen – Männern und Frauen – in ganz Amerika fand der Roman eine überwältigende Resonanz. Patricia Highsmith erhielt über Monate hinweg zweimal wöchentlich zehn bis fünfzehn Briefe von Lesern.

»Die Briefe waren sehr ergreifend und zeigten, wie entsetzlich unterdrückt lesbische Frauen in den kleinen Städten Amerikas waren, im Namen der Bibel wurden sie als sündig und verworfen gebrandmarkt«, schreibt Ann Clark. »Ich erinnere mich besonders an den Brief einer Frau aus einer Kleinstadt. Sie sagte, dass sie, bis sie das Buch gelesen hatte, geglaubt hatte, sie sei die einzige Frau auf der ganzen Welt, die so starke Gefühle für eine andere Frau empfand.«[59]

Kathleen Senn kam jedoch nie dazu, das Buch zu lesen, zu dessen Zustandekommen sie, ohne es zu wissen, beigetragen hatte. Am 30. Oktober 1951 ging sie in ihre Garage, schloss die Türen und ließ den Motor ihres Wagens an. Patricia Highsmith hat nie erfahren, was aus der echten Carol wurde und dass sie ihrem Leben auf diese Weise ein Ende setzte.

Zwei Identitäten: Opfer und Mörder

(1951–1953)

Etwas verkatert bestieg Patricia Highsmith in New York das Flugzeug, das sie nach Paris bringen sollte, wo sie am frühen Morgen des 5. Februar 1951 in Orly ankam. In den nächsten beiden Jahren würde sie in Europa bleiben, immer auf dem Sprung zwischen London, Paris, Venedig, Florenz, Rom, Salzburg und München. Wie die Figur des Tom Ripley, die sie drei Jahre darauf erfand, hatte sie keine feste Adresse und musste ihre Post bei den Schaltern des American Express abholen. Sie sei immer nur »*care* of Mrs. Irgendwer … ohne Heimat«, notierte sie.[1] Kate Kingsley erzählte sie, dass Europa ihr in vielerlei Hinsicht helfe: Sie fand es hier einfacher, Freunde zu gewinnen, als in Amerika; sie mochte die Menschen, die ihr ernsthafter vorkamen als zu Hause; die bloße Veränderung der Umgebung ließ sie das Leben mit neuen Augen betrachten und regte ihre kreative Fantasie an; und in praktischer Hinsicht war das Leben billiger als in den Vereinigten Staaten. Einzelne Dinge, etwa Papiertaschentücher, mochten teurer sein, doch »sich auf elegante Weise zu vergnügen, in herrlicher Umgebung, kostet nicht viel«, schrieb sie ihrer Freundin.[2]

Nach einem kurzen Aufenthalt in Paris, wo sie mit Janet Flanner und dem Pariser Korrespondenten des *New Yorker* sowie dessen Freundin, der Verlegerin Natalia Danesi Murray, Cocktails trank, flog sie am 16. Februar weiter nach London. Am Flughafen Northolt wurde sie von Reportern erwartet, die ihr im strömenden Regen Fragen zu ihrem neuen Roman *Zwei Fremde im Zug* stellten. »Miss Highsmith ist eine bescheidene und ernsthafte Persönlichkeit«, kommentierten die *Evening News*, »und heute trug sie einen schwarzen Hosenanzug, einen grauen Pullover und flache Schuhe.«[3]

Vom Flughafen nahm sie ein Taxi zur Old Church Street 64 in Chelsea. Kathryn Cohen kam ihr schmaler und nicht mehr so strahlend vor; obwohl sie ihren Gast herzlich willkommen hieß, wusste Pat, dass es unmöglich war, die einst so leidenschaftliche Beziehung wieder aufzunehmen. Sie ging ins Bett, fand aber keinen Schlaf und hatte in dieser Nacht den Einfall für ein neues Buch, dem sie dann den Arbeitstitel *The Sleepless Night* gab. Die Handlung sollte »wild sein ... Es würde viel Sex geben, und daraus würden sich dann wie selbstverständlich auch Gewaltszenen ergeben«.[4] Im Mittelpunkt sollte ein junger Mann stehen, der seiner Frau erlaubte, die Geliebte seines Freundes zu werden. Am nächsten Tag hatte sie hohes Fieber – als *Carol* »geboren« wurde, hatte sie Windpocken bekommen –, es wurde eine Bronchitis diagnostiziert, und sie musste drei Tage das Bett hüten.

Der Einfall zu dem Roman war nichts Neues; das zentrale Thema hatte sie schon monatelang mit sich herumgetragen. Im November des vorangegangenen Jahres hatte sie in groben Umrissen die Geschichte eines verheirateten Mannes skizziert, der mit ansieht, wie seine Frau mit einem anderen Mann schläft; der gehörnte Ehemann kam ihr wie ein Symbol für den Schmerz des ganzen Lebens vor: »Wir alle warten in passivem Zorn, resigniert oder verwirrt, während das Liebste, das wir besitzen, herumhurt; das ist der Sinn des Lebens, dessen Angesicht wir schon vor langer Zeit vergessen haben und niemals kannten.«[5]

Es war eine schmerzhafte Erfahrung, dass sie jetzt mit Kathryn zusammen war und wusste, dass diese ihren Mann nicht ihretwegen verlassen würde, und allmählich setzte sich in Pat die Vorstellung fest, dass die Zeit, die sie zusammen verbracht hatten, nicht mehr als ein Traum gewesen sei. Sie gab Kathryn *Carol* zu lesen und war über die Reaktion enttäuscht, die sie als bloße Gleichgültigkeit interpretierte. »Ich glaube nicht, dass ihr das Buch so sehr gefällt, dass sie es Dennis empfehlen würde, wie das letzte«, notierte Patricia Highsmith.[6] Sie hatte das Gefühl, ihr gegenüber als Freundin wie als Schriftstellerin versagt zu haben.

Von London reiste sie zunächst wieder nach Paris, dann nach Marseille und schließlich nach Rom, wo sie am 17. April eintraf. Die Stadt wimmelte von Leuten, die einen Blick auf Prinzessin Elizabeth und ihren Mann, Prinz Philip, erhaschen wollten, die gerade die »Ewige Stadt« besuchten. Patricia Highsmith erfuhr, dass *Zwei Fremde im Zug* für den renommierten amerikanischen Edgar-Allan-Poe-Preis nominiert worden war. Sie erkannte, dass die meisten Menschen in ihrer Situation nun aus der Reise einen »Triumphzug«[7] machen würden, doch sie fühlte sich von einem überwältigenden Gefühl des Ungenügens bedrückt. Als sie mit Natalia Danesi Murray zusammentraf, die als Repräsentantin des italienischen Verlags Mondadori eine Wohnung in Rom und eine Villa in Capri unterhielt, war die Schriftstellerin so schüchtern, dass sie kaum ein Wort herausbrachte.

Sie besuchte das Keats-Shelley-Haus an der Piazza di Spagna und schrieb Artikel über den 2700. Geburtstag der Stadt, die sie an den *Star-Telegram* nach Fort Worth schickte. Zusammen mit Natalia fuhr sie nach Neapel und von dort aus mit dem Schiff nach Capri. Sie litt, weil sie vieles auf dieser Reise an die glücklichen Augenblicke mit Kathryn im Sommer 1949 erinnerte. Wieder zurück in Rom, besichtigte sie die Katakomben von San Callisto und dachte daran, wie sie Kathryn in den dunklen Grabanlagen von Siracusa geküsst hatte. Sie fragte sich, warum Kathryn ihr nicht schrieb, und nahm an, dass sie Hass gegen sie empfinde, ein Gefühl, das ihr lieber war als Gleichgültigkeit.

Anschließend besichtigte Patricia Highsmith Florenz und Venedig – die letztgenannte Stadt bezeichnete sie einmal als ein Wunder, nicht nur wegen ihrer Schönheit, sondern auch, weil sie es erstaunlich fand, dass sie bis heute erhalten geblieben sei. In Venedig traf sie sich mit Peggy Guggenheim und Somerset Maugham in einer Bar. Sie tranken Cocktails, sprachen aber nicht über die Arbeit. Patricia Highsmith bewunderte Maugham, der den perfekten trockenen Martini mixen konnte, und sagte von ihm, er sei »klein, er stottert und ist außerordentlich höflich«.[8] Auf der Reise erfuhr sie, dass sie den Edgar-Allan-Poe-Preis nicht bekommen hatte – ausgezeichnet wurde der Roman *Nightmare in Manhattan* von Thomas Walsh –, und als sie in München ankam, erhielt sie die traurige Nachricht, dass Harper & Brothers ihren Roman über eine lesbische Liebe doch nicht veröffentlichen wollte. Die Verlagsleitung war offensichtlich der Meinung, dass sie ihrem Gegenstand zu nahe und ihr Stil noch zu unreif sei. Doch von diesen Rückschlägen ließ sie sich nicht allzu sehr beeindrucken, und drei Wochen später, am 6. Juli, schrieb ihr Margot, ihre Agentin, dass der Verlag Coward-McCann das Buch angenommen habe und ihr bei Abgabe des fertigen Manuskripts 500 Dollar zahlen werde.

In München wohnte sie in der Pension Olive in der Ohmstraße. Sie schrieb ihrer Mutter und erzählte ihr von den Sehenswürdigkeiten, die sie in Deutschland bereits besichtigt hatte – unter anderem das Goethehaus in Frankfurt –, und teilte ihr mit, dass ihr gesundheitlicher Zustand sich merklich gebessert habe, was sie darauf zurückführte, dass sie mehr Milch trank und einfachere Speisen zu sich nahm. In ihrem Notizbuch fragte sie sich, wie oft das Herz sich erneuern könne – »ich bin fünf oder sechs verschiedene Menschen in dreißig Jahren gewesen«, schrieb sie[9] –, und dachte über ihre Sterblichkeit nach. Am 4. Juli, dem Tag der Premiere des Hitchcock-Films, lag sie im Bett und fühlte sich alt und – absurderweise – dick. Sie lauschte dem Herzschlag in ihrer Brust und zwang sich, der Tatsache ins Auge zu sehen, dass sie eines Tages sterben würde. Sie rief sich ins Gedächtnis, dass Natalia Murray auf Capri gesagt hatte, man beginne erst mit dreißig richtig zu leben; doch gegen den überwältigenden Gedanken an den Tod kamen diese Worte nicht an.

Eitrige Abszesse an der Mundschleimhaut führten dazu, dass sie sich zwei Zähne ziehen lassen musste, doch im August arbeitete sie wieder an dem Roman, der jetzt den Titel *The Price of Salt* trug. Gleichzeitig schrieb sie die Handlung für »The Sleepless Night« und spürte, dass sich ihre schöpferischen Kräfte erneuerten. »Ich habe mich nie in allen Poren so (gefährlich) lebendig gefühlt wie in den letzten drei Tagen«, bemerkte sie.[10] »The Sleepless Night« wurde später in *The Traffic of Jacob's Ladder* umbenannt; sie schrieb vierhundert Seiten dieses »sehr langen und konventionellen Romans ... im Mittelpunkt stehen acht Personen, nicht nur eine«.[11] Er wurde im Oktober 1952 von Coward-McCann abgelehnt und später auch von Harper & Brothers, wegen seiner »Zusammenhanglosigkeit und am meisten, glaube ich, weil es keinen richtigen Schluss für das Ganze gibt«, wie die Autorin an Kate Kingsley schrieb. »Einige haben auch gesagt, die Gedanken darin seien banal.«[12] Das Manuskript kam dann 1958 auf rätselhafte Weise abhanden, doch im Schweizerischen Literaturarchiv in Bern liegen in einer der Kisten die letzten zehn Seiten des verschollenen Romans von Patricia Highsmith verborgen. Kate Kingsley, die das Buch gelesen hat, äußerte die Ansicht, es habe »nichts mit einer Suspense-Geschichte zu tun ... Es war ein ernsthaftes Buch, und ich dachte, wenn sie so weiterschrieb, würde sie etwas daraus machen.«[13]

Das maschinengeschriebene Fragment auf vergilbtem Papier in Bern zeigt, dass der in Paris spielende Roman sich auf seinem Höhepunkt mit der engen Beziehung zweier Männer, Gerald und Oscar, beschäftigt. In typisch Highsmithscher Manier ist die Beziehung der beiden männlichen Figuren homosexuell gefärbt:

> [Gerald] würde ihn immer wieder für sich erschaffen, mit Liebe und als Bruder, ohne nach dem Warum und dem Wozu zu fragen und ohne ein Urteil zu fällen. Und das drängende Gefühl in seinen Fingern schoss seine Arme hoch und wurde zu dem Verlangen, den Fremden hinter ihm zu umarmen, mit einer Liebe, die die brüderliche und die freundschaftliche Liebe überstieg.[14]

Auf den letzten Seiten entdeckt Gerald, dass Oscar eine Überdosis Nembutol eingenommen hat, und er erfährt, dass er der einzige Erbe des Besitzes seines Freundes ist (eine interessante Parallele zu *Der talentierte Mr. Ripley*). Das Buch endet damit, dass Gerald als einsame Figur angesichts einer ungewissen Zukunft seinen Koffer nimmt und in die Dunkelheit hinausgeht.

Trotz all ihrer körperlichen und seelischen Probleme glaubte Patricia Highsmith zu diesem Zeitpunkt, dass eine freundliche Zukunft sie erwarte. Als sie im Mondlicht unter Trauerweiden in einem Park in München spazieren ging, blickte sie hoffnungsvoll all den neuen Möglichkeiten entgegen; sie wusste, dass ihre Fantasie sich zu weiteren Höhen emporschwingen würde. »Ich lebe! Oh, diese Reise! Gerade genug sexuelle Erfahrungen, um meinen Appetit anzuregen, nie auch nur halb befriedigt. Vielleicht heißt das mehr Schaffenskraft ...«[15]

Zwei Wochen nach diesem Eintrag in ihrem Notizbuch lernte Patricia Highsmith die Soziologin Ellen Hill kennen, die ihr Leben in den nächsten vier Jahren formen und der sie in einer Mischung aus Liebe und Verachtung sehr lange verbunden bleiben sollte, bis einige Jahre vor ihrem Tod. Ellen gab wie einige geliebte Frauen vor ihr den Anstoß zu einigen der eindrucksvollsten Romane von Patricia Highsmith, doch wie die Schriftstellerin ihre Muse in ihren Büchern darstellt, ist alles andere als schmeichelhaft.

Von Anfang an ist ihre Beziehung von Quälereien gekennzeichnet. »Ellen war wie eine Gouvernante«, behauptet Kate Kingsley. »Die beiden verband eine Hassliebe.«[16] »Sie war durchaus brillant, sehr intelligent, aber ein wenig hochnäsig«, räumt Peggy Lewis ein, die beide Frauen kannte.[17] »Sie war eine der unangenehmsten Frauen, die ich je kennen gelernt habe«, sagt Peter Huber, Patricia Highsmiths Freund und Nachbar in Tegna. »Aber sie waren aus irgendeinem Grund und obwohl sie einander quälten, fest miteinander verbunden. Ich erinnere mich, dass Pat einen Aschenbecher für sie anfertigte, auf den sie, weil sie eine Vorliebe für Wortspiele hatte, das Wort ›Forellen‹ schrieb, verziert mit drei Fischen. Ellen gefiel er nicht, deshalb hat Pat ihn behalten.«[18]

Pat und Ellen wurden einander Anfang September 1951 in München von einer gemeinsamen Bekannten vorgestellt. Bei ihrem ersten Treffen fragte Ellen Pat, ob sie Barock oder Rokoko lieber möge. Sie fuhren dann nach Tegernsee, wo sie Kaffee und Wein tranken, bevor sie zu Mittag aßen. Patricia Highsmith bemerkte, dass die zweiundvierzigjährige zierliche und gepflegte Frau »intelligent, ziemlich humorlos, sehr höflich«[19] war, fand sie aber mäßig attraktiv. Zwei Tage später lud Ellen sie in ihre Wohnung in der Karl-Theodor-Straße ein, wo die beiden Gedichte und Radiomusik hörten. Dann bat Pat Ellen, sich neben sie auf das Sofa zu setzen. Ellens Hände und Körper erinnerten sie an Virginia Kent Catherwood, und vor allem aufgrund dieser Erinnerung schlief sie mit ihr. »Ach, sie ist Ginnie so ähnlich«, schrieb sie in ihr Tagebuch. »Heute Abend hatte ich das einzigartige, wunderbare Gefühl, jede andere auszulöschen, die es zwischen ihr und Ginnie gegeben hat.«[20]

Ellen sagte Pat, sie sei nicht nur die beste Liebhaberin, die sie je gehabt habe, sondern auch besser als jede, von der sie je gehört oder gelesen habe. »Ellen Hill hat mir erzählt, dass Pat eine fabelhafte Liebhaberin war«, sagt Kate Kingsley.[21] Doch die scharfsinnige Ellen fand auch bald heraus, dass ihre Freundin dazu neigte, ihre Geliebten mit imaginären Eigenschaften auszustatten; und sie wusste, dass dieser Hang einer glücklichen Beziehung im Weg stehen würde. So konfrontierte sie die Schriftstellerin mit alldem, was sie an ihr auszusetzen hatte. »Sie sagt, ich würde mir den betreffenden Menschen zurechtlegen, wie es mir passt, und dann entdecken, dass er nicht zu mir passt, und die Beziehung mit ihm abbrechen«, schrieb Patricia Highsmith. »So analysiert sie meine psychische Struktur in der Vergangenheit.«[22]

Unglücklicherweise wandelte sich diese Struktur nicht. Beide Frauen kannten das Risiko, doch keine von ihnen war zur Trennung bereit. Pat entdeckte, dass sie sich leidenschaftlich verliebt hatte – sie konnte nicht mehr schlafen, verlor den Appetit, und ihre Taille wurde so schmal wie die einer Puppe –, obwohl oder gerade weil Ellen ihr offensichtlich nicht gut tat. Sie fand Ellens Mangel an Wärme erstaunlich und ihre hochnäsige Haltung Freunden gegenüber ungeheuer peinlich. »Ich hasse gewöhnliche Menschen«, sagte ihr Ellen[23], und diese Ansicht sollte sich in den folgenden Jahren nicht verändern. »Ich spreche oft mit einer Freundin, die Soziologin ist«, äußerte Patricia Highsmith 1981 in einem Interview, »und ihre Meinung ist, dass die meisten Menschen ziemlich gewöhnlich sind, dass uns die allgemeine Erziehung nicht das Glück und die Schönheit beschert hat, die man sich erhofft hatte.«[24]

Ellen beklagte sich darüber, dass sie einen Monat lang, seitdem sie einander kennen gelernt hatten, nicht eine einzige Nacht richtig zum Schlafen gekommen sei; dass Pat zu viel trinke, schlampig, nachlässig und geistesabwesend sei. Wenn Pat sich irgendeine Kleinigkeit zuschulden kommen ließ, etwa ein wenig Milch verschüttete, konnte Ellen das in einen Zustand der Raserei versetzen. Sechs Wochen nach ihrer ersten Begegnung schrieb Pat in ihr Tagebuch, dass das Leben mit Ellen, der »Harpyie«, ihr ganzes Verdauungssystem durcheinander gebracht habe. »Ich spüre, dass es ihr Spaß macht, mich zu beherrschen«, schrieb sie, »indem sie mein Leben ordnet, um mir das Gefühl von Hilflosigkeit und Abhängigkeit ihr gegenüber zu vermitteln.«[25]

Anfang Februar 1952 fuhren Ellen und Pat von München nach Paris und von dort nach Nizza, Cannes, Le Perthus und Barcelona, bevor sie sich mit dem Schiff nach Mallorca aufmachten. Je länger die Reise dauerte, desto schlechter wurde ihre Beziehung. Patricia Highsmith ärgerte sich immer mehr über Ellens Hund, dem sie eines Abends die Hälfte des Steaks, das sie sich zum Abendessen bestellt hatte, abgeben musste. Sie nahm ihren Hass auf den Hund zum Anlass, um ihre feindseligen Gefühle zu ergründen, und kam darauf – vielleicht psychologisch nicht hundertprozentig stimmig –, dass sie den Hund nicht viel anders behandelte, als einst ihr Stiefvater und ihre Mutter sie selbst behandelt hatten. Auch Ellen missachtete sie als Schriftstellerin und behandelte sie, als sei sie ein dummes kleines Ding. Auf Mallorca schliefen sie in getrennten Betten und gaben sich nicht einmal einen Gutenachtkuss. Im März fuhren sie nach Cannes-sur-Mer, wo sie für 35 Dollar im Monat ein zweistöckiges Haus mieteten. Pat schrieb ein Gedicht, in dem sie den wechselseitigen Hass zum Ausdruck brachte, der sie zusammenhielt. Sie erwog, Ellen zu verlassen, doch ihre Gefühle schwankten zwischen kaltem Hass und der Gewissheit, ohne sie wahnsinnig zu werden, immer wieder hin und her. Im April mieteten sie ein Haus in Florenz, in dem sie die nächsten Monate verbrachten; Ellen suchte in dieser Zeit nach einer geeigneten Arbeit, während Patricia Highsmith sich daranmachte, »The Traffic of Jacob's Ladder« zu Ende zu schreiben. Es fiel ihr aber sehr schwer zu arbeiten, wenn Ellen in der Nähe war, denn sie wurde ständig von ihr mit Beschwerden über Haushaltsangelegenheiten behelligt. »Sie könnte meine Arbeit nicht wirksamer sabotieren«, notierte Pat, »außer indem sie das Manuskript verbrennt.«[26] Tagsüber stritten sie sich, in der Nacht liebten sie sich; es war »Ellens letzter Versuch, mich (auf immer) festzuhalten«.[27] Die Stimmung zwischen ihnen sei so grauenhaft, schrieb sie, dass sie die Frühlingsblüten an den Bäumen zu vergiften drohe.

Eine warme Florentiner Nacht im Juni 1952. Patricia Highsmith träumt. Sie ist in einem Zimmer mit Kathryn Cohen und einem nackten Mädchen, das ihr selbst ähnlich sieht. Sie wird von dem Verlangen überwältigt, das Mädchen in Brand zu stecken, und befiehlt ihr, sich in die Badewanne zu stellen. Sie gibt ihr eine kleine Statue, eine Puppe ihrer Großmutter, und steckt das Mädchen an. Als die Flammen zu tanzen beginnen und an ihr hochlecken, beginnt Kathryn zu weinen und legt ihren Kopf auf ihre Schulter. Die Träumerin sagt Kathryn, sie dürfe nicht vergessen, dass das Mädchen sie darum bat, sie in Brand zu stecken, dass es ihr eigener Wunsch war. In diesem Moment bewegen sich die Lippen des Opfers, und sie wendet gequält den Kopf von dem grausamen Geflacker ab. Die Träumerin beobachtet, wie das Mädchen verbrennt, und ist über ihre eigene Tat entsetzt, dann aber steht das Mädchen wieder auf und steigt aus der

Badewanne, und es ist bis auf ein paar kleinere Brandwunden, die seine Haut dunkler gefärbt haben, unverletzt. Patricia Highsmith fühlt sich schuldig und befürchtet, dass das Mädchen sie wegen dieses schrecklichen Verbrechens anzeigen wird – und dann wacht sie auf. Sie denkt über den Traum nach und hat das Gefühl, dass das Mädchen in der Badewanne sie selbst sei. »In diesem Fall«, schrieb sie in ihr Tagebuch über diesen erschreckend anschaulichen Traum, »hätte ich zwei Identitäten: die des Opfers und die der Mörderin.«[28]

Von Florenz aus fuhren Pat und Ellen nach Positano, jenem malerisch am Abhang des glitzernden azurblauen Mittelmeers gelegenen Fischerdorf an der amalfitanischen Küste. Und hier sah Patricia Highsmith, als sie eines Morgens gegen sechs Uhr auf den Balkon des Hotels Miramare hinaustrat, einen jungen Mann am Strand entlanglaufen – den Mann, der später in ihrer schöpferischen Fantasie als Tom Ripley wiedergeboren werden sollte.

»Eines Morgens wachte ich gegen sechs Uhr auf und ging auf die Terrasse. Es war kühl und ganz still … Keine Menschenseele weit und breit, nichts regte sich …, da sah ich auf einmal einen jungen Mann in Shorts und Sandalen daherkommen, der mit einem Handtuch über der Schulter von rechts nach links am Strand entlangging … Ich konnte nur sehen, dass er glattes, eher dunkles Haar hatte. In seiner ganzen Haltung lag etwas Nachdenkliches, es schien ihm nicht wohl zu sein in seiner Haut. Und warum war er allein? … Hatte er sich mit jemandem gestritten? Was ging in ihm vor? Ich habe ihn nie wiedergesehen.«[29]

Zwei Jahre später, als sie *Der talentierte Mr. Ripley* zu schreiben begann, sollte sie auf dieses Erinnerungsbild zurückkommen. Im Sommer 1952 jedoch konzentrierte sie ihre kreativen Energien auf einen weiteren Roman, *Der Stümper*, der auf ihrer Hassliebe zu Ellen Hill beruhte. Das Buch sollte sich um einen Mann drehen, der einen Mord nachahmt. »So knapp wie möglich, mit gutem Humor und tragisch in der Hoffnungslosigkeit seiner unglücklichen Ehe«, schrieb sie am 4. Juli in ihr Tagebuch, »und ich werde die schlimmsten Aspekte meiner selbst darin verarbeiten.«[30] Manchmal schaudert es einen beim Lesen dieses Romans – dessen Arbeitstitel *A Man Provoked* und *A Deadly Innocence* lauteten –, da Clara, die reizbare, manipulative, dominante Ehefrau von Walter Stackhouse eindeutig nach dem Vorbild von Ellen Hill gestaltet wurde. Wie Ellen scheint Clara ihren Hund Jeff mehr zu lieben als ihren Partner, was Walter auf die Dauer nicht ertragen kann. »Wenn du wieder Fisch nimmst«, sagt Clara ihrem Mann eines Abends bei einem gemeinsamen Restaurantbesuch, »wird Jeff heute nichts bekommen!«[31] Sie ist nicht nur wie Ellen gegen Alkohol und Sex, sondern sie hasst auch Walters Freunde. Eines Tages dämmert es ihm, »dass er mit einer Neurotikerin verheiratet war, einer Frau, die in gewisser Hinsicht regelrecht verrückt war …«[32] Als Walter in der Zeitung liest, dass in Tarrytown, im Staat New York, die Leiche einer Frau gefunden wurde – die Ehefrau von Melchior Kimmel, der sie ermordete –, beginnt er sich vorzustellen, wie er Clara umbringt.

Zweifellos wurzeln all die giftigen Gefühle, die in *Der Stümper* ihren Ausdruck finden, im realen Leben. Vor der idyllischen Kulisse der amalfitanischen Küste mit ihren reizenden Buchten, paradiesischen Hängen und Zitronenduft geschwängerten Brisen, führten die beiden Frauen einen psychologischen Krieg gegeneinander. Wieder beklagte sich Ellen, dass Pat ihren Schlaf störe, und Pat musste sich, wenn sie in Ruhe lesen wollte, ins Bad zurückziehen, wo es heiß und stickig war. Wenn sie ein paar Flaschen Gin und Wermut kaufte, wurde Ellen fuchsteufelswild und beschuldigte Pat, sich zu betrinken, sobald sie ihr den Rücken zukehrte. Sex sollte zwischen ihnen nicht stattfinden, und Ellen verhielt sich wie eine verbitterte Gouvernante gegenüber einem Pflegling, der etwas schwer von Begriff war.

Nicht anders als Walter fühlte sich Patricia Highsmith wie eine Gefangene in einer ungesunden Beziehung. Sie litt unter Kopfschmerzen und niedrigem Blutdruck, hatte keine Energie und war ständig deprimiert. Ihr Verstand sagte ihr, dass sie sich von Ellen trennen sollte, doch gefühlsmäßig war sie immer noch stark mit ihr verbunden, und »die ständige Angst vor gewalttätigen Konsequenzen hält mich davon ab, mich von ihr loszureißen«.[33]

Ende Juli besuchte sie W. H. Auden in seinem Haus in Forio; er empfing sie barfuß und war in Gesellschaft eines Mannes, den sie als »jungen italienischen Schwulen« beschrieb. »Ich erwartete, dass wir über Gedichte sprachen«, schrieb Patricia Highsmith später an Kate Kingsley, »aber er redete nur davon, dass alle Dinge dort so billig seien.«[34]

Nachdem sie Ascona und noch einmal München besucht hatten, zogen die beiden Frauen nach Paris; Ellen hatte bei der Tolstoy Foundation eine Stelle gefunden. Der Tapetenwechsel trug indes nicht zur Verbesserung ihrer Beziehung bei, und am 10. September weckte Ellen ihre Freundin mitten in der Nacht und ging wütend mit den Fäusten auf sie los. Eine Stunde dauerte der Streit, in dessen Verlauf Ellen genau wissen wollte, wie viele Abende in der Woche Pat vorhatte, mit anderen Leuten zu verbringen. Ellen wurde völlig hysterisch und sagte mit Märtyrermiene, sie sei bereit, ihren Hund zu töten, wenn Pat es wünsche. »Wie kann ich das ertragen«, schrieb Patricia Highsmith in ihr Tagebuch, »es ist schlimmer, als verheiratet zu sein.«[35]

Sie bezogen zusammen eine Wohnung in der Rue de l'Université 83, aber ihre Streitereien dauerten an, und Patricia Highsmith begann in Erwägung zu ziehen, nach Florenz zu flüchten und dort allein zu leben. »Der schreckliche Defekt meines Charakters ist, dass ich den künstlerischen Typ wie mich selbst nie mochte«, schrieb sie in einem Brief an Kate Kingsley. »Früher oder später kommt man zu dieser Sandbank (um eine andere Metapher zu gebrauchen), und da liegt ein Wrack. Eine grundlegende Unvereinbarkeit.«[36]

Die Krise erreichte ihren Höhepunkt, als Ellen eines Tages Anfang November im Bett die Hand nach Pat ausstreckte, um liebevolle Gefühle zu signalisieren. »Ich habe sie geschlagen«, schrieb Patricia Highsmith in ihr Tagebuch, »ich musste es tun, um sie abzuwehren. Lieber Gott, ich glaube wirklich, sie ist wahnsinnig.«[37] Pat weigerte sich, sie auf eine kurze Reise nach Genf zu begleiten, und am nächsten Morgen wachte sie auf, und Ellen war fort. Sie entschloss sich daraufhin, die Wohnung zu verlassen, kaufte ein Flugticket nach Florenz, ging ins *Le Monocle*, wo sie mit mehreren Mädchen tanzte und keines davon anziehend fand; dann schrieb sie Ellen ein Abschiedsgedicht.

Als Ellen aus der Schweiz zurückkehrte, versuchten die beiden, vernünftig über ihre Beziehung zu sprechen. Doch wieder brach Ellen zusammen und drohte mit Selbstmord, wenn Pat sie verließe. Sie flehte sie an, an Weihnachten mit ihr nach Venedig zu fahren, damit sie dort vielleicht wieder einmal miteinander schlafen könnten. »Sie sagte, ich sei der erste und der letzte Mensch, mit dem sie schlafen wolle«, heißt es in Patricia Highsmiths Tagebuch.[38] Pat lehnte ab. Am nächsten Tag trennten sich die beiden Frauen, die erschöpft und elend aussahen, an der Gare des Invalides. Als sie aus dem Fenster des Flugzeugs sah und unter sich die schneebedeckten Alpengipfel erblickte, fühlte sich die Schriftstellerin plötzlich befreit.

Es war Ende November und bitterkalt in Florenz, als sie sich in der Pensione Bartolini einmietete. Mit ihren verwinkelten dunklen Fluren, den schäbigen Zimmern und den primitiven sanitären Anlagen schien die billige Pension ein sonderbarer Ort zu sein für eine so anspruchsvolle junge Frau; das fand jedenfalls der damals einundzwanzigjährige englische Schriftsteller und Sportjournalist Brian Glanville. »Das Bartolini war einfach nicht das Richtige für sie, *studentesco*, nannten es die Italiener, und die meisten, die dort wohnten, waren tatsächlich Studenten und Maler«, sagte er später.[39] Damals sei Patricia Highsmith »viel voller im Gesicht gewesen als auf den strengen Fotos aus ihren letzten Jahren; sie hatte hohe Wangenknochen und wirkte irgendwie ein wenig indianisch«.[40] Die beiden freundeten sich bald an. Abends trafen sie sich in der Bar des Excelsior Hotels, wo John Horne Burns, Autor des Buches *The Gallery*, sich langsam zu Tode trank.

»Ich fand sie reizend, und sie hatte einen herrlichen Humor«, schrieb Glanville. »Aber sie sprach nie über ihre Sexualität, und es gab keinen Hinweis darauf, dass sie lesbisch war. Aber ich sah, dass sie unglücklich und ziemlich einsam war. Sie hatte wenig oder gar kein Selbstvertrauen und zeigte mir immer wieder Teile des Romans, aus dem später *Der Stümper* wurde. Ich war der Meinung, dass es ungeschickt und naiv geschrieben war, sprachlich eher schwach, aber natürlich sagte ich das nicht, und später verwarf sie diese Fassung.«[41]

Nach einigen allein in Florenz verbrachten Tagen bekam Pat Sehnsucht nach Ellen. Eines Nachts um zwei Uhr, als sie nicht schlafen konnte, rief sie ihre Freundin an und sagte ihr, wie es um sie stand. Schließlich ertrug sie es nicht länger, von ihrer Peinigerin getrennt zu sein, und nachdem sie im Dezember einen Brief von Ellen erhalten hatte, nahm sie den Zug nach Genf, wo sie sich in einem Hotel trafen. Von dort fuhren sie zurück nach Paris und brachen bald darauf zu weiteren Reisen nach Basel, St. Moritz, Venedig und Triest auf, wo sie sich im Januar in der Via Stupavich 22 eine Zeit lang niederließen. Für Patricia Highsmith musste Triest ein ganz besonderer Ort sein, denn sie war sich der literarischen Geschichte dieser Stadt bewusst: Sowohl Freud als auch James Joyce hatten hier gelebt; Letzterer hatte *Dublin, Jugendbildnis, Verbannte* und Teile des *Ulysses* in Triest geschrieben, und auch in *Finnegan's Wake* gibt es Anspielungen auf die Hafenstadt an der Adria. Unmittelbar nach dem Zweiten Weltkrieg drohte Triest zum Zankapfel zwischen Ost und West zu werden – es war sowohl von jugoslawischen als auch von britisch-amerikanischen Truppen befreit worden –, bis 1954 durch die Teilung des Landes zwischen Italien und Jugoslawien eine Einigung erzielt wurde. Patricia Highsmith wurde mit der Stadt nie warm, sie fand sie düster und deprimierend. An ihre französische Agentin Jenny Bradley von der Pariser William-Bradley-Agentur, von der sie seit Anfang 1951 vertreten wurde, schrieb sie, der Name Via Stupavich klinge vielleicht nicht sehr angenehm, aber das Haus, in dem sie mit Ellen wohne, sei sehr schön, und sie freue sich auf den Sommer, wenn die Bora, der kalte Fallwind, einem nicht mehr in den Knochen stecke. Obwohl sie ursprünglich ein Jahr in Triest bleiben wollte, beschränkte sich ihr Aufenthalt auf vier Monate, in denen sie von einer heftigen Grippe und Zahnschmerzen heimgesucht wurde. Sie träumte oft von ihren schlechten Zähnen und glaubte sogar, sie könnte mit besseren Zähnen ein ganz anderer Mensch sein.

Zweifellos war ihre Wahrnehmung der Stadt von den Erfahrungen geprägt, die sie im Zusammenleben mit Ellen machte. Ihre Streitereien waren so laut und hitzig wie eh und je, und Ellen kritisierte ihre jüngere Freundin weiterhin hemmungslos: weil die Kommode im Schlafzimmer nicht gerade stand, weil sie nicht genug Trinkgeld gab, weil sie einen Fleck auf dem Küchentisch hinterlassen hatte. Die ständigen Reibereien führten bei Pat zu Niedergeschlagenheit und Traurigkeit. Die Ungleichheit ihrer beider Einkommen war ebenfalls ein Problem, und Patricia Highsmith wurde sich darüber klar, dass sie Ellens Wertschätzung nicht erringen konnte, solange sie so wenig Geld verdiente. Sie versuchte, einen Trivialroman mit lesbischen Heldinnen zu schreiben, den sie *Breakup* nannte, und bewarb sich um eine Stelle als Englischlehrerin, die ihr 45 Dollar in der Woche einbringen würde, doch beide Projekte schlugen am Ende fehl. Im März fühlte sich die Schriftstellerin so elend, dass sie in ihr Tagebuch schrieb, sie sei mit den Nerven völlig fertig. Wieder einmal sagte sie Ellen, dass sie sich von ihr trennen werde, und wie immer brach Ellen bei dieser Nachricht weinend zusammen und versuchte, sie mit dem Versprechen auf Sex zurückzugewinnen. Ihr Zusammenleben war unmöglich geworden. Doch statt sich zu trennen, fuhren sie im April 1953 von Triest nach Genua und bestiegen dort ein Schiff nach Gibraltar. Dann bereisten sie zusammen den Süden Spaniens, bevor sie mit dem Schiff nach New York zurückfuhren, wo sie am 13. Mai eintrafen. Als Manhattan in Sicht kam, teilte sich der morgendliche Nebel, und die Sonne warf einen warmen Glanz über die Stadt.

In New York konnte Patricia Highsmith für zwei Monate und 150 Dollar im Monat die Wohnung einer Freundin mieten. Was die Zukunft mit Ellen betraf, zeigte sie sich wieder optimistisch und schrieb in ihr Tagebuch, dass sie davon träume, zusammen mit ihr ein Haus zu bewohnen. Doch am Tag nachdem sie diese Notiz aufgeschrieben hatte, traf sie den homosexuellen Fotografen Rolf Tietgens, zu dem sie sich immer noch hingezogen fühlte, und ging nach dem Abendessen mit ihm ins Bett. Die Affäre war nicht ganz befriedigend, doch wenigstens fand sie Vergnügen daran. »Nach meinem moralischen System«, heißt es weiter in ihrem Tagebuch, »fühle ich mich wegen meiner Untreue gegenüber Ellen überhaupt nicht schuldig.«[42]

Die Arbeit an ihrem neuen Thriller erschöpfte Patricia Highsmith physisch wie emotional, und im Juni verfiel sie in eine so tiefe Depression wie damals während des Winters 1948/49. Ellens Eifersucht nahm unterdessen monströse Ausmaße an. Sie konnte einfach nicht verstehen, warum ihre Freundin nicht jeden Abend mit ihr verbringen wollte. Ein Streit, bei dem Ellen ihr wieder einmal den Besuch einer Party untersagte, eskalierte bis zu dem Punkt, dass Ellen in rasender Wut auf sie losging und ihr die Bluse zerriss. Am 1. Juli entschied Patricia Highsmith, dass das Maß nun endgültig voll sei. Sie mussten sich ein für alle Mal trennen. Ellen wurde hysterisch, und nachdem sie einige Martinis wie Wasser hinuntergeschüttet hatte, drohte sie, eine Überdosis Veronal zu nehmen. »Ich liebe dich sehr«, sagte Ellen, nackt auf dem Bett sitzend, und dann schluckte sie acht Tabletten. Patricia Highsmith stieß Ellens Anblick ab. Sie verließ die Wohnung, besuchte Kate Kingsley und deren Mann Lars und aß dann mit einer Freundin Hamburger. Um zwei Uhr morgens kehrte sie nach Hause zurück. Ellen lag bewusstlos da. Der Abschiedsbrief steckte in der Schreibmaschine. Er lautete: »Ich hätte das hier vor zwanzig Jahren tun sollen. Es ist nicht deine Schuld …« Kaffee und kalte Umschläge nützten nichts, Pat musste einen Arzt holen, der versuchte, Ellen den Magen auszupumpen. Sie war immer noch bewusstlos. Die Polizei kam, und sie wurde in die Psychiatrische Klinik Bellevue gebracht.

Am nächsten Tag gab es Anzeichen, dass Ellen aus dem Koma erwachte. Der Arzt in Bellevue sprach von einer Überlebenschance von fünfzig Prozent. Statt an ihrem Bett zu sitzen, nahm Pat Ellens

Auto und fuhr mit einer Freundin nach Fire Island, um dort das Wochenende zur Feier des Unabhängigkeitstages zu verbringen. »Ich fliehe aus der Hölle«, schrieb sie in ihr Tagebuch.[43] Am Strand von Cherry Grove nahm sie ein Sonnenbad, ließ sich fotografieren und zwang sich zu arbeiten, »und dabei glaube ich, dass Ellen jetzt tot ist«.[44] Abends betrank sie sich und fing einen Streit mit einer Gruppe von Mädchen an, die sie verprügelten.

Ellen hatte schon einmal halbherzig versucht, sich umzubringen, und zwar im Juni 1952, nachdem sie Patricia Highsmiths Tagebuch gelesen hatte; doch die Erfahrung dieses letzten, ernsthaften Selbstmordversuchs verwendete die Schriftstellerin bei der Beschreibung eines ähnlichen Vorfalls in *Der Stümper.* Clara, die neurotische Ehefrau, droht, eine Überdosis Veronal zu nehmen, doch Walter ignoriert das und verlässt das Haus, damit sie ihre Drohung endlich wahr machen kann. »Walter musste der Tatsache ins Auge blicken«, heißt es im Roman, »dass er gewusst hatte, sie würde die Pillen nehmen.«[45] Walter fragt sich, ob seine Handlungsweise als Mord bezeichnet werden könne; vielleicht hatte sich auch Patricia Highsmith bei ihrer grausamen Entscheidung, Ellen zu verlassen, als sie im Begriff war, die Tabletten zu nehmen, diese Frage gestellt. »Ich finde den Selbstmord & Ellens Charakter im Buch sehr beunruhigend & zu persönlich«, schrieb sie in ihr Tagebuch.[46]

Nach dem Wochenende auf Fire Island kehrte sie nach Manhattan zurück. Ellen hatte überlebt. Im Krankenhaus hielt sie sie fast eine Stunde lang in ihren Armen; Ellen wollte, dass sie noch einmal neu anfingen, das war offensichtlich, doch Pat konnte sich nicht entscheiden. »Ich bin sehr unglücklich – aus purer Unentschlossenheit …«, schrieb sie. »Also trinke ich.«[47]

Pat H. alias Ripley

(1953–1955)

»Meine persönlichen Krankheiten, mein persönliches Unbehagen sind die meiner Generation und meiner Zeit, nur überhöht«, schrieb Patricia Highsmith im September 1950 in ihr Notizbuch.[1] Ihre Abwesenheit hatte ihre Wahrnehmungskraft geschärft, und als sie 1953 nach Amerika zurückkehrte, sah sie das Land aus dem Blickwinkel des Außenseiters und war entsetzt über die Hysterie, die das Land erfasst hatte. Der Koreakrieg (1950–1953), der Kampf zwischen dem kommunistischen Norden, der von China Hilfe erhielt, und dem antikommunistischen Süden, unterstützt von Amerika, hatte auch die Vereinigten Staaten selbst gespalten. Als der Krieg im Juli 1953 beendet werden konnte, waren über fünf Millionen Tote zu beklagen. Die überwiegende Mehrheit der Amerikaner, die davon überzeugt waren, dass die Entsendung von Truppen auch in weit entfernte Länder zu ihrer eigenen Sicherheit beitrug und sie vor kommunistischen Angriffen schützte, billigte die hohe Zahl der Opfer. Präsident Eisenhower, der 1953 sein Amt antrat, hatte sogar den Einsatz von Atomwaffen in Erwägung gezogen, um den Konflikt zu beenden.

Patricia Highsmith war bestürzt über die Nachricht der bevorstehenden Hinrichtung von Julius und Ethel Rosenberg, jenes jüdischen Ehepaars, das für schuldig befunden worden war, Geheimnisse der Atombombenherstellung ausspioniert zu haben. Sie machte sich Sorgen um das Ansehen Amerikas in der Welt, das durch solche und ähnliche Tatsachen mehr und mehr beschädigt wurde. McCarthys Kampf gegen den Kommunismus wurde immer grausamer und hektischer geführt (davon erzählt etwa Arthur Millers Stück *Hexenjagd* aus dem Jahr 1953), und im gleichen Jahr wurden amerikanische Bibliothekare angewiesen, Bücher von »Kommunisten und ihresgleichen« aus den Beständen zu entfernen. »Die gesamte Nation protestiert, einige aus humanitären Gründen, einige, weil unser internationales Prestige auf dem Spiel steht«, schrieb Patricia Highsmith in ihr Tagebuch, nachdem sie berichtet hatte, dass die Rosenbergs im Gefängnis Sing-Sing in New York auf dem elektrischen Stuhl getötet worden waren. »Andererseits kann es nicht noch mehr bergab gehen, in Anbetracht der derzeitigen Bücherverbrennungen in den Amerika-Häusern. D. Hammetts *Dünner Mann*, Howard Fast, Langston Hughes gehörten zu den Büchern, die aus den Bibliotheken entfernt wurden.«[2]

Die Eisenhower-Ära, die Jahre nach dem Koreakrieg wurden als eine Epoche von Frieden und Wohlstand verklärt, als die »freizügige neue Welt«[3] voll wippender Pferdeschwänze, Söckchen, Filme und trauter Heime. Zwischen 1950 und 1958 expandierte die Wirtschaft mit einer jährlichen Zuwachsrate von 4,7 Prozent, und der Lebensstandard verbesserte sich stetig. Es waren die Jahre des amerikanischen »Baby-Booms«: 1940 hatte das Land 130 Millionen Einwohner; in der Mitte der fünfziger Jahre waren es bereits 165 Millionen. Die Vorstädte wurden ständig größer, und der Einkaufsbummel wurde zu einer der beliebtesten Freizeitbeschäftigungen. Doch die neue uniformierte Lebensweise in den USA war auch ein Symptom dafür, dass der amerikanische Traum hohl und glanzlos geworden war. Der Publizist William Shannon bemerkte: »Die Eisenhower-Jahre waren eine Zeit der Erschlaffung, der Selbstgerechtigkeit und des krassen Materialismus«, während Norman Mailer die fünfziger Jahre als »eine der schrecklichsten Epochen in der Geschichte der Menschheit«[4] bezeichnete.

1950 veröffentlichte der Soziologe und Rechtsanwalt David Riesman sein berühmtes Buch *Die einsame Masse*, das eine nationale Debatte über die sich wandelnde Psyche der Amerikaner auslöste. Auch Patricia Highsmith las es. Riesman analysierte die Stellung des Individuums in der modernen, zunehmend von Medien bestimmten Welt. Für ihn gab es drei Typen von Menschen: die von Traditionen gelenkten Menschen der vorindustriellen Zeit, die ihre Werte von den vorhergehenden Generationen übernahmen; die »innengelenkten« Menschen, die auf den kapitalistischen Aufschwung des 19. Jahrhunderts zurückzuführen waren und deren Verhalten sich nach ihrem Gewissen richtete; und die »von anderen«, d. h. »außengelenkten« Menschen der modernen Massengesellschaft, deren Überzeugungen von Gleichaltrigen oder aus den Medien stammten. Riesman war der Ansicht, dass die Menschheit immer mehr auf diesen dritten Typus zusteuerte und dass in der Folge Konformismus und Anpassung sich als wesentliches Kennzeichen der modernen Gesellschaft herausschälten.

Die Amerikaner litten immer mehr unter einem übermäßigen gesellschaftlichen Druck. »Jahrhundertelang hatten Moralisten die Leute gewarnt und vorausgesagt, dass sie unglücklich würden, wenn sie bekämen, was sie wollten – oder was sie zu wollen meinten«, schreibt der Historiker John Patrick Diggins über diese Zeit. »Die Vorstädte boten den Amerikanern eine Sauberkeit und Sicherheit, wie sie nur eine auf dem Reißbrett entworfene Gesellschaft bieten konnte, aber nichts ist hoffnungsloser als das auf dem Reißbrett entworfene Glück.«[5]

Patricia Highsmiths Roman *Der Stümper* erkundet eine Identitätskrise vor genau diesem Hintergrund, die Leere im Herzen eines amerikanischen Jedermann. Der Protagonist Walter Stackhouse ist ein typischer »außengelenkter« Mensch. Nach außen hin besitzt der Dreißigjährige alles: eine erfolgreiche, gut verdienende Frau, Clara, eine Immobilienmaklerin; ein Haus in Long Island, ein Geschenk der Mutter seiner Frau; einen guten Posten als Anwalt in Manhattan und einen beneidenswerten Lebensstil. Doch Walter fühlt sich alldem entfremdet: »Manchmal, wenn er mit einem zweiten Highball in der Hand auf irgendjemandes Rasen in Benedict stand, gab es Augenblicke, da Walter sich fragte, was er denn eigentlich hier täte unter all diesen liebenswürdigen, spießig wohlhabenden und im Grunde langweiligen Leuten ... was er denn täte mit seinem Leben überhaupt.«[6] Er führt eine unglückliche Ehe, denn seine Frau ist jeglichem Vergnügen abhold; manchmal »hatte sie ätzende Säure in der Stimme«.[7] Seine Arbeit in einer großen Kanzlei in New York ist für ihn zunehmend reizlos. Er träumt davon, sich selbstständig zu machen, und kämpft immer wieder gegen die Banalität seines Lebens an. »Mit dreißig Jahren war Walter zu dem Schluss gekommen, dass Unzufriedenheit der Normalzustand sei. Er glaubte, dass das Leben für die meisten Menschen allmählich hinter einem Ideal nach dem anderen zurückbliebe ...«[8] In seiner Freizeit stellt Walter eine Liste »unwürdiger Freundschaften« zusammen, eine Analyse ungleicher Beziehungen zwischen verschiedenen Männern. Dieses Thema greift Patricia Highsmith in ihrem Werk immer wieder auf. Walter glaubt, »dass beinahe jeder Mensch freundschaftliche Beziehungen zu mindestens einer Person pflegte, die weniger taugte als er, und zwar wegen bestimmter Mängel und Unzulänglichkeiten, die er in dem minderwertigen Freund entweder als Spiegelbild oder als Ergänzung wiederfände«.[9]

Ironischerweise wird Walter selbst in eine solche Beziehung hineingezogen: mit Melchior Kimmel, dem er zunächst in einem Zeitungsartikel mit der Schlagzeile »LEICHE EINER FRAU GEFUNDEN BEI TARRYTOWN, N.Y.« begegnet. Darin wird berichtet, dass Kimmels Frau Helen »brutal zusammengeschlagen und erstochen«[10] am Fuß eines steilen Felsabhangs aufgefunden wurde. Walter geht dieser Artikel nicht mehr aus dem Kopf. Als seine Beziehung zu Clara sich immer weiter verschlechtert, beginnt er sich die Einzelheiten des Falles vorzustellen, die Leiche im Gebüsch mit einer langen klaffenden Schnittwunde im Gesicht. Wie bei vielen Helden von Patricia Highsmith lockt ihn seine eigene Fantasie, die Vorstellung des Mordes, die in Gedanken immer wieder geprobte Tat, schließlich in die Falle. Er tötet Clara nicht – sie stürzt sich selbst von jenem Abhang und stirbt dabei –, doch weil er Melchior immer wieder aufsucht und nicht von ihm lassen kann, leitet er seinen eigenen Untergang ein. Am Ende des Romans scheint Walter wie ein typisches Exemplar der einsamen Massenmenschen bei Riesman jeglicher Individualität beraubt. »Man wurde zu einer lebenden Null, dachte Walter ... Hatte eine Null die Fähigkeit zu lieben?«[11] Auf dem Höhepunkt, als Kimmel Stackhouse im Central Park verfolgt, denkt dieser an nichts, seine Identität ist völlig leer geworden. Und das führt schließlich zur notwendigen Konsequenz: dem Tod. Kimmel fällt über ihn her, zieht ein Messer und ersticht ihn. Walter spürt den Stich in seiner Zunge, er hört das Knirschen des Messers an seinen Zähnen. Das Blut fließt aus ihm heraus, und er verliert den Willen zu leben. Diese Szene ist das meisterhaft komponierte Ende eines höchst spannenden Romans.

Bis zum 26. August hatte Patricia Highsmith hundert Seiten dieses Romans geschrieben. Den Hauptteil schrieb sie allerdings in Fort Worth, wo sie sich von Ende September 1953 bis Anfang Januar 1954 aufhielt. Sie wohnte zunächst im Coates Hotel, einem Apartment-Hotel, das ihrem Onkel Claude gehörte, und später bei ihrer Cousine Millie Alford am Ash Park Drive. Das Buch war ihres Erachtens viel komplexer und raffinierter als *Zwei Fremde im Zug* und darum sehr viel schwerer zu schreiben. Trotzdem wollte sie, dass es gut lesbar blieb. »Ich hoffe nur, dass es unterhaltsam ist«, schrieb sie an Kate Kingsley, »das ist immer meine vorrangige Absicht.«[12]

In einem Interview, das sie einem Lokalreporter in Fort Worth gab, sagte sie, das Geheimnis ihres Erfolgs seien »sehr viel Stille und nachmittags Bier«.[13] Als ihre liebsten amerikanischen Schriftsteller nannte sie Robert Penn Warren und William Faulkner. Sie schrieb in einem Gefühlszustand von äußerster Erregung und fand, dass Schreiben »nicht gut für die Gesundheit« sei.[14] Doch durch das Schreiben reinigte sie sich von den Emotionen, die sie noch immer mit der unglücklichen Beziehung zu Ellen in Zusammenhang brachte, obwohl die beiden im September endgültig Schluss gemacht hatten. Pat hatte Angst, dass Ellen, die nach Europa gereist war, wieder versuchen könnte, sich umzubringen, und die Parallelen zwischen dem wirklichen Leben und den Ereignissen, die sie in ihrem Roman beschrieb, beunruhigten sie. »Vielleicht wird das Leben mich noch einmal überholen. So wie es mich bei der Geschichte mit den Schlaftabletten überholt hat, die auch im Buch vorkommt. Ziemlich unheimlich«, schrieb sie an Kate Kingsley.[15]

Sie war niedergeschlagen; triviale Ereignisse konnten sie tief erschüttern und zum Weinen bringen, obwohl sie auch erkannte, dass sie, oberflächlich betrachtet, wenig Anlass hatte, traurig zu sein. Sie vermutete »eine offensichtliche Form von Masochismus«[16] bei sich und brauchte den ständigen Zuspruch von Freunden und Geliebten, um schreiben zu können. Die Menschen in Texas schienen ihr zu sehr »an Äußerlichkeiten zu kleben«, und wenn sie sich auf ihr Buch konzentrieren wollte, gab sie oft vor, früh schlafen zu gehen, damit sie allein sein konnte.

Anfang November beendete sie die erste Fassung des Romans, und am 9. November entschied sie sich für den Titel *Der Stümper*. »C'est plus qu'un crime«, notierte sie zu dieser Zeit in ihrem Tagebuch, »c'est une faute. (Es ist mehr als ein Verbrechen, es ist ein Fehler.) Walter ist tatsächlich ein Stümper.«[17] Sie überarbeitete das Manuskript und tippte es noch einmal ab, bis sie das Ende befriedigend fand, und als sie Kate Kingsley Weihnachten einen Brief schrieb, legte sie die letzte Seite bei.

Wenn sie nicht schrieb, war sie mit ihrer Familie zusammen, ging mit ihrer alten Freundin Florence Brillhart reiten, sah fern (was sie nicht besonders gern tat), fuhr nach Dallas zum Mittagessen, spielte Golf und betrank sich häufig mit ihrer Cousine Millie, zu der sie ein besonderes Vertrauensverhältnis entwickelte. Sie trank seit ihrer College-Zeit Martini, Gin, Whisky und Wein, doch mittlerweile hatte sich ihr täglicher Pegel gefährlich erhöht, und auch als sie Anfang Januar 1954 nach New York zurückkehrte, schränkte sie ihren Alkoholkonsum nicht ein. Am ersten Tag nach ihrer Rückkehr zog sie sich um vier Uhr nachmittags mit einer Flasche Gin ins Bett zurück, und als sie mit Ann Smith zu Abend aß, trank sie sieben Martinis und zwei Glas Wein.

»Letztes Jahr ist nichts sinnvoll gewesen«, kommentierte sie das Jahr 1953. »Meine Haltung war: Mach dir noch einen Drink ... Ich habe mein Geld ausgegeben wie ein betrunkener Matrose.«[18] Trotzdem war sie sich all ihrer Handlungen völlig bewusst; darum konnte sie, wie sie selbst schrieb, für ihre enormen Schulden keinen anderen als sich selbst verantwortlich machen. Ihre Neigung zu exzessivem Alkoholgenuss und einem ausschweifenden Sexualleben wurde von einem inneren Bedürfnis nach Selbstbestrafung im Zaum gehalten. »Es fällt nicht ins Gewicht, dass ich sehr hart gearbeitet habe, härter als viele andere«, schrieb sie. »Ich war unklug, respektlos, unaufrichtig mir selbst gegenüber.«[19]

Der Stümper kam im September 1954 heraus und trug die Widmung: »Für L.«, die sich auf Patricia Highsmiths letzte Muse bezog. Schon während der letzten Tage ihrer Beziehung zu Ellen hatte sie sich mit der angehenden Schauspielerin Lynn Roth, einer Exfreundin von Ann Smith, eingelassen. Lynn war achtundzwanzig Jahre alt, schlank, blond und elfenhaft zierlich. Sie war so wichtig für sie, dass Patricia Highsmith noch fünfundzwanzig Jahre später all ihre Charaktereigenschaften aufzählen konnte – das tat sie, weil die fünfundzwanzigjährige Schauspielerin und Kostümbildnerin Tabea Blumenschein, in die sie sich verliebt hatte, sie an Lynn erinnerte. Sie verglich diese Frauen miteinander und kam zu dem Schluss, dass sie bei beiden das künstlerische Temperament, den freien Geist bewunderte. In Anlehnung an einen Gedanken Prousts schrieb sie, dass ihr »Typ« sich nicht verändert habe. »Deshalb kann man sagen, dass man so einen Menschen ›immer‹ liebt, dass die Gefühle sich nicht verändern.«[20]

Im Juli 1953 begann sie, mit Lynn auszugehen – zwei Wochen nach Ellens Selbstmordversuch. Für kurze Zeit lebten die beiden Frauen in Lynns Wohnung in Greenwich Village zusammen, doch schon im Frühjahr 1954 war ihre Beziehung zu Ende. Wieder einmal musste sich Patricia Highsmith die Frage stellen, warum sie sich eine Frau ausgesucht hatte, die ihr nicht gut tat. Der Verlust Lynns machte ihr so sehr zu schaffen, dass sie um ihre Gesundheit fürchtete. »Ich werde langsam ein wenig eigenartig«, schrieb sie. In derselben Zeit vermerkt sie in ihrem Notizbuch, man habe ihr erzählt, dass man einen Manisch-Depressiven nicht von seiner Krankheit heilen könne und dass diese Art des Wahnsinns »angeboren« sei.[22] Um sich selbst zu beweisen, dass sie geistig immer noch gesund war, unterzog sie sich einer Prüfung: Sie saß vor dem Radio und achtete darauf, ob sie der Nachrichtensendung noch folgen konnte. Natürlich bewies dieses Experiment wenig, doch sie brauchte etwas, was ihr Auftrieb gab, und es freute sie, dass sie den Test bestand.

Sie hatte einen vereiterten Zahn; Dinge, die ihr gehörten, lagerten an allen möglichen Orten, quer über das ganze Land verstreut; ihre Geliebte hatte sie verlassen; dennoch gab es etwas in ihrem Inneren – sie nannte es eine gewisse Kraft –, das sie aufrecht hielt. Der Zusammenbruch ihrer Beziehung zu Lynn Roth warf sie aus der Bahn, und sie fand, dass das abrupte Ende ein Symbol für alle vergangenen Beziehungen sei, »die mit Enttäuschung verbunden sind und immer verbunden sein werden«.[23] Statt sich nun allerdings zu verkriechen und sich dem Selbstmitleid hinzugeben, begann Patricia Highsmith, sich die Handlung eines neuen Buches auszudenken, das einer ihrer stärksten und berühmtesten Romane werden sollte. Als Arbeitstitel notierte sie *Pursuit of Evil*, *The Thrill Boys* und *Business is my Pleasure*, doch am Ende entschied sie sich für *Der talentierte Mr. Ripley*.

Der talentierte Mr. Ripley ist der erste von fünf Romanen mit dem Protagonisten Tom Ripley. Patricia Highsmith schrieb den Roman 1954 sehr schnell, in nur sechs Monaten. »Es war, als ob Ripley selbst es schriebe«, sagte sie später, »es kam einfach so aus mir heraus.«[24] Die Hauptperson Thomas Ripley ist ein unsicherer junger Amerikaner, der den reichen Mr. Greenleaf kennen lernt und von ihm beauftragt wird, nach Italien zu reisen und seinen Sohn Dickie zurückzubringen. Tom verliebt sich in Dickies Lebensstil und ein wenig auch in Dickie, doch als ihm klar wird, dass er nie eine Verbindung mit ihm wird eingehen können, tötet er ihn und nimmt seine Identität an.

Die Geschichte erinnert von fern an Henry James' *Die Gesandten*, ein Buch, das Patricia Highsmith 1940 las und von dem sie den Eindruck hatte, es sei zu lang und zu weitschweifig. In den *Gesandten* wird Lambert Strether von Mrs. Newsome damit beauftragt, ihren Sohn Chad in Paris ausfindig zu machen und ihn nach Amerika zurückzubringen. Patricia Highsmith erwähnt Henry James zweimal, das erste Mal bei einem Gespräch zwischen Herbert Greenleaf und Tom, und das zweite Mal, als Ripley in der Bordbibliothek des Schiffes, das ihn nach Europa bringt, einen Offizier nach den *Gesandten* fragt.

Das zentrale Thema von *Der talentierte Mr. Ripley*, die wandelbare Natur des Selbst und die Kluft zwischen Erscheinung und Wirklichkeit, beschäftigte Patricia Highsmith von früh an. »Wenn man die Verstellung nur früh genug übt, wird sie bald zum wahren Charakter«, schrieb sie 1949. »Und das Eigenartige im Wesen des Menschen ist, dass die Falschheit am Ende zur Wahrheit wird.«[25] Sie kannte das verzweifelte Verlangen nach dem Unerreichbaren und war davon überzeugt, dass gerade ein solcher Gegenstand zur dichterischen Erkundung perfekt geeignet war. »Frustration als Thema. Ein Mensch liebt jemanden, den er nicht gewinnen oder mit dem er nicht zusammen sein kann«, bemerkt sie, ebenfalls im Jahr 1949.[26]

Den ersten Entwurf der Handlung schrieb sie Ende März 1954 nieder, bevor sie sich von Lynn Roth trennte. Ihre anfänglichen Gedanken drehten sich um die Hauptfigur, einen jungen Amerikaner, der in Europa lebt. Sie skizzierte ihn als amoralischen, doch charmanten Psychopathen – der sich jedoch noch in vielerlei Hinsicht von dem Protagonisten des vollendeten Romans unterscheidet – und entwarf auch die Gestalt seines Opfers und das Objekt seines Begehrens, Dickie Greenleaf. Zunächst stellte sie sich vor, der Protagonist sei Hobbymaler, latent homosexuell, mit ausreichendem

Einkommen, und eines Tages werde er in einen Schmuggelhandel verwickelt. Im Lauf der Handlung entdeckt er, dass er Talent zum Töten hat und das Töten ihm Spaß macht und wird deshalb von einer kriminellen Bande angeheuert, um für sie die Dreckarbeit zu verrichten. Wie Bruno dürfe er nie »ganz homosexuell« sein, er dürfe das homosexuelle Verhalten nur spielen, um Informationen zu ergattern oder sich aus einer Notlage zu befreien, schrieb sie. »Er sollte Clifford oder David oder Matthew heißen.«[27]

Patricia Highsmith dachte an den jungen Mann zurück, den sie 1952 in Positano gesehen hatte, die einsame Gestalt, die um sechs Uhr morgens am Strand entlangspazierte. Sie konzentrierte sich auf dieses Bild, teilte es in ihrer Fantasie, wie ein Wissenschaftler unter dem Mikroskop eine Zelle teilt, und daraus entstand einmal mehr eine intensive, spannungsreiche Beziehung zwischen zwei Männern, Richard oder Dickie Greenleaf und Thomas Ripley.

Neben Dickie, dem Mann am Strand von Positano, sollte Tom stehen, »ein ständig erschrocken blickender durchaus gut aussehender junger Mann, der gleichzeitig das allergewöhnlichste, sehr leicht zu vergessende Gesicht der Welt hat«.[28]

In einem ihrer frühen Entwürfe fuhr Dickies Vater nach Positano, wo die beiden jungen Männer ihn ermorden, indem sie ihn von einer Klippe hinunterstoßen. Dann lockt Ripley Dickie zu dieser Stelle und stößt auch ihn hinunter. Er beobachtet, wie er hinunterfällt, und glaubt, dass er tot sei. Doch Dickie überlebt, kehrt zum Haus zurück und überredet Ripley zur Teilnahme an seinen Schmuggelaktivitäten. Eine andere Möglichkeit war, Tom von Anfang an in den illegalen Handel zu verwickeln. Vater Greenleaf taucht in dem Haus in Positano auf, befiehlt Tom, es zu verlassen, und Tom tötet ihn aus Rache. Die Leiche wird dann – was leicht absurd wirkt – als Behältnis benutzt, um Opium zu transportieren.

Diese Idee ist, wie so oft bei Patricia Highsmith, ihrem eigenen Leben entlehnt. Als sie den Roman entwarf, lebte sie in einem Cottage bei Lenox, Massachusetts, das sie für den ganzen Sommer 1954 gemietet hatte. Ihr Vermieter war Leichenbestatter, und es faszinierte sie, ihn von seiner Arbeit, insbesondere von den baumförmigen Einschnitten erzählen zu hören, die er auf der Brust der Leichen machte, bevor er sie öffnete, und von den Materialien, mit denen er sie ausstopfte (er verwendete am liebsten Sägespäne).

Die Idee, dass Ripley in Schmuggelaktivitäten verwickelt ist und einen mit Opium gefüllten Leichnam begleitet, ließ Patricia Highsmith glücklicherweise bald fallen.[29] Geblieben ist in der endgültigen Version des Romans eine eher komische Episode, in der Tom vorschlägt, dass er und Dickie in Begleitung einer echten, mit Drogen voll gestopften Leiche in Särgen von Triest nach Paris reisen – ein Symbol für die sich zunehmend verschlechternde Beziehung zwischen den beiden Männern. Ripley versteht Dickies Ablehnung dieses Vorschlags als Zurückweisung seiner selbst und als Beweis für ihre grundlegenden Unterschiede, und so wird das Motiv zu einem auslösenden Moment für den Mord.

> Sie kannten einander nicht. Tom war, als offenbarte sich ihm eine schreckliche Wahrheit, die für alle Zeiten galt, für alle Menschen, die er einst gekannt hatte und einst kennen würde: Jeder Einzelne hatte ihm gegenübergestanden und würde ihm gegenüberstehen, und er würde immer wieder wissen, dass er keinen von ihnen jemals kennen würde …[30]

Die Spur eines weiteren zentralen Motivs des Buches – ein Mann kann seine Identität so leicht verlieren, wie eine Schlange ihre Haut abwirft –, findet sich ebenfalls im wirklichen Leben: Am 16. April 1954 las Patricia Highsmith in der *Herald Tribune* die Schlagzeile: »BRANDOPFER NACH EIGENEM ›BEGRÄBNIS‹ ALS MORDVERDÄCHTIGER FESTGENOMMEN«. In dem dazugehörigen Artikel war zu lesen, dass man eine verkohlte Leiche als die des Albert Paglino aus St Louis identifiziert und begraben hatte. Nach der Beerdigung wurde Paglino jedoch in einer Bar gesehen und festgenommen. Patricia Highsmith schnitt den Artikel aus und klebte ihn in ihr Notizbuch, weil er ihre Fantasie beflügelte.

»Aber während solcher gewundener Verirrungen mit opiumgefüllten Leichen und gemächlicher Prosa behielt ich doch mein Hauptanliegen stets im Auge: zwei Männer von einer gewissen, nicht großen, Ähnlichkeit, deren einer den andernen tötet und dessen Identität annimmt. Das war der Angelpunkt.«[31]

Sie begann mit der Niederschrift in »bukolischer« Stimmung, wie sie schrieb. Bestimmt war ihr Leben entspannter nach dem emotionalen Tumult der letzten Jahre. In Lenox ging sie in die Leihbücherei, las Alexis de Tocquevilles *Demokratie in Amerika* und stöberte in einer italienischen Grammatik, doch ihre Gelassenheit stand für sie in zu großem Kontrast zu der Haltung ihres Helden, der ständig außer sich zu geraten drohte. Nachdem sie fünfundsiebzig Seiten geschrieben hatte, befand sie, dass sich das Ganze zu dröge anhörte. Sie verwarf alles, riss sich zusammen und begann von neuem.

»Es gibt am Plot von *Ripley* nichts Spektakuläres, aber das Buch wurde beliebt wegen seiner fieberhaften Prosa und der Frechheit und Kühnheit von Ripley selbst. Indem ich mich in die Haut eines solchen Charakters hineindachte, wurde meine Prosa selbstsicherer, als man es logischerweise erwartet hätte, und unterhaltender.«[32]

Es fiel ihr jedoch nicht schwer, wie Tom Ripley zu denken. Sie hatte diese Figur schon lange mit sich herumgetragen, und Tonfall und Timbre seiner Stimme ähnelten ihrer eigenen, wie sie später erkannte. Nachdem der zweite Ripley-Roman, *Ripley Under Ground*, 1971 in England veröffentlicht worden war, schenkte sie ihrem Freund Charles Latimer ein Buch mit der Widmung: »Für Charles, in Liebe, 2. April ’71, von Tom (Pat).«[33]

»Nach Pats Tod schrieb John Mortimer eine Würdigung, in der er ausführte, dass sie nach seiner Meinung in Mr. Ripley verliebt war«, erzählt Charles Latimer, »aber in Wahrheit *war* sie Mr. Ripley, oder ich sollte besser sagen, sie wäre gern er gewesen.«[34]

Als sie in späteren Jahren von Ripley sprach, »redete sie von ihm wie von einem Menschen, der ihr sehr nahe stand«, sagt Bettina Berch. »Sie verteidigte ihn immer und fragte sich, was er zu einer bestimmten Situation sagen würde. Er war sehr real für sie.«[35] Einen Brief an ihre Freundin, die Fotografin Barbara Ker-Seymer, unterschrieb Patricia Highsmith mit: »Pat H. alias Ripley.«[36]

Der Maler Peter Thomson, der heute in New York lebt, erinnert sich, dass er einmal 1963 in Positano nach einer durchfeierten Nacht vom Strand kam; Patricia Highsmith, die damals in dem Fischerdorf wohnte, kam auf ihn zu und sagte: »Sie erinnern mich an Tom Ripley.« – »Es war«, sagt Thomson, »als würde sie über jemanden sprechen, den sie kannte.«[37]

Und tatsächlich kannte sie ihn, denn Ripley war ein Produkt ihrer schöpferischen Fantasie, ein Repräsentant ihres Unbewussten und ein dunkles Symbol ihrer unterdrückten, verbotenen und gelegentlich auch gewalttätigen Wünsche. Neben die Überschrift »Thema« schrieb sie in Großbuchstaben: »BÖSE« am Anfang ihres dreiundzwanzigsten Notizhefts, in das sie ihre Einfälle für *Der talentierte Mr. Ripley* notierte. Das Böse hatte sie als Gegenstand schon in ihren ersten Notizbüchern fasziniert; 1942 schrieb sie, dass sie sich seltsam dazu hingezogen fühle. Während der Entwurfsphase des Romans, im Oktober 1954, bemerkte sie: »Was ich einmal voraussagte, dass ich es tun würde, tue ich schon jetzt in diesem Buch (Tom Ripley), und zwar zeige ich den unzweideutigen Triumph des Bösen über das Gute, und ich freue mich daran. Ich werde auch meine Leser sich daran freuen lassen. So geht das Unbewusste immer dem Bewusstsein oder der Realität voraus, wie in den Träumen.«[38]

Ripley ist kein berufsmäßiger Autor, doch mindestens im ersten Roman der Serie gibt es Hinweise darauf, dass er mit seinen unheimlichen mimetischen Fähigkeiten und der Energie seiner kreativen Vorstellungskraft ein geborener Schriftsteller sein könnte. Was ist Literatur schließlich anderes als ausgeklügelte Hochstapelei? »Seine Geschichten waren gut, weil er sie sich intensiv vergegenwärtigte, so intensiv, dass er sie fast selbst glaubte.«[39]

Während Ripley in einem der Anfangskapitel des Romans mit dem Schiff nach Europa reist – dank der Großzügigkeit der Greenleafs in einer Erste-Klasse-Kabine –, beginnt er einen Brief zu schreiben, in dem er Mr. Greenleaf zunächst höflich seinen Dank für die luxuriöse Überfahrt aussprechen will. Doch dann lässt er sich von seiner Einbildungskraft hinreißen und schreibt einen fantastischen Bericht darüber, wie er Dickie, dem er in Wahrheit noch nicht begegnet ist, im kleinen Ort Mongibello getroffen hat und bei ihm in seinem Haus wohnt. (Der Name Mongibello spielt auf den Berg Ätna an, wie er bei Dante im XIV. Gesang der »Hölle« in der *Göttlichen Komödie* beschrieben wird.) Er erzählt, wie sie zusammen fischen und schwimmen und ins Café gehen, und dann schreibt er, dass Dickie nicht wirklich in Marge verliebt sei, und liefert »eine vollständige Charakteranalyse von Marge … bis die beschriebenen Blätter den Schreibtisch bedeckten«.[40]

Ripleys chamäleonartige Persönlichkeit, seine für einen Schriftsteller so wichtige Fähigkeit, die Identität der Menschen um ihn herum annehmen zu können, zeigt sich auch, als er sieht, wie Dickie Marge küsst. Voller Abscheu flieht er in Dickies Schlafzimmer, zieht sich dessen Kleider an und spielt ein groteskes *tableau vivant*, in dem er als Dickie Marge mit beiden Händen schüttelt und ihr die Kehle zudrückt. »›Marge, du musst verstehen, dass ich dich nun einmal nicht liebe‹, sagte Tom mit Dickies Stimme zum Spiegel …«[41]

Die Entscheidung, Dickie zu töten, trifft er, als er erkennt, dass er seine Identität nicht vollständig annehmen kann. Und nachdem er ihn in einem Boot vor der Küste von San Remo durch brutale Schläge mit dem Ruder getötet hat, entfaltet sich Ripleys Talent für Erfindungen, für das ständige Neuerfinden seiner selbst in einer Reihe verschlungener Drehungen und Wendungen, Maskeraden und wahnwitziger Täuschungen. Wie ein Autor, der in der von ihm geschaffenen Welt aufgeht, verliert Tom jegliche Identität, die er je gehabt hatte. »Es war eine gute Idee, die Verwandlung zurück in die eigene Person zu üben«, denkt Tom Ripley kurze Zeit nach dem Mord an Dickie, »denn die Zeit konnte kommen, da dies innerhalb von Sekunden geschehen musste, und es war verblüffend leicht, das genaue Timbre der Stimme Tom Ripleys zu verlernen.«[42]

Er schreibt einen Brief an das Ehepaar Greenleaf, in dem es ihm gelingt, Dickies Sprachstil und Sprachrhythmus genau nachzuahmen, und nachdem er einige Wochen lang als Dickie Greenleaf gelebt hat, fällt es ihm leichter, einen Brief in Dickies Manier zu schreiben als in seiner eigenen: »Das fade Geschwafel der Briefe Dickies ging ihm inzwischen flüssiger von der Hand als seine eigene Korrespondenz.«[43]

Als Ripley sich im letzten Kapitel gezwungen sieht, sein eigenes Selbst wieder anzunehmen, fühlt er sich so unendlich niedergeschlagen wie ein Schriftsteller, der sich in seinen Protagonisten verliebt hat. Es war so langweilig, wieder man selbst zu sein, nach der ganzen erregenden Dramatik des Lebens in der Maske eines anderen! »Widerwillig wurde er wieder zu Thomas Ripley, einem Niemand ... Er schlüpfte in seine alte Haut so widerwillig zurück, als wäre sie ein abgetragener, ungebügelter, fleckenbespritzter Anzug, der sogar in besserem Zustand nicht viel getaugt hatte.«[44]

Ripley kommt trotz zweier Morde davon, und der Leser ist froh darüber; am Ende des Buches wird er nicht festgenommen, nicht bestraft, sondern er bleibt völlig ungeschoren, und seine letzten Worte sind: »*Il meglio albergo. Il meglio, il meglio!*« (Das beste Hotel! Das beste, das beste!) Der Roman ist nicht nur eine radikale Feier der Amoralität; Ripley steht auch für die kreative und amoralische Vorstellungskraft, von der sich Patricia Highsmith beflügelt fühlte.

Sie erkannte selbst die Parallelen zwischen Schriftstellern und Geisteskranken. »Was zukünftiges Schreiben über den so genannten Psychopathen betrifft«, notierte sie 1949, »so ist das Schreiben nur ein etwas eingeschränktes und bestimmteres Leben. Der Psychopath in einem Buch ist ein Durchschnittsmensch, der klarer lebt, als es die Welt ihm erlaubt.«[45]

Vieles von dem, was Ripley kennzeichnete, kannte sie aus eigener Erfahrung: gespaltene Identität, Unsicherheit, das Gefühl der eigenen Wertlosigkeit, die obsessive Beschäftigung mit einem vergötterten Gegenstand und die Gewalt, die davon herrührt, dass man etwas in sich selbst unterdrückt. Wie ihr junger Antiheld wusste sie, dass man sein Selbstbild mit psychologischen Fantasien aufbauen musste, um zu überleben. »Glück ist für mich eine Sache der Fantasie«, schrieb sie während der Arbeit an *Der talentierte Mr. Ripley* in ihr Notizbuch. »Die Existenz hat damit zu tun, dass man ständig unbewusst negatives und pessimistisches Denken eliminiert. Ich meine, um überhaupt zu überleben. Und das gilt für alle. Wir sind alle Selbstmörder hinter unserer Fassade und unter der Oberfläche unseres Lebens.« [46]

Im September 1954 zog Patricia Highsmith aus dem gemieteten Haus in Massachusetts nach Santa Fé in New Mexico, »und ich begann am nächsten Tag zu schreiben«, sagte sie später. »So etwas erlebt man selten. Es war mir ganz gleichgültig, dass mein Koffer noch gar nicht richtig ausgepackt war.« [47]

Ellen Hill, die kurz zuvor nach Amerika zurückgekehrt war, lebte mit ihr zusammen. Zwischen 1954 und 1962 führte Patricia Highsmith kein Tagebuch, weil Ellen Hill begonnen hatte, es zu lesen; daher ist der genaue Zeitpunkt der Wiederaufnahme ihrer Beziehung kaum zu bestimmen. Doch in einem Brief an ihren Freund Alex Szogyi schrieb Pat einmal, dass ihre Affäre insgesamt vier Jahre gedauert habe. Zwei Jahre – 1951 und 1952 – verbrachten sie zusammen in Europa und zwei Jahre – 1954 und 1955 – in Amerika. »Ich verbrachte etwa vier Jahre meines Lebens mit ihr (Ellen), und ihr unheilvoller Einfluss blieb noch viel länger bestehen«, schrieb sie.[48]

Trotz aller persönlichen Differenzen in der Vergangenheit bewunderte Pat noch immer den scharfen Intellekt ihrer Freundin, und die beiden Frauen führten oft äußerst anregende Gespräche. »Es war ihr provozierender Geist, der einen oft irritierte, und ihre nicht immer beweiskräftigen Argumente, die die Gespräche im Allgemeinen so anregend machten«, bemerkte sie im Notizbuch.[49]

Ende Dezember fuhren sie zusammen mit Ellens französischem Pudel von Santa Fé zur Grenzstadt El Paso und von dort weiter in den Süden Mexikos. In Hidalgo del Parral übernachteten sie und sahen morgens die schneebedeckten Berge. Vielleicht glaubte Patricia Highsmith, dass ihre Beziehung zu Ellen sich bei diesem zweiten Anlauf doch noch zum Besseren wenden würde, doch sie irrte sich. Ihre gemeinsame Freundin Peggy Lewis, die drei Wochen mit ihnen in Mexiko verbrachte, erinnert sich an drei spannungsgeladene Wochen.

»Ihre Streitereien waren für mich, als Außenstehende, unglaublich langweilig«, berichtet sie. »Sie hatten Krach, weil sie sich nicht einigen konnten, ob diese Person oder eine andere zum Abendessen eingeladen werden sollte. Sie waren über die Leute, mit denen sie umgingen, immer anderer Meinung, stritten sich, ob dieser oder jener ihrer Freundschaft wert sei oder nicht. Ich hatte den Eindruck, dass Ellen aus einem ganz bestimmten Grund Beziehungen einging: Sie glaubte, sie könne davon profitieren. Sie benutzte Menschen, nehme ich an.« [50]

Nach der Fertigstellung von *Der talentierte Mr. Ripley* schickte Patricia Highsmith eine Manuskriptkopie an ihre geliebte Großmutter Willie Mae nach Fort Worth, weil sie befürchtete, die alte Frau könne vor dem Erscheinen des Buches im Herbst 1955 sterben. Am 5. Februar 1955 brach die Achtundachtzigjährige vor dem Haus, in dem ihre Enkelin zur Welt gekommen war, zusammen.

»Sie arbeitete gerade im Garten, sie hatte überall Blumen, es war ein wirklich schöner Garten mit einem Fischteich, und sie hatte ein Aneurysma«, sagt Dan Coates. »Gerade an diesem Ort fiel sie tot um, was sehr gut war, weil sie nicht länger leiden musste, und sie war bis zum Ende aktiv. Wir sagten im Scherz zu ihr: ›Grandma, du musst nur noch zwei Jahre weitermachen, dann bist du neunzig‹, und sie sagte: ›O nein, ich muss nur noch zwölf Jahre weitermachen, dann bin ich hundert.‹« [51]

Patricia Highsmith muss die Nachricht vom Tod ihrer Großmutter sehr betrübt haben. »Sie verehrte ihre Großmutter sehr«, erinnert sich Kate Kingsley. »Sie sagte einmal, ihr sei fast das Herz gebrochen, als sie die Pantoffeln ihrer Großmutter sah, weil sie die Form ihrer Füße angenommen hatten.«[52]

Die Manuskriptkopie ging in den Wochen nach Willie Maes Tod verloren, wofür Patricia Highsmith ihrer Mutter die Schuld gab. »Leider verlor meine Mutter das Manuskript«, behauptete sie später. »Unverzeihlich. Unverzeihlich. Ich fragte meine Mutter: ›Wie konnte das passieren?‹, und sie sagte: ›Na ja, die Neger sollten da was aussortieren, und ich sagte: ›Die Neger ... Was soll denn das heißen?‹«[53]

Als der Roman im Dezember 1955 herauskam, bekam er gute Kritiken. Der Rezensent des *New Yorker* hielt den Helden für »eine der abstoßendsten und faszinierendsten Gestalten« der Moderne und fügte bezeichnenderweise hinzu, dass Ripley »einen jungen Mann tötet, für den er eine starke homosexuelle Zuneigung empfindet, um an sein Geld zu gelangen, und dann ermordet er einen weiteren Mann, den er kaum kennt, weil er ihn als Mitwisser fürchtet«.[54] Der Verfasser des Artikels kommt zu dem Schluss, dass Patricia Highsmith »diese bemerkenswert amoralische Geschichte ungeheuer spannend erzählt«.[55]

Anthony Boucher, ein profunder Kenner der Kriminalliteratur, lobte Patricia Highsmith für die »ungewöhnlichen Einblicke«, die sie uns »in einen speziellen Typ des Verbrechers« gebe. Ripley sei »das dreidimensionale Porträt eines Menschen, den Kriminalpsychologen einen ›unheilbaren Psychopathen‹ nennen würden«, und er meinte, dass die Charakterzeichnung im Roman gründlicher und schärfer gelungen sei als in *Zwei Fremde im Zug* und *Der Stümper*. Der Roman sei »handwerklich gelungen«, doch vielleicht »etwas zu lang«.[56]

Das Buch erhielt zahlreiche Preise, darunter im April 1956 den Edgar-Allan-Poe-Preis der Mystery Writers of America. Einige Jahre später, als die Urkunde in ihrem Rahmen stockfleckig wurde, musste Patricia Highsmith sie zum Reinigen des Glases herausnehmen, und bevor sie das Dokument wieder an seinen Platz an der

Badezimmerwand hängte, kritzelte sie die Worte »Mr. Ripley und« vor ihren eigenen Namen. Denn nach ihrer Meinung verdiente er die Ehre ebenso sehr wie sie selbst. Und auf eine Weise stimmte das. »Kein Buch fiel mir je leichter zu schreiben, und oft kam es mir vor, als hätte Ripley es geschrieben und ich nur die Schreibmaschine betätigt«, schrieb sie später.[57]

Jeder Mensch steht im Bann seines Schattens

(1955–1958)

Immer wenn Patricia Highsmith ihrer selbst und ihrer Umgebung überdrüssig wurde, flüchtete sie in die reiche, wenn auch verstörende Welt ihrer Fantasie, wo sie sich eine Landschaft erschuf, die von sonderbaren, irrational handelnden Figuren, Repräsentanten der diversen Aspekte ihrer selbst, bevölkert war. In einem solchen Geisteszustand befand sie sich auch zu Beginn des Jahres 1955, als sie sich über ihren nächsten Roman Gedanken machte. »Meine Geschichte kann sich schnell entwickeln, was ich selbst nicht kann, sie kann zu einer vernünftigen und vielleicht passenden Lösung kommen, was in meinem eigenen Leben nicht möglich ist«, schrieb sie. »Zu einer Lösung, die auf irgendeine Weise befriedigend ist, was meine persönliche Lösung nie sein kann.«[1]

Sie nannte ihren neuen Roman anfangs *Der Spielverderber*. 1957 wurde das Buch unter dem Titel *Tiefe Wasser* veröffentlicht, den sie schon 1950 in ihrem Tagebuch in Erwägung gezogen hatte. Doch das zentrale Thema – das bösartige Spiel zwischen den Eheleuten Vic und Melinda – blieb von Anfang an das gleiche. Wesentlich sei es, eine Atmosphäre der Animosität wiederzugeben, schrieb sie, deshalb konzentriere sie sich auf das »Gezeter und Gezerre und das ganze hinterhältige Getue«, das sich zwischen zwei Menschen abspielen kann, die sich angeblich lieben, in Wahrheit aber aneinander gekettet sind in einem »Ballett der Nervenzerrüttung«.[2]

Sie selbst hatte ein solches »Ballett« miterlebt, und als sie mit Ellen Hill Ende April nach Acapulco reiste, kam es ihr vor, als wiederholte sie jene entsetzlich schmerzhaften, doch altvertrauten Tanzschritte. Sie hielt sich etwa einen Monat in Acapulco auf und fuhr dann, immer noch in Ellens Begleitung, nach Ajijic und im Juni nach Taxco, von wo es einen Monat später weiterging nach Oaxaca und ins östliche Mexiko. Sie führte kein hasserfülltes Tagebuch wie bei ihrer ersten langen Europareise mit Ellen, denn sie wusste, die Ältere würde zweifellos versucht sein, es zu lesen; doch die Bemerkungen in ihren Notizbüchern zeigen deutlich genug, dass diese Reise eine quälende Erfahrung für sie bedeutete. Ellen beschwerte sich ständig über Pats Schreibmaschinengeklapper[3], und es war ganz offensichtlich, dass das Gefühl, das sie zusammenhielt, keineswegs Liebe war. Pat verglich das Zusammenleben mit einem ungeliebten Menschen mit dem Tragen einer Brille, deren Gläser das Bild der Welt verzerren. »Ein unerträglicher Zustand für einen Künstler!«, schrieb sie.[4]

Wie die vergiftete Beziehung zu Ellen das Vorbild für den ehelichen Konflikt in *Der Stümper* gewesen war, so schwebten ihr bei dem neuen Buch ihre eigenen erstickten Gefühle vor, als sie die Figur des Vic schuf, der durch zu viel Unterdrückung und Verdrängung allmählich wahnsinnig wird. Über *Tiefe Wasser* schrieb sie: »Die Moral der Geschichte ist, dass verdrängte Emotionen wirklich zu Schizophrenie führen können.«[5] Vics äußere Kennzeichen sind die von Ellen: »... dunkle Brauen wölbten sich buschig über seinen unschuldig-blauen Augen«, sein Mund ist »mittelgroß, fest und meist rechts ein wenig herabgezogen, was dem Gesicht einen Ausdruck von Entschlossenheit verlieh – oder von Humor, je nachdem, wie man es auffassen wollte ... Seine blauen Augen – groß, klug und unerschrocken – gaben keinerlei Aufschluss über das, was hinter seiner Stirn vorging.«[6]

Vic hat seine Frau Melinda nicht angerührt, seit sie drei Jahre zuvor anfing, sich mit anderen Männern einzulassen. Doch er unterdrückt seine Eifersucht und kompensiert seine Frustrationen durch seine Arbeit – er ist Leiter eines kleinen exklusiven Verlags – und durch sein Hobby, die Schneckenzucht (mit der sich Patricia Highsmith selbst so gern beschäftigte). Für seine Freunde in dem wohlhabenden Vorort Little Wesley bei New York verkörpert Vic Erfolg und Kultiviertheit. Doch hinter seiner Maske des angesehenen Bürgers lauern ganz andere Gefühle, die die dunkle Seite des amerikanischen Traums repräsentieren.

»Ich will die Krankheiten erforschen, die durch sexuelle Unterdrückung entstehen«, schrieb Patricia Highsmith in ihr Notizbuch, während sie an der Romanhandlung arbeitete. »Schlimme Dinge entstehen aus der widernatürlichen Enthaltsamkeit, wie giftige Substanzen in stehendem Wasser: Fantasien und Hass und die verwünschte Neigung, mitfühlenden und freundlichen Handlungen böse Motive zu unterschieben.«[7]

Wie so viele ihrer Helden verliert sich auch Vic in seiner Fantasie. Er setzt das Gerücht in die Welt, er habe einen der Liebhaber Melindas getötet, doch die bloß vorgestellte Möglichkeit des Mordes wird bald zu einer Realität – einer traumgleichen Realität: »Es schien eher etwas zu sein, was er sich ausgedacht, aber nicht getan hatte.«[8] Er ist unfähig, die Bedeutung seiner Gewalttaten zu erkennen, und ist sich darum keiner Schuld bewusst. Er wartet darauf, dass Angst und Schrecken ihn heimsuchen und sein Bewusstsein verdunkeln, doch stattdessen steigt lediglich eine nichts sagende Kindheitserinnerung in ihm auf, von einem Tag, an dem er einen Preis in Geografie erhielt, weil er das beste Modell eines Eskimodorfes aus Eierschalen und Glaswolle gebastelt hatte. Nachdem er während einer Party einen Mann im Swimming-Pool ertränkt hat, fühlt er sich befreit. Der Literaturkritiker Anthony Boucher war von der Figur des Vic beeindruckt; in einer Rezension in der *New York Times Book Review* nennt er das Buch »einen substanziellen Roman voll Mitgefühl und Ironie«.[9]

Ironischerweise wächst in Vic nach seinen Morden der Glaube an seine Überlegenheit den gewöhnlichen Menschen gegenüber; im letzten Absatz des Romans denkt er wie Nietzsches »Übermensch«, der sich dank seiner überragenden Geistesgaben der Mittelmäßigkeit der Menge enthoben weiß. Anders als Ripley, dem er in mancher Hinsicht ähnelt, wird Vic am Ende des Romans gefasst. Bezeichnenderweise ist der Mann, der seinen Sturz verursacht, Don Wilson, ein Autor von Kriminalromanen, und der letzte Absatz von *Tiefe Wasser* könnte als ein Kommentar von Patricia Highsmith zu ihrer eigenen dichterischen Methode gelesen werden; wieder einmal wird klar, wie groß der Abstand zwischen ihren Antihelden und dem Gros der Protagonisten des Genres ist.

Der Krimiautor, der Vic entlarvt, sieht sich im Dienst von Ordnung und Moral, doch Vic selbst widersteht der ordentlichen Lösung, die die Geschichte findet. Er pfeift auf die abgenutzte Tradition des Thrillers und verflucht die Mittelmäßigkeit der konventionellen Moral. Er ist der Überzeugung, dass er durch die Morde ein großer Mann geworden und fähig ist, wie ein Adler über die Masse der »hässlichen Vögel ohne Schwingen«[10] hinwegzufliegen.

Dennoch tritt in dem Roman eine Moral zu Tage. Patricia Highsmith glaubte, dass die moderne Gesellschaft wenigstens zum Teil für die Zerstörung der Seele des Menschen verantwortlich sei; dass die von den Medien verbreitete verkehrte Moral verwerflich sei, weil sie Mörder wie Helden präsentiere. Vics sechsjährige Tochter Trixie ist ein typisches Produkt der Nachkriegsgesellschaft: »In diesem kleinen blonden Kopf existierten keinerlei moralische Begriffe, jedenfalls nicht in Bezug auf schwerwiegende Delikte wie Mord«, heißt es im Roman.[11] Das Mädchen würde nicht einmal davon träumen, auch nur ein Stück Kreide aus der Schule zu stehlen, doch Mord ist etwas anderes. »Mord, das gab es im Fernsehen … und in den Comicheften; Mord war etwas Aufregendes oder sogar Heroisches – Mord, das war, wenn tapfere Cowboys Viehdiebe erschossen, und tapfere Cowboys waren Helden.«[12]

Patricia Highsmith versteht sich so geschickt darauf, ihre Leser in die abnorme Psyche ihrer Antihelden eindringen zu lassen, dass man allzu leicht darüber vergisst, dass sie auch eine politische Schriftstellerin war. In *Tiefe Wasser* gibt es subtile Hinweise auf den

Kalten Krieg, die Atombombe und die paranoide Angst vor Kommunisten. Vic sagt an einer Stelle: »Wenn Amerikaner zu den Roten überlaufen, nennt man sie ›Verräter‹. Wenn die Roten zu uns überlaufen, sind sie ›freiheitsdurstig‹ … Es hängt eben immer davon ab, von welcher Seite her man die Dinge betrachtet.«[13]

Professor Russell Harrison glaubt, dass diese Anspielungen bei Patricia Highsmith die repressive Politik der fünfziger Jahre in Amerika widerspiegeln. »Wie man überall in Patricia Highsmiths Romanen Sex findet, wiewohl oft nicht in direkter Form«, schreibt er, »so steckt auch überall Politik. In den Romanen der späten sechziger Jahre kommt der soziale und politische Wandel in den Vereinigten Staaten deutlicher zur Sprache; aber die früheren Bücher bezeugen die Unterdrückung der Politik, die für das Amerika des Kalten Krieges so kennzeichnend war.«[14]

Gegen Ende des Jahres 1955 trennten sich Patricia Highsmith und Ellen Hill – diesmal endgültig. Sie blieben zwar bis wenige Jahre vor dem Tod der Schriftstellerin in Kontakt miteinander, doch ihre intime Beziehung war zu Ende. Pat zog nach New York zurück und wohnte wieder in ihrer kleinen Wohnung in der 56. Straße Ost, wo sie die erste Fassung von *Tiefe Wasser* fertig stellte. Mitte Dezember analysierte sie wieder einmal, warum ihre Beziehung zu Ellen nicht geklappt hatte. Die Ursache, so ihr Schluss, sei gewesen, dass sie beide grundsätzlich pessimistisch eingestellt waren. Von jetzt an würde sie nur noch mit Frauen eine Liaison eingehen, die ein heiteres Naturell besäßen.

Zu Beginn des neuen Jahres fühlte sie sich völlig gelähmt; sie war unfähig zu lesen oder zu telefonieren. »Ich kann fühlen, wie sich mein innerer Halt auflöst«, schrieb sie. »Es ist, wie wenn die Hand langsam müde würde, die mich über einen Abgrund hält.«[15] Sie wünschte, für das, was sie empfand, ein Wort zu finden, das kräftiger, erschreckender klang als das simple Wort »Depression«. Sie wünschte sich zu sterben, erkannte dann aber, dass es besser wäre, wenn sie ihren elenden Zustand aushielte, bis er vorbei war. Ihr

Wunsch lautete: »Nicht zu sterben, sondern zu existieren, ganz einfach, bis das hier vorbei ist.«[16]

Mitten in ihrer Depression dachte sie an die Nachwirkungen eines Bombeneinschlags, an die Gase, die freigesetzt werden und in der Lage sind, die Erinnerung eines ganzen Volkes auszulöschen. Die Erzählung, die daraus entstand, »Blackout«, vernichtete sie offenbar im Dezember 1974. Die Hölle der Großstadt beschäftigte sie in dieser Zeit öfter, und im Februar 1956 erwog sie, eine weitere Geschichte über dieses Thema zu schreiben. Der Einfall dazu kam ihr, als sie einige Monate zuvor ihre Wohnung betrat und eine Gruppe von fünf oder sechs Jungen über ihren Schreibtisch gebeugt vorfand. Sie hatte ein Fenster offen gelassen, und die Jungen waren allem Anschein nach über die Feuerleiter in die Wohnung gelangt. Als sie Pat sahen, ergriffen sie die Flucht, doch sie hatten einen Koffer mit Farbe beschmiert, und er musste dann mit Terpentin gereinigt werden. Später erinnerte sie sich an den Zwischenfall, als sie an ihrem Schreibtisch saß und einen Schrei hörte, der von der Feuerleiter kam, worauf sie wie eine aufgeschreckte Ratte in einen Winkel ihres Zimmers floh.

»Ich mag keine Menschen, die Lärm machen, deshalb fürchte ich sie, und da ich sie fürchte, hasse ich sie. Ein emotionaler Circulus vitiosus.«[17] Die gleiche Erfahrung liegt auch der Geschichte »Barbaren« (in *Der Schneckenforscher*) zugrunde. Der Protagonist Stanley Hubbell verbringt seine Sonntage gern mit Malen, doch eines Tages fühlt er sich durch den Lärm eines Baseballspiels im Hof unter seiner Wohnung gestört. Patricia Highsmith schrieb sich den Hass von der Seele, den sie selbst auf die jugendlichen Einbrecher verspürte, indem sie Stanley einen Stein nehmen und damit auf den Kopf eines seiner Peiniger zielen lässt. Stanley hält die Baseballspieler für Barbaren und begeht selbst einen barbarischen Akt. Der Leser muss selbst entscheiden, wer eigentlich die Barbaren sind.

Als der Frühling Einzug in die Stadt hielt, erwachten auch Patricia Highsmiths Lebensgeister wieder zu neuem Leben, denn sie ließ sich auf eine neue Beziehung ein. Im Mai 1956 widmete sie ihrer

Freundin, einer vierunddreißigjährigen Werbetexterin, deren Name hier nicht genannt werden darf, einige Gedichte, und im Juni, nachdem sie wenige Wochen in New York zusammengelebt hatten, zogen sie zusammen aufs Land. Sie fuhren in einem neuen schwarzen Ford-Cabrio und nahmen einen Hund und zwei siamesische Katzen mit. Patricia Highsmith behielt ihre Wohnung in der Stadt noch den ganzen Sommer über und räumte sie erst im September endgültig.

Ihr gemeinsames Haus, eine ehemalige Scheune auf einem etwa einen halben Hektar großen Grundstück, lag eine Autostunde von Manhattan entfernt in Sneden's Landing. Das häusliche Leben scheint recht idyllisch gewesen zu sein. Der Wecker klingelte um sieben Uhr morgens, und Patricia Highsmith setzte sich an den Schreibtisch, um *Tiefe Wasser* den letzten Schliff zu geben, während ihre Freundin zur Arbeit nach New York fuhr. »Das Vertrauen in den Augen eines Mädchens, das dich liebt«, notierte damals die Schriftstellerin, »das ist das Allerschönste auf der Welt.«[18]

Doch schon vier Monate später fühlte sie sich in dieser Beziehung nicht mehr wohl. Sie sei zu bequem, zu sicher für sie, schrieb sie. »Die Gefahr des Zusammenlebens mit jemandem liegt für mich darin, dass ich ohne mein gewohntes Maß an Leidenschaft auskommen muss«, heißt es Ende Juli in ihrem Notizbuch.[19] Das Leben mit Ellen Hill war voller Leidenschaft gewesen, erinnert sie sich, eben weil Ellens Verhalten sie immer wieder so wütend gemacht hatte. Ihre neue Geliebte war einfach zu nett. Ein neues Möbelstück, eine neue Katze oder irgendein erstaunlich praktischer neuer Haushaltsgegenstand waren nicht dazu geeignet, Pats geistige und emotionale Bedürfnisse zu befriedigen. Vielleicht lag es an dem Thema, über das sie gerade schrieb; Hass, sexuelle Unterdrückung, Mord und Gewalt ließen vielleicht zu wenig Platz, um Liebe zum Ausdruck zu bringen, »und es ist notwendig für mich, Liebe zu zeigen«, schrieb sie. »Es scheint, dass ich das nur tun kann, wenn ich träume.«[20]

Eine Freundin schlug ihr vor, sich therapieren zu lassen, doch nach ihrer Erfahrung mit Eva Klein zog es Patricia Highsmith nicht mehr zu einem Psychotherapeuten zurück. Die beste Lösung war noch immer, sich mittels ihres Schreibens und ihrer Zeichnungen auszudrücken. »Und wenn alles gesagt und getan ist, kann man nur noch sagen (ich jedenfalls): Na und? Ich werde mit meinen Neurosen leben. Ich werde versuchen, Geduld für meine lädierte Persönlichkeit aufzubringen. Aber ich ziehe es vor, mit meinen Neurosen zu leben und das Beste daraus zu machen.«[21]

Im Juni 1956 begann Patricia Highsmith, sich Notizen für ein Buch zu machen, das ihr sechster Roman werden sollte: *Ein Spiel für die Lebenden.* Er sollte sich um zwei Männer drehen, den dunkelhaarigen Ramon und den eher teutonisch aussehenden Theodore, die beide dieselbe Frau liebten. Thrillerelemente sollten die Handlung vorantreiben, doch es sollten auch tiefere, philosophische Themen erkundet werden, und der Existenzialismus sollte eine besondere Rolle spielen.

Während der Arbeit las Patricia Highsmith Kierkegaard; sie schrieb sich einen ihrer Lieblingssätze in ihr Notizbuch. Später stellte sie ihn an den Anfang des Buches: »Der Glaube hat alle Zufälle berechnet ... Wenn du verstehen willst, dass du lieben *sollst*, dann ist deine Liebe auf ewig gesichert.« Daneben schrieb sie in ihr Notizbuch: »Das illustriert die Anziehungskraft Kierkegaards auf den Neurotiker unserer Zeit.«

Doch ihre Versuche, die Suspense mit der philosophischen Untersuchung zu verbinden, waren nur teilweise erfolgreich. Während es ihr in den vorangegangenen Romanen gelungen war, ihre Gedanken mittels präziser Charakterzeichnung und differenzierter Erzählmuster zu vermitteln, erkennt man in *Ein Spiel für die Lebenden* überall nur Winke mit dem Zaunpfahl. »Seiner Ansicht nach hatte die Welt keinen tieferen Sinn, kein Ziel als das Nichts, und was der Mensch vollbrachte, war niemals von Dauer – ein Scherz des Kosmos, wie der Mensch selber auch.«[23]

Den Schauplatz des Romans wählte sie aus, nachdem sie Anfang 1957 zwei Monate lang mit ihrer Freundin, der Werbetexterin, in

Mexiko herumgereist war. Sie hatten sich in Mexico City, Veracruz und Acapulco aufgehalten. Auf der Terrasse ihres Hotels in Acapulco zeichnete Patricia Highsmith den atemberaubenden Blick, der sich ihr bot. Ganz sicher gab ihr der Prozess der Umwandlung von dem, was sie sah, in Kunst ein Gefühl der Ordnung; es half ihr, sich ihre Wahrnehmungen bewusst zu machen, und gab ihrem überbordenden Gefühlsleben eine Richtung.

»Ordnung in meinem Leben«, schrieb sie am 20. Februar in ihr Notizbuch. »Es muss natürlich eine innere Ordnung sein. Die Aussicht von der Terrasse in Acapulco zu zeichnen heißt, der verworrenen Szene vor mir Herr zu werden … Der Schleier fällt auch zwischen mir und dem Menschen, den ich lieben sollte. Das gefällt mir nicht, aber ich kann es nicht ändern. Es wird mit jedem so sein, den ich liebe oder mit dem ich zusammenlebe.«[24]

Während ihres Aufenthalts in Acapulco analysierte sie sich selbst in der Terminologie Riesmans; seit 1951 sei sie nicht mehr »von innen gelenkt« – das heißt ehrgeizig, idealistisch und aus eigenem Antrieb handelnd –, sondern eher »von außen gelenkt«. Das zeige sich in einer gewissen Sorglosigkeit im Umgang mit Geld, der Vernachlässigung ihrer täglichen Gymnastikübungen, Faulheit, einer zu großen Toleranz gegenüber der Mittelmäßigkeit und einem »allgemeinen Nachlassen des Sehvermögens, was meine Themen angeht«.[25]

Im März, als auch »A Perfect Alibi«, die erste ihrer vielen Erzählungen für das *Ellery Queen's Mystery Magazine* erschien, kehrte sie nach Sneden's Landing zurück und nahm die Arbeit an *Ein Spiel für die Lebenden* wieder auf. Doch zwei Monate später, nachdem sie achtundfünfzig Seiten geschrieben hatte, war sie mit dem Geschriebenen immer noch unzufrieden. Sie sah die Persönlichkeit des Theodore noch nicht klar vor sich und meinte, sie habe eine komische Figur aus ihm gemacht; auch Ramons emotionale Geschichte hatte sich noch nicht herauskristallisiert. »Weiß nicht, wohin ich gehe«, schrieb sie, »und das führt zu Unbeweglichkeit.«[26] Die Lektüre Kierkegaards half ihr bei der Klärung der Probleme, und am 27. Juli teilte sie ihrer Lektorin Joan Kahn mit, sie habe 285 Seiten geschrieben und ihr fehlten bis zum Ende nur noch zwölf.

»Für mich ist es ein ›anderes‹ Buch, ich meine, für mich, aber vielleicht sehen die Kritiker nur das alte Muster …«, schrieb sie in einem Brief an Joan Kahn. »Ich stelle mich auf Verrisse ein, habe mir das in den letzten Wochen schon alles ausgemalt. Ich glaube wirklich, ich kann es schaffen, was ich am Anfang nicht sicher wusste.«[27]

Ihre Agentin war jedoch anderer Meinung und hielt das Buch für »fürchterlich langweilig … ohne Spannung und mit viel zu viel Gerede«.[28] Patricia Highsmith las den Roman noch einmal, stimmte diesem Urteil zu und machte sich sofort daran, ihn umzuschreiben. Dabei folgte sie möglicherweise den Ratschlägen, die sie für einen Artikel in der Zeitschrift *The Writer* ausgearbeitet hatte und die 1966 in ähnlicher Form in *Suspense oder Wie man einen Thriller schreibt* auftauchten:

> Ungestörtheit. Eine kostspielige Sache in der modernen Welt … Nimm dich ernst. Mach dir einen Stundenplan. Wenn du allein bist, entspanne dich und verhalte dich, wie du willst … Beim Schreiben des Buches musst du immer ein ganzes Theaterensemble von Figuren mit dir herumtragen mit all ihren emotionalen Veränderungen, du hast keinen Platz für ein weiteres Stück.[29]

Im selben Monat las sie Colin Wilsons einflussreiche Studie der literarischen und künstlerischen Entfremdung, *The Outsider*. Das Buch untersuchte Werke von verschiedenen Autoren wie William Blake, Franz Kafka, Dostojewski, Kierkegaard und Nietzsche. Patricia Highsmith fand es sehr anregend. »Das Rätsel des Bewusstseins, des Selbst, des Schicksals«, schrieb sie, »hat mich schon mit siebzehn fasziniert, als ich mich nicht mehr fragte, warum, sondern in welcher Weise ich mich von anderen Leuten unterscheide. Das Buch wühlt mich auf bis in die finstersten Tiefen (emotionalen Tiefen) hinein, die ich von meiner Jugend her kenne, als ich wie van Gogh und

T. E. Lawrence bemüht war, ›Selbstbeherrschung‹ zu gewinnen, indem ich hungerte, mich kasteite und versuchte, mich bei allem, was ich tat, an Regeln zu halten.«[30]

Das Buch, das 1956 erschien, analysiert die Beziehung zwischen der Figur des Außenseiters und der schöpferischen Kraft und stützt sich auf ein breites Spektrum von literarischen Quellen, um die Kennzeichen des Menschen des 20. Jahrhunderts herauszuarbeiten. Es gibt zahlreiche Übereinstimmungen mit Patricia Highsmiths Antihelden. Der Außenseiter, schlussfolgert Colin Wilson, sieht »zu tief und zu vieles« (dieser Satz stammt aus Henri Barbusses Roman *Das Feuer*); »er fühlt sich, als sei er bereits gestorben und führe eine postume Existenz«[33] (so John Keats in einem Brief an Sir Thomas Browne kurz vor seinem Tod); seine Identität ist zersplittert, und er beobachtet sich selbst, wie er sich »in Teile aufteilt«[34] (nach T. E. Lawrence in *Die Sieben Säulen der Weisheit*); und ein tiefes Gefühl des Ekels quält ihn: »Der Ekel ist nicht in mir; er ist dort draußen … überall um mich herum … ich bin in seinem Inneren.« (Nach Jean-Paul Sartre in *Das Tagebuch des Antoine Roquentin*.) Die emotionale Blutleere, Gleichgültigkeit dem Leben gegenüber und die panische Angst davor, von einem versteckten Aspekt des eigenen Selbst beherrscht zu sein, vervollständigen das Profil des modernen Außenseiters. Auch Patricia Highsmiths Romane erkunden dieses Thema, das schon von William Blake angeschnitten wurde, indem er sagte, dass »jeder Mensch im Bann seines Schattens« stehe.[35] Der Schatten ist bei Wilson wie bei C. G. Jung aufgefasst als das, was das Subjekt an sich selbst nicht anzuerkennen vermag und was es folglich direkt oder indirekt verfolgt und seiner Handlungsfreiheit beraubt.

Zu dieser Zeit, da sie bis zu einem gewissen Grad mit ihrem Leben zurechtkam und in einer ruhigen und allem Anschein nach zufriedenstellenden Beziehung lebte, schrieb Patricia Highsmith merkwürdigerweise einige ihrer schwächsten Werke. Im November begann sie ein Buch, das »eine politische Satire nach Voltaires Art«[36] werden sollte und das sie *The Straightforward Lie* (Aufrichtig gelogen) nannte. Es dreht sich um die Erfahrungen eines einundzwanzigjährigen Ingenieurstudenten namens George Stephanost, der als Repräsentant seines Landes auf eine Reise um die Welt geschickt wird. Das eigentliche Thema des pikaresken Romans sind die kulturellen Unterschiede der Moral – damit ist eine Kritik amerikanischer Ethik verbunden –, doch die Satire ist so dominierend, dass kein Fünkchen Humor mehr übrig bleibt. Nach der Hälfte des Buches erscheint George eine zwergenähnliche Gestalt, die ihm eröffnet, dass sie seine bösen, eigensüchtigen Gedanken lesen könne. Diese Begegnung veranlasst George bei seiner Rückkehr, den Regierungsbeamten von den schrecklichen Dingen zu erzählen, die er in der Welt gesehen hat. »Was wahr ist, ist böse, was böse ist, ist wahr«, sagt er schließlich. »Es gibt einiges Gute, aber es ist schwer zu finden. Wenn irgendjemand an dieser Tatsache zweifeln sollte, soll er selbst um die Welt reisen ... Nun sprecht mir unser Glaubensbekenntnis nach: Was wahr ist, ist böse ...«[37] Die Regierung reagiert allerdings ungnädig auf die Entdeckungen ihres Gewährsmannes, und das Buch endet damit, dass George in eine geschlossene Anstalt eingewiesen wird.

Glücklicherweise ist dieses Manuskript nie veröffentlicht worden, doch Patricia Highsmith hat es in anderer Form noch benutzt: Theodore in *Ein Spiel für die Lebenden* soll ein Buch mit diesem Titel für seinen schriftstellernden Freund Kurt Zwingli illustrieren. In seinem Tagebuch beschreibt er es: »Moderne Satire. Ein junger Mann von der Art, die es nie gegeben hat – eine Figur wie aus alten Lesebüchern, wo sie in Londoner Pensionen wohnen ... Konzerte und Museen besuchen und für jede Statistik schwärmen –, reist in der Welt herum und stellt fest, dass alle Menschen Zweifel haben an den so genannten wahren Werten. Jeder ist zynisch und pessimistisch.«[38]

Patricia Highsmith bemerkte ihre schöpferische Schwäche selbst. Vielleicht, so fragte sie sich, war die bequeme Beziehung mit ihrer neuen Freundin daran schuld? Die Situation verkomplizierte sich, als sie im November erfuhr, dass sie für *Der talentierte Mr. Ripley* in Frankreich den Grand Prix de Littérature Policière erhalten sollte.

Am 3. Januar 1958 schlug sie ihr Notizbuch auf und versuchte zu analysieren, was schief gegangen war. Sie sah auf ihr altes Selbst zurück – sie nannte es den »jugendlich-erwachsenen Status quo« –, stellte fest, dass sie früher viel mehr Zeit allein verbracht hatte und erkannte, dass sie im ständigen Hin und Her zwischen emotionalen Hochs und Tiefs ihre besten Bücher geschrieben hatte.

> Wenn mein neues Buch *Ein Spiel für die Lebenden* gut ankommt, werde ich beruhigt sein, was die Meinung der Welt angeht, aber nicht was meine eigene Meinung angeht ...
> Das Haus, das ich jetzt habe, ist nicht groß genug für zwei Menschen, besonders wenn einer von ihnen Schriftsteller ist ... Interessant ist, warum ich es aushalte. Ist es nicht nur eine weitere und schwerwiegendere Ablenkung unter dem Deckmantel, dass man bürgerlich, gesund, konventionell, bequem und ordentlich geworden ist? Für mich ist es kein Deckmantel. Ich habe das alles immer ganz bewusst verachtet.
> Vielleicht steht unter dem Strich, dass es mir jetzt reicht und ich vielleicht mein letztes Buch in den Sand gesetzt habe. Ich versuche mich zu retten! Wie Gide kann ich nur durch Veränderung existieren und vielleicht wachsen, und dieser Herausforderung muss ich mich stellen, es wird erschütternd sein, natürlich, aber am Ende doch nutzbringend, obwohl ich dabei ein Auge oder ein Bein verlieren könnte. Was nutzt einem Menschen aber Ruhe und Ordnung, wenn er darüber seine Seele verliert?[39]

Am 14. Februar erhielt sie das, was sie beinahe schon erwartet hatte: Joan Kahns fünfseitigen Brief, in dem sie darlegte, warum *Ein Spiel für die Lebenden* nicht geglückt sei. Dass Salvador, der Junge von der Straße, Leila ermordet, sei einfach nicht glaubhaft, schrieb ihre Lektorin. »Der Junge wird in zwei Zeilen auf Seite 71 erwähnt und kommt dann erst wieder auf Seite 202 vor ... Die Stärke des Thrillers und die Stärke jedes anderen Romans besteht darin, dass der Autor keine Figuren und keine Ereignisse beschreibt, die, obwohl sie in sich durchaus spannend sein können, für den Fortgang des Buches keine Bedeutung haben ... Ich hoffe also, Sie werden nach alldem, was ich oben erklärte, den Schluss noch einmal in Angriff nehmen.«[40]

Nach einer »kurzzeitigen nervösen Magenverstimmung«[41] infolge dieses Briefes nahm sich Patricia Highsmith tatsächlich noch einmal den Roman vor, überarbeitete den Schluss und vollendete Mitte März die neue Fassung. Joan Kahn war nun mit dem Schluss zufrieden, doch das war ihr noch nicht genug, und sie verlangte weitere Verbesserungen, etwa detailliertere Charakterzeichnungen auf den ersten Seiten. Im September 1958 schickte Joan Kahn die Fahnen des Buches an eine Reihe einflussreicher Persönlichkeiten, unter ihnen Alfred Hitchcock, Katherine Anne Porter und die damals gefeierte Krimiautorin Dorothy L. Hughes, weil sie sich einen breiten Werbeeffekt davon versprach. Am 9. November erhielt sie von Dorothy Hughes Antwort. Die Autorin entschuldigte sich für ihre späte Reaktion und bedauerte, keinen markigen Werbespruch beisteuern zu können, da sie Patricia Highsmiths Romane nicht möge: »... besonders missfiel mir ihr mangelndes Mitgefühl für die Mexikaner, obwohl es auch gute Szenen gab«.[42] Kahn schrieb zurück, dass Patricia Highsmith sicherlich nicht »jedermanns Sache« sei.[43]

Später betrachtete Patricia Highsmith *Ein Spiel für die Lebenden* als einen ihrer schlechtesten Romane. »Der wirkliche Mörder tritt nur sehr wenig auf, und so wurde *Ein Spiel für die Lebenden* sozusagen ein *Who-dunnit* ..., ein Genre, das sicher nicht meine Stärke ist.«[44] Sie stellte fest, dass es »das einzige wirklich langweilige Buch« sei, das sie geschrieben habe, weil darin all jene Elemente fehlten, die für ihre Romane »unumgänglich« seien: »Überraschung, flüssiges Handlungstempo, Strapazieren der Gutgläubigkeit beim Leser, und vor allem das Vertrautsein mit dem Mörder selbst ... Das Resultat ... war Mittelmäßigkeit.«[45]

Um sich von der strapaziösen Arbeit des Romanschreibens zu erholen, nahm sie ihren Zeichenblock zur Hand und fertigte einige Zeichnungen an, die sie dem *New Yorker* anbieten wollte; doch es stellte sich heraus, dass sie es aus Schüchternheit schließlich doch nicht vermochte, bei der berühmten Zeitschrift anzufragen. Dann konzentrierte sie sich auf die Arbeit an einem Kinderbuch, *Miranda the Panda is on the Veranda*, das sie zusammen mit ihrer Freundin Doris Sanders schrieb. Patricia Highsmith zeichnete verantwortlich für die Illustrationen, Doris schrieb die Texte. Der Verlag Coward-McCann veröffentlichte das Buch im darauf folgenden Jahr.

Während Patricia Highsmith an dem Kinderbuch arbeitete, begann die Liebe zu ihrer Freundin zu bröckeln. Die Schriftstellerin fand die Atmosphäre des Hauses in Sneden's Landing erdrückend, und im Juni bemerkte sie in ihrem Notizbuch, dass sie sich vor den Streitereien, aber noch mehr vor den darauf folgenden Versöhnungsszenen fürchtete. »Möge ich jeden Tag Fantasien haben! Fantasien der Liebe zu einer attraktiven Freundin, die unerreichbar ist…«[46]

Dieser vielsagende Satz sollte bald sowohl in ihrem neuen Roman, *Der süße Wahn*, als auch in ihrem Leben seinen Niederschlag haben. Arbeit und Leben waren bei Patricia Highsmith oft so eng miteinander verwoben, dass es unmöglich zu sein scheint, sie auseinander zu halten.

Der süße Wahn

(1958–1959)

In *Der süße Wahn*, erschienen 1960, erzählt Patricia Highsmith die Geschichte von David Kelsey, Chemiker und Chefingenieur einer Kunststofffabrik in der erfundenen Stadt Froudsburg im amerikanischen Bundesstaat New York, der seine frühere Freundin Annabelle Stanton nicht vergessen kann. Annabelle hat einen anderen Mann geheiratet, Gerald Delaney, doch Kelsey weigert sich, das zu akzeptieren; »… ohne dich bin ich nur ein halber Mensch«, schreibt er ihr in einem Brief.[1] Er beschäftigt sich derart obsessiv mit seiner früheren Freundin, dass er eine andere Identität annimmt und als William Neumeister seine unterdrückten Wünsche und den Traum vom häuslichen Glück mit dem Fantasiebild der Annabelle zu verwirklichen sucht.

Der Name des Alter Ego ist ein Hinweis auf die nietzscheanischen Themen Macht, Schuld und Unterdrückung; auch der Begriff des »Übermenschen« klingt darin an. Patricia Highsmith hatte Nietzsches *Ecce Homo* erstmals 1939 gelesen, während ihres Studiums am Barnard College. Das Buch hatte für sie vieles ausgedrückt, was ihr auf der Seele lag. »Man sollte aus einem persönlichen Bedürfnis heraus lesen und studieren und aus keinem anderen Grund«, notierte sie damals.[2] Nietzsches Autobiografie, geschrieben 1888 und 1908 postum veröffentlicht, mit ihrer radikalen Neubewertung der Moral, der gewagten Destruktion traditioneller Machtstrukturen und der spielerischen Infragestellung eingefahrener Denkgewohnheiten regte Patricia Highsmiths Fantasie stark an.

Der große nihilistische Philosoph, der die letzten elf Jahre seines Lebens in geistiger Umnachtung zubrachte, übte aber auch in späterer Zeit noch einen beträchtlichen Einfluss auf die Schriftstellerin aus. Nicht wenige ihrer Protagonisten – Bruno in *Zwei Fremde im Zug*, Ripley in *Der talentierte Mr. Ripley* und in anderen Ripley-Romanen und Vic in *Tiefe Wasser* – könnten als »Übermenschen« im Sinne Nietzsches interpretiert werden. Doch David Kelsey, der sich buchstäblich in einen »neuen Meister« verwandelt, ist von all diesen Helden derjenige, der den Übermenschen in Patricia Highsmiths Romanen in reinster Form verkörpert.

»Die tätigen, erfolgreichen Naturen handeln nicht nach dem Spruch ›kenne dich selbst‹, sondern wie als ob ihnen der Befehl vorschwebte: *wolle* ein Selbst, so *wirst* du ein Selbst«, schrieb Friedrich Nietzsche in *Menschliches, Allzumenschliches.*[3]

Kelseys Wille, ein anderes Selbst zu erschaffen, ist anfangs erstaunlich erfolgreich. Da er die unbequeme Wahrheit der Zurückweisung durch Annabelle nicht ertragen kann, flieht er in eine parallele Welt. Gegenüber seinen Freunden und den anderen Bewohnern der heruntergekommenen Pension, in der er während der Woche wohnt, gibt er vor, an den Wochenenden seine Mutter im Altersheim zu besuchen, doch in Wahrheit schüttelt er jeden Freitagabend seine monotone Alltagsexistenz ab, um das farbigere, interessantere Leben William Neumeisters zu führen, der glaubt, mit seiner Geliebten in einem großen, luxuriösen Haus auf dem Land zu leben.

»Da er nicht wollte, dass man das Haus mit David Kelsey in Verbindung brachte, hatte er den anderen Namen erfunden, und mit dem neuen Namen entstand in gewissem Sinn auch ein neuer Mensch«, schreibt Patricia Highsmith, »William Neumeister, dem nie etwas (oder jedenfalls nichts Wichtiges) misslungen war und der deshalb auch Annabelle erobert hatte.«[4] Der Bruch zwischen den beiden Identitäten – dem einsamen, tristen Stadtmenschen Kelsey, der an eine Figur von Edward Hopper erinnert, und dem kultivierten, brillanten, ländlichen, doch letztlich fantastischen Traum-Neumeister – könnte als dichterischer Versuch ausgelegt werden, Nietzsches Gedanken vom »Willen zur Macht« nachzuahmen. Die Liebe zur Macht ist – Nietzsche zufolge – eine so große Antriebskraft des Menschen, dass für einige Menschen sogar die Selbstbestrafung ein Weg ist, ein Gefühl der Macht über sich selbst zu behalten – was für Kelsey gilt, der sich die ganze Woche über in seiner schäbigen Pension selbst einkerkert.

Nietzsche erläutert in *Menschliches, Allzumenschliches*: »Gewisse Menschen haben nämlich ein so hohes Bedürfnis, ihre Gewalt und Herrschsucht auszuüben, dass sie, in Ermangelung anderer Objekte oder weil es ihnen sonst immer misslungen ist, endlich darauf verfallen, gewisse Teile ihres eigenen Wesens, gleichsam Ausschnitte oder Stufen ihrer selbst, zu tyrannisieren ... So steigt der Mensch auf gefährlichen Wegen in die höchsten Gebirge, um über seine Ängstlichkeit und seine schlotternden Knie hohnzulachen ... Dieses Zerbrechen seiner selbst, dieser Spott über die eigene Natur, dieses *spernere se sperni*, aus dem die Religionen so viel gemacht haben, ist eigentlich ein sehr hoher Grad der Eitelkeit ... In jeder asketischen Moral betet der Mensch einen Teil von sich als Gott an und hat dazu nötig, den übrigen Teil zu diabolisieren.« [5]

Die beiden Seiten des nietzscheanischen Helden bei Patricia Highsmith folgen diesem dialektischen Muster. Kelsey ist ein so guter Mensch, dass seine Mitbewohner in der Pension ihn den »Heiligen« nennen; er zeigt keinerlei Interesse an Frauen und verbringt, wie man allgemein glaubt, das ganze Wochenende bei seiner kranken Mutter. William Neumeister allerdings, das diabolischere Selbst, ist ein Genussmensch; er mixt sich ständig Martinis, trinkt teuren Weißwein und liebt gutes Essen, und die Einrichtung seines Hauses beweist – im Gegensatz zu dem hässlichen Pensionszimmer in Froudsburg mit dem abgenutzten Teppich und dem schäbigen braunen Doppelbett – den allerbesten Geschmack. Das Haus ist der Tempel, den er für Annabelle gebaut hat; mit seinen braun-weiß gemusterten Teppichen, der weichen Couch und den Bücher- und Plattenregalen trägt er alle Insignien des amerikanischen Traumes vom eigenen Haus in der grünen Vorstadt.

Sich mit solchen Besitztümern zu umgeben versetzt Kelsey in die Lage, in die Haut seines Doppelgängers zu schlüpfen und seine wahre Situation zu vergessen: »In diesem seinem Haus stellte er sich gern vor, er wäre William Neumeister – ein Mann, der alles besaß, was er sich nur wünschte, der zu leben verstand, lachen und glücklich sein konnte.«[6] Neumeister ist ein Fetischist, für den auch Annabelle ein schöner Gegenstand ist, mit dem er sein Heim schmückt, und wie ein moderner Pygmalion, der von seiner Galatea träumt, glaubt er schließlich mehr an die Fantasie als an die Realität, mehr an ihre Gegenwart als an ihre Abwesenheit. »Er spürte Annabelles Gegenwart in jedem Zimmer, ja er benahm sich stets so, als wäre er mit ihr zusammen, selbst dann, wenn er versunken über einer einsamen Mahlzeit saß«, schreibt Patricia Highsmith.[7] Die Erregung, die ihn bei dem Gedanken an sie ergreift, ist unmissverständlich erotischer Natur, und nachts im Bett füllt er die Leere neben sich mit dem eingebildeten Objekt seiner Begierde. »Ihr Kopf lag auf seinem Arm, und wenn er sich ihr zuwandte und sie an sich zog, hatte sein heißes Verlangen mehr als einmal den Höhepunkt erreicht und war unter dem eingebildeten Druck ihres Körpers übergeflossen …«[8]

In dem Maß, wie Kelsey sich weiter in seine Fantasien zurückzieht, wird sein Charakter von Neumeister, dem Übermenschen, beherrscht. Wie in Anwendung von Nietzsches Empfehlung, die kleinlichen Tugenden, die kleinliche Vorsicht und das Glück der gewöhnlichen Menschen zu überwinden, weist Kelsey die gewöhnliche Welt der Pensionsgäste zurück und versteht sich als ein Mensch, der der Mittelmäßigkeit um ihn herum überlegen ist. Er vergleicht Geralds Unterlippe mit der »Pobacke eines Affen«[9], betrachtet Annabelles Leben ohne ihn als unerträglich langweilig und ihren Ehemann als einen »vertrottelten Eunuchen«[10] und ein »nichtswürdiges Ekel«[11], und Annabelles schlichter goldener Ehering ist viel zu gewöhnlich für Davids Geschmack.

Als Übermensch ist er nicht in der Lage, ein Gesetz zu akzeptieren, das nicht von ihm selbst gemacht wurde. Nachdem sein Verbrechen offenbar geworden ist, formuliert er angesichts der drohenden Strafe sein nihilistisches Credo: »Es gab keine Wahrhaftigkeit, nur Lebensüberdruss und Enttäuschung ohne Ende.«[12] In die Enge getrieben, findet er sich auf einem Fensterbrett acht Stockwerke über Manhattan wieder, und er beschließt, das Nichts zu wählen. Als er sich vom festen Boden löst und »hinaustritt in den kühlen Raum«, ist seine letzte Erinnerung die »an ihr sanft geschwungenes Schulterblatt, nackt, wie er es nie gesehen hat«.[13] Dieser Schluss ist ein ganz von Nietzsche inspirierter Augenblick.

Die Idee einer Liebe, die sich einzig innerhalb der Grenzen der Fantasie abspielt, hatte Patricia Highsmith schon jahrelang beschäftigt (schon im Januar 1947 hatte sie eine ähnliche Geschichte skizziert). Doch erst im Sommer 1958 nahm der Roman konkrete Gestalt an. Die Freundin, mit der sie noch immer zusammenlebte, machte ihr den Vorschlag, über einen Mann zu schreiben, der »sich eine zweite Persönlichkeit erschafft, einen anderen Mann, dessen Leben er zu bestimmten Zeiten lebt«.[14] Patricia Highsmith denkt daran, dass dieser Mann, den sie anfangs Barry nennt, zu einem bestimmten Zeitpunkt die erfundene Persönlichkeit tötet und dann des Mordes angeklagt wird, weil seine Fingerabdrücke am Tatort gefunden werden. Die erste Fassung des Buches mit dem Arbeitstitel *I Thee Endow* hätte leicht ein Zwilling von *Der talentierte Mr. Ripley* werden können, wäre dann nicht jene Frau in ihr Leben getreten, deren Schatten später auf jeder Seite des Romans zu spüren ist.

In ihren Tagebüchern des Jahres 1958 wird sie nur mit dem Initial M. genannt. Doch aus den Andeutungen, die in ihren unveröffentlichten Notizbüchern gemacht werden, und aus Hinweisen aus anderen Quellen kann man das Bild dieser Frau zusammensetzen, der Malerin und Illustratorin Mary Ronin, der neuen Muse von Patricia Highsmith. Am 12. August 1958 beschrieb die Schriftstellerin die Ähnlichkeit zwischen ihren Gefühlen für ihre neue Geliebte und den Empfindungen beim Entwerfen der Handlung für ihr neues Buch, das sie nun *Der süße Wahn* nannte. Ihr gefiel dabei, dass sowohl ihre Liebesaffäre als auch ihr Buch nur innerhalb der Grenzen ihrer Fantasie existierten, die sie selbst festlegen konnte. Wie David Kelsey sich in seine nicht existierende Beziehung zu Annabelle Stanton hineinträumte, so unterhielt Patricia Highsmith eine imaginäre Liebesaffäre mit Mary Ronin, die sie offenbar im Juli kennen lernte. Ohne diese Frau, schrieb sie am 5. November in ihr Notizbuch, »wäre es ein ganz anderes Buch geworden«.[15]

Mary Jane Ronin wurde am 18. Dezember 1912 in Sycamore, Illinois, als Kind des Pferdetrainers Jas Ronin und seiner Frau Blanch Darling geboren und verbrachte ihre Kindheit in Nebraska. Sie besuchte die Kunstakademie der Omaha University und ging nach ihrem Abschluss nach New York, wo sie im Alter von fünfundzwanzig Jahren in der Werbeabteilung des Kaufhauses Bloomingdale's eine Stelle antrat. »Ich zeichnete alles, was sie zum Verkauf anboten«, sagte sie später, »Töpfe, Pfannen, Schuhe, Möbel, alles.«[16] Bald wurde sie – als eine der ersten Frauen in New York auf einem solchen Posten – künstlerische Leiterin der Werbeagentur Young and Rubicam und übte diese Tätigkeit sieben Jahre lang aus. Danach verbrachte sie ein Jahr in Frankreich und kehrte 1953 als freiberufliche Werbegrafikerin nach Manhattan zurück. Auf Fotos sieht man sie mit einem Glas in der Hand am Zeichenbrett – eine schlanke, elegante Frau mit feinen Gesichtszügen, nach der neuesten Mode gekleidet. Sie besaß ein Haus in den Bergen von Westport in Connecticut – ein »Hänsel-und-Gretel-Haus«[17] – und eine Wohnung mit Atelier, in dem immer ein buntes Durcheinander von Zeichnungen, Entwürfen und Büchern herrschte.

Im Herbst 1958 wurde aus der Fantasiebeziehung zwischen Patricia Highsmith und Mary Ronin eine ganz reale Liebesaffäre. Am 5. November heißt es in Patricia Highsmiths Notizbuch, dass die neue Geliebte sie nach drei Monaten zum ersten Mal »Liebling« genannt habe. Und sie schrieb ein Gedicht auf die Frau, die ihr den Sommer versüßt hatte. Briefe von Mary – unterzeichnet mit einem kleinen »m.« –, die Pat in ihrem Notizbuch aufbewahrte und später auf Oktober oder November 1958 datierte, beweisen, dass viel romantische Leidenschaft im Spiel war. In einem der Briefe spricht Mary von ihrer Liebe zu Schönbergs *Verklärte Nacht*: »Irgendwie erinnert mich diese Musik jetzt an uns!«[18] Und sie beschreibt Patricia Highsmiths physische Besonderheiten gemäß dem Farbenspektrum in Abraham Werners *Nomenclature of Colours* (1821). Marys geschultem Auge erschien Pats Haar nicht einfach schwarz; es sei eine Mischung aus Werners Schottischem Blau, Blaumeisen-Blau und Blauem Eisenerz; die Farbe von Pats ungeschminkten Lippen sei zusammengesetzt aus Morgenröte, Specht-Rot, Apfelbacken-Rot und Auripigment; ihre Haut sei aus Seladon-Grün, Seidenraupen-Silber, der Rückseite von Weidenblättern und dem Mineralstoff Beryll zusammengesetzt. Unter einer verrutschten Zeile mit Tippfehlern steht: »Diese Zeile beweist, dass Verliebte nicht gut tippen können.«[19] Aus dem Briefwechsel wird ersichtlich, dass Patricia Highsmith ihrer Geliebten während eines heftigen Schneegestöbers Blumen schickte; und Mary Ronin versichert Pat, sie habe »einen wunderschönen Körper und Beine wie ein Vollblutpferd«.[20] Für Patricia Highsmith war Mary verblüffend unschuldig und weise zugleich, impulsiv, großzügig und offenherzig. Wie ist es möglich, fragte sich die Schriftstellerin, dass Mary trotz der Enttäuschungen des Lebens so frisch und scheinbar unverdorben geblieben ist? »Oder hat sie so wenige erlebt? ... Vielleicht hat sie ihre Fehler nicht so oft wiederholt wie ich.«[21]

Im September begann sie mit der Niederschrift von *Der süße Wahn.* Nach fünfeinhalb Wochen hatte sie fast die Hälfte des Romans geschrieben, dann machte sie eine Pause. In dieser Zeit trat ihr der schöpferische Prozess sehr deutlich vor Augen. Sie hatte den Eindruck, einer Theateraufführung beizuwohnen, bei der plötzlich die ganze schwerfällige Bühnentechnik sichtbar wurde. Sie warf einen Blick in das dunkle Herz der Schöpfung und schrak davor zurück wie vor einem »Abgrund in der Mitte meiner selbst«.[22] Dieses schwarze Loch, Symbol ihrer Kreativität, musste gefüllt werden, und zwar von einem »unschuldigen Opfer«. Kein Gefühl, schrieb sie, komme der Verliebtheit gleich: Nur diese besondere Mischung aus geistigen und körperlichen Empfindungen vermochte ihr einen kurzen Einblick ins Paradies zu verschaffen. Auch mit fünfundsiebzig Jahren, als alte Frau, die nicht mehr lange zu leben hätte, werde sie noch an die verwandelnde Kraft der Liebe glauben; und wenn sie ihren Einfluss selbst nicht mehr spüren könne, so werde sie sich bestimmt an ihre Wirkung erinnern.

Trotz der keimenden Liebe zu Mary Ronin lebte Patricia Highsmith noch mit ihrer alten Freundin, der Werbetexterin, zusammen. Ende September zogen sie in ein größeres Haus in dem benachbarten Ort Sparkhill, doch Ende 1958 war ihre Beziehung endgültig zu Ende. Anfang Dezember kehrte Pat nach New York zurück und mietete eine Wohnung am Irving Place Nummer 76, in der sie allein lebte. Nach zwei Jahren des Zusammenlebens genoss sie jetzt das Alleinsein und war froh, dass es niemanden gab, der ihren Gedankenfluss unterbrach. Doch was ihr zu schaffen machte, waren auch ihre Ängste – besonders ihre Angst vor dem Wahnsinnigwerden –, die ihr nun stärker zu Bewusstsein kamen. Im Januar arbeitete sie an der zweiten Fassung ihres Romans, und am 12. Februar schrieb sie an Kate Kingsley, dass sie »gerade schnell einen Roman geschrieben« habe, mit dem sie sehr zufrieden sei und dem sie »den angemessenen Titel *Der süße Wahn*« gegeben habe.[24] Nachdem sie ihn ihrer Lektorin Joan Kahn vorgelegt hatte, schrieb diese ihr am 8. Mai einen Brief mit einer eingehenden Kritik. Ihr Haupteinwand bezog sich auf das zustimmende Verhalten der Figuren, mit denen es David Kelsey zu tun bekam; sie schrieb, dass »die Reaktionen der Leute auf ihn, seine Doppelrolle usw. zu oft nicht echt sind, so dass der Leser denkt: Ach, es wird ihm ja viel zu leicht gemacht.«[25] Diesem Punkt folgte eine Liste kleinerer redaktioneller Fragen, aber dann schloss sie: »Ich glaube, das Buch ist so gut, dass ich Lust habe, meine Begeisterung mit allen zu teilen.«[26]

Zu Beginn des Jahres 1959 merkte Patricia Highsmith, dass ihre vor kurzem noch so romantische Beziehung zu Mary Ronin ihren

Zauber zu verlieren begann. Offensichtlich hatte sich die Grafikerin mit einer anderen Frau eingelassen, die von Patricia Highsmith nur mit den Initialen R. B. bezeichnet wird. Am 18. Februar schrieb sie in ihr Notizbuch, dass ihr »Vertrauen in das Mädchen, das das Buch inspirierte, ins Wanken« geraten sei.[27] Doch es sei nicht Marys Schuld; sie selbst in ihrer Wankelmütigkeit sei dafür verantwortlich. Sie geriet dann wieder einmal in eine manische Phase und fühlte sich, als könne sie zehnmal am Tag eine Frau lieben. »Und es ist erstaunlich, wie viele Mädchen es gibt!«[28] Im März gab es einen ernsthaften Streit zwischen Pat und Mary. Mary glaubte, ihre Beziehung neige sich dem Ende zu, sie sank in sich zusammen und starrte nur noch schweigend zu Boden, was Pat mit den Worten kommentierte, sie sehe aus, als sei sie plötzlich fünfzehn Jahre älter geworden.

Pat war von ständigen Ängsten gequält; mal fürchtete sie, dass ihre Katzen von einem Auto überfahren werden könnten, mal sah sie vor sich, wie sie aus dem Fenster ihrer Wohnung stürzten – lauter Projektionen der Schuldgefühle, die in ihr tobten, weil sie einer Frau die Geliebte ausgespannt hatte. »Unbewusst mache ich mir Sorgen über die Verantwortlichkeit von M. und mir, und ich fühle mich R. gegenüber schuldig«, schrieb sie in ihr Notizbuch. Doch warum machte ihr diese Sache so viel aus? »Weil ich selbst meine Verlässlichkeit anzweifle … Es ist eine endlose Kette, die bis ins Unbewusste reicht, die kleinen Schamgefühle, die man besser im Dunkeln lässt.«[29]

Patricia Highsmith hat keine detaillierten Aufzeichnungen über ihre Beziehung zu Mary Ronin gemacht, doch im Juni bemerkte sie, dass nach acht gemeinsamen Monaten »das Feuer der Liebe niedergebrannt« sei.[30] Sie hoffte, dass Mary mit ihr nach Griechenland reisen würde, doch im Oktober, als sie sich in Paris aufhielt, erfuhr sie zu ihrer Enttäuschung, dass die Freundin ihre Meinung geändert hatte. Schon wieder hätte sie also eine fremde Stadt allein erkunden müssen – ein winziges Hotelzimmer, die glitzernden Lichter eines Restaurants in der Nähe, wo sie allein zu Abend aß. »Aus diesen Dingen kommen meine Geschichten, meine Bücher, kommt mein Lebensgefühl«, schrieb sie.[31]

»In den späten fünfziger Jahren stand es nicht sehr gut um mich, ich war pleite«, sagte Patricia Highsmith einmal in einem Interview[32], und sie musste dringend etwas unternehmen, um sich zu retten. Ende 1958, bald nachdem sie die Wohnung am Irving Place bezogen hatte, trennte sie sich von ihrer Agentin Margot Johnson. Schon 1953 hatte sie Zweifel an ihr geäußert; ihres Erachtens setzte sie sich nicht genügend ein, um ihre Bücher zu verkaufen, und erzielte zu niedrige Vorschüsse. Ende 1958 war sie endlich selbstbewusst genug, ihre französische Agentin Jenny Bradley von der Agentur William A. Bradley zu bitten, sich für eine höhere Vorauszahlung einzusetzen. Im Oktober 1957 war ein Angebot über 10 000 Dollar für die Filmrechte an *Der talentierte Mr. Ripley* zurückgezogen worden, nachdem die Produzenten keinen Regisseur für den Stoff hatten finden können. Doch jetzt wollte sie mehr Geld. Am 29. Dezember 1958 schrieb sie an Jenny Bradley einen freundlichen Brief, in dem sie 12 000, am liebsten sogar 15 000 Dollar für die Filmrechte an *Der talentierte Mr. Ripley* verlangte – »wenn nötig, kann man immer noch ein wenig heruntergehen«, fügte sie hinzu.[33] (Die Produzenten Robert und Raymond Hakim erwarben die Filmrechte Anfang 1959; später entstand unter der Regie von René Clément der Film *Plein Soleil* mit Alain Delon in der Hauptrolle.)

Anfang 1959 verpflichtete sie Patricia Schartle von der New Yorker Agentur Constance Smith Associates als ihre neue amerikanische Agentin. »Als ich Patricia Highsmith direkt fragte [warum sie Margot Johnson verlassen hatte], sagte sie, dass die Absatzzahlen sie enttäuscht hätten«, schreibt die Agentin, die etwas später den Autor Anton Myrer heiratete und Patricia Highsmith zwanzig Jahre lang vertrat.[34] Als Constance Smith sich zurückzog und ihre Agentur sich mit McIntosh & Otis vereinigte, übernahm Patricia Schartle eine leitende Position. Sie erinnert sich, wie schwer sich die Bücher von Patricia Highsmith und die Romane vieler anderer Thrillerautoren verkaufen ließen. »In den frühen fünfziger Jahren brach der Markt der Leihbüchereien, von denen Thriller und Krimis lebten, fast über Nacht zusammen«, bekennt sie. »Die Verlage gerieten in

Panik und wollten keine Krimis mehr herausbringen, obwohl Agenten und Buchhändler immer daran glaubten, dass der Markt sich ... irgendwann wieder beleben werde. Aber nur Agatha Christie und Mickey Spillane waren Renner, und erst als P. D. James kam, erholte sich der Markt wieder. Darunter hatte Patricia Highsmith in den späten fünfziger und beginnenden sechziger Jahren sehr zu leiden.«[35]

Patricia Schartle meint, dass Patricia Highsmith in ihrer schriftstellerischen Laufbahn »zwei fast vollkommene, absolut brillante Ideen«[36] hatte: die Idee zu *Zwei Fremde im Zug* und die Charakteristik Ripleys. »Natürlich hatte es in der Krimiliteratur auch vorher schon Schurken gegeben, doch die Amoralität oder das Böse, mit dem sie Ripley ausstattete – nicht immer so bewusst, wie manche Kritiker vielleicht annahmen –, war etwas Besonderes; sie zeigte sich Menschen gegenüber oft verächtlich.

Mein erster Eindruck von ihr war Einsamkeit; so viel Traurigkeit bei einer so jungen Person (wir waren beide damals Anfang dreißig), die absolut kein Gefühl von Freude oder Ausgeglichenheit kannte! Sie war extrem linkisch, wirklich physisch unbeholfen und knabenhaft, und es war fast unmöglich, eine Atmosphäre herzustellen, in der sie sich wohl fühlte. Es war, als würde sie alles mit einem tiefen Misstrauen betrachten. Sie sagte nie etwas über ihre Vergangenheit; ich stellte ihr ein paar Fragen über Texas, die sie einfach nicht beantwortete. Sie wollte nicht, dass irgendjemand wusste, dass sie aus Amerika kam, und machte immer einen Bogen um diese Tatsache. Sie versuchte, alles mit dem überlegenen europäischen Blick zu sehen, schon bei unserem ersten Treffen, das ziemlich kläglich war. Patricia Highsmith kannte absolut keine Anmut – die arme Frau glaubte, eine Espressomaschine mache sie weltläufig.

Was mir wirklich an ihr gefiel, war ihre Offenheit über ihre Homosexualität, obwohl wir nie eingehender darüber gesprochen haben. Ich hatte das Gefühl, dass sie so oft im Ausland war, ... weil sie sich in Frankreich, in Deutschland wohler fühlte; das langweilige München fand sie toll ... Aber sie hatte den Mut, nach dem Erfolg von *Zwei Fremde im Zug*, sich zu outen in einer Zeit, als das bestimmt nicht leicht war. Man wusste, dass sie sich ganz bewusst dafür entschieden hatte, das als einen Pluspunkt herauszustreichen und im Ausland zu leben, wo man sie anerkannte. Sie dachte, dass sie dadurch als Schriftstellerin interessanter würde. Aber damals hatte sie weder Colette noch Stendhal noch George Sand gelesen. Ich schätzte ihre Arbeitsmoral sehr hoch; sie arbeitete täglich nach einem fast teutonisch-rigiden Stundenplan.

Was mir nicht gefiel? Die Verschlagenheit und eine gewisse Knauserigkeit. Sie zeigte keinerlei Interesse an anderen ernsthaften Künstlern, es sei denn, sie waren wahnsinnig berühmt, und sie war merkwürdig bourgeois – eine widersprüchliche Mischung, die ihr emotional sicher einiges abverlangte. Die gleichen Dinge, die mir persönlich missfielen, verhalfen ihr wahrscheinlich zu einer gewissen Individualität als Schriftstellerin: Misanthropie und Bosheit, die meiner Ansicht nach tief in ihrem Wesen verwurzelt waren.«[37]

Ihrer Erinnerung nach sah sie Patricia Highsmith nur ein einziges Mal lachen, als sie »ein Werbeplakat in der New Yorker U-Bahn bemerkte, auf dem irgendein Widerling die Augen eines Kindes herausgekratzt hatte«.[38]

Klammheimliche Sympathie für Missetäter

(1959–1960)

Gegen Ende des Jahres 1959 schrieb Patricia Highsmith in ihr Notizbuch, es gebe etwas, das sie mehr interessiere als die Moral *per se*: der Zusammenbruch der moralischen Traditionen und die Verzweiflung, die die Nachkriegszeit überschatteten. »Wir müssen bezweifeln, dass es einen Lohn für die Tugend gibt, sicher in der nächsten Welt, aber ob das zum Glück auf Erden führen wird, ist fraglich«, schrieb sie.[1] Damit gab sie die Ansicht vieler gesellschaftlicher Beobachter wieder, die das neuartige Gefühl der moralischen Relativität beschrieben hatten. In der Eisenhower-Ära setzte sich dieses Gefühl in Amerika überall schleichend durch.

Für den republikanischen Präsidenten war die Religion das Kennzeichen Amerikas: »Anerkennung des höchsten Wesens ist der erste und grundsätzlichste Ausdruck der amerikanischen Einstellung zur Welt. Ohne Gott gäbe es keine amerikanische Form der Regierung, keinen amerikanischen Lebensstil«, sagte er 1955. Doch die Wahrheit sah ganz anders aus. Der demokratische Präsidentschaftskandidat und Eisenhower-Gegner in den Wahlen von 1952, Adlai Stevenson, formulierte einsichtiger und ehrlicher: »Einige von uns halten ihren Gottesdienst in Kirchen ab, andere in Synagogen, wieder andere auf Golfplätzen.« 1955 gingen tatsächlich neunundvierzig Millionen Menschen, die Hälfte der erwachsenen Bevölkerung, jede Woche einmal zum Gottesdienst, doch gleichzeitig gab es ein unterschwelliges Unbehagen, das das Allgemeinwohl der Nation zu untergraben drohte. Es stimmte auch, dass Amerika in diesen Jahren mit einem nie gesehenen Wohlstand gesegnet war; doch vielleicht war gerade dieser Wohlstand, wie es einige Publizisten annahmen, mit dem damit einhergehenden Materialismus der Grund für die nationale Missstimmung.

1957 führte eine Zeitschrift eine Untersuchung über die Moral des modernen Amerika durch und kam zu dem Schluss, dass die Durchschnittsbürger der Ansicht waren, dass sie tun konnten, was sie wollten, solange ihr Verhalten von ihren Nachbarn toleriert wurde.

David M. Potter veröffentlichte 1954 ein Buch, in dem er das Verhältnis zwischen dem wachsenden individuellen Reichtum und der zunehmenden Verwahrlosung der Moral unter die Lupe nahm. Seine Thesen stützte er vor allem auf das Werk der Psychologin Karen Horney. Er stellte fest, dass der Wohlstand als ein zentraler Faktor bei der Genese moderner Neurosen wirksam sei; eine seiner Beobachtungen trifft genau auf das zu, was auch Patricia Highsmith in ihren Büchern immer wieder ergründete: »Die Aggressivität ist heute so ausgeprägt, dass sie mit dem Gebot der christlichen Nächstenliebe nicht mehr zu vereinbaren ist; der Wunsch nach dem Besitz materieller Güter wird ständig so sehr stimuliert, dass er niemals befriedigt werden kann; und die Erwartung grenzenloser Freiheit ist so hoch geschraubt, dass die Vielzahl der heute notwendigen Verantwortlichkeiten und Einschränkungen kaum mehr ertragen wird.«[2]

Kein Wunder also, dass die Bürger einer der reichsten Nationen des Planeten unter Angst und Entfremdung litten. Der Soziologe C. Wright Mills, der zu Beginn der fünfziger Jahre ein Aufsehen erregendes Buch veröffentlichte, charakterisierte den amerikanischen Charakter auf ähnliche Weise: »Die Probleme, die uns am meisten beschäftigen, sind seelischer Natur«, schrieb er. »Die Menschen sind innerlich gespalten und zersplittert, während sie äußerlich von übermächtigen Gewalten abhängen.«[3] Patricia Highsmith hatte – wie eine Reihe anderer Schriftsteller, bildender Künstler und Filmemacher – bereits begonnen, die dunkle Seite des modernen Amerika zu beschreiben und zu analysieren. »Das Verbrechen ist ein Zerrspiegel«, schrieb Daniel Bell, den Patricia Highsmith zu Beginn der sechziger Jahre las, »es führt uns auf seine Weise Ethik und Moral der Gesellschaft vor Augen.«[4] Dasselbe könnte man auch von den Romanen sagen, die das Verbrechen zum Thema haben. 1972 definierte sich Patricia Highsmith in einem Radio-Interview der BBC selbst als eine Autorin, die das Verbrechen »sehr geeignet [fand] zur Illustration moralischer Probleme«.[5] Ihr ganzes Leben lang betrachtete sie es als ihre vorrangige Aufgabe, die moralischen Auflösungserscheinungen zu dokumentieren, und in einem Interview, das sie 1992 Neil Gordon gab (als *Ripley Under Water* in Amerika herauskam), sprach sie »sehr ausführlich über den Untergang der amerikanischen Kultur, den Schrecken des Fernsehens. Sie hasste Reagan und Bush, aber es kam ihr auch so vor, als würden wir mit diesen beiden die Quittung für unseren unverantwortlichen Umgang mit unseren Werten und Traditionen bekommen.«[6]

Wie ihre frühen Romane beweisen, war Patricia Highsmiths Standpunkt zur Moral alles andere als eindeutig. In *Zwei Fremde im Zug* gerät ein im Wesentlichen »guter« Mensch, Guy, unter den verderblichen Einfluss von Bruno. Auf dem Höhepunkt des Romans beichtet Guy dem Liebhaber seiner ermordeten Frau Miriam, Owen Markman, den Tauschhandel mit Bruno und versucht, ihn in eine Debatte über die moralische Verantwortung des Individuums zu verwickeln. Er trifft bei Owen jedoch nur auf die stumpfe Gleichgültigkeit des »Leben-und-leben-Lassen«. Im vollen Bewusstsein des Mordes, den er begangen hat, will Guy mit der empfindungslosen Leere Markmans nichts zu tun haben, und als er erfährt, dass seine Beichte von Gerard, dem Detektiv, mitgehört worden ist, kann er nur noch sagen: »Nehmen Sie mich fest.«[7] Das Ende ist in gewisser Hinsicht ganz konventionell – das Gesetz kommt zur Anwendung, der Schuldige wird bestraft; dies gilt auch für die Romane *Der Stümper*, *Tiefe Wasser*, *Ein Spiel für die Lebenden* und *Der süße*

Wahn. Doch man hat das Gefühl, dass die Ordnung nicht deshalb wiederhergestellt wird, weil diese Figuren ein rationales, von Gott gelenktes Universum bevölkern, sondern weil rein zufällige Umstände es so gewollt haben. Tatsächlich werden Unschuldige mit der gleichen Wahrscheinlichkeit bestraft wie Schuldige – in *Der Stümper* wird Walter von Kimmel getötet, bevor Kimmel selbst von der Polizei festgenommen wird –, und die Männer, die das Gesetz vertreten, scheinen oft moralisch fragwürdiger zu handeln als die Verbrecher, denen sie auf den Fersen sind. In *Der Stümper* kommt Walter einmal der Frauenmörder Kimmel engelsgleich vor, verglichen mit dem »teuflischen« Corby, dem Detektiv. Und nicht nur das: Es gibt auch so etwas wie eine moralische Ansteckung; die hohlen highsmithschen Figuren infizieren den Leser mit ihrer verzerrten Sicht der Wirklichkeit. »Die Wirkung ist unheimlich«, schrieb ein Kritiker, »auch deshalb, weil es für Patricia Highsmith so zu sein scheint, dass frühstücken, den Hund ausführen und einen Mord begehen moralisch auf der gleichen Ebene liegen.«[8]

Indem sie vorzugsweise die Perspektive des Abnormen und Amoralischen einnimmt, enttäuscht Patricia Highsmith die Erwartungen, die man an das Genre hat, aber sie stellt auch eine der wichtigsten Konventionen der westlichen Tradition infrage: die Idee, dass Kunst zur moralischen Verbesserung der Menschen beiträgt. Sie beschreibt einen Mord mit einer gewissen Freude an der Sache, und es kann nicht geleugnet werden, dass viele ihrer Mörder – Bruno, Kimmel, Vic und natürlich Ripley – den Akt des Auslöschens eines fremden Lebens sogar genießen. Die Intensität, mit der sie die abnorme, amoralische Persönlichkeit beschreibt, Gehalt, Ausmaß und Reichtum ihrer Seelenschilderungen, die sie dadurch erreicht, dass sie sich oft auf das Blickfeld ihrer Protagonisten beschränkt – all das wirft die Frage auf: Wie sah Patricia Highsmith selbst die Verbrechen, die sie schilderte? Welchen Standpunkt vertrat sie persönlich?

Craig Brown erinnert sich, einmal mit Patricia Highsmith über *Tiefe Wasser* diskutiert zu haben; als er sagte, dass Vic eigentlich ein eher schwacher und erbärmlicher Mensch gewesen sei, bevor er sich der Aufgabe widmete, die Liebhaber seiner Frau zu ermorden, überraschte ihn ihre Reaktion: »Sie verteidigte ihn sofort«, schreibt Brown. »›Er ist geistig ein wenig sonderbar, aber schließlich kann er sich zu etwas aufraffen. Um es seiner Frau wirklich einzuschärfen, dass er das nicht länger mitmacht, vernichtet er diese langweiligen Liebhaber. Wenigstens *tut* er etwas. Wenigstens *versucht* er es.‹ Ihre Leidenschaftlichkeit hat mich wirklich verblüfft. Ihr mangelndes Mitgefühl für das Opfer war genau das Gegenteil von dem, was ihre Zeit verlangte.«[9]

Otto Penzler vom Verlag Mysterious Press, der zwischen 1985 und 1988 fünf ihrer Bücher in den USA herausbrachte, glaubt, dass sich Patricia Highsmiths Bücher aufgrund ihrer Amoralität in Amerika zu ihren Lebzeiten nie gut verkauft haben. Sie waren zu düster für den allgemeinen Geschmack. »Es gibt an allen ihren Büchern irgendetwas Abstoßendes«, sagt er. »Natürlich sind die Ripley-Romane so amoralisch, dass es vielen Lesern geradezu unangenehm ist, weil es kein Hinweisschild gibt, keinen Autor, der sie führt und sagt: ›Schaut her, hier ist jemand, den ihr wirklich verachten sollt.‹ ... Man ist in ihren Büchern sozusagen auf hoher See, man weiß nicht, wer die Guten und wer die Bösen sind, weil es gar keine netten Leute gibt. Niemand ist nett, niemand ist gut. Es gibt niemanden, auf den man sich beziehen kann, und ich glaube, das ist für viele Leute beängstigend.«[10] H. R. F. Keating, ein verdienter Thrillerautor und Präsident des Detection Club, erinnert sich: »Einmal, als Patricia Highsmith zu einem Treffen des Detection Club eingeladen worden war, regte sich ein Clubmitglied über die Amoralität ihrer Bücher so auf, dass er sagte: ›Wenn sie eingeladen wird, gehe ich!‹«[11]

Der verstorbene Julian Symons, Krimiautor, Biograf und ehemaliger Präsident des Detection Club, bemerkte, dass schon andere Autoren vor Patricia Highsmith aus der Perspektive des Verbrechers geschrieben hätten; er erinnerte etwa an E. W. Hornungs Buch über den Dieb und Gentleman Raffles, das seinen Schwiegersohn Conan Doyle zu dem Satz veranlasst hatte: »Man darf den Verbrecher nicht zum Helden machen.«[12] Patricia Highsmiths Romane gingen allerdings einen Schritt weiter. »Tom Ripley ist der Gentleman, der gelegentlich zum Mörder wird; dieser Unterschied zeigt, wie groß der moralische Abstand zwischen dem späten 19. und dem späten 20. Jahrhundert ist«, schrieb er.[13] Symons meinte, dass Patricia Highsmiths Romane vor allem deshalb bemerkenswert seien, weil in ihnen zum Ausdruck komme, »dass ein andersartiger und gänzlich persönlicher Maßstab von Moral dem Maßstab dessen, was die Gesellschaft im Allgemeinen als wichtig erachtet, vorgezogen werden sollte«.[14] Tatsächlich sagt Patricia Highsmith in ihrem 1966 erstmals veröffentlichten Buch *Suspense oder Wie man einen Thriller schreibt* mehr oder weniger dasselbe: »Die allgemeine Passion für Gerechtigkeit kommt mir langweilig und künstlich vor, denn weder das Leben noch die Nation kümmert sich im Mindesten darum, ob der Gerechtigkeit Genüge getan wird.«[15] 1981 machte sie sich in einem Interview mit Diana Cooper-Clark Gedanken darüber, warum die Amoralität sie so sehr faszinierte: »Ich nehme an, ich sehe darin einen interessanten Gegensatz zu der vorherrschenden schematischen Moral, die häufig heuchlerisch und falsch ist. Ich glaube auch, dass es unterhaltsam ist, sich über moralische Lippenbekenntnisse lustig zu machen und sich eine ganz amoralische Figur wie Ripley auszudenken.«[16] Wenn man ihr Werk moralisch fragwürdig finde, solle man ihr aber zugestehen, dass sie nur die Realität der modernen Welt darstelle. »So ist das Leben«, sagte sie, »und ich habe vor Jahren irgendwo gelesen, dass nur elf Prozent aller Mordfälle aufgeklärt werden. Das ist bedauerlich, aber sehr viele Opfer sind nicht so wichtig wie der Präsident der Vereinigten Staaten. Die Polizei gibt sich Mühe, sie mag sich wirklich große Mühe geben, doch oft wird dann der Fall irgendwann nicht weiterverfolgt. Und deshalb denke ich, warum sollte ich nicht über ein paar Leute schreiben, die davonkommen?«[17] Einer anderen Journalistin sagte sie, dass sie sich mit der Perspektive des Verbrechers identifizieren könne, weil es in ihr selbst ein Gefühl der Fremdheit gebe, das sie auf ihre frühen familiären Erfahrungen zurückführte. »Es stimmt, ich verstehe verdrehte, verrückte, abartige Menschen«, sagte sie. »Normale Menschen verstehe ich nicht. Hausfrauen. Vielleicht deshalb, weil ich selbst nicht ganz normal bin! Ich habe selbst einen Hang zum Kriminellen ... Ich habe eine klammheimliche Sympathie für Missetäter, und ich weiß, dass das abscheulich von mir ist.«[18] René Cléments Film *Plein Soleil*, den sie im September 1961 sah, als sie in New Hope lebte, fand sie »sehr schön fürs Auge und interessant für den Verstand«[19], doch der moralische Schluss, der dem Ende ihrer Geschichte übergestülpt worden war, bestürzte sie. Die Produzenten des Films, Robert und Raymond Hakim, sagten ihr, dass sie den homosexuellen Subtext des Romans gern stärker herausgestellt hätten, dass das jedoch wegen der strengen behördlichen Auflagen nicht möglich gewesen sei. Später erklärte Patricia Highsmith an anderer Stelle, dass es ihr ganz und gar nicht gefallen habe, dass Ripley im Film am Ende festgenommen wird, es sei »eine schreckliche Konzession an die so genannte öffentliche Moral, dass der Verbrecher am Ende gefasst werden muss«.[20]

Man kann nicht leugnen, dass Patricia Highsmith ein Schauer überlief, wann immer sie – aus sicherer Entfernung – mit Amoralität oder Gewalt in Kontakt kam. Sie las gern Bücher über die Psychologie von Mördern, klebte Zeitungsartikel über Morde in ihre Notizbücher, bestätigte, dass sie es »einfach« finde, über Psychopathen zu schreiben[21], und später stöberte sie mit Vorliebe in einem Farbatlas der forensischen Pathologie, einer wahren Galerie der Mordlust, wie sie in einem Interview erklärte, mit Farbfotos von »Autounfällen, Mord- und Vergewaltigungsfällen, schockierenden Bildern, die nie die Öffentlichkeit erreichen«.[22] Der Journalist und Autor Roger Clarke, der Patricia Highsmith 1982 kennen lernte, glaubt, dass »die Amoralität [in ihrem Werk] echt ist. Einige Schriftsteller, wie etwa Martin Amis, können die Amoralität sehr gut beschreiben, doch im Grunde ist Amis wahrscheinlich kein amoralischer Mensch. Aber ich glaube, dass Pat wirklich amoralisch war. Es gab diese seltsame Leerstelle bei ihr.«[23]

Andere Freunde erklären, dass sie später auf eine geradezu groteske Weise schrecklich moralisch sein konnte in Bezug auf die Lebensführung von anderen. »Es gab da eine Frau [sie wohnte in der Nachbarschaft], die fünf Jahre mit einem Mann zusammengelebt hatte, und Pat regte sich immer wieder über diese Beziehung auf, über das ›Fickverhältnis‹ dieser Frau«, erinnert sich Vivien De Bernardi. »Ich habe einmal gesagt: ›Pat, wie viele Jahre müssen sie zusammen sein, bevor dieser Herr von einem Fickverhältnis zu einer höheren Stufe aufsteigen darf?‹ Aber das sah sie nicht ein. Sie urteilte sehr hart über die sexuellen Neigungen von Menschen, was irgendwie komisch ist, wenn man an ihre eigenen denkt. Ich glaube, es zeigt die andere Seite ihrer Idealisierung des Intellekts; hier oben hatte sie sich einen Altar der Logik geschaffen, aber damit ging eine enorme Verachtung des Sexuellen einher. Ich sagte zu ihr: ›Mein Gott, können wir denn nicht etwas in der Mitte finden? Schließlich gibt es Grenzen für das, was man mit dem logischen Denken ausrichten kann. Man schläft miteinander, Pat, das tun Menschen nun mal.‹«[24] »Patricia Highsmith war amoralisch, aber nur stellvertretend für andere«, meint Kate Kingsley. »Als Mensch konnte sie sehr konventionell sein, aber sie setzte auf die vorherrschende Idee dieser Zeit, dass man als Künstler außerhalb der Norm stehe.«[25]

Die Eintragungen in ihrem Notizbuch erweisen sich als ähnlich widersprüchlich. Schon 1942 schrieb sie, dass sie es schwierig, ja fast unmöglich finde, die konventionelle Moral mit den Merkwürdigkeiten ihres Charakters in Übereinstimmung zu bringen. Oft stellte sie sich selbst außerhalb der Grenzen der allgemein akzeptierten Begriffe von richtig und falsch, situierte sich am Rand der Gesellschaft. 1954 schrieb sie:

> Es gibt keine Moral in meinem Leben, ich habe keine, außer:
> »Trage es mit Fassung.«
> Der Rest ist Sentimentalität.[26]

Und doch konnte sie sehr wohl feststellen, wann sie ihren eigenen Ansprüchen nicht entsprach. Im Oktober 1950 schämte sie sich so sehr wegen ihres Verhaltens – ihrer Trunkenheit, ihrer Promiskuität, ihrer mangelnden Selbstbeherrschung –, dass sie dem Tagebuch ihre Selbstverachtung anvertraute: »Und ich merke, wie ich moralisch so tief sinke wie all diese Nichtsnutze, die sich im Village herumtreiben, von denen ich mein ganzes Leben lang gehört habe, ohne dass es mir je in den Sinn gekommen wäre, dass ich wie sie sein könnte.«[27] Im Juni 1955 schrieb sie, dass das Führen eines Tagebuchs – das sie im Jahr zuvor aufgegeben hatte, weil Ellen Hill darin herumgeschnüffelt hatte – ihr geholfen habe, moralisch auf dem richtigen Weg zu bleiben. Sicherlich glaubte sie nicht an moralische Plattitüden, und ihr scharfer Intellekt durchschaute jedes falsche Gefühl, doch Patricia Highsmith hatte trotz all ihrer gegenteiligen Erklärungen einige feste Grundsätze, die ihr Halt gaben. Die Grundlagen der Moral würden in den ersten fünf Lebensjahren gelegt, sagte sie einmal in einem Interview. Wenn ein Kind in »anständiger« Umgebung aufwachse, sei die Wahrscheinlichkeit groß, dass es sich zu einem »guten Menschen« entwickle; wenn die Familie auseinander breche oder das Umfeld instabil sei, müsse man damit rechnen, dass im Erwachsenenalter Versuchungen auftauchten, die zum Verbrechen führen könnten.

Patricia Highsmiths moralische Haltung war wie die der fünfziger Jahre paradox, und ihre inneren Widersprüche, die qualvollen Kämpfe des Bewusstseins, die in ihren Notizbüchern zum Ausdruck kommen, spiegeln sich auch in ihrem Werk wider. Wie sie selbst sagte, waren ihre Bücher keineswegs klare moralische Aussagen, sondern Diskussionen, die sie mit sich selbst führte. Diese Unbestimmtheit und Zweideutigkeit bezeichnete sie in *Ein Spiel für die Lebenden* einmal als »das Geheimnis des Lebens, den Schlüssel zum Universum«, und daraus bezog ihr Werk seine erstaunliche Kraft.

»Es ist sehr, sehr schwer für mich herauszufinden, was von den Lastern der Menschen (auch meinen) verzeihlich ist«, schrieb sie 1959 in ihr Notizbuch.[28] Wie war es möglich, über die Moral anderer oder über die eigene ein Urteil zu fällen? Was musste passieren, so fragte sie sich, dass man die Annahme des ursprünglich Guten, das in jedem Menschen verborgen ist, fallen lässt? Sie war sich sicher, dass Europäer in der Kindheit ein klareres Gefühl von Richtig und Falsch mitbekommen hatten als Amerikaner, weshalb Europäer sich in der schwankenden Welt des modernen Verhaltens besser zurechtfanden. Sie war nicht nur Amerikanerin, sondern glaubte auch, dass »nur aus persönlichem Chaos, Versagen und Demütigung sich Wahrheit und echte Persönlichkeit entwickeln«, und folglich sei es »doppelt so schwer für mich«.[29] Letzten Endes, so erkannte sie, sei es unmöglich, irgendwelche festen Gesetze der Moral zu formulieren, weil die Motivation von Verhalten zu schwierig zu definieren sei; aber auch deshalb, weil die Interpretation von Verhalten keine Wissenschaft sei, sondern eine Kunst. »Gerade ihre Biegsamkeit und Anpassungsfähigkeit quält mich«, schrieb sie.[30]

Am 28. September 1959 kam Patricia Highsmith an Bord eines Flugzeugs aus New York in Paris an. Auf dieser Reise – es war eine Lesereise – wurde sie von ihrer Mutter begleitet. Die beiden Frauen wohnten im *Hôtel du Quai Voltaire*, und einige Tage später sollte Patricia Highsmith von einigen Journalisten dort interviewt werden. Zum vereinbarten Termin wartete sie in ihrem Zimmer und fragte sich, warum sich die Journalisten verspäteten, als das Telefon läutete. »Die Journalisten sagten mir, dass meine Mutter unten war und fünf Minuten oder länger versucht hatte, sie davon zu überzeugen, sie sei ich«, schrieb Patricia Highsmith in einem Brief an ihren Cousin Dan Coates. »Sie taten ihr den Gefallen und machten ein Foto von ihr.«[31] Wenn sie oder Dan aber den Vorfall erwähnten, würde Mary es bestimmt abstreiten oder nur als einen albernen Scherz bezeichnen. »Ich nehme an, ein Psychiater würde das Ganze anders interpretieren«, schloss sie den Brief.[32]

Patricia Highsmith hatte sich seit Mitte der vierziger Jahre, als ihre Eltern nach Hastings-on-Hudson gezogen waren, um den Seelenzustand ihrer Mutter Sorgen gemacht. Als Marc Brandel Mary 1949 kennen lernte, gestand er Pat, ihre Mutter komme ihm sehr sonderbar vor.[33] Im Jahr darauf beschrieb sie in ihrem Tagebuch die

Ängste und Neurosen ihrer Mutter und stellte sich die Frage, ob Mary aufgrund ihrer seelischen Verfassung möglicherweise Selbstmord begehen könnte. 1959 war klar geworden, dass eine sehr ernste Störung vorlag, und während ihres gemeinsamen Aufenthalts in Paris bemerkte Patricia Highsmith die erschreckende Ähnlichkeit zwischen ihrer vierundsechzigjährigen Mutter und ihrer verstorbenen Großmutter Willie Mae. Offensichtlich litt Mary an einer Form der Demenz, denn sie war nicht nur oft geistesabwesend, sondern wiederholte sich auch ständig und flocht Bemerkungen in Gespräche ein, die Pat lächerlich und prahlerisch vorkamen. »Meine Mutter ist schon eine richtig alte Frau«, schrieb sie in ihr Notizbuch und fügte hinzu: »Und ganz automatisch denke ich, dass ich in fünfundzwanzig Jahren auch so sein werde.«[34]

Sie verbrachten fast einen Monat zusammen in Paris, bevor Pat ihre Mutter mit dem Gefühl einer überwältigenden Erleichterung ins Flugzeug nach Rom setzte. Seit langem habe sie nichts mehr so abstoßend gefunden wie das Verhalten ihrer Mutter in Europa, schrieb sie. In ihrem Notizbuch beschrieb sie diese Gefühle in allen Einzelheiten, ging dann vom Persönlichen zum Allgemeinen über und dachte darüber nach, wie sie einen solchen Charakter – scheinbar weiblich-passiv, doch in Wahrheit selbstsüchtig und berechnend – literarisch besser zu fassen bekommen könnte. »Ihr Unbewusstes ist klüger als ihr Bewusstsein«, bemerkte sie in diesem Zusammenhang.[35]

Nach einer unbeschwerten Woche in Marseille kehrte sie im November nach Paris zurück. Anfang Dezember reiste sie mit einer Freundin nach Salzburg und von dort weiter nach Griechenland. Ende des Jahres traf sie in Athen ein. »Weihnachten werde ich wahrscheinlich statt Punsch Ouzo trinken«, schrieb sie an Joan Kahn vor Reiseantritt.[36] Athen fand sie nicht beeindruckend; die Stadt sei eine staubige Anhäufung schmutzig gelber, heruntergekommener Gebäude, die Leute seien primitiv und wüssten sich nicht zu benehmen. Den ersten Tag des neuen Jahres verbrachte sie in Nauplion, der eleganten Festungsstadt auf dem Peloponnes, und aus Heraklion schrieb sie ihrer französischen Agentin Jenny Bradley eine fröhliche Postkarte, auf der sie ihr versicherte, dass sie ihre Ferien genieße, obwohl der Alltag sich eher primitiv gestalte. Doch ihre Notizbücher aus dieser Zeit offenbaren eine Verzagtheit, die sie wohl lieber für sich behielt. Beim Anblick des kalten türkisgrünen Wassers der Ägäis mag sie an die glücklichen Ferien zurückgedacht haben, die sie im Sommer 1949 mit Kathryn Cohen dort verbrachte. Schon vor der Griechenlandreise hatte sie immer wieder an Kathryn gedacht. Ende September 1959 hatte sie in Paris geträumt, sie sei ein Mann und spucke lavendelfarbenes Blut in eine makellos weiße Serviette. Ein Arzt untersuchte es und stellte die Diagnose, dass ihr Zustand bald zum Tod führen müsse. Bei der Analyse des Traums kam Patricia Highsmith darauf, dass sie Lavendel mit Kathryn und ihrer gemeinsamen Zeit in London zehn Jahre zuvor assoziierte. Der Traum erwies sich als schlechtes Omen: Am Neujahrswochenende des Jahres 1960, während Patricia Highsmith Griechenland bereiste, nahm sich die vierundfünfzigjährige Kathryn Cohen durch eine Überdosis Schlaftabletten in ihrem Haus in Chelsea das Leben. »TOD EINER ZIEGFELD-TÄNZERIN« lautete die Schlagzeile der *Daily Mail* am 5. Januar 1960. Es ist nicht überliefert, wie und wann Patricia Highsmith davon erfuhr. Sie sammelte aber alle Zeitungsberichte über Kathryns Tod, und am 3. Februar schrieb sie in ihr Notizbuch, wie elend sie sich fühle: »Interessant ist, dass man einen Zustand erreicht, in dem einen nichts mehr verletzt ... Die Dinge können am Ende nicht mehr schlimmer werden für den, der wirklich niedergeschlagen ist ...«[37] Im gleichen Monat bemerkte sie, wie leicht es sei, die gesamte Menschheit zu hassen. »Es wird mir einfach nicht klar, wie ich leben soll«, fügte sie hinzu.[38]

Das Ultraneurotische

(1960–1962)

Als Patricia Highsmith im Februar 1960 aus Europa nach New York zurückkehrte, wurden gerade die ersten positiven Besprechungen zu dem Roman *Der süße Wahn* publiziert, der in diesem Monat erschienen war. »Die einzigartige Highsmith legt eine kühle Affinität zu abweichendem Verhalten an den Tag«, schrieb James Sandoe in der *New York Herald Tribune Book Review*. »Ihre Perspektive ist eine inwendige, keine klinische, und daraus resultiert eine vehemente Unmittelbarkeit und nicht eine Fallstudie … Miss Highsmith macht die Vorgänge nicht in erster Linie plausibel, sondern stellt sie außer jeden Zweifel. Ich halte große Stücke auf Miss Highsmith, weil sie mich, während sie mich fest im Griff hält, die ganze Welt vergessen lässt.«[1]

Zurück an ihrem Schreibtisch, begann Patricia Highsmith darüber nachzudenken, wie sie die Eindrücke, die sie aus Europa mitgebracht hatte, vor allem die Reise nach Griechenland, in Literatur umsetzen könnte. »Ich erinnerte mich an ein altes muffiges Hotel in Athen; der Service war nicht sehr gut, die Teppiche waren abgetreten, in den Korridoren hörte man täglich ein Dutzend verschiedene Sprachen, und dieses Hotel wollte ich in mein Buch übernehmen«, schrieb sie. »Und auch den labyrinthhaften Palast von Knossos, den ich besucht hatte, wollte ich benutzen.«[2] Sie erinnerte sich zudem, auf dieser Reise »von einem Mann mittleren Alters, Absolvent einer der angesehensten Universitäten Amerikas, beschwindelt worden zu sein«. Sie meinte, ihn als Vorbild für eine Figur, einen Betrüger, verwenden zu können. Anfang Mai skizzierte sie in ihrem Notizbuch die Idee zu einem »tragikomischen Roman«[3], der sich auf die Erfahrungen des Betrügers Chester MacFarland – der 35 000 Dollar unterschlägt, indem er Anteile an Scheinfirmen verkauft – und seinen Aufenthalt in Griechenland konzentriert – ein Plot, den sie unter großen Qualen bis 1964 zu dem Roman *Die zwei Gesichter des Januars* ausbaute.

Sie arbeitete das ganze Jahr 1960 daran, und Mitte Juli teilte sie Jenny Bradley mit, dass sie den bislang titellosen Roman zur Hälfte geschrieben habe. Anfang September zog sie von New York nach Pennsylvania, in ein helles zweistöckiges Haus mitten auf einer Wiese an der Old Ferry Road, fünfzehn Kilometer von New Hope entfernt, wo sie ein halbes Jahr lang mit der Schriftstellerin Marijane Meaker (alias M. E. Kerr, Vin Packer, Ann Aldrich) lebte und weiter an ihrem Roman arbeitete. »In der Hitze dieses Sommers habe ich mit einem Buch angefangen …«, schrieb sie am 6. September an Joan Kahn, »eines dieser Bücher, das man auf halber Strecke neu durchdenken muss, was ich während des kolossalen Umzugs von der Stadt aufs Land getan habe. In dieser ruhigeren Atmosphäre werde ich mich erneut in die Arbeit stürzen, und ich denke, dass ich bis Weihnachten damit fertig werde.«[4] Im Oktober berichtete sie Jenny Bradley von den Schwierigkeiten, die notwendigen, aber zeitaufwändigen Aufgaben des Landlebens mit der Tatsache in Einklang zu bringen, dass sie den Großteil ihrer Energie darauf verwenden wollte, den Roman zu schreiben. Sie gab zu, dass sie dieses Problem noch nicht gelöst hatte.[5]

Während sie daran arbeitete, notierte sie, dass ein Schriftsteller aufgrund der Natur seines Berufs eine ständig sich ändernde Persönlichkeit habe, weil »er immer Teil seiner Figuren ist«.[6] Nachdem sie mit *Die Kraft negativen Denkens* – ein Titel, den sie später für einen von Howard Inghams Romanen in *Das Zittern des Fälschers* benutzen würde – und *Rydalls Torheit* gespielt hatte, entschied sie sich im November für *Die zwei Gesichter des Januars*, der dem janusköpfigen, wechselhaften Wesen ihrer Protagonisten angemessen war. Am 7. Dezember schrieb sie an Jenny Bradley, dass sie den Roman fertig gestellt hätte. Ihre Lektorin, Joan Kahn, war jedoch anderer Meinung, und später gab Patricia Highsmith zu, dass »die erste Fassung völlig verkorkst« war.[7]

Sie legte Harper & Brothers das Buch Anfang 1961 vor, und im Februar schrieb Joan Kahn an Patricia Highsmiths Agentin Patricia Schartle, dass sie zwar den Stil der Autorin nach wie vor gut finde, »aber das Buch leuchtet uns nicht ein«.[8] Der entscheidende strukturelle Fehler bestand ihrer Ansicht nach in Patricia Highsmiths Protagonistentrio – Rydal, Chester und seine Frau, die sie in diesem Stadium noch Olga, später jedoch Colette nannte. »Der Roman ergibt nur einen Sinn, wenn zwischen Chester und Rydal eine homosexuelle Beziehung besteht… «, schrieb Joan. »Die Charaktere sind nicht sympathisch, schlimmer noch, sie sind nicht glaubwürdig… alles wirkt wie ein Traum und ergibt keinen Sinn. Wenn unsere Bedenken einen Sinn ergeben, so sollte das Buch gerettet werden, aber in seinem jetzigen Zustand können wir es nicht veröffentlichen…«[9]

Nahezu sofort begann Patricia Highsmith, das Buch zu überarbeiten. Sie teilte ihrer Lektorin mit, dass sie es »mit aller Kraft überarbeite«[10], aber insgeheim war sie wütend, weil sie gezwungen war, ihre Figuren zu überdenken. Mitte April legte Patricia Highsmith ihr den Roman erneut vor, aber die Überarbeitung überzeugte Joan Kahn immer noch nicht. Ihres Erachtens mangelte es den Figuren an Leben. »Eine gründliche Revision der Charaktere wäre nötig, damit der Roman einen Sinn ergibt«, schrieb sie. »Vielleicht möchten Sie das nicht auf sich nehmen…«[11]

Statt das Buch in den Müll zu werfen, erklärte Patricia Highsmith, dass sie die Motive ihrer Protagonisten vollkommen neu durchdenken und zugleich jede Andeutung einer homosexuellen Beziehung zwischen den beiden Männern eliminieren wollte. Obwohl sie damit einverstanden war, das Buch zu überarbeiten – »Auch *Ein Spiel für die Lebenden*«, schrieb sie, »war mit schrecklichen Problemen behaftet, die aber letztlich ausgeräumt wurden«[12] –, gestand sie ihrer französischen Agentin, Jenny Bradley, dass sie diese Revisionen für »unsinnig«[13] hielt.

Patricia Highsmiths Arbeit zog sich bis ins Jahr 1962, aber Joan Kahn war immer noch nicht zufrieden. Ein Gutachten vom 28. Mai 1962, das Kahn vorgelegt wurde, befand, dass trotz aller Überarbeitung der Roman nicht besser geworden war. Im Gegenteil, so schloss das Gutachten: »Die Herangehensweise der Autorin und ihre Konzeption der Charaktere hat etwas erschreckend Neurotisches. Ihre Handlungen sind unbegründet und unmotiviert ... Eine sehr ungesunde Atmosphäre hängt über allem, und ich habe das Buch nur mit einem starken Gefühl des Ekels zu Ende gelesen.«[14]

Daraufhin fühlte sich Kahn genötigt, das Manuskript an Patricia Schartle zurückzuschicken. »Es tut mir sehr Leid, aber ich mag *Die zwei Gesichter des Januars* immer noch nicht«, schrieb Kahn am 6. Januar an Patricia Highsmith. »Keiner der Charaktere erscheint mir glaubwürdig. Ich könnte nicht betrübter sein.«[15]

Das von Harper & Brothers abgelehnte Buch wurde schließlich 1964 von Doubleday in den USA und von Heinemann in England veröffentlicht. Ironischerweise waren es die »ungesunde Atmosphäre« und Highsmiths Sinn für das »erschreckend Neurotische«, die das Interesse der Kritiker erregten. Die Schriftstellerin Brigid Brophy, einer von Highsmiths größten Fans, behauptete, dass »Highsmith auf hervorragende Weise die Dickenssche Aufgabe gelöst hat, aus einer Kriminalgeschichte Literatur zu machen«.[16] Sie lobte das Buch für die »feuchtkalte Klebrigkeit« der Charaktere und resümierte es als »Thriller vor allem in dem Sinn, in dem es jeder gute Roman ist ... Es geht nicht in erster Linie darum, wie jemand gejagt wird, sondern wie jemand sich auf ungute Weise fortbewegt. Eine Ortsveränderung steht als Metapher für eine veränderte Beziehung; Psychologie ist auf großartige Weise mit einem außergewöhnlichen *genius loci* verwoben.«[17] In der *Sunday Times* pries Julian Symons Highsmith für ihre subtilen Charakterisierungen und ihre erbarmungslos trostlose Vision des modernen Lebens. »Das Buch bestätigt, dass es niemand mit Miss Highsmith aufnehmen kann, wenn es darum geht, Krimis zu schreiben, in denen in einer dem Untergang geweihten Welt emotional gelähmte, unzulängliche oder perverse Menschen nicht durch Ereignisse, sondern durch andere Menschen zerstört werden.«[18] 1965 gewann der Roman den Silver Dagger Award der Crime Writers Association of England für den besten ausländischen Kriminalroman des vergangenen Jahres. Highsmith benutzte von nun an diesen Dolch, um ihre Post zu öffnen.

Zurückweisungen waren ihrer Ansicht nach das Berufsrisiko ehrgeiziger Schriftsteller:

> Solche kleinen Misserfolge, die manchmal immerhin ein paar tausend Dollar an vertaner Zeit ausmachen, muss ein Schriftsteller mit spartanischem Gleichmut hinzunehmen lernen. Vielleicht ein kurzer Fluch, der Gürtel wird ein Loch enger geschnallt – und dann was Neues, und natürlich mit Begeisterung, Mut und Optimismus, denn ohne diese drei Elemente wird man nichts Gutes zustande bringen.[19]

Während sie an *Die zwei Gesichter des Januars* arbeitete, war Patricia Highsmith bestrebt, den Figuren des Romans bestimmte Züge ihres eigenen Charakters zu verleihen. Insbesondere wollte sie die paradoxen nihilistischen Elemente ihres Selbst einfließen lassen, die sie in Dostojewskis *Aufzeichnungen aus dem Untergrund* am besten ausgedrückt fand. »Das Ultraneurotische, das ich selbst bin. Der Mensch im Untergrund«, schrieb sie in ihr Notizbuch. »Zum Teufel mit der Identifikation des Lesers im gewöhnlichen Sinn oder mit einem sympathischen Charakter.«[20] Die Parallelen zwischen Highsmiths Roman und dem nihilistischen Text des russischen Schriftstellers, geschrieben 1864, sind nicht zu übersehen.

In Patricia Highsmiths Romanen und Erzählungen geht es stets um die Wandelbarkeit und Nicht-Fassbarkeit von Identität, aber in *Die zwei Gesichter des Januars* wird dieses Konzept ins Extrem getrieben, da die drei Protagonisten – Chester, Colette und Rydal – mit beunruhigender Regelmäßigkeit neue Identitäten annehmen und ablegen. Chester MacFarland ist einmal er selbst, ein reicher amerikanischer Betrüger auf der Flucht vor der Polizei, aber im Verlauf des Romans nimmt er die Persönlichkeit einer Reihe von Männern mit unterschiedlichem Namen, Alter und Hintergrund an: Howard Cheever, Richard Donlevy, Louis Ferguson, William Chamberlain, Philip Jeffries Wedekind und Oliver Donaldson; seine Frau Colette, geborene Elizabeth, änderte mit vierzehn aus einer Laune heraus ihren Namen, während Rydal Keener, Sohn eines gebildeten strengen Harvard-Professors, sich als eine Vielzahl von Personen ausgibt, darunter Joe, der Franzose Pierre Winckel und der Italiener Enrico Perassi. Während die drei Protagonisten zwischen Athen und Kreta hin und her reisen – spätere Szenen zwischen Chester und Rydal spielen in Frankreich –, suchen sie nach Selbsterkenntnis, werden jedoch immer wieder enttäuscht. Chesters zukünftiges Selbst war »etwas noch Unbekanntes«[21], während Rydal, als er einmal der Polizei entkommt und keinen Pass mehr hat, erklärt, dass »er frei war, wie nur eine namenlose Person in diesen Zeiten frei sein konnte«.[22]

Im Roman ist das Echo der schrillen, spöttischen Stimme von Dostojewskis Mann aus dem Untergrund zu hören, der davor warnt, »dass es für dich keinen Ausweg mehr gibt, dass du nie mehr ein anderer Mensch werden kannst«[23], sosehr man auch versucht, das Verhalten anderer nachzuahmen. Patricia Highsmith scheint diese Erzählung, die Colin Wilson »die erste größere Abhandlung des Außenseiterthemas in der modernen Literatur« nennt[24], 1947 gelesen zu haben, als sie notierte, dass sie mit Dostojewskis Erzähler übereinstimme – »man nehme die Persönlichkeit auseinander, und man findet Wollen, nicht Intellekt«.[25] Dostojewskis Text feiert ganz bewusst die eigenen Perversionen und paradoxen Ambiguitäten, führt beständig Ungewissheiten an, nur um sie sofort wieder zu unterminieren. Doch trotz dieser schwer fassbaren, enigmatischen Merkmale scheint er die Theorie zu postulieren, dass Vernunft, Eigeninteresse und logisches Denken stets von Chaos, Begehren und dem unaufhaltsamen Trieb zur Selbstzerstörung zerrüttet werden.

Wie ist Rydals merkwürdig perverses, selbstzerstörerisches Verhalten auf den ersten Seiten von Patricia Highsmiths Roman zu erklären, als er sich entscheidet, Chester zu helfen, die Leiche des griechischen Polizisten in der Besenkammer eines Athener Hotels zu verstecken? »Rydal wusste es auch nicht. Es war ein Augenblicksentschluss gewesen«, schreibt Patricia Highsmith.[26] Rydal überlässt sich dem Irrationalen, dem Wunsch, eine Fantasie auszuleben sowohl mit Chester, der ihn an seinen toten Vater erinnert, als auch mit Colette, die der Cousine ähnelt, die er im Alter von fünfzehn Jahren angeblich vergewaltigt hat. Aber er weiß, dass ihn etwas antreibt, was er nicht erklären kann, denn er schreibt an seinen Bruder: »Ich benutze den Mann für meine eigenen inneren Absichten ... Irgendwie vollzieht sich in mir so etwas wie eine psychologische Läuterung durch eine Art Wiederholung, die ich selber gar nicht begreife.«[27] Auch Patricia Highsmith neigte zu ähnlich komplizierten Psychodramen, in denen sie Freunde, Geliebte, sogar Fremde bestimmte Verhaltensmuster aus ihrer Vergangenheit nachspielen ließ, ein Drang, den Rydal im Buch benennt. »Eine Bemerkung von Proust fiel ihm ein, der zufolge Menschen emotionell nicht wachsen. Ein einigermaßen erschreckender Gedanke.«[28]

Die Beziehung zwischen den beiden männlichen Protagonisten, die zwischen Hass und Liebe oszilliert und Highsmiths Lektoren Sorgen bereitete und von der Autorin als ein »Spiel des Beschattens«[29] charakterisiert wird, hat ebenfalls ein Vorbild in Dostojewskis Erzählung.

Realität, Selbsterkenntnis und Selbstbewusstsein, wie sie in *Die zwei Gesichter des Januars* ausgedrückt werden, entsprechen Entfremdung, Ekel und einem Leben in der Hölle. Als Chester, der meist in angetrunkenem Zustand herumtorkelt, über sich selbst nachdenkt, erzeugt das unangenehme Gefühle in ihm. »Das war er. Es war furchtbar.«[30] Ähnlich räsoniert der Erzähler in den *Aufzeichnungen aus dem Untergrund*, »dass allzuviel erkennen Krankheit ist, richtige, vollständige Krankheit ... jedes bewusste Erkennen [ist] Krankheit.«[31] Das Buch zu schreiben, so schließt er, war eine Form von »Korrektionsstrafe«.[32] Bisweilen muss das auch das Motiv gewesen sein, das Patricia Highsmith antrieb.

New Hope, in Bucks County am Ufer des Delaware River gelegen, war in den späten fünfziger, frühen sechziger Jahren ein idyllischer Ort. »New Hope war eine hübsche Kleinstadt, wirkte sehr europäisch und hatte etwas nahezu Märchenhaftes«, sagt Peggy Lewis, die als Literaturkritikerin beim *Bucks County Life* arbeitete und eine Freundin von Patricia Highsmith aus New York war. »Es war ein angenehmer Ort zum Leben, die Menschen pflegten einen herzlichen Umgang, und einmal im Jahr veranstalteten wir ein Straßenfest.«[33] Die Gegend war zudem attraktiv für Künstler. Im 19. Jahrhundert war Bucks County, infolge von William Penns Besiedlung 1680 nach der englischen Grafschaft Buckinghamshire benannt, ein Anziehungspunkt für Maler, die von den Wäldern und dem landschaftlichen Charme angezogen wurden; in den dreißiger und vierziger Jahren kaufte eine Reihe von Literaten, viele davon aus New York, Grundstücke in der Gegend. Nathaniel West war zusammen mit seinem Schwager S. J. Perelman Besitzer einer umgebauten Farm in Erwinna; Dorothy Parker lebte ebenso in Pipersville wie James A. Michener; Nobelpreisträgerin Pearl S. Buck wohnte im nahe gelegenen Perkasie; zu Beginn der fünfziger Jahre kaufte Arthur Koestler eine Insel im Delaware River in der Nähe von New Hope, und die Stadt selbst war die Heimat des berühmten, 1939 eröffneten Bucks County Playhouse. »In den schillernden dreißiger und vierziger Jahren besaßen so viele in Amerika berühmte Literaten Häuser in Bucks County«, schreibt die Biografin Dorothy Hermann, »dass die New Yorker Presse die Gegend in ›Genius Belt‹ umbenannte.«[34]

Parallel zur Arbeit an *Die zwei Gesichter des Januars* verfasste Patricia Highsmith eine Reihe von Kurzgeschichten, zum Beispiel »Camera Finish«, publiziert 1960 in *Cosmopolitan*, und »Die Schildkröte«, die ein Jahr nach ihrer Veröffentlichung im *Ellery Queen's Mystery Magazine* 1962 mit dem Raven Award der Mystery Writers of America ausgezeichnet wurde. Zudem schrieb sie regelmäßig Buchbesprechungen für *Bucks County Life*, über so unterschiedliche Themen wie das Leben in Amerika in den dreißiger Jahren, das prähistorische Kreta und die Verhältnisse in amerikanischen Gefängnissen; darüber hinaus trug sie sich mit dem Gedanken an einen zweiten Roman über eine lesbische Liebe. Im Mai 1960 hatte sie den Plan gefasst, eine Fortsetzung von *Carol. Roman einer ungewöhnlichen Liebe* zu schreiben, aber da sie keine Möglichkeit sah, Therese in die Geschichte einzuführen, beschloss sie, sich neue Figuren auszudenken. Später in diesem Jahr, im Dezember, notierte sie ihre Ideen für ein Buch, das sie unter ihrem Pseudonym Claire Morgan veröffentlichen wollte. Jedes der sieben Szenarien sollte eine ihrer Beziehungen zum Inhalt haben. »Möglicherweise wird jede Geschichte aus einer älteren und einer jüngeren Perspektive erzählt. Anfang & Ende jeder Geschichte vollkommen neu.«[35] Im Januar 1961 entwarf sie das Gerüst eines unvollendeten, unveröffentlichten Romans, dem sie zuerst den Arbeitstitel *Girls' Book* gab, bevor sie sich für *First Person Novel* entschied.

Das Buch besteht aus den Briefen und Tagebüchern von Juliette Tallifer Dorn, einer einundvierzigjährigen Lehrerin aus Philadelphia, die mit ihrem Mann Eric, einem Elektroingenieur, und ihrem siebzehnjährigen Sohn Philip John in Genf lebt. Juliette hält sich den Sommer über in der fiktiven Stadt Gemelsbach auf, wo sie sich zwei Stunden am Tag Zeit nimmt und für ihren Mann die Geschichte ihrer lesbischen Affären niederschreibt. »Soll ich zuerst mein Leben abhandeln oder von meinem ersten Mädchen erzählen?, fragt sie sich. Mein Leben sind nicht die Fakten, die du kennst, sondern die Spur, die Kette meiner Schwärmereien und Lieben, die nur noch Erinnerungen sind – aber was für Erinnerungen!«[36]

Zum ersten Mal verliebt sie sich mit sechs Jahren, in eine Zehnjährige, Marjorie. »Das Wichtigste ist, dass sie ein Mädchen war«, schreibt Patricia Highsmith.[37] Mit zehn schwärmte sie für ein anderes Mädchen, Helen, es kam jedoch zu keinerlei Austausch von Zärtlichkeiten. »Ich wusste sehr wohl um das Vergnügen, aus meinen

Fantasien, ich wusste aufgrund seiner Intensität und durch einen Sinn, den ich nicht benennen kann, dass es tabu war, unnatürlich, dass ich bestraft würde, sollte man mich erwischen, und vom Objekt meiner Zuneigung womöglich verachtet würde, sollte ich ihr Avancen machen. Das reichte, damit ich mich ständig unter Kontrolle hatte.«[38]

Mit elf blätterte Juliette in Psychologiebüchern der örtlichen Bibliothek und stieß auf das Wort »lesbisch«; Angst durchfuhr sie, als sie diesen Begriff las. Drei Jahre später, mit vierzehn, sah sie ein Mädchen und verliebte sich augenblicklich in sie, eine Liebe, die drei Jahre dauern sollte. Mit sechzehn versuchte sie, mit einem neunzehnjährigen Mann zu schlafen, eine Erfahrung, die sie gleichgültig ließ und die sie nicht unbedingt wiederholen wollte. Als sie siebzehn war und mit ihren Eltern in die Schweiz zog, wusste sie, dass irgendetwas mit ihr nicht stimmte. Wie Patricia Highsmith verweigerte Juliette die Nahrungsaufnahme, was schließlich zu niedrigem Blutdruck und Anämie führte. Im Internat lernte die Protagonistin ein Mädchen kennen, Veronica Miniger, die bereits mehrere Beziehungen mit Frauen gehabt hatte. Die Affäre dauerte drei Jahre, bis Veronicas Mutter die Wahrheit über ihre Tochter erfuhr. Der kurze Roman kehrt in die Gegenwart zurück und endet mit den Briefen von Juliettes letztem Objekt der Begierde, Penelope Quinn, einer dreiundzwanzigjährigen Balletttänzerin.

Das Buch hatte, obwohl es eine fiktive Geschichte erzählen sollte, eindeutig Patricia Highsmiths Leben als Vorlage. Während der ersten Monate des Jahres 1961 blickte sie auf ihre früheren Liebesbeziehungen zurück und ließ sich von ihnen anregen, schrieb die Initialen ihrer Geliebten auf und notierte, wie diese Frauen ihr Leben beeinflusst hatten. Die Protagonistin sollte auf niemand anderem als Ellen Hill basieren, »mit vielen ihrer guten Eigenschaften und nur ein paar ihrer Fehler«.[39] In den Roman, so meinte sie, würden ihre Freundschaften mit einer Reihe von Frauen einfließen, darunter ihre erste Freundin Virginia, Helen (die Studentin aus Barnard), Allela Cornell, Virginia Kent Catherwood, »die unvermeidliche Lilith, körperlich rein und schlicht«[40] und möglicherweise Chloe, mit der sie nach Mexiko gereist war, »obwohl sie mir nicht das Gefühl gegeben hat, verwurzelt zu sein, und ich konnte nicht gefühlvoll über diese Liebe schreiben«.[41] Der Gegenstand des Buches sollte »die (in jedem Sinn) reife Frau sein, die die Homosexualität nicht aufgeben kann, auch wenn sie es sich aus sozialen Gründen wünscht«.[42]

Patricia Highsmith schrieb jedoch nur 59 Seiten dieses Romans. Im April 1961, als sie sich von Marijane Meaker trennte, wandte sie sich einer anderen Geschichte zu, in der sich ebenfalls deutliche Spuren ihres Lebens wiederfanden, *Der Schrei der Eule*, die teilweise in Lambertville spielt, gegenüber New Hope auf der anderen Seite des Delaware River. Der Roman hat die verquere Beziehung zwischen einem Spanner, Robert Forester, und seinem Opfer, Jenny Thierolf, zum Gegenstand. In der ersten Szene schildert Patricia Highsmith die Aufregung, die Robert erlebt, während er Jenny in ihrem märchenhaften Haus beobachtet, das eine bemerkenswerte Ähnlichkeit mit dem Haus von Kathleen Senn in Ridgewood aufweist. Man möchte meinen, dass die Schriftstellerin über ihr eigenes, elf Jahre zurückliegendes voyeuristisches Vergnügen schreibt, als sie die Frau, die sie in der Spielwarenabteilung von Bloomingdale's bedient hatte, ausfindig machte.

> Wenn Robert sie nach zwei oder drei Wochen wieder sah, ergriff ihn ihr Anblick jedesmal derart, dass sein Herz einen Schlag aussetzte und dann ein paar Sekunden lang schneller schlug ... was er verspürte, war eher eine Art quälender Durst, der gestillt werden musste. Er musste sie einfach sehen, musste sie beobachten.[43]

Ende Mai, während sie die Handlung des Romans ausarbeitete, schrieb Patricia Highsmith an Kingsley: »Ich schreibe über etwas, was in meinem System steckt, es ist allerdings nicht so therapeutisch, wie es klingt; alle meine Bücher kommen aus meinem System, aber dieses besonders. Ich hoffe nur, dass ich genügend Distanz habe, die für Kunst im Gegensatz zur Therapie unerlässlich ist. Ich weiß nur, dass ich dieses Buch schreiben muss, bevor ich irgendetwas anderes tue. Eigentlich stammt nur eine Figur aus meinem System, die Handlung ist natürlich vollkommen frei erfunden und nicht aus dem Leben gegriffen.«[44]

Mitte Juni musste Pat feststellen, dass sie sehr empfindlich auf Licht reagierte und ungewöhnlich gereizt war. Als Nächstes entdeckte sie rote Flecken auf ihrem Bauch, dem Rücken und den Oberarmen – sie war an Masern erkrankt. Die Symptome waren schmerzhaft, zusätzlich zu den Flecken hatte sie geschwollene Lymphknoten im Hals und ein gerötetes Gesicht, aber wie bei ihrer letzten fiebrigen Erkrankung, als sie Windpocken hatte und den Plot von *Carol* ausarbeitete, empfand sie die Masern als ihrer Fantasie förderlich. Während sie krank war, legte sie sich auf einen Schluss des Romans fest. Bis zum 7. Juli hatte sie 263 Seiten der ersten Fassung geschrieben. »Gute Bücher schreiben sich von selbst.«[45] Und Anfang Februar 1962 hatte sie das Manuskript fertig gestellt.

Nachdem das Buch veröffentlicht war – 1962 von Harper in den USA und im folgenden Jahr von Heinemann in England –, stufte sie *Der Schrei der Eule* als eines ihrer schwächsten Bücher ein und charakterisierte den Protagonisten als »ziemlichen Spießer ... höflich, leichte Beute für bösartige Menschen und ein passiver Langweiler«.[46] Die Kritiker jedoch hielten es für eines ihrer bislang besten Bücher. »So wie Sophokles den Inzest zum Thema machte, so thematisiert Miss Highsmith den Mord, der im Unbewussten stattfindet und herauswill«, kommentierte Brigid Brophy. »*Der Schrei der Eule* ist eine Tragödie im websterschen Sinn.« Sie lobt die Autorin, weil sie etwas angreift, »dem Dickens sich mehrmals näherte, das er jedoch letztlich immer umging, die Psychologie des freiwilligen Opfers«.[47] 1967 sagte Brigid Brophy in einem Interview mit der *New York Times Book Review*: »Ich glaube, in den letzten zwanzig Jahren wurden fünf oder sechs Bücher veröffentlicht, die wirklich sehr gut sind, und mehr kann man nicht erwarten. Zwei, an die ich denke, sind *Der Schrei der Eule* von Patricia Highsmith und *Lolita* von Nabokov.«[48]

Der Roman ist von einem beunruhigenden Geflecht voyeuristischer Zwangshandlungen und enttäuschter Fantasien durchzogen. Robert muss Jenny beobachten, weil er sich unweigerlich glücklicher und ruhiger fühlt, wenn er ihr dabei zusieht, wie sie in der Küche kocht oder sich im Haus zu schaffen macht. Jenny repräsentiert idealisierte Häuslichkeit und, wie Annabelle in *Der süße Wahn*, ein unwirkliches Bild von Weiblichkeit. »Auf Robert wirkte sie wie aus einem Guss, wie eine wohl proportionierte Statue.«[49] Sie zu beobachten scheint zudem ein unbewusstes Bedürfnis in ihm zu befriedigen, da Jenny ihm vorkommt »wie ein Bild oder eine Person, die er von irgendwoher kannte«.[50]

Ein geringerer Autor als Highsmith hätte die Szene, als Jenny den im Gebüsch lauernden Fremden entdeckt, vielleicht auf ein schreckensreiches Melodrama reduziert. Aber Jenny wird weder hysterisch, noch ruft sie die Polizei, was vermutlich die »logische« Reaktion in einer solchen Situation wäre. Stattdessen bittet sie den Spanner in ihr Haus und bietet ihm eine Tasse Kaffee an. »Vermutlich halten Sie mich für verrückt, weil ich Sie hereingebeten habe«, sagt sie.[51]

Ihr irrationales Verhalten beruht wie bei Robert auf dem Gefühl, dass der Fremde etwas Größeres symbolisiert, das sie nur noch nicht versteht. Als sie seine emotionelle Struktur begreift, verliebt sie sich in sie und nicht so sehr in Robert Foresters Persönlichkeit, in seinen Intellekt oder sein Aussehen. Während Robert allmählich das Interesse an ihr verliert – ihre Präsenz kann er nicht ertragen –, wird Jenny immer besessener von dem Mann, der sie früher heimlich beobachtet hat.

Auch Jennys Verlobter, Greg Wyncoop, entwickelt die ungesunde Gewohnheit, seiner Freundin und seinem Rivalen Forester nachzuspionieren, und schließt so den voyeuristischen Kreis. »Ich habe ganz deutlich das Gefühl, wir würden allesamt durchdrehen, wenn nicht jeder von uns andauernd aufpassen würde, was die anderen machen«, sagt Robert zu seinem Therapeuten. »Ohne feste Verhaltensregeln wüsste kein Mensch, wie er leben soll.«[52]

In ihrem unverwechselbaren kühlen, distanzierten Stil stellt Patricia Highsmith das Alltägliche dem Außergewöhnlichen, das erbärmlich Banale dem wahrhaft Tragischen gegenüber. So stirbt zum Beispiel Roberts Freund aus der Zeit beim Militär, Kermit, nicht im Koreakrieg, sondern beim Training in Alaska, wo er von einem Katapult erschlagen wird, ein ungewöhnlicher Unfall. Immer wieder werden Begebenheiten, die leicht ins exzessiv Melodramatische kippen könnten, unterminiert, indem Patricia Highsmith sie im Alltäglichen, Gewöhnlichen verankert. Als Robert und Jenny sich erregt streiten, ob er seine Prügelei mit Greg der Polizei melden sollte, sorgt Jenny sich wegen der tiefgefrorenen Hühnerpastetchen. »Diese Hühnerpastetchen sind in einer halben Stunde noch nicht fertig«, sagt Jenny, stellt die Hitze im Backofen höher, damit sie zumindest richtig heiß werden, und überlegt, ob es besser sei, sie vor oder nach dem Besuch der Polizei zu essen.[53] Umgekehrt werden alltägliche Dinge als merkwürdig und unheimlich beschrieben, das Gelände eines Gebrauchtwagenhändlers sieht aus »wie eine riesige Armee gefallener Krieger in Rüstungen«[54], und der Schrei einer Eule im Wald wird zum Symbol des Todes.

Als Greg verschwindet und eine nicht identifizierte Leiche im Fluss gefunden wird, glaubt Jenny, dass Robert für den Tod ihres Verlobten verantwortlich sei, und verwirrt, wie sie ist, geht ihr seine symbolische Bedeutung auf. Robert repräsentiert wie der Schrei der Eule den Tod. Das Kapitel, in dem Patricia Highsmith beschreibt, wie die aus dem Gleichgewicht geratene Jenny Selbstmord begeht, gehört zu den fesselndsten und überzeugendsten literarischen Selbstmordschilderungen. Es dokumentiert die schmutzige Realität der Tat, während gleichzeitig die Bilder und Gedanken eingefangen werden, die in einem verzweifelten, sterbenden Bewusstsein aufflackern. Jenny geht benommen von Schlaftabletten hinaus in den Garten, in dem sie Robert kennen lernte, sie hat einen Pullover dabei, den sie für ihn gestrickt hat. Sie legt sich auf die Erde und schneidet sich die Pulsadern auf. »Es war zu dunkel, um etwas zu erkennen, vielleicht hatten sich auch ihre Augenlider geschlossen, aber sie konnte spüren, wie das warme Blut über ihren erhobenen Unterarm rann …«[55]

Der dramatische Schluss erinnerte Brigid Brophy an den letzten Akt einer jakobinischen Tragödie, nur dass der Schauplatz das ländliche Amerika ist. Die Szene – die Konfrontation zwischen Robert, seiner Exfrau Nickie und Greg – schwimmt in Blut; eine Wunde wird beschrieben als »einem kleinen Mund ähnlich, aus dem helles Blut schoss«[56], und der rote Fleck auf Nickies weißer Bluse sieht aus wie eine merkwürdige »Blüte«.[57]

Wenn man das Buch liest, meint man, eine halluzinogene Droge genommen zu haben, die die Wahrnehmung verändert und auf beunruhigende Weise der Realität den Boden entzieht. Deswegen überrascht es kaum, dass Joan Kahn, nachdem sie das Manuskript gelesen hatte, den Roman in einem Brief vom 8. Februar 1962 als »keine leichte Kost und nicht unbedingt jedermanns Bettlektüre«[58] bezeichnet. Ein paar Tage später wurde ein Vertrag ausgestellt, in dem Patricia Highsmith ein Vorschuss von 1500 Dollar zugesprochen wurde. Kahn, die strenge Zuchtmeisterin, war nicht leicht zu beeindrucken, wie die Schriftstellerin sehr wohl wusste, aber sie war überrascht von der Intensität des Buches. »Sie haben erstaunliche Arbeit geleistet«, fügte sie hinzu.[59]

Nach zahllosen katastrophalen Affären hatte Patricia Highsmith verständlicherweise Bedenken, eine neue Beziehung einzugehen. Sie blätterte in ihren alten Tagebüchern und kam zu dem Schluss, dass ihr Privatleben bislang »eine Chronik unglaublicher Fehler«[60] gewesen war. Warum wiederholte sie immer wieder dieselben Verhaltensmuster? Was konnte sie daraus lernen? Würde sie jemals glücklich sein? Sie beschloss zwar, in Zukunft Frauen mit eindeutig sadistischen Zügen zu meiden, andererseits war ihr klar, dass die Probleme tief in ihrer Persönlichkeit wurzelten und eine Veränderung unwahrscheinlich war. »Ich kneife vor nichts«, schrieb sie in ihr

Notizbuch. »Ich zeige meine Gefühle, auch wenn ich nicht darüber spreche. Ich halte mich nicht zurück, und das Letzte, was ich tun würde, wäre, mich in einer emotionalen Situation zu schonen.«[61]

Im März 1961 gab sie das Haus in der Old Ferry Road auf und mietete ein anderes in New Hope, 113 South Sugan Drive, ein zweistöckiges Gebäude mit drei Schlafzimmern und Blick auf einen Bach. Im Sommer fing sie ein Verhältnis mit der neununddreißigjährigen Daisy Winston an, die damals als Kellnerin in New Hope arbeitete. »Daisy hatte schwarzes Haar und war klein«, sagt Peggy Lewis. »Ich habe sie als sehr intelligent und lebhaft in Erinnerung.«[62] Daisys bester Freund in New Hope war der Zimmermann und Kunsthandwerker Phillip Powell, der sich 1947 in der Stadt niedergelassen hatte. »Pat war schon ein Kaliber, sehr streng, aber mein erster Eindruck von ihr war, dass sie schüchtern war, und mir war klar, dass sie Alkohol brauchte, um rundzulaufen«, sagt er. »Daisy gab nicht zu, dass ihre Beziehung zu Pat intimer Art war. New Hope war zwar sehr freizügig, aber sie war zurückhaltend, was ihr Privatleben anbelangte. Es bestand kein Zweifel an der Natur ihrer kurzen intensiven Beziehung, aber es blieb unausgesprochen.«[63]

Im August 1961 schrieb Patricia Highsmith, die unverbesserliche Romantikerin, ein Liebesgedicht für Daisy, in dem sie sich zu ihrer neuen Geliebten, ihrem »kleinen Juwel aus Schwarz und Gold«[64] bekannte. Daisy erinnert sich in späteren Briefen an die Schriftstellerin, dass sie 1991 ein Bündel Notizen gefunden habe, die Pat dreißig Jahre zuvor für sie geschrieben hatte, »manche davon sehr lieb, andere humorvoll, und alle haben sehr schöne Erinnerungen wachgerufen ... Aber du hast mir nie Blumen mitgebracht, ach, na ja, das will ich dir aber nicht vorhalten. Hab keine Angst, alles ist in Rauch aufgegangen.«[65] Patricia Highsmiths Verhältnis zu Daisy Winston dauerte nicht einmal ein Jahr, aber ihre Verbundenheit reichte tief, hatte Bestand, und sie widmete ihr *Der Schrei der Eule*. Als Patricia Highsmith in Europa lebte, schickte ihr Daisy, die sich Pats »Adoptivtochter« nannte, Pakete mit Chilis, Campbells Erbsensuppe und Schuhe der Größe 41 aus Amerika, und die Schriftstellerin, die später in dem Ruf stand, ein Geizhals zu sein, zögerte nicht, ihrer Freundin Geld zu leihen, damit diese ihre Rechnungen zahlen konnte. Ja, 1967 setzte Patricia Highsmith ein Testament auf, das sie später allerdings revidierte, in dem sie jedoch Daisy die Hälfte ihrer »wörtlichen« Güter vermachte. »Was für ein charmanter freudscher Fehler«, schrieb Pat an Kingsley und korrigierte sich. »Ich meine natürlich wörtlich ... schon wieder ist es mir falsch herausgerutscht. Ich meine natürlich weltlich.«[66]

Eine kalte Winternacht, Dezember 1961. Wieder träumt Patricia Highsmith von Mord. Sie nimmt eine Axt, hebt sie langsam über ihren Kopf, lässt sie dann auf eine alte wehrlose Frau hinuntersausen und spaltet ihr Gesicht. Sie schlägt die Frau zu einer blutigen Masse. Der Mord hat kein Motiv, aber die Polizei bezweifelt nicht, dass sie die Tat begangen hat, und verhaftet sie. Der Traum, so schrieb sie, »steht für Schuldgefühle und die tiefe Angst, dass ich eines Tages so etwas tun könnte. Betrunken oder aus Wut. Im Traum kannte ich das Opfer nicht, und deswegen hatte der Mord kein Objekt. Umso mehr ist das Verbrechen Ausdruck von schierer Brutalität, von Zügellosigkeit, ja sogar von Wahnsinn.«[67]

Im März 1962 setzte Patricia Highsmith eine Anzeige in die Zeitung, um ihr Haus in New Hope unterzuvermieten. Ihre Liaison mit Daisy war zu Ende, sie plante eine dreimonatige Reise nach Europa und brauchte jemanden, der die monatliche Miete von einhundertfünfzig Dollar zahlte und ihre beiden Katzen versorgte. Bevor sie aufbrach, verabschiedete sie sich von ihrem Freund Alex Szogyi, den sie im Frühjahr 1960 kennen gelernt hatte, als er Romanistik-Professor an der Wesleyan University in Middletown, Connecticut, gewesen war; später widmete sie ihm ihren Erzählungsband *Der Schneckenforscher*.

»Ich fand sie einfach wunderbar«, sagt Alex. »Damals sah sie auch noch sehr gut aus, aber ihr Gesicht nahm später gequälte Züge an, und leider erinnern sich die meisten Menschen daran und nicht an die Schönheit ihrer frühen Jahre. Auf der Party, auf der ich sie kennen lernte, unterhielten wir uns stundenlang, und wir hatten sofort eine enge Beziehung – sie sagte, dass sie mich für den Rest ihres Lebens als Freund behalten möchte. Ich fühlte mich sehr geehrt, dass sie mich mochte. Ich hätte der Bruder sein können, den sie nie hatte. Sie war wie ich ein Einzelkind, und wir hatten beide Schwierigkeiten mit unseren Eltern. Ich weiß, dass wir wahrscheinlich zusammengekommen wären, wenn sie hier geblieben wäre, denn ich war bisexuell. Wahrscheinlich wäre es passiert, aber es kam nie dazu, weil sie wegging, sie war nicht länger Teil meines Lebens, und ich war sehr schüchtern. Bevor sie ging, schenkte sie mir ihren Schreibtisch, den ich immer noch habe.

Soweit ich weiß, war sie nie glücklich, aber sie war neugierig und interessierte sich für andere Menschen, und Freunden gegenüber war sie sehr loyal. Aber einige meiner Freunde hatten Angst vor ihr, ich vermute, sie wollte ihrem Wesen auf die Spur kommen. Sie war eine wissbegierige Schriftstellerin. Sie ging den Dingen auf den Grund. Pat kostete jede Erfahrung bis in alle Tiefen aus. Kein Augenblick mit ihr war langweilig, und ich glaube wirklich, dass sie eine bedeutende amerikanische Schriftstellerin ist. Später jedoch wurde sie sehr besitzergreifend und eifersüchtig und wollte immer alles unter Kontrolle haben, und schließlich zerbrach unsere Freundschaft.«[68]

Mitte Mai traf Highsmith in Paris ein, wo sie zehn Tage blieb, anschließend flog sie nach Rom und reiste von dort nach Cagliari auf Sardinien weiter. Ihre Begleiterin in diesem Sommer war Ellen Hill. Von Sardinien fuhren die beiden Frauen mit einem Schiff nach Neapel und bezogen das Haus, das sie Anfang Juni in Positano gemietet hatten.

Sofort begann in dem Haus in der Via Monte 15 der psychologische Krieg zwischen den beiden Frauen. Ellen beschwerte sich erneut über die schlechte Behandlung und Vernachlässigung seitens Pat, und im Gegenzug erinnerte Patricia Highsmith die ältere Frau an ihr eigenes früheres bösartiges Verhalten und ihre Selbstmordversuche. Pat beschloss, nie wieder mit einer anderen Person zusammenwohnen zu wollen (ein Schwur, den sie später des Öfteren brach); sie ertrug die Vorstellung nicht, dass ihr jemand sagte, was sie tun sollte, ebenso wenig ertrug sie den Gedanken, dominiert zu werden. »Ich habe wirklich das Talent, Leute aufzutreiben, die genau das tun«, schrieb sie, »abgesehen davon haben mich meine früheren Beziehungen entweder emotional oder finanziell in den Bankrott getrieben, und die Aussicht, mich erneut in so einem Abgrund wiederzufinden und herausarbeiten zu müssen, entsetzt mich zutiefst. Ich bin zu alt, um noch diese Art Mut zu haben.«[69]

Von Positano aus fuhren die beiden Frauen nach Rom, und Ende Juni reiste Patricia Highsmith nach Venedig. Dort wohnte sie in der Pensione Seguso, die später in dem Roman *Venedig kann sehr kalt sein* von 1967 vorkommen sollte. Schließlich fuhr sie weiter nach Paris, wo sie am 12. Juli auf dem Friedhof Père Lachaise Oscar Wildes Grab mit dem von Jacob Epstein entworfenen Grabstein aufsuchte und die Zeilen aus seiner »Ballad of Reading Gaol« las: »Und fremde Tränen werden für ihn finden / des Mitleids lang zerbrochne Urne, / denn die um ihn trauern, werden Ausgestoßne sein, / und Ausgestoßne trauern unablässig.« Patricia Highsmith empfand sich seit langem als seelenverwandt mit Wilde und hatte früher im Jahr eine Passage aus einem seiner Briefe in ihr Notizbuch übertragen, einen Satz, den sie *Ripley Under Ground* voranstellte und den man als angemessenes Motto für Highsmiths eigenes Leben verstehen kann. »Ich glaube, ich würde bereitwilliger für etwas sterben, wovon ich nicht überzeugt bin, als für etwas, was ich für wahr halte … Manchmal habe ich den Eindruck, dass das Leben eines Künstlers ein langer und lieblicher Selbstmord ist, und das bedauere ich nicht.«[70]

Freisein von Verantwortung

(1962–1964)

Patricia Highsmith hatte keine Skrupel, den emotionalen Kern ihrer Erfahrungen als Basis ihrer Arbeit zu benutzen; beunruhigender war es jedoch, als ihre Romane in ihr Leben übergriffen. Im Sommer 1962 lernte sie die Frau eines Londoner Geschäftsmanns kennen, eine Frau, mit der sie vier Jahre lang ein Verhältnis haben sollte. Diese Beziehung spiegelte das Szenario ihres unvollständigen unveröffentlichten Romans wider, in dem eine ältere verheiratete Frau ihre lesbischen Affären analysiert.

Als Patricia Highsmith der Frau begegnete, die von mir im Folgenden X genannt wird, verliebte sie sich augenblicklich. Sie verfasste ein Gedicht, in dem sie ihr neues Idol, eine Mutter in mittleren Jahren aus der Mittelschicht, mit einer Orchidee aus weißem Kristall in einer Berghöhle verglich, und bevor sie in diesem Sommer in die USA zurückflog, gelobte sie ihr ewige Liebe. Diesmal schien die Verliebtheit der Frau der ihrigen an Intensität ebenbürtig zu sein; in ihren Briefen beschrieb X, dass sie sich fühlte, als ob ihr die Luft zum Atmen fehlte, nachdem Pat England verlassen hatte.

Zurück in New Hope, versuchte Patricia Highsmith, sich auf die Arbeit zu konzentrieren, aber ihre Gedanken wurden beherrscht von der Frau, die gerade ihr Herz erobert hatte. In einem Artikel, den sie für das *Sunday Times Magazine* 1974 schrieb, erinnert sie sich, wie sie mit einundvierzig Jahren frühmorgens an der Spüle in ihrem Haus in New Hope lehnte und dachte, wie wunderbar es war, verliebt zu sein. »Was für eine Freude, einfach nur zu leben! Warum war mir das nicht früher klar geworden? Damals schien mir tatsächlich, dass ich so etwas bislang nicht gedacht oder erlebt hatte.«[1] Highsmith war frustriert, da sie wusste, dass möglicherweise auch X' Mann ihre Briefe las. Konnte sie ihre Briefe an eine andere Adresse schicken, so fragte sie, damit sie ihre Empfindungen genau beschreiben konnte? Leider nein, antwortete X. Aber die Menge – acht Briefe in fünf Wochen – und die Intensität der Gefühle, die X in ihren Briefen zum Ausdruck bringt, milderten die Ängste der Schriftstellerin.

Patricia Highsmith sehnte sich verzweifelt nach ihr. »Ich bin nahezu krank«, schrieb sie in ihr Tagebuch, »und muss mich zusammenreißen, oder ich breche zusammen.«[2] Ihre Freunde rieten ihr, sich in eine Frau im Umkreis von fünfundsiebzig Kilometern von New Hope zu verlieben statt in jemanden auf der anderen Seite des Atlantiks, und obwohl Highsmith wusste, dass sie diesem guten Rat folgen sollte, wurde sie wie eine ihrer literarischen Figuren von einem vollkommen irrationalen und unwiderstehlichen Begehren getrieben. »Ich bin offensichtlich so verliebt«, schrieb sie, »dass ich Augen für nichts anderes habe.«[3]

Als X, die im Herbst eine Woche in Paris verbringen wollte, vorschlug, sich dort mit ihr treffen, zögerte Pat nicht. Die Schriftstellerin flog vom Flughafen Idlewild nach Paris und holte ihre Freundin am nächsten Tag an der Gare du Nord vom Zug aus London ab. Laut Highsmith machte die anfängliche Verlegenheit anlässlich des Wiedersehens bald Leidenschaft Platz, und nach dem Abendessen, als die beiden durch St-Germain schlenderten, küssten sie sich, wobei Pat einen Ohrring verlor. »Sie war sich ihrer Reize durchaus bewusst«, notierte Patricia Highsmith in ihr Tagebuch, »und schmilzt in meinen Armen, als hätte Vulkan sie ausdrücklich zu diesem Zweck erschaffen.«[4]

Die beiden Frauen reisten getrennt nach England – Pat mit dem Flugzeug, ihre Geliebte mit dem Zug –, und in London trafen sie sich sowohl in Highsmiths Hotel als auch in X' Haus. Sie überlegten, ob sie X' Mann von ihrem Verhältnis erzählen sollten, aber Pat warnte davor. Ihr Mann, meinte X, benehme sich höchst merkwürdig, habe ihr von einem seltsamen Traum erzählt, der offenbar von Ibsens Stück *Baumeister Solness* beeinflusst sei und in dem Frauen mit eigenartigen Namen im Leben von anderen Leuten auftauchten und es zerstörten. Offenbar hatte Highsmiths Name in seinen Ohren einen ominösen Klang.

Im November flog Patricia Highsmith nach Amerika zurück und hatte in New Hope erneut Schwierigkeiten, sich auf die Arbeit zu konzentrieren. In ihrem Tagebuch notierte sie, dass ihre Geliebte sie krank vor Verlangen mache. Im selben Monat beschloss sie, Amerika zu verlassen und in das in Positano gemietete Haus zu ziehen, um X näher zu sein. Als sie in einem Interview gefragt wurde, warum sie den USA den Rücken kehre – der Umzug nach Europa erfolgte Anfang 1963 –, entgegnete die Schriftstellerin, dass sie es »satt [hatte], hin und her zu fliegen, und Europa für interessanter hielt«.[5] Diese Behauptung enthält zweifellos ein Körnchen Wahrheit, aber die eigentlich treibende Kraft hinter der Veränderung bleibt unerwähnt – ihre Liebe zu der Frau, die sie bald an den Rand des Wahnsinns drängen würde.

Im September 1962 begann Patricia Highsmith den Plot für ein Buch auszuarbeiten, das schließlich – nach weitreichenden Revisionen und der endgültigen Ablehnung von Harper – in den USA von Doubleday und in England von Heinemann unter dem Titel die *Die gläserne Zelle* veröffentlicht wurde. Die Idee, die Handlung in einem Gefängnis spielen zu lassen, hatte sie 1961, als sie einen Brief von einem Insassen einer Chicagoer Strafvollzugsanstalt erhielt, der wegen Fälschung, Einbruch und Verstößen gegen die Bewährungsauflagen verurteilt war und ihr mitteilte, wie sehr ihm *Tiefe Wasser* gefallen hatte. »Ich finde, meine Bücher sollten nicht in Gefängnisbüchereien stehen«, sagte die Schriftstellerin später.[6] Häftling und Autorin begannen zu korrespondieren, und Patricia Highsmith bat ihn, einen typischen Tag für sie zu beschreiben. Die drei maschinengeschriebenen Seiten, die er ihr daraufhin schickte – eine Beschreibung seiner Mahlzeiten, seiner Arbeit in der Schuhwerkstatt des Gefängnisses, der Beziehung zu seinem Zellengenossen und der Geräusche, die nach dem Erlöschen des Lichts durch das Gebäude hallten –, enthielten »Informationen, die einem kein Buch verschaffen kann«.[7] Aufgrund des Austauschs mit ihrem neuen Brieffreund faszinierte sie dieses Thema immer mehr. »Wenige Monate später las ich ... ein Buch (kein Roman) über Häftlinge. Es berichtete von einem Ingenieur, der zu Unrecht inhaftiert worden war; ein Mann, den sadistische Wärter an den Daumen aufhängten und der später infolge der dauernden Schmerzen morphiumsüchtig wurde ... Hier war ein Teil der Geschichte schon fix und fertig.«[8] In *Die gläserne Zelle* geht es um einen Mann, den Ingenieur Philip Carter, der sechs Jahre absitzen muss für einen Betrug, den er nicht begangen hat, und der zwei Tage lang an den Daumen aufgehängt wird und während seines Aufenthalts im Gefängniskrankenhaus morphiumsüchtig wird.

Im Zuge der Recherchen für dieses Buch las Patricia Highsmith unter anderem *Break Down the Walls* von John Bartlow Martin, eine Analyse des Aufstands im Staatsgefängnis Southern Michigan in Jackson 1952, der vom Autor als »der gefährlichste Gefängnisaufstand in der amerikanischen Geschichte« beschrieben wird.[9] Der Einfluss dieses Buches ist nicht zu übersehen, sowohl was den Inhalt als auch den dokumentarischen Stil anbelangt. Martin spricht von dem »Loch« – ein Name, den die Schriftstellerin übernimmt, um die Hölle der Isolationshaft zu vermitteln – und beschreibt in allen Einzelheiten die massiven Stahltüren, die nackten Holzbänke, die als Schlafstätten dienen, das Fehlen von Waschschüsseln, Betten, Glühbirnen. Martin spürt den Ursachen des Aufstands nach, liefert einen historischen Abriss des Gefängnissystems, wägt die Gründe seines Scheiterns ab und macht Vorschläge zur Lösung des Problems von Verbrechen und Bestrafung. In *Die gläserne Zelle* verdammt Highsmith das Gefängnissystem, da es einen Unschuldigen lediglich korrumpiert, ein Standpunkt, der Martins mutige Feststellung am Ende seines Buchs reflektiert: »Das amerikanische Gefängnissystem ist gescheitert, da es Verbrechen nicht verhindern kann. Die Gefängnisse sind als Institutionen der Rehabilitation gescheitert ... Sie sollten abgeschafft werden ... Das Gefängnis ist nicht nur der Feind des Gefangenen. Es ist der Feind der Gesellschaft.«[10]

Patricia Highsmith wollte unbedingt ein Gefängnis von innen sehen, und am 19. Dezember 1962 suchte sie zusammen mit einem Strafverteidiger das Gefängnis von Doylestown in der Nähe von New Hope auf. »Er durfte mich zwar nicht weiter als bis zu den Gittern bringen, aber ich konnte wenigstens davor in der Halle warten und zusehen, wie die Häftlinge ungehindert aus und ein gingen in den Zellen, deren Türen offen standen ... Ich beobachtete sie etwa vierzig Minuten lang.«[11] Obwohl sie sorgfältig recherchiert hatte, gab sie zu, dass es »eine Herausforderung an meine Fantasie, eine schwierige Aufgabe [war], wenn ich sie gut machen wollte«[12]. Aber die Probleme, die sie mit dem Buch haben sollte, sah sie nicht voraus. Ursprünglich hatte sie vorgehabt, die Geschichte als Allegorie zu schreiben, das Gefängnis sollte die Welt repräsentieren, aber schon bald merkte sie, dass dieser schwerfällige Ansatz nicht durchzuhalten war. Sie glaubte, mit dem Schreiben Mitte Dezember, kurz vor ihrem Besuch im Gefängnis von Doylestown, beginnen zu können, aber sie vermisste X und war so unglücklich, dass sie aus dem Gleichgewicht zu geraten drohte. In ihr Tagebuch notierte sie: »Dem Elend und der Einsamkeit, unter denen ich heute litt, muss mit Arbeit entgegengewirkt werden, oder ich werde verrückt.«[13] Bis zum 11. Januar 1963 schrieb sie vierzig Seiten, aber dann musste sie die Arbeit unterbrechen aufgrund ihres schlechten Gesundheitszustands – Anfang Februar diagnostizierte ein Arzt Erschöpfung, verschrieb Vitamin-B12-Injektionen und riet ihr, häufiger Leber zu essen – und des Umzugs von New Hope nach Positano. Sie fuhr mit dem Schiff über den Atlantik, legte in Lissabon an und traf Ende des Monats, als in Positano eine Kältewelle herrschte, in dem Haus in der Via Monte 15 ein. Als sie versuchte, die Arbeit wieder aufzunehmen, bekam sie ein Telegramm aus London mit der Bitte, X anzurufen – X war aufgebracht und konnte ihrem Mann die Wahrheit über ihr Verhältnis zu Patricia Highsmith nicht länger verheimlichen. Obwohl der Mann laut Highsmith über die Affäre Bescheid wusste, nahm er es dem Paar nicht übel und glaubte sogar, dass es der Stimmung seiner Frau förderlich wäre, wenn Pat nach London käme. »Wie es scheint, werde ich nie wieder die Ruhe oder die Zeit zum Arbeiten haben«, schrieb Patricia in ihr Tagebuch. »Das Buch über das Gefängnis habe ich im Kopf, aber wie soll ich es zu Papier bringen?«[14] Am nächsten Tag fuhr sie mit dem Taxi nach Neapel, mit dem Zug nach Rom und flog von dort nach London. In den nächsten paar Tagen besserte sich X' Stimmung so weit, dass sie ihren Mann zu gesellschaftlichen Anlässen begleiten konnte. Patricia Highsmith blieb währenddessen zu Hause. Später, 1968, als die Freundschaft zwischen den beiden Frauen zerbrochen war, vermerkte sie in ihrem Tagebuch, wie dumm sie doch gewesen sei, dass sie sich von der plötzlichen Genesung ihrer Geliebten habe täuschen lassen. »Ich sollte sie eines Tages in einem Buch unterbringen«, schloss sie.[15]

Während sie in London war, gab Patricia Highsmith mehrere Interviews, um den Roman *Der Schrei der Eule* bekannt zu machen, der im Mai in England publiziert werden sollte, darunter ein Interview für den Hörfunk mit dem Literaturkritiker Francis Wyndham. »Ich erinnere mich, dass wir beide nervös waren und einen Drink brauchten«, sagt Wyndham, »aber ihre Hände zitterten so heftig, dass das Geräusch der klimpernden Eiswürfel ihre Stimme übertönte. Ich mochte sie sofort. Sie hatte nichts Prätentiöses und verhielt sich auch nicht, als wäre sie eine großartige Schriftstellerin – sie sprach über die Verkaufszahlen ihrer Bücher und solche Dinge. Ich merkte, dass sie schüchtern und zurückhaltend war, eine Frau mit intensiven Gefühlen, liebevoll, aber zugleich schwierig. Ich glaube nicht, dass sie ein glücklicher Mensch war. Sie war keine schöne Frau, aber attraktiv. Sie gehörte zu dem Typ amerikanischer

Frauen, die Hosen tragen; sie hatte überhaupt nichts Feminines. Manche ihrer Bücher sind Schrecken erregend, und mir wurde schnell klar, dass sie eine dunkle Seite haben musste.«[16] Nach dem Interview schrieb Wyndham einen Artikel für den *New Statesman*, der erste Artikel in einer britischen Zeitung oder Zeitschrift, der Highsmith als seriöse Schriftstellerin und nicht als Genreautorin behandelte. Patricia Highsmith gefiel er so gut, dass sie Wyndham aus Positano schrieb und sich bedankte. »Schuld ist ihr Thema«, schrieb Wyndham, »und sie handelt es über zwei einander entgegengesetzte Protagonisten ab. Einfach ausgedrückt, der eine ist der Schuldige, der seine Schuld gerechtfertigt hat, und der andere ist der Unschuldige, der sich schuldig fühlt.«[17] Er glaubte, dass ihr Roman *Der talentierte Mr. Ripley* von 1955 »mehr Licht auf das Problem der Identität wirft als viele der ernsthaften Versuche, sich diesem modischen Thema anzunähern.«[18] Obwohl der Kritiker meinte, dass sie *Der Schrei der Eule* »nicht in Topform geschrieben hat, hält sie doch ein aufregendes Niveau narrativer Spannung … Miss Highsmiths Plots werden oft als genial gepriesen, aber sie sind nie ›sauber‹; Zufälle, alberne Missverständnisse spielen wie im richtigen Leben eine Rolle. Sie weiß, dass die Menschen nicht immer zu ihrem eigenen Besten handeln und ihre Motive obskurer sind, als psychologische Autoren geneigt sind zuzugeben.«[19] Wyndhams Bemerkungen, die eine genaue Analyse von Highsmiths Werk sind, können auch als vorausschauende Einsicht in das Leben der Schriftstellerin gelten – sie handelte nicht immer zu ihrem eigenen Besten, und trotz aller Selbstanalyse in ihren Tage- und Notizbüchern waren ihre Motive oft so selbstzerstörerisch, irrational und undurchsichtig wie die vieler ihrer Figuren.

Im Frühjahr kehrte Patricia Highsmith mit X nach Italien zurück, aber kaum waren sie in Positano, erlitt die Schriftstellerin einen Anfall von Acidose und Erbrechen, der zwanzig Stunden dauerte. »Es war die schmerzhafteste Nacht meines Lebens«, schrieb sie.[20] Sie war jedoch gerührt von der Fürsorglichkeit ihrer Geliebten, und obwohl ihre Beziehung alles andere als einfach war – X hielt homosexuelle Beziehungen für falsch und war ständig hin- und hergerissen zwischen konventionellen und bohemehaften Impulsen –, war Highsmith bestürzt, als sie nach nicht einmal einem Monat nach London zurückkehren musste. Nachdem sie keine Post von X erhalten hatte, schrieb Patricia an Ostern in ihr Tagebuch, dass sie sich vorstellen konnte, allem ein Ende zu setzen. »Ich habe daran gedacht, mich umzubringen, merkwürdigerweise häufiger als bei irgendjemandem vor ihr ... Ich schreibe es auf, weil mir zum ersten Mal Selbstmord durch den Kopf gegangen ist – ich glaube aber, nur auf romantische Weise ... Selbstmord ist egoistisch, das ist mein wichtigster Einwand dagegen.«[21] Sie war sich sicher, dass sie es tun würde, sollte ihre Freundin sie verlassen. Als ihr X jedoch in einem Brief ihre Liebe beteuerte, war Patricia Highsmith so glücklich, dass sie ihr Testament änderte und die Hälfte ihres Besitzes ihrer Mutter vermachte, die andere Hälfte X in London, während Kingsley ihre literarischen Manuskripte bekommen sollte.

Allein in Positano, arbeitete Highsmith an *Die gläserne Zelle*. »Das Buch ist noch immer im Ungewissen«, notierte sie am 3. Mai und fügte hinzu, dass sie 104 Seiten geschrieben hatte. »Ich bin noch nicht wirklich drin, aber zuversichtlicher & zufriedener als seit vielen Monaten.«[22] Aber einen Monat später, nach weiteren 150 Seiten, wurde ihr klar, dass »die Geschichte auf Seite 245 erst richtig losgeht!«[23] Die Abende verbrachte sie meistens allein, schrieb Briefe an X, erging sich über ihren bevorstehenden gemeinsamen Sommerurlaub in Aldeburgh, Suffolk, las *The Mint* von T. E. Lawrence, *Herr der Fliegen* von Golding und *Vater Goriot* von Balzac und ernährte sich von Spaghetti mit Fleischsauce. Gelegentlich traf sie den ebenfalls in Positano lebenden Peter Thomson. »Pat war eine enorm attraktive Person, und dumme Menschen ertrug sie überhaupt nicht«, erinnert sich Thomson, den Highsmith für den talentiertesten Maler in Positano hielt. »Sie war sehr ehrlich und sagte, was sie dachte. Sie war auch eine ziemlich gute Malerin – ich erinnere mich, dass sie einen gigantischen Katzenkopf gemalt hat, der, wie ich fand, etwas Magisches hatte. Damals waren wir beide starke

Trinker, und was sie an Alkohol vertrug, war sicherlich sehr beeindruckend.«[24]

Im Sommer, als sie gerade, wie sie glaubte, letzte Hand an *Die gläserne Zelle* legte, bekam sie erneut ein Telegramm aus London, in dem ihre Anwesenheit gefordert wurde; laut Highsmith war X wieder einmal von der Situation beunruhigt. Pflichtbewusst packte sie die Koffer und reiste nach London, von wo die beiden Frauen für einen Monat nach Aldeburgh fuhren, um Urlaub zu machen. Sie beschrieb das Städtchen am Meer als »erfüllt von der Atmosphäre und den häuslichen Dekors dessen, was ich 1910 oder edwardianisch nenne«, und vermerkte in ihrem Notizbuch, dass ein Haarschnitt zwei Sixpence und ein kleiner Hummer fünf Sixpence kostete.[25]

Patricia Highsmith kehrte Anfang August allein nach Positano zurück, wo sie eingestand, dass ihr Gefängnisroman »an manchen Stellen chaotisch, an anderen zu lang«[26] war, und ein anderes Ende ausarbeitete. Sie spielte mit dem Gedanken, in Rom zu überwintern, doch obwohl sie Anfang Oktober in der italienischen Hauptstadt in der Via Vecchiarelli 38 eine Wohnung mietete, war ihr Aufenthalt dort nur von kurzer Dauer. Am 5. Oktober schrieb sie an Patricia Schartle, dass sie *Die gläserne Zelle* beendet habe, und schickte das Manuskript nach Amerika. Zehn Tage später wandte sich Joan Kahn an Patricia Schartle und dankte ihr für die ersten 188 Seiten des Romans. Sie war der Meinung, dass Patricia Highsmith die Schrecken des Gefängnislebens zwar in allen drastischen Einzelheiten beschreibe, aber manche Details redundant seien. Zudem komme die Handlung nur langsam voran. »Aber wichtiger noch, die Figuren werden nicht plastisch … man kann sich nicht mit ihnen identifizieren … Aufgrund dessen, was mir vorliegt, muss ich sagen, ›kein Vertrag‹.«[27]

Patricia Schartle schickte den Rest des Manuskripts an Harper, und am 13. November erklärte Joan Kahn Highsmith, die noch in Rom war, brieflich die Probleme, die sie mit dem Buch hatte. Ihrer Ansicht nach war Carters Charakter unklar. »Wir wissen nur wenig über Carter, bevor er ins Gefängnis kommt. Carter nach dem Gefängnis ist sicherlich ein verwahrloster Mann, aber die Verwahrlosung, die durch das Gefängnis noch größer geworden sein mag, hat wahrscheinlich schon vorher eingesetzt ... Die Handlung ist nicht überraschend oder abgründig genug, um unser Interesse wach zu halten.«[28]

Highsmiths Stimmung war bereits gedämpft, bevor sie diesen Brief erhielt. Sie bereute es, von Positano nach Rom gezogen zu sein, und sorgte sich wegen ihrer Finanzen. Ende Oktober hatte sie ausgerechnet, dass ihr gesamtes Einkommen in diesem Jahr nur 4400 Dollar betrug, und sie war sicher, dass sie mehr ausgab, als sie verdiente. Am 26. Oktober beschrieb sie ihren angespannten Zustand in ihrem Tagebuch. »Mon–Mitt war ich ziemlich außer mir & erschöpft & dachte, ich sollte ein Krankenhaus aufsuchen, einen Psychiater, irgendjemanden, der mich irgendwie sediert. Dieses Jahr ist alles schief gegangen, finanziell, abgesehen davon, dass Heinemann [*Die zwei Gesichter des*] *Januars* gekauft hat & ich habe nichts verkauft von dem, was ich während der letzten 15 Monate geschrieben habe. Wen sollte es da schon wundern, dass ich entmutigt bin?«[29]

Anfang November verließ sie Rom und zog nach einem kurzen Aufenthalt in London in ein Haus in Aldeburgh, 27 King Street, das sie für fünf Guineen die Woche mietete. Hier in Suffolk hörte sie am 22. November, in Jay's Hotel, das voller Amerikaner war, von Kennedys Ermordung. »Ich habe sie nur einmal verzweifelt erlebt, und das war, nachdem Kennedy ermordet worden war«, sagt Richard Ingham, der damals in Aldeburgh lebte. »Sie stürzte in unsere Wohnung ... die nur ein paar Meter von ihrem Haus entfernt war, und brüllte aus Leibeskräften: ›O Richard, was stimmt nur nicht mit Amerika?‹«[30] In ihrem Tagebuch notierte Highsmith, dass die ganze Welt so schockiert und entsetzt war wie Amerika.

Allein in Aldeburgh – X nutzte das Haus hauptsächlich als Wochenenddomizil –, wusste Patricia Highsmith nicht, wie sie *Die gläserne Zelle* überarbeiten sollte. Ihre Zuversicht wurde größer, als sie vor Weihnachten von Particia Schartle erfuhr, dass ihre siebzehnmonatige Pechsträhne, wie Schartle es nannte, endlich zu Ende war, weil Doubleday *Die zwei Gesichter des Januars* in den USA publizieren wollte, wenn sie das Buch um 32 Seiten kürzte, und *Ellery Queen's Mystery Magazine* hatte ihre im Oktober geschriebene Kurzgeschichte »Wer ist hier verrückt?« gekauft. Bis zum 13. Januar des neuen Jahres legte sie sich eine Strategie zurecht – sie wollte das Gefängnisbuch ab Seite 120 überarbeiten –, und Ende des Monats fiel ihr ein neuer Schluss für den Roman ein.

Am 22. März war sie mit der Überarbeitung fertig, und im Juni erfuhr sie, dass Heinemann plante, das Buch im Frühjahr 1965 zu veröffentlichen. Sie schickte das Manuskript an Doubleday, und der Verlag nahm es unter der Bedingung an, dass sie es um vierzig Seiten kürzte. Es kam im Dezember 1964 heraus. »Am Ende aller Streichungen«, schrieb Highsmith, »manche in Schwarz und dann, beim zweiten Mal, in Rot, waren auf einigen Seiten nur drei Zeilen stehen geblieben.«[31]

Nach Erscheinen des Buches gaben manche Rezensenten zu, verblüfft zu sein. »Ich weiß nicht recht, was ich von Miss Highsmiths Buch halten soll«, schrieb der Kritiker der *New York Times Book Review*.[32] Andere warfen ihr die schonungslose Schilderung einer moralisch aus den Fugen geratenen Welt vor, in der Unschuldige von einem so genannten zivilisierten Justizsystem korrumpiert werden, töten und am Schluss ungeschoren davonkommen. »Es gibt nicht viele fiktive Welten, in denen es hässlicher zugeht als in Highsmiths, und bald wird man ihrer überdrüssig, es sind Welten für sadistische Voyeure, die sich daran ergötzen, wenn arme Würmer sich am Haken winden«, hieß es im *Times Literary Supplement*. »Ihren neuen Antihelden, Philip Carter, kann man entweder nur bemitleiden, oder man freut sich an seinen Schmerzen, und Ersteres wird ohne jede Form der Katharsis Letzterem bald sehr ähnlich.«[33] Er räumte jedoch ein, dass das Buch gut strukturiert und gut geschrieben war und dass alle Einwände letztlich »moralischer, nicht technischer« Natur waren.[34]

Patricia Highsmith ließ sich häufig von ihrer Umgebung inspirieren und vermerkte in ihren Notizbüchern unter der Überschrift »Orte« Einzelheiten über Städte und Länder; in fremde Länder zu reisen, schrieb sie als Teenager, »war das Wünschenswerteste auf Erden«.[35] 1947 schrieb sie, dass Reisen zu den Aktivitäten gehörte – neben Bügeln, Nähen und Besuchen beim Zahnarzt –, die ihre Kreativität anregten. Später erinnerte sie sich, wie sehr sie es als junge Frau liebte, durch fremde Städte im Ausland zu laufen, »mit planloser Neugier«[36] immer neue Orte aufzusuchen. In einem Artikel für die *World-Authors*-Serie erklärte sie, dass sie, nachdem sie New York verlassen hatte, »geografisch eine unsichere Zeit« durchmachte, aber »Tatsache ist, ich reise gern und lerne gern neue Orte kennen. Und anschließend benutze ich sie.«[37] Nach einer Reise nach Mexiko schrieb sie *Ein Spiel für die Lebenden*; nachdem sie aus Griechenland zurückgekehrt war, arbeitete sie an *Die zwei Gesichter des Januars*; ein Urlaub in Venedig inspirierte sie zu *Venedig kann sehr kalt sein*, und eine Reise nach Hammamet in Tunesien floss in *Das Zittern des Fälschers* ein. In den meisten Romanen, die außerhalb der USA spielen, finden sich Amerikaner in einer fremden, sie verunsichernden Umgebung wieder. Diese Orte, schreibt Julian Symons, »erlauben Highsmiths Figuren oft eine Handlungsfreiheit, die vom Freisein von Verantwortung rührt und sie merkwürdige, im Kontext von Ort und Person jedoch überzeugende Dinge tun lässt«.[38]

Am 26. April 1964 zog Patricia Highsmith in das Bridge Cottage, Earl Soham, Suffolk, ein blassrosa Haus aus dem 17. Jahrhundert mit drei Schlafzimmern. Das Haus, so schrieb sie Arthur Koestler, sei »sehr gut zum Arbeiten wegen der extremen englischen Ruhe« und der Tatsache, dass ihre Freundin neunzig Prozent der Zeit in London verbrachte.[39] Kurz vor ihrem Einzug schilderte sie das Gebäude, das aus zwei miteinander verbundenen Arbeiterhäusern bestand und mit einer schwarzen Wetterfahne auf dem Dach protzte, in einem Brief an Kate Kingsley »als so pittoresk, dass es kaum zu glauben ist«.[40] Dahinter befand sich ein mittelgroßer Garten mit altmodischen Rosen und Kamelien, an dessen Ende ein

Bach vorbeifloss. Der Schriftsteller Ronald Blythe, den Highsmith im Januar 1964 kennen lernte und der im nahe gelegenen Dorf Debach lebte, war ein häufiger Gast in Bridge Cottage. »Alles war sehr sauber und gemütlich, ordentlich und warm, aber es gab sozusagen nichts Gutes«, sagt er. »Es war, als hätte sie nur das Allernötigste gekauft. Sie war keine gute, sondern eine ziemlich schlechte Gastgeberin, aber sie lud mich gern zum Abendessen ein. Nach einer Weile merkte man, dass sie lieber wieder allein wäre, um sich an ihre Schreibmaschine zu setzen und zu arbeiten. Das war mehr als alles andere ihr Leben – Schreiben machte sie glücklich, gab ihr etwas, was nichts anderes ihr geben konnte.« [41]

Zehn Tage nach ihrem Einzug skizzierte sie in ihrem Notizbuch die Grundzüge für ein Buch, das in Suffolk spielte. Das Ergebnis war *Der Geschichtenerzähler*, und die Beschreibung der Landschaft zu Beginn war offensichtlich inspiriert von Highsmiths neuem Zuhause. »Ich wohnte damals in Suffolk, deshalb wollte ich diese neue Umgebung und Atmosphäre als Schauplatz für ein Buch benutzen.« [42] Aber ihre Prosa hat nichts Aufgeblasenes oder Schönfärberisches, die Schilderung des Ortes weist nichts Außergewöhnliches auf.

> Das kleine zweistöckige Haus, in dem Sydney und Alicia Bartlebys wohnten, stand mitten auf dem flachen Land von Suffolk. Die zweispurige gepflasterte Landstraße verlief zwanzig Meter vom Haus entfernt. Der Eingangsweg war mit abgeschrägten Platten belegt; an seiner Seite standen fünf junge Ulmen, die das Haus ein wenig von der Straße abschirmten, und auf der anderen Seite bildete die hohe, dichte, zehn Meter lange Hecke einen noch besseren Schutz. Deshalb hatte Sydney sie auch nie geschnitten.[43]

Das Buch entwickelte sich auch aus der Arbeitsbeziehung zwischen Patricia Highsmith und dem Schriftsteller Richard Ingham, der damals an der Woodbridge School Mathematik unterrichtete. Im

Frühjahr 1964 reservierte sie sich Zeit, um zusammen mit Richard Ingham an einer Idee für eine Krimiserie zu arbeiten, *It's a Deal.* Sie plante den Plot, während Ingham den Text schrieb (eine Arbeitsbeziehung, die vergleichbar ist mit der von Sydney und Alex im fertigen Buch). Lucy Lucas hat ein Verhältnis mit Robbie Vanderhof.[44] Regelmäßig jeden Freitagnachmittag treffen sich die beiden, um miteinander zu schlafen, ein Arrangement, das Lucy zunehmend als unangenehm empfindet. Als sie versucht, ihren Liebhaber zu mehr Engagement zu überreden, wird er wütend, schlägt sie und lässt sie schluchzend zurück. Als Lucys Mann, Joel, nach Hause kommt, findet er seine Frau umgeben von Beweisen, die auf einen Kampf hindeuten, vor und bringt sie um. Er will Robbie den Mord anhängen und vergräbt die Leiche unter einem der frisch gepflanzten Bäume im nahen Wald, wobei er Kleidung anhat, wie Robbie sie normalerweise zur Gartenarbeit trägt. Während Joel gräbt, wird er von Elinor, einem jungen Mädchen, überrascht, aber da sie sein Gesicht nicht sehen kann, wiegt er sich in Sicherheit und gesteht ihr gegenüber den Mord. Joel meldet seine Frau als vermisst, und nachdem Elinor die Polizei über das Verbrechen informiert hat, finden die Beamten die Leiche unter dem Baum. Robbie wird verurteilt, und in der letzten Szene, als Joel seine Freiheit feiern will, taucht seine liederliche Nachbarin Betty auf und verkündet, sie wisse, dass Joel und nicht Robbie Lucy umgebracht habe, und wenn Joel sie nicht heirate, werde sie zur Polizei gehen. »Abgemacht«, sagt der entsetzte Joel.[45]

»*It's a Deal* ist schwach und nicht überzeugend«, sagt Ingham, »aber ich glaube, es spiegelt Pats Ansicht wieder, dass einen das Leben letztlich immer einholen wird, gleichgültig, wie clever und einfallsreich man ist.«[46] In einem Brief an Ronald Blythe gestand Patricia Highsmith später ein, dass sie Richard Ingham aus dem Leben in die Literatur verpflanzt hatte. »Ich ›benutzte‹ Ingham als den ... Arbeitspartner in *Der Geschichtenerzähler*«, schrieb sie 1969.[47]

Das Buch, das den Arbeitstitel *Eine Lerche in der Dämmerung* trug, verdankte sich zudem Patricia Highsmiths Idee, das Leicheim-Teppich-Klischee neu zu bearbeiten. Was würde passieren, fragte sie sich, wenn keine Leiche im Teppich war? Was, wenn die Person, die den Teppich beiseite schaffte, bei ihrem anrüchigen Verhalten beobachtet und des Mordes verdächtigt wurde? Sie kombinierte diese Überlegungen mit dem Topos eines Schriftstellers, der den Plot in seinem Kopf und die Realität immer weniger auseinander halten kann. »Diese Art Schriftsteller-Held, dachte ich, könnte nicht nur amüsant sein – ich meine das im komischen Sinn –, er könnte auch die harmlose alltägliche Schizophrenie beleuchten, die überall und bei allen Menschen anzutreffen ist.«[48] Während sie an dem Buch schrieb, ging sie am 27. Juli in einem Brief an Kate Kingsley erneut auf diesen Punkt ein und zog noch deutlichere Parallelen zwischen dem Protagonisten Sydney Bartleby, einem in Suffolk lebenden Amerikaner, und sich selbst. »Er ist ein Schriftsteller, der das Leben bisweilen mit seinen Plots verwechselt. So etwas könnte auch mir passieren. Ich glaube, ich habe ein paar schizoide Tendenzen, die man im Auge behalten muss.«[49]

Ursprünglich hatte sie nicht vorgesehen, dass der Schriftsteller tatsächlich einen Mord begeht, er sollte nur dessen verdächtigt werden. Aber es lief anders. »Sydney begeht am Ende doch einen merkwürdigen Mord, den er als ›zeitweilig aufgeschobenen Gnadenakt‹ betrachtet«, schreibt sie. »Er tötet den Liebhaber seiner Frau, indem er ihn zwingt, eine Überdosis Schlaftabletten zu nehmen. Sydney gerät dann in Verdacht, aber nicht ernsthaft, denn nichts ist ihm nachzuweisen.«[50]

Das Verhältnis von Schriftstellerei und Verbrechen ist einer der auffallendsten Aspekte von Patricia Highsmiths Werk. Viele ihrer kriminellen Helden – insbesondere Ripley – haben literarische Ambitionen, die es ihnen ermöglichen, die unmittelbare Realität zu vergessen und ihre Fantasien im Kopf auszuleben. Mit Sydney schuf Highsmith ihren ersten Schriftsteller-Helden, dem sich später Howard Ingham (ein Romanautor) in *Das Zittern des Fälschers*, Edith (eine freiberufliche Journalistin) in *Ediths Tagebuch*, E. Taylor Cheever (ein Redakteur, der als Schriftsteller scheitert) in der Geschichte

»Der Mann, der Bücher im Kopf schrieb«, Stanley und Ginnie Brixton (Mann und Frau, Schriftsteller, Kritiker und Journalisten) in »Man muss damit leben« und Elinor Sievert (eine freiberufliche Journalistin) in »Der Teich« beigesellten (die drei Erzählungen sind 1979 in *Leise, leise im Wind* erschienen). 1981 fragte Diana Cooper die Autorin nach dem Verhältnis zwischen dem Schriftsteller und dem Verbrecher. Stimme sie mit George Bernard Shaw überein, der meinte, dass die beiden Tätigkeiten erstaunliche Ähnlichkeiten aufwiesen? »Mir fällt nur eine starke Ähnlichkeit ein«, erwiderte Patricia Highsmith, »und zwar dass ein Schriftsteller seiner Fantasie freien Lauf lassen muss; er muss seine persönlichen Moralvorstellungen vergessen, vor allem wenn er über Verbrecher schreibt. Er muss das Gefühl haben, dass alles möglich ist.«[51] Im selben Interview ging sie noch näher darauf ein und fügte hinzu, dass der Verbrecher »zumindest für kurze Zeit frei ist, frei, das zu tun, was er will«.[52] Das Thema wurde erneut aufgegriffen von Bettina Berch, die Highsmith 1984 interviewte. Fungierten die Schriftsteller-Protagonisten als ihr Alter Ego? »Ja, Sydney auf jeden Fall«, antwortete sie und bezog sich damit auf *Der Geschichtenerzähler*. »Und zwar weil ich Mord nicht verstehe oder eine Person, die einer anderen Person das Bewusstsein raubt, das Leben, dieses Phänomen oder diese Tat verstehe ich überhaupt nicht.«[53]

Schriftsteller und Verbrecher leben außerhalb der Konventionen und erschaffen eine Umwelt, die häufig die so genannten normalen moralischen Grenzen sprengt. Während der Arbeit an *Der Geschichtenerzähler* schrieb Patricia Highsmith in ihr Notizbuch: »Es scheint natürlich, dass ein Schriftsteller über ›seelenverwandte‹ Helden schreibt, jemand mit den gleichen intellektuellen Assoziationen.«[54] Charles Latimer, der die Schriftstellerin Anfang der sechziger Jahre kennen lernte, als er bei William Heinemann für die Werbung zuständig war und später einer ihrer besten Freunde wurde, erinnert sich, wie sie sich auf das Schreiben vorbereitete. »Pat machte bestimmte Dinge, um herauszufinden, wie man sich dabei fühlt«, sagt er. »Ich erinnere mich, dass sie im Wald hinter ihrem Haus ein paar

Schnecken vergrub, um sich die Gefühle in *Der Geschichtenerzähler* vorstellen zu können. Und als ich in ihrem Haus in Tegna in der Schweiz zu Besuch war, schlich sie nachts mehrmals durchs Haus. Sie tat so, als wäre sie eine Nachteule. Im Haus war es stockdunkel, und Pat ging in einem blau-weiß gestreiften Flanellschlafanzug und einem braunen Frotteebademantel vorsichtig durch die Räume, leuchtete mit der Taschenlampe in alle Richtungen und trat manchmal auch kurz ins Freie. Ich dachte, sie wollte herausfinden, wie es wäre, einen Eindringling im Haus zu finden, oder vielleicht tat sie auch so, als wäre sie ein Eindringling.«[55] Charles zufolge hasste Pat es, für eine Intellektuelle gehalten zu werden. »Sie verabscheute diesen Begriff und sagte, dass sie alles instinktiv tue. Während des Schreibens wurde sie zu den Figuren in ihren Büchern.«[56]

Ronald Blythe erinnert sich, dass er gelegentlich mit dem Fahrrad von Bridge Cottage zu seinem Haus in Debach zurückfuhr, verwirrt und beunruhigt. »Wenn ich bei ihr war, drifteten wir manchmal wortlos in diese Welt ab, in der man tun konnte, was man wollte, wo man so frei war wie ein Verbrecher«, sagt er. »Ich verstand die psychopathische Seite nicht, die in ihren Romanen zum Tragen kommt, aber hin und wieder überwältigte mich die dazugehörige Verzweiflung. Wir taten nichts weiter, als gemeinsam in einem Zimmer zu sitzen. Ich glaube nicht, dass sie einen Bezug hatte zu dem, was die meisten die ›wirkliche Welt‹ nennen. Sie war vom alltäglichen Leben abgeschnitten, durch ihr Genie.

Ich erinnere mich an einen Tag, als ich bei ihr zum Abendessen war. Wir hatten gerade angefangen zu essen, als ein Wassertropfen auf den Tisch fiel. Ich blickte nach oben und sah, dass der gläserne Lampenschirm mit Wasser voll gelaufen war, das durch die Zimmerdecke hineinsickerte. Sie hatte jemanden gebeten, das Leck abzudichten, aber an einem Samstagabend würde natürlich niemand kommen, deswegen wollte ich mich der Sache annehmen. ›Lass es sein‹, sagte sie, aber ich ignorierte sie. Ich stand auf und ging nach oben ins Bad. Der Schwimmerhahn in der Toilettenspülung war verbogen. Ich brachte ihn in Ordnung, zog an der Kette, und der

Kasten floss nicht mehr über. Dann ging ich wieder hinunter und wischte das Wasser auf, aber sie sprach stundenlang nicht mehr mit mir. Vermutlich war sie verärgert, weil ich nicht auf sie gehört hatte.

Aber unsere Freundschaft, die liebevoll und sehr fürsorglich war, hatte etwas Herzliches, und ich hielt sie für eine überaus aufrichtige Person. Sie blieb über Nacht bei mir, wenn ich meinte, dass sie zu viel getrunken hatte, und ich übernachtete bisweilen bei ihr, weil sie unglücklich war. Sie sagte nie, warum. Ich fand sie auf merkwürdige Weise sehr attraktiv, ganz anders als alle anderen. Sie hatte sehr gute Manieren, sprach mit leiser Stimme und rauchte ununterbrochen. Ihr Gang und Verhalten hatten nichts Maskulines, sie war wohlerzogen und hatte etwas Elegantes. Aber ihrem Gesicht war die Einsamkeit anzusehen – ein umwölkter Ausdruck, eigentlich hässlich, der verschwand, wenn sie lachte, ein seltsames leises Kichern.

Wir schliefen im selben Zimmer; sie brauchte diese Nähe. Wir waren kein Liebespaar, aber wir schliefen ein- oder zweimal miteinander. Wir sprachen über homosexuelle Liebe und die unbefriedigenden Aspekte mancher unserer Liebesbeziehungen – sie wusste alles über mein Liebesleben –, aber wir gingen unserer Beziehung, worin immer sie bestand, nie auf den Grund. Sex mit ihr war, als würde man von einem Jungen geliebt. Ihre Hände waren sehr männlich und groß, und sie hatte Hüften wie ein Jugendlicher. Der männliche Körper stieß sie nicht ab, er faszinierte sie.«[57]

Erinnerte Blythe sie an Rolf Tietgens, den homosexuellen Fotografen, zu dem sie sich 1942 hingezogen fühlte? Im November 1966 legte Patricia Highsmith in einem Brief an Blythe ihre Gedanken über Männer und Frauen dar und erwähnte ihre Beziehung zu Rolf. Ihr zufolge hatte der Fotograf Frauen gegenüber einen Komplex im freudschen Sinn, und sie war die erste Frau, »wenn ich mich so bezeichnen kann«[58], vor der er keine Angst hatte.

»Es beunruhigte mich, dass wir intim geworden waren, aber sie wollte nur etwas Wärme, und wir haben nie darüber gesprochen«, sagt Blythe. »Ich hatte mit Dingen zu tun wie der Kirche im Dorf, und obwohl ich kein Puritaner bin, im Gegenteil, meinte ich, dass für sie nicht die gleiche Disziplin und die gleichen Regeln galten, mit denen ich aufgewachsen war. Sie verfügte über so etwas wie psychologische Freiheit.«[59]

Patricia Highsmith wusste um die Anarchie ihrer inneren Welt, sie empfand ihre schriftstellerische Fantasie als grausam und zügellos, aber der Akt des Schreibens verlieh ihr zumindest den Anschein von Ordnung. Sie war sich der Spiele, die sie spielte, nur allzu bewusst. »Es hat keinen Sinn, einen Krimiautor zu fragen, ob er kriminelle Züge hat«, schrieb sie im Dezember 1958 in ihr Notizbuch. »Jedes Mal, wenn er ein Buch schreibt, verewigt er kleine Schwindeleien, Lügen und Delikte. Es ist eine große Maskerade, eine schändliche Täuschung unter dem Deckmantel der Unterhaltung.«[60]

Wenn man *Der Geschichtenerzähler* liest, hat man den Eindruck, einem Krimiautor bei der Arbeit zuzusehen, es ist ein literarischer Spiegelsaal, in dem Realität und Fiktion ständig reflektiert werden und sich letztlich vermischen. Obwohl Patricia Highsmith es nie so ausgedrückt hätte, könnte man dieses Buch als ihren postmodernsten Roman bezeichnen. Sie spielt darin ständig mit dem Genre des Kriminalromans, macht sich über seine lächerlichsten Stereotypen und Klischees lustig. Diese intellektuelle Verspieltheit hat jedoch einen für Highsmith untypischen Mangel an Intensität zur Folge, eine Leichtigkeit, die dem Buch, wie sie später selbst eingestand, einen »etwas schnoddrigen Tonfall« verlieh[61], der auch den Rezensenten auffiel. Julian Symons, normalerweise ein Highsmith-Fan, hielt es nicht für eines ihrer besten Bücher, fand es nicht überzeugend und kritisierte den Schluss als nicht plausibel.

Sydney ist ein Mann, der von der Fantasie verführt wird – er stellt sich vor, seine Frau Alicia zu töten und sie, eingerollt in einen Teppich, aus dem Haus zu tragen und zu vergraben. Parallel dazu arbeitet Sydney an einer Idee für eine Fernsehserie mit dem Titel »Der Schatten« – eine ziemlich forsche Gestalt, die eine erstaunliche Ähnlichkeit mit Highsmiths Ripley aufweist. »Der ›Schatten‹ musste ein Verbrecher sein, der in jeder Sendung etwas Schreckliches unternahm«, schreibt sie im Roman. »Die Zuschauer sahen mit den Augen des Schattens, unternahmen alles mit ihm und gingen mit ihm durch dick und dünn in der Hoffnung, die Polizei werde den kürzeren ziehen, was sie auch stets tat ... der Spitzname ließ auf seine lasterhaften und geheimen Gewohnheiten schließen.«[62] Nachdem er monatelang den Groll auf seine Frau unterdrückt hat, stellt Sydney sich vor, sie umzubringen, hat den Mord in allen Details vor Augen und macht sie zu einer Figur in einer Episode der Serie.

Sydney tut so, als hätte er den Mord begangen, vergräbt den Teppich, legt seine düstere Vorstellung in seinem Notizbuch nieder, und zwar aus der Perspektive des Täters. Während er über die fiktionalen Möglichkeiten der Situation nachdenkt, notiert er als Titel: »*Das schizophrene Wir*«. Das war auch einer der Arbeitstitel, den Patricia Highsmith für *Der Geschichtenerzähler* im Kopf hatte. Sydney wird wie die Schriftstellerin von dem Wunsch getrieben zu verstehen, warum manche Menschen einen Mord begehen, aber als er – nachdem er von Alicias Selbstmord erfahren hat – Tilbury, den Geliebten seiner Frau, zwingt, eine Überdosis Schlaftabletten zu nehmen, versagt seine schriftstellerische Vorstellungskraft. Ironischerweise wird der selbstbewusste, allmächtige Autor, der seine Figuren kontrolliert, selbst zu einer Figur: »[Es] kam ihm zu Bewusstsein, dass er gar nicht darauf geachtet hatte, was für Sensationen man empfand, während man einen Mord beging. Er hatte überhaupt nicht an sich nachgedacht.«[63]

Am Schluss des Buches entgeht Sydney nicht nur der Strafe, sondern erfährt auch noch, dass ein Verleger seinen Roman *Die Planer* veröffentlichen will, ein Werk, in dem die Figuren versuchen, ein vollkommen selbstbestimmtes Leben zu führen. Highsmiths Buch endet mit triumphaler Metafiktionalität. Auf der letzten Seite spielt Sydney mit der Idee, in seinem Notizbuch, das von der Polizei gelesen und als schriftstellerisches Hilfsmittel und nicht als Abbildung der Realität eingestuft wurde, über den Mord an Tilbury zu schreiben, »denn das Notizbuch war jetzt wohl der sicherste Ort für solche Aufzeichnungen«.[64]

Patricia Highsmith schrieb den Roman sehr schnell, in weniger als einem halben Jahr, und war mit der Rohfassung fertig, bevor sie Ende September nach New Hope reiste. Während sie ihre Sachen sortierte und einpackte, was nach England gebracht werden sollte, wohnte sie bei Daisy Winston. Dort litt sie unter Zahnbeschwerden – ihr war ein Zahn gezogen worden, und die Wunde schloss sich nicht – und klagte über Erschöpfung. In New York zeigte sie die Rohfassung des noch titellosen Romans Larry Ashmead, ihrem Lektor bei Doubleday, der ihn »viel versprechend« fand.[65] Am 7. Oktober war sie wieder in Bridge Cottage, wo ihr die Kälte zu schaffen machte – das Haus hatte keine Zentralheizung – und sie bis Mitte November das Manuskript redigierte und abtippte. Nach Abschluss der Arbeit überkam sie die übliche »postnatale« Depression, und als der Winter einsetzte, quälten sie Unsicherheit, Angst und Geldsorgen. (Sie notierte, dass sie ungefähr 1600 Dollar jährlich mehr verdienen musste, um sich Zigaretten und Alkohol leisten zu können.)

»Fantasie und unerschütterlicher Optimismus sind unabdingbare Eigenschaften eines Schriftstellers in jeder Phase dieses harten Spiels«, schrieb sie am 15. Dezember in ihr Notizbuch. »Eine Art Wahnsinn ist deshalb unerlässlich, wenn alle logischen Gründe für Depression und Entmutigung sprechen ... Vielleicht bin ich deswegen nicht psychotisch, sondern nur neurotisch, weil ich darauf mit größter Niedergeschlagenheit reagieren kann ... Heute habe ich ziemlich viel geschafft. Aber ich bin mir auch des Wahnsinns bewusst, der mich aufrecht hält, und weder beruhigt mich das, noch macht es mich glücklich.«[66]

Liebe ist eine Gabe

(1964–1967)

Schreiben war für Patricia Highsmith ein nahezu mystischer Vorgang. Wenn Journalisten sie fragten, woher sie ihre Anregungen bezog, antwortete sie gern »aus heiterem Himmel«. Die Einfälle kamen ihr, behauptete sie, auf die gleiche Weise, wie sie einen Vogel aus dem Augenwinkel sah. Die Herausforderung bestand darin, diese flüchtigen Geschöpfe festzuhalten. Während des bitterkalten Winters 1964/65 versuchte sie, diese Geschöpfe ein für alle Mal dingfest zu machen, um herauszufinden, was genau sie inspirierte und wie sie den Keim einer Idee in ein fertiges Buch verwandelte. Der Anstoß kam von The Writer, Inc., einem Verlag in Boston, der eine Reihe von Ratgebern für junge Autoren herausgab. Im Dezember 1964, als sie einen kurzen Essay über Suspense vorbereitete, listete sie in ihrem Notizbuch mehrere Schriftsteller auf – darunter Dostojewski, Wilkie Collins, Henry James und Edgar Allan Poe –, die sie dieser Tradition zuordnete. »Denk dran, du bist in guter Gesellschaft«, fügte sie hinzu.[1] Sie erweiterte den Essay über *Suspense oder Wie man einen Thriller schreibt*, und als der dünne Band im Januar 1966 erschien, schickte sie Arthur Koestler ein Exemplar mit der Notiz: »Es könnte besser sein. Es ist das Ergebnis von einem Monat Arbeit; meine Agentin wollte nicht, dass ich den Auftrag annehme.«[2]

Sie arbeitete im Januar und Februar 1965 an dem Ratgeber und träumte von den reifen Avocados, den saftigen Orangen und dem warmen Sonnenschein in Kalifornien, wo Koestler damals lebte. »Das Klima der Britischen Inseln«, schrieb sie ihm, »plus die alles durchdringende Niedergeschlagenheit machen mir wirklich zu schaffen.«[3] Sie hielt sich warm, indem sie zu ihrer größten Säge griff und so lange an einem Holzklotz herumsägte, bis sie schwitzte. »Mit dem Alter werde ich Scrooge immer ähnlicher«, schrieb sie an Kate Kingsley.[4]

Sie begann das Sachbuch mit einem Kapitel über Inspiration, den Keim einer Idee, und legte dar, wie sie auf die Idee der Handlung von *Zwei Fremde im Zug*, *Der Stümper*, *Der süße Wahn*, *Die zwei Gesichter des Januars*, *Der Geschichtenerzähler* und die Geschichte »Die Schildkröte« gekommen war. Interessanterweise spricht Patricia Highsmith davon, dass sich manche Keime, zum Beispiel der für *Zwei Fremde im Zug*, durch einen Prozess der Parthenogenese gebildet hatten, d.h., sie entstanden ohne externe Einflüsse, während andere ein gewisses Maß an kreuzweiser Befruchtung benötigten, um sich zu entwickeln. Aber wie erkennt man Ideen? »Ich erkenne sie an einer gewissen Erregung, die sie sofort mit sich bringen, ähnlich der Erregung der Freude an einem guten Gedicht oder einer Gedichtzeile«, schreibt sie.[5] Sie empfiehlt zukünftigen Schriftstellern, ein Notizbuch zu führen, in dem sie Gedanken oder Ideen vermerken, auf die Kraft des Unbewussten zu vertrauen und Inspiration nicht herbeizuzwingen. Außerdem sei es wichtig, diejenigen zu meiden, die einen kreativen Prozess leugnen, bisweilen sogar alle Menschen. »Die Ebene geselligen Beisammenseins [ist] nicht die Ebene schöpferischer Einfälle, nicht die Ebene, auf der schöpferische Ideen entstehen … Das ist im Grunde merkwürdig, denn es kommt vor, dass gerade die Menschen, die wir gern haben oder lieben, wie Gummiisolatoren auf den zündenden Funken der Inspiration reagieren.«[6]

Andere Kapitel widmete sie der Suspense-Kurzgeschichte, der Nutzbarmachung persönlicher Erfahrung, der Entwicklung von Geschichten, dem Plot, dem ersten und zweiten Entwurf und einer detaillierten Analyse ihrer Schwierigkeiten mit *Die gläserne Zelle*. Sie schreibt, dass sie sich ständig der Möglichkeit des Scheiterns bewusst sei; das sei ganz einfach ein Berufsrisiko. »Deshalb bin ich hier auf meine Misserfolge ebenso ausführlich eingegangen wie auf meine Erfolge, denn aus Misserfolgen kann man viel lernen. Wenn ich meine zuweilen erheblichen Verluste an Zeit und Mühe und auch die Gründe dafür offen lege, kann ich vielleicht andere Schriftsteller davor bewahren, dass sie das Gleiche durchmachen.«[7]

Obwohl sie in Interviews nicht gern über ihre Arbeit sprach, führte sie die Punkte, die sie in *Suspense oder Wie man einen Thriller schreibt* benennt, in einem kurzen Artikel für das Buch *Whodunit? A Guide to Crime, Suspense and Spy Fiction*, herausgegeben von H. R. F. Keating, noch weiter aus. Sie hatte keine unumstößlich festen Regeln, wenn sie schrieb, ebenso wenig hatte sie eine fest umrissene Leserschaft im Auge. Ihre Ideen setzten ein »mit einer überraschenden oder vom Zufall bestimmten Situation, mit ungewöhnlichen Umständen, und um sie herum, vorwärts und rückwärts, schreibe ich eine Erzählung mit einem Anfang und einem Ende«.[8] Sie arbeitete drei oder vier Stunden am Tag und empfand es als hilfreich, regelmäßig eine Pause einzulegen und etwas Nicht-Kreatives mit den Händen zu tun, zum Beispiel Geschirr zu spülen. In diesem Zustand war ihr Geist in der Lage, einen schöpferischen Sprung zu machen. »Hartes Nachdenken hat mir noch nie wirklich geholfen. Ich glaube daran, den Geist in Ruhe zu lassen.«[9] Unter idealen Bedingungen konnte sie zweitausend Wörter am Tag schreiben, aber diese Bedingungen fand sie nur jeden zweiten Tag vor. Sie wünschte, sie könnte die Methode eines berühmten Autors anwenden, der zuerst die Handlung einer Geschichte heruntertippte und die Details später einfügte. Sie jedoch musste alles chronologisch zu Papier bringen. »Vielleicht ist das unvermeidlich aufgrund meiner subjektiven Herangehensweise: Ich beschreibe, was im Kopf des Protagonisten vor sich geht, sei er oder sie nun ein Psychopath oder nicht, weil das die Geschichte sowohl erklären als auch vorantreiben muss.«[10]

Ronald Blythe erinnert sich, wie ernst Highsmith ihre Arbeit nahm. »Sie sah sich überhaupt nicht als Krimiautorin«, sagt er,

»aber sie liebte Suspense, und Amoralität faszinierte sie. Wir unterhielten uns oft über Bücher und unsere Arbeit – dass sie an diesem Tag sieben Seiten geschrieben hatte und ich 700 Wörter oder so. Obwohl mir ihre Romane anfänglich nicht gefielen, faszinierten sie mich, und schließlich verstand ich, dass sie sie widerspiegelten. Sie hatte ein gutes Gedächtnis für Details, und oft fand ich Teile unserer Gespräche in ihren Büchern wieder. Manchmal hatte ich das Gefühl, als wäre ich Material für einen Roman. Es ist schwer, sie zu beschreiben, außer als Künstlerin. Sie sah sich selbst als sehr ernsthafte Schriftstellerin.«[11]

Im März 1965 war Patricia Highsmith so verstimmt darüber, dass ihr französischer Verlag, Calmann-Lévy, ihr nicht den Respekt entgegenbrachte, den sie verdiente, dass sie den Verleger persönlich, Robert Calmann-Lévy, schriftlich von der Unterzeichnung eines Vertrags mit einem konkurrierenden Verlag, Laffont, unterrichtete. Es ging nicht ums Geld. »Laffont bedeutet Prestige, und Gallimard bedeutet Geld, & mir ist Prestige wichtiger.«[12] Sie ärgerte sich darüber, dass der Verlag Calmann-Lévy ihre Bücher in Frankreich schleppend publizierte, und »vier Bücher, geschrieben in den letzten Jahren, unveröffentlicht herumliegen ließ«.[13] Die Mitarbeiter von Calmann-Lévy waren derart schockiert von ihrem, wie sie es empfanden, impulsiven Verhalten, dass Lektor Manès Sperber in einem Brief an sie sein Erstaunen ausdrückte. Gewiss, so schrieb er, wäre es besser gewesen, wenn sie die Angelegenheit mit Calmann-Lévy besprochen hätte, bevor sie einen Vertrag mit einem anderen Verlag unterschrieb. Calmann-Lévy hatte keine Gelegenheit gehabt, die beiden Manuskripte zu prüfen, die der Verlag nach Highsmiths Ansicht abgelehnt hatte – *Die zwei Gesichter des Januars* und *Die gläserne Zelle.* Das Problem, fügte er hinzu, waren die Verkaufszahlen. Der Verlag konnte ihre Bücher nicht so schnell hintereinander publizieren, weil »die wirtschaftlichen Gegebenheiten nicht dafür sprechen; andererseits ist es extrem schwierig, die öffentliche Aufmerksamkeit zu erregen, die Ihr großes Talent verdient«.[14]

Patricia Highsmith erklärte in ihrer Antwort, dass sie die Entscheidung nicht leichtfertig getroffen habe, aber nachdem Harper in Amerika *Die zwei Gesichter des Januars* und *Die gläserne Zelle* abgelehnt habe – und beide Bücher in der Folge von Doubleday veröffentlicht wurden –, habe sie sich gezwungen gesehen zu handeln. »Was Calmann-Lévy betrifft, habe ich seit drei Jahren das Gefühl, dass ich für sie genauso gut hätte tot sein können«, schrieb sie an Sperber.[15] Warum hatte man *Der süße Wahn* nicht veröffentlicht, der »in den USA und in England so gut aufgenommen worden war, von Hitchcock für seine Fernsehsendung gekauft und von Harper & Row jetzt in der Perennial Library (Taschenbuch) herausgebracht wurde«?[16] Nach dem hitzigen Briefwechsel bot Calmann-Lévy an, *Der süße Wahn* 1966 unter dem Titel *Ce mal étrange* zu veröffentlichen, erklärte sich einverstanden, ihren Vorschuss von den üblichen 200 auf 500 Dollar zu erhöhen und verlegte sie weiterhin, nachdem ihr Vertrag mit Laffont ausgelaufen war. (Laffont brachte drei ihrer Bücher heraus: *Die zwei Gesichter des Januars, Die gläserne Zelle* und *Der Geschichtenerzähler.*) »Ich habe Ihre Bücher nie als Kriminalromane betrachtet«, schrieb Sperber in einem Brief an Patricia Highsmith, »sondern als eine ganz eigene Art von psychologischer Literatur.«[17]

Wie ihre Figur Sydney Bartleby in *Der Geschichtenerzähler* wollte Highsmith fürs Fernsehen schreiben. »Würde gern lernen, fürs TV zu schreiben«, schrieb sie an Peggy Lewis. »Ich habe jetzt einen Fernsehapparat, gemietet allerdings, das machen die Engländer so – sie kaufen nie, da sich die Modelle so schnell ändern«[18], eine Zeile, die sie in leicht abgewandelter Form im ersten Kapitel von *Der Geschichtenerzähler* verwendete.

An einem Sonntag Anfang Mai 1965 bekam sie in Bridge Cottage einen Anruf von der BBC. Könnte sie bis zum nächsten Tag ein Exposé für ein Stück, ungefähr 250 Wörter, vorlegen? Sie hatten ein altes Drehbuch gesehen, das ursprünglich als Synopse einer Achtzig-Seiten-Novelle für den amerikanischen *Cosmopolitan* entstanden war. Das Magazin hatte abgelehnt, aber Patricia Highsmith hatte es an das amerikanische Fernsehen verkauft, und die BBC wollte wissen, ob sie es aktualisieren könnte. Damals war Mary Highsmith bei ihrer Tochter zu Besuch, deswegen schloss sich die Schriftstellerin in ihrem Arbeitszimmer ein und schrieb in weniger als zwei Stunden das Exposé für die Geschichte, die sie anfänglich »The Prowler« (Der Herumtreiber) nannte. »Ich bekam den Auftrag, 600 Pfund«, schrieb sie später ihrem Stiefvater.[19] Der Abgabetermin für das fertige Stück war der 25. Juni, und obwohl sie zugab, dass es »sehr altmodisch und kitschig«[20] war, wurde es angenommen. Am 22. September wurde es von der BBC 1 unter dem Titel »The Cellar« (Der Keller) in der *Wednesday Thriller*-Serie ausgestrahlt. Wenn man das Drehbuch liest, wird augenfällig, dass Dialoge nicht zu ihren Stärken zählten. In dem Stück wimmelt es von Stereotypen der Kriminalliteratur – eine hysterische Ehefrau, Hilda, ein doppelzüngiger Ehemann, George, und Peggy, eine übereifrige Geliebte.

Obwohl auch Patricia Highsmiths spätere Versuche, Drehbücher zu schreiben, ähnliche Misserfolge waren, gab sie ihre Ambitionen nicht auf. Ihr zweiter Ripley-Roman, *Ripley Under Ground*, veröffentlicht 1970, entwickelte sich aus einem Stück, das fürs Fernsehen gedacht war. Sie begann mit dem Drehbuch unter dem Titel »Derwatt Resurrected« (Der auferstandene Derwatt) im Juli 1965, angeregt vom Tod ihrer Exgeliebten, der Malerin Allela Cornell. »Ripley kam darin überhaupt nicht vor«, erzählte sie Julian Jebb, der später ein guter Freund wurde, »es ging um einen Maler, der gestorben war. Ich hatte selbst das Gleiche erlebt, eine gute Freundin von mir starb mit neunundzwanzig Jahren … Ich zeigte eine Mappe mit ihren Arbeiten in der 57. Straße, und sie sagten: ›Die Sachen sind sehr gut, aber an toten Malern sind wir nicht interessiert, es hat keinen Sinn, eine Ausstellung zu machen.‹ Damit war die Sache erledigt. Ich habe fünfzehn Jahre nicht mehr daran gedacht, und dann kam mir die Idee, dass jemand betrügen und im gleichen Stil weitermalen könnte.«[21] Die Schwierigkeiten beim Verfassen eines Drehbuchs, erklärte sie in einem Interview mit der *Times*, bestünden darin, dass »es sich in meinem Kopf nicht auf dieselbe Weise entwickelt wie ein

Roman, denn in einem Roman kann man aufzeigen, was eine Person denkt, ohne dass es die anderen Figuren wissen«.[22] In einem Roman zögerte sie nicht, die Charaktere gemäß ihrem eigenen Willen zu gestalten, aber bei einem Drehbuch neigte sie dazu, die Figuren »als lebende Menschen [zu betrachten], die ich nicht anfassen, neu arrangieren, verändern kann«, schrieb sie im März 1977 in ihr Notizbuch[23] (nachdem sie vier Monate wieder einmal vergeblich versucht hatte, ein Drehbuch fürs Fernsehen zu schreiben).

Nachdem sie das Exposé für *Der Herumtreiber* oder *Der Keller* geschrieben hatte, schloss Pat die Tür ihres Arbeitszimmers wieder auf und stand ihrer wütenden Mutter gegenüber, die sie davor »quasseln« gehört hatte. Die Beziehung zwischen den beiden Frauen war bereits höchst angespannt, und der Besuch gipfelte darin, dass Mary mit einem Kleiderbügel auf ihre Tochter losging, aber »glücklicherweise habe ich diesmal über die Schulter geschaut«.[24] Patricia Highsmith rief einen Arzt, der beiden Frauen Beruhigungsmittel verordnete, und nach dem sechstägigen Besuch hatte die Schriftstellerin das Gefühl, sich emotional völlig verausgabt zu haben. Sie war überzeugt, dass ihre Mutter manisch-depressiv war, während Freunde kein Blatt vor den Mund nahmen und sie schlichtweg als »übergeschnappt – ihr Ausdruck für ›verrückt‹« bezeichneten.[25]

Im März 1964 hatte Mary ihrer Tochter eine neunundzwanzig Seiten lange Schmähschrift geschickt, die Pat einen »wahnsinnigen Frontalangriff …, der den Schlamm längst vergangener Zeiten aufwühlt« nannte[26], nicht ohne hinzuzufügen, dass ihre Mutter »eine verbitterte alte Frau [ist], die sonst nichts zu tun hat«.[27] In dem Brief erwähnte Mary eine ganze Reihe von Dingen, die ihr zu schaffen machten, manche reichten zurück bis in die Zeit, als Patricia Highsmith in der Künstlerkolonie Yaddo war. »Dann musste ich zu meinem Entsetzen erfahren, dass du Mamma glatt angelogen und behauptet hast, ich wäre neidisch auf dich, weil du in Yaddo bist«, schrieb sie. »Gott, wie mich das erschüttert hat … Seitdem ich dich zum ersten Mal sah, habe ich nur dafür gelebt, dir zu dienen & dir all die Dinge zu geben, die ich nie hatte, & alles in meinen Kräften

Stehende für dich zu tun, & ich habe mich kein Jota verändert… Ja, ich weiß, warum du bei der kleinsten Nichtigkeit in Tränen ausbrichst. Weil du mit dir selbst leben musst und wegen deinem Gewissen. Ich habe erlebt, wie du skrupellos Freundinnen fallen lässt – ich hasse es, dabei zusehen zu müssen, aber noch mehr hasse ich es zu lügen.«[28] Nachdem sie den Brief – die erste vieler gehässiger Attacken der Mutter auf ihre Tochter – gelesen hatte, war Patricia Highsmith mehrere Tage lang fassungslos. »Ich musste in diesen eitrigen Abszess stechen«, endet der Brief, »ich habe nichts verloren, weil wir der Zukunft nicht entgegensehen können, ohne uns der Vergangenheit zu stellen. Sie stand immer zwischen uns. Wenn sie uns endgültig auseinander bringt – auch gut. Ich habe nichts verloren, weil ich nichts zu verlieren hatte.«[29] In ihrem Tagebuch versuchte Highsmith, die Motive ihrer Mutter zu analysieren. Sie glaubte, dass sie in der Eifersucht ihrer Mutter auf ihre Beziehung mit X zu finden waren. »Sie will meine Aufmerksamkeit, meine Hingabe etc., deswegen ist sie so eifersüchtig auf die Frauen in meinem Leben.«[30]

So wie Marys Einstellung ihrer Tochter gegenüber von ihren Ressentiments gegen die Frauen in Pats Leben beeinflusst war, so wurde das Verhältnis der Schriftstellerin zu ihren Freundinnen ständig unterminiert vom zerrütteten Verhältnis zu ihrer Mutter. Gegen Ende 1964 verfasste Patricia Highsmith ein paar Gedichte, die ihr gequältes Innenleben zum Ausdruck brachten. Sie schrieb über ihre komplexen Gefühle, Liebe und Hass, über Zärtlichkeit und ihre sadistischen Impulse. »Kein Wunder, dass ich dir die Füße küssen möchte / und mir zugleich vorstelle, dich grausam zu schlagen.«[31] Zwei Tage später entstand ein weiteres autobiografisches Gedicht, in dem sie die Wurzeln ihrer zweideutigen Gefühle auf ihre Kindheit zurückführte, als sie ihre Liebe für andere Mädchen unterdrücken musste – »Groll war immer die zweite Regung«.[32] X hatte ihr vorgeworfen, Frauen sowohl zu lieben als auch zu hassen, ein widersprüchliches Verhalten, zu dem Patricia sich bekannte. Im neuen Jahr berichtete die Schriftstellerin Alex Szogyi von den Problemen in ihrer Beziehung, von ihrer Eifersucht auf X' Familie, weil ihre Familie X öfter sah als sie. Wann immer sie Zeit miteinander verbrachten, hatte Patricia Highsmith das Gefühl, jemand anderem »etwas gestohlen zu haben«[33], und Sex war nicht mehr spontan und unbeschwert, sondern vulgär und peinlich. »Ich war noch nie eine Sexfanatikerin, es hat mir immer Spaß gemacht, großes Vergnügen bereitet, etwas, was man tagelang vergisst und dann wieder tut – aber so ist es, wenn die Lage entspannt ist und man jede Nacht neben der Person schläft, die man liebt ... «, schrieb sie an Alex. »Ich habe ihr vorgeworfen, sich über mich lustig zu machen, und andere unerfreuliche Dinge«, fuhr sie fort. »Sie hat mir psychische (nicht physische) Grausamkeit vorgeworfen.«[34]

Als Patricia Highsmith im März 1965 für ein paar Tage nach Paris fuhr, schien X es ihr übel zu nehmen, dass sie mit Daisy Winston gereist war, obwohl Pat ihr erklärt hatte, dass sie nicht mehr »emotional involviert« war.[35] Der Schriftstellerin zufolge drohte ihre Freundin, eine von ihnen beiden für Mai geplante Reise nach Venedig abzusagen, ein Urlaub, auf den sich Patricia während des langen, trostlosen Winters gefreut hatte. Sie wusste nicht, was sie tun sollte. Schließlich konnten die Frauen ihre Probleme doch klären, zumindest zeitweise, und Mitte Mai trafen sie in Venedig ein. Sie stiegen in einem Hotel in der Nähe des Hauses ab, in dem John Ruskin gelebt und gearbeitet hatte, und während ihres Aufenthalts in der Lagunenstadt hatte Patricia Highsmith die Idee für den in Venedig spielenden Roman *Venedig kann sehr kalt sein*. Nach zehn Tagen fuhr sie allein weiter nach Rom, wo sie eine Woche bei Ellen Hill verbrachte, und dann nach Positano, um nach ihrer Katze Spider zu sehen. In Positano lernte sie zufällig die Schriftstellerinnen Edna O'Brien und Brigid Brophy kennen, aber Highsmith, die die »literarische Szene« hasste, hielt Distanz. Sie war, wie sie es in einem Brief an Kate Kingsley ausdrückte, »nicht sehr gesellig«.[36]

Sir Michael Levey, der ehemalige Direktor der National Gallery und Ehemann von Brigid Brophy, erinnert sich an die Begegnung und erzählt, wie er und seine Frau im Lauf der Zeit Freunde von Patricia Highsmith wurden. »Vor allem ich wollte unbedingt meine

Bewunderung für sie zum Ausdruck bringen. Aber ich hatte keine Vorstellung, wie sie aussah, und ich begriff zuerst gar nicht, dass sie es war, als sich eine streng wirkende Frau zu unserer Gruppe gesellte. Sie sah weder alt noch jung aus, hatte dichtes, unordentliches, glattes dunkles Haar und trug eine sandfarbene Safarijacke, eine offene Bluse, eine Khakihose und Mokassins. Vielleicht lag es an den Mokassins, dass ich an Indianer dachte. Ich glaube, dass Pats Aussehen und sogar ihr Verhalten etwas Indianisches hatten, und die Kleider, die sie an diesem Abend trug, wurden zu ihrer stets gleich bleibenden Uniform.

Obwohl sie an diesem Abend auffallend schweigsam war, wirkte sie auf mich eher zurückhaltend als schüchtern, und ich hatte nicht den Eindruck, als wäre ihr unbehaglich zumute inmitten all der Fremden. Die Begeisterung, die ich an den Tag legte, amüsierte sie, und sie reagierte mit einem geknurrten, aber nicht unfreundlichen ›Hm, hm‹, was, wie mir später klar wurde, typisch für Pat war. Sie hatte überhaupt nichts Zurückweisendes und war auch nicht unnahbar. Vielmehr hatte ich den Eindruck, dass sie auf stille Weise eine überempfindliche, aber eindeutig faszinierende Persönlichkeit war, die man gern näher kennen möchte.

Ich bezweifle, dass sie und Brigid an diesem Abend viel miteinander sprachen. Beide verfügten auf ganz eigene Weise über die Fähigkeit, statt Banalitäten von sich zu geben, in Gesellschaft lieber zu schweigen, ja, sie schienen es allem anderen vorzuziehen … Trotzdem glaube ich, dass irgendeine Verbindung zwischen ihnen da war … Was Brigid an Pat mochte, und ich glaube, das gilt auch umgekehrt, war der Scharfsinn und der sarkastische, oft trockene Humor … Man soll nicht versuchen, eine Person abschließend zu beurteilen, die man nicht wirklich gut kannte, aber ich habe ein sehr klares Bild von Pats Persönlichkeit. Dass man ihr nie wirklich nahe kommen konnte, war Teil der Faszination, die von ihr ausging. Sie verkörperte ›Coolness‹, obwohl ihr das vielleicht nur nach einem gewaltigen emotionalen und mentalen Aufruhr möglich war. Das ist nur eine Hypothese, aber überall schienen Hinweise zu lauern, wenn nicht auf früheres Unglück, so doch auf frühere Verletzlichkeit. Als wir sie kennen lernten, wirkte Pat wie eine Einzelgängerin, jedoch nicht einsam, sehr distanziert, aber nicht von sich selbst eingenommen, immer freundlich; ihr Verhalten war zuvorkommend und überaus höflich trotz ihrer inneren Reserviertheit ... Ihre Bücher erwähnte sie, wenn überhaupt, nur ganz selten, und es war schwer, eine Verbindung zwischen ihr und der Autorin dieser Bücher herzustellen, abgesehen davon, dass ihre Protagonisten oft Einzelgänger sind.«[37]

Zurück in Suffolk, arbeitete Patricia Highsmith den Sommer über den Plot von *Venedig kann sehr kalt* sein aus und schrieb daran von Oktober 1965 bis März 1966. Während dieser Zeit sah sie ihre verheiratete Freundin kaum, und die beiden schliefen nicht miteinander, was die Schriftstellerin in eine tiefe Depression stürzte. »Ein paar meiner schwärzesten Tage erlebte ich damals«, erinnerte sie sich später und fügte hinzu, dass sie ihren Arzt um Beruhigungsmittel bat.[38] Im September reiste sie nach Mallorca, wo sie in Deya den Dichter Robert Graves kennen lernte, den sie als »sich selbst überschätzend und selbstgefällig« beschrieb. Sie fuhr mit dem Schiff von Palma nach Barcelona, von dort weiter nach Paris und besuchte kurz Arthur Koestler in Österreich in seinem Haus in Alpbach.

Im Dezember träumte sie wieder einmal von Lynn Roth – zuletzt hatte sie im August von ihrem »magischen Mädchen«[40] geträumt –, und in diesem Traum war ihre frühere Geliebte im fünften Monat schwanger. Als ihre Fruchtblase platzte, sagte Highsmith, es täte ihr Leid und sie wünschte, das Kind wäre von ihr. »Ich hätte gern ein Kind mit ihr gehabt«, schrieb sie in ihr Notizbuch.[41] Zugleich vermerkt sie, dass sie sich nach jemandem sehnte, den sie lieben könnte und der für sie dasselbe empfand. »Ich habe (wieder einmal) den Punkt erreicht, an dem ich es vorziehe, zu vergessen, dass diese Person bereits existiert.«[42]

Patricia Highsmiths Leidenschaft, Schnecken zu züchten, trug im Januar Früchte. Das Magazin *Nova* kaufte für siebzig Pfund ihre

Kurzgeschichte »Der Schneckenforscher«. Die groteske Geschichte handelt von Peter Knoppert, dessen Leidenschaft, Schnecken zu züchten, mit seinem Tod endet. Knoppert spritzt mit einem Gartenschlauch sein Arbeitszimmer ab, das von den Schnecken in Beschlag genommen worden ist. Ein Klumpen Gastropoden fällt ihm auf den Kopf, er stolpert auf dem schleimigen Bogen und fällt, ein Meer von Schnecken kriecht auf und über ihn. Als er nach Hilfe ruft, fällt ihm eine Schnecke in den Mund, andere ziehen eine Schleimspur über seine Augen. Er verschluckt eine Schnecke und kann nicht mehr atmen. Das Letzte, was er sieht, bevor er das Bewusstsein verliert, sind zwei Schnecken, die auf dem Gummibaum kopulieren. »Und direkt daneben kroch ein unerschöpfliches Heer winziger Schnecken, durchsichtig wie Tautropfen, aus einer Sandmulde in die große weite Welt hinaus.«[43] In seiner Einleitung zu dem Erzählungsband schrieb Graham Greene: »Und das Erlebnis nackten physischen Ekels – was sie selten heraufbeschwört – ist nach dem *Schneckenforscher* kaum zu überbieten.«[44]

Pat war fasziniert von diesen Geschöpfen und hielt dreihundert Stück in ihrem Garten in Suffolk. Sie liebte sie so sehr, dass sie nie ohne Schnecken verreiste.

»Nachdem ich sie in Suffolk besucht hatte, traf ich sie eine Woche später bei einer Cocktailparty in London«, erzählt Peter Thomson. »Sie hatte eine gigantische Handtasche dabei, die sie stolz öffnete. Darin befanden sich ungefähr hundert Schnecken und ein riesiger Salatkopf. Sie liebte die Schnecken, sie waren ihre ständigen Begleiter.«[45]

Ihr Lektor bei Doubleday, Larry Ashmead, erinnert sich, dass Patricia Highsmith 1967, als sie nach Frankreich zog, die Schnecken unter ihren Brüsten ins Land schmuggelte. »Man durfte keine lebenden Schnecken nach Frankreich einführen, deswegen nahm sie sie heimlich unter ihren Brüsten mit. Und sie machte die Reise nicht nur einmal, sie fuhr mehrmals hin und zurück. Jedes Mal versteckte sie sechs bis zehn Tiere unter einer Brust. Sie machte keinen Spaß, es war ihr vollkommener Ernst.«[46]

Nach ihrer Rückkehr von einer Reise nach Paris, wo im März die französische Ausgabe von *Die gläserne Zelle* erschienen war, vollendete sie eine weitere Horrorgeschichte über Schnecken, »Auf der Such nach X. Claveringi«. Ein Zoologieprofessor, Avery Clavering, sucht auf einer unbewohnten Insel nach einer Riesenschnecke und wird von den Weichtieren getötet. »Unser Held bringt das Männchen um«, schrieb sie in ihr Notizbuch, »wird jedoch von dem Weibchen überwältigt, das seinen Körper voller Verachtung ihren Jungen überlässt – das wird ihm bewusst, während er bei lebendigem Leib gefressen wird …«[47] Die Geschichte endet auf wunderbar makabre Weise, als Professor Clavering vor einer ihn verfolgenden Riesenschnecke ins Meer flüchtet und ihm die Unentrinnbarkeit seines Schicksals klar wird. »Das Wasser reichte ihm bis zur Hüfte, als er stolperte. Sein Kopf befand sich unter Wasser, als die Schnecke sich auf ihn stürzte, und als Tausende von Zähnen an seinem Rücken zu nagen begannen, wusste er, dass es sein Schicksal war, gleichzeitig zu ertrinken und gefressen zu werden.«[48]

Im Oktober 1969 erwog die Schriftstellerin, eine dritte Schneckengeschichte zu schreiben, die in einer apokalyptischen Welt nach einem Atomkrieg spielen sollte, in der es außer Schnecken keine Lebewesen mehr gibt. Ein Raumschiff mit den letzten hundertfünfzig Mitgliedern der menschlichen Rasse landet auf der Erde, um die Gastropoden auszumerzen, von denen viele mutiert sind – manche haben zwei Köpfe, andere sind zu Riesen geworden, wieder andere sind bemerkenswert intelligent oder haben kannibalistische Gelüste entwickelt. Der Kampf zwischen Menschen und Schnecken ist grausam, aber ein paar Menschen können sich in das Raumschiff retten und fliehen. An Bord befindet sich jedoch eine kleine Menge Schneckeneier, von der sie nichts wissen.

Im April, gerade als sich Pats Beziehung zu X besserte, verschlechterte sich ihre familiäre Situation so sehr, dass sie ihrer Mutter einen Brief schrieb. Patricia wollte ihre Mutter glauben machen, dass sie ihr zwei Dinge nicht nachtrage: zum einen, dass Mary sie mit zwölf

Jahren bei ihrer Großmutter in Texas zurückgelassen hatte, und zum anderen die hinterhältige Bemerkung »Warum wirst du nicht normal wie alle anderen?«, die sie geäußert hatte, als sie vierzehn war. Aber die Tatsache, dass Patricia Highsmith diese beiden Begebenheiten ausdrücklich erwähnt, legt das Gegenteil nahe, nämlich dass sie ihrer Mutter nicht verzeihen konnte. Sie schrieb, dass sie glücklich sei, das Leben und den Lohn genieße, den ihre Bücher einbrachten. »Es wäre besser, du könntest deine Schuldgefühle ablegen … Wenn es irgendetwas gibt, was ich ausführen oder klarstellen soll, werde ich das gern tun. In Liebe.«[49] Der Brief war nicht unterschrieben.

Ein paar Monate später wurden Mary und Stanley Highsmith, die nach Fort Worth zurückgezogen waren, von ihrem Hausarzt zu einem Psychiater überwiesen. Ursache aller Probleme war ihre »konfliktreiche« Beziehung zu ihrer Tochter, wie der Psychiater Patricia Highsmith brieflich mitteilte. Es waren Konflikte, die ihren unvermeidlichen, grausamen Abschluss erst noch finden sollten.

Im Juni besuchte Patricia eine Freundin, Elizabeth, in Paris. Gemeinsam fuhren sie nach Marseille und nahmen von dort ein Schiff nach Tunis. Sie quartierten sich in Hammamet ein, das sie als »ein echtes arabisches Dorf«[50] beschrieb und das als Schauplatz ihres nächsten Romans, *Das Zittern des Fälschers*, fungieren sollte. »Wir sind durch das Viertel der Einheimischen gegangen«, schrieb sie, »weiße Torbögen, ungepflasterte Straßen, aber alles einigermaßen sauber.«[51]

Das Thema, wie ein Mensch außerhalb seiner gewohnten gesellschaftlichen Umgebung existieren kann, faszinierte Patricia Highsmith schon 1954, als sie *Der talentierte Mr. Ripley* schrieb, und während der sechs Wochen in Tunesien interessierte sie sich zunehmend für den Kontrast zwischen der so genannten »zivilisierten« Kultur Europas und der Anarchie und Unfassbarkeit Afrikas. Sie verglich den Kontinent mit einer fetten Frau, die, ihrer Kleider entledigt, tief und fest auf einem bequemen Bett schläft, blind für jeden Annäherungsversuch. Tunesien schärfte ihre Sinne – sie schrieb einen Reisebericht für den *New Statesman* –, aber nach ihrer Rückkehr erklärte sie gegenüber einem Journalisten, dass sie nie wieder nach Afrika reisen würde. »Ich habe es satt, die kleinen Diebstähle und so weiter. Es heißt, es wäre der fortschrittlichste Teil Afrikas – und das ist ein Schrecken erregender Gedanke.«[52]

Auch in diesem exotischen Land vergaß sie ihre Schwierigkeiten in England nicht, aber sie empfand die neue Umgebung als befreiend für ihre Gedanken. Wenn sie neben den weißen Mauern arabischer Häuser stand, fühlte sie sich nackt, als hätten ihre Probleme ihre Komplexität abgeworfen. Diese Beobachtung vermerkte sie in ihrem Notizbuch und verarbeitete sie im dritten Kapitel von *Das Zittern des Fälschers*. In Tunesien schrieb Patricia Highsmith einen Brief an X und erklärte ihr, sie würde ihren »Unsinn« nicht länger hinnehmen. In der Woche vor dem vierten Jahrestag ihres Kennenlernens verfasste sie ein beißendes Gedicht, in dem sie den psychologischen Krieg, der zwischen ihnen wütete, in Worte fasste, ein mit militärischen Metaphern gepfefferter Vierzeiler. Leidenschaft und Liebe der früheren Tage waren in Gleichgültigkeit und Hass umgeschlagen. Obwohl die Schriftstellerin einen starken masochistischen Zug eingestand, hielt sie X' Vorwürfe, sie würde alle Beziehungen zu anderen Menschen zerstören, für nicht gerechtfertigt. Stattdessen gab sie ihrer Geliebten die Schuld und sah in ihrem Wunsch, ihren Mann in Patricias Haus mitzubringen, einen der Hauptfaktoren für den Zusammenbruch ihres Verhältnisses. »Es ist ein merkwürdiger Wunsch einer Geliebten«, schrieb sie an Alex Szogyi, »auf der Anwesenheit einer Person zu beharren, die unvermeidlich zwischen uns steht.«[53]

Von Tunesien fuhren Pat und Elizabeth mit dem Schiff nach Neapel, von dort reisten sie weiter nach Alpbach in Österreich, und im August kehrten sie nach Hause zurück. Aber schon im nächsten Monat war Patricia erneut unterwegs, diesmal nach Nizza, wo sie dem Regisseur Raoul Lévy dabei helfen sollte, aus *Tiefe Wasser* ein Drehbuch zu machen. Die Reise war nicht von Erfolg gekrönt, weil sie unter einer Reihe von, wie sie es nannte, neurotischen Symptomen litt, darunter Erschöpfung, Schlafstörungen, Appetitmangel und Versagensangst. Obwohl Patricia Highsmith dreiundneunzig Seiten des Drehbuchs schrieb, wurde der Film nie gedreht, weil sich Lévy etwas später in St. Tropez erschoss. »Leider mochte ich ihn nicht«, schrieb sie in ihr Notizbuch über Lévy, »und offensichtlich hat er sich selbst auch nicht gemocht.«[54]

In Südfrankreich hatte Highsmith die Fotografin und Künstlerin Barbara Ker-Seymer und ihre Partnerin Barbara Roett kennen gelernt, die sie später zu ihrem engsten Freundeskreis zählte.

»Pat pflegte Freundschaften am besten aus der Distanz«, sagt Barbara Roett. »Ich hatte das Gefühl, dass sie keine Beziehungen aufrechterhalten konnte, dass sie es nicht einmal versuchte. Sie verhielt sich mir gegenüber seltsam, sie sprach mit mir, als wäre ich ein Mann, und sie hatte keine Ahnung, was andere Frauen fühlten und dachten. Vielleicht stimmte irgendetwas mit Pats Hormonen nicht. Sie hatte wunderschöne Hände, aber es waren keine Frauenhände – sie waren kräftig, groß und breit und gehörten absolut nicht zu einer Frau. Sie machte halbherzige Konzessionen an die Weiblichkeit, zum Beispiel legte sie nahezu bedauernd eine Kette um, aber am glücklichsten war sie in Bluejeans und kariertem Hemd. Ich erinnere mich an Pats dickes schwarzes Haar, sie stand da und starrte auf den Boden, das Haar fiel ihr ins Gesicht, und dann spähte plötzlich ein schwarzes Auge hervor und nagelte einen fest. Jedenfalls hatte sie ein sehr gutes Gehirn – wenn man bedenkt, wie unausgeglichen sie in anderen Beziehungen war.

Als ich sie kennen lernte, war es vermutlich ihre Verletzlichkeit, die ich anziehend fand. Es schien, als würde sie sich zu Tode trinken. Ich hatte das Bedürfnis, sie zu beschützen, und ich dachte: Wenn sie nur jemand Nettes kennen lernen würde. Aber schließlich merkte ich, was für ein Ungeheuer sie in Beziehungen sein konnte, und dann habe ich meine Meinung schnell wieder geändert. Trotzdem mochte ich sie sehr, mehr als viele ausgeglichene Menschen. Sie war eine geborene Exzentrikerin und hatte enormes Talent.«[55]

Die Beziehung zu X spitzte sich Mitte Oktober krisenhaft zu, als sich Patricia fünf oder zehn Minuten später ins Bett legte als ihre Freundin und X das Schlafzimmer »wortlos beleidigt« verließ. Patricia Highsmith ertrug es nicht länger. Sie nahm X' Tasche und warf sie in das angrenzende Zimmer. Am nächsten Morgen sah Pat, dass X die Nacht im Gästezimmer, nur mit einer rosa Decke zugedeckt, verbracht hatte. »Am Morgen sagte ich zu ihr, dass ich genug hatte von ihrem Beleidigtsein und die Sache zu Ende war, um vier Uhr nachmittags ist sie gegangen.«[56]

Und damit war die vierjährige Freundschaft beendet. Es war »die allerschlimmste Zeit in meinem Leben«.[57] Mozart, ihr Lieblingskomponist in Zeiten größter Hoffnungslosigkeit, kam Patricia Highsmith unmittelbar nach der Trennung zu Hilfe. Sie hörte lieber seine Musik, statt ein Beruhigungsmittel zu nehmen wie in früheren Krisenzeiten, und hoffte, dass er sie nicht im Stich lassen würde. »Mit Mozarts Mut könnte ich gegen Löwen kämpfen«, schrieb sie.[58]

Was Patricia Highsmith in *Der Geschichtenerzähler* vergeblich versuchte – einen Thriller zu schreiben, in dem kein Mord geschieht –, gelang ihr in ihrem nächsten Buch, *Venedig kann sehr kalt sein*, das sie ihrer »anregenden Freundin« Lil Picard widmete. Der Schauplatz des ersten Kapitels ist Rom, wo der Maler Ed Coleman versucht, seinen siebenundzwanzigjährigen Schwiegersohn Ray Garrett umzubringen, den der ältere Mann für den kurz zurückliegenden Selbstmord seines einzigen Kindes, Peggy, verantwortlich macht. Im Verlauf des Romans wird klar, dass zwischen den beiden Männern, so wie zwischen Rydal und Chester in *Die zwei Gesichter des Januars*, eine intensive symbiotische Beziehung besteht und beide im jeweils anderen bislang unterdrückte Gefühle zum Ausbruch bringen. Statt zu flüchten, folgt Ray Ed nach Venedig, wo sein Schwiegervater die Winterwochen mit seiner Freundin Inez verbringt und das beunruhigende Katz-und-Maus-Spiel der beiden Männer beginnt. »Es gibt keine genuineren Agonien in der modernen Literatur als die, die ihre Paare durchleiden müssen«, schrieb Julian Symons über Patricia Highsmith. »Sie sind aneinander geschmiedet durch Antipathie und sogar Hass, der merkwürdigerweise oft Liebe enthält.«[59]

Ray leidet unter Schuldgefühlen – die Nachwirkungen des Selbstmords seiner jungen Frau – und bringt sich, obschon er sich Colemans gewalttätiger Absichten durchaus bewusst ist, wiederholt in Situationen der Gefahr und Selbstverleugnung. Die unheimliche Atmosphäre von Venedig im Winter wirkt wie das Echo seines Todeswunsches; der Markusplatz scheint ein seltsames Geräusch von sich zu geben »wie das langsame Aushauchen eines Geistes«.[60] Der masochistisch veranlagte Ray lässt sich in den frühen Morgenstunden von Coleman mit einem Motorboot vom Lido zur Pensione Seguso bringen, in der er wohnt. Als sie über die Lagune fahren, stürzt sich Coleman auf seinen Schwiegersohn und wirft ihn über Bord, und als Ray spürt, wie das eiskalte schwarze Wasser seinen Körper betäubt, sagt er sich: »Geschieht dir recht, du Idiot.«[61] Nach seiner Rettung gibt Ray vor, dass Coleman ihn tatsächlich umgebracht hat, und auf unverwechselbare Highsmith-Art nimmt er diverse falsche Namen an und wird hin- und hergerissen zwischen Gefühlen belebender Freiheit und überwältigender Leere. Im Lauf der Zeit hält er sich für unsichtbar und wandert wie ein Geist durch die Straßen Venedigs. Als er seinen Mantel mit den zwei Schusslöchern sieht – Coleman hat in Rom auf ihn geschossen –, betrachtet er das Kleidungsstück aus einer distanzierten, eindeutig verwirrten Perspektive, als baue er »eine Brücke zwischen zwei Welten«.[62]

Als das Buch im April 1967 in Amerika veröffentlicht wurde, schrieb Anthony Boucher, dass es »ebenso faszinierend wie nicht überzeugend ist. Es ist ein in gewissem Maße ärgerliches Buch. Aber es ist oft erhellend und immer bezwingend.«[63] J. M. Edelstein wies in der *New Republic* zu Recht auf Highsmiths radikale Entscheidung hin, keinen Mord aufzunehmen in ein Buch, das alle Kennzeichen eines Thrillers hat. »Die Bewegungen von Verfolger und Verfolgtem und ihr gelegentliches Zusammentreffen beruhen nicht so sehr auf der Anziehungskraft von Gegensätzen wie Gut und Böse oder Stärke und Schwäche, sondern vielmehr auf der Anziehungskraft von Ebenbürtigen.«[64] Nach der Veröffentlichung in England war am 1. Juni im *Times Literary Supplement* zu lesen, dass Highsmiths Bücher die Literaturredakteure weiterhin irritierten, weil sie unsicher waren, ob sie sie wie die Bücher von Agatha Christie oder die der anspruchsvolleren Iris Murdoch behandeln sollten. »Der Teppich, den sie sehr geschickt webt, besteht aus populären Themen und weist kräftige Farben auf, aber das Muster ist subtil, flüchtig und unvollendet … Es mag undankbar erscheinen, an der von ihr gebotenen Unterhaltung herumzumäkeln, aber was man sich jetzt von ihr wünscht, ist, dass sie eine Form entwickelt, die beinhaltet, was der ›Kriminalroman‹ nicht leisten kann, nämlich die wahrhaft seriöse Seite ihrer Kunst.«[65] Was dem Rezensenten des *Times Literary Supplement* entging, war die Tatsache, dass *Venedig kann sehr kalt sein* bereits ein Beispiel der neuen Form war. Wie Julian Symons schrieb: »Die tödlichen Verfolgungsspiele, die in ihren besten Romanen gespielt werden, sind so subtil und interessant wie alles andere, was im modernen Roman schlechthin geboten wird.«[66]

Venedig kann sehr kalt sein kann als Ideenroman gelesen werden, als eine Erkundung der Möglichkeiten der Realitätskonstruktion, eine philosophische Überprüfung des Wesens der Identität und eine Analyse der komplexen Beziehungen zwischen Bewusstsein und Kunst. Obwohl sich Rays Frau Peggy zehn Tage vor dem zeitlichen Beginn des Romans umbringt, indem sie sich in der Badewanne die Pulsadern aufschneidet, ist ihr gespensterhaftes Bild auf jeder Seite zu spüren, erweist sich ihre Abwesenheit als die Kraft, die die beiden Protagonisten antreibt. Peggy hielt »Ideale [für] etwas ganz Wirkliches, Unzerstörbares, vielleicht das Wirklichste auf der Welt«[67] und brachte sich um, weil sie mit der externen Welt unzufrieden war. Sie wollte mehr, als das Leben ihr geben konnte, glaubte, dass Sex etwas Göttliches sei, und strebte beständig nach mystischen Erfahrungen. Sie lebte in einer parallelen Welt, einem Universum aus Träumen voller Obstbäume und bunter Vögel und erwartete, dass die Ehe eine Art Epiphanie wäre, »so etwas wie das

Paradies oder wie Poesie und nicht ein Teil des irdischen Daseins«.[68] Peggy, eine Malerin, fühlte sich letztlich von der Welt im Stich gelassen, ihre künstlerischen Visionen erfüllten sie nicht länger, Sex bot keine Einblicke in das mystische Universum, nach dem sie sich so sehnte, und deswegen beschloss sie, sich umzubringen. Die Welt ist nicht genug, hatte sie gesagt. »Es hätte ihr Schwanengesang sein können, dachte Ray. Die Welt ist nicht genug, deshalb verlasse ich sie, um etwas Größeres zu finden.«[69]

Wie konstruieren wir Realität? fragt das Buch. Besteht sie lediglich aus den Wahrnehmungen der externen Umgebung, oder wird sie von Erinnerungen, Assoziationen und Erwartungen geprägt? Wie verändert Kunst unsere Weltsicht? Patricia Highsmith spielt mit dem Konzept des platonischen Ideals, das besagt, dass Kunst ein der tatsächlichen Realität zweifach entrücktes Bild ist. In Platons Universum existieren vollkommene abstrakte Formen, die von Menschen konkretisiert werden. So schuf Gott zum Beispiel die ideale Form des Betts, das dann von einem Schreiner gebaut wird und das wir als das »wirkliche« Bett betrachten. Wenn ein Künstler dieses Bett malt, tut er nichts anderes, als dass er dem unvollkommenen Abbild des von Gott erschaffenen Originals einen Spiegel vorhält. Auf diese Weise, so argumentierte Platon in *Politeia* (Der Staat), verzerren Künstler die Wahrnehmung der Realität, statt sie zu fördern, und deswegen haben sie in der idealen Gesellschaft nichts zu suchen.

In *Venedig kann sehr kalt* sein versuchen die Personen beständig, die Realität durch künstlerischen Ausdruck zu erfassen, ein Vorhaben, das ihnen ebenso beständig misslingt. Ray wollte ebenfalls Maler werden, gab es jedoch im Alter von vierundzwanzig Jahren auf, weil er glaubte, nie gut genug sein zu können, und will stattdessen eine Galerie eröffnen. Sein Schwiegervater Coleman, ein ehemaliger Ingenieur, ist Maler und zählt sich einer »europäischen« Tradition zu. Immer wieder tauchen Bilder auf, die nahe legen, dass beide Männer die Realität mittels künstlerischer Assoziationen konstruieren. Ray sieht Inez in einer dunklen Bar stehen und eine Tasse Kaffee trinken, eine Komposition, die ihn an Cézanne erinnert. Als

Ray in eine Badewanne steigt, fällt sein Blick auf das rot-grün-gelb gemusterte Linoleum auf dem Boden, das an ein paar Stellen durchgetreten ist und das dunkelrote Gewebe darunter erkennen lässt. »Hier war es unschön, doch in einem Bonnard-Gemälde wäre es vielleicht schön gewesen«, denkt Ray [70] und bezieht sich auf den französischen Maler, dessen Werke Patricia Highsmith im Februar 1966 in der Royal Academy in London gesehen hatte. Nachdem Coleman in einem Fischerboot stürzt, schwillt sein Knie so an, dass es aussieht wie eine Zeichnung von Hieronymus Bosch.

In Patricia Highsmiths Welt ist – wie in Platons Höhlengleichnis, dieser Welt der Abbilder und des Scheins – die Realität nicht zu fassen und ständig im Fluss. In *Venedig kann sehr kalt sein* wird das am deutlichsten durch die Einstellung der Protagonisten zu etwas so Banalem wie einem Schal. Kurz nach seiner Ankunft in Venedig sieht Ray in einem Schaufenster einen Schal mit Blumenmuster, der ihn an seine tote Frau erinnert. Obwohl sie nie einen vergleichbaren Schal besaß, ist er überzeugt, dass er ihr gefallen hätte, und kauft ihn. Für ihn ist der Schal ein Talisman, eine assoziative Hilfe, um die Erinnerung an Peggy heraufzubeschwören. Als sein Schwiegervater den Schal sieht, projiziert er seine eigenen Verlust- und Schuldgefühle auf das Kleidungsstück und nimmt es an sich in dem Glauben, es hätte einst Peggy gehört. Er meint, auf diese Weise einen Teil seiner toten Tochter behalten zu können. Als er während des Verhörs gegen Ende des Buches erfährt, dass Peggy diesen Schal nie in der Hand gehalten oder getragen hat, bricht seine Vision der Wahrheit, seine Interpretation der Realität zusammen.

Ähnlich gründet sich Rays Einstellung zur Liebe auf nichts weiter als seine Fantasie, aber zumindest ist er sich bewusst, dass es sich um eine Illusion handelt. Gegen Ende des Buches wird ihm klar, dass seine Zuneigung für Elisabetta, eine Kellnerin in einem Café, auf einer fragilen, im Grunde nicht substanziellen Matrix projizierter Gefühle beruht. »Liebe – erotische und romantische Liebe – erschien ihm plötzlich nur wie eine oder mehrere Formen des Ego. Deshalb durfte man sein Ego nicht Menschen zuwenden oder nur solchen, von denen man nichts erwartete. Liebe konnte ganz rein sein, aber nur wenn sie ganz selbstlos war ... Wichtig war, dass der Gegenstand der Liebe nichts war als Empfänger, dachte er wieder. Liebe war etwas, das man gab, eine Gabe, die man nicht zurückerwarten durfte. Stendhal musste das schon mal gesagt haben und gewiss auch Proust, mit anderen Worten. Es war ein Stückchen Weisheit, an dem er, Ray, beim Lesen sicher schon einmal hängen geblieben war ...«[71]

Diese Worte klingen so eindeutig autobiografisch, dass sie aus einem von Highsmiths Notizbüchern stammen könnten.

Diese flirrende Leere

(1967–1968)

Nach dem Ende ihrer letzten Liebesbeziehung beschloss Highsmith, England zu verlassen und in die Île-de-France zu ziehen, die üppig bewaldete Landschaft um Paris, die der Maler Camille Corot im 19. Jahrhundert als das von den Flüssen Seine, Marne, Oise und Aisne begrenzte Gebiet und als »königliches Lehen *par excellence*«[1] umschrieb. Bekannt als der Entstehungsort der Gotik – hier befinden sich unter anderem die Kathedralen Saint-Denis, Noyon, Laon, Senlis, Mantes, Soissons und Chartres und der Sitz des alten französischen Königreichs –, war es ein ländliches Paradies, in dem das Königshaus und der Adel einige der spektakulärsten Paläste der Welt bauen ließen: Versailles, Fontainebleau, Saint-Cloud, Meudon, Chantilly, Vincennes, Sceaux, Marly, Sèvres und Malmaison. Zudem war die Île-de-France berühmt für ihr Licht, das »dem Lied des Dichters und dem Bild des Malers die Durchsichtigkeit und Feinheit des Kristalls«[2] verlieh. Patricia Highsmith zog in den nächsten dreizehn Jahren viermal um, aber sie entfernte sich nie weiter als fünfundzwanzig Kilometer von Fontainebleau am südlichen Rand der Île-de-France und blieb in der Nähe von Nemours mit seiner mittelalterlichen Burg und der befestigten Stadt Moret-sur-Loing, wo der impressionistische Maler Alfred Sisley gelebt, gearbeitet und »glitzernde, in Licht getauchte Landschaften«[3] geschaffen hatte.

Patricia Highsmith dachte zum ersten Mal daran, sich in Fontainebleau niederzulassen, als sie im Januar 1967 mit ihrer Freundin Elizabeth durch die Gegend fuhr. Gemeinsam reisten die beiden Frauen von Paris nach Tours, von wo Patricia allein mit dem Zug nach Montbazon en Touraine weiterreiste, um als Jurymitglied über die besten Kurzfilme beim Festival International du Court-Métrage zu befinden. Der Jury gehörten sieben Personen an, darunter der in Ungarn geborene Op-Art-Maler Victor Vasarély, der polnische Theaterautor Sławomir Mrożek, der japanische Filmstar Keiko Kishi, der russische Komponist Andrej Petrow, der Schauspieler Guy Coté und der französische Schriftsteller José Cabanis. Die Atmosphäre erinnerte sie an die Künstlerkolonie Yaddo, abgesehen von einem wesentlichen Unterschied, einer gewissen anfänglichen Frostigkeit, die sie darauf zurückführte, dass die anderen Jurymitglieder wie sie auf der Hut waren, »argwöhnisch, auf unseren (bereits erworbenen) Ruf bedacht«.[4] Während eines Mittagessens, eingekeilt zwischen einem Tisch quasselnder Frauen aus Tours, einem gläsernen Käfig voller Papageien und Vasarély und Cabanis, die auf Französisch über unverständliche Kunsttheorien sprachen, hätte Patricia Highsmith am liebsten laut geschrien. Nach einem Interview für das Fernsehen stellte sie in ihrem Notizbuch den Wert verbaler Kommunikation infrage und schrieb: »Was für ein Unsinn, all das Gerede! Den meisten Künstlern ist es fremd.«[5] Sie schickte Kate Levey, der Tochter von Michael Levey und Brigid Brophy, eine Postkarte vom Filmfestival, auf die sie eine Skizze der Jurymitglieder gezeichnet hatte. Sie bewarfen sich mit Brotkügelchen und taten so, als würden sie sich gegenseitig umbringen.

Im März informierte Elizabeth ihre Freundin, dass sie eine für sie ideale Bleibe gefunden hatte, ein möbliertes Haus mit zwei Schlafzimmern auf einem von einer Mauer eingefassten Grundstück in Bois Fontaine, und nachdem sie es sich angesehen hatte, beschloss Patricia Highsmith, es zu mieten. Die monatliche Miete entsprach 170 Dollar. »Ich freue mich auf ein neues Leben«, schrieb sie an Alex Szogyi, »obwohl ich schon sechsundvierzig bin.«[6] Im Juni zog sie in die Rue Saint-Merry, aber nachdem sie von Columbia

Pictures 26 000 Dollar für die Filmrechte an *Venedig kann sehr kalt sein* erhalten hatte (ein Film, der nie gedreht wurde), beschloss sie, zusammen mit Elizabeth ein Haus für 20 900 Dollar im nahen Samois-sur-Seine zu kaufen, einem hübschen Dorf aus hellen Steinhäusern an der Seine.

Patricia Highsmith bezog dieses Haus in der Rue de Courbuisson 20 im September. Es war ein Bauernhaus aus Stein mit zwei Eingängen, zwei Bädern und einer Küche. Der Fluss, in dem man schwimmen konnte, war vier Minuten zu Fuß entfernt. Elizabeth, die ihre Wohnung in Paris behielt, und Pat waren nur gute Freundinnen, aber die Schriftstellerin fühlte sich geschmeichelt, dass die neunundfünfzigjährige Frau, die sie seit neunzehn Jahren kannte, mit ihr zusammenziehen wollte. Sie hätte jedoch besser ihren Instinkten vertraut und ernst genommen, was sie Alex Szogyi schrieb: »Ich kann mir nicht vorstellen, dass jemand mich ertragen könnte.«[7] Der Anfang war nicht viel versprechend. Nachdem sie das Mobiliar von acht Zimmern in eines verfrachtet hatte, um die anderen putzen und streichen zu können, fühlte sich Pat erschöpft, »älter als Methusalem«[8], aber statt dass ihre Freundin sie für ihre Mühen lobte, machte sie ihr Vorwürfe. »Du hast einen verwirrten Geist«, fuhr Elizabeth sie an. »So wie dein Zimmer aussieht, musst du einen verwirrten Geist haben.« Warum, so fragte sich Patricia Highsmith, hatte sie sich wieder einmal mit einer übermäßig dominanten Frau zusammengetan? Sie gab zu, dass sie selbst »pubertär, egozentrisch, egoistisch« war, »dass ich nicht genug darauf achte, was andere für mich tun, und während der letzten fünf Jahre neige ich gelegentlich zu Wutausbrüchen, vor allem wenn man mich ›ködert‹«.[9] Aber diesmal konnte man ihr nicht die Schuld dafür geben, oder? »Ich habe die Gewohnheit, Menschen auszusuchen, mit denen ich mich nicht wohl fühle«, fuhr sie in demselben Brief fort. »Vielleicht weil ich mich zu Perfektionisten hingezogen fühle, Leute, die mich herumkommandieren … (Zeig diesen Brief um Himmels willen keinem Psychiater, der würde bloß sagen, Highsmith ist die Verrückte.)«[10]

Pat und Elizabeth benutzten nur die Küche und das Wohnzimmer gemeinsam, dennoch empfanden sie das Zusammenleben vom ersten Tag an als unmöglich. Rosalind Constable, die 1967 erneut Kontakt zu Pat aufgenommen hatte und der Patricia Highsmith *Das Zittern des Fälschers* »als kleines Andenken an eine sehr lange Freundschaft«[11] widmete, bat sie inständig, sich aus der Situation zu befreien, auch wenn es einen finanziellen Verlust bedeutete. Ließ sie sich gern von kleinen bösen Frauen schikanieren? fragte Rosalind, die Patricia im Oktober 1967 besuchte, als Elizabeth in New York war. Bisweilen vergingen Wochen zwischen Elizabeths Besuchen, trotzdem empfand Pat das Haus in Samois physisch und psychisch als deprimierend. Sie fror – der Ölofen, der das ganze Haus beheizte, befand sich auf Elizabeths Seite des Hauses –, und sie kam sich vor wie eine schäbige Besucherin, die das wunderschöne Heim einer Fremden in Unordnung brachte. Ihre so genannte Freundin vermittelte ihr das Gefühl, dass das Haus »nicht einmal zur Hälfte mir gehört, dass meine Sachen scheußlich sind und ich von Natur aus hoffnungslos unorganisiert bin«.[12] Und sie hasste die Lebenshaltungskosten in Frankreich, insbesondere brachte sie in Rage, dass eine Flasche Johnny Walker hier fünfunddreißig Francs kostete.

Während dieser häuslichen Schwierigkeiten versuchte Patricia Highsmith, sich auf das Schreiben ihres in Tunesien spielenden Romans *Das Zittern des Fälschers* zu konzentrieren, den auszuarbeiten sie im Januar 1967 begonnen hatte und den sie im Februar 1968 fertig stellte und an ihre Verleger schickte. Graham Greene nannte es Highsmiths bestes Buch, »und wenn man mich fragt, wovon er handelt, würde ich sagen: Beklemmung«.[13] Die beklemmende Atmosphäre des Romans resultiert nicht aus spektakulärem oder gewalttätigem Geschehen, sondern aus dem beängstigenden Gefühl, dass nichts sicher ist, dass Identitäten, Sprache, Glaubensvorstellungen im Fließen und Gegenstand von permanenter Veränderung sind. Wie Camus' *Der Fremde* ist Highsmiths *Das Zittern des Fälschers* eine beunruhigende Studie der Entfremdung, ein Werk, das man nicht als Kriminalroman, sondern als seriösen Roman, der keinem Genre zugeordnet werden kann, lesen sollte. Er handelt von dem vierunddreißigjährigen Howard Ingham, einem geschiedenen amerikanischen Schriftsteller, der in Tunesien auf den Filmregisseur John Castlewood wartet, um mit ihm zusammen ein Drehbuch zu schreiben, jedoch erfahren muss, dass Castlewood sich umgebracht hat. Eines Nachts wacht er auf und sieht, wie die Tür zu seinem Bungalow geöffnet wird. Ohne nachzudenken, nimmt er seine Schreibmaschine und wirft sie auf eine Gestalt mit Turban, die auf der Terrasse zusammenbricht. Alle Beweise für diesen Vorfall werden von den Hotelangestellten beseitigt, und obwohl der Verdacht besteht, dass Ingham den Araber umgebracht hat, ist nichts gewiss; über den Vorfall an sich erfahren wir nichts weiter.

Weit weg von seiner vertrauten Umgebung, spürt Ingham, wie er allmählich die Orientierung verliert, und im Stimmengewirr des Restaurants Melik vergleicht er sich mit einem kleinen, leeren, stillen Zimmer in einem größeren, das die Außenwelt ist. Um die Zeit totzuschlagen, beginnt er, einen Roman zu schreiben, ein Buch, dem er ursprünglich den Titel *Das Zittern des Fälschers* gibt. Es handelt von einem Mann, Dennison, der ein Doppelleben führt und den man wie andere fiktive, von Highsmiths Schriftsteller-Helden erdachte Gestalten, wie zum Beispiel Sydney Bartlebys Figur »Der Schatten«, mit Ripley vergleichen könnte. »Sein Roman handelte von einem Mann, der ein Doppelleben führte und sich der Amoralität seines Lebens nicht bewusst war …«[14]

Wie Patricia Highsmith selbst lebt Ingham in einer Welt, in der Realität und Fantasie ständig ineinander übergehen, in der es schwer ist, zwischen Fälschung und Authentizität zu unterscheiden. Bei einem Ausflug nach Sousse fällt Ingham in einem Schaufenster ein Imitat von Levi's Jeans mit einem verräterischen Etikett auf. »›*This is a Genuine Pair of Louise.*‹ Die untere Hälfte des Etiketts war mit einem Buchstabensalat bedruckt – hier hatten sich die Fälscher einfach keine Mühe mehr gemacht.«[15] (Das Thema Fälschung sollte Patricia Highsmith in ihrem nächsten Buch *Ripley Under Ground* weiter ausloten.) So wie Dennison geht auch Ingham seiner Identität verlustig, und sein Leben weist zunehmend Parallelen zu dem Plot von *Trio* auf, dem Film, dessen Drehbuch er mit John Castlewood schreiben wollte. In den Tagen nach dem Vorfall mit der Schreibmaschine verschwimmen die Grenzen zwischen Realität und Fiktion noch mehr. Die arabischen Boys des Hotels leugnen, etwas von dem Vorfall zu wissen, und er wird in den Bereich des Illusionären abgeschoben. Der Aufenthalt in dieser fremden Umgebung hat alle Spuren von Inghams früherem Selbst getilgt.

In Tunesien verliert Ingham seine Moralvorstellungen, Zweifel und Angst machen sich breit, er sieht sich sogar gezwungen, seine Sexualität infrage zu stellen. Nordafrika war berüchtigt, die maskuline sexuelle Identität aufzuweichen, und in Tunesien waren, wie Patricia Highsmith in dem Buch schreibt, Jungen für eine halbe Schachtel Zigaretten zu haben. In einem frühen Stadium des Romans, im Januar 1967, stellte sie sich den Protagonisten als kürzlich geschiedenen Mann vor, der eine Affäre mit einem arabischen Jungen hat, »weil er in die Kindheit und die damit verbundene Scham zurückfällt«.[16] In der endgültigen Version des Buches blieb davon nicht mehr übrig als ein Moment der Versuchung, der folgenlos vorübergeht, weil er vor lauter Nervosität nicht weiß, was er im Bett mit einem Jungen tun soll: »(Wohl kaum ein sehr moralischer Grund für Enthaltsamkeit.) Ringsum war ein Meer von Arabern, die ihm nach wie vor fremd und rätselhaft waren …«[17]

Das Buch ist eine komplexe Studie der Überschneidungen zwischen dem Leben und seinen Imitationen und eine autobiografische Beschreibung des Schriftstellers bei der Arbeit. Der Roman fungiert wie ein »… gewellter Spiegel oder eine Linse, die das Bild umkehrte …«[18], unterminiert beständig das Akzeptierte und Festgefügte, so wie Tunesien Inghams Bewusstsein unterminiert, und legt über alles eine beklemmende »Verschwommenheit, diese Umkehrung«.[19]

Das Zittern des Fälschers ist zudem einer der politischsten Romane von Patricia Highsmith, er spielt während des Sechstagekriegs

1967. Im zweiten Kapitel berichtet ein namenloser westlicher Tourist, er habe gerade im Fernsehen erfahren, dass die Israelis mehrere arabische Flughäfen bombardierten. Im dritten Kapitel ist der Krieg vorbei, die Israelis haben gesiegt, aber der Konflikt bleibt den ganzen Roman über ein Thema. Patricia Highsmith war später im Leben strikt antiisraelisch, sie boykottierte das Land von 1977 an und hasste Ariel Scharon. »Was den Nahen Osten angeht, glaube ich, dass die israelische Lobby den Kongress an der Nase herumführt«, sagte sie 1977 zu Ian Hamilton. »Diese kleinen Kongressabgeordneten haben Angst, ihre Jobs zu verlieren, wenn sie kein Geld und keine Waffen nach Israel schicken ... Ich wüsste nicht, warum Amerika ein Land unterstützen sollte, das sich so verhält.«[20]

Aber die Schilderung des Konflikts in dem Buch ist zweideutig. Mehrere Figuren, die in dem arabischen Land leben, bringen heftige antiarabische Ressentiments zum Ausdruck, darunter der dänische Homosexuelle Jensen, der die arabischen Jungen sexuell ausbeutet und von dem der Leser liberalere Ansichten erwarten könnte. Nachdem sein Hund Hasso verschwunden ist und Jensen glaubt, dass er umgebracht wurde, sagt er zu Ingham: »Ich kann Ihnen sagen: Bei dem Gedanken, dass Hassos Knochen irgendwo unter diesem Sand liegen, wird mir ganz anders! Ich bin froh, dass die Juden ihnen in den Arsch getreten haben!«[21] Ebenso kritisiert Francis Adam, den Ingham auch »WULST« nennt – ein Akronym für amerikanische »Werte und Lebensstil« –, den arroganten Nationalismus des jüdischen Staates, »der ein Kennzeichen des Deutschlands der Nazis war und durch den dieses Deutschland schließlich untergegangen ist«.[22] Inghams Reaktion ist interessant, weil er wider alle Erwartungen zumindest teilweise mit Adams Meinung übereinstimmt, aber seine Ansicht für sich behält. Die Sache war es nicht wert, denkt er, weil es nicht sein Problem war. Diese Lethargie deutet auf den allmählichen Zusammenbruch von Inghams Identität. Dass er nichts tut, nachdem er den Araber mit der Schreibmaschine attackiert hat, kann als Symbol einer auf der ganzen Welt verbreiteten moralischen Apathie interpretiert werden.

Nachdem sie den Roman im Februar 1968 abgeschlossen hatte, beschäftigte sich Patricia Highsmith mit dem Wesen des Bösen, von dem sie glaubte, dass es letztlich in Eifersucht und Neid wurzelte. Sie meinte, dass wir ein »Zeitalter der Heuchelei« durchleben. »Das ist das Zeitalter, in dem wir wissen, dank Augenzeugen, Berichten, Fernsehen, Fotos, wie alle anderen leben und welcher Art Korruption sich wer bedient.«[23] Dieser Eintrag belegt Highsmiths wachsende Unzufriedenheit mit der Politik und die Enttäuschung, dass Robert Frosts Hoffnung auf »ein goldenes Zeitalter«, die er zur Zeit von John F. Kennedys Amtseinführung formuliert hatte, begraben war.

Sie wollte, dass *Das Zittern des Fälschers* »die allgemeine Traurigkeit und Vergeblichkeit von vielem in der Welt«, vor allem in Vietnam, wiedergab.[24] Der Vietnamkrieg, der 1954 begonnen hatte, wurde von der Welt erst zur Kenntnis genommen, als die USA 1961 begannen, den Süden gegen den kommunistischen Norden zu unterstützen. Bis 1969 waren 550 000 Amerikaner in Vietnam stationiert, und bis zur Beilegung des Konflikts im Jahre 1975, bei welcher der kommunistische Norden als Sieger hervorging, hatten 50 000 Amerikaner ihr Leben verloren sowie 900 000 Vietcong und Nordvietnamesen und 400 000 Südvietnamesen. Bekannte Persönlichkeiten, darunter Martin Luther King, Norman Mailer, Noam Chomsky, Robert Lowell und Benjamin Spock protestierten lautstark gegen Amerikas militärischen Einsatz. Patricia Highsmith war dezidiert gegen den Krieg und unterrichtete im Juli 1968 ihre Freundin Barbara Ker-Seymer davon, dass sie einen Brief an das Barnard-Magazin verfasst hatte, in dem sie eine College-Absolventin angriff, die ihrerseits versucht hatte, Vietnam zu rechtfertigen. Später erzählte sie Ian Hamilton von der Scham, die Amerikaner wegen des Vietnam-Debakels empfanden. »Vietnam exportierte Reis, bevor wir ins Land kamen. Jetzt müssen sie Reis einführen.«[25]

Das Zittern des Fälschers beschreibt die widersprüchlichen Reaktionen auf Vietnam mittels zweier entgegengesetzter Charaktere, Francis Adam, der für den Krieg ist, und Ingham, der vehement dagegen ist. Für Adam, »WULST«, ist der Krieg in Vietnam nur eine Ausdehnung des amerikanischen Lebensstils, ein Konflikt, der, wie er hofft, damit enden wird, dass die Vietnamesen an Gott und die Demokratie glauben. Für Ingham stellt der Krieg wie für Patricia Highsmith etwas Böses dar, er machte »die Vietnamesen auch mit dem kapitalistischen System in Form einer Bordellindustrie bekannt, wo – und das war zugleich die Einführung in das amerikanische Klassensystem – Schwarze mehr bezahlen mussten als Weiße«.[26] Adams verkündet die Botschaft der universellen Demokratie und des weltweiten christlichen Glaubens, die er als die Fundamente der modernen Moralität betrachtet, während Ingham fragt, wie sich ein Land christlich nennen kann, das mit Atombomben aufrüstet. In einem der Bänder, das Adams Ingham vorspielt – Adams sendet hinter den Eisernen Vorhang unter dem Namen Robin Goodfellow, »ein ganz normaler Amerikaner« –, spricht er über Propaganda und beteuert die moralische Überlegenheit des Kapitalismus. Ingham dagegen glaubt, dass Adams' plumper Ansatz ironischerweise die gegenteilige Wirkung haben und zu vermehrtem Antiamerikanismus führen könnte. Die wahre Gefahr lag letztlich in der amerikanischen Außenpolitik. »Der Schaden, den er [WULST] anrichtete (und angesichts der Absurditäten und des Unsinns, den er über den Vietnamkrieg verbreitete, mochte er ja durchaus auch ungewollt Gutes tun), war verschwindend klein im Vergleich zu dem Schaden, den die amerikanischen Außenpolitiker anrichteten, indem sie Menschen ausschickten, andere Menschen zu töten.«[27]

Im November 1967, als sich die Arbeit an dem Buch dem Ende näherte, schrieb Patricia Highsmith an Barbara Ker-Seymer, dass sie, was den Roman anbelange, ambivalente Gefühle habe und gleichzeitig »zufrieden und voller Zweifel sei«[28], und im Januar 1968 vermerkte sie ihre Bedenken in ihrem Notizbuch. Sie machte sich Sorgen, dass »seine Themen nicht groß genug sind, dass es kein ›großes‹ Buch ist, wie ich gewünscht hätte«[29], und sie fürchtete, dass es kein literarischer Erfolg wäre. Aber sie wurde ermutigt von

Daisy Winston, der Patricia über Weihnachten einen Besuch abstattete und die das Buch als seriösen Roman betrachtete, und von ihrer Agentin Patricia Schartle Myrer, die Doubleday um einen Vorschuss von 3000 Dollar bat statt der üblichen 1500. Larry Ashmead, ihr Lektor bei Doubleday, hielt es für eins ihrer besten Bücher. »Als ich *Das Zittern des Fälschers* zu lesen anfing, machte ich mir Notizen, damit ich wusste, wer was wann tat, und obwohl es ein so komplexes Buch war, passte alles ganz wunderbar zusammen. Sie war, was ich einen echten Kaviar-Schriftsteller nenne.«[30] Patricia Highsmith freute sich über die Nachricht, dass Doubleday das Buch nicht in seiner Krimireihe herausbringen wollte, sondern in seinem Belletristikprogramm, und sie war bestürzt, weil ihr amerikanischer Verleger Probleme mit dem Titel hatte. Ihren Aussagen zufolge bedauerte Doubleday, dass »er zu sehr nach Thriller klingt, das verursacht mir Kopfschmerzen, aber ich glaube, ich werde mich streiten und auf dem Titel beharren«, schrieb sie an Alain Oulman. »Es ist *kein* Thriller oder ähnliches, und du weißt, wie sehr die Amerikaner in Kategorien denken.«[31] Patricia Highsmith wollte einerseits, dass der Roman als solcher ernst genommen würde, andererseits sollte er eine möglichst große Leserschaft ansprechen. Während sie daran arbeitete, las sie *The Sandcastle* und *The Severed Head* von Iris Murdoch und *Finnegans Nachtwache* von James Joyce. Joyces Stil empfand sie als zu experimentell, und das auch nur aus reinem Selbstzweck. »Ein Schriftsteller kann nicht ausschließlich zu seinem eigenen Vergnügen schreiben und nur um bewundert, geliebt, respektiert zu werden.«[32] Und *Die Enden der Parabel* von Thomas Pynchon beschrieb sie Jahre später in einem Brief an Alain Oulman als »an manchen Stellen lebhaft und komisch ... ein bisschen verrückt und zu voll von launischem Humor ... ohne Form«.[33]

Das Zittern des Fälschers, von Heinemann veröffentlicht, erschien in England mit einem Schutzumschlag, den Pat »langweilig« fand, »ganz in Schwarz, mit weiß skizzierten arabischen Häusern und einer Sonne, die aussieht wie ein Spiegelei mit orangefarbenem Dotter«.[34] Von den darauf folgenden Rezensionen waren einige laut

Julian Symons »bescheuert«.[35] Er selbst war sich sicher, dass es Highsmiths bislang bestes Buch war, eben weil »so wenig passiert«.[36] Janice Elliot betonte im *New Statesman* die Zweideutigkeit des Romans und meinte, Patricia Highsmith sei dabei, ein völlig neues Genre zu entwickeln. »Krimisüchtige können mit diesem Buch beweisen, dass Thriller erwachsen und zu Kunst wurden«, schrieb sie. »Ich bezweifle, dass Highsmith diese Unterscheidung jemals ernst genommen hat; die beiden Elemente sind so miteinander verwoben, bereichern einander so sehr, dass ein drittes Genre entsteht … Hinter Miss Highsmiths trockener Klarheit verbirgt sich eine labyrinthische Komplexität, die zu entwirren eine Herausforderung und ein Vergnügen ist.«[37] Noch fast zwanzig Jahre später erregte der Roman Aufmerksamkeit; der spanische Filmregisseur Pedro Almodóvar war daran interessiert, ihn zu verfilmen, und Terence Rafferty erklärte im *New Yorker*, dass er ihn für Highsmiths bestes Buch halte; die Autorin beschwöre eine Reihe von Fata Morganas herauf, die sich bei näherem Betrachten auflösen. »In dieser flirrenden Leere findet die einzig reale Bewegung im Inneren der Menschen statt«, schrieb er.[38]

Zu Beginn des Jahres 1967 teilte Patricia Schartle Myrer der Schriftstellerin mit, warum sich ihre Romane als Taschenbücher in den USA nicht verkauften. Und zwar weil sie »zu subtil« seien, hinzu käme, dass keine ihrer Figuren sympathisch sei. »Vielleicht liegt es daran, dass ich niemanden mag«, meinte Patricia Highsmith hierzu. »Vielleicht werden meine letzten Bücher nur noch von Tieren handeln«[39] – eine Bemerkung, die ihr Buch *Kleine Mordgeschichten für Tierfreunde* von 1975 vorwegnahm.

Der Groll, der seit ihrer Kindheit in ihr schwelte, und die Bitterkeit, die sie aufgrund der vielen gescheiterten Beziehungen empfand, kamen jetzt in einer zunehmenden Intoleranz gegenüber der Welt zum Durchbruch, in einer Menschenfeindlichkeit, die von Highsmiths schwarzem Humor kaum gemildert wurde. In ihrem Notizbuch fragte sie sich, ob die wachsende Anzahl von »Schwachköpfen« zu irgendetwas nützlich sein könnte. »Wie wäre es, wenn man sie zu Dienstboten ausbilden würde, die Aschenbecher leeren, Messing polieren, Betten machen, Geschirr spülen und aufräumen? ... Dann hätten die Schwachköpfe ein Zuhause und eine Art Familienleben und müssten nicht ins Heim. (Vor dem Feuer allerdings sollte sich der Schwachkopf hüten.)«[40] Gegenstand ihres Hasses waren auch andere Schichten der Gesellschaft, zum Beispiel die Babys, die man »wie Welpen oder kleine Kätzchen früh umbringen«[41] könnte, um das Problem der Überbevölkerung zu lösen, und der Vatikan, von dem sie hoffte, dass er von amerikanischen Bomben zerstört würde. »Lang lebe der Papst«, den sie wegen seiner Ablehnung der Geburtenkontrolle hasste. »Ich wünsche ihm eine ewige Schwangerschaft!«[42] Ihr Hass auf bestimmte Institutionen und Heuchelei bildete später die Grundlage für ihren Erzählungsband *Geschichten von natürlichen und unnatürlichen Katastrophen*, der 1987 von Bloomsbury in England und zwei Jahre später von Atlantic Monthly in Amerika verlegt wurde.

Begleitet wurde dieser unwirsche Zug von der Tendenz, die Vergangenheit zu romantisieren und sich die Rückkehr verlorener Geliebter vorzustellen. Während sie an *Das Zittern des Fälschers* schrieb, erinnerte sie sich häufig an ihre Beziehung zu Virginia Kent Catherwood, die als Lotte, Inghams Exfrau, in den Roman einging und die ihr Herz zweiundzwanzig Jahre zuvor erobert hatte. Während dieser Zeit träumte sie auch wiederholt von Lynn Roth, ihrer Freundin aus dem Jahr 1953. Sie träumte, dass sie mit Lynn auf einem Rasen lag und Zeitung las. Dann wuchs aus dem Papier ein Geißblatt, und die beiden Frauen saugten Honig aus seinen Blüten. Lynn, so schrieb sie, war die Freude ihres Lebens, und im Dezember notierte sie nach einem weiteren Traum in ihr Tagebuch, dass »ich noch immer in Lynn Roth verliebt bin und immer sein werde«.[43]

Im Januar 1968 schrieb Patricia Highsmith jedoch einen Brief an Ann Clark, in dem sie ihr mitteilte, *sie* sei die Liebe ihres Lebens und wie sehr sie bedauere, was passiert war. »Ich frage mich, ob nochmals was draus werden wird?«[44] Natürlich wurde nichts daraus, denn Patricia war, wie sie selbst sehr wohl wusste, verliebt in die Idee einer Frau, nicht in ihre reale Erscheinung. »Es ist ganz offensichtlich, dass mein Verliebtsein nicht Liebe ist«, schrieb sie in ihr Notizbuch, »sondern aus der Notwendigkeit resultiert, mich jemandem anzuschließen. In der Vergangenheit war ich ohne körperliche Beziehung nicht dazu in der Lage – nur um mein Argument zu untermauern. Dass ich eine körperliche Beziehung erwartet habe, hat vielleicht so viele Katastrophen verursacht.«[45]

Pat fühlte sich einsam und unglücklich, sann darüber nach, was hätte sein können, und sorgte sich wieder einmal um ihre geistige Gesundheit. Ihr Nervenkostüm, so meinte sie, sei dem ihrer Mutter ähnlich, und sie wusste nur zu gut, wie Mary in den Wahnsinn abgeglitten war. Patricia Highsmith erklärte einem Freund, dem Schriftsteller und Kritiker Maurice Richardson, dass sie seine Anwesenheit in ihrem Haus nicht ertragen könne, weil er als Katalysator ihrer Ängste agiere. »Ich sagte zu ihm (was der Wahrheit entsprach)«, schrieb sie im Februar an Barbara Ker-Seymer, »dass ich den Wahnsinn in mir, ganz nahe an der Oberfläche, fürchte.«[46]

Am Samstag, den 2. März, kam Madeleine Harmsworth, eine sechsundzwanzigjährige Journalistin, nach Samois-sur-Seine, um Patricia Highsmith für die Zeitschrift *Queen* zu interviewen. Die Schriftstellerin fand die Oxford-Absolventin mit dem langen schwarzen Haar und den orientalischen Gesichtszügen »höchst charmant«[47] und versuchte, gestärkt von ein paar Gläsern Scotch, ihr Glück. Madeleine, die Patricia Highsmith so sehr bewunderte, dass sie sich weigerte, sie »Pat« zu nennen – sie meinte, es wäre, als würde man Shakespeare »Willie« oder Dickens »Charlie« nennen –, ließ sich verführen und verbrachte die Nacht mit ihr.

»Sie war eines meiner Idole, und ich fühlte mich geschmeichelt«, sagt Madeleine. »Ich hatte nichts dagegen, es auch mal mit Frauen zu probieren. Ich war jung und beeinflussbar, als Journalistin ehrgeizig, und es war aufregend. Mich faszinierte herauszufinden, was für ein Mensch es war, der diese Bücher schrieb. Aufgrund ihrer

Bücher habe ich eine ziemlich gequälte Seele erwartet, und die habe ich auch gefunden.«[48]

Madeleine blieb übers Wochenende und fuhr dann zurück nach London, von wo sie Patricia Highsmith »zunehmend herzlichere Briefe« schrieb.[49] Die Schriftstellerin bat das Mädchen in der für sie typisch romantischen Art, »heirate mich für ein Jahr«.[50] Beide machten Pläne, wann sie sich wiedersehen würden, und im April fragte Patricia ihre Mitbewohnerin Elizabeth, ob sie über Ostern nicht wegfahren wolle, da sie das Haus gern für sich hätte, um eine Freundin einzuladen – Madeleine. Gegen die Bitte war nichts einzuwenden, möglicherweise formulierte Patricia sie jedoch etwas unsensibel. Wie auch immer, Elizabeth war zwei Tage lang empört und verlangte von Pat, sich ein anderes Haus zu suchen.

»Ich musste mir einen Anwalt nehmen, um mich vor eventuellen ›Anklagen‹ zu schützen«, schrieb sie an Barbara Ker-Seymer. »Mein Magen ist in Aufruhr. Ich hoffe, dass ich in einer Woche hier raus bin.«[51]

Vom 25. April bis 6. Mai wohnte Patricia Highsmith bei Barbara Ker-Seymer und Barbara Roett in London, wo sie zum Crime Writers Dinner im Park Lane Hotel zusammen mit Madeleine als ihrem Gast ging. Wenn sie in England war, nutzte sie die günstigeren Preise und kaufte sich einen Vorrat an Blusen und Farbbändern für ihre Schreibmaschine. »Ich zahle hier nicht gern 2,10 Dollar für ein Farbband, deswegen kaufe ich mir einen Vorrat in London«, schrieb sie an Alex Szogyi.[52]

Bevor sie nach London reiste, hatte Patricia Highsmith ein neues Haus in Montmachoux, zehn Kilometer südöstlich von Samois-sur-Seine, gefunden und einen Kaufvertrag über 18 000 Dollar unterschrieben. »Ich werde allein leben, Gott sei Dank«, schrieb sie.[53] Wieder zurück in Frankreich und schockiert angesichts der Studentenunruhen, Streiks und Straßenschlachten, der Ermordung von Martin Luther King im April und von Robert Kennedy im Juni, erklärte sie, dass die Welt verrückt geworden sei. In Frankreich schien sich eine Revolution anzubahnen. Die Metro in Paris war mit

Graffiti beschmiert: *Metro-boulot-dodo*, also: *Metro-Maloche-Heia*, ein Versuch der Radikalen, die nichts hinterfragende, roboterhafte Einstellung der französischen Arbeiter aufzubrechen. Präsident Charles de Gaulle reagierte, indem er die Demonstranten als *»cette chienlit«*, Scheiße-im-Bett, bezeichnete, womit die Gegenseite wiederum Plakate des französischen Staatspräsidenten überschrieb: *»La chienlit c'est lui!«*[54]

Patricia Highsmiths persönliche Lage war ebenfalls prekär. Elizabeth weigerte sich über ihren Anwalt, der Schriftstellerin die Hälfte des Kaufpreises für das gemeinsame Haus zu zahlen. »Die eigenen Freunde sind keine wirklichen Freunde«, schrieb Pat in ihr Notizbuch. »Ich hasse die Atmosphäre rücksichtsloser Konkurrenz hier.«[55] Sie verabscheute den Nebel aus »Korruption & Unaufrichtigkeit«[56], der sich ihrer Ansicht über das ganze Land gelegt hatte. »Sie horten Gauloises und füllen ihre Badewannen mit Benzin«, schrieb sie an Arthur Koestler über die Folgen des Generalstreiks. »Kein Wunder, dass das Land den letzten Krieg verloren hat.«[57]

Am 20. Juni bezog sie das neue Haus in Montmachoux, einem kleinen Dorf mit nur hundertsechzig Einwohnern, die überwiegend in der Landwirtschaft tätig waren. Von der Kirche, die auf einer Anhöhe stand, konnte Patricia Highsmith in allen Richtungen landwirtschaftlich genutztes Land, Wälder sowie den großartigen Aquädukt de la Vanne sehen. Sie schätzte vor allem die isolierte Lage, schwärmte nahezu von der unkomplizierten, nicht-bürgerlichen Atmosphäre. »Ich muss meinen Abfall selbst wegschaffen, in einem großen Plastiksack mit dem Auto ungefähr einen Kilometer weit zu einer Art Schlachtfeld aus dem Ersten Weltkrieg fahren«, sagte sie. »Die Milch muss man morgens um halb sieben holen, oder man bekommt keine mehr. Im Dorf gibt es weder eine Bäckerei noch eine Metzgerei. Ich muss vier oder fünf Kilometer fahren, um Fleisch für meine Katze zu kaufen.«[58] Sie genoss die Ruhe, vor allem die Abwesenheit von Menschen, und alle Unannehmlichkeiten waren »es mir wert, weil ich Ellenbogenfreiheit hatte«.[59]

Zehn Tage nach dem Einzug kam Madeleine, um ihr beim Auspacken und im Garten zu helfen, während Patricia an dem Stück *When the Sleep Ends* für den Londoner Theaterproduzenten Martin Tickner arbeitete. Anlässlich dieses Besuchs wurde Madeleine klar, dass das Bild, das die Schriftstellerin von sich selbst hatte, völlig anders aussah als die Realität.

»Ich fürchte, Pat machte sich Illusionen über sich selbst, und Gott sei Dank habe ich das schnell gemerkt«, sagt sie. »Es waren meist sehr schlichte Trugbilder. Zum Beispiel glaubte sie, dass sie eine großartige Gärtnerin war, dass sie Katzen liebte und gern gut aß. Das Erste, was mir auffiel, war ihr Garten, ein karges Stück vertrocknetes Gras, was ich etwas merkwürdig fand. Ich mag Tiere, aber ich wäre nicht gern ihre Katze gewesen. Die Art, wie sie sie behandelte oder nicht behandelte, sprach nicht für einen Tierliebhaber. Und was Essen anbelangt, dachte sie überhaupt nicht daran.«[60]

Während des Sommers reiste Patricia Highsmith zwischen ihrem Haus in Montmachoux und London hin und her. Im Oktober lud Martin Tickner sie und Madeleine in eine Villa in der Nähe von Albufeira, Portugal, ein, wo sie an *When the Sleep Ends* arbeiten sollte. Das Stück spielte in einem Londoner Wohnzimmer und war ihren eigenen Worten zufolge »etwas frauenfeindlich«.[61] Die weibliche Rolle schrieb sie für ihre Freundin, die Schauspielerin Heather Chasen. »Pat war eine wunderbare Schriftstellerin, aber sie konnte keine Dialoge schreiben«, sagt Heather. »Als ich das Stück, ein Kriminalstück, las, mochte ich die Rolle nicht, diese Frau war ein schreckliches Miststück. Ich dachte, wenn sie so von mir denkt, ist das wirklich charmant. Sie schrieb nie positiv über Frauen, sie schien nichts über sie zu wissen, sie wirkten alle hölzern. Es wurde nichts daraus, es war kein sehr gutes Stück.«[62]

»Ich erinnere mich, dass Pat nicht sehr erfolgreich an einem Stück schrieb«, sagte Madeleine. »Ich wollte mich damals wirklich von ihr distanzieren, aber sie überredete mich, und ich ging mit. Es war so schlimm, wie ich erwartet hatte. Bis dahin hatte ich Portugal sehr gemocht. Sie war eine extrem unausgeglichene Person, extrem feindselig und misanthropisch und vollkommen beziehungsunfähig, nicht nur was Liebesbeziehungen angeht. Sie tat mir Leid, weil es nicht ihre Schuld war. Es muss ganz früh etwas passiert sein, was sie unfähig machte. Sie vertrieb alle, und Menschen, die wirklich mit ihr befreundet sein wollten, knallten den Telefonhörer auf.

Mir schien, dass sie Gefühle und Verhalten nachahmen wollte, wie Ripley. Es kann natürlich manchmal sehr charmant wirken, wenn man keinen Sinn für soziales Verhalten hat, aber in ihrem Fall war es alarmierend. Ich erinnere mich, dass sie einmal eine Dinnerparty mit Gästen veranstaltete, die sie kaum kannte. Irgendwann beugte sie absichtlich den Kopf über eine Kerze auf dem Tisch, so dass ihr Haar Feuer fing. Die Leute wussten nicht, was sie tun sollten, weil es eine sehr widrige Handlung war, und der Gestank von verbranntem und versengtem Haar erfüllte das Zimmer.

Natürlich war sie Alkoholikerin, und das hatte vielleicht etwas mit ihrem seltsamen Verhalten zu tun. Alkoholiker sind extrem langweilige Menschen, und außerdem hielt ich sie für ziemlich gestört. Ich mag jung gewesen sein, aber ich war nicht daran interessiert, mit jemandem wie ihr eine Beziehung zu haben. Hätte sie in England gelebt, hätte unser Verhältnis nicht so lange gedauert, aber wegen der Entfernung hat es sich hingezogen. Und sie war ziemlich clever, bestimmte Dinge zu verbergen, beispielsweise ihren Alkoholismus. Ich habe eine Weile gebraucht, bis ich ihren Neun-Uhr-Morgen-Drink fand. Sie torkelte nicht herum – die meisten Alkoholiker tun das nicht –, aber sie fing an zu trinken, kaum dass sie aufgestanden war. Als die anfängliche Aufregung, mit einer berühmten Person zusammen zu sein, abgeklungen war und ich herausgefunden hatte, dass sie diese vielen Probleme hatte, begann ich, mich zurückzuziehen.«[63]

Vor Weihnachten hatte Madeleine versucht, sich von Patricia Highsmith zu trennen, aber die Beziehung zog sich bis in das neue Jahr. Als Pat im Januar in London war, beschloss Madeleine, dass es an der Zeit war, ihr zu sagen, dass sie keine Zukunft für ihre Beziehung sah. »Vielleicht sollten wir nicht miteinander schlafen«, sagte die jüngere Frau, »aber vielleicht können wir Freundinnen bleiben.«[64] In einem Brief an Alex Szogyi versuchte Patricia Highsmith zu analysieren, was genau schief gegangen war.

»Ich glaube, es war vor allem meine Schuld, weil ich Madeleine etwas vorgespielt habe, Erfolg damit hatte und ihr dann mit meinen Briefen etwas vorgemacht habe. Wir kannten uns vierundzwanzig Stunden in Samois, der Rest erfolgte über Briefe. Ich muss ihr schreiben ... und mich für mein Verhalten entschuldigen. Ich glaube, dass ich unfairerweise jemandem, der jünger ist als ich, etwas vorgemacht habe. Andererseits glaube ich, dass sie dickhäutiger ist als ich, deswegen hoffe ich, dass sie keine einzige Träne vergießen wird. Madeleine ist in politischer Hinsicht eine Konservative. Diese Leute fallen immer wieder auf die Füße. Oder auf die Füße von anderen.«[65]

Obwohl Madeleine Pat vorschlug, Freundinnen zu bleiben, hatte sie nicht die Absicht, diesen Vorschlag in die Tat umzusetzen. »Ich wäre gern mit ihr befreundet geblieben, sie hatte herzlich wenig Freunde, aber ich konnte nicht, weil sie von anderen Voraussetzungen ausging und womöglich annahm, wir könnten doch wieder zusammenkommen«, sagt sie. »Als Schriftstellerin habe ich sie weiterhin bewundert. Und das Schreiben hat sie ja auch gerettet. Das wusste sie. Sie wusste, dass es zwischen ihr und, ich würde sagen, dem Wahnsinn stand. Wenn sie ihre Arbeit nicht gehabt hätte, wäre sie in einer Irrenanstalt oder in einer Alkoholikerklinik gelandet. Wenn man sich die Figuren anschaut, die sie erfindet – sie sind sie selbst. Ich habe eine Weile gebraucht, bis ich es herausgefunden habe, aber alle diese seltsamen Charaktere, die andere Menschen verfolgen, über sie nachdenken und Fantasien entwickeln, sind Patricia Highsmith. Sie war, was sie schrieb.

Meiner Ansicht nach ist der Roman *Der süße Wahn* das Buch, das sie am besten repräsentiert. Wie der Held des Buches nahm sie ihre Geliebten vollkommen anders wahr, als sie tatsächlich waren. Wäre es anders gewesen, hätten wir ihre Bücher nicht, aber leider musste sie einen hohen Preis dafür zahlen.«[66]

Das Falsche, das Gefälschte und die Fälschung

(1968–1969)

Highsmiths Fortsetzung von *Der talentierte Mr. Ripley* hat eine lange Vorgeschichte. 1958, drei Jahre nach dem Erscheinen des ersten Ripley-Romans in Amerika, trug sie sich mit dem Gedanken, eine Fortsetzung zu schreiben, die sie *Die beunruhigende Wiederkehr des Mr. Ripley* nennen wollte, und obwohl daraus nichts wurde, weigerte sich ihr unmoralischer Held zu sterben. Zuerst fand er unter falschen Namen Eingang in ihre anderen Romane, insbesondere als fiktive Gestalten ihrer Protagonisten Sydney Bartleby in *Der Geschichtenerzähler* (»Der Schatten«) und Ingham in *Das Zittern des Fälschers* (»Dennison«). Im Juli 1965, während sie das Fernsehspiel *Der auferstandene Derwatt* plante (das sie dann doch nicht schrieb), machte sie sich die ersten Notizen, die sie später zum Plot des zweiten Ripley-Romans, *Ripley Under Ground* verarbeitete, der 1970 veröffentlicht wurde. In diesem frühen Stadium handelte die Geschichte von einem Künstler, Derwatt, der Selbstmord begangen hat und dessen Freunde behaupten, dass er wie Jesus von den Toten wieder auferstanden sei. Ein anderer Erzählstrang, der später die eigentliche Geschichte des zweiten Ripley-Romans bilden sollte, bestand in den Versuchen seiner Freunde, den Ruf des Toten zu ihrem eigenen finanziellen Vorteil auszubeuten. »Bernard überlegt, ob er Gemälde fälschen soll«, schrieb Patricia Highsmith in ihr Notizbuch, »und andere, die anfänglich wegschauen, machen mit.«[1]

Im Februar des folgenden Jahres dachte sie darüber nach, wie sie die kühne Geschichte mit philosophischen Überlegungen verschmelzen könnte, weil sie glaubte, dass dieser Ansatz perfekt wäre für den zweiten Ripley-Roman. Ihre Lieblingsfigur sollte achtundzwanzig Jahre alt sein und sich in der Zwischenzeit gebildet haben. Das Ergebnis sollte ein »intellektuellerer und witzigerer« Roman sein als *Der talentierte Mr. Ripley.*[2] Im Oktober 1968 meinte sie, mit der Ausarbeitung des Buches beginnen zu können. In ihrem dreißigsten Notizbuch skizzierte sie ihre Gedanken zu einem Kunstfälscher-Plot, in dessen Mittelpunkt der Maler angeblich von Derwatt stammender Gemälde steht. Derwatts Tod wird von Ripley und seinen Komplizen verschwiegen. Ripley sollte in der Nähe einer französischen Stadt leben mit einer »netten alten Frau« als Haushälterin und einer Ehefrau, »die häufig nicht zu Hause ist und Affären hat, weil Ripley im Bett nicht sehr leidenschaftlich ist«.[3] Ripley »liegt sexuell nichts an seiner Frau«.[4] Bis zum 5. November gliederte sie die Geschichte in eine Reihe von wesentlichen Punkten, die sie in ihrem Notizbuch detailliert aufzählte. Ripleys komfortable Welt sollte bedroht werden von der Nachricht, dass sein Kunstbetrug aufgrund der Nörgelei eines amerikanischen Sammlers auffliegen sollte, der seinen Derwatt für eine Fälschung hält, und der Ankunft von Chris Greenleaf, Dickie Greenleafs Cousin. Punkt neun der Liste präzisiert das Thema des Buches: »Tom überzeugt Chris, dass eine Fälschung ästhetisch ebenso befriedigend sein kann wie ein Original. Ja, der Fälscher hat eigenes Talent entwickelt, ausgehend von Derwatts Prinzipien, so dass man nicht mehr sagen kann, wo der eine anfängt und der andere aufhört.«[5] Ripley sollte charakterisiert sein von »konstanter Schizophrenie. Am glücklichsten ist er, wenn er in die Rolle eines anderen schlüpft.«[6]

Bis zum 26. Dezember hatte sie innerhalb von vier Wochen 160 Seiten geschrieben, ihr »normales Arbeitstempo«[7], aber selbst für eine Schriftstellerin von ihrer Produktivität ist es bemerkenswert, und Barbara Ker-Seymer gestand sie, dass sie »manisch« arbeitete.[8] Ihre Fantasie wurde angeregt von den Zeitungsberichten zum Fall

Mary Bell. Aus der *Daily Mail* schnitt sie am 6. Dezember einen Bericht mit der Überschrift »MORD AUS VERGNÜGEN« aus und klebte ihn in ihr Notizbuch. Und gegen Ende des Jahres entwickelte sie mehrere Ideen für zunehmend gewalttätige und grässliche Kurzgeschichten.

»Ein Mann bittet einen Vater um die Hand seiner Tochter und bekommt sie in einer Schachtel, ihre linke Hand«, schrieb sie am 15. November in ihr Notizbuch.[9] Der erste Satz der endgültigen Fassung der Geschichte »Die Hand«, die 1975 in der Sammlung *Kleine Geschichten für Weiberfeinde* erschien, unterscheidet sich kaum von dem Eintrag in ihrem Notizbuch: »Ein junger Mann bat einen Vater um die Hand seiner Tochter und bekam sie in einer Schachtel, ihre linke Hand.«[10] Am 17. Dezember hatte sie die Idee, einen Jungen das Personal eines Wachsfiguren-Gruselkabinetts niedermetzeln und die Leichen als blutiges Tableau arrangieren zu lassen, eine Geschichte, die unter dem Titel »Woodrow Wilsons Krawatte« 1972 im *Ellery Queen's Mystery Magazine* und 1979 in Highsmiths Erzählungsband *Leise, leise im Wind* erschien.

Nach dem manischen Zustand des vergangenen Monats fühlte sich Patricia Highsmith Ende Dezember schwach und erschöpft. Sie hatte bei der Ausarbeitung des Plots für den zweiten Ripley-Roman einen Rückschlag erlitten – »es bewegt sich nicht«, schrieb sie[11] –, und sie war weiterhin unzufrieden mit ihrem Stück *When the Sleep Ends*. Ihrer eigenen Einschätzung nach hatte sie im Dezember einen Nervenzusammenbruch erlitten. »Ich konnte morgens fast nicht mehr aufstehen, es war immer sehr spät«, schrieb sie an Barbara Ker-Seymer im Januar 1969. »Jetzt kann ich zumindest sagen, dass ich einen Nervenzusammenbruch hatte, und früher hatte ich immer ein bisschen Ehrfurcht vor den Leuten, die einen gehabt hatten, weil ich nicht wusste, wie es ist. Es ist ein besonders infernalisches geistiges und körperliches Unbehagen, das auf Frustration beruht.«[12] Als Patricia Highsmith im Januar 1969 in London war, um *Das Zittern des Fälschers* zu promoten, fiel Journalisten auf, dass ihre Schönheit zu verblassen begann. Ein Journalist des *Guardian* beschrieb, wie sie dasaß, »nach hinten gesunken in einem Sessel, das Licht fällt direkt auf ihre verwitterten, nahezu mexikanischen Züge. Sie raucht Gauloises ohne Filter, bis sie kaum mehr einen Zentimeter lang sind. Sie fährt sich mit der Hand durch das jetzt ergrauende Haar, so dass der Pony nach oben steht ...«[13] Die Schriftstellerin fand den Artikel »ziemlich beschissen«[14], aber auch ihre engsten Freunde mussten zugeben, dass die Beschreibung ihres Äußeren korrekt war. »Pats Gesicht ist die Schönheit von früher kaum mehr anzusehen«, schrieb Cynthia Koestler in ihr Tagebuch[15], nachdem sie Patricia leibhaftig in ihrem Haus am Montpellier Square und dann im Fernsehen als Gast in *Late Night Line-Up* gesehen hatte. »A. [Arthur] fand sie sehr gut«, fügte sie hinzu, »wenig wortgewandt, weswegen sie umso aufrichtiger wirkte.«[16]

Wieder einmal zog sich Patricia Highsmith von der Realität zurück und suchte Zuflucht in einer hoffnungslosen romantischen Fantasie, indem sie sich einredete, sie wäre in eine Pariser Freundin, Jacqueline, verliebt. In einem Gedicht mit dem Titel »Togetherness«, das sie Anfang Januar 1969 über ihre Gefühle für Jacqueline verfasst, schreibt sie von »vollkommen falscher Liebe / Bestehend nur aus Fantasie«.[17] Liebe war nichts als eine Illusion, warum sie also nicht zum eigenen Vorteil einsetzen?

Wegen gesundheitlicher Probleme, der langwierigen Überarbeitung von *When the Sleep Ends* und häuslicher Schwierigkeiten lag der zweite Ripley-Roman bis Mai auf Eis. Als sie endlich dazu kam, die 190 Manuskriptseiten durchzusehen, meinte sie, sie wäre »aufs Schlimmste unterbrochen« worden, aber es würde »ein schönes Buch, ein gutes Buch«.[18] Am 28. Juni hatte sie 210 Seiten geschrieben, und nach einer Reise nach Salzburg im Juli beschloss sie, den Höhepunkt der Handlung in der österreichischen Stadt spielen zu lassen. Von Salzburg fuhr Patricia Highsmith zu Koestlers Chalet in Alpbach, wo die beiden Schriftsteller die Mondlandung im Fernsehen verfolgten. »Auf dem Bildschirm sah man gespenstische Gestalten, die sich um eine gespenstische amerikanische Flagge bewegten und sehr lange schmale Schatten warfen«[19], schrieb Cynthia Koestler in ihr Tagebuch. Während des Mittagessens sprachen Patricia und Koestler über seinen neuen Roman. »Er hat den entscheidenden Tipp für einen Roman über den Irrsinn der Menschheit bekommen ... «, fügte Cynthia hinzu.[20]

Nach ihrer Rückkehr nach Montmachoux im August schrieb Patricia Highsmith den zweiten Ripley-Roman zu Ende, und dass sie zufrieden war, ist ihrem Tagebuch zu entnehmen: »Ich traue mich gar nicht zu sagen, wie sehr er mir gefällt.«[21] Im Oktober überarbeitete sie das Manuskript und beschloss, es ihren polnischen Nachbarn, Agnes und Georges Barylski, »meinen französischen Freunden«[22], zu widmen. Hester Green, Mitarbeiterin der Londoner Literaturagentur A. M. Heath, die Highsmiths amerikanische Agentin in England vertrat, besuchte die Schriftstellerin mit einem Freund im Sommer 1972. Patricia Highsmith nahm ihre Gäste mit zu den Barylskis. Hester erinnert sich, dass sie während ihres Besuchs innerlich gequält wirkte und sich kaum für einen Augenblick entspannen konnte. Nur in Gegenwart von Agnes und Georges Barylski wurde sie ruhig. »Es war erstaunlich. Als Pat uns ihren Freunden vorstellte, die einfache Bauern waren, war sie eine völlig andere Person«, sagt Hester. »Mit ihnen fühlte sie sich so wohl, wie sie sich nie mit irgendjemandem aus der literarischen Welt wohl fühlen konnte.«[23]

Sechs Jahre sind vergangen, seitdem Ripley von Bord eines Schiffes ging und nicht nur der Strafe für seine Verbrechen entkam, sondern zudem eine beträchtliche Summe von Dickie Greenleaf geerbt hat. Jetzt ist er einunddreißig Jahre alt und hat sich selbst neu erfunden als wohlhabenden Müßiggänger, der in Frankreich auf dem Land lebt. Verheiratet mit Héloïse Plisson, der fünfundzwanzigjährigen Tochter eines französischen Millionärs und Besitzers eines pharmazeutischen Unternehmens, lebt Ripley in einem großen, zweistöckigen Haus aus grauem Stein, dem großartigen »Belle Ombre«, mit vier kleinen Türmen über vier runden Zimmern. »Das Haus sah aus wie ein kleines Schloss.«[24] Es steht in dem fiktiven Dorf Villepercesur-Seine, das laut Highsmith von der Landschaft der Île-de-France inspiriert war. »Ripley lebt in einem Dorf, das nur fünfundzwanzig Kilometer von hier entfernt ist«, sagte sie 1972, als sie in Moncourt wohnte.[25] Obwohl Ripley es nicht nötig hat, seinen Lebensunterhalt zu verdienen – das Geld von Héloïses Vater erlaubt dem Paar ein stilvolles Leben –, stockt er sein Einkommen mit gelegentlichen Zwischenträgerjobs für Reeves Minot, einen in Hamburg ansässigen Amerikaner, und den Erträgen von Derwatt Ltd. auf, einem Unternehmen, das sich auf Kunstfälschung spezialisiert hat.

Der Plot konzentriert sich auf Ripleys zunehmend verzweifelte Versuche, seinen Ruf und seinen Status zu bewahren. Als der amerikanische Geschäftsmann und Kunstsammler Thomas Murchison die Echtheit eines seiner Gemälde von Derwatt bezweifelt, verkleidet sich Ripley zuerst als Derwatt, von dem die Öffentlichkeit annimmt, dass er zurückgezogen in einem mexikanischen Dorf lebt, der jedoch tatsächlich Selbstmord durch Ertrinken beging und dessen Leiche nie gefunden wurde. Als dieses Manöver den wichtigtuerischen Geschäftsmann nicht überzeugen kann, lädt Ripley ihn in sein Haus nach Frankreich ein, wo er ihn in seinem gut gefüllten Weinkeller umbringt. Während Ripley im ersten Roman von einem unterdrückten sexuellen Begehren bestimmt schien, von der Sehnsucht, seine Identität zu verlieren und die eines anderen anzunehmen, und der Vision, sich ein besseres Leben zu sichern, so hat seine Persönlichkeit im zweiten Roman unter dem korrumpierenden Einfluss seiner diversen Machenschaften gelitten. Er ist nicht länger ein linkischer, unsicherer junger Mann, sondern »ein mystischer Ursprung, ja Quell des Bösen«[26], eine Eigenschaft, die auch die Besprechung im *Times Literary Supplement* hervorhebt. Toms Morde werden beschrieben als die eines »zufriedenen Psychopathen, als bestünde Ripleys wahres Erbe von Dickie Greenleaf nicht in Normalität, sondern in der Gewissheit, sich auf abnorme Weise verhalten zu können«.[27]

In *Der talentierte Mr. Ripley* wird Tom von seiner uneingestandenen Homosexualität angetrieben, in der Fortsetzung bleibt seine sexuelle Identität jedoch undeutlich. Er hat mit achtundzwanzig Jahren geheiratet, aber die Ehe hat nichts Romantisches. Während der Trauung in Südfrankreich wurde Ripleys Gesicht unansehnlich grün, und im Verlauf der Flitterwochen in Spanien konnte er die Ehe kaum vollziehen, weil ein Papagei *Carmen* sang. Wann immer er und Héloïse miteinander schlafen, ist es für ihn eine seltsam distanzierte Angelegenheit, »weil er sich die Hälfte der Zeit wie ein Beobachter vorkam und weil ihm war, als erfreue er sich an etwas Unbelebtem, Unwirklichem, einem austauschbaren Körper«.[28] Er betrachtet seine Frau nicht so sehr als Person, sondern vielmehr als Objekt, vergleicht sie mit den Gemälden, die an den Wänden von »Belle Ombre« hängen, und vergleicht ihre Haut mit poliertem Marmor. Kritiker haben Patricia Highsmith vorgeworfen, Héloïse eindimensional darzustellen – in der *New York Times* wurde sie gar als »zombiehaft«[29] charakterisiert –, aber man sollte nicht vergessen, dass die Ripley-Romane zwar in der dritten Person geschrieben sind, die Welt jedoch aus der verzerrten Perspektive Ripleys gesehen wird. Ihre Lektüre könnte man mit der Betrachtung eines Derwatt-Gemäldes gleichsetzen, »als betrachte man das Bild durch eine fremde Brille, die alles verzerrte«.[30]

Ripley verhält sich, als sei er der Autor seiner eigenen Geschichte, erfindet Charaktere und Szenarien, manipuliert den Plot, als sei sein Leben ein Stück Literatur. Er liefert die Hintergrundgeschichte des Buches, die Fortsetzung von Derwatts Arbeit durch Bernard Tufts nach dem Selbstmord des Künstlers, er fiktionalisiert die Ereignisse und präsentiert sie als Wahrheit, um der Strafe zu entgehen. Nachdem er Murchison umgebracht und seine Leiche im Loing hat verschwinden lassen, folgt er Bernard nach Salzburg, wo er den depressiven und niedergeschlagenen Fälscher zwingt, Selbstmord zu begehen, ein Akt, den Ripley »als eigenartigen Mord«[31] bezeichnet. Toms Umdeutung von Bernards Selbstmord und die daraus folgende Erklärung, dass Bernards Leiche die Leiche Derwatts ist, lesen sich wie der Versuch eines Autors, die erzählerischen Hürden eines besonders trickreichen Plots zu überwinden. Interessanterweise sieht sich Ripley in diesem Prozess immer in der dritten Person, als eine Figur der *dramatis personae*, und am Ende der fiktionalen Neuinterpretation der Realität kommt er zu dem Schluss: »So weit dünkte ihn die Geschichte ganz plausibel.«[32] Nachdem er Bernards Leiche verbrannt und seinen Schädel und seine Zähne zertrümmert hat, kehrt Ripley in sein Zimmer im Hotel Goldener Hirsch zurück – dasselbe Hotel, in dem Patricia Highsmith für ihre Recherchen zu dem Roman abgestiegen war – und bereitet sich auf die unvermeidlichen Fragen der Polizei vor. »Er stellte sich Gespräche mit Bernard und Derwatt in allen möglichen Salzburger Bier- und Weinstübln vor.«[33] Er erzählt dem Inspektor, dass Derwatt sich umgebracht habe, indem er zuerst eine Überdosis Tabletten genommen und sich dann von einer Bergwand gestürzt habe. Bernard und er hätten die Leiche verbrannt, und dann sei Bernard verschwunden und habe sich vermutlich umgebracht, indem er sich in den Fluss gestürzt habe.

Die Kühnheit der Geschichte, ihr Tempo und ihr Schwung sind bisweilen höchst verwirrend, aber die Autorin behält die Spannung bis zum allerletzten Satz bei. Würde Ripley geschnappt werden dafür, dass er sich die Derwatt-Fälschungen ausgedacht, Murchison umgebracht, Bernard in den Selbstmord getrieben und seine Leiche für die Derwatts ausgegeben hat? Auf der letzten Seite klingelt in »Belle Ombre« das Telefon. Der Anrufer ist der Inspektor, glaubt Ripley.

> Toms Hand griff nach dem Hörer und erstarrte mitten in der Bewegung – eine Sekunde nur, doch in dieser Sekunde malte er sich aus, dass er scheiterte, und durchlitt Scham und Schande, die ein Scheitern mit sich brachte. Kopf hoch, dachte er. Es war noch lange nicht aller Tage Abend. Nur Mut! Er nahm den Hörer ab.[34]

Das Buch hat alle Merkmale eines spannenden Kriminalromans und ist zugleich eine Studie über das Wesen der Ästhetik. Bei einem auf ambitioniertere Weise literarischen Autor, so argumentierte der Rezensent in der *Times*, wäre die Behandlung eines solchen Themas zweifellos zu einer schwerfälligen, bis ins Detail ausformulierten Spekulation geraten. Patricia Highsmith geht hingegen das Thema mit Elan an und verzahnt es geschickt mit der Geschichte. »Das ist Miss Highsmiths Geheimnis«, schrieb der Rezensent. »Dank ihrer hypnotisierenden Kunstfertigkeit katapultiert sie den Kriminalroman auf einen sehr hohen Platz in der Hierarchie der Literatur.«[35]

Als Patricia Highsmith an dem Buch arbeitete, sagte sie einem Journalisten von der *Times*, dass es »merkwürdigerweise sehr intellektuell«[36] sei, und wies darauf hin, dass die Anregung zu dem Roman von dem berüchtigten holländischen Maler Hans van Meegeren stammte, der die Kunstwelt jahrelang an der Nase herumführte und glauben machte, dass seine Fälschungen, so zum Beispiel die »Emmausjünger«, Werke von Vermeer waren. »Mir gefiel, dass er zu seinen Taten stand«, sagte sie über van Meegeren. »Er behauptete, seine Bilder seien verdammt gut, warum sollte man sie also nicht mögen?«[37] Im Roman spricht Ripley das Thema Fälschung in seiner Unterhaltung mit Murchison an und stellt fest, dass man eine Fälschung genauso mögen und schätzen könne wie ein »echtes« Kunstwerk. »Van Meegerens Fälschungen hatten es zuletzt zu einem gewissen eigenen Wert gebracht ... in ästhetischer Hinsicht stand zweifelsfrei fest, dass seine Erfindungen ›neuer‹ Vermeers ihren Käufern Freude gebracht hatten.«[38] In Toms Welt triumphieren das Falsche, das Gefälschte und die Fälschung immer über das Wahre, das Echte und das Authentische. In Toms Wohnzimmer nimmt eine von Bernards Fälschungen und nicht ein echter Derwatt den Ehrenplatz über dem Kamin ein, und in welche Identität Tom auch schlüpft, ob er sich als der bärtige, D. H. Lawrence ähnlich sehende Derwatt verkleidet oder sich falsche Identitäten zulegt wie Daniel Stevens, William Tenyck oder Robert Fiedler Mackay, das erfundene erscheint immer wahrhaftiger als sein »echtes« Selbst, was immer es sein mag. Ja, Ripleys Identität wirkt jetzt so fragmentiert, dass sie überhaupt keine Substanz mehr zu haben scheint. Ripley ist nur eine der vielen

Personen, die sich unter der Oberfläche dieses Mannes drängen, wie auch Highsmiths Sprachgebrauch im folgenden Satz belegt, in dem sie auf eine Aufspaltung zwischen Selbst und Namen hinweist: »Aus einer plötzlichen Eingebung heraus kaufte Tom am Donnerstagnachmittag in Athen einen grünen Regenmantel in einem Stil, wie er ihn nie und nimmer für sich ausgesucht hätte, besser gesagt: wie Tom Ripley ihn nie und nimmer für sich ausgesucht hätte.«[39]

Ripleys Identitätsverlust ermöglicht ihm, die abscheulichsten Taten mit ruhigem Gewissen zu begehen, hat jedoch fatale Folgen für den Bilderfälscher Bernard. Nachdem er jahrelang als Derwatt gemalt hat, hat er keinen eigenen Stil mehr. Wann immer Bernard als er selbst zu arbeiten versucht, hat er ironischerweise das Gefühl zu fälschen, während ihm die Bilder, die er als Derwatt malt, als authentisch erscheinen. Bernard ist seiner eigenen Identität so verlustig gegangen, dass er eine Puppe von sich selbst fabriziert, gekleidet in seinen Anzug, und sie in Ripleys Haus aufhängt. »Ich erhänge Bernard Tufts, nicht Derwatt«, steht auf einem Zettel in der Anzugtasche.[40] Als er glaubt, Ripley umgebracht zu haben, fährt er nach Salzburg, wohin Tom ihn verfolgt und tatsächlich in den Selbstmord treibt. Als Tom seine Frau von Bernards Freitod unterrichtet und ihr den Hergang der Ereignisse schildert, damit Héloïse weiß, wie sie auf Fragen der Polizei zu antworten hat, meint er, dass sie sich gut daran werde erinnern können, denn der Bericht entspreche der Wahrheit. »Héloïse sah ihn mit schräggelegtem Kopf und schelmischer Miene an. ›Was ist schon wahr und was nicht?‹«, erwidert sie.[41] Die Frage bringt das untergründige Thema des Buches auf den Punkt: die unberechenbare Natur der Realität und ihre Darstellung in der Kunst.

Es ist kein Zufall, dass Patricia Highsmith dem Roman ein Zitat von Oscar Wilde voranstellte. Ihr Leben lang interessierte sie sich für sein Werk und sein außergewöhnliches Leben. Laut Kingsley hatte sie alle seine Stücke, Gedichte, Briefe, Essays und auch *Das Bildnis des Dorian Gray* gelesen. Im Barnard College schrieb sie Lord Alfred Douglas' Sonett *The Dead Poet* in ihr Notizbuch, und fünf Jahre vor ihrem Tod las sie Richard Ellmanns Biografie von 1987 und beschrieb die Lektüre als wahrhaft kathartische Erfahrung. Insbesondere hatte es ihr Wildes epigrammatische Bemerkung angetan, dass die Amerikaner, diese großen Heldenverehrer, ihre Helden immer unter den Verbrechern suchen. Sie hielt diese Beobachtung im September 1962, zwei Monate nachdem sie sein Grab aufgesucht hatte, in ihrem Notizbuch fest. Wie Wilde glaubte die Schriftstellerin, dass »ein Verbrecher Fantasie und Mut haben muss«.[42]

So gesehen, überrascht es auch nicht, dass Ripley, Highsmiths berühmtester Verbrecher, Züge der Wildeschen Dekadenz aufweist. Wildes Dorian Gray, der schöne Aristokrat, der für immer jung bleibt, während sein Bildnis altert, ist der Ansicht, dass »der Mensch ein Wesen mit Myriaden Leben und Myriaden Gefühlsregungen, ein komplexes, vielgestaltiges Geschöpf [ist], das merkwürdige Vermächtnisse des Denkens und der Leidenschaft in sich [trägt]«.[43] Dorian sehnt sich danach, sich selbst zu verlieren und die Identität eines anderen anzunehmen; wie Ripley glaubt er: »Vielleicht fühlt man sich nie so wohl, wie wenn man eine Rolle spielen muss.«[44] Dorian ermordet Basil Hallward, den Mann, der sein verhextes Bildnis gemalt hat, und erpresst einen Freund, um die Leiche beiseite zu schaffen, aber schließlich meldet sich sein Gewissen, und er erleidet eine psychologische Krise, die seinen Tod zur Folge hat. Im Gegensatz zu Dorian ist Highsmiths Gentleman-Mörder immun gegen Schuldgefühle. Patricia Highsmith schildert sein gespaltenes Denken kurz bevor er Murchison ermordet: »Er sah, was recht und was unrecht war. Und dennoch war er in beiden Fällen gleichermaßen aufrichtig.«[45] Ripley ist wie Dorian ein Protégé von Wildes Lord Henry Wotton, der an absoluten Individualismus glaubt – ein Konzept, das sich im 20. Jahrhundert in den Existenzialismus verwandelte –, eben weil die gängigen Moralvorstellungen damit nicht vereinbar sind. Wie Lord Henry sagt: »Nach meiner Meinung ist für jeden kultivierten Menschen die Akzeptierung der Maßstäbe seiner Zeit eine Form krassester Unmoral.«[46] Bücher, die unmoralisch genannt werden, sagt Lord Henry an anderer Stelle, sind schlicht die

Werke, die der Welt das Bild ihrer eigenen Schändlichkeit vor Augen führen.

Die Maske der Ehrbarkeit und der scheinbar ewig jugendlichen Schönheit tragen beide, Ripley sowie Dorian; sie umgeben sich mit ästhetisch ansprechenden Gegenständen in dem Glauben, dass die Oberfläche und der Stil wichtiger sind als die Substanz. »Er hat einen Sinn für Ästhetik«, sagte Patricia Highsmith über Ripley, »und er mag hübsche Jungen und gut aussehende Männer ... Er mag gute Kleidung.«[47] Der ausschweifende Stil von *Das Bildnis des Dorian Gray*, die endlosen Aufzählungen von Düften, Stickereien, Kunstwerken, aufwändigen Dekorationen, Schmuck und Stoffen, war beeinflusst von Huysmans' *Gegen den Strich*, einem Buch, das Patricia Highsmith ebenfalls gelesen hatte. Ein fernes Echo beider Bücher klingt an in der semiotischen Überfrachtung von Highsmihts normalerweise transparenter Prosa, vor allem in ihren Beschreibungen von Essen und Trinken, dem Interieur von Räumen und den Details von Aussehen und Kleidung. Aber schließlich sind in Dorians und Ripleys Welt »Manieren wichtiger als Moral«.[48]

Das Konzept der Fälschung faszinierte auch Wilde, vor allem die Arbeiten von Thomas Wainewright und Thomas Chatterton, Männer, die den Triumph der trickreichen Kunstfertigkeit symbolisierten. Wilde schrieb in seinem Essay »Feder, Stift und Gift«, Wainewright sei ein »junger Dandy« gewesen, ein Kunstkritiker, Dichter, Maler und Giftmischer, der es wie Ripley vorzog, »jemand zu sein, als etwas zu tun. Er erkannte, dass das Leben selbst eine Kunst ist und seine Stilformen hat, genau wie die Künste, die es auszudrücken versuchen.«[49] Chatterton, der Dichter aus dem 18. Jahrhundert, der sein Talent benutzte, um jakobinische Stücke zu fälschen, und seinen Tod vortäuschte, indem er einen gefälschten Abschiedsbrief hinterließ, war 1888 Gegenstand eines Vortrags von Wilde. Er hielt ihn für einen großen Künstler aufgrund »seiner Sehnsucht, etwas darzustellen, und wenn eine vollkommene Darstellung Fälschung erforderte, dann fälschte er. Dennoch, diese Fälschung entstammte dem Wunsch künstlerischer Zurückhaltung.«[50]

Männer wie Wainewright oder Chatterton waren nach Wildes Ansicht selbst Kunstwerke, und auch Ripley kann so gesehen werden. Leer und wesenlos, ist er die vollkommene Verkörperung des modernen Menschen, als selbsterschaffene, selbstbestimmte, ständig sich verändernde, proteische Persönlichkeit lebt er in einer Welt, in der, wie Wilde sagt, das »Lügen, das Erfinden schöner, unwahrer Dinge ... das eigentliche Ziel der Kunst« darstellt.[51] Das Leben des Künstlers ist ein langer, schön gestalteter Selbstmord, eben weil es das Selbst negiert. So wie Patricia Highsmith sich vorstellte, sie wäre eine ihrer Figuren, so schlüpft Ripley in die Persönlichkeiten anderer und verwandelt sich dabei in ein »lebendes« Kunstwerk. Die Rückkehr in das »wirkliche Leben« nach einer Periode der Kreativität hat Niedergeschlagenheit zur Folge, eine Agonie, die Patricia Highsmith unmittelbar erlebte. Sie brachte diesen Schmerz in *Ripley Under Ground* mit einem von Bernard zitierten Satz aus Derwatts Notizbuch zum Ausdruck: »Für den Künstler gibt es keine Niedergeschlagenheit, es sei denn, er wendet sich seinem Ich zu.«[52]

24

Eine gegen alle

(1969–1970)

Patricia Highsmith wurde des Öfteren von den Rezensenten vorgeworfen, frauenfeindlich zu sein, insbesondere nach Veröffentlichung des Bandes *Kleine Geschichten für Weiberfeinde* – 1975 auf Deutsch und zwei Jahre später in England (in den USA erschien das Buch erst 1986). Der Kritiker und Dichter Tom Paulin attackierte Highsmith für ihre »dünne Sammlung misslungener Geschichten, in denen haarige, besitzergreifende oder überfruchtbare Frauen von ihren Männern umgebracht werden«.[1] Paulin warf ihr vor, ein perverses Vergnügen an der Brutalität zu haben, mit der die Frauen in ihren Geschichten ermordet wurden, und meinte, dass es falsch wäre, »diese Geschichten als indirekt feministische Satiren auf die Abhängigkeit der Frauen zu lesen«.[2]

Patricia Highsmith schrieb die meisten dieser bösen Geschichten zu Beginn des Jahres 1969. »Alle Frauen«, erklärte sie in einem Brief an Kingsley, »finden ein schreckliches, wohlverdientes Ende.«[3] Es sind anstößige Märchen, sie erzählen von Una, dem »lustigen« Höhlenweib, das reihum mit den Männern des Stamms ins Bett geht und von einer eifersüchtigen Ehefrau umgebracht wird; der Kokotte, zu Tode geprügelt von ihren Liebhabern, die ungeschoren davonkommen; der bürgerlichen Hausfrau, die eine Women's-Lib-Veranstaltung aufsucht, um dort ihre konservativen Ansichten zum Besten zu geben, und mit einer Konservendose erschlagen wird.

Das Thema Frauenfeindlichkeit entzweit nach wie vor die Highsmith-Kenner. 1985 argumentierte Kathleen Gregory Klein, dass »Highsmith vermutlich unbewusst die Hypothese von Frauen als den geeigneten Opfern von Mord oder anderen Gewalttaten bestätigt«[4], was Philippa Burton mit ihrer statistischen Untersuchung bestreitet, wonach in Highsmiths Werk mehr Männer als Frauen Opfer von Gewalttaten werden.[5] Aber was denken die Menschen, die Patricia Highsmith nahe standen? Hasste sie Frauen tatsächlich? »Wenn sie ein Mann gewesen wäre, würde ich behaupten, dass sie zweifellos frauenfeindlich war«, sagt ihre Freundin Barbara Roett. »Über Sex hat sie mit mir nur insofern gesprochen, als sie das Gefühl hatte, keine Frau zu sein, und nicht wusste, was Frausein eigentlich bedeutet.«[6] Diese Ansicht bestätigt die Schauspielerin Heather Chasen, die Highsmith in den sechziger Jahren kennen lernte. »Pat mochte Frauen nicht«, sagt sie. »Ich fand immer, dass sie wie ein Mann dachte und mit Männern besser zurechtkam als mit Frauen. Natürlich gefielen ihr Frauen, aber ich glaube nicht, dass Highsmith sie wirklich *mochte.*«[7] In einem Brief an Ronald Blythe vertrat sie die Meinung, dass Männer Frauen in vielerlei Hinsicht überlegen seien, vor allem weil sie, »was Sex anbelangt, geradeheraus sind und Sinn für Humor und manchmal eine unbekümmerte Einstellung haben, für die ich sie sehr bewundere. Frauen können so schwermütig und langweilig sein, wenn es um Sex geht, und sie sparen sich immer auf – warum und für wen?«[8]

Als Bettina Berch die Schriftstellerin 1984 nach ihrer Einstellung Frauen gegenüber fragte, gab Pat zu, dass sie die Frauenbewegung hasste, die von »jammernden, sich ständig über irgendetwas beklagenden« alten Vetteln angeführt werde.[9] Eine Frau, die heiratete, Kinder bekam und sich dann über die stumpfsinnige Plackerei beschwerte, konnte niemand anderem als sich selbst die Schuld dafür geben. »Hat sie das nicht vorausgesehen, als sie geheiratet und zwei Kinder bekommen hat, dass sie dann in der Falle sitzen würde?«, fügte Patricia Highsmith hinzu. »Deswegen langweilen mich Frauen …«[10] Als Feministinnen von ihr wissen wollten, ob sie diskriminiert worden sei, erwiderte sie: »Überhaupt nicht... Ich hatte einen Job, als ich einundzwanzig, zweiundzwanzig war, in New York ... Nie habe ich mich diskriminiert gefühlt. Und das lasse ich mir auch nicht einreden. Ich wurde von Männern nie schlecht behandelt.«[11]

Die Vorstellung von Frauen in einer Bibliothek entsetzte sie, den Gedanken, dass sie womöglich gleichzeitig menstruierten und lasen, empfand sie als ekelhaft. Der Schriftsteller Michael Kerr, ein Freund von Charles Latimer, erinnert sich, dass Patricia Highsmith ihm erzählte, sie würde »Männer in vielerlei Hinsicht vorziehen. Frauen, so sagte sie, seien schmutzig, körperlich schmutzig.«[12] In den frühen vierziger Jahren notierte sie, dass ihr eigenes Geschlecht »erbärmlich passiv«[13] sei und sie die intellektuellen Fähigkeiten von Männern wesentlich mehr bewundere und respektiere als die von Frauen. »Die Dummheit einer Frau, ihr Mangel an Fantasie, ihre kindliche, zurückgebliebene Grausamkeit sucht ihresgleichen im Tierreich. Die Energie der Männer ist von Natur aus konstruktiver und deswegen gesünder ...«[14]

Die Gefühle, die zu unterdrücken sie sich als junges Mädchen gezwungen hatte, machten die Sache noch komplizierter. In einem Gedicht von 1964, das sie für X, ihre verheiratete Freundin schrieb, spricht sie davon, dass sie ihre Gefühle für ihre Geschlechtsgenossinnen habe ersticken müssen und sie deswegen voller Bitterkeit und Groll aufgewachsen sei. Im Alter von sechzehn Jahren habe sie ein heterosexuelles Paar Hand in Hand auf der Straße gesehen und es beneidet. »Du sagst, ich hasse und liebe / Frauen, und du hast Recht. / Sie haben die Macht, mich zu verletzen.«[15]

Ihre ambivalenten Reaktionen auf ihr eigenes Geschlecht – ihre Idealisierung von Frauen und die damit einhergehende Feindseligkeit ihnen gegenüber – waren, so glaubt Vivien De Bernardi, Symptome einer breiter angelegten Misanthropie. »Kingsley sagte zu mir – und ich halte es für einen absolut passenden Ausdruck –, dass Pat gegen alle war. Egal, welche Gruppierung man erwähnte, Pat hasste sie. Sie sagte entsetzliche Dinge über alles und jeden, aber es war nicht persönlich gemeint. Sie ließ einfach Dampf ab, sie machte den Mund auf, und es kamen ungeheuerliche Dinge heraus. Es klingt grotesk, aber obwohl sie schreckliche Dinge sagte, war sie keine wirklich schreckliche Person.«[16]

Trotz ihrer widersprüchlichen Haltung Frauen gegenüber waren *Kleine Geschichten für Weiberfeinde* nicht als ernsthafter Angriff auf ihr eigenes Geschlecht gemeint; sie verstand sie als unterhaltsame Satiren. Während sie an den Geschichten arbeitete, für die sie 1977 zusammen mit dem Zeichner Roland Topor den Großen Preis des schwarzen Humors bekam, schrieb sie an Alex Szogyi: »Ehrlich, ich lache, bis ich auf dem Boden liege, ein Lachen, das einem gleichzeitig die Tränen in die Augen treibt … So nähere ich mich dem wahren Vergnügen eines Schriftstellers oder jeden anderen Künstlers, nämlich andere Menschen zu amüsieren …«[17] Ein paar Jahre später erwähnte sie gegenüber Barbara Ker-Seymer, dass zwei Geschichten, »Die Zuchtanstalt« und »Die bürgerliche Hausfrau«, auf Anekdoten beruhten, die ihre verheiratete Freundin X ihr erzählt hatte. Als sie X die Geschichten schickte, war ihre Exfreundin alles andere als begeistert. »Meine Frauenfeindlichkeit empfand sie immer als eine meiner weniger sympathischen Eigenschaften«, schrieb sie.[18] Patricia Highsmith blieb dabei, dass sie die Geschichten höchst erheiternd fand, aber X lehnte sie so sehr ab, dass sie Pat empfahl, die Sammlung nicht zu veröffentlichen. »Ich betrachte sie als Satiren, nicht als Zeugnisse von Frauenfeindlichkeit«, erwiderte sie.[19]

Patricia Highsmith beschäftigte sich mit ihrer Sexualität, seitdem sie ein junges Mädchen war, und schrieb sich oft eine männliche Identität zu. Aber ab dem Frühjahr 1969 wurde ihre nicht ganz ernst gemeinte Selbsteinschätzung, dass sie ein Mann in einem Frauenkörper sei, von außen bestätigt, als Fremde sie mit einem Mann zu verwechseln begannen. Obwohl sie langes Haar hatte und Lippenstift und Halsketten trug, hielten Kellner Patricia Highsmith in ihrer weißen Levi's Jeans an, wenn sie die Damentoilette betreten wollte, und sagten entgeistert: »Monsieur, nicht DIESE Tür.« Sie führte dieses Verhalten auf ihre großen Füße und dünnen Beine zurück, war aber deutlich davon beunruhigt. »Es trägt natürlich zu meiner derzeitigen Schizophrenie bei«, schrieb sie an Barbara Ker-Seymer.[20]

Sie litt wieder einmal unter Schlaflosigkeit – seit November des vergangenen Jahres war sie nicht mehr vor drei Uhr morgens eingeschlafen –, Einsamkeit und manischen Zuständen und hatte das Gefühl, verrückt zu werden. Aufgrund der französischen Bürokratie und dessen, was sie die Unzuverlässigkeit der Franzosen nannte, fühlte sie sich in einem kafkaesken Albtraum gefangen. In einem Interview mit einem französischen Journalisten sagte sie: »Ich komme mir hier vor wie Alice im Wunderland, es ist ein Land, in dem sich die Leute nicht an Verabredungen halten, lügen … aber ich werde diesen Kampf weiterkämpfen, obwohl ich ihn verlieren werde.«[21] Die Liaison mit ihrer Pariser Freundin Jacqueline war ein weiterer destabilisierender Faktor, und obwohl sie versuchte, innerlich Abstand zu wahren, ließ sich Patricia Highsmith erneut auf eine einseitige unbefriedigende Beziehung ein. »Ich bin ziemlich verliebt in sie«, schrieb sie an Alex Szogyi, »aber wie gesagt, ich versuche, ›Abstand zu halten‹, um mich selbst zu schützen.«[22] Als sie sich wegen einer Reihe von Interviews in Paris aufhielt und bei Jacqueline wohnte, brachte das ständige Klingeln des Telefons Patricia so auf, dass sie in die Küche stürmte, einen dreieinhalb Meter langen Vorhang herunterriss und in die Badewanne warf mit der Begründung, er sei schmutzig und müsse gewaschen werden. Jacqueline ertrug das exzentrische Verhalten ihrer Freundin nicht länger. »Jacky war so wütend, dass sie mich an den Haaren zog und mir ins Gesicht schlug … Trotzdem liebt sie mich merkwürdigerweise sehr. Sie hat mir einen Vortrag gehalten und mir gesagt, dass ich nicht mehr bei ihr wohnen darf.«[23]

Im April verarbeitete sie das Gefühl der Vereinsamung und der aufgespaltenen Identität in einer Geschichte über Schizophrenie unter dem Titel »One is a Number You Can't Divide«. Die Geschichte handelt von den Erfahrungen einer jungen Frau, Evelyn, die keinen Sinn im Leben erkennen kann. Nachdem sie die Verlobung mit ihrem Freund gelöst hat, sucht sie – vergeblich – einen Psychiater auf. Auf dem Rückweg von diesem Termin begegnet sie einer geheimnisvollen Frau, die sie dazu bewegt, weiterzumachen. »One is a Number You Can't Divide«, nicht zu Patricia Highsmiths Lebzeiten veröffentlicht, ist ein Ausdruck ihrer tiefsten Ängste und psychischen Konflikte sowie ihres unerschütterlichen Glaubens, dass sie durch die Liebe einer anderen Frau gerettet werden könnte. Trotz aller Gegenbeweise – die vielen unglücklichen Liebesaffären und ihre Unfähigkeit, mit jemandem zusammenzuleben – ließ sie sich von der Überzeugung nicht abbringen, dass sie eines Tages doch das Glück finden würde. Aber wie viele ihrer Beziehungen gründete auch diese Überzeugung auf Illusionen, war zerbrechlich und flüchtig. »Meine Selbstachtung hält nicht länger als vierundzwanzig Stunden«, notierte sie.[24]

Kaum hatte Patricia Highsmith sich von der bleischweren Müdigkeit erholt – der Verzehr von rohem Rindfleisch verlieh ihr angeblich Energie über Nacht –, als sie eine knochenharte Zyste im Hals bekam. Im April reiste sie nach London, wo ein Schilddrüsenfibrom diagnostiziert wurde, dessen Entfernung einen Krankenhausaufenthalt erforderte. Zudem meinte sie, an sich die ersten Anzeichen der Wechseljahre und Symptome eines Magengeschwürs festzustellen, und schrieb an Barbara Ker-Seymer, dass sie »seit Juni 1967 unter tumorhaften mentalen Bedingungen lebe«.[25]

Da sie ihr Theaterstück *When the Sleep Ends* langweilte und frustrierte, teilte sie in London Martin Tickner mit, er könne getrost einen anderen Schriftsteller engagieren, wenn er möchte, und damit schied sie aus dem Projekt aus. Über Charles Latimer lernte sie außerdem die Schriftstellerin Shelagh Delaney kennen. Patricia Highsmith meinte, dass das Treffen glatt verlaufen wäre, und beschrieb die Autorin von *Bitterer Honig* als freundlich, aber Latimer hat eine vollkommen andere Erinnerung an die Begegnung. »Ich dachte, es würde ein interessantes Zusammentreffen, aber es war ein Albtraum. Sie kamen überhaupt nicht miteinander zurecht, vor allem wegen Pats lähmender Schüchternheit. Es war zum Davonlaufen.«[26]

Da sie das Haus in Earl Soham unbedingt verkaufen wollte, bat Pat Daisy Winston, aus Amerika herüberzufliegen und ihr dabei zu helfen, das Haus in einen verkaufbaren Zustand zu bringen. Die vier Tage Arbeit zahlten sich aus, und im Mai erhielt sie ein Angebot über 3000 Pfund, musste sich schließlich jedoch mit 500 Pfund weniger zufrieden geben. Im selben Monat gab sie auch ihr Haus in Samois-sur-Seine zur Versteigerung frei.

Zurück in Montmachoux, das sie spaßhaft »Mount my Shoes« nannte, erhielt Patricia Highsmith einen Brief von Daisy, in dem diese ihr ihre Liebe gestand. Leider fand Pat Daisy nicht mehr attraktiv; sie räumte ein, dass sie wohl ihr Leben lang dazu verdammt war, sich in Frauen zu verlieben, die schlecht für sie waren. »Mein Glücksspiel, mein Laster, meine Falle, mein Unheil ist eine Frau, die nicht ganz aufrichtig ist…«, schrieb sie in ihr Notizbuch. »Dasselbe gilt für das Schreiben, das Böse ist das Attraktive. Nicht, dass ich mich in diesem Bild als die ›Gute‹ betrachte.«[27]

Sie stellte fest, dass sie »zunehmend misanthropisch [wurde] … eine alte Tendenz, die jetzt im Alter stärker wird«.[28] Sie war achtundvierzig Jahre alt und begann, auch aufgrund ihrer gesundheitlichen Probleme über ihre eigene Sterblichkeit nachzudenken. Sie räumte ihren Schreibtisch auf und fand drei Schachteln mit Farbbändern für ihre Schreibmaschine, genug für den Rest ihres Lebens. Der Gedanke deprimierte sie so sehr, dass sie versucht war, eine Schachtel wegzuwerfen.

Nachdem sie *Ripley Under Ground* fertig gestellt und erfahren hatte, dass die Geschichtensammlung *Der Schneckenforscher* von Doubleday im Sommer 1970 in den USA und von Heinemann in England (unter dem Titel *Eleven*) veröffentlicht werden sollte, fühlte sie sich optimistisch im Hinblick auf ihre Arbeit. Im Juni erhielt sie den Auftrag, ein Feature über Billy Wilders Film *Das Privatleben des Sherlock Holmes* zu schreiben (das im November in der Zeitschrift *Queen* erschien), und erfuhr, dass sie 10 800 Dollar für eine Filmoption auf *Der Geschichtenerzähler* und 2000 Dollar Vorschuss für *Der Schneckenforscher* bekam, von dem in der ersten Woche nach Erscheinen in Amerika viertausend Exemplare verkauft wurden. Sie war zuversichtlich, dass Graham Greene für *Der Schneckenforscher* ein Vorwort schreiben würde – wenn nicht, dachte sie an Arthur Koestler als Ersatz –, hörte jedoch im November, dass Greenes Agent 500 Dollar verlangte, Doubleday aber nur 100 Dollar zahlen wollte, und beschloss, für den Differenzbetrag selbst aufzukommen.

Den Rest des Jahres wurde sie von gesundheitlichen und häuslichen Problemen heimgesucht. Zuerst litt sie unter Zahnschmerzen und musste sich von Zahnärzten in London fast alle Zähne im Unterkiefer ziehen lassen, und anschließend hatte sie Grippe. Im November wurde ihr Volkswagen am Bahnhof von Montereau gestohlen, und im Dezember, als sie aus London zurückkehrte, wo ihr ein weiterer Zahn gezogen worden war, musste sie feststellen, dass ihre geliebte sieben Jahre alte Siamkatze Sammy gestorben war. Sie fand sie »noch nicht ganz totenstarr«, war »gelähmt« vor Schock und litt unter einem »Kummer, den selbst wohlmeinende Freunde nicht verstehen können«.[29] Sie hatte keine Ahnung, woran die Katze gestorben war, vermutete jedoch, dass Nachbarn sie vergiftet hatten. Dafür hatte sie allerdings keine Beweise.

Angesichts einer weiteren Depression suchte Patricia Highsmith erneut Zuflucht in Fantasien und träumte von einer Affäre mit der Schauspielerin Anne Meacham, von der sie ein Foto in einer Zeitschrift gesehen hatte. Nach den Katastrophen der zurückliegenden Jahre glaubte sie, dass der Rückzug in romantische Fantasien der sicherste Ausweg sei. Sie ließ die gescheiterten Beziehungen der letzten fünf Jahre Revue passieren und kam zu dem Schluss: »Die Moral der Geschichte ist: bleib allein. Eine intime Beziehung sollte nur im Kopf stattfinden, so wie jede Geschichte, die ich schreibe, erfunden ist. Auf diese Weise kann niemand Schaden nehmen, weder ich noch irgendein anderer.«[30]

Während sie das Bild der Schauspielerin betrachtete, dachte Pat, dass ihr neues Idol intensiv, neurotisch und voller sexueller Energie sein müsse, eine Kombination, die sie unwiderstehlich fand. »Seitdem ich mich in Lynn Roth verliebte, habe ich kein so bezauberndes Gesicht mehr gesehen ...«, schrieb sie um ein Uhr morgens am 14. November an Alex Szogyi. »Wahrscheinlich ist sie verheiratet und hat zwei Kinder. Das ist mein Schicksal.«[31] Da sie nicht schlafen konnte, verfasste sie noch in derselben Nacht ein Gedicht an die Schauspielerin, in dem es hieß: »Komisch, dass ich meine ganze Energie dir widme. / Gelächter und Schmerz. Nimm mich. Denn ich werde dich nehmen.«[32]

Barbara Roett erinnert sich, dass Patricia Highsmith jahrelang einen Zeitungsartikel über Anne Meacham in ihrer Brieftasche mit sich trug. »Eines Tages aß sie mit Freunden zu Abend, und sie erwähnten die Schauspielerin im Gespräch. Pat sagte sofort: ›Oh, sie ist die Liebe meines Lebens!‹ Ihre Freunde erzählten ihr, dass sie im selben Haus über ihnen wohnte, dass sie sie gut kannten, und da wurde Pat blass vor Entsetzen. Sie wäre lieber davongelaufen, als sie kennen zu lernen.«[33]

Als das Jahr zu Ende ging, fühlte sich Patricia Highsmith von Frankreich enttäuscht, das sie ursprünglich als Land voller Möglichkeiten angesehen hatte. Jetzt empfand sie die Franzosen als unhöflich, unaufrichtig und nicht vertrauenswürdig; sie hasste das laute Verhalten ihrer portugiesischen Nachbarn, die Geräusche machten, als wären sie quiekende Schweine, über die man heißes Wasser geschüttet hatte, und Sammys Tod war der letzte Schlag. Sie beschloss, dass sie Abwechslung brauchte. »Ich habe in Frankreich viel gelernt«, schrieb sie Alex, »und ich werde nie wieder die Alte sein.«[34]

Anfang Februar 1970 flog Patricia Highsmith nach New York, um einer Einladung Rosalind Constables nach Santa Fe nachzukommen und weil sie mit dem Gedanken spielte, nach Amerika zurückzuziehen. In Manhattan stieg sie im Chelsea Hotel in der 23. Straße für 14 Dollar die Nacht ab, und drei Wochen später reiste sie weiter nach

Fort Worth, um ihre Familie zu besuchen. Die zehn Tage im Haus in der Martha Lane waren eine Katastrophe, da alle Spannungen aufbrachen, die während der letzten Jahrzehnte unterdrückt worden waren. Mary warf ihrer Tochter eine besonders grausame »Foltermethode« vor [35], während Pat der Ansicht war, dass Marys manisch-depressiver Zustand für die Probleme verantwortlich war. Pat, die an den Korrekturen von *Ripley Under Ground* arbeitete und befürchtete, sie würde den Abgabetermin (31. März) nicht einhalten können, fühlte sich von den Geräuschen des Fernsehers und der – in ihren Augen – unordentlichen Umgebung gestört, und dann organisierten ihre Eltern obendrein eine Party, um ihren Besuch zu feiern. Bei dieser Gelegenheit fragte sie der Pfarrer, ob es stimme, dass sie ein Buch unter einem Pseudonym veröffentlicht habe. »Wer hat Ihnen das erzählt?«, fragte Pat, entsetzt, dass jemand von *The Price of Salt* wusste. »Ihre Mutter«, antwortete der Pfarrer.

Patricia Highsmith war außer sich. Als *The Price of Salt* 1952 erschien, erzählte sie ihrer Mutter nichts davon, aber Mary entdeckte das Geheimnis ihrer Tochter, als sie 1956 in Patricias Wohnung in der 56. Straße zu Gast war. »Würde es nicht jedem Idioten einleuchten, dass eine Person (die Autorin) nicht will, dass die Öffentlichkeit davon erfährt, wenn sie ein Buch unter anderem Namen veröffentlicht?«, schrieb Pat ihrem Stiefvater Stanley. [36]

Aufgebracht über die »unmenschliche Behandlung« [37] seitens ihrer Tochter, fragte Mary ihre Freunde, was mit Pat nicht stimme, und erhielt unter anderem die Antwort, dass sie wohl eifersüchtig auf ihre Mutter sei. »Meine Ärzte sagen, dass ich tot wäre, wenn du noch drei Tage länger geblieben wärst …«, schrieb Mary an Pat. »Die Schulen, das College, Europa und deine Intelligensia-Freunde [*sic*] haben dir keine Kultur beigebracht … Du hast einmal geschrieben ›Die eigene Familie zu besuchen ist die Hölle.‹ So ist es, denn du sorgst dafür … Sei nicht böse, wenn ich nicht mehr schreibe – ich wünsche dir alles Gute. Ich habe es mit all meiner Kraft versucht und bin gescheitert.« [38]

Nach den aufwühlenden emotionalen Gewalttätigkeiten in Fort

Worth war Patricia Highsmith erleichtert, als sie Anfang März zu Rosalind Constable nach Santa Fe fuhr. Ursprünglich hatten die beiden Frauen vorgehabt, zwei Monate in Santa Fe zu bleiben und dann mit Rosalinds Karmann Ghia nach Los Angeles und dann zurück nach New York zu fahren, aber Rosalind beschloss, ihr Auto zu verkaufen. Stattdessen mieteten sie im *La Posada Inn* zwei große Suiten mit Küche für 9 Dollar pro Tag, und Pat traf Mary Louise Aswell und Agnes Sims zum Essen. Sie empfand die Ruhe von Santa Fe als Segen, und bald schloss sie die Überarbeitung des zweiten Ripley-Buchs ab.

Patricia Highsmith hatte Santa Fe als neues Zuhause ins Auge gefasst, aber offenbar überlegte sie es sich anders während ihres Aufenthalts. »Meine Idee, nach Amerika zurückzukehren, bedeutet, dass ich mich die nächsten paar Jahre (professionell) werde ins Zeug legen müssen«, schrieb sie an Ronald Blythe aus Santa Fe. »Vielleicht ist es keine schlechte Idee, weil ich in den letzten neun Jahren zu sehr als Einsiedlerin gelebt habe.«[39]

Mitte März flog sie zurück nach New York, von wo aus sie nach New Hope weiterfuhr, um Daisy und Rockland County zu besuchen, einen Ort, den sie ebenfalls für ein neues Zuhause in Betracht zog. Ende des Monats war sie in Sneden's Landing, Palisades, einem weiteren potenziellen Wohnort, aber die Scheune, die sie einst gemietet hatte, war zwei Jahre zuvor niedergebrannt. Ihre Idee, nach Amerika zurückzukehren, löste sich in Luft auf, und als sie im April nach Frankreich flog, beschloss sie, in das von Montmachoux achtzehn Kilometer entfernte Moncourt zu ziehen, in das Haus neben dem ihrer Journalistenfreunde Mary und Desmond Ryan.

Bevor sie New York verließ, wohnte sie in einem Hotel am nördlichen Ende des Washington Square. Dort hatte sie die Idee für eine Geschichte, die aus der Perspektive eines Kakerlaken geschrieben war und 1975 unter dem Titel »Aufzeichnungen eines achtbaren Kakerlaken« in dem Band *Kleine Mordgeschichten für Tierfreunde* erschien. »Die Kakerlaken waren auf ihre Art wesentlich anständiger als die Hotelgäste«, schrieb Patricia Highsmith über ihren kurzen

Aufenthalt in dem heruntergekommenen Hotel.[40] Manhattan empfand sie auf deprimierende Weise als erhellend – »es öffnet einem die Augen, für die Zukunft möglicherweise«[41] –, das High-School-System erschien ihr als ein Scherbenhaufen. »Alle New Yorker High-School-Lehrer müssen jetzt Grundkenntnisse in Geburtshilfe haben«, schrieb sie an Arthur Koestler.[42]

Der Rest des Jahres wurde überschattet von den zunehmend gehässigen Briefen ihrer Mutter, die ihre Tochter nicht nur kritisierte, sondern auch Pats leiblichen Vater Jay B. angriff, dem Pat *Lösegeld für einen Hund* widmen sollte. Im Juni war Patricia Highsmith der brieflichen Attacken ihrer Mutter so überdrüssig, dass sie Stanley bat, er möge Mary veranlassen, ihr nicht mehr zu schreiben. Wenn sie es dennoch täte, würde sie ihre Briefe nicht mehr öffnen, sondern sie zurückschicken. Im August verteidigte ihr Stiefvater seine Frau in einem Brief vehement, und Pat verstand nicht, warum er Marys wahren Charakter, »ihre Feigheit, ihre Ausflüchte, ihre Arroganz, ihre Dummheit«[43] nicht sehen wollte. Mary weigerte sich zudem zuzugeben, dass sie bei der Entwicklung der Sexualität ihrer Tochter eine Rolle gespielt hatte. »Sie leugnet jegliche Verantwortung für meinen Charakter oder, um es deutlich zu sagen, dafür, dass ich lesbisch bin«, schrieb sie an Alex. »Nicht, dass ich es ihr vorwerfe. Wir haben alle damit unseren Frieden gemacht, dass wir homosexuell sind, und wir wollen es auch gar nicht anders. Aber sie weigert sich einzusehen, dass ihr chaotisches Eheleben etwas damit zu tun hatte. Unnötig zu erwähnen, dass sie sich für einen Engel hält und mich für ein gefährliches altes Miststück.«[44]

Die Briefe, die Pat mit Stanley im August und September wechselte, sind Schlüsseldokumente, die in einem autobiografischen Rahmen Themen aus ihren Büchern diskutieren. Patricia Highsmith war sich über die Bedeutung dieser Briefe im Klaren; später erklärte sie Kingsley, das fünfzehnseitige psychologische Selbstporträt wäre »gut für einen Biografen, das versichere ich dir«[45], und 1974 riet ihr ihre Freundin Mary Sullivan, sie als Rohmaterial zu benutzen für den Versuch, den großen amerikanischen Roman zu schreiben.

Am 23. August schrieb Stanley schweren Herzens an seine Stieftochter: »Wie sehr ich gehofft habe, es würde nicht so weit kommen, dass ich auf deine letzten Seiten antworten muss.« [46] Als Erstes sah er sich gezwungen, die Annahme seiner Stieftochter, sie würde das Haus ihrer Großmutter in Fort Worth, 603 West Daggett Avenue, erben, richtig zu stellen. Das Haus, so erklärte er, war Mary und ihrem Bruder Claude hinterlassen worden; es war nie erwogen worden, dass sie einen Anteil an den 30 000 Dollar bekäme, für die es verkauft worden war. Es falle ihm schwer zu glauben, wie sich Pat bei ihrem nicht lange zurückliegenden Besuch in Fort Worth verhalten habe. Er wundere sich über ihre Grausamkeit. »Als du wieder weg warst und ich gesehen habe, was du ihr [Mary] angetan hast, bedauerte ich sehr, dass ich nicht eingeschritten bin und dich aufgehalten habe. Du würdest mich und vielleicht auch dich mehr respektieren. Mary war jederzeit bereit, dich mit Liebe und Freundlichkeit aufzunehmen, und ich ebenfalls. Du hast auf vollkommen respektlose Weise mit ihr gesprochen und ihr ständig unhaltbare Vorwürfe gemacht. Sie beging den Fehler, mit dir zu streiten und die Beschuldigungen zurückzuweisen, statt sich umzudrehen und den Raum zu verlassen. Einmal hat sie das aber getan, und dann hast angefangen, die Küche kurz und klein zu schlagen. Du hast wie eine Wahnsinnige einen Karton mit Milch an die Wand geworfen und die Jalousientür eingeschlagen.« [47]

Ein paar Tage nach der Ankunft ihrer Tochter war Mary so nervös, dass sie sich nach jeder Mahlzeit übergeben musste, »nicht weil sie krank war, sondern weil du sie so schlecht behandelt hast«.[48] Stanley glaubte, dass das Verhalten seiner Stieftochter durch Alkohol bedingt sei, da er wusste, dass sie zu anderen Zeiten in der Lage war, Liebe und Zuneigung zu zeigen. Er erinnerte sich auch an einen früheren Vorfall während Marys Besuch in Pats Wohnung in der 56. Straße in New York. Mary kaufte französisches Gebäck in der Hoffnung auf eine nette Unterhaltung, aber Pat verhielt sich eisig. »Da kein zufrieden stellender Austausch zustande kam, blieb sie in der Küche, putzte und schrubbte das Bad oder bügelte, bis es Zeit war zu gehen.«[49]

Mary hatte Marc Brandels autobiografischen Roman *The Choice* gelesen, in dem er auch seine Beziehung zu Patricia Highsmith beschreibt, und sie kam zu dem Schluss, dass ihre Tochter beabsichtigt hatte, ihn zu ruinieren. »Sie [Mary] glaubt, dass er dich mit einer Zärtlichkeit liebte, die du für ihn nicht aufbringen konntest oder wolltest.« Stanley war der Ansicht, dass die Briefe seiner Stieftochter an seine Frau voller Lügen waren. »Ein Ende deiner Ungerechtigkeit und der verlorenen Jahre ist nicht abzusehen, doch du wirst deine Mutter nicht immer haben«, schrieb er.[50]

Kaum hatte sie den Brief erhalten, antwortete Pat. Sie erwähnte die Zurückweisung ihrer Mutter, als sie zwölf Jahre alt war, die Verwirrung hinsichtlich ihres Nachnamens, den Abscheu ihrer Mutter, weil ihre Tochter lesbisch war, ihre Beziehung zu Marc Brandel, die Analyse, der sie sich unterzog, um heterosexuell zu werden. Am Ende dieses Herzensergusses, verfasst am 29. August und 1. September, schrieb sie: »Ich spiele nicht die Märtyrerin. Im Gegenteil, ich frage mich, was meine Mutter so furchtbar an mir findet. Ich war nicht im Gefängnis, ich nehme keine Drogen, ich hatte bislang keine Autounfälle, keine gescheiterten Ehen, keine unehelichen Kinder, ich verdiene gut und verdiene meinen Lebensunterhalt – ich stehe sogar in *Who's Who*.«[51]

Im November wandte sich Patricia Highsmith noch einmal an Stanley, betonte nachdrücklich, dass sie keine bissige Post mehr von ihrer Mutter bekommen wollte. Sie sei überzeugt, sie würde innerhalb eines Jahres sterben, müsste sie mit ihr zusammenleben. Außerdem schickte sie ihren Eltern eine Versicherungspolice, die ihre Großmutter Willie Mae auf Pat hatte ausstellen lassen, als sie ins College ging. »Mit diesem Geld will ich nichts zu tun haben, und wenn du mir die entsprechenden Papiere schickst, werde ich sie sofort unterschreiben und das Geld (600 Dollar oder was auch immer) dir und meiner Mutter überlassen.«[52]

Zwei Wochen nachdem er diesen letzten Brief erhalten hatte, starb Stanley Highsmith an den Nebenwirkungen der Behandlung der Parkinsonschen Krankheit. Er war seit drei Tagen im Krankenhaus, als eine Arterie in seinem Bauch platzte. »Natürlich bin ich besorgt, wie es meiner Mutter ergehen wird«, schrieb sie nach Stanleys Tod an Kingsley, »nicht so sehr finanziell wie emotional.«[53] Obwohl Mary ihrer Tochter im Dezember einen liebevollen Brief schrieb, sich nach ihrer neuen Katze Tinkerbell erkundigte und mit »Gute Nacht und alles Liebe, Mutter« den Brief beendete, war Patricia Highsmith klar, dass sie sich nicht um sie würde kümmern können, weil ihre Beziehung völlig zerrüttet war. »Meine Mutter gehört zu der Sorte, die einen Schuss aus einer Schrotflinte abfeuern und sich dann wundern, warum manche Vögel tot sind, andere verletzt und der Rest erschrocken davonfliegt. ›Warum kommen die Vögel nicht zurück?‹ Ich bin mehrmals zurückgekommen, und immer wieder hat sie auf mich geschossen.«[54]

Auch Anfang 1971 erhielt Patricia Highsmith noch gehässige, vorwurfsvolle Briefe von ihrer Mutter. »Ich habe 800 Dollar für Stanleys Beerdigung bezahlt plus 65 Dollar für ein Gebinde aus gelben Rosen für seinen Sarg«, schrieb Mary. »Du hast dich mit keinem Cent beteiligt. Deswegen habe ich alles bezahlt. Du hast nicht mal Blumen geschickt. Aber du hast immer so getan, als würdest du ihn lieben.«[55] Bisweilen empörte sich Mary so sehr über die Briefe ihrer Tochter, dass sie sie an Pat zurückschickte, mit Anmerkungen und wirren Kritzeleien versehen. Pat benutzte diese Briefe als Notizzettel, schrieb Telefonnummern neben und über die handschriftlichen Anmerkungen. Die Fehde zwischen Mutter und Tochter erregte beide Frauen, doch trotz gegenteiliger Beteuerungen setzten sie die boshafte Korrespondenz fort. »Wie Stanley immer gesagt hat«, schrieb Mary im Februar, »du kannst fließend etwas Falsches formulieren …«[56]

Name: Ismael

(1970–1971)

Patricia Highsmith empfand das Jahr 1968 als »schockierend« und 1969 als »katastrophal«.[1] Obwohl sie sich damit auf ihr eigenes Leben bezog, hätte sie mit denselben Worten die umwälzenden Ereignisse beschreiben können, die auf der Ebene internationaler Politik stattfanden, insbesondere Amerikas zunehmend dominante Rolle im Weltgeschehen. Der Optimismus der frühen sechziger Jahre – das Versprechen eines neuen Idealismus – war vergiftet von dem fortdauernden Krieg in Vietnam und dem Gefühl, dass die Gesellschaft, vor allem in urbanen Zentren, gespalten war und traditionelle Strukturen kurz vor dem Zusammenbruch standen. Richard M. Nixon, der Republikaner, der unter Eisenhower Vizepräsident gewesen war und 1968 mit 43,4 Prozent – dem geringsten Stimmenanteil seit 1912 – zum Präsidenten gewählt worden war, repräsentierte das alte traditionelle Amerika in erschreckend anarchischen Zeiten. Die Gegenkultur – Drogen, politische Rebellion, nie da gewesene sexuelle Freiheiten – drohte etablierte Hierarchien zu stürzen, da immer mehr Gruppen und Koalitionen ihren Zorn lauthals zum Ausdruck brachten. Im April 1968 besetzte eine Gruppe Studenten das Büro des Präsidenten der Columbia University, Highsmiths Alma Mater. Im folgenden Jahr mussten 448 amerikanische Universitäten entweder schließen oder wurden von streikenden Studenten besetzt, die ihre Unzufriedenheit mit dem akademischen Betrieb artikulierten, eine neue Zulassungspolitik und neue Lehrmethoden forderten; im Juni kam es in New York zu Ausschreitungen, nachdem die Polizei versucht hatte, die Homosexuellen-Bar *Stonewall* in Greenwich Village zu schließen. In dem Bestreben, die Ordnung wiederherzustellen, behauptete Nixon, dass die Radikalen eine Minderheit darstellten; die nicht protestierende schweigende Mehrheit sei viel wichtiger. Er ließ verlautbaren, dass Drogen, Verbrechen, Studenten- und Rassenunruhen sowie Kriegsdienstverweigerung die gesellschaftlichen Standards, ja die Zivilisation gefährdeten.

Nixon büßte jedoch an öffentlichem Ansehen ein, als er im Mai 1970 beschloss, Kambodscha anzugreifen. In der Ansprache, in der er die Bombardierung des Nachbarlandes von Vietnam rechtfertigte, erklärte Nixon der Welt, dass die USA eine mächtige, seit dem Inkrafttreten ihrer bundesstaatlichen Verfassung am 21.6.1788 noch nie besiegte Nation seien und sowohl in Vietnam als auch in Kambodscha den Sieg davontragen würden. Amerika würde nicht gedemütigt werden, sagte er, und es würde sich auch nicht wie ein bedauernswerter hilfloser Riese verhalten. Patricia Highsmith glaubte kein Wort dieser leeren Rhetorik. »Das Bild Amerikas ist so entsetzlich, dass es einem die Sprache verschlägt«, schrieb sie am 24. Mai an Ronald Blythe.[2] Eine Gallup-Umfrage ergab, dass die Hälfte aller Amerikaner den Angriff auf Kambodscha befürwortete – 35 Prozent waren dagegen –, aber die Studenten und radikalen Elemente waren außer sich. Die Nationalgarde, die gerufen worden war, um eine Demonstration an der Kent State University unter Kontrolle zu halten, erschoss versehentlich vier Studenten, darunter zwei Frauen, die auf dem Weg zu einer Veranstaltung waren. Die Nachrichten heizten die aufgeladene Stimmung der Nation noch weiter auf: Vierhundert Universitäten schlossen, und zwei Millionen Studenten erklärten, sie würden streiken. »Endlich halten sie IMPEACH-NIXON-Plakate hoch«, schrieb Highsmith an Ronald Blythe. »Er ist der unbeliebteste Präsident seit Hoover, der das Pech hatte, die USA 1929 in die Weltwirtschaftskrise zu führen.«[3]

In diesem Klima der Unruhe und Rebellion begann Patricia Highsmith an einem ihrer politischsten Romane zu arbeiten, *Lösegeld für einen Hund*. Es geht um die Folgen der Entführung eines Pudels namens Lisa, der einem kinderlosen wohlhabenden Paar in Manhattan gehört, Ed und Greta Reynolds. Der Entführer, Kenneth Rowajinski, ein aufgrund eines Betriebsunfalls frühpensionierter humpelnder Bauarbeiter und Verfasser von anonymen Drohbriefen, verlangt tausend Dollar Lösegeld für den Hund, das die Reynolds auch zahlen. Allerdings ist der Hund längst tot; Kenneth hat ihn mit einem Stein erschlagen und in einen Abfalleimer geworfen. Ein vierundzwanzigjähriger Polizist, Clarence Duhamell, Cornell-Absolvent, wird auf den Fall aufmerksam und spürt den Entführer in seiner verdreckten Souterrainwohnung auf. Rowajinski überzeugt Clarence davon, dass er den Hund endgültig zurückgeben wird, wenn die Reynolds noch einmal tausend Dollar zahlen. Greta Reynolds war Highsmiths Freundin Lil Picard nachempfunden.

Patricia Highsmith begann im Mai 1970 an dem Buch zu arbeiten und schrieb in ihr Notizbuch, dass »anonyme Drohbriefe die traurigste, gemeinste Sache der Welt« seien.[4] Sie spielte mit der Idee, den Hundebesitzer über Sex mit dem Pudel nachdenken und die Vorstellung als widerwärtig und ekelhaft verwerfen zu lassen, entschied sich jedoch dagegen. Am 11. Juni begann sie zu schreiben, und Mitte August hatte sie 258 Seiten getippt. Es gab jedoch Schwierigkeiten. Das Thema des Buches war ihr zu Beginn nicht klar gewesen, und nach zwei Monaten wusste sie, dass sie den Anfang würde überarbeiten müssen. »Normalerweise entwickeln sich meine Bücher problemlos, was den Plot angeht«, schrieb sie an Alex Szogyi. »Vielleicht ist es ein schlechtes Zeichen, dass dieses es nicht tut. Meine Idee für den Plot ist in Ordnung, aber es schreibt sich einfach nicht von selbst.«[5] Sie gab zu, dass sie über Clarence schrieb, ohne einen New Yorker Polizisten persönlich zu kennen, dass sie keine Ahnung von technischen Dingen wie Waffenkaliber oder die Arbeitsweise von Polizeirevieren hatte. Sie wünschte, sie würde einen freund-

lichen Polizisten kennen lernen, damit sie ihm brieflich Fragen stellen und später »ein hübsches Geschenk als Gegenleistung für seine Informationen schicken« könnte.[6] Bis Februar 1971 hatte sie das Buch weitgehend geschrieben, wusste jedoch noch nicht, wie es enden sollte. »Ich wünschte, in meinem Kopf würde eine Explosion stattfinden, damit ich endlich entscheiden könnte, wie der Rest des Buchs aussehen soll«, schrieb sie an Ronald Blythe.[7]
Abgesehen davon, dass es ein unterhaltsamer Thriller ist, kann man das Buch auch als eine Studie über die Klassengesellschaft, über die Erfahrung der Einwanderer und die Instabilität der Gesetze lesen. Im August schrieb sie Ronald Blythe, dass sie Clarence als jemanden sah, »der gefangen ist zwischen konventionell oder unkonventionell und Anti-Establishment«.[8] Sie stellte sich vor, er wäre gegen den Vietnamkrieg, aber kein Bürgerrechtler, »nicht wirklich für die Schwarzen, die in US-Gerichtshöfen einen Mordskrach schlagen«[9], eine Position, die mehr oder weniger ihrer eigenen entsprach. Natürlich, so fügte sie hinzu, könne man in einem Roman über diese Dinge nicht dozieren – sie verabscheute Didaktik –, trotzdem sollte das Buch eine Analyse der amerikanischen Gesellschaft werden. Patricia Highsmith empfand wie Clarence New York als »eine widerliche Stadt«[10] und glaubte wie Ed, dass nur »der nackte Erwerbstrieb«[11] die Menschen hier zusammengeführt hatte.

Clarence Duhamells Untergang ist Folge seiner widersprüchlichen Einstellung zur Macht. Während seine Freundin Marylyn, eine freiberufliche Schreibkraft, an Anarchie und Chaos glaubt und die Polizei verachtet, sieht sich Clarence als politisch moderat, ist einerseits gegen den Vietnamkrieg, hält andererseits Gesetze für unerlässlich. Als er in Cornell Psychologie studierte, sprach er auf Veranstaltungen gegen den Krieg, weigerte sich jedoch, sich protestierenden Studenten anzuschließen, die die Büros und die Bibliothek der Fakultät stürmen wollten. Idealistisch wie er ist, geht er zur Polizei in der Hoffnung, die Welt zu verbessern; er nimmt eine, wie er meint, lohnende und befriedigende Karriere in Angriff, mit Freud, Dostojewski, Proust und Krafft-Ebing im Kopf. »Bei der

Polizei, hieß es, habe man heutzutage mit Abstand die größten Chancen, Kontakt zu seinen Mitmenschen herzustellen und verkrachte Existenzen – Einzelpersonen ebenso wie ganze Familien – wieder auf Erfolgskurs zu bringen.«[12] Als Rowajinski behauptet, der junge Polizist habe die Hälfte der zweiten Lösegeldforderung eingesteckt, beginnt Clarence, der von seinen Kollegen nicht gemocht wird, weil er studiert hat und sich nicht bestechen lässt, den Boden unter den Füßen zu verlieren. Hinausgeworfen von Marylyn, die von Rowajinski belästigt wurde, und wütend über seine Kollegen, insbesondere Manzoni, die an seine Schuld zu glauben scheinen, lässt er seinen Zorn an einem betrunkenen Passanten aus und schlägt ihn nieder – »Danach empfand er ein Hochgefühl wie nach einem echten Sieg«[13] –, ein Akt, der den wahnsinnigen Mord an Rowajinski vorwegnimmt. Als er im Fernsehen von dessen Tod erfährt, empfindet er kaum Schuldgefühle, aber bald wird ihm klar, dass er in jeder Hinsicht versagt hat, und er denkt an Selbstmord. Als Patricia Highsmith am Höhepunkt des Romans arbeitete, schrieb sie an Ronald Blythe, dass Clarence, obwohl er den Mord nicht gesteht, »in gewisser Weise ruiniert und geschwächt ist von den unvermeidlichen Schuldgefühlen. Und das zu illustrieren fällt mir (im Augenblick) so schwer.«[14]

Das Buch endet damit, dass Manzoni Clarence erschießt, ein weiterer Akt, der aus enttäuschten Machtgelüsten resultiert. Als er das Bewusstsein zu verlieren beginnt, denkt Clarence an alles, was hätte sein können – an seine Beziehung zu Marylyn, seine Zuneigung für Ed und Greta: »Ich habe es doch nur gut gemeint.«[15] Als Vertreter des Gesetzes begeht Clarence nicht nur selbst einen Mord, sondern wird auch noch von einem Kollegen umgebracht. Beides legt Chaos und Anarchie im Herzen des Rechtssystems nahe. Der Roman hebt die unausgesprochenen Spannungen und Widersprüche hervor, die unter der Oberfläche einer »zivilisierten« Gesellschaft brodeln, und weist darauf hin, wie schwierig es ist, als Einzelner im Kapitalismus zu bestehen, was Marylyn mit ihrer Ansicht über die Polizei exemplifiziert: »... lauter knallharte, korrupte, faschistoide Typen, die sich nicht zu schade waren, auch mal unbescholtene Bürger in die Zange zu nehmen, falls für sie was dabei raussprang«.[16] Marylyn und Greta versuchen, die Welt durch politisches Engagement zu ändern – beide gehen regelmäßig zu Protestkundgebungen, auf denen Greta Klavier spielt, Vietcong-Lieder und »The Battle Hymn of the Republic« singt –, aber Pat bezweifelt, dass man mit solchen Aktionen etwas erreichen wird. Wie sollte es möglich sein, die bestehende Weltordnung zu unterminieren, wenn so viele Menschen so desinteressiert sind – wie Eric, der Freund der Reynolds, der das Drama der Hundeentführung beobachtet, als ob er »das Ganze nicht in Wirklichkeit, sondern nur vor dem Fernseher miterleben« würde?[17] Was sollen politische Stellungnahmen bewirken, wenn die Bevölkerung in Apathie versinkt? Patricia Highsmith war nach wie vor höchst interessiert am politischen Weltgeschehen – sie las die *International Herald Tribune*, die *Sunday Times*, den *Observer* und mehrere wöchentlich erscheinende Nachrichtenmagazine –, aber sie wusste sehr wohl, dass sie längst keine politische Idealistin mehr war. »Mit zwanzig und dreißig ist es sinnvoll, politisch unliebsame Länder zu boykottieren (wie Spanien damals oder Griechenland jetzt)«, schrieb sie in ihr Notizbuch und bezog sich damit auf den Militärputsch von 1967 und die Regierung Papadopoulos.[18] Dennoch zog sie im Januar 1970 in Erwägung, mit Rosalind Constable im Sommer eine Kreuzfahrt durch die Ägäis zu machen, ein Urlaub, der dann doch nicht stattfand.

Das Buch hat seine Schwächen – der Schluss ist unrealistisch, die Zufälle sind unglaubwürdig, die Dialoge bisweilen gestelzt –, trotzdem bietet *Lösegeld für einen Hund*, das – für die Autorin untypisch – aus mehreren Perspektiven geschrieben ist, einen tiefen Einblick in die damalige amerikanische Gesellschaft und ist ein Porträt der Trostlosigkeit. Gore Vidal, der später mit Highsmith korrespondierte, nannte sie eine der interessantesten Schrifstellerinnen dieses düsteren Jahrhunderts. »Meine schlechte Laune, was unsere Zeit anbelangte, entsprach ihrer«, schreibt er.[19]

In einem Essay über ihre Lieblingsschriftsteller bezeichnete Patricia Highsmith Saul Bellow »als in jeder Hinsicht guten und wahrscheinlich großen Schriftsteller«[20] und sein Buch *Mr. Sammlers Planet* von 1970 als sein bestes Werk. Sie pries den Roman für sein Porträt »eines Mannes und seiner Familie, die von Europa nach Amerika gehen, eine gebildete jüdische Großfamilie, die einen Kulturschock, Tragödien erlebt und sich tausend Gedanken über das Leben macht … Die Schilderung der Unterschiede zwischen europäischen und amerikanischen Werten in *Mr. Sammlers Planet* ist kaum zu übertreffen.«[21]

Sowohl Bellow als auch Highsmith bilden eine Welt ab, in der es von Zeichen und Symbolen nur so wimmelt, aber dieses Übermaß an Botschaften ist letztlich ohne Bedeutung. Die Menschen versuchen vergeblich, ihren raumzeitlichen Beschränkungen zu entkommen; sie streben nach materiellem Besitz und verlieren dabei jegliche Spiritualität. Der Mensch ist ein Mörder und zugleich von Natur aus ein moralisches Wesen, ein Widerspruch, der nur im Wahnsinn aufzulösen ist. Patricia Highsmith bewunderte Bellow, ebenso wie Joseph Conrad, für seine »moralische Einstellung«, dafür, dass ihm die Degeneration der Gesellschaft und des Individuums nicht gleichgültig war. »Manchmal kann ein Schriftsteller seine Geschichte mit einem Kommentar versehen, so wie Dickens es häufig tat. Vielleicht ist es das, worauf ich hoffe.«[22]

Während der Lektüre von *Mr. Sammlers Planet* fiel ihr eine Reihe von Fragestellungen auf, die sie ebenso beschäftigten wie Bellow: Wie ist es möglich, in einer zunehmend vom Konsum bestimmten Welt einen Sinn für die eigene Individualität zu bewahren? Was bedeutet es, mit der Welt verbunden zu sein? Wird man je verstehen, wie das Unbewusste unser Verhalten bestimmt? Und wie kann man als Europäer in einer Umwelt überleben, die von Amerika beherrscht wird? Sie war sich mit Artur Sammler, dem Protagonisten von Bellows Roman, einig, dass sie sich in einer immer vulgärer werdenden Welt nicht mehr wohl fühlte, sich vom Rest der Menschheit getrennt, wenn nicht gar abgeschnitten vorkam, weil sie sich mit völlig anderen Dingen beschäftigte.

Patricia Highsmiths Einschätzung von sich selbst als marginale Gestalt findet sich zu Beginn von Notizbuch 31, das die Jahre 1969 bis 1971 abdeckt. Dort schrieb sie »Name: Ismael«[23], womit sie auf die biblische Gestalt im ersten Buch Mose, den Sohn Abrahams, »ein wilder Mensch: seine Hand wider jedermann und jedermanns Hand wider ihn«, und den Erzähler von Melvilles *Moby Dick* Bezug nahm. Sie las das Buch mit vierzehn Jahren zum ersten Mal und zählte es wie Bellows *Mr. Sammlers Planet* zu ihren Lieblingsbüchern. Besonders gefiel ihr der Schluss des Buches, als Ismael die Zerstörung der Pequod durch den Wal überlebt, indem er sich an einen Sarg klammert. »Vielleicht hat Melvilles perverse Wendung (vor dem Ertrinken gerettet dank eines Sargs) beeinflusst, wie ich die Plots meiner Bücher anlege.«[24]

Abgesehen von der thematischen Ähnlichkeit zwischen *Moby Dick* und ihren Büchern – die symbiotischen Beziehungen zwischen Männern, die Macht der Obsessionen, die vergebliche Suche nach Sinn und die Geheimnisse, die das Bewusstsein umgeben –, fühlte sich Patricia Highsmith mit Ismael verwandt. Seit ihrer Kindheit liebte sie Bücher über das Meer und sah den Ozean wie Ismael als ein Symbol des Entkommens und der Selbsterneuerung. In einem Brief an Janice Robertson, ihre Lektorin bei Heinemann, schrieb sie: »Heute Abend fühle ich mich ungewöhnlich deprimiert, ohne zu wissen, warum, und ich wünschte, ich wäre auf hoher See …«[25]

Sie bewunderte Melville ebenso wie Poe und Hawthorne, weil er, wie sie 1942 in einem Aufsatz schrieb, »ein Synonym für literarische Rebellion und Unabhängigkeit ist«.[26] Das könnte auch eine Beschreibung ihrer Position sein: Wie Ismael war sie eine Geschichtenerzählerin und lebte im Exil. 1954, neun Jahre bevor sie von Amerika nach Europa zog, nannte Highsmith die USA »ein zweites Römisches Reich« und notierte, dass sie das Land eines Tages würde verlassen müssen, weil es nicht ihrer Natur entsprach, sich denen anzuschließen, die den Ton angaben.[27] Laut Frank Rich »machte sie aus der Ächtung durch den amerikanischen Mainstream und der daraus folgenden Neuerfindung ihrer selbst ein Lebenswerk«.[28] Sie war eine amerikanische Staatsbürgerin, die nicht mehr in den USA lebte und sich eine europäische Empfindlichkeit zugelegt hatte; eine Schriftstellerin, die sich die Klischees und Kunstgriffe des Thriller-Genres zu Eigen machte, nur um seine konventionelle Form zu unterminieren; eine Frau, deren Sexualität weder leicht zu kodifizieren noch genau definiert war.

Patricia Highsmith mag die Regeln des Geschäfts gelernt haben, als sie Comics schrieb, aber als Schriftstellerin weigerte sie sich, die Anforderungen des Genres zu erfüllen. »Ich kann nicht in einer bestimmten Richtung weiterschreiben, außer ich habe eine wirklich gute Idee«, erzählte sie Lucretia Stewart. »Mir kommt keine Idee, bloß weil jemand sagt, die Richtung stimmt. Das hat mir bei *Zwei Fremde im Zug* Sorgen gemacht, das heißt, eigentlich hat es mir keine Sorgen gemacht. Meine Agentin sagte: ›Schreib noch so ein Buch, eine Fortsetzung‹, wie eine Schlagkombination beim Boxen, aber mir ist nichts eingefallen. Stattdessen habe ich *Carol* geschrieben. Und danach ist mir in dieser Richtung nichts mehr eingefallen.«[29]

Obwohl sie sich um stilistische Prägnanz und leichte Lesbarkeit bemühte, hätte sie nie zugelassen, dass kommerzielle Aspekte ihre Arbeit beeinflussten, weswegen sie mehrmals pleite war, ihrer eigenen Aussage zufolge im Alter von neunundzwanzig, dreißig, dreiunddreißig und siebenunddreißig Jahren. Patricia Highsmith hasste die Vorstellung, die Psychologie in ihren Büchern zu reduzieren und stattdessen mehr Sex hineinzupacken, um den Verkauf anzukurbeln. »Ich denke, ein Roman ist immer psychologisch ... und ich werde nicht einfach Sex einbauen, nur um ein Buch besser zu verkaufen.«[30] Sie hasste das aggressive Marketing für Trivialliteratur und bezeichnete Bestseller wie *Der weiße Hai* und *Wurzeln* (*Roots*) als »vorübergehende Modeerscheinungen« und »Blödsinn«.[31] Sie war sich nicht zu gut, Geschichten zu schreiben, die ein bisschen »getrickst« waren (»You Can't Depend On Anybody«) oder »ein bisschen schnoddrig und keineswegs literarisch« (»Gleiches mit Gleichem«)[32], aber es wäre falsch, wie manche Kritiker zu behaupten, Patricia Highsmith hätte »schamlos für den Markt«[33] geschrieben, nur weil ihre Geschichten häufig in *Ellery Queen's Mystery Magazine* erschienen. Ihre Geschichten machten oft »die Runde bei gut zahlenden Zeitschriften in den USA«[34], bevor sie schließlich für je 300 Dollar bei *Ellery Queen* landeten. Geschichten wie »Keiner von uns« oder »Die Schrecken des Korbflechtens« wären ihrer Ansicht nach perfekt gewesen für den *New Yorker*, aber dort wurde sie zu Lebzeiten nicht publiziert. »Ironie des Schicksals!«, schreibt Kingsley. »Pat konnte tun, was sie wollte, sie brachte nie eine Geschichte im *New Yorker* unter. Erst nach ihrem Tod erschien dort eine ihrer unveröffentlichten Geschichten.«[35]

Laut Gore Vidal trug die Engstirnigkeit des Verlagswesens auch die Schuld an Highsmiths relativer Erfolglosigkeit in den USA. »Die amerikanische Literaturkritik nimmt nur in Kategorien wahr, deswegen wurde sie eigentlich erst rezensiert, als europäische Buchkritiker die Amerikaner darauf hinwiesen, dass Highsmith – oder [Georges] Simenon – zur Literatur zählen«, sagte er in einem Interview.[36] Kurz bevor *Ediths Tagebuch* in den USA veröffentlicht wurde, fragte Patricia Highsmith ihre Agentin, ob sie eine Publicity-Tour durch die USA unternehmen sollte. »In den USA ist es das nur wert, wenn man ins Fernsehen kommt«, schrieb sie. »Und meine Agentin hat geantwortet, dass nur Schund ins Fernsehen kommt, so merkwürdige Bücher wie *Der weiße Hai*, das Groteske, Bücher über Sex, Lebenshilfe ... Truman Capote hat so was immer gut gemacht. Aber ich war nie in Amerika, wenn ein Buch von mir erschien, um dafür zu werben. Es war mir die Mühe nie wert.«[37] Wie Craig Brown es ausdrückte: Capote verbrachte sein Leben damit, sein Image als Schriftsteller zu pflegen, während Highsmith ihr Leben lang schrieb. »Die Anerkennung der Welt ist unfair verteilt«, schrieb er.[38]

Aber sie klagte nicht; im Gegenteil, ihre Lektoren und Lektorinnen attestieren ihr Gründlichkeit, Professionalität und Liebe für ihren Beruf. »Sie war eine brillante Geschichtenerzählerin, eine hervorragende Stilistin, und sie ließ nie etwas offen«, sagt Larry Ashmead.[39] »Es war nie ein Problem, einen kleinen Fehler zu korrigieren«, erinnert sich Janice Robertson. »Aber es war keine kreative Partnerschaft. Pat wusste, was sie sagen wollte, und schrieb es von Anfang bis Ende auf. Das Manuskript traf bei Heinemann im Prinzip so ein, wie sie es haben wollte. Als sie mir im März 1972 schrieb, dass sie keine Ahnung hätte, wovon der neue Ripley handeln sollte, hatte ich nicht den Eindruck, dass sie mich um Hilfe bat.«[40] Robertson erinnert sich, dass Pat ihre Manuskripte auf ihrer alten Olympia-Schreibmaschine tippte, ein Arbeitsvorgang, der für sie integraler Bestandteil des Schreibprozesses war. »Ich wünschte, ich wäre die Art Schriftsteller (Simenon!), die ein Mskr. zu einer Schreibkraft bringen, aber so bin ich einfach nicht«, schrieb sie im Februar 1973 an Janice.[41]

»Sie war eine extrem gute Gesellschaft, schrullig und sehr großzügig«, fügt Robertson hinzu. »Als ich von Heinemann wegging, schenkte sie mir eine Geldbörse von Gucci. Viele Autoren sagten, dass sie mich vermissen würden, aber niemand sonst hat mir etwas geschenkt. Sie hatte nichts Großtuerisches, aber sie hat mir dieses schöne Geschenk gemacht, das ich immer noch habe. Sie hat ein ganz eigenes Genre entwickelt und war in jeder Hinsicht eine Individualistin.«[42]

Als Roger Smith 1972 Janice Robertson bei Heinemann als Highsmiths Lektor ablöste, war er stolz darauf, sie zu betreuen, da sie einer der geachtetsten Autoren des Verlags war. »Ich wusste, wenn ich radikale Vorschläge für nötig hielt, würde ich nicht weit kommen. Sie war dankbar für sorgfältiges Lesen, ich schlug eine kleine Umformulierung hier, die Korrektur kleiner Unstimmigkeiten dort vor. Ich erinnere mich, dass sie einmal ein Manuskript brachte mit den Worten: ›Hoffentlich sind nicht so viele Kleinigkeiten drin.‹ Da musste ich lachen, weil ich mein Leben lang nichts anderes tat, als ›Kleinigkeiten‹ auszubessern. Sie mochte Amerika nicht besonders, es war schwierig, sie dort zu promoten, und um ehrlich zu sein, in England war es auch nicht leichter.«[43]

Die Absatzzahlen von Heinemann belegen, dass 1970 von *Das Zittern des Fälschers* 6760 Exemplare verkauft wurden, von *Ripley*

Under Ground 6345 Exemplare zwischen dem Erscheinen des Buches im Januar 1971 und Oktober desselben Jahres. Für *Lösegeld für einen Hund* erhielt Patricia Highsmith einen Vorschuss von 1500 Pfund, und es wurde eine Auflage von 8000 Exemplaren gedruckt.[44]

Gary Fisketjon, Highsmiths Lektor zuerst bei The Atlantic Monthly Press und dann bei Knopf, erinnert sich, dass sie in den USA viele Jahre lang eine sehr unauffällige Autorin war. »Sie ließ sich nicht in eine Kategorie einordnen, kam jedoch der Kategorie Thriller verführerisch nahe, und was menschliches Handeln anbelangte, war sie zynisch, und das machte sie nicht gerade leserfreundlich.«[45] Auch dass sie von einem Land ins nächste zog, half nicht, »weil sie beweglich war in ihrem Leben und in ihrer Arbeit, sie ließ sich nicht festnageln«.[46] Larry Ashmead erklärt die Diskrepanz zwischen den guten Kritiken und den schlechten Verkaufszahlen ihrer Bücher in den USA, die nie über maximal 8000 Exemplaren pro Buch lagen. »Ihre Bücher wurden alle gut besprochen, häufig in wichtigen Zeitschriften und von namhaften Rezensenten. Sie hatte Fans, aber es waren nicht sehr viele, die ihr unverbrüchlich die Treue hielten ... Auf dem Massenmarkt kam sie nicht an, weil ihre Bücher zu düster waren, oft grausig, und der Leser musste sich konzentrieren ... Außerdem wollte sie ihre Bücher nicht promoten, und sie war alles andere als eine Medienpersönlichkeit ... Also, sie wurde eingehend und ernsthaft besprochen, verkaufte aber nur wenig. Das alles war sehr frustrierend, zumindest für mich, weil ich sie für eine außergewöhnlich gute Autorin hielt, für eine originelle Stimme und eine der besten Schriftstellerinnen, die wir je verlegt haben.«[47]

Ein Verleger, der Highsmiths Wert erkannte und vielleicht mehr als alle anderen tat, um sie als literarische Autorin durchzusetzen, war Daniel Keel, der Gründer des Diogenes Verlags in Zürich. Keel wurde auf Patricia Highsmith zum ersten Mal aufmerksam, als er in den frühen sechziger Jahren Hitchcocks *Verschwörung im Nordexpress* in einem kleinen Züricher Kino sah. Der Film faszinierte ihn so sehr, dass er bis zum Abspann sitzen blieb, um herauszufinden, ob es ein Originaldrehbuch oder eine Adaption war. »Ich las ›Nach einem Roman von Patricia Highsmith‹, und so habe ich sie gefunden«, sagt Keel.[48] Obwohl Rowohlt mehrere ihrer Romane auf Deutsch herausbrachte – beginnend 1961 mit *Der talentierte Mr. Ripley* –, überredete Keel die Autorin, zu Diogenes zu wechseln, wo 1967 als erstes Buch *Venedig kann sehr kalt sein* erschien. »Ich war sofort bereit, eine gebundene Ausgabe zu machen, deswegen habe ich die deutschen Rechte an Highsmith erworben, schließlich sogar die Weltrechte.«[49]

Es mag seltsam erscheinen, dass Patricia Highsmith, die selbstverständlich auf Englisch schrieb, sich von einem Schweizer Verleger vertreten ließ, aber sie respektierte und bewunderte Keel, den Fellini als einen Mann schildert, »der sich mit kreativen Kräften zu umgeben weiß. Er liebt seine Arbeit und gestattet seinen Künstlern, sich zu entfalten und zu entwickeln.«[50] Pat hielt ihn für »sehr freundlich«[51], »einen Darling«[52], und laut Kingsley »verdankte sie ihm eine Menge, er hat sie sozusagen gemacht«.[53] Keel war Highsmiths Fürsprecher, er machte ihren Namen nicht nur in deutschsprachigen Ländern bekannt – er nahm sie in seine 1974 ins Leben gerufene unverwechselbare gelb-schwarze Taschenbuchreihe auf, in der unter anderem Bücher von H. G. Wells, Joseph Conrad, Eric Ambler, Dashiell Hammett und Raymond Chandler erschienen, Autoren, die als *Crème de la crème* der Kriminalliteratur gelten –, sondern in der ganzen Welt. »Highsmith ist eine amerikanische Klassikerin, die eines Tages neben Edgar Allan Poe stehen könnte«, sagt er.[54]

Als sie auf die fünfzig zuging, hatte Patricia Highsmiths Misanthropie nahezu Swiftsche Ausmaße angenommen. Am 5. Januar 1970 vermerkte sie in ihrem Notizbuch, dass sie von Hass zerfressen wurde und in Paranoia und Wahnsinn abzugleiten drohte, wenn sie sich nicht zusammenriss. »Ich mag das Adrenalin in meinen Adern nicht«, fügte sie hinzu.[55] Ein Objekt ihres irrationalen Hasses waren Schwarze; es war eine vorurteilsbeladene Einstellung, die überhaupt nicht zu ihrem Selbstbild als Liberale passte. Sie verabscheute Faschisten und definierte sich später politisch als »Sozialdemokratin oder so«.[56] Sie war strikt dagegen, dass in amerikanischen Colleges »Black Studies« als Fach eingeführt wurde, da damit die harte Realität ignoriert würde, »ein paar unangenehme Tatsachen wie das Fehlen einer geschriebenen Sprache (außer bei den Zulus) und dass manche ihrer Häuptlinge dabei geholfen haben, die Sklaven auf die Schiffe zu treiben«.[57] Sie machte die Schwarzen und Puerto-Ricaner an den Universitäten für den Zusammenbruch des amerikanischen Erziehungssystems verantwortlich. »Sie dürfen jetzt ohne High-School-Abschluss in die Colleges, und dann werfen sie einen Blick in die Bücher … und sagen sich, das schaffe ich nie! Deswegen greifen sie die Professoren an und so weiter und so weiter. Verdammt bescheuerte Art, den Mangel an Intelligenz ausgleichen zu wollen.«[58] Ihre Ansichten gibt Clarence in *Lösegeld für einen Hund* wieder, als er über das Chaos in Manhattan und die Kriminalitätsrate nachdenkt. »Ein Jammer, dass New York seit Jahren von Schwarzen und Puerto-Ricanern überschwemmt wurde, statt dass Einwanderer einer etwas kultivierteren Rasse zur Besserung der Verhältnisse beigetragen hätten.«[59] Bevor das Buch lektoriert wurde, stand in diesem Satz »höher stehend« statt »kultiviert«, und Alain Oulman, ihr Lektor bei Calmann-Lévy, bat sie, den Satz zu entschärfen, da er »gefährlich nach der Meinung eines Rassisten klingt, und wie ich weiß, sind Sie das nicht«.[60] In ihrer Antwort betonte Patricia Highsmith, dass es Clarences Gedanken wären, nicht notwendigerweise ihre eigenen. Sie fügte jedoch hinzu: »Man mag die Fantasie noch so sehr überstrapazieren, aber die Schwarzen und die Puerto-Ricaner kann man im Augenblick trotzdem nicht als Zugewinn für New York betrachten.«[61]

Ihre Vision des zukünftigen New York war apokalyptisch und geprägt von rassistischen Vorurteilen. Sie stellte sich New York in fünfzig Jahren vor, wenn »Neger im fünfzigsten Stock am Fenster herumhängen oder auf ihre Nachbarn (auch Neger) einprügeln, bevor sie mit dem Aufzug nach unten fahren, um andere auszunehmen. In

Newark, New Jersey, ist es schon so, dort gibt es fast keine Weißen mehr; sie haben sogar einen schwarzen Bürgermeister, die höchste Kriminalitätsrate, die meisten Drogenabhängigen und Sozialhilfeempfänger in den ganzen USA.«[62] Außerdem hegte Highsmith seit langem einen irrationalen Hass auf die Juden, den sie jetzt ebenfalls in ihrem Notizbuch artikulierte. Sie erwähnt, dass jüdische Männer jeden Morgen ein Dankgebet sagen dafür, dass sie als Männer und nicht als Frauen geboren worden sind. »Wir anderen bedanken uns, dass wir nicht als Juden geboren wurden. Wenn die Juden das von Gott auserwählte Volk sind, dann sagt das alles über Gott.«[63]

Während des drückend heißen Sommers 1971 nahm Patricia Highsmiths schwarzer Humor eine noch dunklere Färbung an. Da Hunde und Katzen jetzt Pferdefleisch aßen, warum sollten sie dann nicht auch mit abgetriebenen Embryonen gefüttert werden? fragte sie sich. Und da Menschen Innereien, Bries und Stierhoden aßen, warum sollte man ihnen dann nicht Feten als Delikatesse vorsetzen? »Schließlich ist es Protein, was rarer wird, je mehr die Weltbevölkerung wächst.«[64] Ein Eintrag, der an ihre Sammlung *Geschichten von natürlichen und unnatürlichen Katastrophen* von 1987 erinnert. Im gleichen Jahr trug sie sich mit dem Gedanken, einen Roman über eine Person zu schreiben, die besessen war vom Abfall des modernen Lebens – darunter abgetriebene Feten, der Inhalt von Toilettenschüsseln, Bettpfannen, Windeln, Hysterektomien. »Ich brauche eine Figur, die von diesen Dingen besessen ist. Ich kenne eine, mich.«[65]

So wie sich manche Menschen auf der Suche nach Trost der Religion zuwenden, so suchte Patricia Highsmith Zuflucht in dem Glauben, dass sie als Schriftstellerin Fortschritte machte. Aber ihr war klar, dass beide Glaubenssysteme auf Illusionen beruhten. Sie schrieb, um es mit Oscar Wilde zu sagen: »Weil Arbeit für mich keine Realität ist, sondern eine Möglichkeit, die Realität loszuwerden.«

Im Oktober fuhr sie nach Paris, um dort *Ripley et les Ombres*, wie *Ripley Under Ground* auf Französisch hieß, zu signieren. Sie nahm dort auf Einladung von Alain Oulman an einer Dinnerparty teil.

Neben ihr saßen Colette de Jouvenal, die Tochter von Colette, die sie im Jahr zuvor kennen gelernt hatte und die von ihrer siamesischen Katze begleitet wurde, und der Schriftsteller James Baldwin, den Highsmith beschrieb als »eine ziemlich hysterische, revolutionäre Gestalt … Jimmy versicherte uns Weißen, dass wir alle bald ermordet würden.«[66] Ein paar Tage später fand in Zürich ein Diogenes-Ball statt, an dem achthundert Personen teilnahmen; sie versuchte vergeblich, sich zu amüsieren. Daniel Keel erinnert sich, wie sehr sie Lärm hasste.

»Einmal waren wir in einem Restaurant, und am Nebentisch saß eine Gruppe junger Mädchen. Sie waren sehr nett, und sie lachten. Ich fand nicht, dass sie laut waren, aber Pat sah sie hasserfüllt an, dann nahm sie ihre *International Herald Tribune* in die Hand, drohte ihnen damit und stellte sie dann als Schirm, als Barriere zwischen den beiden Tischen auf.«[67] Wenn mehr als zwei Personen in einem Raum redeten, hatte Patricia Highsmith oft Schwierigkeiten, andere zu verstehen, auch wenn sie Englisch sprachen. Zu Beginn des Jahres 1971 fragte sie sich, ob sie vielleicht taub würde oder ob die Symptome psychologischer Natur waren. »Ich erinnere mich, dass Pat einmal in der Mailänder Scala war und es entsetzlich fand«, sagt Vivien De Bernardi. »Sie kam zurück und hat mir erzählt, dass sie die Lautstärke einfach nicht ertragen hat. Sie dachte, sie würde sterben. Ihr Lektor in Mailand hatte sie eingeladen, um ihr eine Freude zu machen, und obwohl Pat klassische Musik liebte, hasste sie die Oper, weil sie so empfindlich auf Lärm reagierte.«[68]

Trotz all ihrer Spleens zog Patricia Highsmith von Montmachoux nach Moncourt, weil sie näher bei den Menschen sein wollte, die sie mochte. Am 14. November 1970 bezog sie ihr neues Haus; Colette de Jouvenal lebte im fünfundzwanzig Kilometer entfernten Beamont, ihre Übersetzerfreunde Jeannine und Henri Robillot wohnten nur acht Kilometer weit weg, und Mary und Desmond Ryan lebten im Nachbarhaus. »Auf diese Weise hoffe ich, meiner Einsiedlerexistenz zu entkommen«, schrieb sie Ronald Blythe.[69] Ihr neues Zuhause, 21 Rue de la Boissière, für das sie 340 000 neue

Francs gezahlt hatte, stand mit sieben weiteren ehemaligen Bauernhäusern in einem Halbkreis am Canal du Loing. Als Journalisten sie fragten, warum sie hierher gezogen sei, musste sie zugeben, dass sie es nicht wusste, abgesehen davon, dass das Haus und die unmittelbare Nachbarschaft sehr ruhig waren und man mit dem Auto oder dem Zug in einer Stunde in Paris war. Die Vorderseite des Hauses ging auf einen ungepflasterten Hof hinaus, auf dem ein paar Bäume und eine alte unbenutzte Wasserpumpe standen. Von der Rückseite blickte sie auf einen Garten, der von einer zweieinhalb Meter hohen, von Wein bewachsenen Steinmauer umgeben war. Eine hölzerne Tür führte zum Kanal, auf dem Lastkähne Kohle, Öl, Holz und manchmal auch Autos transportierten und gelegentlich eine Yacht vorbeifuhr. Als die Schriftstellerin Joan Juliet Buck Pat hier 1977 besuchte, beschrieb sie das Haus als ein »niedriges zweistöckiges Gebäude, das die Franzosen *pavillon* nennen. Es war ein strenger Ort: bewohnt, aber gleichzeitig leer.«[70]

Im März 1971 kam Highsmiths zwölfjähriges Patenkind, Kingsleys Tochter Winifer Skattebol, zu Besuch nach Montcourt, und anschließend begleitete die Schriftstellerin das Mädchen nach London. Es war kein glückliches Beisammensein. »Ich war kein Fan von ihr«, sagt Winifer. »Sie war eine merkwürdige, unfreundliche und zügellose Person. Sie war die Freundin meiner Mutter, aber mir war sie vollkommen gleichgültig.«[71]

Barbara Roett, die Patricia Highsmith zusammen mit Barbara Ker-Seymer im Juni besuchte, erinnert sich, wie überrascht sie war, als Pat versuchte, die perfekte Gastgeberin zu spielen, eine Rolle, die sie noch nie mit ihr in Verbindung gebracht hatte. Als die beiden Frauen ankamen, kündigte Patricia Highsmith an, sie werde sie zu einem wunderbaren Markt in der Nähe führen, wo köstliches Gemüse, Fleisch und Käse verkauft würden. Am Abend wollte sie ein Ratatouille kochen. »Diese Seite kannten wir an Pat nicht, und Barbara, die selbst sehr gut kochte, bekam glänzende Augen. Als wir auf dem Markt waren, sahen wir Pat schnurstracks auf die dunkle Tür einer ziemlich schmuddligen Bar zusteuern. ›Ich trink nur schnell ein Bier‹, sagte sie. Aber sie tauchte erst wieder auf, als Barbara und ich die ganzen Einkäufe erledigt hatten. Es lag ihr nicht wirklich etwas am Essen – sie aß zu allen möglichen und unmöglichen Tageszeiten gebratenen Speck, Spiegeleier und Zerealien –, aber sie erging sich offensichtlich in dieser Fantasie vom Kochen.

An einem Tag, als Barbara und ich uns im Schlafzimmer unterhielten und Pat draußen im Garten war, hörten wir plötzlich einen dumpfen Knall. Pat hatte eine tote Ratte am Schwanz gepackt und sie durch das Fenster in unser Schlafzimmer geworfen. Wahrscheinlich war Barbara ihre liebste Freundin, und ich dachte, wenn sie Barbara so behandelt, weiß Gott, wie sie mit anderen Menschen umgeht.

Pat liebte Tiere, aber ich muss gestehen, dass ich mir Sorgen um ihre Katze machte. Sie steckte das Geschöpf in ein Handtuch, das sie an beiden Enden hielt, und schwang sie darin im Kreis. ›Dem armen Ding wird schwindlig werden‹, sagte ich. Und als die Katze aus dem Handtuch stieg, torkelte sie durchs Zimmer. Pat wusste nicht, wie man zärtlich zu dem Tier war, und an der Katze hing sie wirklich. Es ist schwer, ihr normales Verhalten zu beschreiben, weil sie sich in Anwesenheit von Menschen nie normal verhielt.«[72]

Während des heißen Sommers 1971 tippte sie die endgültige Fassung von *Lösegeld für einen Hund* – dabei trug sie ein in kaltes Wasser getauchtes Schlafanzugoberteil –, und am 5. August schickte sie das Manuskript zu Heinemann. Aber kaum hatte sie aufgehört zu arbeiten, wusste sie nicht, was sie tun sollte. »Es gibt kein wirkliches Leben außer in der Arbeit«, schrieb sie in ihr Notizbuch, »das heißt außer in der Fantasie.«[73] In diesem Zustand wurde ihr auch klar, dass sie nur eine Situation zur Mörderin machen würde – Mitglied einer Familie zu sein. Wahrscheinlich würde sie im Zorn ein kleines Kind erschlagen, mit einem Schlag. Für Kinder über acht Jahre, so vermutete sie, wären zwei Schläge nötig. Das Zusammensein mit irgendjemandem, gleichgültig wie nahe sie ihm oder ihr stand, ermüdete sie. Nach einem Besuch von Daisy Winston Ende September und nach einer Woche in Wien im Oktober, wo sie bei ihrer

Freundin Trudi Gill wohnte, fühlte sie sich angespannt und nervös. »Liegt es an der Heuchelei?«, fragte sie sich. »Ich musste nicht besonders heucheln. Es sind meine inneren Spannungen.«[74]

Als sie letzte Korrekturen an *Lösegeld für einen Hund* durchführte, dachte Patricia Highsmith über Filmprojekte nach. Im April 1971 traf sie in London den Filmproduzenten Elliott Kastner, der sie bat, sich ein Originaldrehbuch für einen Thriller auszudenken. Ihr »Aufflackern« einer Idee bestand darin, dass sie sich einen Mann ausdachte, der sich als eine bestimmte Frau ausgab, diese Frau tötete und dann verschwand. In London traf sie auch den Filmemacher Tristram Powell, Sohn des Schriftstellers Anthony Powell. Anlass des Treffens war das Drehbuch für einen Dokumentarfilm für die BBC über die von Xavier Richier angeführte Bande, die in Frankreich Schlösser und Kirchen ausraubte. »Sie war so wild auf das Projekt, dass sie ein ziemlich langes Exposé für den Film schrieb«, sagt Tristram Powell. »Sie war sehr großzügig, schien sich wegen der Bezahlung überhaupt keine Sorgen zu machen, sie interessierte sich nur für die Arbeit.«[75] Doch trotz aller Anstrengungen verliefen beide Projekte im Sand.

Im Herbst 1971 machte sich Patricia Highsmith Sorgen darüber, wie ihre Verleger *Lösegeld für einen Hund* aufnehmen würden. In diesem Jahr war sie in Amerika von Doubleday zu Knopf gewechselt, da Ersterer »während der letzten fünf Bücher nichts für meinen Ruf getan hat«.[76] Schließlich erfuhr sie, dass Knopf bereit war, das Buch zu verlegen, und im Dezember bat ihr neuer Lektor Bob Gottlieb sie, ein paar kleinere Änderungen vorzunehmen, da er ihren Stil als »holprig« empfand.[77] Obwohl sie den meisten Änderungsvorschlägen zur Glättung ihres Stils zustimmte, bereute sie später einige davon. Auch Janice Robertson vom Verlag Heinemann bat sie, Kürzungen vorzunehmen, weil sich ein großer Teil des Buches dahinschleppe, und Alain Oulman fand das Buch »gut«, aber »es könnte noch gewinnen, wenn man es hier und da etwas straffen würde«.[78]

Als das Buch im folgenden Jahr veröffentlicht wurde, fielen die

Besprechungen unterschiedlich aus. Mary Borg schrieb im *New Statesman*, dass es dem Buch an Ideen mangele, die Figuren nicht überzeugend seien und dass sie nicht an den »völlig unwahrscheinlichen« Plot glauben könne.[79] Der Rezensent des *Times Literary Supplement* war ähnlich enttäuscht und schrieb, dass der Roman »in eine deprimierend große Sparte ihres Werks gehört – eine mechanische Übung in einem Genremischmasch, sie wendet alle ihre altbekannten Kunstgriffe an und frönt ihren ebenso altbekannten Obsessionen, aber ohne die Kraft, den Einfallsreichtum und die Intensität, die in ihren besten Büchern diese Kunstgriffe und Obsessionen so mitreißend machen«.[80] Diese Kritiken veranlassten Graham Greene, Highsmith einen Brief zu schreiben, in dem er seinem Widerwillen angesichts der Dummheit der Rezensenten und seiner Bewunderung für ihr Buch Ausdruck verlieh, »das eines Ihrer besten und komplexesten Bücher ist«.[81] Seine Meinung teilte Diane LeClercq in *Books and Bookmen*, die hervorhob, wie präzise die einzelnen Elemente des Plots zusammenpassten[82], während der Kritiker in der *Times* ihre subtile Analyse der Irrationalität lobte: »Von ganz am Rand lässt uns Miss Highsmith in die Spiegel blicken, die sie dort gefunden hat.«[83] Im *London Magazine* pries Reg Gadney Highsmith für ihren zurückhaltenden narrativen Stil und die Art, wie der Roman zeitgenössische Themen behandelte. »Technisch ist *Lösegeld für einen Hund* eine beträchtliche Leistung; als Kommentar zu den moralischen Standards amerikanischer Respektabilität, zu Gesetz und Ordnung und den verschwommenen Rändern der Anständigkeit ist es im besten Sinn des Wortes brillant.«[84] Brigid Brophy schrieb im *Listener*, dass das Buch nicht nur ein virtuoses Beispiel für Suspense-Literatur sei, sondern eine seriöse Analyse der komplexen Beziehungen zwischen einem Individuum, Gewalt und Gesellschaft. »Soziologie und Journalismus können Widersprüche in moralischen Ansprüchen aufdecken: *Lösegeld für einen Hund* jedoch erfüllt die elementare Funktion der Literatur, indem es dem Leser unerbittlich die eigene Ambivalenz vor Augen führt.«[85]

Wie stehen die Chancen zwischen Katze und Mensch?

(1971–1973)

Ende Oktober 1971 hatte Patricia Highsmith vage Ideen für einen dritten Ripley-Roman. Sie skizzierte mehrere Plots, die wie Was-wäre-wenn-Fragen funktionierten, in ihrem Notizbuch. Ein paar davon modifizierte und benutzte sie in *Ripley's Game oder Der amerikanische Freund*, andere verwarf sie sofort wieder. Ripley kommt das Gerücht zu Ohren, dass er nur noch ein halbes Jahr zu leben hat; rechte Elemente in der Sowjetunion bitten ihn, einen liberalen russischen Politiker umzubringen, was er jedoch ablehnt, weil er für politische Freiheit eintritt; Tom führt für einen sechzigjährigen Dichter mehrere Rachemorde aus, ein Szenario, das Patricia Highsmith sich »als Dialog mit mir selbst [vorstellte]. Verwirklichtes Wunschdenken.«[1] Bis zum 24. November hatte sie sich auf eine Grundidee festgelegt: Ripley sollte das Gerücht verbreiten, dass ein Bekannter – den sie in diesem frühen Stadium Teddie Barnes nannte, der später jedoch Jonathan Trevanny heißen sollte – nur noch sechs Monate zu leben hatte und überredet werden konnte, für Toms Freund Reeves zu morden. Zuerst sollte das Opfer einer von Reeves' Rivalen sein, dann fasste sie die Mafia ins Auge. Schließlich wäre das kein »moralisches Problem«.[2] Die Geschichte sollte aus zwei Perspektiven – Toms und Teddies – erzählt werden, eine einschneidende Veränderung zu den beiden früheren Ripley-Romanen, die sich auf Toms klaustrophobische Sichtweise beschränkten. Sie fürchtete jedoch, dass diese Herangehensweise zwangsläufig zu »einer Verringerung der Intensität oder von Ripleys Spielart von Wahnsinn, seiner Amoralität«[3] führen würde.

Anfänglich schien sich das Buch wie die früheren Ripley-Romane wie von selbst zu schreiben. Am 12. Januar notierte sie den ersten Satz, dessen endgültige Version lautet: »›Den perfekten Mord, den gibt es nicht‹, sagte Tom zu Reeves. ›Man kann sich einen ausdenken, aber das ist nur ein Gesellschaftsspiel.‹«[4] Am 27. Februar begann sie, den Roman zu schreiben, und brachte es auf 140 Seiten innerhalb von zwei Wochen. Aber im Juni erlebte sie einen Rückschlag und erwähnte in einem Brief an Ronald Blythe, dass sie sich wegen der zweiten Hälfte des Buches das Hirn zermartern musste. Im Januar 1972 tippte sie das Manuskript ins Reine, und im Juni schickte sie die letzten Korrekturen an ihre Lektoren.

Das Buch beginnt ein halbes Jahr nach den Ereignissen von *Ripley Under Ground*, und im Mittelpunkt steht die Beziehung zwischen Tom Ripley und Jonathan Trevanny, einem englischen Bilderrahmenhersteller, der an Knochenmarksleukämie leidet und weiß, dass er nur noch sechs bis zwölf Monate zu leben hat. Zweiundzwanzig Jahre später, 1994, sollte bei Patricia Highsmith selbst aplastische Anämie diagnostiziert werden.

Als die beiden einander auf einer Party vorgestellt werden – Trevanny sagt ziemlich verächtlich: »Ach ja, ich habe von Ihnen gehört« –, spürt Ripley, dass der andere Mann ihn nicht mag. Da Tom für Reeves einen Mann auftreiben soll, der ein Mafiamitglied ermordet, bringt Tom das Gerücht von Trevannys kurz bevorstehendem Tod in Umlauf. Wenn Trevanny, der in der Rue St-Merry in Fontainebleau lebt, Highsmiths Zuhause im Sommer 1967, glaubt, dass er nur noch ein halbes Jahr zu leben hat, wird er die grausige Aufgabe vielleicht williger übernehmen, noch dazu da er dafür 96 000 Dollar erhalten soll, die seiner französischen Frau Simone, die in einem Schuhgeschäft arbeitet, und seinem kleinen Sohn Georges zugute kommen werden. Die Möglichkeit, dass eine zentrale Figur krank wird, kurz nachdem sie einen Fremden kennen gelernt hat, hatte Patricia Highsmith bereits im August 1970 ins Auge gefasst. »Der Fremde ist nicht der Tod, aber der Protagonist glaubt, dass er es ist.«[5]

Wie in den früheren Ripley-Romanen treibt Tom die Ereignisse zuerst in seiner Fantasie voran, betrachtet die Menschen um sich herum wie Figuren eines von ihm verfassten Buches. Er verhält sich wie ein bösartiger Prospero hinter den Kulissen, manipuliert das Geschehen, führt Regie in diesem amoralischen Drama und beeinflusst das Leben seiner Figuren, als seien sie Marionetten.

Patricia Highsmiths grausamer Humor zieht sich unterschwellig durch das gesamte Buch und widerspricht mit einer Reihe von gewaltsamen, aber komischen Bildern den in dieses Genre gesetzten Erwartungen. Es scheint ihr Spaß zu machen, den Lesern mitzuteilen, dass Gauthier, dem Besitzer des lokalen Künstlerbedarfgeschäfts, das Glasauge aus dem Kopf fliegt, als er niedergeschossen wird. »[Jonathan] sah Gauthiers Glasauge auf dem schwarzen Asphalt der Straße klar und deutlich vor sich. Inzwischen war es womöglich unter die Räder eines Autos gekommen oder von neugierigen Kindern aus dem Rinnstein geklaubt worden.«[6] Da die Mordszenen in *Ripley's Game* so genussvoll beschrieben sind, überrascht es vielleicht zu erfahren, dass Highsmith nahezu alles andere lieber tat – arbeiten in Küche, Haus oder Garten, tagträumen –, als solche Szenen zu schreiben. In einer Zugtoilette erwürgt Ripley den Mafioso Marcangelo mit einer Garrotte, und Patricia Highsmith schildert den Tod des Opfers in allen Einzelheiten – das Gurgeln in seiner Kehle, die hervortretende Zunge und das aus seinem Mund auf den Boden fallende Gebiss. Die Szene strotzt vor makabrer Komik. »Tom hob die falschen Zähne auf, warf sie ins Klo und schaffte es irgendwie, auf das Pedal zu treten, das die Schüssel leerte. Angewidert wischte er sich die Finger an den gepolsterten Schultern von Marcangelos Jackett ab.«[7] Nachdem er einen weiteren Leibwächter außer Gefecht gesetzt und Marcangelos Leiche aus dem fahrenden Zug befördert hat, setzt er sich hin und bestellt eine Gulaschsuppe und ein erfrischendes Bier. Ripley bringt Angy Lippari, einen weiteren Mafioso, um, indem er ihm zuerst mit einem Holzscheit und dann mit dem Stahlkolben eines Gewehrs den Kopf einschlägt, anschließend macht ihm der Zustand des Teppichs in »Belle Ombre« mehr zu schaffen als seine moralischen Bedenken. »Vorsicht, mit dem Teppich dort, das Blut!«, sagt er zu Jonathan[8], und kurz darauf bricht er bei dem Gedanken, einen weiteren Eindringling umbringen zu müssen, in Gelächter aus. Er sieht zu, wie das Auto mit zwei toten Mafiosi verbrennt, und pfeift eine schmissige neapolitanische Melodie dazu, und als er einen weiteren Mann tötet, der in Jonathans Haus einzudringen versucht, treibt er ihm einen Hammer in die Stirn »so zielsicher wie bei einem Ochsen im Schlachthaus«.[9]

Als sie den Roman zu planen begann, vermerkte Patricia Highsmith in ihrem Notizbuch, »dass der Hauptgrund für dieses Buch darin besteht, mit der Furcht vor dem Tod zurechtzukommen, mit der wir alle leben«.[10] Im Mai 1970 schrieb sie ein Gedicht über das Geheimnis des Todes, und im Jahr darauf notierte sie: »Jedes Problem im Leben ist irgendwie zu lösen – nur das Problem des Todes nicht.«[11] Jonathans Krankheit ist eine ständige Erinnerung an die Vergänglichkeit seiner Existenz; als er einmal ohnmächtig wird, fragt er sich, wie es wäre, ins Nichts zu gleiten, und vergleicht den Tod mit dem verführerischen Sog einer »zurückflutenden Woge, die mit aller Macht an dem Schwimmer zog, der sich zu weit hinausgewagt hatte und nun nicht mehr dagegen ankämpfen wollte.«[12] Als Jonathan infolge einer Schießerei stirbt, beschreibt sie seine Todeserfahrung, das Zusammenbrechen seines Bewusstseins mit einer ähnlichen Metapher. Der vierunddreißigjährige Jonathan blickt auf sein Leben zurück und erkennt, dass es sinnlos und absurd war. »Er sah eine graue See vor sich, irgendwo an der englischen Küste, ablaufendes Wasser, verebbende Wellen.«[13] Während Jonathan spürt, wie ihn die Lebensgeister verlassen, sieht er Tom am Steuer des Wagens sitzen und ihn ins Krankenhaus bringen. »Tom fuhr den Wagen, als wäre er Gott.«[14] Mit dem Tod des Unschuldigen ist die gegen alle Regeln verstoßende Vergöttlichung – Ripleys Übergang von einem sich selbst erfindenden Mann zu einem amoralischen, allwissenden Mann – vollständig. Ripley existiert jetzt wie die Superhelden, die Highsmith als junge Comicautorin erfand, scheinbar in alle Ewigkeit.

So kann es nicht überraschen, dass Patricia Highsmiths jüngster Triumph der Amoralität bei den Kritikern geteilte Aufnahme fand. Im *Spectator* wurde sie gelobt dafür, »dass sie eine Atmosphäre geschaffen hat, die derjenigen der frühen Romane Eric Amblers vielleicht sogar überlegen ist«.[15] Aber Tony Henderson verdammte Ripley genau aus dem Grund, der ihn vielen Lesern sympathisch macht – weil er »ein Ungeheuer und Paranoiker« ist.[16] Henderson meinte, dass Highsmith zu Recht gepriesen worden war für den genialen Plot und die überraschenden psychologischen Einsichten ihres ersten Romans *Zwei Fremde im Zug*, ihr jüngstes Werk jedoch sei unerträglich. »Etwas sehr Trauriges passiert mit der talentierten Miss Highsmith, und wenn sie ihrem Herzen nicht einen Stoß gibt und ihr schreckliches Geistesprodukt, für das sie eine unerklärliche Zuneigung zu empfinden scheint, in der Versenkung verschwinden lässt, dann wird das Schicksal des Grafen Frankenstein auch ihres sein.«[17]

Zwei Tage nachdem sie mit *Ripley's Game* angefangen hatte, notierte Patricia Highsmith die Idee für eine Kurzgeschichte; der Siamkater Ming, eifersüchtig auf den neuen Liebhaber seiner Herrin, bringt ihn um, indem er ihn von Bord einer Yacht stößt. In der endgültigen Fassung, »Mings größte Beute«, versucht Teddie, der Liebhaber, vergeblich, den Kater über Bord zu schubsen, während sie vor der Küste Acapulcos kreuzen, und als das Paar später in seine Villa zurückkehrt, rächt sich Ming. Als Teddie, der einiges getrunken hat, versucht, Ming einzukreisen und von der Terrasse zu werfen, springt ihm der Kater auf die Schulter, und Teddie stürzt in den Tod. »Ming war sehr zufrieden. Er freute sich – so wie er sich immer freute, wenn er einen Vogel getötet und den Blutgeruch mit seinen Zähnen hervorgerufen hatte. Das hier war seine Beute – eine mächtige Beute.«[18]

Nachdem sie die Handlung der Geschichte skizziert hatte, beschloss Patricia Highsmith, ein ganzes Buch mit solchen Kurzgeschichten zu schreiben, dem sie schließlich den Titel *Kleine Mordgeschichten für Tierfreunde* gab. In jeder Geschichte sollte sich ein Tier – Pferd, Affe, Ziege, Elefant, Hund, Hamster – an den Menschen rächen, da die Menschheit sich ihrer Ansicht nach oft bestialischer verhielt als die Tiere. »Die Opfer werden hassenswert sein«, schrieb sie an Barbara Ker-Seymer, »und die Tiere handeln instinktiv um der Gerechtigkeit willen.«[19] So wie sie ihre widersprüchlichen Gefühle für Frauen in der Geschichtensammlung *Kleine Geschichten für Weiberfeinde* sublimiert hatte, so ließ sie Tiere ihre Wut auf die Menschheit ausleben. Jedes Mal, wenn sie eine der Geschichten wiederlas, musste sie so sehr lachen, dass ihr Tränen übers Gesicht liefen. Einige Rezensenten reagierten allerdings entschieden humorlos. So schrieb Margharita Laski im Novermber 1975 im *Listener*: »Ich war bislang, soweit mir bekannt, die einzige Person, die Patricia Highsmiths Bücher wegen ihrer inhumanen Haltung den Menschen gegenüber nicht mochte, aber wir werden mehr durch Kurzgeschichten über Tiere, die Menschen töten oder verstümmeln. Sie scheinen sich nicht so sehr aus dem Mitleid mit ihren Artgenossen als vielmehr aus dem Hass auf die Menschen herzuleiten.«[20]

Seit ihrer Kindheit liebte Pat Tiere, vor allem Katzen. Diese Geschöpfe »geben Schriftstellern etwas, was Menschen ihnen nicht geben können: Sie leisten einem unaufdringlich Gesellschaft, stellen keine Forderungen und sind so friedlich und schillernd wie eine ruhige, kaum bewegte See.«[21] Ihre Liebe für Katzen war ebenso »eine Konstante wie die Katzengesellschaft, wo immer ihre häusliche Situation es gestattete«, schreibt Kingsley. »In ihren Augen waren Tiere Individuen, die sich oft besser benahmen als Menschen und würdevoller und aufrichtiger waren als sie. Auf grausame oder nachlässige Behandlung hilfloser Geschöpfe reagierte sie mit unglaublicher Wut.«[22] Janice Robertson erinnert sich, dass Patricia einmal nach einem Mittagessen mit Roland Gant von Heinemann eine

Taube im Rinnstein liegen sah. »Pat beschloss, dass diese Taube gerettet werden musste. Roland gelang es, sie zu überzeugen, dass sie nichts mehr für das Tier tun konnten, aber sie war untröstlich. Sie ertrug es nicht, Tiere leiden zu sehen.«[23] Bruno Sager, der sich um die Schriftstellerin gegen Ende ihres Lebens kümmerte, erinnert sich an das Feingefühl, mit dem sie eine Spinne in die Hand nahm und sie aus dem Haus in den Garten trug. »Sie empfand Menschen als merkwürdig und glaubte, sie würde sie nie verstehen. Vielleicht mochte sie deswegen Katzen und Schnecken so sehr«, sagte er.[24]

1946 hatte Patricia Highsmith zum ersten Mal erwogen, über Tiere zu schreiben; im Juni dieses Jahres fragte sie sich in einem Notizbucheintrag, warum Schriftsteller sich dazu verpflichtet fühlten, ihre Aufmerksamkeit auf Menschen zu konzentrieren. »Was ist mit Tieren?«[25] Die Entstehung der Tiergeschichten verdankt sich der gespannten Atmosphäre im Haus in der Rue de Courbuisson, Samois-sur-Seine, wo sie mit ihrer Maler-Freundin Elizabeth zusammenwohnte. In einem Brief an Alex Szogyi vom September 1967 schreibt sie, dass ihre Katze sie vor Elizabeths Ausbrüchen schütze. »In diesen winzigen siamesischen Köpfen steckt vielleicht mehr Hirn, als wir glauben.«[26] Und in einem Brief an Arthur Koestler, in dem sie einen hypothetischen Kampf zwischen Elizabeth und ihrer Katze schildert, stellt sie die Frage: »Wie stehen die Chancen zwischen Katze und Mensch?«[27]

Im Oktober 1968 beendete sie die gruselige Erzählung »Der Tag der Abrechnung«, veröffentlicht in *Kleine Mordgeschichten für Tierfreunde*, zu der sie Ronald Blythes Bericht über die grausamen Zustände in Legebatterien inspiriert hatte: Ein profitgieriger Geflügelfarmer wird von seinen Hühnern zu Tode gepickt, bis nur noch »der zerfetzte Rest einer Gestalt aus Blut und Knochen übrig ist, an denen noch ein paar Stofffetzen vom Schlafanzug hingen«.[28]

Pat trauerte monatelang um ihre Katze Sammy, die im Dezember 1969 vorzeitig gestorben war, und notierte im folgenden Sommer, dass sie nicht zögern würde, die Person zu erschießen, die der schwarzen Dorfkatze, Little Eddy, den Schwanz abgeschnitten hatte, wenn sie wüsste, wer es getan hatte, und sie eine Waffe hätte.[29] Sie schrieb rührende Gedichte über Katzen, zeichnete sie liebend gern und erzählte Vivien De Bernardi, dass ihr liebster Zeitvertreib darin bestand, spätabends mit ihren Katzen Ball zu spielen. 1991 sagte sie, dass sie, sollte sie die Wahl haben, ein verhungerndes Baby oder ein verhungerndes Kätzchen zu retten, zweifellos zuerst das Kätzchen füttern würde, vorausgesetzt, niemand würde sie beobachten. Die Malerin Gudrun Müller begleitete Pat zum Tierarzt, als sie eine ihrer Katzen einschläfern lassen musste. »Sie hatte diese sehr alte, schielende Katze sehr lieb, aber sie war krank. Der Tierarzt gab der Katze eine Spritze, und Pat stand schluchzend daneben. Es war das einzige Mal, dass ich sie weinen sah. Ich war wirklich gerührt, weil es das erste Mal war, dass sie ihre Gefühle zeigte.«[30] Mit dem Schriftsteller Neil Gordon sprach Patricia Highsmith über die emotionale Bedeutung dieser Erfahrung. »Es hat mich sehr mitgenommen, weil es wichtiger war als der Tod eines Mitglieds meiner Familie aus Altersgründen, da ich die Macht hatte zu entscheiden, aber ich wollte die Macht nicht ... Es ist erschreckend, diese Macht zu haben. Ich komme dafür nicht ins Gefängnis, aber die Katze ist tot ... Sie haben große Rechte, diese Tiere.«[31]

Nach den Geschichten über die Rache der Legebatteriehühner und Ming, die siamesische Katze, schrieb sie im Sommer 1972 »Harry, das Frettchen«, eine Geschichte über das Frettchen eines Jungen, das einen Dienstboten tötet; »Räuber-Affe Eddie«, über ein Rollschwanzäffchen mit geschickten Händen, das Dieben die Tür öffnet und seine Besitzerin, die ehemalige Gefängnisinsassin Jane, mit einer Muschel erschlägt; »Ziegenbockfahrt«, eine Geschichte, in der sich ein Ziegenbock für die schlechte Behandlung durch den Besitzer eines Kinderparadieses rächt, und »Da saß ich nun mit Bobby«, über Baron, einen alten Pudel, der den homosexuellen Freund seines ehemaligen Besitzers umbringt. Zwei Geschichten der Sammlung, »Ballerinas unwiderruflich letzter Auftritt« und »Aufzeichnungen eines achtbaren Kakerlaken«, in der für Patricia Highsmith unüblichen ersten Person geschrieben, sind grandiose innere Monologe, fantastische Einblicke in das Bewusstsein von Geschöpfen, die von den Menschen in der Regel als Objekte betrachtet werden. Indem sie die Tiere als Subjekte behandelt und ihnen eine Stimme verleiht, bricht Highsmith mit der philosophischen Tradition des Westens, die nur den Menschen Rationalität zugesteht. »Wenn ich die Menschen um mich herum betrachte, bin ich nur froh, dass ich ein Kakerlak bin«, schreibt sie in »Aufzeichnungen eines achtbaren Kakerlaken«.[32] Der Kakerlak, der im Hotel Duke am Washington Square lebt, sinniert darüber, wie er auf die Fragen der Volkszählung geantwortet hätte, die den Hotelgästen vorgelegt wurden. »Manchmal habe ich mir überlegt, wie amüsant es wäre, wenn ich so einen Bogen auszufüllen hätte. Warum auch nicht – der Erbfolge nach habe ich hier viel ältere Rechte als die Menschen im Hotel.«[33] Wenn ein Kakerlak, dieses primitive, widerliche Insekt, sich den Menschen überlegen fühlen kann, so fragt Patricia Highsmith, was heißt es dann, ein Mensch zu sein?

Zu Beginn des Jahres 1972, nach sechs Wochen Lethargie, Grippe, Zahnschmerzen und Depression, erwähnte sie in einem Brief an Barbara Ker-Seymer Daisy Winstons Midlife-Crisis. Der Schriftstellerin zufolge suchte Daisy Winston, die auf die fünfzig zuging, nach dem Sinn des Lebens. »Sie will einfach nicht einsehen, dass es ihn nicht gibt.«[34]

Diese düstere Einstellung spiegelt sich in den Erzählungen wider, die Patricia Highsmith in den nächsten Monaten schrieb und die in dem Band *Leise, leise im Wind* veröffentlicht wurden. Im Januar hatte sie die Idee für »Der Mann, der Bücher im Kopf schrieb«. Der Protagonist und Möchtegernschriftsteller Cheever bringt kein einziges Wort zu Papier und stirbt mit zweiundsechzig Jahren in dem Glauben, vierzehn Bücher verfasst und hundertsiebenundzwanzig Charaktere erfunden zu haben. Auch er ist eine der Figuren, die in einer Fantasiewelt leben; auf dem Totenbett ist er davon überzeugt, er werde neben Tennyson im Poet's Corner der Westminster Abbey begraben werden und als Sinnbild der menschlichen Vorstellungskraft in Erinnerung bleiben. Um die Heuchelei der katholischen Kirche anzuprangern, schrieb Patricia Highsmith im nächsten Monat »Immer dies grässliche Aufstehen«, eine Geschichte über ein ungewolltes Kind, das von seinen katholischen Eltern geschlagen wird. Im Mai verfasste sie »Der Teich«, eine Erzählung, in welcher der vierjährige Chris und seine Mutter Elinor Sievert, die sich nach dem Unfalltod von Elinors Mann in Connecticut niedergelassen haben, beide von den bösartigen Schlingpflanzen in ihrem Teich in den Tod gezogen werden. Die Schriftstellerin zerlegt erbarmungslos die ländliche Idylle und unterminiert die Klischees des häuslichen Glücks – nette Nachbarn, das tröstliche Glas Milch für die Kinder und der Traum, Rettiche anzubauen – auf makabre und grausame Weise. »Sie fiel mit dem Gesicht ins Wasser, aber das Wasser fühlte sich weich an. Einen Augenblick kämpfte sie, drehte sich auf die Seite, um Luft zu holen, und eine Ranke kitzelte sie am Hals ... Sie atmete ein, und viel von dem, was sie einatmete, war Wasser.«[35] Elinor wird dafür bestraft, die Schlingpflanzen im Teich ausrotten zu wollen – je mehr Chemikalien sie ins Wasser gießt, umso kräftiger werden die Ranken –, und während sie gegen die bösartigen Pflanzen kämpft, wird ihr klar, dass ihr Versuch, den Lauf der Natur zu ändern, ihren Tod herbeiführen wird. Der ökologische Albtraum, den sie in »Der Teich« beschreibt, das apokalyptische Ungleichgewicht zwischen Mensch und Natur ist auch das Thema von *Geschichten von natürlichen und unnatürlichen Katastrophen* aus dem Jahr 1987. Patricia Highsmith liebte die Natur leidenschaftlich, und als sie zwanzig erfreuliche und unerfreuliche Dinge nennen sollte, sprach sie von ihrer Freude angesichts des europäischen Einfuhrverbots von Baby-Robbenfellen, ihrer Liebe zu einfachen »authentischen« Dingen – eine sprießende Avocadopflanze, Schreinerarbeit, das Aufwachen ohne Wecker, der Geruch alter Bücher, Stille und Alleinsein.

»Arbeit ist das einzig Wichtige und die einzige Freude im Leben«, schrieb sie am 4. April in ihr Notizbuch. »Die Probleme fangen an, wenn man eine Pause einlegt, um zu beurteilen, was man getan hat.«[36] Im März, so teilte sie Ronald Blythe mit, war sie zufrieden gewesen, weil sie mit der Arbeit an *Ripley's Game* und den Kurzgeschichten gut vorankam, die meiste Zeit allein zu Hause verbrachte und in fünfunddreißig Tagen nur eine Einladung annahm. Am 2. Mai war sie bei einer Cocktailparty bei W. S. Smith's in Paris, veranstaltet von Penguin, dem englischen Verlag, der ihre Romane als Taschenbücher herausbrachte. Es waren viele »französische Prominente aus der Buchwelt, auch Engländer« anwesend, darunter Edna O'Brien, »die blendend aussah«, aber leider nicht Graham Greene.[37] Bald darauf bekam sie Besuch von Daisy Winston aus den USA und Lil Picard aus Hamburg. Patricia Highsmith war dem Stress nicht gewachsen, und Daisy fand sie »zu angespannt und nervös wegen Dingen, für die es sich nicht lohnt, nervös zu sein«.[38] Die Schriftstellerin wunderte sich über Lils Aggressivität, vor allem als sie Pat vorwarf, für Nixon zu sein, was sie überhaupt nicht verstand. Als die beiden Frauen wieder abgereist waren, fühlte sich Patricia Highsmith erschöpft und brauchte zwei Wochen, um sich zu erholen, »da halb verrückte Menschen meine Nerven schrecklich angreifen«.[39]

Während des Sommers erlebte sie eine manische Phase, einen Zustand, der ihre Kreativität förderte, auf den jedoch bald die unvermeidliche niederschmetternde Depression folgte. Hester Green, die für die Literaturagentur A. M. Heath in London arbeitete, besuchte Pat in diesem Sommer. Sie erinnert sich, dass absolute Nichtigkeiten sie aus der Fassung brachten.

»Alles schien eine fürchterliche psychologische Anstrengung von ihr zu erfordern«, sagt Hester. »Ich erinnere mich, wie wir bei ihren Nachbarn, Mary und Desmond Ryan, zu Mittag aßen, und sie plötzlich in einem Zustand größter psychischer Anspannung den Kopf auf den Tisch legte. Ich weiß nicht mehr, was dem voranging. Und einmal wollte sie grillen, aber irgendetwas klappte nicht, ich glaube wegen des Wetters. Sie war völlig außer sich, legte mir aus Verzweiflung die Arme um den Hals und sagte, dass es ihr Leid täte. Es war nur eine Kleinigkeit, etwas, worüber die meisten Menschen gelacht hätten, aber für sie war es ein großes Drama.«[40]

Und die gehässigen Briefe von ihrer Mutter – Schreiben, die Marys mentalen Niedergang belegen – trugen nicht dazu bei, ihren Zustand zu bessern. Das ganze Jahr verweigerte Mary ihrer Tochter die beiden einzigen Dinge, die Pat von ihr wollte: die Uhr, die sie ihrem Stiefvater geschenkt hatte, als sie zwölf oder dreizehn Jahre alt war, und die dazugehörige Kette, die er von ihr neun Jahre später bekommen hatte. Obwohl die Uhr ausnehmend schön war, wollte Pat sie nicht aus rein ästhetischen Gründen; sie war ein Symbol für eine Zeit in ihrem Leben, als sie zutiefst deprimiert gewesen war: das Jahr, das sie mit ihren Großeltern in Fort Worth verbrachte, nachdem ihre Mutter sie verlassen hatte. Und die Uhr, gekauft mit dem Geld, das sie von ihrem Großvater fürs Rasenmähen bekam, repräsentierte ihre eiserne Arbeitsethik und ihre Errungenschaften im Leben.

Patricia Highsmith war so entsetzt über die Machenschaften ihrer Mutter, dass sie ihrem Vater, Jay B., schrieb und nach einem Anwalt in Texas fragte, der sie mittels einer juristischen Verfügung ein für alle Mal von Mary unabhängig machen sollte. Sie schrieb außerdem einer Freundin ihrer Mutter und bat sie, Mary davon in Kenntnis zu setzen, dass sie bei ihrem Tod nichts von ihr erben wollte. Nach seiner Entlassung aus dem Krankenhaus, wo Jay B. wegen eines Nierenleidens behandelt worden war, antwortete er seiner Tochter. »Was deine Frage nach einem Anwalt angeht, der eine Art juristisches Trennungspapier erstellen soll, so ist das vom Gesetz nicht vorgesehen, weil du über einundzwanzig bist und kein Elternteil, juristisch gesehen, befugt ist, sich in deine Geschäfte oder finanziellen Angelegenheiten oder sonstigen Aktivitäten einzumischen.« [41]

Emotional jedoch blieb Patricia Highsmith immer an ihre Mutter gebunden, auch wenn sie wiederholt versuchte, sie aus ihrem Gedächtnis zu tilgen. Jeder Brief von Mary brachte sie tagelang aus dem Gleichgewicht; sie konnte dann nur unter Mühen arbeiten, und nimmt man den folgenden Brief vom Juni 1972 als Maßstab, ist das auch nicht verwunderlich. »Seit dreißig Jahren behandelst du mich wie einen Hund«, schrieb Mary an ihre Tochter. »Deswegen siehst du aus, wie du aussiehst.«[42] Im selben Brief geht es zudem wieder einmal um ihren Nachnamen. Warum, so hatte Pat ihre Mutter gefragt, hatte Mary sie unter dem Namen »Highsmith« eingeschult, wenn auf ihrer Geburtsurkunde »Plangman« stand? Aus einem einfachen Grund, antwortete Mary. »Die Lehrer & der Rektor waren dafür, sie billigten den Namen Highsmith auch schon in deinem zarten Alter. Ich habe alles mit Rücksicht auf dich getan … Wir wollten, dass du dir den Namen aussuchen kannst, wenn du alt genug bist.«[43]

Im Oktober schrieb Patricia Highsmith an ihre Freunde, dass sie im Monat zuvor das Gefühl gehabt habe, erneut am Rande eines Nervenzusammenbruchs zu stehen, und so erschöpft gewesen sei, dass sie sechs Wochen lang nicht habe arbeiten können. Wieder überlegte sie, ob sie aus Frankreich, wo sie jetzt seit fünf Jahren lebte, wegziehen sollte, eventuell in die Schweiz. Sie verfluchte die, wie Koestler es nannte, französische Sturheit[44] und beschwerte sich bei Ronald Blythe hasserfüllt über die französische Bürokratie und den ewigen Papierkrieg. Sie wünsche sich keine sorgenfreie Existenz und brauche auch keine Geliebte, um glücklich zu sein. »Ich weiß, dass meine Umzüge nicht zu rechtfertigen sind. Während der letzten zwei Jahre habe ich mich getröstet, indem ich mir sagte: Woanders ist es auch nicht besser, warum also nicht hier bleiben? Aber ich bin mir nicht mehr sicher, ob das stimmt.«[45]

Nachdem Pat Anfang 1973 *Ripley's Game* abgeschlossen hatte, zog sie in Betracht, vier Monate zu pausieren und nach Japan und Sri Lanka zu reisen. Sie hatte das Bedürfnis, »dieser einsamen Existenz zu entkommen«[46], und da Geld kein Problem war, sprach nichts gegen einen langen Urlaub. Aber von einer weiteren Erkältung, Zahnschmerzen und einer geschwollenen linken Backe in Mitleidenschaft gezogen, fühlte sie sich verunsichert. Und obwohl ihr die Aussicht, dass Marlon Brando den Vic in der Verfilmung von *Tiefe Wasser* spielen sollte – Universal Pictures hatte die Filmrechte 1972 erworben, aber das Projekt kam nicht über das Planungsstadium hinaus –, anfänglich Auftrieb gab, fühlte sich Patricia Highsmith in den ersten Monaten des Jahres 1973 einsam und unglücklich. In einem von Alex Szogyi erstellten Horoskop hieß es, dass sie eine Phase großer Verwirrung durchmache, ein Punkt, den sie in einem Brief an ihren Freund aufgriff. »Ich bin desorganisiert, als wäre ich nicht länger der Kapitän auf meinem sonst streng geführten Schiff.«[47]

Aber ihr schwarzer Humor und ihr Vergnügen am Kindischen und Perversen hielten sie aufrecht. Im März flog sie nach London, um in der TV-Büchersendung *Cover to Cover* aufzutreten, und als sie auf das Flugzeug zurück nach Frankreich wartete und in Heathrow ein Bier trank, hörte sie die Durchsage, dass sich die Herren Shit, Marchand und Shittal am Informationsschalter einfinden sollten. Später in diesem Jahr amüsierte sie ein typografischer Fehler in einer französischen Zeitung, in der Graham Greenes Buch *Travels with my Aunt* zu dem zotigen »Travels with my Cunt« geworden war. »Darüber konnte sie sich schieflachen«, schreibt Charles Latimer. »Sie schnitt den Artikel aus und zeigte ihn ihren Freunden. Pat hatte einen rauen, bodenständigen, nicht intellektuellen Sinn für Humor ... Auf witzige Bemerkungen reagierte sie nicht und schlagfertige Antworten waren an sie verschwendet, weil sie normalerweise nicht bei ihr ankamen. Es wäre zum Beispiel sinnlos gewesen, mit ihr in ein Stück von Noel Coward zu gehen. Aber ihr Lachen war immer unerwartet, weil sie so leise sprach und eine weiche, wunderbar modulierte Stimme hatte. Und wenn sie lachte, dann laut und unbeherrscht, ihr Lachen hatte etwas von Schenkelklopfen.«[48] – »Pats Lachen war wiehernd, schallend, schnaubend«, erinnert sich Vivien De Bernardi. »Überhaupt nicht damenhaft. Es war, als würde sie die Kontrolle verlieren und es tief aus ihrem Bauch aufsteigen lassen.«[49] Sir Michael Levey erinnert sich an eine Situation, als er und seine Frau Brigid Brophy sich mit Pat in Paris zum Mittagessen trafen. Als sie an einem Schuhgeschäft vorbeigingen, hörte das Paar, wie Pat vor sich hin lachte. »›Habt ihr das Schild gesehen?‹, fragte sie und deutete darauf: ›Pour pieds sensibles.‹ Nebensächlich und unbedeutend, wie der Vorfall war, vermittelt er doch eine Ahnung von Pats sarkastischem Humor.«[50]

In der Niedergeschlagenheit, die sie wie immer nach Abschluss eines Buches überwältigte, suchte sie nach Möglichkeiten, sich zu beschäftigen, sortierte ihre Akten, erledigte Arbeiten in Haus und Garten, aber nichts war so befriedigend wie Schreiben. Sie dachte über ein paar weitere Geschichten für *Kleine Geschichten für Weiberfeinde* und *Kleine Mordgeschichten für Tierfreunde* nach, fühlte sich jedoch mit der vielen Freizeit nicht wohl. Am 12. Juli reiste sie nach Hamburg, wo sie fünf Tage mit ihrer deutschen Übersetzerin Anne Uhde verbrachte, und fuhr dann allein nach Berlin. »Ich muss sagen, dass ich Berlin nicht mochte und nicht verstand«, schrieb sie an Arthur Koestler.[51] Obwohl Berlin ihr später durchaus gefiel, fühlte sie sich anfangs sehr unwohl, weil die Stadt kein wirkliches Zentrum hatte, was sie mit einem Gemälde verglich, das rechtwinklig gerahmt sein sollte, es jedoch nicht war.

Am 19. Juli fuhr sie nach Ostberlin. Sie musste 15 DM umtauschen, ihr Pass wurde genauestens inspiziert, und sie wurde unter anderem gefragt, wie viele DM sie dabeihatte. »Am Checkpoint Charlie eine Verzögerung von mindestens fünfundzwanzig Minuten, während die graugrüne Polizei weiß Gott was tut ... Die Mauer in Sichtweite, grauer Zement, gute drei Meter hoch. In der Nähe kleine trostlose Betonhütten mit Offiziellen darin ...«[52] Sie besuchte zudem das Schloss Charlottenburg und den Zoo, der sie auf die Idee für eine Geschichte brachte. Tiere sollten den Zoo übernehmen und die Menschen in Käfige sperren, wo sie »gezwungen wären, vor Zuschauern, die lachen, glotzen und mit dem Finger auf sie deuten, ihre Notdurft zu verrichten und zu kopulieren ...«[53]

Nach ihrer Rückkehr nach Frankreich Ende Juli bekam Patricia Highsmith in Moncourt Besuch von Heather Chasen und einem Freund. Chasen erinnert sich an sie als eine widersprüchliche Person: eine lesbische Frau, die Frauen nicht besonders mochte; jemand, der höchst aufschlussreiche psychologische Romane schrieb, sich bisweilen jedoch mit Menschen zu langweilen schien; eine Misanthropin mit einem sanftmütigen Wesen. »Sie trug immer Jeans, aber manchmal auch eine Kette um den Hals, was ihr etwas entfernt Feminines verlieh«, sagt Chasen. »Ich glaube, sie mochte mich, und ich mochte sie, aber sie tat mir schrecklich Leid. Sie war kein glücklicher Mensch und brauchte Freunde. Als ich später ihre Bücher las, erstaunten mich ihre Kenntnisse der menschlichen Psychologie. Als ich bei ihr war, schien sie sich nicht für Menschen und das, was sie um sie herum vorging, zu interessieren. Ich glaube, es kam alles aus ihrem Kopf. Auch die Aggressivität und das Gift, das sie verspritzte – es gab nicht viele Leute, über die sie gut redete –, aber sie hatte auch etwas Verletzliches und Sanftmütiges.«[54]

Im September wurde Patricia Highsmith von Francis Wyndham gebeten, für das *Sunday Times Magazine* einen Artikel mit dem Titel »Erste Liebe« zu schreiben. Zuerst wollte sie den Auftrag, der ihr 350 Pfund einbringen würde, ablehnen, aber dann überlegte sie es sich anders, weil sie über ihre Erfahrungen als sechsjähriges Mädchen schreiben wollte. Ihr Artikel, der im Januar 1974 veröffentlicht wurde, ist ein Meisterwerk der Zweideutigkeit und vermeidet es geschickt, die Namen und das Geschlecht der Personen zu nennen, die sie geliebt hatte. Als Daisy Winston den Artikel las, schrieb sie Pat einen Brief, weil sie den Tonfall gestelzt fand. »Ich weiß, dass es vermessen ist, eine anerkannte Schriftstellerin zu kritisieren, aber das ändert nichts daran, dass mir etwas fehlte, was ich mit Liebe assoziiere.«[55] Patricia Highsmith musste sich natürlich selbst zensieren. »Selbstverständlich könnte ich viel schreiben. Aber.«[56] Wenn man den Artikel liest, wird offensichtlich, dass sie Liebe nicht mit Glück oder Zufriedenheit in Verbindung brachte. »Wenn ich nicht von glücklicher oder erfüllter erster Liebe spreche, dann weil ich sie mir nur schwer vorstellen kann«, schrieb sie.[57]

Menschen, die sich auf den ersten Blick verliebten, nach Hause zu ihren Eltern rannten, um ihnen die gute Nachricht mitzuteilen, und anschließend heirateten, waren ihrer Ansicht nach emotional zurückgeblieben. Eine aufrichtigere Bewertung der Liebe rückte sie in die Nähe der Geisteskrankheit. Wie sonst sollte man erklären, dass so viele Menschen bereit waren, die Sicherheit und Geborgenheit ihres Lebens für die Aufregung einer neuen Liebe zu opfern? »Tut mir Leid. Ich muss verrückt gewesen sein«, schreibt Patricia Highsmith und legt die Worte einem von diesem »Zustand« heimgesuchten Mann in den Mund. »Ja, das ist es.«[58]

Der Schönwetter-Soldat und der Sonnenschein-Patriot

(1973–1976)

Im Sommer 1973 sorgte sich Patricia Highsmith um ihre Gesundheit. Sie hatte nicht nur ein merkwürdiges Kribbeln in den Armen, das sie auf schwere Gartenarbeit zurückführte, sondern auch Verdauungsprobleme. Sie wusste, dass sie zu viel rauchte – ungefähr zwei Dutzend Gauloises am Tag – und zu wenig aß; sie konnte nur Eier, Milch, Hackfleisch und Makkaroni mit Käse zu sich nehmen. Sie trank Bier und Whisky, alle vier Tage eine Flasche Scotch. Im November, nach einem viertägigen Arbeitsbesuch in Zürich, kehrte sie nach Hause zurück und fühlte sich elend. Als sie zu Bett ging, war ihr bereits übel, und am Morgen hatte sie Durchfall und Magenkrämpfe. Der Stress, im Fernsehen aufzutreten, öffentlich zu lesen und sich von Journalisten befragen zu lassen, forderte seinen Tribut, und sie brauchte drei bis vier Tage, um sich wieder zu erholen.

Zudem fürchtete sie sich vor der bevorstehenden medizinischen Untersuchung in London. Aber der Herzspezialist, der sie Anfang Dezember untersuchte, entdeckte keinen ernsthaften Grund zur Sorge. Wenn sie allerdings nach einem forschen Spaziergang nicht unter Muskelkrämpfen in den Waden leiden wolle, müsse sie aufhören zu rauchen. Patricia Highsmith versuchte, ihren Zigarettenkonsum zu halbieren, aber es war nur eine Frage der Zeit, bis sie wieder das gewohnte Quantum rauchte.

Sie verbrachte Weihnachten und die ersten Wochen des neuen

Jahres mit Charles Latimer und seinem Partner, dem Konzertpianisten Michel Block, in der Region von Vallée du Lot. »Ich fand, dass sie eine liebe Seele war, die sich manchmal hinter einer rauen Schale versteckte«, meint Michel. »Sie war sehr schüchtern, und das wirkte auf Fremde bisweilen wie Unfreundlichkeit. Ihre Einstellung zum Leben war nahezu ›freudlos‹, oder vielleicht ist ›puritanisch‹ das bessere Wort, was man zum Beispiel auch an ihrer Entscheidung für Moncourt sah, ein trostloses, aber teures kleines Dorf ... und auch daran, wie ihr Haus von innen aussah – kahl, streng, nicht besonders gemütlich. Dasselbe gilt für ihren großen, aber traurigen (ummauerten) Garten. Sie arbeitete gern im Garten, und ich erinnere mich, wie glücklich sie wirkte, als sie Laub verbrannte und mit uns dastand, ein Bier trank und eine Zigarette rauchte – ganz und gar ›einer der Jungs‹.

Was Frauen angeht, hatte sie Pech. Ich glaube, Gefühle zogen sie an und stießen sie ab, und vielleicht hatte sie deswegen kein glückliches Liebesleben. Ihre Frauen, zumindest die zwei, die ich kannte, waren lebhafte, temperamentvolle, aber letztlich kalte Frauen. Auf Pat war hundert Prozent Verlass, sie war eine rücksichtsvolle und zuverlässige Freundin. Sie war keine typische Auslandsamerikanerin. Meiner Meinung nach war sie ›im Exil‹. Es war ziemlich offensichtlich, dass sie Frankreich und die Franzosen nicht besonders mochte. Ich war gespannt, sie Französisch sprechen zu hören, weil ich nicht geglaubt hatte, dass sie es konnte; aber sie sprach ziemlich fließend, wenn auch mit vielen Fehlern. Ich glaube, sie lebte in Frankreich aus dem gleichen Grund, warum sie zuvor in Italien und England gelebt hatte: In Europa wurde sie als Schriftstellerin respektiert und bewundert.«[1]

Zurück in Moncourt, arbeitete sie an ein paar Geschichten, darunter »Hamster contra Webster« aus *Kleine Mordgeschichten für Tierfreunde*. Anfang März flog sie nach London, um bei Erscheinen von *Ripley's Game* präsent zu sein. Am 6. März nahm sie an einer Party in Bill Holdens Buchhandlung in Regent's Park teil, am nächsten Tag las sie aus *Kleine Geschichten für Weiberfeinde* in einem Haus in der Fulham Road, um Geld für die Writers' Action Group zu sammeln, die 1972 von Brigid Brophy, Michael Levey, Maureen Duffy, Lettice Cooper und Francis King gegründet worden war, um öffentliche Bibliotheken zu unterstützen. Sie traf den konservativen Abgeordneten und Mitarbeiter des *Spectator*, Patrick Cosgrave, zum Mittagessen im House of Commons. Cosgrave beschrieb das Treffen in einem Artikel. »Als ich letzte Woche mit ihr plauderte, stellte ich fest, dass Patricia Highsmith sich durchaus noch ärgert, wenn ihre Bücher ausschließlich als Krimis besprochen werden ... Und es gibt noch etwas, was im Gespräch noch deutlicher wird als in ihren Büchern. Miss Highsmith kann leidenschaftlich hassen ... Ihre Romane sind wahrscheinlich das beste Gesamtwerk dieser Art seit dem Krieg.«[2] Ein Journalist des *Guardian*, den sie ebenfalls in London traf, beschrieb Highsmith als »cool, nicht im Sinne von kalt, sondern in ihren bedächtigen Bewegungen, der etwas distanzierten Miene, dem nicht intensiven Blick der intensiv dunklen Augen, der mühelosen Höflichkeit«.[3] Was er jedoch nicht bemerkte oder nicht schilderte, war ihr Verhalten, das überwältigende Traurigkeit zum Ausdruck brachte. Auf dem Foto blickt die Schriftstellerin gehetzt, verzweifelt, traurig, und ihr Gesicht wirkt trotz der vielen tiefen Falten wie das eines verwirrten, unglücklichen Kindes.

Zu Beginn des Jahres 1974 verschwammen Fantasie und Realität wieder einmal, und Patricia Highsmith fühlte sich desorientiert. Im Februar träumte sie, dass Ellen Hill ihr geschrieben und ihre Liebe erklärt hätte und dass Rolf Tietgens gestorben sei, und beide Träume hielt sie ein paar Tage lang für die Wirklichkeit. Wenn man Highsmiths Bücher als literarischen Ausdruck ihrer inneren Kämpfe betrachtet, dann ist ihr nächster Roman, *Ediths Tagebuch*, einer ihrer persönlichsten Dialoge, ein Werk, das die verführerische, schmerzstillende Kraft der Imagination thematisiert. »Heute habe ich das beunruhigende Gefühl, dass mich nur die Fantasie am Laufen hält ...«, schrieb sie in ihr Notizbuch, kurz bevor sie am Plot des Buches zu arbeiten begann.[4] Eine Aussage, die sie nicht zum ersten Mal machte.

Doch bevor sie das Buch in Angriff nehmen konnte, das viele für eines ihrer besten halten, erhielt sie einen Brief ihres Cousins Dan Coates mit der Bitte, nach Texas zu kommen, weil ihre Mutter nicht mehr in der Lage sei, das Leben ohne fremde Hilfe zu bewältigen. Ende September flog Patricia Highsmith nach Fort Worth, wo sie mit dem völlig verdreckten Haus ihrer Mutter konfrontiert wurde. Sie sah sich gezwungen, durch ein Fenster einzusteigen, weil das Haus in der Martha Lane derart mit Unrat angefüllt war, dass sich die Tür nicht mehr öffnen ließ. Der Anblick, der sich ihr bot, war schockierend – der Kühlschrank voll schimmelnder Lebensmittel, eine grüne Schleimschicht im Spülbecken, haufenweise schmutziges Geschirr, der Boden dreißig Zentimeter hoch mit Zeitungen, Briefen, Zigarettenkippen bedeckt, überall lagen Aschenbecher und Perücken herum. Ihre Mutter weigerte sich, das Haus aufzuräumen, und als Pat einen alten Briefumschlag aufhob und in den Abfalleimer warf, schrie Mary sie an, sie solle ihn sofort wieder an den ursprünglichen Platz zurücklegen.

Obwohl sie sich von einem Anwalt ein Formular für eine Vollmacht besorgten, wurde Patricia Highsmith und Dan Coates schnell klar, dass es keinen Sinn hätte, es Mary vorzulegen, da sie sich zweifellos weigern würde, es zu unterschreiben. Pat schlief während ihres Aufenthalts in Texas auf der vierzig Kilometer entfernten Ranch ihres Cousins. »Pat wurde nicht damit fertig, dass ihre Mutter Alzheimer hatte«, sagt Don Coates. »Ich glaube, sie wollte nicht akzeptieren, dass das eines Tages auch ihr Schicksal sein könnte.«[5] »Ich fand, dass Pat nicht fair zu Mary war«, sagt Dons Bruder Dan. »War es denn immer noch wichtig, dass sie sich als junges Mädchen maßlos über ihre Mutter geärgert hatte? Ich finde, Pat hätte ihrer Mutter vergeben und sie öfter besuchen sollen, auch wenn sie sich einiges von Mary hätte gefallen lassen müssen. In dieser Hinsicht war ich anderer Ansicht als sie. Aber man kann eine Person mögen, ohne mit allem einverstanden sein zu müssen, was sie tut.«[6]

Nach Fort Worth verbrachte sie noch eine Weile in New York, wo sie ihren Lektor Bob Gottlieb, ihre Freunde Rosalind Constable,

Lil Picard, Alex Szogyi und Rose Martini – die sie mit ihrer Abhängigkeit vom Telefon und ihrem Spruch »Kommunikation ist alles« zu der Geschichte »Das Netzwerk« anregte – und ihre Cousine Millie Alford traf, die ihr einen Brief von ihrer Mutter übergab. Dieser letzte noch existierende Brief von Mary Highsmith, datiert vom 31. September 1974, war der Anlass für den endgültigen Abbruch der Verbindung zwischen Mutter und Tochter.

> Du hast es geschafft, du hast mein Herz gebrochen, aber mir auch eine Freiheit gegeben, wie ich sie seit vielen Jahren nicht mehr kannte. Du tust mir sehr Leid. Wie konntest du nur mir gegenüber den Mann, den du gebeten hast, dich zu adoptieren, mit solchen Worten beschreiben. Viele nennen ihn den besten Menschen, dem sie begegnet sind – einen großzügigen Menschen. Er war besser zu dir als dein leiblicher Vater – und hat niemandem etwas geneidet. Er wollte nur dein Bestes. Stanley und ich haben einen großen Fehler gemacht, indem wir dir alles gegeben haben, was wir dir geben konnten … Nur gut, dass du keine Kinder hast – du würdest sie unablässig kritisieren, und sie könnten deinen Ansprüchen nie gerecht werden. Du denkst immer nur an dich. Schreib nicht – ich werde auch nicht mehr schreiben.[7]

Sie unterschrieb den Brief nicht mit »Mutter«, sondern mit einem frostigen »Mary Highsmith«.

Am 6. August 1975 ging Mary Highsmith zum Mittagessen in ein nahes Restaurant und vergaß, eine brennende Zigarette auszudrücken, bevor sie das Haus verließ. Die Zigarette setzte das Haus in Brand, und das Feuer zerstörte ihre gesamte Kleidung, das Klavier, die Bilder an den Wänden, das College-Diplom ihrer Tochter und kostete ihren Hund das Leben. Die weiteren siebzehn Jahre bis zu ihrem Tod verbrachte Mary in einem Altersheim in Fort Worth, in dem sie langsam die Kontrolle über ihren Geist und ihren Körper verlor. Patricia Highsmith sah ihre Mutter nie wieder und sprach nicht mehr mit ihr, aber Marys Einfluss auf ihr Leben und ihre Arbeit blieb ungebrochen. »Pats Mutter war eindeutig das Vorbild zu manchen ihrer Figuren«, sagt Phyllis Nagy. »Nur weil Pat in der Regel nicht über Frauen schrieb, heißt das nicht, dass ihre Mutter in ihren Büchern nicht auftaucht. Ich glaube nicht, dass Pat sich dessen bewusst war, aber ihre Mutter steckt in allem, was sie geschrieben hat.«[8]

Patricia Highsmith fasste im August 1974 den Inhalt von *Ediths Tagebuch* in wenigen Sätzen in ihrem Notizbuch zusammen. Der Roman sollte sich um eine Frau in mittleren Jahren drehen, »eine moderne Intellektuelle mit einem beträchtlichen geistigen Horizont«.[9] Deprimiert von den Nichtigkeiten des Medienzeitalters und seiner schädlichen Auswirkungen auf ihren Sohn, diesen Taugenichts, sowie von der Tatsache, dass ihr Mann sie wegen einer jüngeren Frau verlassen hat, sucht Edith Zuflucht in einer Traumwelt, die sie in ihrem Tagebuch niederlegt. Der Roman sollte über seine Protagonistin ein überwältigendes Gefühl verlorener Hoffnung zum Ausdruck bringen. »Enttäuscht von Mann, Sohn, Karriere (Journalismus), Politik, ihrem Traum von Amerika.«[10]

Das Buch beschreibt das Leben der Edith Howland über einen Zeitraum von zwanzig Jahren, von 1955 – als sie mit ihrem Mann Brett und ihrem Sohn Cliffie von einer Wohnung in Manhattan in ein Haus in Brunswick Corner zieht, einer Kleinstadt, der das pennsylvanische New Hope Modell stand – bis nach dem Watergate-Skandal 1974. Die Handlung kann man mit wenigen Worten wiedergeben: Die Familie zieht von der Stadt aufs Land und nimmt Bretts bettlägerigen, pflegebedürftigen Onkel George bei sich auf; Ediths und Bretts Ehe geht in die Brüche; Cliffie verarmt geistig immer mehr; die Vermutung, dass Cliffie George mit einer Überdosis Kodein umgebracht hat; das imaginäre Leben, das Edith sich für sich selbst und ihre Familie ausdenkt, ihr langsamer geistiger Verfall und schließlich ihr Tod. Im Mittelpunkt stehen Ediths Fantasien – festgehalten in ihrem Tagebuch. Und so wie die Protagonistin das Tagebuch benutzt, um ihre unterdrückten Wünsche auszuleben und sich eine fiktive Existenz zuzulegen, so benutzt Patricia Highsmith den Roman, um die Widersprüche zu erforschen, die der schriftlichen Darstellung der Realität innewohnen. Die Idee, einen Roman in Tagebuchform zu schreiben, hatte sie schon 1942 – »keine Form eignet sich so für die Beobachtung der eigenen seelischen Vorgänge, für das menschliche Interesse an Deutung, für die Darstellung unterschiedlicher Reaktionen auf ein und dasselbe Ereignis«[11] –, und da sie ihr eigenes Leben zwanghaft dokumentierte, kannte sie aus erster Hand den Prozess, das Chaos der Erfahrungen in die geordnete Welt des geschriebenen Wortes zu überführen. Und diese Kluft, das schwarze Loch, das sich zwischen faktischer Existenz und seiner schriftlichen Repräsentation auftut, analysiert Patricia Highsmith in *Ediths Tagebuch*.

Sie spricht das Thema bereits auf der ersten Seite an, als Edith eingeführt wird und sich fragt, wo sie ihr Tagebuch hintun soll. Sie erinnert sich daran, wie Brett und sie das Haus in Brunswick Corner entdeckten, ein Ereignis, das sie in ihrem Tagebuch nicht vermerkte, ein Verweis auf die Willkürlichkeit der Aufzeichnungspraxis. Obwohl Edith zu Beginn des Buches fünfunddreißig ist und das Tagebuch bereits seit ihrem fünfzehnten Lebensjahr besitzt, ist es noch nicht einmal halb voll geschrieben. »Zum Glück hatte sie ihr Tagebuch in all den Jahren nicht mit Banalitäten gefüllt ...«[12] Edith liest nur selten in diesem Tagebuch, aber seine Existenz hat etwas Tröstliches, weil es die geordnete, lektorierte Version ihrer Realität ist. »Ist es nicht ungefährlicher, ja sogar klüger, zu glauben, dass das Leben keinerlei Sinn hat?«, lautet einer von Ediths Einträgen, der genauso in einem von Patricia Highsmiths Tagebüchern stehen könnte. »Nachdem sie diesen Satz damals zu Papier gebracht hatte, ging es ihr besser.«[13] Als Edith feststellen muss, dass Cliffie bei der College-Aufnahmeprüfung gemogelt hat, beginnt sie ihre Biografie auf subversive Art umzuschreiben. Statt ihre Demütigung und Enttäuschung in Worte zu fassen, nimmt Edith ihren Esterbrook-Füller und schreibt über Cliffies akademischen Erfolg. »Was sie geschrieben hatte, war gelogen. Aber es würde ohnehin niemand sehen. Und ihr ging es besser, nachdem sie es geschrieben hatte; sie war nicht mehr so schwermütig, ja sogar fast fröhlich.«[14]

Wie viele von Highsmiths Figuren verfügt Edith über die Fantasie eines Schriftstellers und ist in der Lage, detaillierte Lebensläufe für ihre fiktiven Personen zu entwerfen; in ihrem Tagebuch ist Cliffie ein Ingenieur, der sich auf Hydraulik spezialisiert hat und seine Zeit teils in Kuweit und teils in seinem gemütlichen Heim in der Nähe seines alten College, Princeton, verbringt. Er hat eine Freundin, Debbie, die er später heiratet, und eine Familie. Aspekte ihres Lebens, die ihr nicht gefallen – Brett, der sie einer anderen Frau wegen verlässt, wieder heiratet und noch einmal Vater wird –, werden aus ihrer alternativen, zunehmend überzeugenden Version der Realität herausredigiert. »Bretts kleine Tochter hatte in Ediths Tagebuch nichts zu suchen; sie war nie erwähnt worden … Brett war verschwunden wie ein Schatten, als wäre er nie da gewesen.«[15] 1969 beschließt Edith schließlich, Brett sterben zu lassen, stellt sich vor, er sei seit 1966 tot, und ignoriert dabei die Tatsache, dass er bei Georges Beerdigung 1969 anwesend war. Aber ihr Tagebuch, so sagt sie sich, ist nur ein Mittel, sich zu amüsieren, und ein wenig schriftstellerische Freiheit sollte ihr doch gestattet sein! Wenn Fantasie und Realität aneinander geraten – zum Beispiel als Edith ihrer Tante erzählen will, dass sie ihre Ersparnisse Cliffie in Princeton geben will –, macht sie eine seelische Krise durch, erlebt eine Verzerrung ihrer Wahrnehmung, als hätte sie zu viel getrunken. Am Ende des Buches weiß Edith nicht mehr, was real und was erfunden ist, und wundert sich, als sie einen Tagebucheintrag über die Pullover findet, die sie für Cliffies und Debbies imaginäre Kinder gestrickt hat. Sie kann sich nicht erinnern, diesen Eintrag geschrieben zu haben. »Und das Eigenartige war, dass die zwei Pullover, gestrickt in ihrer freien Zeit, tatsächlich existierten und in der untersten Kommodenschublade im Schlafzimmer lagen. Also das war wirklich merkwürdig!«[16]

Patricia Highsmith wollte, dass Ediths Situation Anklänge an die Gedichte von T. S. Eliot aufwies, inbesondere an »Das wüste Land« und »Die hohlen Männer«, Anklänge an die spirituelle Armut der modernen Existenz und die Hölle zwischen Traum und Realität. Eliots Einfluss ist auch in dem Gedicht Ediths zu erkennen, das bei Highsmiths eigener Beerdigung 1995 verteilt wurde. Es beginnt mit einer Beschreibung der Morgendämmerung, ein paar Stunden nach ihrem Tod, das Sonnenlicht fällt auf die Bäume in ihrem Garten, »gleichgültig stehen die Bäume … ohne um mich zu weinen am Morgen meines Todes«. Eine lapidare Erinnerung an die Gleichgültigkeit der Natur gegenüber dem Tod eines einzelnen Menschen.

Wie auch andere von Highsmiths Büchern verdankt *Ediths Tagebuch* viel dem deutschen Psychoanalytiker Erich Fromm. Edith leiht sich ein Buch von Fromm aus der Bibliothek aus, und in einem Gespräch mit einem Psychiater sagt sie, dass sie Fromm dem österreichischen Verhaltensforscher Lorenz vorzieht. Patricia Highsmith besaß mindestens zwei Bücher von Fromm, *Die Kunst des Liebens* (ein Geburtstagsgeschenk ihrer Mutter und ihres Stiefvaters, mit der Widmung »Für Pat, Jan. 1967 von Mutter und Stanley« – angesichts des Titels und ihrer schwierigen Beziehung eine vielsagende Wahl) und *Die Anatomie der menschlichen Destruktivität.* In einem frühen Stadium der Arbeit an dem Buch schrieb sie in ihr Notizbuch: »Sadismus des Sohnes … ›Versuch zu dominieren‹ gemäß Fromm … Reizüberflutung durch TV … «[17] Fromm definierte in *Die Kunst des Liebens* einen Sadisten als einen Menschen, der seiner Einsamkeit entgehen möchte, indem er »einen anderen zu einem Teil, einem Glied seiner selbst macht«[18], ein Verhalten, das viele von Highsmiths Helden an den Tag legen, darunter Ripley. Wie Fromm glaubte Patricia Highsmith, dass eine Ursache von Angst das Gefühl der Getrenntheit, der Abgesondertheit ist, der Einsicht, dass man dem Gefängnis des eigenen Selbst nicht entkommen kann. »Das völlige Versagen bei der Erreichung dieses Ziels [die Abgesondertheit zu überwinden, die Einsamkeit zu verlassen] bedeutet Wahnsinn, weil das panische Entsetzen vor der vollständigen Isolierung nur durch ein derart radikales Zurückziehen von der Umwelt überwunden werden kann, dass das Gefühl der Getrenntheit verschwindet – weil die Umwelt, von der man getrennt ist, verschwunden ist.«[18] Alle ihre Bücher beschreiben den schrecklichen Zusammenbruch eines solchen Charakters, artikulieren die Hölle der Trennungsangst und die unvermeidlich damit verbundene Krise.

Ursprünglich hatte Patricia Highsmith vorgesehen, dass Cliffie den Foxterrier der Familie foltern und Edith dies durch ein Schlüsselloch beobachten sollte, beließ es dann jedoch bei seinen Versuchen, die Katze zu erwürgen. Fromm schreibt, dass in den meisten sozialen Systemen auch die Menschen auf den untersten Stufen noch Macht und Kontrolle haben über jemand anders, und wenn es Frauen, Kinder und Hunde sein sollten.[19] Cliffies Sadismus zeigt sich in seiner brutalen Behandlung seines Großonkels George – die mutmaßliche Verabreichung einer Überdosis – und in seinen gewalttätigen sexuellen Fantasien. Er stellt sich vor, mit einem Mädchen zu schlafen, während er in eine Socke masturbiert. »Cliffie ließ sie schreien, erst vor Schmerz und Entsetzen, dann vor Lust.«[20] Als er es jedoch mit einem realen Mädchen zu tun hat, Ruthie, Opfer einer Massenvergewaltigung, versagt er, und nach dem Zusammenbruch seiner zaghaften Beziehung zu Luce spielt er mit dem Gedanken, sich zu seinem ganz privaten Vergnügen eine lebensgroße Puppe von ihr anzufertigen. Zwar verwirft er den Gedanken wieder – seine Mutter könnte die Puppe finden, es ist zu schwierig, eine solche Puppe herzustellen –, stellt sich Luce, die vor kurzem geheiratet hat, jedoch vor und liebt sie wie David Kelsey Annabelle, seine lebende Puppe, geliebt hat. »Ihr beschissener Ehemann konnte ihr niemals solche Lust verschaffen wie er. Und das wusste sie.«[21] Fromm argumentiert, dass Sadisten Angst vor dem Leben und der Liebe haben, sie können nur »lieben«, wenn sie das Gefühl haben, das Objekt ihrer Zuneigung zu kontrollieren. Der Kern des Sadismus in allen seinen Ausprägungen ist der Wunsch, absolute und unbeschränkte Macht über ein lebendes Wesen zu haben, gleichgültig ob es ein Tier, ein Kind oder eine Frau ist. Und wenn eine Person vollkommene Macht über ein Lebewesen hat, dann wird dieses Lebewesen zu einem Ding, zu einem Besitztum, und die Person wird zu seinem Gott.[22]

Auch Dennis Gabors soziologische und ökonomische Analyse *The Mature Society*, die Patricia Highsmith im September 1973 las, beeinflusste das Buch. In einem Brief an Barbara Ker-Seymer sprach sie davon, wie sehr sie das Buch faszinierte, »das ich lese wie eine Bibel«.[23] Sie war überzeugt, dass es in Zukunft ihre Arbeit und ihr Denken prägen würde. Das Buch untersucht die Gründe, warum die Nachkriegsgesellschaft von einem Gefühl des *Unbehagens* heimgesucht wird. »Bislang war der Mensch mit der Natur konfrontiert; von jetzt an wird er mit seiner eigenen Natur konfrontiert sein«, schreibt Gabor, der 1971 den Nobelpreis für Physik zuerkannt bekam.[24] In weiten Teilen der Welt war die Armut besiegt worden, der medizinische Fortschritt hatte die von Krankheiten ausgehenden Gefahren dramatisch reduziert. »Der einzig verbliebene Feind ist der Mensch.«[25] Wissenschaft in Verbindung mit weit verbreiteten nationalistischen Gefühlen hatte zu einer Situation geführt, in der es durchaus denkbar war, dass ein dritter Weltkrieg die Welt zerstörte, die in Angst lebte, seitdem die Russen 1968 in der Tschechoslowakei einmarschiert waren und ihren Einflussbereich im Nahen Osten ausgeweitet hatten. »Die Unterwerfung der Natur durch den rational denkenden Menschen, der Wissenschaft und Technologie entwickelt hat, bedeutet, dass wir jetzt mit der grundlegenden Irrationalität des Menschen konfrontiert sind ... Der irrationale Mensch sehnt sich nach Sicherheit, er wird darum kämpfen, aber sobald er sie gewonnen hat, wird er sie verachten.«[26] Eine prägnante Zusammenfassung von Patricia Highsmiths Überzeugungen. Gabor glaubte, dass die Konsumgesellschaft mit ihren dahinschwindenden Moralvorstellungen erwachsen werden und Verantwortung übernehmen müsse. Dabei sei es nützlich, zwei schlichte Aphorismen im Kopf zu behalten, nämlich dass der Mensch sich in der Not großartig, in Wohlstand und Sicherheit jedoch haltlos verhält, und dass er nicht zu schätzen weiß, was ihm ohne eigene Mühe zufällt.

Ediths Tagebuch kann als literarische Version von Gabors Analyse gelesen werden, als eine Anklage der unreifen Gesellschaft des modernen Amerika. Im ersten Kapitel träumt Edith von einem besseren Leben für ihre Familie, von einer ruhigen Existenz außerhalb der Großstadt, so dass ihr Sohn Fahrrad fahren und in einem »traditionelleren« Amerika aufwachsen kann. Aber dann stellt sie ihre Ansichten über das »echte Amerika« infrage und erkennt, dass nicht einmal mehr diese grundlegenden Annahmen verlässlich sind. »Stimmte das überhaupt? Edith überlegte ein paar Sekunden und kam zu dem Schluss, dass es nicht unbedingt stimmen musste.«[27] Edith sieht sich als Linksliberale, als eine Frau, die von ihrem Land und den Massenmedien verraten wurde, als jemand, dem Politik noch wichtig ist. Sie glaubt, dass der amerikanischen Regierung an einer apathischen Öffentlichkeit gelegen sei, die gesellschaftliche Widersprüche nicht hinterfragt. Die Medien sind so voreingenommen, dass ihre Berichterstattung, vor allem wenn es um den Kommunismus geht, einer Gehirnwäsche gleichkommt. »In jeder Nummer bringt *Reader's Digest* einen Artikel über die Ineffizienz aller verstaatlichten Einrichtungen, zum Beispiel der medizinischen Versorgung«, lautet ein Tagebucheintrag.[28]

Es ist ganz offensichtlich, dass Patricia Highsmith ihre eigenen Notizbücher als Quelle von Ediths politischen Ansichten benutzte. 1954 notierte sie, dass nur die Russen wahrheitsgemäß über den Spanischen Bürgerkrieg berichteten; neben dem Eintrag findet sich mit roter Tinte die Notiz »Ediths Tagebuch«[29], und im Buch lesen wir: »Dabei waren die Kommunisten (Russen) von 1936 bis 1939 tatsächlich die Einzigen, die die richtige Erklärung für den Spanischen Bürgerkrieg geliefert haben.«[30] Zwar stimmen viele in Ediths unmittelbarer Umgebung mit ihrer Ansicht überein, dass das Pentagon nichts weiter ist als »eine kriegstreibende und kriegsliebende Maschinerie«[31], aber mit zunehmendem Alter isoliert sich Edith aufgrund ihrer extremen Überzeugungen immer mehr. Ihr Artikel »Warum Rotchina nicht anerkennen?« wird von der Zeitschrift *New Republic* abgelehnt, die Kommentare, die sie für ihre eigene Zeitschrift *Bugle* verfasst, werden zensiert und umgeschrieben, und nur Randgruppenblätter wie *Shove It* und *Rolling Stone* sind bereit, ihre Texte zu drucken. Auch ihre gute Freundin Gert distanziert sich von Edith wegen ihrer autoritären Anschauungen – Edith schlägt vor, die »verdammte Rückständigkeit der Schwarzen« zu beheben, indem man die kleinen schwarzen Kinder im Alter von ein, zwei Jahren in weiße Mittelstandsfamilien verpflanzt, ein Vorschlag, den Gert als »arische Scheiße« abtut.[32]

Highsmiths Interesse galt »der Heuchelei, manche Leute würden sagen Dummheit, der amerikanischen Außenpolitik, die viele Fehler zur Folge hat«.[33] In einem Interview für die *International Herald Tribune* sagte Patricia Highsmith, dass das Zerplatzen des amerikanischen politischen Traums ihr Thema gewesen sei. »Damals passierte so viel in Amerika, was sogar Hausfrauen aufrüttelte. McCarthy wird erwähnt, Vietnam, Nixon. Ediths Vorstellungen sind zum Teil auch meine.«[34] Ediths Wahnsinn resultiert nicht nur aus ihren familiären Enttäuschungen, sondern auch aus der Tatsache, dass sie in einer verrückten Welt lebt. Wie kann man, so fragt Highsmith, in einem medienbesessenen Land leben, in dem der Nahostkrieg auf der gleichen Ebene abgehandelt wird wie ein Schönheitswettbewerb in Florida, in dem Robert Kennedy erschossen wird, in dem Jackie Kennedy, einst ein Symbol der Hoffnung, einen griechischen Reeder heiratet? Amerika ist nicht länger die idealistische Nation Thomas Paines – über Ediths Schreibtisch hängt gerahmt ein Zitat von Paine, »Dies ist eine Zeit der Prüfung«, beginnt es; es sind die Worte, die General Washington seinen Truppen an einem Winterabend 1776 vorlas, bevor sie den Delaware überquerten –, sondern ein Land, das von Nixons leerer Rhetorik, dem Watergate-Skandal und den Schatten des Vietnamkriegs besudelt ist. »Was für eine Welt! Was für ein Amerika!«, sinniert Edith.[35] Und letztlich widersteht sie den Versuchen ihres Exmanns und eines Psychiaters, sich dem Druck der Gesellschaft zu fügen, und stürzt auf einer Treppe zu Tode. Ihr Tod, so Highsmith, symbolisiert den Tod Amerikas.

> Sie fand es ungerecht, spürte, wie das Unrecht, das ihr widerfuhr, jetzt verschmolz mit dem verrückten, komplexen Unrecht in Vietnam – einem Land, in dem, wie jeder wusste, Korruption an der Tagesordnung war, etwas ganz Normales. Thomas Paine. *The summer soldier and the sunshine patriot…* Ihr Kopf schlug hart und doch anmutig, wie ihr schien, auf einer der untersten Stufen auf, und das Licht erlosch für sie.[36]

Das, was Edith in den Wahnsinn treibt, ist auch die Angst vor der Banalität des Häuslichen. Gegenstände sind in dem Buch in verschwenderischer Fülle vorhanden und deuten auf das langsame Absterben des weiblichen Geistes. Wie Patricia Highsmith einer Journalistin gegenüber später erklärte, tötet Ediths »Beruf als Hausfrau … sie auf langsame, grausame Weise«, und ihre Absicht sei es gewesen, »mit absolutem Realismus alle Augenblicke im täglichen Leben einer Hausfrau« zu beschreiben.[37] Obwohl sich Edith um intellektuelle und metaphysische Anregungen bemüht, ist sie für immer ans Haus gebunden dank schierer Plackerei – Haushalt, Kochen, Putzen, Georges Pflege. »Frühstück – das bedeutete zuerst, George sein Tablett mit einem weichen Ei, Tee und Orangensaft zu bringen, bevor sie sich der anspruchsvolleren Aufgabe zuwenden konnte, unten das Frühstück für vier herzurichten und dafür zu sorgen, dass der Toaster laufend Brotscheiben ausspuckte … Noch mehr weiche Eier und köstliche Kirschmarmelade.«[38] Patricia Highsmith sah keinen Bedarf für die Frauenbewegung – sie empfand den Gedanken daran als unglaublich herablassend –, aber der Roman ist ein feministisches Dokument, das die restriktiven Auswirkungen der traditionellen Hausfrauenrolle aufzeigt.

Zweifellos verstand Highsmith den Roman auch als eine Fantasie, wie ihr eigenes Leben hätte aussehen können, hätte sie geheiratet. So wie Ripley in gewisser Weise Highsmiths intellektuelles und kulturelles Streben – ihr Freiheitsempfinden – versinnbildlicht, so verkörpert Edith ihre größten Ängste, symbolisiert sie den langsamen geistigen und spirituellen Tod. »Männer verlassen das Haus«, sagte die Schriftstellerin einmal zu Bettina Berch. »Ripley verlässt das Haus ... Ich sehe nicht, dass Frauen das Haus verlassen ... Edith verlässt das Haus? Wohin zum Teufel sollte sie gehen? Sie kann nur Verkäuferin werden ... Ich verstehe einfach nicht, wie eine Frau heiraten kann, Kinder kriegen kann ... Ich kann mir nicht vorstellen, mich selbst zu einer Dienstbotin zu degradieren. Entweder man heiratet einen Mann mit Geld, oder man wird zur Dienstbotin.«[39]

Im Juni 1976, kurz nachdem sie das Manuskript von *Ediths Tagebuch* an den Knopf Verlag geschickt hatte, erfuhr Patricia Highsmith, dass es abgelehnt worden war. Ihr wurde mitgeteilt, dass der Roman – den sie laut Kingsley »unter all ihren Büchern als Meisterwerk betrachtete«[40] – weder als Thriller noch als seriöser Roman gelten konnte. Der Schriftstellerin zufolge schrieb Bob Gottlieb an ihre Agentin, dass »er ihn nicht als Krimi oder als Thriller ansah, ihn aber auch nicht als seriösen Roman verkaufen konnte«.[41] Obwohl die Ablehnung sie geschmerzt haben muss, beschloss sie, gute Miene zum bösen Spiel zu machen. Als Robert Robinson sie für die BBC fragte, ob das Buch als Krimi oder einfach als Roman publiziert werden sollte, erwiderte sie: »Ehrlich gesagt, das ist mir egal, denn ich glaube, es ist ein gutes Buch. Ich mag es ... Ich denke, das ist das Problem der Verleger und nicht mein Problem.«[42] (Anfang 1977 traf Patricia Highsmith ein weiterer Schlag, als ihr erneuter Versuch, für das Fernsehen zu arbeiten – ein Drehbuch für einen Vierteiler für Thames Television –, abschlägig beschieden wurde. »Mit manchen Dingen ist es einfach so«, sagte sie. »So wie manche Leute aus mysteriösen Gründen einfach nicht schwimmen können.«[43])

Als *Ediths Tagebuch* schließlich veröffentlicht wurde – im Mai 1977 von Heinemann in England und etwas später von Simon & Schuster in den USA –, hatte das Buch durchweg begeisterte Besprechungen, und die Autorin wurde besonders für ihre Vorstellungskraft und ihre Vision eines zerfallenden Amerika gelobt. Neil Hepburn schrieb im *Listener*, »dass ihre Figuren und die Umstände, in denen sie sich befinden, die Lage der Nation in den schrecklichen Jahren des Vietnamkriegs versinnbildlichen ... das Erbe der Wurzel- und Gedankenlosen im einst großartigen Amerika, das unwiderrufliche Ende der aristokratischen Gesinnung, die, bei allen Defiziten, die Ideale von 1776 in sich trug. Es ist ein sehr pessimistischer Blick auf Amerika und in Miss Highsmiths wunderbar insinuierendem Tonfall ein sehr überzeugender.«[44] Im *Times Literary Supplement* nannte Emma Tennant das Buch ein Meisterwerk – »erschreckender und außergewöhnlicher als Miss Highsmiths frühere Bücher« – und lobte sie für ihre beunruhigende Darstellung des Alltäglichen. Highsmith »bringt die Phantome unserer gegenwärtigen Ängste und unseres Unbehagens auf den Punkt: das Gefühl, dass das Leben sinnlos ist, der schrille Fernsehjargon, der uns beibringt, zu Göttern zu beten, die wir nicht haben wollen, die Angst vor Freunden, die genauso schnell verschwunden sind wie der Schaum des Geschirrspülmittels, der Verlust des Glaubens, dass irgendjemandem etwas an uns liegt«. Die Rezension beschloss sie mit der Bemerkung, dass der Roman eine harte »Anklage der modernen Gesellschaft ist«.[45] Im *New Yorker* hieß es, es sei Highsmiths »stärkstes, fantasiereichstes und bei weitem ihr substanziellstes Buch ... *Ediths Tagebuch* ist ein außergewöhnlich kraft- und gefühlvolles Werk.«[46] Michael Wood jedoch schrieb in der *New York Review of Books*, dass der Roman schwach sei, weil er so unbeholfen versuche, historische Ereignisse einzubauen. »Aber der eigentliche Fehler des Buches ist sein Ehrgeiz, sein Anspruch, ein Porträt unserer Zeit zu sein.«[47] Das Problem bestehe darin, dass der Roman »politische Ereignisse nur benennt ... eine Art politischer Grenze um die letztlich private Geschichte zieht«.[48]

Die Widmung von *Ediths Tagebuch* lautet »Für Marion« und gilt Dominique Marion Aboudaram, Highsmiths Freundin in den Jahren 1975 bis 1978. Marion, Schriftstellerin und Übersetzerin in Paris, nahm im Dezember 1974 Kontakt mit Patricia Highsmith auf und schlug ihr vor, für die französische Ausgabe von *Cosmopolitan* ein

Interview mit ihr zu führen, für das sie keinen Auftrag hatte und das auch nie gedruckt wurde. Nachdem sich die beiden Frauen kennen gelernt hatten, war die fünfunddreißigjährige Marion besessen von Pat und folgte ihr eines Abends im Januar 1975, nachdem sie sich auf einer Ausstellung von Tomi Ungerer getroffen hatten, zur Gare du Lyon und zu ihrem Haus in Moncourt.

»Sie war nicht gerade erfreut, dass ich ihr gefolgt war«, sagt Marion, »und meinte, ich solle sie in Ruhe lassen. Sie war sehr nervös, wollte keine Leute um sich haben, sondern allein sein. Aber sie nahm mich mit in ihr Haus, wo wir über Mord redeten. An diesem Abend trug sie einen roten Mantel, und später nannte ich sie mein kleines Rumpelstilzchen. Ich wollte mit ihr schlafen, aber sie schickte mich nach Hause. ›Ich könnte deine Mutter sein‹, sagte sie, ›ich bin zu alt.‹ Ich fuhr heim, rief sie aber an und sagte, dass ich sie unbedingt wollte. Ich fuhr wieder zurück zu ihrem Haus, aber bevor wir ins Bett gingen, musste ich ein Bad nehmen und mir mein Parfüm abwaschen. Es war Chanel, sehr elegant, aber sie sagte, dass ihr von dem Geruch schlecht würde.

Bevor ich sie kennen lernte, hatte ich alle ihre Bücher gelesen und fand sie faszinierend. Aufgrund ihrer Bücher erwartete ich eine grausame und einsame Person, und so war es auch. Ich bin eine Masochistin, eine echte Masochistin, und sie gab mir das Gefühl großen Unbehagens, die ganze Zeit. Ich fühlte mich zu ihr hingezogen wegen ihrer Arbeit, nicht wegen ihres Aussehens. Ich fand sie hässlich, schrecklich hässlich. Ich wusste, dass sie eine Schönheit gewesen war, ich hatte Fotos von ihr als junge Frau gesehen, da war sie eine dunkle Schönheit gewesen, aber als ich sie kennen lernte, hatte der Alkohol sie schon ruiniert. Sie war aufgedunsen, kaputt, aber ich war verrückt nach ihr.

Sie war nie unfreundlich oder herzlos zu mir, aber distanziert, und ich war leidenschaftlich in sie verliebt. Ich glaube nicht, dass sie mich geliebt hat, obwohl sie es behauptete. Ich denke, sie hat mich als Person geschätzt, sie sagte, ich hätte ein paar sehr gute Eigenschaften. Ich war überhaupt nicht ihr Typ, sie mochte Blondinen.«[49]

In einem Brief vom 15. Februar 1975 setzte die Schriftstellerin Charles Latimer von der Existenz ihrer neuen Geliebten in Kenntnis und beschrieb sie in einem anderen, vom 28. Februar datierten Brief als »fünfunddreißig (das heißt, viel zu jung für mich), ein bisschen nervös, rundlich, Jüdin (mit einer Mama in Paris, die es mit dem Glücksspiel hat und Kunsthändlerin ist), impulsiv, wankelmütig«.[50] Im nächsten Monat verfasste Patricia Highsmith bereits Gedichte auf sie, die laut Marion Pats Einstellung zu romantischer Liebe widerspiegeln.

»Einmal sagte ich zu ihr, dass ich sie einen Monat lang nicht würde sehen können, und sie erwiderte: ›Das ist großartig, du machst Dichterinnen aus uns.‹ Sie dachte gern über Menschen nach und schrieb gern über sie, aber sie wollte nicht unbedingt mit ihnen zusammen sein. Pat gefiel die Vorstellung, sich nach jemandem zu sehnen und Gedichte über ihn zu schreiben. Sie benutzte Menschen zum Schreiben. Für ein neues Buch wechselte sie die Geliebte.

Bevor wir uns liebten, nahm Pat fast immer meine Hand und sagte: ›Erzähl mir von deiner Mutter.‹ Meine Mutter war eine sehr attraktive elegante Frau mit schönen Beinen, und ich habe mich immer gefragt, ob sich Pat mehr zu meiner Mutter hingezogen fühlte als zu mir. Ich erinnere mich, dass Pat sich mit einem hässlichen Mädchen anfreundete, das Bier in der Gare du Lyon verkaufte, und es zu sich nach Hause einlud. Sie mochte Fremde, anonyme Menschen, von denen sie nichts wusste. Sie brauchte die Idee der Liebe, und sie liebte es, sich zu verlieben, aber sobald es Routine wurde, machte sie es kaputt.

Sie aß nicht viel – Milch, Orangen, Popcorn und eine Gabel voll Spaghetti –, und weil sie sich weigerte, das Haus zu heizen, fror sie ständig. Wir schliefen häufig miteinander – am besten war es in meiner Wohnung in Montmartre. Dort standen eine Menge Prostituierte auf den Straßen, ich glaube, die Nähe der Prostituierten erregte sie. Aber wir liebten uns auch in der kleinen Hütte in ihrem Garten, in die sie ein Bett gestellt hatte. Sie beschäftigte sich zwanghaft mit Steuern und häuslichen Problemen, und in ihrem großen Haus langweilte sie sich, aber in der Hütte war sie glücklich. Der Garten war zauberhaft, und dort benahm sie sich wie ein Kind, fütterte Vögel und Frösche. In ihrem Garten war sie nahezu ausgelassen.«[51]

Zu ihrem sechsunddreißigsten Geburtstag am 21. Juli schenkte die Schriftstellerin Marion einen Besen, und ein anderes Mal brachte sie ihr einen Staubsauger mit. »Sie putzte zwanghaft und duschte mehrmals am Tag. Kaum war sie in meiner kleinen Wohnung, kehrte und putzte sie, und jedes Mal, wenn ich zu ihr aufs Land kam, wusch sie meine Kleider. Sie gab mir einen Bademantel und warf meine ganze Kleidung in die Badewanne. Meinen Regenmantel wusch sie so oft, bis er ruiniert war. Außerdem war sie geizig. Als ich sie im Winter einmal um einen Heizlüfter bat, sagte sie: ›Mach dir eine Wärmflasche. Für so was zahle ich nicht.‹

Sie war sehr merkwürdig. Einmal waren wir in Paris bei Mary McCarthy eingeladen, und Pat war außer sich, weil Mary nicht wusste, wer Tom Ripley ist – McCarthy hielt ihn für einen Rockstar. Als wir gingen, war Pat so gekränkt, dass sie mit der Stirn gegen eine Mauer schlug. Nach diesem Vorfall wollte ich nicht, dass sie nach Hause fuhr. Sie kam mit in meine Wohnung. Ich gab ihr warme Milch mit Brot, und sie fuhr erst am nächsten Tag nach Hause.

Sie liebte Gin, den sie mit Wasser mischte, Scotch und Bier, das sie wie ein Mann aus der Flasche trank. Sie fing vor dem Frühstück mit dem Trinken an, und zum Frühstück trank sie ein kleines Glas Whisky. Ich bat Pat, den Alkohol nicht vor mir zu verstecken, aber ich machte mir Sorgen. Sie sagte immer zu mir: ›Mein armer Liebling, verheiratet mit einer Trinkerin.‹«[52]

Der Alkohol hielt sie jedoch nicht vom Schreiben ab. 1975 arbeitete sie an *Ediths Tagebuch* sowie an ein paar Geschichten. Auch die Nachricht vom Krebstod ihres Vaters am 14. Mai – sie nahm an Jay B.s Beerdigung nicht teil – unterbrach ihren Schaffensfluss nicht. Nur Journalisten und Fernsehteams gelang es, sie in ihrer Routine zu stören. Interviewt zu werden war für sie, als müsste sie sich auf den Behandlungsstuhl eines Zahnarztes setzen, und danach fühlte sie sich »erschlagen und erschöpft«, unfähig, auch nur eine Kurzgeschichte zu schreiben.[53]

Im September reiste Patricia Highsmith zusammen mit den Autoren Stanley Moddleton, der 1974 den Booker Prize erhalten hatte, und Michael Frayn auf Einladung des Schweizer Anglistenverbands in die Berge in der Nähe des schweizerischen Hostein, wo sie eine Woche lang an Seminaren teilnahm. Sie musste über *Die gläserne Zelle*, den Ursprung des Buches und die damit verbundenen Schwierigkeiten sprechen. Dort lernte sie den Seminarteilnehmer und Englischlehrer Peter Huber kennen, der später ein enger Freund von ihr wurde. »Mein erster Eindruck von ihr war, dass sie sehr schüchtern war«, sagt Huber. »Sie stand vor der Klasse, den Kopf leicht zur Seite gelegt, die Schultern breit und die Hände sehr kräftig. Während sie sprach, machte sie mit der Faust immer wieder diese schlagende Bewegung, um etwas zu betonen.

Ich hatte auch andere Bücher von ihr gelesen, zum Beispiel *Venedig kann sehr kalt sein*, und ich glaube, das gefiel ihr. Pat interessierte sich im Allgemeinen mehr für Männer, und so schlossen wir sofort Freundschaft. An dem einzigen freien Nachmittag fuhren wir zusammen nach Basel, tranken Tee bei meiner Tante und sahen im Kino einen Marx-Brothers-Film, *Skandal in der Oper*. Später schrieben wir uns, und sie antwortete immer umgehend.

Ich war, das muss ich zugeben, geschmeichelt, weil sie berühmt war und sich für mich zu interessieren schien. Aber ich mochte sie wirklich sehr. Wir unterhielten uns oft stundenlang, und später, als ich sie in Moncourt besuchte und dann als sie in Tegna unsere Nachbarin wurde, verbrachten wir lange Abende zusammen, saßen vor dem Kamin und redeten.«[54]

Eine weitere Teilnehmerin des Seminars war die Englischlehrerin Frieda Sommer, die von Patricia Highsmith neben anderen als Testamentsvollstreckerin eingesetzt wurde und mit der sie bis an ihr Lebensende befreundet war. »Pat bedachte uns abwechselnd mit ihrer Zuneigung«, sagt Huber. »Und normalerweise stand sie oder ich in ihrer Gunst ganz oben, und der oder die andere war in Ungnade. Je besser ich sie kannte, umso klarer wurde mir, dass sie ihre Albträume nur durch Schreiben loswerden konnte.«[55]

Pat kehrte etwas selbstbewusster aus der Schweiz zurück, da sie gemerkt hatte, dass sie nicht die Einzige war, die unter extremer Schüchternheit litt. »Andere Menschen können genauso viel leiden. Das macht mich wirklich glücklicher.«[56] In den letzten Monaten des Jahres 1975 unternahm sie noch kurze Reisen nach London, Stockholm und Kopenhagen, von wo sie Marion schrieb, »dass sie ihre Katze, Milch und mich vermisste«.[57]

Die Beziehung zwischen den beiden Frauen war weiterhin leidenschaftlich und liebevoll. In einem Brief, den Marion Pat am 29. Dezember schrieb, gelobte sie ihr Treue, und zu Highsmiths fünfundfünfzigstem Geburtstag am 21. Januar 1976 machte sie ihr vier Geschenke, darunter eine Aufnahme von Cembalo-Werken Bachs, ein Geschenk, das Pat bestimmt besonders schätzte. Nur vier Tage später schrieb Marion ihr wieder, da Pat bedrückt wirkte. Allem Anschein nach war Patricia Highsmith niedergeschlagen aufgrund des Verhaltens ihrer Geliebten – Marion hatte mehrmals vom Ende ihrer Beziehung geträumt, beunruhigt vor allem von einem Albtraum. In diesem Traum musste sie mit ansehen, wie sich Pat in eine junge blonde Frau verliebte. Als Marion im Traum Pat fragte, warum sie ihren Schwur brach – sie hatte gelobt, für immer bei ihr zu bleiben –, entgegnete Patricia Highsmith, dass sie nichts dafür könne, solche Versprechen würden im Wahnsinn der größten Leidenschaft gegeben. Marions Traum sollte sich als düstere Vorahnung erweisen.

Deine Küsse erfüllen mich mit Angst

(1976–1978)

Während der ersten Monate des Jahres 1976 war Patricia Highsmith mit dem Thema Erbe beschäftigt. Sie wollte ihre Angelegenheiten geordnet haben für den Fall ihres Todes. Sie war zwar erst fünfundfünfzig, aber der Tod ihres Stiefvaters und ihres Vaters und der fortschreitende geistige Verfall ihrer Mutter zwangen sie, sich mit diesem Thema zu befassen. Im Februar setzte sie ein Testament auf, in dem sie ihre Aktien und Beteiligungen der Künstlerkolonie Yaddo hinterließ, während ihr literarischer Nachlass – inklusive ihrer Notizbücher und der Urheberrechtsansprüche – an Kingsley ging. »Es steht dir frei, jemanden damit zu beauftragen, eine Biografie zu schreiben, immer vorausgesetzt, dass ich diese außergewöhnliche Ehre verdiene«, schrieb sie an ihre Freundin.[1] Patricia Highsmith hatte nicht nur entschieden, ihre Mutter in ihrem Testament nicht zu bedenken, sondern sie machte sich auch die Mühe, neun Cousins und Cousinen namentlich aufzuführen »aus Gründen des *Ausschlusses*«.[2]

Von den finanziellen, emotionalen und familiären Aspekten des Themas Vermächtnis fasziniert, schrieb sie im August erneut an Kingsley und erwähnte ihre Pläne für einen weiteren Ripley-Roman. Er sollte von einem sechzehnjährigen Jungen handeln, der seinen reichen Großvater von einer Klippe stößt, damit er nicht von seinem Erbe profitiert. Sie arbeitete im September, Oktober und November am Plot des Buchs, das sie *Ripley und der Erbe* oder *Ripley und der reiche Junge* nennen wollte und das 1980 unter dem Titel *Der Junge, der Ripley folgte* erschien. Aber statt das Buch sofort zu schreiben, ließ sie sich die Ideen dafür monatelang durch den Kopf gehen; erst zweieinhalb Jahre später schickte sie das fertige Manuskript an ihre Verleger.

Obwohl sich die Einzelheiten im Lauf der Zeit änderten – zuerst spielte die Schriftstellerin mit dem Gedanken, den Jungen seinen Großvater oder Onkel ermorden zu lassen, bevor sie sich für den behinderten Vater als Opfer entschied –, blieb die zentrale Prämisse, der negative psychologische Effekt des Erbens, unangetastet. In einer der ersten Notizen zu dem Buch schrieb sie im September 1976, dass der Junge, den sie schließlich Frank Pierson nannte, eine »mystische und unrealistische Einstellung zum Geld hat« und davon einerseits fasziniert ist, andererseits aber Angst vor seiner Macht hat.[3] »Mir gefällt die Vorstellung, dass der Junge Angst vor der Verantwortung hat, die der Besitz von Geld mit sich bringt«, sagte Patricia Highsmith zu Ian Hamilton. »Er will es nicht, und er hasst seine Familie dafür, dass sie es ihm aufdrängt.«[4] Geld hat Tom zu einem freien Mann gemacht – er hat genug, um sich »Belle Ombre«, einen gut gefüllten Weinkeller, zweimal wöchentlich Cembalo-Unterricht bei einem Privatlehrer, regelmäßige Flüge und eine elegante Garderobe leisten zu können –, Frank jedoch empfindet den Einfluss des Geldes als verderblich. Der Junge ist ein Spiegelbild von Ripley, der Dickie Greenleaf getötet hat, um dessen Geld zu erben; Frank dagegen mordet, um ein Vermögen *nicht* erben zu müssen, sondern um sich von dieser Last zu befreien. Er reist nach Europa und sucht dort Ripley auf, von dessen zweifelhaftem Ruf er in der amerikanischen Presse gelesen hat und den er für einen Mann »frei im Geist« hält.[5]

Zu diesem Zeitpunkt ihres Lebens war Patricia Highsmith eine unerschrockene Individualistin. Sie war der Ansicht, dass die Menschen ihr Leben überwiegend selbst gestalteten, und weigerte sich zu glauben, dass die Gesellschaft an ihren Leiden schuld war. 1971 fragte sie sich, ob sie willens wäre, einen Teil ihres Einkommens für das Wohlergehen derjenigen zu opfern, die schlechter gestellt waren als sie. Nach reiflicher Überlegung kam sie zu dem Schluss, dass sie nicht dazu bereit war. Sie meinte, jedes Recht zu haben, ihr schwer verdientes Geld zu genießen, und sie war enttäuscht von dem »Mangel an Unternehmensgeist bei anderen Menschen und Völkern, von ihrem törichten Widerstand gegen Hilfe von außen in Form von Geld, Infrastruktur und Bemühungen um Geburtenkontrolle«.[6] Wie sie Arthur Koestler im Juni 1978 schrieb, glaubte sie, dass die Menschen die Verantwortung für ihr Handeln übernehmen müssen. »Ich sage das als Amerikanerin, die gelangweilt ist von denen, die behaupten, das Individuum sei das Opfer seiner Umwelt oder der Gesellschaft.«[7]

In *Der Junge, der Ripley folgte* scheint Patricia Highsmith jedoch nahe zu legen, dass ein kriminell finanzierter luxuriöser Lebensstil – Ripleys Ästhetizismus – den schmutzigen Profiten des Kapitalismus bei weitem überlegen ist, wie ihn die Pierson-Dynastie mit ihrem riesigen Haus an der Küste von Maine, der Wohnung in Manhattan und dem Hubschrauber verkörpert. Franks Vater, der mit Lebensmitteln Millionen verdient, wird vor Beginn des Buches von einem Killer, den ein Konkurrent angeheuert hat, angeschossen und ist fortan an den Rollstuhl gefesselt. »›Nichts als Business, das wunderbare Business‹, sagte Frank zynisch«, als Ripley die Sache erklärt.[8]

Tom, so kann man annehmen, ist ein Linker. Er interessiert sich für internationale Politik (wie Highsmith liest er regelmäßig die *International Herald Tribune*); er grenzt sich ab von Georges und Marie, Besitzer der örtlichen Bar, die Jacques Chirac unterstützen (»den so genannten Faschisten«[9], 1974–1976 französischer Ministerpräsident); und er verabscheut die puritanischen, konservativen Ansichten des Architekten Antoine Grais, der Ripley wegen seiner Müßiggängerexistenz verachtet.

Obwohl er nicht mit ansehen will, wie ein Hummer in kochendes Wasser geworfen wird, kann Ripley jemanden umbringen, ohne dass sein Gewissen darunter leidet. Frank wäre gern amoralisch, aber nach dem Mord an seinem Vater und dem Verlust seiner Freundin Teresa ist er selbstmordgefährdet. »Die Tatsache, dass ich diesen Mann umgebracht habe – die wird mein Leben nicht verändern«, sagt Ripley zu Frank[10], aber er kann den Jungen nicht überzeugen. Da der Roman, abgesehen von einem Bericht über den Mord an seinem Vater, den Frank für Tom verfasst, aus der Perspektive Ripleys geschrieben ist, versteht der Leser die Motive des Jungen nie ganz. Warum reist Frank nach Frankreich und sucht Ripley, nachdem er seinen Vater von der Klippe gestoßen hat? Warum ist er von dem älteren weltgewandten Mann so besessen? Was verbindet die beiden Männer?

Homoerotische Unterströmungen gibt es in allen Romanen von Patricia Highsmith – sie sind eingebettet in die Machtbeziehungen zwischen den männlichen Figuren, die einander häufig verfolgen und beschatten –, aber in *Der Junge, der Ripley folgte* hat die Autorin sie aus dem Subtext herausgeholt und zu einem der dominanten Themen des Buches gemacht. Der Junge, der Ripley folgt, ist Toms Schatten, sein verborgenes Selbst, die Verkörperung seiner Wünsche, die er gezwungenermaßen unterdrückt. Ripley mag Héloïse gegenüber verneinen, dass Frank ein *tapette*, ein Schwuler, ist, aber die sexuelle Anziehung zwischen Mann und Junge durchzieht den Roman ebenso wie Lou Reeds »Transformer«, der von Selbstverwandlung und sexueller Grenzüberschreitung handelt. Frank interessierte sich zum ersten Mal im Alter von vierzehn Jahren für Ripley, nachdem er in der amerikanischen Presse über Derwatt und seine Bilder gelesen hatte. Er fühlt sich angezogen von der Möglichkeit, dass der ältere Mann jemanden umgebracht hat, von seiner kosmopolitischen Aura und seinem guten Aussehen. Noch bevor die beiden nach Berlin reisen, wo sie die berühmten Schwulenbars der Stadt besuchen, wird Ripleys polymorphe Sexualität zum Thema. Als Antoine Grais sich bei Tom nach der Identität des Besuchers erkundigt, fragt er ziemlich hinterhältig: »Männlich oder weiblich?« Worauf Tom entgegnet: »Rate mal.«[11] Frank besteht darauf, in Toms Bettwäsche zu schlafen, putzt Toms Schuhe und strahlt den älteren

Mann an, »fast als sehe er das Mädchen Teresa, in das er verliebt war«.[12] Ripley und Héloïse haben nur selten Sex, wofür Tom dankbar ist, denn eine Frau, die mehrmals in der Woche Sex von ihm verlangen würde, hätte ihn abgeschreckt, vielleicht sogar auf Dauer.

Ripley mag sich aus rein praktischen Gründen für Berlin entschieden haben – die Menschen dort scheinen alle verkleidet zu sein oder eine Rolle zu spielen, folglich war die Stadt der perfekte Ort, an dem Frank und er untertauchen konnten, aber die beiden zögern keinen Augenblick, wenn es darum geht, die wilderen Seiten des Lebens zu erforschen, zum Beispiel im *Glad Ass*, einer Schwulenbar. »Er [Ripley] sah, wie der Junge tanzte – er tanzte sogar noch beschwingter als mit dem Mädchen bei Romy Haag.«[13] Bevor sie in den Grunewald fahren, erklärt Frank, dass er diesen letzten gemeinsamen Tag in Berlin nie vergessen wird. »Die Worte eines Liebenden, dachte Tom.«[14] Und als der Junge dort gekidnappt wird, betrachtet Ripley diesen Akt als Vergewaltigung. Ripley ist begeistert von den verrückten Fantasien, die in den Schwulenbars ausgelebt werden, und als er sich als Frau verkleidet, einschließlich Perücke und Make-up, hat er seinen Spaß dabei. »Die Verwandlung seiner Lippen erstaunte ihn. Die Oberlippe war dünner, die Unterlippe voller geworden. Er hätte sich kaum selber erkannt.«[15] Diese Freiheit ist großartig.

Zweifellos ist einer der Gründe für Franks Selbstmord die Tatsache, dass er sich von Ripley trennen muss, von dem er glaubt, er habe »den Mond am Himmel aufgehängt«.[16] Obwohl man Franks Verhalten als reine Heldenverehrung deuten kann, belegen die vielen Andeutungen auf eine intimere Beziehung, dass die Attraktion zwischen den beiden Männern sexueller Natur ist. Ripley, schreibt Mark Todd im *New Statesman*, wird eindeutig »getrieben von der Begeisterung für den Jungen und dem Wunsch, ihm zu helfen, und in dieser Beziehung offenbart sich die romantische Einstellung der Autorin, die sexuellen Implikationen nicht offen ausgesprochen, sondern in kleinen Einzelheiten angedeutet«.[17] Craig Brown betont in *Times Literary Supplement*, dass Ripley dem Jungen sehr zugetan ist und sich für ihn verantwortlich fühlt, während »die Bewunderung des Jungen an Liebe grenzt ... Und die Annahme, dass sie zwei Seiten des selben Charakters sind, wird verstärkt durch die gemeinsame Geschichte, den Mangel an Gegensätzlichkeit.«[18] Der Roman ist alles andere als die Plattform für Ripleys Coming-out, schließlich ist Tom verheiratet, und es gibt keine expliziten Hinweise auf körperliche Kontakte zwischen ihm und Frank. Patricia Highsmith leugnete, dass Ripley homosexuell war, aber sie gab zu, dass er latente homosexuelle Sehnsüchte hegte. »Ich weiß, was Sie meinen«, sagte sie 1986 in einem Interview, als sie nach seiner Homosexualität gefragt wurde. »Aber er unterdrückt sie ... Die meisten Mörder haben ein etwas merkwürdiges Sexualleben ... Ich glaube, ein Mann, der sexuell mit seiner Partnerin glücklich ist, wird nicht zum Mörder.«[19] Der Roman bezeugt, dass Highsmith gewillt ist, das Thema Homosexualität direkter anzusprechen als in der Vergangenheit. In dieser Hinsicht ist er ein Vorläufer von *Elsie's Lebenslust* und *›Small g‹ – Eine Sommeridylle.*

Während der Arbeit an *Der Junge, der Ripley folgte* wurde Patricia Highsmith schon in einer frühen Phase klar, dass sie einen guten Schauplatz für den Roman brauchte, der zum Teil im Ausland spielen sollte. Ende September 1976 flog sie nach Berlin, da sie die Stadt als den perfekten Schauplatz für Ripleys schillernde Persönlichkeit empfand: künstlich, mit einer stets im Fluss befindlichen Identität, die sich immer wieder anders präsentiert, eine seit dem Mauerbau 1961 geteilte Stadt. Wie Tom Frank informiert, war Westberlin in drei Sektoren aufgeteilt, und in nur dreißig Kilometer Entfernung waren 93 000 sowjetische Soldaten stationiert. »Die Stadt Berlin war bizarr genug, künstlich genug – zumindest ihr politischer Status, und vielleicht versuchten die Berliner manchmal, sie durch Kleidung und Verhalten noch zu überbieten. Und es war auch ihre Art zu sagen: *Wir existieren!*«[20]

Am 22. September fuhr Patricia Highsmith mit der S-Bahn nach Ostberlin, ein Trip, den sie in *Der Junge, der Ripley folgte* verarbeitete. Ihr fiel auf, dass die Menschen etwas schicker gekleidet waren als bei ihrem Besuch drei Jahre zuvor, aber »ungehobelter, schwerer, mehr wie Arbeiterklasse« wirkten.[21] Abends ging sie zu Lesungen von Allen Ginsberg und Susan Sontag und sah zwei Filme der deutschen Filmemacherinnen Ulrike Ottinger und Tabea Blumenschein. Mit Tabea tourte sie auch durch die Nachtclubs, darunter die Transvestitendisco »Romy Haag«, die in *Der Junge, der Ripley folgte* Eingang fand.

In Berlin wohnte Patricia Highsmith im selben Hotel wie ihre alte Freundin Lil Picard. Aber bereits wenige Stunden nachdem sie sich getroffen hatten, stritten die beiden Frauen. Lil gefiel nicht, dass Pat die Kommunisten »Bastarde« nannte, und warf ihr vor, eine Rassistin und Faschistin zu sein. Ein anderer Streit hatte Wim Wenders' Drehbuch des Films *Der amerikanische Freund* aus dem Jahr 1977 mit Dennis Hopper und Bruno Ganz zum Thema, der auf ihrem Roman *Ripley's Game oder Der amerikanische Freund* basierte. Patricia Highsmith war der Meinung, dass Wim Wenders aus Ripley einen »Gangster« gemacht hatte. Lil erhob Einspruch gegen diesen Ausdruck, weil sie überzeugt war: »Gangster gibt es nicht. Die Gesellschaft macht sie dazu.«[22] Patricia Highsmith war so wütend auf Wim Wenders' Film, dass sie sogar vorschlug, das ihr zustehende Honorar für die Filmrechte zurückzugeben. »Es ist ein Jammer, was sie meinem Ripley angetan haben«, schrieb sie an Ronald Blythe.[23]

Wim Wenders wollte ursprünglich die Filmrechte an *Der Schrei der Eule* und *Das Zittern des Fälschers* erwerben, die aber bereits vergeben waren. Nach einem Besuch bei Pat in Begleitung von Peter Handke im Juni 1974 sicherte er sich die Rechte an *Ripley's Game.* »Sie war unglaublich sanftmütig und aufmerksam«, schreibt Wenders. »Ich hatte das Gefühl, als könnte sie durch mich hindurchsehen. Man konnte keine Geheimnisse vor ihr haben. Absolute Aufrichtigkeit war die einzige Umgangsform mit ihr.«[24] Er hatte zunächst den Eindruck, dass sie schüchtern war. »In meiner Erinnerung sehe ich sie vor mir als jemand, der beständig versucht, unsichtbar zu sein. Außerdem gehörte sie offensichtlich zu den Menschen, die daran gewöhnt sind, allein zu sein, und keine Schwierigkeiten damit haben. Einsamkeit umgab sie wie ein Heiligenschein. Mir gefiel an ihren Büchern, dass sie zeitgenössische Kriminalliteratur in direkter Fortführung von Dashiell Hammett und Raymond Chandler und Ross MacDonald waren, nur dass sie eine Frau war und weit tiefer in die Seele der Menschen vorstieß als ihre männlichen Vorgänger. Ihre Romane handeln alle von der Wahrheit, aber auf existenziellere Weise als ›richtig oder falsch‹. Es geht um kleine Lügen, die zu großen Katastrophen führen. Da ich besessen bin von der Vorstellung, dass ›Wahrheit‹ und ›Schönheit‹ identisch sind, fühlte ich mich natürlich zu Highsmiths Gedankenwelt hingezogen.«[25]

Die Beziehung zwischen Regisseur und Autorin war jedoch nicht einfach. Patricia Highsmith war der Ansicht, dass Wim Wenders ihren Lieblingsprotagonisten »ein bisschen gewöhnlicher«[26] gemacht hatte. »Als sie den Film zum ersten Mal sah«, schreibt Wenders, »war sie … nicht gerade glücklich. Dass ich die Rolle mit Dennis Hopper besetzt hatte, lehnte sie ab, nahezu physisch … Wir setzten uns hin und sprachen eine Weile miteinander, aber ich konnte sie nicht überzeugen. Als ich mich verabschiedete, war ich sehr betrübt, weil ich sehr stolz auf den Film war und Patricia Highsmith so verehrte. Die Tatsache, dass ihr der Film nicht gefiel, nagte sehr an mir.«[27] Ein paar Monate später schrieb sie Wenders einen Brief, den der Regisseur rahmte und über seinem Schreibtisch aufhängte. Darin erklärte sie, dass sie den Film noch einmal gesehen, ihre Meinung revidiert habe und »er dem Geist des Buches näher gekommen sei als alle früheren Adaptionen«.[28] Allerdings begriff sie nicht, warum Hopper die Rolle des Ripley spielte. »Hopper«, sagte sie 1992 in einem Interview, »entspricht nicht meiner Vorstellung von Ripley.«[29]

In Berlin war Patricia Highsmith von Susan Sontags Vortrag beeindruckt gewesen, in dem diese erklärte, »dass sie persönlich keiner

Schriftstellergruppe angehörte und ihr auch nichts daran lag«[30], eine Meinung, der sich Pat anschloss und die sich in ihrem Werk widerspiegelt. Nach Hause zurückgekehrt, begann sie eine Art Selbstanalyse, eine Bestandsaufnahme dessen, was sie bislang erreicht hatte. Ihr Ziel im Leben war nicht die Anhäufung von Reichtum oder das Streben nach Ruhm. Was war es dann? fragte sie sich. »Eigentlich so etwas wie eine abstrakte Brillanz«, lautete die Antwort.[31] Eine weitere Depression, verursacht von den quälenden »ungelösten Fragen in meinem Leben«[32], vernebelte ihre Gedanken. Angst machten ihr: die Unfähigkeit, mit dem neuen Ripley-Roman anzufangen; das einstündige Fernsehspiel mit dem Titel *The Adventuress*, das sie für Joseph Losey schreiben sollte und das nie fertig wurde; die Unterbrechungen durch Reisen ins Ausland, um ihre Bücher vorzustellen, und durch Interviews; die Auftragsarbeiten wie zum Beispiel der Reisebericht über Wien, den sie für die *Radio Times* schreiben sollte. (Sie fuhr im Februar nach Wien, informierte ihre Leser aber nur mit wenigen Details über die Stadt und widmete stattdessen einen großen Teil des Artikels der Beschreibung des Museums des Institutes für Geschichte der Medizin mit seinen gruseligen Wachsexponaten, beispielsweise siamesischen Zwillingen mit missgestalteten Gesichtern und Oberkörpern, ausgenommenen Frauenkörpern, manche von ihnen schwanger, manche aufgeschnitten, um die Funktionsweise der inneren Organe zu demonstrieren. Ihre Begeisterung für das blutige Spektakel einer blonden Frau in einem Glaskasten, deren Bauchdecke aufgeklappt ist, um ihr Inneres zu entblößen, ist nicht zu überlesen; sie beschreibt »meterlange Gedärme, die wie Rüschen um den Rand der Öffnung liegen«.[33] Patricia Highsmith skizzierte die von ihr so genannten »Ungeheuer«, bevor sie sich vorstellte, wie es wäre, einen Raum zu betreten und feststellen zu müssen, dass ein Freund niedergemetzelt wurde. »Mörder lassen ihre Opfer oft so zurück, was normalerweise nicht in den Zeitungen steht.«[34] Solche Auftragsarbeiten ermüdeten sie, und nachdem sie aus Wien zurückgekehrt war, schrieb sie an Ronald Blythe, dass sie eine Phase der »Ruhe oder zumindest der

Konzentration« brauche, damit sie die für das Schreiben unerlässliche »Geisteshaltung« einnehmen könne.[35]

Im Sommer 1977 fuhr die Schriftstellerin in die italienische Schweiz, ins Tessin, um Ellen Hill zu besuchen, die in Cavigliano lebte. Zweifellos angeregt von Ellen, machte sie am 17. August einen verächtlichen Eintrag über die wesentlichen Unterschiede zwischen dem schriftstellerischen und dem soziologischen Blick aufs Leben. »Es ist das Unlogische an den Menschen, das mich interessiert, aus dem Geschichten und Plots entstehen.«[36] Aber als die Journalistin Joan Juliet Buck sie sieben Stunden lang für das *Observer Magazine* interviewte, meinte Patricia Highsmith, dass ihr Gespräch mit soziologischen Ansichten zu Wirtschaft und Politik gewürzt sei. In dem Artikel schrieb Buck, dass die sechsundfünfzigjährige Schriftstellerin »die Figur eines jungen Mädchens hat, das kaum etwas isst. So wie sie in einem gestreiften Pullover und Jeans, das dunkle Haar im Pagenschnitt, leicht vornübergebeugt dasteht, erinnert sie mich an eine College-Studentin. Eine Studentin, die sich für ein asketisches Leben entschieden hat, das nur durch Zigaretten und Tierliebe gemäßigt wird, und bei dieser Entscheidung geblieben ist.«[37]

Nach dem Interview, in dem Patricia Highsmith es geschickt vermied, ihr Innenleben preiszugeben, sahen die beiden Frauen gemeinsam eine Vorführung von Claude Millers *Süßer Wahn* nach Highsmiths gleichnamigem Buch mit Gérard Depardieu und Miou-Miou, den sie »ziemlich beschissen«[38] fand. (Im gleichen Jahr kam eine weitere Highsmith-Verfilmung in die Kinos, Hans W. Geißendörfers *Die gläserne Zelle* mit Helmut Griem und Brigitte Fossey.) Nach der Vorführung bekannte die Schriftstellerin, dass sie am Buerger-Syndrom im rechten Bein litt, einer Verengung von Arterien und Venen, aber weiterhin Kette rauchte. Am nächsten Abend, dem 21. September, begleitete Buck die Autorin ins Théâtre de l'Épicerie in Paris zu einer Aufführung von »Belle Ombre«, einer Dramatisierung von zwei ihrer Kurzgeschichten – »Als die Flotte im Hafen lag« und »Der Schneckenforscher« – von Francis Lacombrade. Buck fiel auf, dass Patricia Highsmith »zögerlich [war], schüchtern, mit einer Miene innerer Verbissenheit, nicht anders als sie auch zu Hause [war]«[39], und während der Pressekonferenz zunehmend schweigsamer wurde. Ein Reporter musste seine Frage dreimal wiederholen, bis Highsmith sie begriffen hatte, aber auch dann antwortete sie nicht. »Die Frage ist abgewiesen. Das ist ihre Antwort.«[40] Ein Hinweis auf Highsmiths Zustand findet sich in einem Brief an Kingsley, in dem sie schrieb, dass sie nach der Aufführung von »Belle Ombre« so erschöpft und überwältigt war, dass sie schlichtweg »zusammenbrach«.[41] Ihre Stimmung besserte sich nicht, als sie eine »grauenhafte«[42] Klatschgeschichte von Sam White im *Evening Standard* las, in der stand: »Ihr Französisch ist noch immer primitiv, und sie hat Schwierigkeiten, sich an die französische Lebensart anzupassen, vor allem an das französische Essen … Sie ist in jeder Hinsicht eine einsame Frau, offenbar jedem Lob gegenüber gleichgültig. Ihre Erscheinung ist bemerkenswert maskulin, und sie hasst Männer, sie ist eine Art weiblicher Chauvinist.«[43] Patricia Highsmith war so empört, dass sie sofort einen Brief an Simon Jenkins schrieb, damals Chefredakteur des *Evening Standard*, und sich beschwerte, dass White ihr Alter mit dreiundsechzig statt mit sechsundfünfzig angab und »abfällige Bemerkungen«[44] über ihre Sexualität und ihr Aussehen machte.

Patricia Highsmith setzte ihre Selbstanalyse den Sommer über fort, und am 28. September verfasste sie einen kurzen Artikel für die *Welt am Sonntag* über ihre politischen und religiösen Glaubensgrundsätze, der am 9. Oktober veröffentlicht wurde. Sie schrieb, dass es immer möglich sein sollte, die eigene Meinung frei zu äußern, gleichgültig, worin sie bestehe, und bekannte, dass sie mehrmals an Präsident Carter geschrieben hatte. Außerdem erklärte sie, dass sie nicht mehr an Gott glaubte, weder als abstrakte Macht noch als göttliche Präsenz in der menschlichen Seele. Gott, so schrieb sie, verursache mehr Kriege als jeder menschliche Konflikt, und sie wünschte, dass der Glauben an die Existenz einer höheren Macht nicht Hass, sondern Freundlichkeit mit sich brächte. »Ich glaube ebenso wenig an Gott, wie ich an das Glück glaube.«[45]

Im November 1977 reiste Patricia Highsmith zu Recherchezwecken wieder nach Berlin. Dort erlebte sie, was es heißt, eine berühmte Schriftstellerin zu sein, als eine verheiratete Frau ihr im Beisein ihres Mannes ihre Liebe erklärte. »Sie meinte meine Bücher«, schrieb Pat in einem Brief an Barbara Ker-Seymer.[46] Am 16. November verbrachte sie mit Tabea Blumenschein und ein paar Freunden einen Abend in einer Schwulenkneipe, gefolgt von mehreren Runden Whisky in ihrem Hotelzimmer. »In Berlin habe ich so viele erstaunliche Dinge gehört«, schrieb sie an Charles Latimer. »Ich habe alles notiert.«[47] Sie war so begeistert von der Nacht, dass sie das Etikett der Flasche Bell's Whisky in ihr Notizbuch klebte. »Berlin 17. Nov. 1977, Hotel Franke – 5.30 Uhr morgens!«, kritzelte sie darauf; und neben die Druckbuchstaben EXTRA SPECIAL schrieb sie: »Stimmt!«[48]

Zwei Monate später war Patricia Highsmith wieder in Berlin, als Jurymitglied der Filmfestspiele. Sie traf am 22. Februar ein und wurde sofort in die »Schwangere Auster« verfrachtet, wo sie zur Jurypräsidentin gewählt wurde, womit sie gar nicht glücklich war. »Ich bin überhaupt nicht in der Lage, Filme wirklich zu beurteilen, weil ich nicht genügend Filme sehe ... Ich habe versucht, Angelopoulos oder Sergio Leone für das Amt zu gewinnen, aber vergeblich.«[49] Die Filmkritikerin Christa Maerker, die für die Festspiele arbeitete und später eine Freundin der Schriftstellerin wurde, erinnert sich, wie sie Patricia Highsmith am Flughafen abholte.

»Ich umarmte sie, bevor ich ihr den Blumenstrauß überreichte, aber das mochte sie nicht, sie erstarrte und schubste mich ein bisschen weg. Dann flüsterte sie: ›Ich würde gern Christa Maerker treffen.‹ Ich hatte zwei Optionen: Ich konnte ihr erzählen, dass ich Christa Maerker war, aber das wäre peinlich für sie gewesen; oder ich konnte lügen, aber dann hätte es keinen Ausweg mehr gegeben. Wir gingen zum Wagen, und nachdem wir eingestiegen waren, schüttelte ich ihr noch einmal die Hand und sagte: ›Christa Maerker.‹ – ›Natürlich‹, sagte sie, ›ich habe Sie nicht richtig angesehen.‹ Sie war schrecklich unsicher und unglaublich schüchtern. Sie versteckte ihr Gesicht stets hinter einem Vorhang aus Haaren, damit sie niemanden sah, wie ein Kind, das sich hinter den eigenen Händen versteckt.«[50]

Die Jury musste sich dreiundzwanzig Filme in zehn oder elf Tagen ansehen, und Patricia Highsmith fand das Ganze ermüdend und frustrierend. »Meine einfachsten Vorschläge wurden abgelehnt … Als ›Präsidentin‹ war ich nicht gut.«[51] Das war ein ehrliches Eingeständnis und nicht falsche Bescheidenheit. »Sie wurde zur Präsidentin gewählt, weil sie die berühmteste der Gruppe war«, sagt Christa Maerker. »Aber sie waren schrecklich unglücklich mit ihr, und sie war nicht glücklich mit den Festspielen.«[52] Patricia Highsmith bat oft ihre Freundin Anne Morneweg, eine in Berlin wohnhafte Übersetzerin, sie zu den Vorführungen zu begleiten. »Sie hat mich gefragt: ›Kannst du mitkommen für den Fall, dass mir etwas von dem Film entgeht?‹«[53] Pat konnte Sexszenen nicht ausstehen. »Zum ersten Mal in meinem Leben musste ich mir eine ganze Menge Sex ansehen, wo ich normalerweise die Augen schließe.«[54] Begeistert jedoch war sie von den Jungen und Mädchen, die sich in Kreuzberg prostituierten – Türken, geschminkt und kostümiert. Durch Kreuzberg schlenderte sie mit ihrem Freund, dem Dokumentarfilmer Julian Jebb, der in Berlin war, um für die BBC ein Feature über Pat zu drehen, aus dem jedoch nichts wurde. Es war Patricia Highsmiths vierter Aufenthalt in Berlin, und die Stadt verwirrte sie nicht mehr, sondern faszinierte sie. Abends kehrte sie müde in ihr Hotel zurück, zog bequemere Kleidung an und ging aus. »Berlin ist bizarr und weckt in den Menschen den verzweifelten Wunsch, noch bizarrer zu sein in dem kuriosen Versuch, ›stärker‹ zu sein als die Überreste dieser Stadt. Der Mensch will etwas zählen, will sich beweisen, dass er etwas wert ist, dass er existiert.«[55]

Patricia Highsmith war mit siebenundfünfzig Jahren noch immer eine auffällige, ungewöhnlich aussehende Frau, und vielleicht war es das Bedürfnis, sich als verlockende Gestalt zu behaupten, die sie in eine Beziehung trieb, die viele ihrer Freunde als eine ihrer größten und selbstzerstörerischsten Leidenschaften betrachten.

Seit fast zwei Jahren kannte sie Tabea Blumenschein, die fünfundzwanzigjährige Hauptdarstellerin und Produzentin des lesbisch-avantgardistischen Piratenfilms *Madame X*. Seit ihrem letzten Besuch in Berlin interessierte sie sich für Tabea, und während der Filmfestspiele 1978 gingen die Frauen eine intime Beziehung ein. »Ich fand Pat ein bisschen streng, aber sehr attraktiv, sie war ein wenig wie Getrude Stein«, sagt Tabea, die heute Malerin ist. »Mir gefiel, dass sie Schriftstellerin war, ich fand ihre Bücher amüsant. Der Altersunterschied machte mir nichts aus. Sie war leidenschaftlich und romantisch, und sie hatte eine gute Figur. Sie hielt sich in Form, kleidete sich elegant, aß nicht viel und trank eine Menge Whisky.«[56]

Außenstehenden mögen sie als seltsames Paar erschienen sein – Patricia Highsmith mit den tiefen Furchen im Gesicht und der männlichen Kleidung und die junge Deutsche mit ihrem stachligen blonden Haar, dem auffälligen Make-up und der leicht punkigen Kleidung –, aber die beiden Frauen verbrachten eine glückliche Zeit in Berlin. Sie gingen in den Zoo, wo Tabea die Schriftstellerin auf die Wunden der Krokodile hinwies, ein Detail, das in *Der Junge, der Ripley folgte* Eingang fand.

»Pat verliebte sich in Tabea, sie war völlig hin und weg von ihr«, sagt Anne Morneweg. »Tabeas Aussehen faszinierte sie, und obwohl die beiden Frauen physisch so verschieden waren, war ihre Beziehung nichts Besonderes, Berlin war damals eine so komische, schwule Stadt, eine Insel. Ja, ihr Verhältnis war nahezu ein Muss.«[57]

Nach ihrer Rückkehr nach Moncourt sehnte sich Patricia Highsmith wieder nach der jüngeren Frau. Sie legte Platten auf, die sie in Berlin gekauft hatte, starrte auf die Badematte, die sie vom Hotel hatte mitgehen lassen, und wurde immer fixierter auf Tabea oder vielmehr – wie vor ihr David Kelsey in *Der süße Wahn* – auf ein imaginäres Bild von ihr. Am 9. April schrieb sie ein Gedicht für Tabea, in dem es darum geht, sich zu verlieben, aber nicht in eine reale Person, sondern in ein Bild. Sie hat Angst davor, dass sich das Bild auflösen wird, sobald sie das Objekt ihrer Zuneigung berührt. »Ich will dich nicht zerstören. / Ich will dich im Auge behalten.«[58]

Kaum war Pat zurück in Moncourt, wurde Marion Aboudaram klar, dass ihre Liaison sich dem Ende neigte. »Sie zeigte mir das Foto von einem deutschen Mädchen, das wunderschön aussah, und dabei hatte Pat einen sehr verträumten Blick«, erinnert sich Marion. »Dieser verträumte Blick sagte mir, dass sie verliebt war. Ihre Affäre mit Tabea war sehr leidenschaftlich und körperlich. Pat sprach die ganze Zeit von ihr, und ich war sehr eifersüchtig auf sie.«[59]

Zum ersten Mal in ihrem Leben, so behauptete Patricia Highsmith in einem Brief an Barbara Ker-Seymer, habe sie eine Frau getroffen, »die eine starke sexuelle Anziehungskraft (für mich) mit Talent vereint«.[60] Tabea erinnerte sie zudem an Lynn Roth: Beide Frauen hatten die »gleiche Macht, jemanden festzuhalten«, während sie bestimmte jugendliche Eigenschaften gemeinsam hatten, »einen Meister brauchten, einen Boss«, sich von Glamour angezogen fühlten und »sich beträchtlich für ihr äußeres Erscheinungsbild interessierten, besonders TB«.[61]

Im April verfasste Patricia Highsmith noch mehr Gedichte für Tabea, darunter eines, das den merkwürdigen Drang beschrieb, sich in tiefes Wasser zu stürzen und zu ertrinken. »Das ist keine Erpressung. Ich tue es mit einem Lächeln.«[62] Als sie versuchte, für ihre deutsche Freundin eine Reise nach London zu organisieren, um sich dort mit ihr zu treffen, war Pat so nervös, dass sie nicht einmal mehr aus dem Haus ging, um ihren Rasenmäher reparieren zu lassen, aus Angst, einen Anruf von Tabea zu verpassen.

Die sechs Tage, die Pat und Tabea Anfang Mai gemeinsam in London verbrachten – in Pelham Crescent in der Wohnung von Julian Jebb, der in Griechenland Urlaub machte –, gehörten zu den glücklichsten in ihrem Leben. In einem Pub in der Bramerton Street in Chelsea lernten sie eine Französin kennen, Linda Ladurner. »Ich erkannte Highsmith, weil sie so ein unverwechselbares Gesicht hatte. Aber sie und Tabea waren ein merkwürdiges Paar. Als ich nach Paris zog, meldete ich mich bei Pat, und wir wurden Freundinnen. Aber ich habe mich nie ganz wohl mit ihr gefühlt.«[63] In London gingen Pat und Tabea in Schallplattenläden – »Pat schenkte mir eine Platte von *Stiff Little Fingers* und ein Englisch-Deutsches Wörterbuch. Wir hatten eine gute Zeit miteinander«[64] – und tranken Cocktails mit Arthur und Cynthia Koestler. Bevor sie zu den Koestlers gingen, hatte Tabea Bedenken, weil sie kein Buch des berühmten Schriftstellers und Intellektuellen gelesen hatte. »Das macht nichts«, sagte Pat, »das letzte, worüber Schriftsteller reden wollen, sind ihre Bücher.«[65] Und es stimmte. »Koestler sprach über 1968 und die Studentenunruhen, über schwarze Magie und russische Politik.«[66]

An ihrem dritten gemeinsamen Abend hätte Pat die glückliche Atmosphäre nahezu zerstört, als sie Tabea fragte, ob sie mit Menschen ein Spiel treibe. »Es war nicht leicht für mich zu kommen«, antwortete die junge Frau. Patricia Highsmith schrieb ein Gedicht über diese Tage, das mit »Deine Küsse erfüllen mich mit Angst« beginnt, einem Vers, der die Intensität ihrer Beziehung bezeugt.[67] Tabea kehrte nach Berlin zurück, und Pat flog mit verzweifeltem Liebeskummer zurück nach Frankreich. In dieser gefährlich labilen Verfassung brachte sie in Gedichten ihre widersprüchlichen Gefühle zum Ausdruck, Gefühle, die in der Vision eines Selbstmords gipfelten – sie schoss sich vor den Augen ihrer Geliebten in den Kopf. Am 1. Juni erfuhr sie, dass Tabea nicht, wie geplant, noch in diesem Monat nach Moncourt kommen würde, und in den nächsten Wochen meinte Pat, den Verstand zu verlieren. Sie fragte ihre Freunde, was sie wegen Tabea unternehmen solle, und bat sogar Alex Szogyi, die Handschrift ihrer Geliebten zu analysieren, um etwas über ihre Persönlichkeit und ihre gemeinsame Zukunft in Erfahrung zu bringen.

»Sie hat eine ›starke‹ Persönlichkeit«, schrieb Alex über Tabea, »und ist an viel Lebensraum gewöhnt. Sie kennt sich selbst und hat ihr Leben gut im Griff … Ihr Geist ist präzise, rasiermesserscharf, und ich glaube, sie erträgt keine Dummköpfe. Sie ist sehr anspruchsvoll, besitzergreifend, wunderbar aufgeschlossen und auf spontane Weise intellektuell. Sie ist von Natur aus ungeduldig, aber zugleich kühl und gefasst. Eine ungewöhnliche Dame …«[68]

Die Tage zwischen dem 5. und 19. Juni bezeichnete Patricia Highsmith als »schrecklich«, und als ihre Depression schlimmer wurde, ersann sie einen Plan, der verhindern sollte, dass sie weiter in den Wahnsinn abglitt. Sie nahm sich vor, tief durchzuatmen, häufig zu essen, sich ständig zu beschäftigen und ihre Selbstachtung zu bewahren. Aber sie wusste auch, dass ihr Unglück altbekannte Ursachen hatte.

> Ich weiß, dass mein ganzer Kummer
> vom ›Verlangen‹ kommt,
> vom Begehren dessen, was ich nicht haben kann ...[69]

Es war vage geplant, dass Tabea nach Lot kommen würde, wo Pat Charles Latimer und Michel Block besuchte, aber auch daraus wurde nichts. Obwohl Pat wusste, dass die heikle Beziehung zu Tabea sie unglücklich machte, fühlte sie sich von ihr stärker angezogen als von vielen früheren Frauen. »Ich bin so eine Romantikerin ... Vielleicht gebe ich mich einer Hoffnung hin, aber mir ist ein Traum lieber als eine hysterische Wirklichkeit.«[70] Für Juli war dann ein Besuch Tabeas in Moncourt geplant, und obwohl Patricia Highsmith auf Anraten ihrer Freunde versuchte, ihre Hoffnungen herunterzuspielen, war sie ein Nervenbündel. »Ich lebe von der Luft«, schrieb sie an Barbara Ker-Seymer. »Dann ist es eben so. Es ist mein Stil.«[71]

Schließlich schrieb Pat Tabea einen Brief und fragte sie, ob sie die Beziehung beenden wolle. Die ungewisse Lage sei nicht nur schlecht für ihre geistige Gesundheit, sondern hindere sie auch am Arbeiten. Tabea antwortete mit einem freundlichen, aber schonungslos offenen Brief des Inhalts, dass es ihr Leid tue, aber ihre Affären dauerten nie länger als vier Wochen. »Beziehungen dauern so lange, wie sie dauern«, sagt Tabea.[72] Diese Nachricht stürzte Patricia Highsmith vier Tage in »einen Abgrund des Elends«[73]; die Nachwirkungen sollte sie noch Monate, wenn nicht sogar Jahre später spüren.

29

Ein Mädchen, das mich zum Träumen verleitet

(1978–1980)

Patricia Highsmiths Liebesaffäre mit Tabea und ihr abruptes Ende hatten unmittelbare Auswirkungen auf ihre Arbeit. Bis zum 1. Januar 1978 hatte sie zweiundfünfzig Seiten von *Der Junge, der Ripley folgte* geschrieben, aber seit Juni konnte sie sich nicht mehr konzentrieren und kam nur noch langsam voran. Ihre Verfassung besserte sich jedoch schlagartig, als eine siebenundzwanzigjährige Französin, Monique Buffet, in ihr Leben trat. Monique Buffet war Englischlehrerin und, wie die deutsche Schauspielerin, blond und jungenhaft. Die beiden Frauen lernten sich Anfang August über einen englischen Fan und Brieffreund kennen, und Ende des Monats – nach einer Verabredung in Paris – waren sie ein Liebespaar.

»Ich fand sie sehr attraktiv«, sagt Monique. »Sie war wirklich charmant. Sie war extrem schüchtern, hatte diese unglaublich durchdringenden Augen, schwarzes Haar mit grauen Strähnen und eine sehr leise Stimme, eine schöne Stimme. Ich weiß nicht, warum sie sich zu mir hingezogen fühlte, aber ich glaube, ihr gefielen Frauen, die etwas androgyn waren. Meine Freunde sagten immer, dass ich mehr einem schwulen Jungen als einer lesbischen Frau glich. Die dreißig Jahre Altersunterschied machten mir nichts aus, im Gegenteil, ich mochte ältere Frauen. Pat sagte, dass sie sich physisch zu mir hingezogen fühlte, was angeblich nicht oft vorkam. Sie war sehr zärtlich und immer aufmerksam. Sie wollte mir alles bieten – eine

Wohnung in Paris, ein Auto, Reisen um die ganze Welt –, aber ich habe nie etwas angenommen. Immer wenn ich Schwierigkeiten hatte, konnte ich zu ihr kommen, und sie war immer sehr nachsichtig – sie liebte mich trotz meiner Fehler.

Sie aß fast nie etwas. Sie kochte *lapin à la crème* für ihre Siamkatzen, rührte es aber selbst nicht an. Als ich bei ihr war, hörte ich einmal nachts diese merkwürdigen Geräusche. Pat rief etwas in einer sonderbaren Sprache, die ich nicht verstand. Am nächsten Morgen sagte sie: ›Tut mir Leid, vielleicht hast du mich letzte Nacht gehört. Ich war wütend, weil die Katzen am Ledersofa im Wohnzimmer gekratzt haben.‹ Offenbar sprach sie mit den Katzen in einer ganz eigenen Sprache.

Ich erinnere mich sehr gern an die Zeit, die wir in ihrem Haus in Moncourt verbrachten. Pat arbeitete immer in ihrem Schlafzimmer, in dem ein Bett und ein Schreibtisch standen. Das war ihr Privatzimmer, das eigentlich niemand betreten durfte. Sie erzählte mir, dass sie schon immer im Schlafzimmer gearbeitet habe und dass das Bett neben ihrem Schreibtisch stehen musste.

Sie dankte mir die ganze Zeit, denn das Ende ihrer Beziehung zu Tabea hatte sie völlig niedergeschlagen, und sie sagte, ich hätte ihr dabei geholfen, die Krise zu überwinden und wieder zu schreiben. Zweimal hat sie mir gesagt, sie liebe mich und nur mir sei es zu verdanken, dass sie *Der Junge, der Ripley folgte* habe schreiben können. Während sie an dem Buch arbeitete, erzählte sie mir, dass sie für eine Szene nach einer bestimmten Art von Musik suche, und ich habe ihr eine Platte von Lou Reed geliehen, die ihr gefiel und Eingang in das Buch fand. Ich bin überzeugt, dass Frank Charakterzüge von mir hat. Das ist einer der Gründe, warum sie den Roman mir gewidmet hat.«[1]

Bis August 1978 hatte Patricia Highsmith achtzig Seiten geschrieben, bis Oktober waren es zweihundert, und am 9. November war sie mit der Rohfassung fertig. Der nächste Schritt bestand darin, das Manuskript abzutippen und die Szenen in den Schwulenkneipen von Berlin mit ihrem Freund Walther Busch auf Genauigkeit hin zu überprüfen. Zu Beginn des Jahres 1979 legte sie letzte Hand an den Roman, und am 3. April schickte sie ihn an ihre Verleger. Sie bat Calmann-Lévy, ihren Vorschuss auf 30 000 Francs zu erhöhen, da Mary Kling, die sie als ihre neue französische Agentin in Betracht zog, versprochen hatte, einen Vorschuss von 50 000 Francs herauszuholen. »Ich weiß, dass der Vorschuss mit dem Absatz verrechnet wird, deswegen kann ich in einem hohen Vorschuss keinen großen Vorteil erkennen«, schrieb sie an Alain Oulman, der dem Betrag zustimmte, »außer dass der Verleger gezwungen ist, etwas für das Buch zu tun, etc.«[2] Am 8. Mai erfuhr sie, dass Simon & Schuster den Roman abgelehnt hatte, und genau einen Monat später wurde ihr mitgeteilt, dass auch Putnam's kein Interesse daran habe, weil er »nicht krimihaft genug«[3] sei. Am selben Tag schrieb ihr Patricia Myrer Schartle, dass Larry Ashmead von Lippincott & Cromwell den Roman hingegen angenommen hatte.

Patricia Highsmith war Monique dankbar, weil sie, wie Pat auf die Rückseite eines Papierfetzens schrieb, ein Mädchen war, »das mich zum Träumen verleitet«.[4] Sie tat ihr Bestes, Tabea Blumenschein zu vergessen, aber die Erinnerung an sie ließ Pat nicht los. In Briefen an ihre Freunde schilderte sie die Schauspielerin in den höchsten Tönen, und gegen Ende des Jahres kaufte sie einen kuriosen Spiegel, der aus Fahrradteilen gefertigt war, und schickte ihn Tabea nach Deutschland. Im September sandte sie Hachette – der französische Verlag plante eine Anthologie von Werken großer zeitgenössischer Schriftsteller – eine Auswahl von Gedichten, die sie während der kurzen, intensiven Affäre mit ihr geschrieben hatte. »Nachdem sie zwei in meinen Büchern gesehen hatten, wollten sie Gedichte von mir. Ich habe mich nie als Lyrikerin betrachtet.«[5]

Patricia Highsmith war der Ansicht, dass die Verbindungen zwischen ihrem Leben und ihrer Arbeit später in einer Biografie untersucht werden müssten. Im Frühjahr 1979 bat sie Kingsley und Charles Latimer, den sie ihrer alten Freundin und literarischen Testamentsvollstreckerin als Assistenten vorschlug, »die falschen Biografen zu vertreiben, wenn ich tot bin«.[6] Sie war der Meinung, dass es Heuchelei wäre, ihre lesbische Veranlagung auch nach ihrem Tod noch zu verheimlichen, aber zu Lebzeiten ließ sie öffentliche Einblicke in ihr Privatleben nicht zu. Wenn sie mit Monique Buffet ausging, dann stellte sie sie als ihre Agentin vor, und am 21. April, als sie für die BBC-Sendung *Desert Island Discs* interviewt wurde, weigerte sie sich, darüber zu sprechen, warum sie ihren zweiten Roman *The Price of Salt* unter einem Pseudonym veröffentlicht hatte. »Aus keinem besonderen Grund«, sagte sie. »Vielleicht weil es kein Krimi war.«[7] Die Auswahl der Musik, die sie auf eine einsame Insel mitnehmen würde, fiel sehr unterschiedlich aus: der 1. Satz des Klavierkonzerts Nr. 23 von Mozart, der 1. Satz von Rachmaninows Klavierkonzert Nr. 2, die »Kaffee-Kantate« und die Matthäus-Passion von Bach, »In Our Little Den of Iniquity« aus dem Musical *Pal Joey*, die 6. Sinfonie von Mahler, die Rondeña aus *Iberia* von Albéniz, gespielt von Michel Block, eine Platte, die auch Ripley liebte, und »Lullaby of Birdland« von George Shearing. Schreibutensilien waren die Luxusartikel, die sie mitnehmen würde, und an Büchern nannte sie die Bibel, Shakespeares Werke und Melvilles *Moby Dick*. Würde sie die Einsamkeit auf der Insel aushalten? »Ja, wahrscheinlich besser als die meisten Menschen.«[8]

Zu diesem Zeitpunkt wurde auch *Leise, leise im Wind* veröffentlicht, ein Band mit Geschichten, den sie der im März 1978 verstorbenen Natica Waterbury widmete. Die Geschichten waren alle zwischen 1972 und 1978 erschienen, die meisten im *Ellery Queen's Mystery Magazine*, zwei in der *New Review* und in *Winter Crimes*, und »Bitte nicht auf die Bäume schießen« hatte Patricia Highsmith für eine Anthologie mit Albträumen des 20. Jahrhunderts geschrieben, die von Giles Gordon herausgegeben wurde. Der Band greift bekannte Highsmith-Themen auf – die Macht des Unbewussten und die Verlockungen der Fantasie – und illustriert ihre Überzeugung, wie sie Ripley in *Der Junge, der Ripley folgte* ausdrückt, nämlich »dass jedes starke Gefühl wie Liebe, Hass oder Eifersucht schließlich einen Ausdruck fand, nicht immer in der Form einer klaren Illustration dieses

Gefühls und nicht immer so, wie die Person selber oder die Umwelt es vielleicht erwartete«.[9]

In »Der Babylöffel« heiratet ein achtbarer Anglistikprofessor eine dumme, kindische Frau, nur weil sie ihn an seine Mutter erinnert, und wird von einem ehemaligen Studenten ermordet, von dem er glaubt, dass er eine homoerotische Zuneigung für ihn hegt. In »Ein seltsamer Selbstmord« tötet ein Arzt einen alten Nebenbuhler und beschließt, nachdem er ungestraft davonkommt, dass er sich irgendwann selbst umbringen wird. Der Protagonist von »Der Mann, der Bücher im Kopf schrieb« stirbt im Glauben, vierzehn Romane geschrieben zu haben, ohne dass er je ein Wort zu Papier gebracht hat. Lorna Sage hält diese Geschichte für die beste der Sammlung. »Hier erschafft sie [Highsmith] eine Schwindel erregende und sehr komische Illusion in der Illusion und beweist damit wieder einmal, wie geschickt sie ihre rabenschwarze Magie ausübt.«[10] Und Blake Morrison schreibt, dass Patricia Highsmith »am makabersten ist, wenn sie am prosaischsten ist«.[11]

Die letzte Geschichte, »Bitte nicht auf die Bäume schießen« – ein Vorläufer der Erzählungen in *Geschichten von natürlichen und unnatürlichen Katastrophen* –, spielt im Jahr 2049, wenn in den ehemals großen amerikanischen Städten die Armen und Unterprivilegierten wie in Gefängnissen leben. Unterirdische Atomtests haben dazu geführt, dass Bäume eigenartige Auswüchse treiben – Krebsgeschwüre, die eine widerliche, säureähnliche Substanz verspritzen –, die jetzt mit weiteren unterirdischen Bombenexplosionen bekämpft werden sollen. Die Folgen sind katastrophal: Die Bäume verschießen ein tödliches Gift, und die Atombombenexplosionen führen zu einem Erdbeben. Als Elsie, die Heldin der Geschichte, sich um ihren toten Mann kümmert, der den Behörden treuer war als ihr und letztlich ein Opfer der Bäume wurde, begreift sie, dass sie moralisch Stellung beziehen muss. Obwohl sie in ihrem Hubschrauber entkommen könnte, als sie hört, wie die Golden Gate Bridge in den Pazifischen Ozean fällt, entscheidet sie sich für eine letzte heroische Geste. Die Geschichte endet mit ihrem Tod, der zugleich das Ende

Amerikas ist. »Es war richtig so, fühlte Elsie. Es war richtig, so aus der Welt zu gehen, besiegt von den Bäumen und der Natur ... Ein Stück Land, groß wie ein Erdteil, soweit sie sehen konnte, fiel und fiel – langsam für Land, für sie aber schnell – in die dunkelblauen Wasser des Ozeans.«[12]

Patricia Highsmiths soziales Gewissen – ihr Eintreten für Umweltschutz, ihr Misstrauen gegenüber den großen Konzernen, ihr Abscheu vor dem Krieg – passte nicht so recht zu ihrer Unterstützung von Margaret Thatcher, die seit 1975 Vorsitzende der Konservativen und seit den Wahlen von 1979 Großbritanniens erste Premierministerin war. Was ihr gefiel, war Thatchers ungezügelter ökonomischer Individualismus, vor allem ihre Steuerpolitik, und zweifellos die Tatsache, dass sie eine starke Frau war, die aus eigener Kraft, ohne feministische Hilfe im politischen System aufgestiegen war. »Pat und ich wunderten uns bisweilen, wie merkwürdig es war, dass in Asien und im Mittleren Osten Frauen hohe Staatsämter bekleideten, während im Westen das Gegenteil der Fall war ...«, sagt Kingsley. »Thatchers Aufstieg zur Vorsitzenden der Konservativen gab den Frauen im Westen großen Auftrieb, und dass sie Premierministerin wurde, zählte für Pat damals mehr als alle späteren Differenzen.«[13] »Pats politische Einstellung habe ich nie begriffen«, sagt der Schauspieler und Regisseur Jonathan Kent, »aber ich vermute, dass sie eine liberale Konservative war.«[14] »Pats politische Ansichten waren schrullig, fast als wollte sie nicht, dass man sie in eine Schublade einordnete«, sagt Bettina Berch. »Obwohl sie später absolut gegen Bush war, fand sie so manchen erzkonservativen Ideologen cool, weil er zufällig irgendetwas von sich gab, was ihr einleuchtete.«[15]

Im September 1979 überlegte Patricia Highsmith, ob sie sich in der Schweiz ein Haus kaufen sollte, um in Frankreich keine Einkommenssteuer zahlen zu müssen; dem konnte sie entgehen, wenn sie nachwies, dass sie hunderteinundachtzig Tage im Jahr außer Landes lebte. Eine andere Möglichkeit bestand darin, eine Eigentumswohnung in New York zu kaufen, um die, wie sie fand, unverschämt hohe Summe an die amerikanische Regierung nicht zahlen zu müssen – 32 827 Dollar zusätzlich zu den 14 000 Dollar, die sie in Frankreich zahlte. In diesem Jahr sollte sie 96 Prozent Steuern zahlen, »da die Franzosen wissen, was ich in den USA zahlen muss (48 Prozent), und noch einmal dasselbe wollen. Deswegen darf ich nicht mehr verdienen, weil ich sonst die Ersparnisse in den USA angreifen muss, nur um leben zu können.«[16]

Carl Laszlo, der Schriftsteller und Kunstsammler, erinnert sich an Patricia Highsmiths zwanghaftes Verhältnis zum Geld. »Am liebsten sprach sie darüber, wie teuer die Dinge waren. Einmal fuhr sie neunzig Kilometer, nur weil die Spaghetti dort billiger waren. Ich mochte sie sehr, sie konnte sehr lieb und warmherzig sein, aber sie gestattete sich nicht, wirklich frei zu sein. Sie war von Natur aus verschlossen, ein seltsamer Geist in einem seltsamen Körper.«[17] Hedli MacNeice, die Sängerin und zweite Frau von Louis MacNeice, die in einem der Häuser um den gemeinsamen Hof in der Rue de la Boissière, Moncourt, wohnte, erzählte der Journalistin Barbara Skelton, die Patricia Highsmith 1982 kennen lernte, dass Pat »eine einsame, unglückliche Frau war, die sich wohler gefühlt hätte, wenn sie großzügiger mit Geld umgegangen wäre ... Sie hat mir erzählt, dass praktisch jeder Gegenstand in ihrem Haus von einer Müllkippe am Stadtrand von Grez stammte.«[18] Hedli erwähnte außerdem, dass die Schriftstellerin ihr einmal Avancen gemacht habe, aber »Hedli hatte keinerlei lesbische Neigungen, deswegen wurde nichts daraus. Pat war keine Schönheit. Sie hatte eine vorstehende Unterlippe. Ihr schwarzes Haar war ihr schönstes Merkmal. Sie trug elegante Hosenanzüge, die sie in einem schicken Männerbekleidungsgeschäft in Manhattan kaufte ... Sie war sehr geschickt mit den Händen, malte Aquarelle und baute mehrere Tische und Stühle, die in ihrem Haus standen. Sie arbeitete gern im Garten und hatte einen hübschen Obstgarten angelegt, der sich bis zum Fluss hinunterzog. Es war nicht leicht, ein Gespräch mit ihr zu führen.«[19] Anne Morneweg mochte Patricia Highsmith trotz ihres bisweilen knauserigen Verhaltens. »Sie stand in dem Ruf, geizig zu sein, aber das machte mir nichts aus. Ihre Gedanken zeugten von Großzügigkeit, und das war wichtig. Sie hatte eine Menge unerfreulicher rassistischer Ansichten, und alle ihre Freunde waren schockiert, aber niemand sagte etwas. Wir waren feige. Ich glaube, dass sie diese Ansichten mit dem Alter entwickelte. Sie war, wie man auf Französisch sagen würde, *sauvage* – wild, und gleichzeitig hatte sie Angst vor Menschen. Und ich fühlte mich sehr geehrt, dass es ihr mit mir nicht so erging.«[20]

Patricia Highsmiths nahezu zwanghaftes Bedürfnis, ihre finanziellen Angelegenheiten zu kontrollieren, stand auch hinter der Entscheidung, sich von ihren amerikanischen und englischen Agenten, McIntosh & Otis und A. M. Heath, zu trennen. Das Problem war in ihren Augen, »dass die beiden Agenten jeweils 5 Prozent von den deutschen, italienischen, skandinavischen usw. Verkäufen nehmen, weswegen ich 20 Prozent statt 10 Prozent verliere. Da ich zweimal besteuert werde, kann ich mir das nicht leisten«, schrieb sie an Alain Oulman.[21] Sie informierte Patricia Schartle Myrer darüber, dass sie sich weigern würde, einen Vertrag mit A. M. Heath zu unterschreiben, bei dem es um Geld ging, das durch New York und London floss, und fügte hinzu, dass sich Heinemann um ihre Belange in Großbritannien kümmern würde und für McIntosh & Otis der amerikanische Markt bliebe. Schartle Myrer reagierte sofort mit einem erbosten Brief. »Wie Sie wissen, vertrete ich Ihr Werk als Ihre Agentin seit fast zwanzig Jahren ... Wie bereits erwähnt, ist Heath das Zentrum, das für Sie den Kontinent kontrolliert. Über Heath und andere Subagenten wird die gesamte Liste von McIntosh & Otis auf der ganzen Welt angeboten ... Da Sie unzweideutig das Gefühl haben, von zwei der renommiertesten Agenturen der Welt betrogen worden zu sein, was Ihre Tantieme anbelangt, bin ich nicht weiter willens, Sie zu vertreten ... Mir ist aus mehreren Quellen zu Ohren gekommen, dass Sie die Verleumdung verbreiten, McIntosh & Otis und Heath würden von Ihnen eine unfaire Provision verlangen. Das betrübt mich zutiefst.«[22] Nach dieser Auseinandersetzung hatte Patricia Highsmith keinen amerikanischen Agenten mehr und niemanden, der sich um die Verkäufe von Film- und Fernsehrechten kümmerte. Sie spielte mit dem Gedanken, einen einzigen Agenten für alle Länder zu ernennen, und wandte sich diesbezüglich an Rainer Heumann in Zürich mit der Bitte, sie zu vertreten, was dieser jedoch ablehnte. Im August trat sie mit dem gleichen Vorschlag an Diogenes heran. Die Verhandlungen über die prozentuale Aufteilung der Tantieme und die Länder, in denen Diogenes sie vertreten sollte – mit Calmann-Lévy zum Beispiel wollte sie unbedingt selbst verhandeln –, zogen sich bis in den März 1980. »Wie Sie sich vorstellen können, waren die Verhandlungen mit Diogenes ziemlich hart«, schrieb die Schriftstellerin an Alain Oulman.[23]

Ende 1979 erfuhr Patricia Highsmith, dass die französischen Behörden gerade ihre Steuererklärungen überprüften und ihre Unterlagen nach etwaigen Unregelmäßigkeiten durchsuchten. Am 15. Januar 1980 saß sie vor ihrer Schreibmaschine und tippte ihre amerikanische Einkommenssteuererklärung, als Blut aus ihrer Nase zu tropfen begann. Ein paar Minuten später war aus den Tropfen ein ständiger Fluss geworden. Patricia Highsmith lief hinaus und bat eine Nachbarin, eine ältere Frau, zu ihr zu kommen und den Arzt zu rufen, da ihr mittlerweile so viel Blut aus der Nase rann, dass sie die Telefonnummer nicht mehr lesen konnte. Die Frau konnte aber das Haus nicht verlassen, da sie am Tag zuvor gefallen war. Patricia Highsmith lief zurück, griff nach einem Geschirrtuch, rannte wieder hinaus und hielt einen Passanten auf, der für sie telefonierte. Nachdem ein Arzt sich weigerte, Hilfe zu leisten, wurde die Feuerwehr gerufen, die sie nach Nemours ins Krankenhaus brachte. Als sie dort in einem Bett lag, dachte sie an das Blatt Papier in ihrer Schreibmaschine, an die Zahlen, die ihre Einkommenssteuer dokumentierten. »Wie treffend, an zwei Stellen zu bluten.«[24]

Bedauerlicherweise dauerte die Blutung fünf Tage lang, und alle zwei Stunden musste sie einen Blutsturz aus der Nase ertragen. Die Schwestern rieten ihr, sich zurückzulegen und zu entspannen, aber wenn sie ihre Lage änderte, lief ihr lauwarmes Blut in den Hals. »Ich richte mich auf, damit ich zumindest ausspucken kann, gleichzeitig lösen sich die Pfropfen in meinen schwarzen Nasenlöchern und fallen in den Verband, den sie mir aufs Gesicht geklebt haben. Der Verband saugt sich voll Blut und lastet auf meiner Unterlippe. In meinen Hals haben sie mit Hilfe einer starren Plastikröhre durch die Nase einen Faden gestopft, an dem ein Baumwolltampon hängt. Der Faden klebt an meiner rechten Backe. Mir ist übel, der Tampon blockiert die Atmung, und ich muss fünf Tage lang durch den Mund ein- und ausatmen.«[25]

Seit sechs Wochen nahm Patricia Highsmith Medikamente, um die Blutgefäße in ihrem rechten Bein zu weiten, und infolgedessen war die Blutung nur schwer unter Kontrolle zu bringen. Am dritten oder vierten Tag im Krankenhaus wurde ihr klar, dass sie eventuell sterben würde, weil sie mehr Blut verlor, als ihr durch Transfusionen zugeführt wurde. Besorgt bat sie, die Tür zu ihrem Zimmer offen zu lassen, aber die Schwestern weigerten sich, ihre Bitte zu erfüllen, da sie befürchteten, die Kinder auf der Station könnten beim Anblick von so viel Blut Angst bekommen. »Daraufhin wurde ich wütend, schämte mich aber auch für meine Angst, allein zu sterben, da ich weiß, dass der Tod auf jeden Fall ein individueller Akt ist. Ich schwöre, dass ich das nächste Mal besser vorbereitet sein will.«[26]

Nach der Entlassung aus dem Krankenhaus schrieb sie ein Gedicht über die Banalität des Todes und die flüchtigen Bilder, die einem während der letzten Momente des Lebens durch den Kopf gehen. Sie freute sich, dass sie noch lebte, und beschloss, etwas für ihre Kondition zu tun, war aber auch latent depressiv. Die Krankheit hatte sie gezwungen, sich einer unangenehmen Tatsache zu stellen. »Ich bin nur glücklich und fühle mich sicher, wenn ich tagträume und an einer Geschichte oder einem Roman arbeite«, schrieb sie.[27]

Nach einer kurzen Reise nach London wies man sie Anfang März in ein Pariser Krankenhaus ein, um die Effizienz ihres Kreislaufs zu überprüfen. Die Untersuchung erfolgte unter Vollnarkose, und danach fühlte sich Patricia Highsmith, als hätten die Ärzte ihr »ein Bügelbrett in den Torso gerammt«.[28] Man stellte fest, dass ihre rechte Oberschenkelarterie verschlossen war und im Sommer operiert werden musste. Obwohl sie nach der Untersuchung Schmerzen hatte und sich schwach fühlte, reiste sie Mitte März in die Schweiz, wo sie sich entschied, ein altes, renovierungsbedürftiges Haus in Aurigeno zu kaufen, zwölf Kilometer von Locarno entfernt und in der Nähe von Ellen Hill in Cavigliano. Das Haus kostete inklusive Renovierung 90 000 Dollar; sie wollte nach Beendigung der Arbeiten einziehen und teils in der Schweiz, teils in Frankreich leben, um ihren Steuerproblemen ein Ende zu setzen. Aber am 26. März durchsuchten zwei französische Finanzbeamte und ein Polizist drei Stunden lang ihr Haus in Moncourt. Sie beschlagnahmten all ihre Scheckbücher, Geschäftsunterlagen, Rechnungen und Kontoauszüge und setzten sie davon in Kenntnis, dass sie, da sie in Frankreich lebte, im Ausland keine Bankkonten haben dürfe. An Christa Maerker schrieb sie, dass die Durchsuchung in einem »richtigen alten Nazistil« erfolgt war. »Du kannst dir meinen Zustand vorstellen, während ich im Haus herumwerkle und mir einrede, dass ich nach wie vor ein konstruktives Leben führe.«[29] Patricia Highsmith war so wütend über dieses kränkende Eindringen in ihr Privatleben, dass sie ihren Eintrag in der französischen Ausgabe von *Who's Who* tilgen ließ; außerdem machte sie die Aktion verantwortlich für ihre Konzentrationsschwierigkeiten. »Ich schaffe nur 20 Prozent meines üblichen Quantums«, schrieb sie ihrem Anwalt und Steuerberater.[30] Im Oktober 1980 musste sie eine Strafe von 10 000 Francs zahlen, und damit war die Sache erledigt. Ihre ohnehin schon heikle Beziehung zu Frankreich war jetzt jedoch völlig zerrüttet. Zwar behielt sie ihr Haus in Moncourt noch weitere drei Jahre, aber sie hatte genug von »einem Land, in dem jeder wie ein kleiner Gauner behandelt wird«.[31]

Im April 1980 flog Patricia Highsmith nach London, um *Der Junge, der Ripley folgte* zu promoten. Die Journalistin Sally Vincent, die sie bei einem Mittagessen für den *Observer* interviewte, beschrieb sie als eine Frau, »die völlig verkrampft, in sich verschlossen ist«.[32] Das Interview wäre fast nicht zustande gekommen, da es Unstimmigkeiten hinsichtlich des Termins gab, und als Sally Vincent zwanzig Minuten zu spät in das Restaurant kam, saß Patricia Highsmith bereits da, eine Papiertüte mit einer Flasche des Desinfektionsmittels Dettol in der Hand, eines von vielen kuriosen Details, die die Journalistin zu der Annahme veranlassten, die Schriftstellerin sei exzentrisch und wunderlich. Highsmith trank Gin mit Wasser, aß eine gegrillte Forelle, sprach davon, wie sehr sie die Menschen hasste, und zitierte Ellen Hills Lieblingsstatistik, nämlich dass 98 Prozent der Menschen dumm sind, eine Zahl, die sie für etwas übertrieben hielt. Sie erzählte, dass sie liebend gern bügele, von Ripley fasziniert sei und sich mit dem Gedanken trage, nach Westdeutschland überzusiedeln. Sie holte sogar ihre abgenutzte Brieftasche heraus und zeigte der Journalistin den Grund für die ins Auge gefasste Übersiedelung: ein Polaroidfoto von einer kostümierten, kunstvoll geschminkten Person, vermutlich Tabea. (Im Juni 1979 hatte die Schriftstellerin Tabea in München eingestanden, sie liebe sie seit achtzehn Monaten, ein Bekenntnis, das keine Reaktion hervorrief. Sie setzte ihren emotionalen Zustand mit Krankheit gleich und kehrte verwirrt nach Hause zurück. Carl Laszlo erinnert sich, dass sie zu mehreren an einem Tisch im Restaurant saßen und sich über das Wesen der Liebe unterhielten, als Patricia Highsmith plötzlich sagte: »Liebe ist keine Leidenschaft, Liebe ist eine Krankheit.«[33] Unter dieser Krankheit sollte sie auch weiterhin leiden.)

Während eines Aufenthalts in London suchte sie wegen ihrer diversen Beschwerden mehrere Ärzte auf. Seit nahezu sieben Jahren hatte sie Schmerzen in der rechten Wade, und es wurde ein Verschluss der rechten äußeren Darmbeinarterie sowie eine atheromatöse Veränderung der rechten Oberschenkelarterie diagnostiziert. Am 23. Mai unterzog sie sich einer Bypass-Operation im Fitzroy Nuffield Nursing Trust am Bryanston Square, wo sie bis zum 1. Juni blieb.

»Ich sah Pat, kurz nachdem sie aus dem Krankenhaus entlassen worden war, und sie tat so, als wäre die Operation eine absolute Kleinigkeit gewesen«, sagt Patricia Losey, die Witwe des Filmregisseurs

Joseph Losey. »Mittlerweile weiß ich, dass es eine ziemlich große Sache ist, aber sie zeigte keinerlei Selbstmitleid. Sie war wirklich tapfer.«[34]

Joseph Losey hatte sich 1974 dafür interessiert, *Das Zittern des Fälschers* zu verfilmen – ein Projekt, das nie verwirklicht wurde –, und die drei wurden Freunde. »Als ich sie kennen lernte – es muss in den siebziger Jahren gewesen sein, als wir in Paris lebten –, hatte ich ein bisschen Angst vor ihr. Aber als sie uns in unserer winzigen Wohnung besuchte, brachte sie selbst gemachte Marmelade mit. In gewisser Hinsicht war sie eine sehr praktische Frau und kochte gern Marmelade, gärtnerte, kümmerte sich um ihre Katzen.

Ich erinnere mich auch an die Notiz, die sie mir über Joes Film *King and Country* (Für König und Vaterland) schrieb, dass sie wegschauen musste, als Dirk Bogarde sich den Revolver in den Mund steckte. Ich fand es interessant, dass ausgerechnet sie das nicht ansehen konnte. Ich habe das Gefühl, dass sie nicht weggeschaut hätte, wenn es im wirklichen Leben statt im Film passiert wäre. Obwohl sie kein glücklicher Mensch war, fand sie ihr Gleichgewicht und war in der Lage, zu leben und zu funktionieren und vor allem zu schreiben.«[35]

30

Leute, die an die Tür klopfen

(1980–1982)

Dieses heikle Gleichgewicht geriet im Juli 1980 in Gefahr, als Patricia Highsmith kurz nach ihrer Rückkehr nach Moncourt das Gefühl hatte, am Rande eines weiteren Nervenzusammenbruchs zu stehen. »Wie soll man ein gesundes Leben führen, wenn es von Hassgefühlen und Aversionen beherrscht wird?«, fragte sie sich.[1] Sie hatte panische Angst, vor dem Nichts zu stehen, sollte sie gezwungen sein, ihre Arbeit aufzugeben. »Als Erstes und ganz langsam kommt der Verzicht auf das Einzige, was zählt: Arbeit. Das ist die Hölle, die einzige potenzielle Ursache für einen Zusammenbruch. Ein Nervenzusammenbruch entspricht dem Hissen der weißen Flagge.«[2] Im nächsten Monat schrieb sie ein Gedicht mit dem Titel »Ending It«, in dem sie sich vorstellte, mit dem Tod konfrontiert zu sein, und sie hatte die Idee für eine Geschichte, »Das schwarze Haus«, über ein düsteres, verlassenes Haus, das »ein Symbol sowohl für den Tod als auch für Sex« sein sollte.[3] Sie weigerte sich standhaft zusammenzubrechen, arbeitete entschlossen weiter – an einer Neuausgabe von *Suspense oder Wie man einen Thriller schreibt* und an elf Kurzgeschichten, die 1981 in dem Charles Latimer gewidmeten Band *Keiner von uns* veröffentlicht werden sollten, Geschichten, die von den Gefahren psychologischer Zielsetzungen handeln.

Während Timothy, der Protagonist von »Das schwarze Haus«, dafür bestraft wird, dass er die leere Wahrheit zu beweisen sucht, die sich hinter einer symbolträchtigen Fantasie verbirgt, leiden die Hauptfiguren der zehn anderen Geschichten unter den diversen Taktiken, mit denen sie die Realität negieren. Patricia Highsmith zeigt eine Welt, in der die Menschen in einem letztlich sinnlosen Universum nach Sinn suchen. Es mangelt ihnen an den Mitteln, ihre Erfahrungen zu interpretieren, und an den Glaubenssystemen, die ihrem Leben Struktur verleihen würden, deswegen suchen sie nach Bedeutung im Alltäglichen. Gegenstände haben die Macht, innere Eruptionen hervorzurufen. In »Die Schrecken des Korbflechtens« findet die achtunddreißigjährige Diane am Strand in der Nähe ihres Wochenendhauses in Massachusetts einen alten Korb. Ihre Fähigkeit, den Korb auszubessern – eine Tätigkeit, die normalerweise als therapeutisch betrachtet wird –, verwirrt sie, und sie hat das Gefühl, der Korb habe eine schreckliche Kraft in ihr entfesselt. Ihr wird klar, dass ihre Identität womöglich nicht so gefestigt ist, wie sie bislang glaubte. Schließlich verbrennt Diane den Korb, aber ihre Angst wird dadurch nicht geringer.

Der Held von »Der Drachen«, ein kleiner Junge namens Walter, dessen Schwester Elsie kurz zuvor an Lungenentzündung gestorben ist, steckt so intensive Gefühle in seinen Papierdrachen, dass er zu einem Symbol seiner Sehnsucht und seines Schmerzes wird. Sein Wunsch, von einem Drachen hoch in den Himmel getragen zu werden, wird Realität, und sein Drachen, auf dem Elsies Name prangt, fungiert als Metonymie seiner Gefühle für seine Schwester. Seine Vorstellungskraft erhebt sich buchstäblich in die Lüfte, aber nach ein paar Augenblicken Freiheit gerät der Drachen in die Rotorblätter eines Hubschraubers, Walter stürzt ab und bricht sich bei der Landung den Schädel. Der Rhythmus des letzten Satzes ahmt den des Falls nach. »Mit dem Kopf nach unten schlug er auf einen schweren Ast, der ihm die Schädeldecke zerschmetterte, dann glitt er die letzten Meter hinab auf den Boden, schlaff.«[4]

Die anderen Geschichten handeln von der gefährlichen Dynamik, die entstehen kann, wenn unterschiedliche Wertsysteme aufeinander prallen, ein Thema, das Patricia Highsmith in ihrem nächsten

Roman, *Leute, die an die Tür klopfen*, genauer untersuchen sollte. In »Keiner von uns« traktiert ein geschlossener Freundeskreis ein Mitglied, Edmund Quasthoff, mit kleinen Grausamkeiten, um ihn loszuwerden. Nachdem er seinen Job und seine Frau verloren hat, schluckt dieser Mann eines Abends zu viele Tabletten mit zu viel Alkohol und stirbt, woraufhin die Gruppe sich der Tragweite ihrer Taten bewusst wird. In »Dein Leben widert mich an« sind Ralph, ein zwanzigjähriger drogenabhängiger ehemaliger Student, und sein ehrbarer, wohlhabender Vater gezwungen, sich ihrer unterschiedlichen Lebensauffassung zu stellen.

Die Geschichten in *Keiner von uns* sind Highsmiths Romanen thematisch näher als die »horrenden Frivolitäten« in *Kleine Mordgeschichten für Tierfreunde* oder die »dünnen abscheulichen Fallstudien« in *Kleine Geschichten für Weiberfeinde*, schrieb Tom Sutcliffe im *Times Literary Supplement.*[5] Die besten Geschichten – wie »Keiner von uns«, die sie für ein »gutes New Yorker Thema«[6] hielt, und »Was die Katze hereinschleppte«, die ursprünglich 1979 in der von Faber & Faber herausgegebenen Anthologie *Verdict of Thirteen* erschienen war – sind brillante Essays über die Themen ihrer Romane: Angst und Hass, moralischer Absolutismus und Schuld. Sie handeln von unzufriedener Übersättigung und vom Zweifel, von der Trostlosigkeit der Vorstädte, in denen es Swimming-Pools, aber keine Kirchen gibt. Das einzig »tugendhafte« Verhalten ist das Eingeständnis von Schuld. In einer solchen Welt wird Verbrechen zu einer Frage persönlichen Geschmacks.[7] Das Buch wurde 1981 in England, jedoch erst sieben Jahre später in den USA publiziert. Im März 1988 analysierte John Gross in der *New York Times* Highsmiths Zugkraft: Obwohl nur in vier oder fünf Geschichten tatsächlich ein Verbrechen geschieht, waren die anderen angesiedelt »in einem Grenzgebiet des Makaberen, Beunruhigenden, nicht ganz Zufälligen. Aber allen ist ein hohes Maß an Spannung gemeinsam und ein scheinbar sachlicher Stil, der jedoch auf heimtückische Weise den Nerven der Leser zusetzt. Wie so oft bei Miss Highsmith brechen dunkle Potenziale auf, die normalerweise verdrängt werden.«[8]

Im Oktober 1980 begann Patricia Highsmith mit der Arbeit an *Leute, die an die Tür klopfen*, das 1983 in England und 1985 in den USA herauskam. Ursprünglich handelte der Plot von den Konflikten zwischen einem Mann mittleren Alters, der als Werbetexter in Manhattan arbeitet und zu einem bekennenden Christen wird, und seinem siebzehnjährigen Sohn, der seine Freundin schwängert. Bis zur endgültigen Fassung änderte die Autorin den Beruf des Vaters und den Ort der Handlung, aber das Thema blieb gleich: das Aufeinanderprallen fundamentalistischer und liberaler Glaubenssysteme. Als sie erzählte, dass sie die Popularität des christlichen Fundamentalismus zum Thema machen wollte, reagierten ihre Freunde begeistert: »Ich hoffe, du hältst an der Idee des ›überzeugten Christen‹ fest«, schrieb Charles Latimer im November. »Es ist ein großartiges Thema und außerdem aktuell, bedenkt man, dass auch unser Präsident [Jimmy Carter] (der noch bis Januar im Amt sein wird) bekennt, ein überzeugter Christ zu sein.«[9]

Der christliche Fundamentalismus in den USA hat eine lange Tradition; manche führen seine Wurzeln bis ins 17. Jahrhundert zurück, als Cotton Mather die Neuengländer für Gottes auserwähltes Volk hielt, das das Land vom Teufel übernahm.[10] Eine enge Verbindung zwischen christlichem Glauben und Kapitalismus hatte sich bis Mitte des 19. Jahrhunderts etabliert, als William Gilpin, Gouverneur des Colorado Territory, 1846 erklärte, das eigentliche Ziel Amerikas sei die »industrielle Eroberung der Welt«, ein Ziel, das durch die christliche Religion und die Erwirtschaftung von Profit erreicht werden könne. Ein gutes Jahrhundert später, nachdem die Fundamentalisten sich zu amerikanischen Nationalisten gewandelt und den Kommunismus erfolgreich mit dem Satan und den Kapitalismus mit Gott assoziiert hatten, erreichte die Entwicklung mit den Fernsehpredigern ihren Höhepunkt. »Vielleicht erscheint Ihnen Ihre finanzielle Situation hoffnungslos«, sagte der fundamentalistische Fernsehprediger und Autor Jerry Falwell. »Machen Sie Jesus zu Ihrem Verwalter und gestatten Sie ihm, Sie finanziell zu segnen.«[11] Es ist kein Zufall, dass Patricia Highsmith den fundamentalistischen Vater in *Leute, die an die Tür klopfen* Versicherungen und Rentenpläne verkaufen lässt; ihrer Ansicht nach machten sich sowohl seine Religion als auch sein Beruf des Verkaufs leerer Versprechungen schuldig.

Patricia Highsmith war so begeistert von der Idee, dass sie im Januar 1981 nach Amerika flog, um dort zu recherchieren. Nach einem Aufenthalt in New York, wo sie mit ihrem Lektor Larry Ashmead zu Mittag aß – der von Doubleday zu Simon & Schuster und von dort zu Lippincott & Cromwell gewechselt war –, flog sie nach Indianapolis. Sie wohnte bei Charles Latimer und Michel Block in Bloomington und vertiefte sich während der nächsten Woche in die Propaganda der Erweckungsbewegung. »Pat war fasziniert von den Erweckungspredigern im amerikanischen Fernsehen, sie war gekommen, um zu recherchieren, und diese Recherchen waren die Grundlage des Buches«, sagt Charles. »Sie konnte gar nicht genug von diesen Sendungen kriegen. Sie war völlig begeistert davon.«[12] In ihrem Notizbuch beschrieb Pat die Fernsehprediger als »Wahnsinnige, die lächelnd Dinge behaupten, die sie selbst nicht glauben, als würden sie für irgendein Produkt werben«.[13] In Bloomington lernte sie auch Charles' Nachbarin kennen, die vierundsechzigjährige Marge, Geschäftsführerin des Universitätscafés und Vorbild für Norma Keer in *Leute, die an die Tür klopfen.* »Vor dem Abendessen sind wir immer zu Marge gegangen und haben etwas getrunken. Ich habe mich gefreut, dass meine verrückte alkoholsüchtige Nachbarin eine kleine Rolle in dem Buch bekommen hat.«[14]

Patricia Highsmith genoss die drei Wochen in den USA, und bevor sie nach Frankreich zurückkehrte, reiste sie noch nach Texas und Los Angeles. Ende Februar zog sie in ihr Haus in Aurigeno und begann mit der Arbeit an dem Buch. Am 21. April schrieb sie Charles Latimer, dass sie die fiktive Stadt Chalmerston der realen Stadt Bloomington nachempfinden wollte, und bis Juni hatte sie 215 Seiten geschrieben. Im April des folgenden Jahres war sie mit dem Manuskript fertig und meinte, dass das Buch zu viele Dialoge und zu wenig Prosa-Passagen enthielt, ein stilistisches Ungleichgewicht, das sie »grauenhaft« fand.

Zu Beginn des Romans denkt der siebzehnjährige Schüler Arthur Alderman darüber nach, wie ein mit seiner neuen Freundin Maggie Brewster im Bett verbrachter Nachmittag seine Wahrnehmung der Welt verändert hat. Er fährt mit dem Fahrrad nach Hause zu seinem Vater Richard, einem Versicherungsagenten, zu seiner Mutter Lois und seinem kleinen Bruder Robbie, der anschließend an einer schweren Mandelentzündung und einem lebensgefährlichen Fieber erkrankt. Richard betet für Robbie und glaubt, dass sich seine Genesung nicht der modernen Medizin, sondern der wundersamen Intervention Christi verdankt. Er betrachtet sich daraufhin als »wieder geboren«, verschreibt sich zunehmend dem christlichen Fundamentalismus, und die Kluft zwischen ihm und Arthur, der Biologie oder Mikrobiologie studieren will, wird größer. Zur Krise kommt es, als Maggie Arthur mitteilt, dass sie schwanger ist. Zusammen mit ihren Eltern analysieren die beiden die Situation rational und entscheiden sich für eine Abtreibung, Richard hingegen tut alles in seiner Macht Stehende, um seinen Sohn und dessen Freundin von der Sündhaftigkeit ihres Tuns zu überzeugen. Die Abtreibung wird in die Wege geleitet, Richard wirft Arthur aus dem Haus und indoktriniert Robbie so lange, bis dieser glaubt, dass außerehelicher Sex Sünde ist. Im College verliebt Maggie sich in einen anderen Studenten, Arthur ist unglücklich, versucht aber trotzdem, sein Leben weiterzuleben, dessen Einzelheiten Patricia Highsmith mit nahezu dokumentarischer Genauigkeit beschreibt. Als gegen Ende des Romans Robbie seinen Vater erschießt, der ein Gemeindemitglied, die geistig labile Exprostituierte Irene, geschwängert hat, schildert sie diesen gruseligen Akt in klinisch sachlichem Tonfall. »Sein Kinn und Hals waren rot vor Blut, ebenso der obere Teil seines gestreiften Hemdes ... Ein Teil von Kinn und Hals seines Vaters schienen weggerissen. Blut sickerte in den grünen Teppich. Als er sich aufrichtete, sah Arthur die Blutflecken auf dem Schreibtisch seines Vaters ... Und jetzt bemerkte Arthur auch, dass die blaue Hose seines Vaters zwischen den Beinen feucht war.«[15]

Anstatt die Familie zu zerstören, verleiht der Mord ihr neue Vitalität. Unmittelbar nach Richards Tod gehen Lois und Arthur zu ihrer Nachbarin Norma, wo sie eine kleine Party feiern, essen und trinken. Arthur studiert an der Columbia University, seine Beziehung zu Maggie steht vor der Wiederaufnahme, die Familie verkauft ihr Haus und zieht an die Ostküste. Aber nicht für alle Figuren sieht die Zukunft so rosig aus. Irenes und Richards Tochter, die gegen Ende des Romans geboren wird, soll von der fundamentalistischen Gemeinde aufgezogen werden, die Highsmith als eine heuchlerische, eigennützige, ja nachgerade böse Sekte charakterisiert.

Besonders beunruhigte Highsmith die Verbindung zwischen der Bewegung der bekennenden Christen und der konservativen Politik in den USA. »Der religiöse Fundamentalismus in Amerika ist gefährlich, weil er sich Reagans Politik angeschlossen hat«, sagte sie 1986.[16] Der engstirnige, bigotte Richard Alderman war erst Demokrat, dann Anhänger der Republikaner und unterstützte wie die meisten Gemeindemitglieder Ronald Reagan, seit 1981 Präsident, der für Einschnitte im Erziehungssystem und erhöhte Militärausgaben bekannt und ein strikter Abtreibungsgegner war. Patricia Highsmith konnte Reagan nicht ausstehen und hielt ihn für »abgrundtief dumm«.[17] Sie machte ihn zum Gegenstand einer Satire in der Geschichte »Präsident Buck Jones zeigt Flagge« in der Sammlung *Geschichten von natürlichen und unnatürlichen Katastrophen* von 1987, die nicht nur mit seinem Tod, sondern mit einem apokalyptischen Albtraum endet. Die Schriftstellerin war der Meinung, dass das Gespenst des ultrarechten christlichen Fundamentalismus die zivilisierte Welt auf Jahrzehnte hinaus verfolgen würde. Sie konnte weder diejenigen ausstehen, »die an ein Leben nach dem Tod glauben und auch andere davon überzeugen wollen«[18], noch diejenigen, die allein von Profitstreben getrieben wurden. Moralischer Absolutismus war in ihren Augen ebenso geschmacklos wie moralische Willkür.

Als *Leute, die an die Tür klopfen* in England erschien, wurde es gut besprochen. »Mit gewohntem Geschick schuf Patricia Highsmith eine scheinbar klinische, tatsächlich aber frei erfundene Studie menschlicher Zerbrechlichkeit«, schrieb Holly Eley im *Times Literary Supplement*[19], während H. R. F. Keating in der *Times* die angstvolle Atmosphäre, die beunruhigende Ungewissheit auf jeder Seite hervorhob. Keating zitiert einen der letzten Sätze des Romans, nämlich Arthurs Statement, dass mit Prostitution viel Geld zu machen sei, und fährt fort: »Das ist vielleicht die einzige Stelle, wo sie explizit sagt, worum es in dem Buch geht – und sie [die Worte] sind noch nicht einmal so explizit. Aber sie sagen uns, und es ist eine harte Aussage, dass das Leben die gleichen Gefahren, zweifelhaften Vergnügungen und Ungewissheiten aufweist wie die Prostitution. Das ist die Aussage des Romans … Miss Highsmith malt ein Porträt der Welt, die dem Irrationalen, dem Zufälligen ausgeliefert ist. Das ist keine angenehme Sicht der Dinge. Sie wird nicht allen Lesern gefallen. Nicht denen, die sich ein gutes Ende wünschen wie bei Barbara Cartland. Oder bei Mozart. Aber es ist die Wahrheit, und Wahrheit macht uns frei.«[20]

Trotz der guten Aufnahme in England wurde das Buch – ebenso wie der Geschichtenband *Keiner von uns* – von ihrem amerikanischen Lektor Larry Ashmead, der kurz zuvor von Lippincott & Cromwell zu Harper & Row gewechselt war, abgelehnt. Nun hatte sie in den USA keinen Verlag mehr. »Das war das einzige Buch, das ich nicht mochte«, sagt Larry Ashmead über *Leute, die an die Tür klopfen.* »In Amerika hat sie nicht mehr als sieben- oder achttausend Exemplare von jedem Buch verkauft. Ich glaube, ich hätte sie weiterhin verlegt, wenn ihre Absatzzahlen nicht so schlecht gewesen wären. Ich war gerade von Lippincott weggegangen, und es schien der richtige Zeitpunkt, sie nicht länger zu verlegen. Danach hatten wir keinen Kontakt mehr – ich schickte ihr hin und wieder ein Buch oder rief sie an wegen eines Zitats, aber soweit ich mich erinnere, hat sie nie geantwortet.«[21] Patricia Highsmith versuchte, eine gleichgültige Haltung einzunehmen. »Mir ist es wirklich egal, ob meine Bücher in den USA veröffentlicht werden oder nicht. Ich habe einen Verleger nie verloren oder wechseln müssen, nur weil ich einen großen Vorschuss verlangt habe, aber die Verleger in den USA wollen kein Risiko eingehen, und sie sind nicht loyal – und die amerikanischen Leser sind es vielleicht auch nicht.«[22]

Das Dorf Aurigeno, das damals, als Patricia Highsmith dort lebte, 105 Einwohner zählte, liegt im Tal der Maggia im Schatten des Dunzio. Es war ein Ort voller »alter Häuser, einfacher Menschen und im Sommer ein paar Touristen«.[23] Highsmiths neues Heim war ein zweigeschossiges Haus aus grauen Granitsteinen, das 1680 als Sommerhaus gebaut worden war; es hatte einen Meter dicke Mauern und zwei Keller, einer davon, mit alten Gewölben, sah aus »wie ein Verlies aus *Der Graf von Monte Christo* oder so ähnlich«.[24] Barbara Skelton beschrieb das Haus als »klein und dunkel mit winzigen Fenstern«, es hatte keinen Garten, aber vom ersten Stock aus sah man »schneebedeckte Berge und eine Kirche mit einer Uhr, die jede volle Stunde schlug«.[25] Nach der Renovierung bot das Haus, das zwanzig Jahre lang leer gestanden hatte, ein großes, dunkles, kühles Wohnzimmer, eine Küche und ein weiteres Zimmer im Erdgeschoss und zwei Schlafzimmer und ein Bad im ersten Stock. Die Umgestaltung erfolgte nach Plänen des Schweizer Architekten Tobias Ammann. »Ellen Hill nahm Kontakt zu mir auf und bat mich, in der Gegend ein Haus für ihre Freundin Patricia Highsmith zu suchen«, berichtet Ammann. »Bevor ich Highsmith kennen lernte, erzählte mir Ellen, dass sie sehr verschlossen und menschenscheu sei. Aber alles in allem war es angenehm, mit ihr zu arbeiten. Ich hatte nie Probleme mit ihr, aber manchmal gab es Schwierigkeiten mit den Handwerkern wegen Geld, sie mäkelte an ihren Rechnungen herum.«[26]

Ena Kendall, die Patricia Highsmith für den *Observer* interviewte, bemerkte die geschmackvollen, aber stilistisch etwas eigenartigen Details: einen mit Kastanienholz eingefassten Kamin, aus Brandeisen gefertigte Kerzenständer, einen Schemel und ein Tischchen aus poliertem Kiefernholz, die sie selbst geschreinert hatte, und eine surreale Eule aus einem Stück Holz und alten Nägeln.[27]

Obwohl das Leben in Aurigeno sehr ruhig verlief, war Patricia Highsmith nicht einsam; am 14. Juni 1981 lud sie beispielsweise neun Personen zu Drinks, gefüllten Eiern und Kanapees ein. Da Ellen Hill nur zehn Kilometer entfernt lebte, sahen sich die beiden Frauen öfter, aber ihr Verhältnis war alles andere als unkompliziert. »Es gab Schwierigkeiten mit Ellen Hill, weil sie kam und Pat Vorschriften machte – und Pat verhielt sich in ihrer Gegenwart wie eine kleine Maus«, erinnert sich Anne Morneweg.[28] »Ellen führte sich auf wie Pats Gouvernante und sagte ihr, was sie zu tun hatte«, sagt Christa Maerker. »Ich weiß noch, dass Pat einmal im Bahnhofscafé Kaffee trinken wollte, dann aber ein Bier bestellte. Ellen, die zufällig im gleichen Café saß, rief mit Stentorstimme durch den ganzen Raum: ›Aber doch nicht schon am Morgen, Pat.‹ Daraufhin hat sie ihr Bier nicht angerührt, sondern sich hinter ihren Haarvorhang zurückgezogen.«[29] Peter Huber erinnert sich, dass Ellen ihm ihr Exemplar von *Das Zittern des Fälschers* schenkte, in dem die Widmung stand: »Für Ellen. Vielleicht gefällt es dir besser als vielen anderen. In Liebe, Pat.« – »Aber Ellen machte sich nichts aus Pats Büchern, und sie gab mir das Buch und sagte: ›Da Sie diesen Schund mögen, nehmen Sie es ruhig.‹«[30] Das Verhaltensmuster aus Dominanz und Unterwerfung, das in der Vergangenheit ihr Verhältnis geprägt und ihre Liebe letztlich zerstört hatte, sollte schließlich auch ihre Freundschaft zugrunde richten. »Pat wusste, dass es die Hölle auf Erden wäre, in der Nähe von Ellen Hill zu leben«, sagt Monique Buffet, »aber sie tat es trotzdem.«[31]

Nachdem sie den Sommer in Aurigeno verbracht und kurz nach Locarno zum Filmfestival gefahren war, wo sie die Regisseurin Kathryn Bigelow kennen lernte, kehrte Patricia Highsmith nach Moncourt zurück, wo sie vorhatte, das nächste halbe Jahr zu bleiben. Aber als sie an *Leute, die an die Tür klopfen* arbeitete, wurde ihr klar, dass sie noch einmal zu Recherchezwecken nach Amerika würde fliegen müssen. Im Oktober war sie wieder in Bloomington bei Charles Latimer und Michel Block. Als sie mit Charles und Michel nach East Hampton fuhr, einem der Orte, wo sie sich vorstellen konnte zu leben, machten sie in einer kleinen Stadt in Pennsylvania Halt. »Nachdem wir schnell etwas gegessen hatten, tankten wir«, erinnert sich Michel. »Als wir von der Tankstelle aus die Berge, weißen Farmhäuser und Kirchen in der bewaldeten Landschaft betrachteten, meinte ich, dass es ein für die USA sehr archetypischer Anblick sei. Wir stiegen wieder ein, und sie weinte eine Weile still vor sich hin, während Charles und ich uns bestürzt unterhielten. Ich bin überzeugt, dass Pat ihr ›Alltagsleben‹ ihrem Ruf als Künstlerin opferte … Wie auch immer, ich glaube, sie wäre in den Vereinigten Staaten viel glücklicher gewesen.« [32]

Zurück in Moncourt, unterzog sie sich der Mühe, einen Fragebogen des *Ellery Queen's Mystery Magazine* zu beantworten, der auch eine Frage nach ihrer »Wanderlust« enthielt. Was erwartete sie von dem Ort, an dem sie lebte? »Ich brauche Gras unter den Füßen, Stille und ein paar freundliche Vögel, die herumfliegen«, antwortete sie.[33] Weihnachten verbrachte sie in London bei Kingsley, die dort als Nachrichtenproduzentin für CBS arbeitete. Trotz der angenehmen Abwechslung fühlte sie sich »entsetzlich unglücklich«[34], weil sie mit ihrer Arbeit unzufrieden war, und nach ihrer Rückkehr nach Frankreich versank sie wieder in eine Depression. »Im Augenblick ist die Welt die Hölle und wie ein Gefängnis für mich.«[35] Ihr einziger Ausweg, ihr einziger Trost war die Erschaffung einer parallelen Welt mittels ihrer literarischen Vorstellungskraft. Ihre Freunde wussten nur zu gut, dass sie das Leben als schwierig empfand. »Sie war kein unbeschwerter Mensch. Die ganze Zeit verbarg sie ihre Gefühle«, bezeugt Linda Ladurner. »Ich fand sie interessant, aber um ehrlich zu sein, wenn ich nicht gewusst hätte, dass sie eine gute Schriftstellerin ist, hätte ich sie wahrscheinlich nicht so nett gefunden. Sie lebte nicht im Frieden mit sich selbst. Sie war oft unruhig, und sie benutzte ihre Gefühle, um über unruhige Menschen zu schreiben. Sie war so verklemmt, dass sie einen nach einer Weile damit ansteckte.«[36]

Zunehmend verärgert über die französische Bürokratie, unfähig, das Eindringen der Finanzbeamten in ihr Haus zu vergessen, und frustriert von dem ständigen Pendeln zwischen dem Tessin und Frankreich, beschloss Patricia Highsmith im März 1982, ihr Haus in

Moncourt definitiv zu verkaufen und auf Dauer in die Schweiz zu ziehen. Sie bedauerte es, da sie »das behagliche Haus [liebte], ganz zu schweigen von dem nie wirklich gepflegten Garten«.[37] Sie meinte jedoch, keine andere Wahl zu haben. »Das französische Gesetz gestattet nicht, dass ich länger als sechs Monate in Moncourt bin, ohne meinen ständigen Wohnsitz in Frankreich zu haben, und dann darf ich wiederum keine Bankkonten im Ausland haben etc., und damit will ich nicht leben.«[38] Außerdem, so schrieb sie an Barbara Ker-Seymer, würde François Mitterrand, der sozialistische französische Staatspräsident, »jedem das Leben schwer machen, der mehr verdient als ein Briefträger«.[39] Sie hielt es jedoch nicht für notwendig, mit Monique Buffet zu überlegen, was ihre Übersiedelung in die Schweiz für ihre Beziehung bedeutete. »Pat und ich sprachen nicht über das Ende unserer Beziehung, da es ein natürlicher Schritt war. Sie war zu Ende, als sie endgültig in die Schweiz ging, aber wir blieben bis zu ihrem Tod Freundinnen.«[40]

Ein wunderliches Innenleben

(1982–1983)

Der große dunkelhaarige Mann folgte ihr wie ein Schatten. Auf dem Flughafen drängte er sich an ihr vorbei, im Zug nach London starrte er sie an, er ließ die einen Burberry-Trenchcoat tragende Schriftstellerin nicht aus den Augen, als sie durch das Foyer des schicken Londoner Hotels ging. Patricia Highsmith, die mit beiden Händen gleich geschickt war, griff zuerst mit der Linken nach dem Stift, um sich einzutragen, dann mit der Rechten. Kurz nachdem sie den Aufzug betreten hatte, stand der Mann erneut neben ihr. Dieser Mann war Ripley.

Die Autorin und die von ihr erschaffene Gestalt wurden 1982 für die Kultursendung *The South Bank Show* der London Weekend Television für einen fünfzigminütigen Film mit dem Titel »Patricia Highsmith: A Gift For Murder« zusammengebracht. Melvyn Bragg interviewte sie, und dazwischen geschnitten wurden Szenen aus *Ripley Under Ground* mit Jonathan Kent als Ripley. Patricia Highsmith trug ein gestärktes weißes Hemd, eine Weste aus schwarzem Leder und einen schwarzen Rock und wirkte, als wäre ihr höchst unbehaglich zumute, während Bragg ihr Fragen stellte. Warum mochte sie Ripley? »Er ist frei im Geist, hat Mut, und bisweilen amüsiert er mich auch«, erklärte sie.[1] Wie war Ripley, als sie ihn erschuf, und wie hatte er sich entwickelt? »Im ersten Ripley-Roman war er ziemlich grün hinter den Ohren und jung ... Er lernte gerade Europa kennen, Kultur, sah viele Dinge, und dann wurde er neidisch auf den wohlhabenden jüngeren Mann ... Er beschloss, sich zu bilden und etwas aus sich zu machen ... Der einzige Mord, der manchmal an ihm nagt, ist der Mord an Dickie, weil das Motiv niederträchtig und Dickie ein guter Freund von ihm war.«[2] Würde sie Ripley als verrückt bezeichnen? »In bestimmten Bereichen könnte man ihn psychotisch nennen ... ein bisschen krank. Aber ich würde ihn nicht als verrückt bezeichnen, weil seine Handlungen rational sind ... Er ist nicht so psychopathisch, dass er morden muss. Ich empfinde ihn als zivilisierte Person, die nur mordet, wenn sie unbedingt muss. Er tötet widerwillig.«[3] Bewunderte sie ihn? »Ich bin nicht sicher, ob Ripley Eigenschaften hat, die man bewundern kann. Er ist großzügig, aber das ist kein wirklicher Grund zur Bewunderung. Aber ich glaube, man sollte ihn nicht nur tadeln.«[4] Wie würde sie Ripleys Sexualität beschreiben? »Er ist ziemlich schüchtern, hat keine starken Gefühle und ist ein bisschen homosexuell, würde ich sagen, nicht, dass er das auch praktizieren würde. Sehr gemäßigt.«[5]

Unmittelbar vor Drehbeginn im September 1982 (gesendet werden sollte im November) erhielt Jack Bond, Produzent und Regisseur des Films, einen Anruf von Patricia Highsmiths französischem Lektor Alain Oulman, der ihn fragte, ob die Autorin wüsste, wer Ripley spielen sollte.

»Oulman sagte: ›Ihr liegt unheimlich viel an Ripley, und sie hat ein ganz klares Bild von ihm, und wenn Sie die Rolle ohne ihre Zustimmung besetzt haben, weiß Gott, was dann passieren wird‹«, erinnert sich Jack Bond. »Ich hatte die Rolle bereits mit Jonathan Kent besetzt, sie allerdings nicht darüber informiert. Wir wollten mit dem Drehen am Flughafen Gatwick beginnen, mit Patricia Highsmiths Ankunft, Ripley sollte ihr auf den Fersen folgen. Ich sagte zu Jonathan, dass er sich auf dem Laufband hinter sie stellen sollte, und hoffte, dass sich das Problem im Lauf der Zeit von selbst lösen würde. Wie auch immer, der Kameramann war weder mit den ersten noch den zweiten und dritten Aufnahmen zufrieden, und schließlich stürmte Pat auf mich zu und sagte: ›Ich weiß nicht, ob ich es erwähnen sollte, aber ein junger Mann folgt mir, wohin immer ich gehe.‹ Ich sagte ihr noch immer nicht die Wahrheit, sondern nur, dass er wohl ein Fan von ihr sein müsse. Aber bei der nächsten Aufnahme muss Pat geahnt haben, was los war, denn als ich mich umsah, hatte sie Jonathan buchstäblich am Revers gepackt und gegen die Wand gedrückt. Einen Augenblick später stürzte sie sich erneut auf mich und sagte: ›Ich habe von diesem jungen Mann gerade erfahren, dass er Tom Ripley spielt. Entspricht er Ihrer Vorstellung von Ripley?‹ Nachdem ich alles zugegeben hatte, sagte sie: ›Sie haben verdammtes Glück, er ist perfekt.‹«[6] An Alain Oulman schrieb Highsmith, Kent sei »der beste Ripley seit Alain Delon«.[7]

Jack Bond lernte Patricia Highsmith in ihrem Haus in Moncourt kennen. Da er die Rue de la Boissière zuerst nicht fand, fragte Bond in einem Café nach, wo ihm ein Briefträger nicht nur Auskunft, sondern auch gleich die Post für die Schriftstellerin gab. »Ich klopfte an die Tür, die Tür wurde aufgerissen, Pat nahm mir die Post aus der Hand, bedankte sich und warf mir die Tür vor der Nase wieder zu. Nachdem ich noch einmal geklopft hatte, trat ich ein. Ich mochte sie sofort. Sie war schwierig, schwer zugänglich und zögerlich, aber mir gefiel ihre unglaubliche Gehässigkeit. Sie tat Leute ab, als würde sie sie damit vom Antlitz der Erde verbannen. Sie war sehr nett zu Menschen, die ›normale Dinge‹ taten, wie Post oder Milch austragen, aber in Restaurants konnte sie sehr empfindlich reagieren. Sie war schon ein besonderes Kaliber, nicht was ihre Figur betraf – sie war unglaublich schlank –, sondern in Bezug auf ihre Persönlichkeit. Menschen, die kompromisslos nach eigenen Bedingungen leben, muss man einfach bewundern. Man fand schnell heraus, wer sie war und mit wem man es zu tun hatte. Sie schimpfte immer über Hitchcock und wie billig er die Rechte an *Zwei Fremde im Zug* gekauft hatte, und selbstverständlich nahm sie es mit den Besten auf, wenn es ums Trinken und Fluchen ging. Obwohl ich mich nie nach persönlichen Dingen erkundigte, fragte sie mich immer: ›Was ist los im Bett?‹ oder ›Wen vögelst du zurzeit?‹ Ich denke immer voller Freude an sie.«[8]

Während sie für die *South Bank Show* drehten, wohnten Jonathan Kent und Patricia Highsmith – deren Erscheinung in der Sendung Frank Rich später beschrieb »als eine niemals lächelnde Person ... mit einem kampflustigen gedunsenen Gesicht, eingerahmt von dichtem gescheiteltem schwarzem Haar; sie sieht ihrem Lieblingsvogel, der Eule, ziemlich ähnlich«[9] – in nebeneinander liegenden Zimmern im Savoy. »Pat redete über Ripley, als ob es ihn wirklich gäbe«, sagt Jonathan Kent. »Und einer der Gründe, warum sie mich mochte, war, dass ich Ripley spielte und sie glaubte, ich *wäre* Ripley. Sie war sehr neugierig, was mich anbelangte, und mochte mich wirklich, aber auf eine Weise, die nichts mit mir zu tun hatte, sondern mit ihrer Vorstellung von Ripley.

Ich mochte sie sehr. Ich mochte ihre Unabhängigkeit, ihre Härte, ihre Schläue. Sie versteckte sich hinter ihrem Haar, spähte dahinter hervor mit einer Mischung aus Amüsiertheit, Schüchternheit und Neugier. Sie hatte großen Einfluss auf mich, denn als ich zwölf oder dreizehn war und in Südafrika aufwuchs, sah ich *Nur die Sonne war Zeuge*. Damals hatte ich noch nie etwas von Patricia Highsmith gehört, aber ich sah den Film zweimal, und dann las ich alle ihre Bücher. So hat sie mich auf ganz merkwürdige Weise geprägt. Ich wusste so viel über sie, ich hätte bei *Mastermind* auftreten und alle Fragen über sie beantworten können, und ich fühlte mich von da an irgendwie mit ihr verbunden. Alle ihre Bücher handeln von Männern und ihren Schatten, und ich glaube, Ripley war ein Ausdruck dessen, wie sie gern sein wollte, ihr Schatten. Vielleicht war sie unvollständig, vielleicht war sie nie in Einklang mit ihrem Schatten.«[10]

Ein paar Wochen nach den Dreharbeiten für die *South Bank Show* flog Patricia Highsmith erneut nach England, um zu einer Gruppe von Eton-Schülern zu sprechen. Organisiert wurde die Veranstaltung von dem siebzehnjährigen Schüler Roger Clarke, der sich im Juni brieflich an sie gewandt hatte. Am 27. Oktober fuhr sie mit dem Zug von London nach Slough, wo Clarke sie am Bahnhof abholte und zum Abendessen in das Internat brachte. Laut Clarke, heute Schriftsteller und Journalist, war bald klar, dass sich Patricia Highsmith immer mehr verschloss. Nachdem er sie den Schülern vorgestellt hatte, saß sie peinlich schweigend da, wusste offenbar nicht, was sie sagen sollte, und zwang Clarke, als Interviewer zu fungieren.

»Sie sah aus wie eine streitsüchtige texanische Bibliothekarin, Furcht erregend, und hatte doch gleichzeitig etwas sehr Aufmerksames und Amüsiertes an sich. Ich hatte das Gefühl, dass sie auf verschiedenen Ebenen agierte und mehrere Persönlichkeiten ins Spiel brachte. Als das Gespräch vorbei war, brachten wir sie zurück nach Slough, und ein paar Tage später bekam ich den ersten einer ganzen Reihe von Briefen von ihr, einen ihrer famosen Dreizeiler. Sie schrieb, dass sie im Zug nach London einen lila Kamm gefunden, ihn mit nach Hause genommen, gewaschen und dann benutzt habe. Sie machte eine Skizze davon. Da ahnte ich zum ersten Mal, wie wunderlich sie war. Von da an schrieben wir uns und wurden so etwas wie Freunde. Aber ich habe sie nie wirklich begriffen. Jedes Mal, wenn wir uns trafen, wirkte sie geheimnisvoller, sonderbarer als zuvor. Sie blieb für mich ein Buch mit sieben Siegeln.

Sehr selten reagierte sie auf meine Briefe – eine Ausnahme bildete allerdings ein Brief, in dem ich ein Männerbordell beschrieb, das ein Freund von mir in Chelsea leitete. Ich war ein paarmal dort, es war faszinierend, eine geheimnisvolle Lasterhöhle. An einem Montagabend kam ein Börsenspekulant herein und entschied sich für mich statt für einen der Jungs. Ich wies ihn ab, und er stürmte davon. Pat fand den Vorfall unheimlich lustig. Sie hatte ein Faible für Zweideutigkeiten, für etwas schlüpfrige Situationen, für die Vorstellung wechselnder Identität, für amoralische Lebensumstände. Sie hatte diesen bösen atavistischen Zug. Sie war eine große Misanthropin und wies eine gewisse Nähe zu Swift auf. Ich konnte mir gut vorstellen, dass sie imstande gewesen wäre, unsägliche Verbrechen zu begehen, hätte sie kein Ventil gehabt, und ihr Ventil war das Schreiben.«[11]

Im Oktober hatte Patricia Highsmith die Idee für eine Kurzgeschichte, »Der Knopf«, über ein Ehepaar mit einem mongoloiden Kind. »Der Mann bringt vielleicht einen Fremden auf der Straße um«, schrieb sie in ihr Notizbuch, »weil er so oft versucht war, sein Kind umzubringen.«[12] Nachdem sie die Geschichte zu Ende geschrieben hatte, die 1985 in *Nixen auf dem Golfplatz* erscheinen sollte, schickte sie die Erzählung an Vivien De Bernardi, eine Familientherapeutin und Freundin von Ellen Hill, die auch im Tessin wohnte. Vivien De Bernardi war darüber empört. Die Charakterisierung Berties, des Kindes, dem die geschwollene Zunge aus dem Mund hängt, das ständig die Augen verdreht, sabbert und grauenhafte gutturale Laute ausstößt, fand sie völlig unrealistisch. Sie trug ihre Bedenken vor, und nach diesem ersten Treffen wurden die beiden Frauen gute Freundinnen. Viviens erster Eindruck von Patricia Highsmith war der einer seltsam gekleideten Gestalt, die schlecht sitzende Kleider trug: eine Hose, einen Männer-Trenchcoat und einen sonderbar gebundenen Schal um den Hals.

»Aber was mir von Anfang an gefiel, war ihre Sanftmut, ihre innere Ruhe«, sagt sie. »Obwohl sie über Gewalt schrieb, war sie ein sehr sanftmütiger Mensch. Ich war gern mit ihr zusammen, weil sie diese Ruhe ausstrahlte. Interessant fand ich, dass sie mich zu ihrer Freundin erkor und nicht umgekehrt. Sie schrieb mir, rief mich an, forderte mich auf, sie zu besuchen, als ich Teilzeit arbeitete und zwei kleine Kinder aufziehen musste. Ich hatte zwar nicht das Bedürfnis, eine innere Leere zu füllen, aber wenn ich bei ihr gewesen war, kam ich immer erfrischt nach Hause. Sie zu sehen war, als ob ich in ein Becken mit kühlem Wasser getaucht wäre, meine Gedanken waren klarer, ich sah die Dinge in einem neuen Licht. Aber ich war nicht gern bei ihr, wenn andere da waren, denn dann verhielt sie sich wie ein ungezogenes Kind, sprach aus, was ihr in den Sinn kam. Es war, als hätte ihr ein innerer Kontrollmechanismus gefehlt. Sie war unfähig, nicht zu sagen, was sie dachte. Einmal stellte ich Pat eine Freundin vor, die übergewichtig war. Nach ein paar Minuten sagte Pat plötzlich, fett sein bedeute, in einen Supermarkt zu gehen mit einer Tasche mit der Aufschrift: »Iss alles, was du siehst.« Kaum hatte sie es ausgesprochen, trat betretenes Schweigen ein. Ich traute meinen Ohren nicht. Aber Pat bemerkte überhaupt nicht, dass sie unhöflich gewesen war, sie spuckte einfach aus, was ihr in den Sinn kam.

Im Nachhinein glaube ich, dass Pat vermutlich an einer Form des Asperger-Syndroms litt. Sie wies viele der typischen Symptome auf. Sie hatte einen katastrophalen Orientierungssinn, ständig verirrte sie sich, und wenn sie zum Friseur fuhr, hatte sie Schwierigkeiten mit dem Einparken. Sie reagierte überempfindlich auf Geräusche und hatte Kommunikationsschwierigkeiten. Sie war sich der Nuancen eines Gesprächs nicht bewusst und merkte nicht, wenn sie andere Menschen verletzte. Das war wahrscheinlich der Grund, warum ihre Liebesbeziehungen nie lange dauerten. Obwohl sie andere Menschen nicht verstand – sie hatte ein wunderliches Innenleben –, hatte sie eine fantastische Beobachtungsgabe. Sie bemerkte Dinge, die ein normaler Mensch übersieht.«[13]

Es war diese scheinbar unbegrenzte Fähigkeit zu überraschen – Patricia Highsmiths erstaunlich originelle Sichtweisen –, die ihren neuen Freund Jonathan Kent faszinierte, der sie im Dezember in Aurigeno besuchte. »Ich hatte angenommen, dass wir irgendwelche italienischen oder Schweizer Köstlichkeiten kaufen würden, aber nachdem sie mich vom Bahnhof abgeholt hatte, hielten wir an einem Kentucky Fried Chicken und kauften Chicken Nuggets, die wir bei ihr zu Hause aßen. Ich weiß noch, dass das Haus im Schatten eines Berges stand und die Zentralheizung voll aufgedreht war. Ihre Katzen waren von der Hitze benommen, und eine hatte sich das ganze Fell vom Schwanz geleckt, als würde sie unter Hitzewahn leiden. Pat schlief in ihrem Arbeitszimmer und schrieb nachts. Um vier oder fünf Uhr morgens wachte ich auf und hörte den BBC World Service aus ihrem Zimmer. Einmal nahm sie mich mit zu Ellen Hill – einer ordentlichen bürgerlichen Frau mit rötlich braunem Haar –, und wir gingen Pizza essen. Ich hatte den Eindruck, dass Pat viel mit anderen Menschen stritt – sie konnte sehr schwierig und griesgrämig sein –, aber trotzdem fand ich, dass sie eine großartige, faszinierende Frau war.

Ich liebte ihren Instinkt für das Subversive und ihren dunklen Sinn für Humor. Ich erinnere mich, dass ich ihr einmal eine Geschichte über meine Großmutter erzählte, die unter Alzheimer litt. Meine Mutter hatte ihr einen Strauß Osterglocken gebracht, aber meine Großmutter hielt die Blumen für eine angreifende Armee und aß sie auf. Ich fand die Geschichte traurig, aber Pat hat sich vor Lachen gar nicht mehr halten können – sie schrie vor Lachen. Ich musste ihr die Geschichte mehrmals erzählen, und jedes Mal lachte sie wieder schallend. Ich rechnete damit, dass sie die Episode in eine Erzählung oder einen Roman einbauen würde.«[14]

Patricia Highsmith hatte sehr genaue Vorstellungen von dem, was sie mochte oder nicht mochte. Im März 1983 stellte sie für den Diogenes Verlag eine Liste der Dinge zusammen, die sie mochte. Darunter befanden sich Bachs Matthäus-Passion, alte Kleider, Turnschuhe, das Fehlen von Geräuschen, mexikanisches Essen, Füllfederhalter, Schweizer Militärmesser, Wochenenden ohne gesellschaftliche Verpflichtungen, Kafka und allein sein. Zu den Dingen, die sie nicht mochte – eine weitere Liste, die sie für ihren Schweizer Verleger erstellte –, zählten die Musik von Sibelius, die Bilder von Fernand Léger, Live-Konzerte, viergängige Menüs, Fernsehapparate, die Begin-Scharon-Regierung, laute Menschen und solche, die sich Geld liehen, von Fremden auf der Straße erkannt zu werden, Faschisten und Einbrecher. Sie hätte auch Selbstmord auf die Liste setzen können, da sie ihn als feigen Akt betrachtete. Menschen, die damit drohten, sich umzubringen, sollten »ihren Sarg mit sich herumtragen und hineinkriechen, um der Öffentlichkeit zu beweisen, was für Märtyrer sie sind«.[15]

Einer, von dem sie nie angenommen hätte, dass er sich umbringen würde, war Arthur Koestler. Sie war schockiert, als sie hörte, dass sich Koestler, der an Leukämie und Parkinson litt, und seine Frau Cynthia am Abend des 1. März in ihrem Haus am Montpelier Square in London umgebracht hatten. Patricia Highsmith war gerade in Zürich, als sie davon erfuhr. »Ich kenne dieses ›Wohnzimmer‹ so gut und kann es mir vorstellen«, schrieb sie an Alain Oulman.[16]

»Mein erster Gedanke war, dass er sie mit sanftem Druck überredet hatte, meine gefühlsmäßige Reaktion bestand in Wut«, schrieb sie an Kingsley.[17] »Ich erinnere mich, als Arthur starb, war Pat so untröstlich, wie ich sie nie zuvor erlebt hatte«, sagt Kingsley. »Sie war wirklich erschüttert.«[18] »Das einzige Mal, dass ich Pat moralisch empört erlebt habe, war, als sie über den Tod von Arthur und Cynthia Koestler sprach«, berichtet Jonathan Kent. »Sie meinte, dass Koestler Cynthia überredet hatte, sich umzubringen, und das fand sie unmoralisch. Als sie davon sprach, verdüsterte sich ihre Miene, und sie wurde sehr wütend. Sie sagte, dass sie ihm nie vergeben würde.«[19]

Im April reiste Patricia Highsmith nach Paris und gab Interviews, um die Werbetrommel für die französische Ausgabe von *Leute, die an die Tür klopfen* zu rühren. Sie empfand die Stadt als »ärmer und schmutziger«[20], amüsierte sich jedoch an einem Abend mit Mary McCarthy und ihrem vierten Mann James West in deren Wohnung in der Rue de Rennes. Als sie wieder in Aurigeno war, bekam sie Besuch von Christa Maerker. »Sie holte mich am Bahnhof ab, aber mit Pat Auto zu fahren war eine Kamikaze-Aktion. Sie wusste nicht mehr, wo der Autoschlüssel war, und als sie ihn gefunden hatte, wusste sie nicht, wo sie ihn hineinstecken sollte. Als wir losfuhren, setzte sich der Scheibenwischer in Bewegung, und unterwegs zeigte sie mir die Stelle, wo der Wagen von einem Zug gerammt worden war. Ich weiß nicht, ob sie Spaß machte oder nicht.«[21] Pat hatte keinen Spaß gemacht. Eines Abends gegen zehn Uhr kreuzte sie in der Nähe von Aurigeno einen unbeschrankten Bahnübergang und stieß mit einem langsam fahrenden Zug zusammen, blieb jedoch unverletzt.

Von Juni an korrespondierte Patricia Highsmith mit Bettina Berch, der Autorin von *The Endless Day: The Political Economy of Women and Work* und damals Professorin für Wirtschaftswissenschaft am Barnard College. Berch, die einen Artikel für die College-Zeitschrift schrieb, wandte sich mit Fragen über ihre Zeit in Barnard an Patricia Highsmith. Stimmte es, fragte sie unter anderem, dass sie ein Buch unter dem Namen Claire Morgan veröffentlicht hatte? »Je weniger über Claire Morgan geredet wird, umso besser, v. a. in gedruckter Form«, erwiderte Highsmith.[22] Als Naiad Press ein Jahr später die Rechte an einer Neuausgabe von *The Price of Salt* erwarb, bestand sie darauf, dass es unter ihrem Pseudonym und nicht unter ihrem richtigen Namen veröffentlicht würde.

»Pat sorgte sich, dass es ihrem Ruf als Thrillerautorin geschadet hätte, wenn bekannt geworden wäre, dass sie lesbisch war«, erzählt Barbara Grier, Verlagsleiterin von Naiad Press. »Sie litt unter internalisierter Homophobie. Sie lebte sehr isoliert, mied Kontakt, und ich hatte den Eindruck, dass selbst ein kurzes Gespräch eine Höllenqual für sie war. Wir taten alles, um sie zufrieden zu stellen. Jedes Mal, wenn wir das Buch neu auflegten, änderte sie ein Wort hier, ein Komma dort. Es muss unendlich viele Unterlagen darüber geben. Mit ihr zu sprechen war, als ob man ihr einen Zahn ziehen wollte. Sie fühlte sich in ihrer eigenen Haut nicht wohl, sie war nicht glücklich mit sich selbst, und das spiegelt sich selbstverständlich in ihrem Werk wider.«[23]

Gegen Ende 1983 bot man Patricia Highsmith 5000 Dollar Vorschuss für *The Price of Salt*, wenn sie das Buch unter ihrem Namen veröffentlichte, während sie nur 2000 Dollar erhalten sollte, wenn sie auf ihrem Pseudonym bestand. Sie lehnte das höhere Angebot ab. Obwohl sie nicht sehr erpicht darauf war, dass der Roman in Europa erschien, war es doch die einzige Möglichkeit, Raubdrucke zu verhindern, deswegen unterschrieb sie im April 1984 einen Vertrag mit Calmann-Lévy, hielt jedoch an ihrem Pseudonym Claire Morgan fest. Als der Roman im Mai 1985 unter dem Titel *Les Eaux dérobées* herauskam, tat Calmann-Lévy alles, um ihre Identität geheim zu halten, aber viele französische Kritiker meinten, »einen Highsmith-Touch entdeckt zu haben«.[24] Andere Rezensenten glaubten bizarrerweise, »das Buch sei von Enid Blyton«, wieder andere hielten es für das Werk von Françoise Mallet-Joris, während Alain Oulman an Patricia Highsmith schrieb, »die Mehrheit denkt an Sie«.[25]

Patricia Highsmith begann im Juni 1983 mit der Planung ihres nächsten Romans, *Elsie's Lebenslust.* Im Mittelpunkt des Buches, das sie Kingsley widmete, stehen zwei Männer: der New Yorker Wachmann Ralph Linderman, der mit seinem Hund God in einer heruntergekommenen Wohnung in der Bleecker Street lebt, und Jack Sutherland, ein wohlhabender, freiberuflich arbeitender Künstler und Illustrator, der mit seiner Frau Natalia und ihrer gemeinsamen fünfjährigen Tochter Amelia in der nobleren Grove Street wohnt, der Straße in Greenwich Village, in der Patricia Highsmith über vierzig Jahre zuvor gelebt hatte. (»Der Hauseingang war unverändert, und die Briefkästen befanden sich noch an derselben Stelle«, sagte Pat, nachdem sie die Straße auf einer Recherchereise nach New York aufgesucht hatte.[26]) Eines Tages, als Ralph seinen Hund ausführt, findet er auf der Straße Jacks Brieftasche, die er Jack mit den darin enthaltenen 263 Dollar, den Fotos und Kreditkarten zurückgibt. Zufälle – beispielsweise eine Brieftasche auf der Straße zu finden – verursachten, wie Patricia Highsmith wusste, manchen Schriftstellern Stirnrunzeln, aber sie war der Ansicht, dass merkwürdige, irrationale Ereignisse Bestandteil des Lebens waren, und deswegen sah sie auch keinen Grund, warum sie nicht darüber schreiben sollte. »In Plots und Situationen habe ich sehr gern fast, aber nicht völlig unglaubwürdige Zufälle«, schreibt sie.[27] »Ich hatte schon immer die Idee, dass jemand eine Brieftasche findet und sie zurückgibt. Mir selbst ist das nie passiert, aber es würde mir gefallen, es wäre *so* ein Vergnügen.«[28]

Als sie den Roman plante, nahm sie sich vor, dass das Buch durchdrungen sein sollte von »einer faustischen Atmosphäre von Jungfräulichkeit und Lust – männlicher wie weiblicher«.[29] Patricia Highsmith versucht in diesem Buch auf wesentlich eindeutigere Weise eine Analyse von nicht oder nicht ausschließlich heterosexuellen Beziehungen zu geben, und im September 1984, während sie noch daran arbeitete, schrieb sie, dass »die Hälfte der Figuren [in dem Roman] schwul oder halb schwul sind«.[30]

Trotz seiner Bemühung, sich wie ein durch und durch moderner

Mann zu verhalten – er gestattet seiner Frau ungewöhnliche Freiheiten, fördert ihre Unabhängigkeit, erträgt ihre Affären –, nimmt Jack letztlich eine ähnliche Position ein wie der moralistische, sexuell frustrierte Ralph. Beide Männer machen in ihrer Fantasie aus Elsie, der Zwanzigjährigen, die als Kellnerin und Model jobbt, eine ihren Begehrlichkeiten entsprechende Gestalt. Für Ralph repräsentiert Elsie Unschuld und Jungfräulichkeit, ein Mädchen, das vor der Verdorbenheit New Yorks und seiner Bewohner beschützt werden muss. »Er ist ein prüder Typ und nicht besonders intelligent, er weiß nicht viel über sich selbst. Er meint es gut, ist ehrlich und sehr puritanisch, er macht sich Sorgen um die Moral des Mädchens und will nicht, dass sie die falschen Leute kennen lernt. Er hat etwas Komisches an sich, glaube ich, weil … er die falschen Signale aufschnappt, das, was er sieht, falsch interpretiert.«[31] Jack ist intelligent und weltgewandt genug, um zu begreifen, dass Ralph aus Elsie »ein Abstraktum, ein Symbol für die Frau an sich«[32] gemacht hat, aber er verfügt nicht über genügend Einsicht, um seine eigenen Fehlinterpretationen zu erkennen. Als er Elsie zum ersten Mal begegnet, sieht er nicht eine wirkliche Frau, sondern die vollkommene Verkörperung der imaginären Gestalt Suzuki aus dem Buch *Halb verstandene Träume*, das er illustriert. Nachdem er Elsie gezeichnet hat, empfindet Jack seine kreativen Kräfte als gestärkt, er fühlt sich nahezu verliebt, aber diese Gefühle scheinen sich auf das Bild zu beziehen, das er gezeichnet hat, und nicht auf das leibhaftige Mädchen. Elsie wird für beide Männer zu einer Traumfrau, und als Jack ihr seine Liebe erklärt, tut er es, während sie schläft und im dämmrigen Licht wie eine fantastische Figur erscheint, »als flöge sie … im leeren Raum …«.[33] Als er die Fotos von Elsie in den Hochglanzzeitschriften betrachtet, wird ihm klar, dass das Bild, das er sich von ihr gemacht hat, wesentlich realer ist als die Bilder in den Zeitschriften, aber letztlich hatte er sie »aus der Ferne bewundert wie ein schönes Gemälde, eine gute Zeichnung«.[34] Der Roman endet damit, dass beide, Ralph und Jack, meinen, die rätselhafte Elsie auf der Straße zu sehen, bevor ihnen endgültig und schmerzhaft klar wird, dass das Mädchen, das sie sich vorgestellt haben, tot ist. Die Figuren des Romans verhalten sich wie die Figuren des Buches, das Jack illustriert, *Halb verstandene Träume*: ein New Yorker Ehepaar mit Sohn und Tochter, »alle vier voller Träume und Erwartungen, die sie der übrigen Familie oder auch anderen nicht anvertrauen konnten … So verstanden die Träumer ihre eigenen Träume und Fantasien nur halb, lebten sie halb, von den anderen missverstanden oder unbemerkt.«[35] Dieser Satz fasst das imaginative Territorium, das Patricia Highsmith sich mit diesem Buch aneignete, präzise zusammen: der beunruhigende Zusammenhang zwischen Geist und Materie, die heimtückische Wechselwirkung zwischen den Verlockungen der Fantasie und den unvermeidlichen Unterströmungen der Realität.

Im Sommer 1983 herrschte im Tessin eine drückende Hitzewelle. Im August schrieb Patricia Highsmith, dass sie die letzten Monate als »vernichtend« empfunden hatte.[36] Obwohl sie kaum noch Kraftreserven hatte, weigerte sie sich, ihre öffentlichen Verpflichtungen abzusagen, zum Beispiel die Einladung zum Filmfestival von Locarno. Während des Festivals ging sie an einem Abend unter anderem mit David Streiff aus, den sie 1982 kennen gelernt hatte. »Ihr schienen der Abend im Grand Hotel und unsere Gesellschaft zu gefallen«, schreibt Streiff, heute Direktor des Bundesamts für Kultur, »nicht jedoch die ausgetüftelte Speisenfolge. Sie bestellte eine Pizza, die wahrscheinlich tiefgefroren war, weil sie nicht auf der Speisekarte stand, aber sie aß sowieso nur den Belag und nicht den Teig. Ich werde nie ihre wunderbar katzenhafte Art, jemanden anzusehen, vergessen, ihre Schlichtheit, Bescheidenheit und Schüchternheit.«[37]

In diesem Sommer reiste sie für ein paar Tage nach London, wo Hans Geißendörfers Verfilmung von *Ediths Tagebuch* in einer Sondervorführung gezeigt wurde – der deutsche Regisseur vereinfachte die Geschichte und machte eine »ordentliche Freudsche Mutter-Sohn-Beziehung« daraus[38]; sie fand den Film mit Angela Winkler in der Hauptrolle »durchsichtig und ein bisschen vulgär«[39] –, dann nach Zürich, Venedig, San Sebastian, Barcelona und Madrid. In der spanischen Hauptstadt wurde Patricia Highsmith im September von einem Studenten befragt, der über ihr Werk promovierte. Es frustrierte sie, dass sie mit keiner konkreten Erklärung für die Grundlagen ihrer Arbeit aufwarten konnte. »Diese Abschlussarbeiten versuchen, eine Disziplin oder eine Wissenschaft aus dem Schreiben zu machen, und ich habe das Gefühl, dass die Studenten enttäuscht sind, wenn ich ihnen sage, dass meine Ideen, das heißt meine Gedanken und der Denkprozess selbst aus dem Nichts entstehen.«[40]

Gelegentlich fußten ihre Ideen auch in der Realität. Nachdem sie erfahren hatte, dass Anne Morneweg 1981 an Brustkrebs erkrankt war, hatte sie im August die Idee für die Geschichte »Der geheimnisvolle Friedhof«, die von den knolligen Gewächsen auf den Gräbern von Krebsopfern handelt. Anne erzählte Pat, dass sie nach ihrer Brustamputation mit einer anderen Patientin durch den Garten des Krankenhauses gegangen war und Rauch aus einem Kamin hatte steigen sehen. »Ich erzählte Pat, dass von unseren verbrannten Brüsten nichts weiter als Rauch blieb und die gewonnene Energie dazu benutzt wurde, unsere Bettlaken zu waschen«, erinnert sich Anne. »Pat, die schwarzen Humor zu schätzen wusste, fand das natürlich sehr lustig – sie war überhaupt nicht sentimental. Anschließend schrieb sie die Geschichte über die Gewächse auf den Gräbern.«[41]

»Der geheimnisvolle Friedhof« war die erste Geschichte einer Reihe, die sich mit den Umweltschäden, den politischen und sozialen Gräueln der modernen Welt auseinander setzte, mit apokalyptischen Albträumen wie globale Vernichtung, der dritte Weltkrieg, atomare Zerstörung und Umweltverschmutzung; der Literaturkritiker Peter Kemp bezeichnete sie als »Greenpeace-Grusel«.[42] Ein paar Tage nach der Idee für die erste Geschichte fiel ihr eine weitere ein. »Moby Dick II«, schrieb sie am 27. August in ihr Notizbuch. »Er zieht Minen hinter sich her – er ist selbst ein gefährliches Geschoss. Oder ›Der Bombenwal‹.«[43] Patricia Highsmith suchte in der *International Herald Tribune* und in der Zeitschrift *Time* nach

Berichten über groteske Begebenheiten. Freunde, wie zum Beispiel Charles Latimer, versorgten sie ebenfalls mit skandalösen Meldungen, so mit der Vermutung, dass die amerikanische Regierung auf dem Gelände einer Universität im Mittleren Westen ein Footballstadion hatte bauen lassen, unter dem sich ein geheimes Lager für nuklearen Abfall befand. Diese Meldung bildete die Grundlage für »Operation Balsam oder Rührmichnichtan«. Diese Geschichten, die sie zwischen 1983 und 1987 schrieb, erinnerten sie »an die Parodien, die ich zum Vergnügen meiner Mitschüler im Alter von zehn und elf und dann wieder mit vierzehn Jahren schrieb. Aber ich denke, die Themen sind jetzt ernster als damals. Ich habe ein *embarras de richesses* an ›Katastrophen‹ gefunden, mit denen zu leben die menschliche Rasse am Ende des 20. Jahrhunderts nahezu gelernt hat.«[44]

Im November 1983, kurz bevor Patricia Highsmith nach New York fliegen wollte, um für *Elsie's Lebenslust* zu recherchieren, erkrankte sie an Grippe und musste den Flug um eine Woche verschieben. Zudem quälte sie die Befürchtung, dass sie vor ihrer Abreise noch zu viel zu erledigen hatte. Am 25. November traf sie in den USA ein, wo sie bis zum 12. Dezember blieb. Sie besuchte Charles Latimer in seinem Haus in East Hampton und fuhr zweimal nach New York. In der Hausapotheke ihres Hotelzimmers in Manhattan hausten zwei Kakerlaken, »aber das ist normal in New York«[45]; vielleicht regten sie sie zu ihrer zweiten Kakerlakengeschichte an, »Das Malheur in den Jade Towers«, die ebenfalls in *Geschichten von natürlichen und unnatürlichen Katastrophen* erschien.

Sie schlenderte durch die Straßen von Greenwich Village, dem Schauplatz von *Elsie's Lebenslust*, und bemerkte, dass die Morton Street noch genauso schäbig war wie vierzig Jahre zuvor, als sie hier gelebt hatte. Den Müll in Manhattan empfand sie als schockierend, ein extremer Kontrast zu den makellos sauberen Straßen von Zürich. »Man kann sich unmöglich vorstellen, dass jemand ein Papiertaschentuch auf eine Schweizer Straße fallen lässt«, schrieb sie nach ihrer Rückkehr an Barbara Ker-Seymer.[46] »Pat war zweifellos sehr ordentlich und konnte bisweilen sehr kritisch sein«, sagt Kingsley. »Sie mochte es nicht, wenn ich im Stehen aß, ich musste mich immer setzen und mit Messer und Gabel essen. Und wenn man bei ihr zu Hause einen Aschenbecher verrutschte, stellte sie ihn sofort wieder an seinen angestammten Platz zurück.«[47]

Während ihres Aufenthalts in New York traf Patricia Highsmith auch Anne Elisabeth Suter, die früher für den Diogenes Verlag gearbeitet hatte und nach wie vor viele seiner Autoren in den USA vertrat. »Ich hatte immer das Gefühl, dass Pat sich hinter Schüchternheit und Zurückhaltung versteckte. Aber solange ich in New York lebte, war unsere Beziehung bisweilen recht stürmisch. Sie schrieb mir vor, wo ich ihre Geschichten unterbringen sollte, und wurde wütend, wenn ich es nicht tat. Aber sie wusste nicht, dass ich sie vor Absagen beschützte.«[48] Außerdem versuchte Patricia Highsmith herauszufinden, ob nicht die Mysterious Press ihre Bücher verlegen könnte, ein kleiner Verlag, geleitet von Otto Penzler, dem der Mysterious Bookshop in Manhattan gehörte. Nachdem sie dort ihre Bücher signiert hatte, schenkte ihr Penzler ein Exemplar von Stanley Ellins *The Dark Fantastic*, ein Buch, das er verlegt hatte und das sie mochte. »Als ich ihr das Buch gab, sagte ich, dass ich das Gleiche gern für sie täte, es war ein sorgfältig hergestelltes Buch von einem wunderbaren Autor«, erzählt Otto Penzler. »Highsmith war in Amerika keine kommerziell erfolgreiche Autorin – sie zog von einem Verlag zum anderen, und die Verlage ließen sie ziehen, weil sich ihre Bücher nicht gut verkauften. Aber ich bewunderte ihre Arbeit.«[49] Penzler brachte zwar zwischen 1985 und 1988 die Erstausgabe von sechs ihrer Bücher in den USA heraus – den Roman *Leute, die an die Tür klopfen* und fünf Bände mit Kurzgeschichten –, aber die Beziehung zwischen Verleger und Autorin verschlechterte sich rasch und endete bald in bitterbösen Angriffen und Vorwürfen.

Arbeit macht mehr Spaß als Spiel

(1983–1986)

1983 nahm ein englischer Filmproduzent Kontakt zu Patricia Highsmith auf, weil er ihren Roman *Der Stümper* verfilmen wollte. Das Projekt sollte von Goldcrest und Home Box Office finanziert werden, die Hauptrollen sollten William Hurt (Walter Stackhouse) und Mario Adorf (Melchior Kimmel) spielen. Die Schriftstellerin unterschrieb im Dezember in New York den Vertrag, und im Februar 1984 suchten die Produzenten nach einem Drehbuchautor. Hatte sie einen Vorschlag, wer aus ihrem Roman ein Filmdrehbuch machen könnte? Patricia Highsmith nannte Marc Brandel. Obwohl ihre Liebesbeziehung mehr als dreißig Jahre zuvor in die Brüche gegangen war, korrespondierten die beiden Schriftsteller seit Ende 1979, nachdem Brandel – der sich nicht nur als Romancier, sondern auch als Drehbuchautor für das Fernsehen etabliert und 1956 *Der talentierte Mr. Ripley* für den amerikanischen Fernsehsender Studio One adaptiert hatte – sie in Moncourt besucht hatte. Ein paar Monate nach ihrem Wiedersehen waren sie wieder gute Freunde. Highsmith unterschrieb ihre Briefe an ihn mit »In Liebe, Pat«, und Marc war gerührt von Pats Freundlichkeit. »Es war schrecklich nett von dir, mich für das Drehbuch von *Der Stümper* zu empfehlen«, schrieb er am 29. März.[1]

Obwohl Brandel anfangs zugunsten von jemand anderem übergangen wurde, besuchte er Patricia Highsmith in ihrem Haus in

Aurigeno im Mai 1985 mit seiner zweiten Frau Edith, um das Projekt zu besprechen. Edith erinnert sich an das erste Treffen mit der Schriftstellerin. »Als ich Pat kennen lernte, war ich überrascht von ihrem Aussehen. Marc hatte mir immer erzählt, wie umwerfend sie aussah, aber als ich sie vor mir stand, war sie keine Schönheit mehr. Sie war sehr dünn und angespannt, obwohl sie noch nicht alt war. Ich hatte nie den Eindruck, dass sie ein glücklicher Mensch war – ich glaube, sie war immer unzufrieden mit sich selbst.«[2] Im nächsten Monat erfuhr Patricia Highsmith, dass HBO die Rohfassung des Drehbuchs verworfen hatte und sie bat, Brandel zu fragen, ob er bereit sei, die Aufgabe zu übernehmen.

»Ich würde es sehr begrüßen, wenn du das Drehbuch übernähmest … Bitte, lass mich wissen, ob du es einrichten kannst, weil ich die Sache dann arrangieren würde.«[3] Ende Juni wurde die Vereinbarung zwischen Highsmith und Goldcrest/HBO aufgehoben, dennoch bestand Highsmith weiterhin darauf, dass Brandel das Drehbuch schrieb. Im November 1985 schickte sie Brandel einen Scheck über 8000 Dollar, ein Vorschuss, den sie entgegen ihrem Ruf als Geizhals von ihrem eigenen Konto zahlte. Marc war von dieser Geste gerührt. »Sie hat mir ein wunderbares Gefühl von dir und deiner Freundschaft vermittelt.«[4] Im Januar 1986 begann Brandel mit der Arbeit an dem Drehbuch; ein neuer Produzent wurde gefunden, und obwohl sich die Angelegenheit bis in das Jahr 1988 zog, wurde nichts aus dem Projekt. Patricia Highsmith hat das Geld nie zurückverlangt.

Ein weiterer Traum. Pats Mutter, außer sich vor Wut und Mordgedanken, schneidet Tabea Blumenschein den Kopf ab. »Du wirst mir helfen müssen, den Körper beiseite zu schaffen«, sagt Mary zu ihrer Tochter, bevor sie den Kopf mit durchsichtigem Wachs überzieht. Patricia Highsmith ist bestürzt und gelähmt vor Entsetzen; als sie aufwacht, schreibt sie in ihr Notizbuch: »Ich weiß nicht, was aus Kopf und Körper wurde.«[5]

Am 15. Juni traf Bettina Berch in Patricia Highsmiths Haus in Aurigeno ein, um sie für ein Feature zu interviewen, das sie in einer Zeitschrift unterzubringen hoffte. Vor dem Interview gingen die beiden Pizza essen in Begleitung der nicht unterzukriegenden Ellen Hill und ihres Pudels, der die ganze Zeit auf Hills Schoß saß. »Es war unangenehm, weil sich Ellen Hill, die sehr damenhaft wirkte, anscheinend ärgerte, dass ich dabei war. Sie war ziemlich schnippisch. Aber es gab einen rührenden Moment zwischen den beiden, und zwar als Ellen Pat ›Teacup‹ nannte. Das fand ich sehr süß. Pat wirkte imposant auf mich. Sie trug schwarze Slipper, die wie Männerschuhe aussahen, was mir seltsam erschien, und ein Männerjackett. Wahrscheinlich war das der passende Look für sie, denn die Kleider waren bequem, und sie hatte überhaupt nichts Feminines.«[6]

Nach dem Essen fuhr Ellen zurück nach Cavigliano, und Pat und Bettina zogen sich für das Interview in Highsmiths Haus zurück. Um Mitternacht begannen die beiden Frauen zu reden, Pat ausgerüstet mit einer Flasche Bier und einer Schachtel Gauloises. Die Gesprächsthemen umfassten viele Bereiche, unter anderem die Motivation ihrer Protagonisten, vor allem Ripleys; die Quelle ihrer Ideen: »Sie kommen mir einfach in den Sinn – wie sonst sollte ich mich ausdrücken?«[7]; die Vulgarität von Frauenzeitschriften, die sie beschrieb als entweder »unrealistisch, die reine Fantasie, der Prinz auf dem weißen Pferd, oder es geht darum, wie man sich die Vagina ausspült«[8]; das Wesen von Liebe und Begehren: »Eine Person liebt immer mehr als die andere, und sehr häufig kann die eine die andere nicht bekommen.«[9]

Die Frauenbewegung war ein Thema, zu dem Patricia Highsmith sich unmissverständlich äußerte. »Sie sprach über Frauen fast, als wäre sie etwas anderes, als wäre sie keine Frau. Es lief immer darauf hinaus, dass Frauen unfähig waren, weil man ihnen jahrhundertelang die Füße gebunden hatte, ihr Kopf zu nichts zu gebrauchen war und sie keinen Ehrgeiz besaßen.

Was sie außerdem gegen die Frauenbewegung einnahm, war, was sie als Mangel an Privatsphäre empfand, wenn es um das Thema Körper und Körperfunktionen ging. Das ertrug sie überhaupt nicht. Ich glaube, sie wäre lieber mit dem ungehobeltsten männlichen Chauvinisten zusammen gewesen als mit einer Frau, die über ihre Körperausscheidungen sprach. Trotzdem glaube ich nicht, dass sie frauenfeindlich war. Vielleicht liebte sie die Frauen einfach zu sehr.«[10]

Patricia Highsmiths Haltung zur Frauenbewegung hatte, wie Bettina Berch feststellte, nichts mit der Realität zu tun. »Es war, als hätte sie im stillen Kämmerlein entschieden, was es mit der Frauenbewegung auf sich hat, und das war symptomatisch für die in sich geschlossene, selbst erschaffene Welt, in der sie lebte. Ich erinnere mich, dass ich ungefähr eine Stunde damit verbrachte, ihr zu erklären, wie ein Geldautomat funktioniert. Sie hatte keine Scheck- oder Kreditkarte, aber in *Elsie's Lebenslust* sollten sie vorkommen. Ich holte meine Scheckkarte heraus und zeigte ihr, was man damit tat, Schritt für Schritt habe ich es ihr vorgeführt. Ich glaube, das letzte Mal, dass sie wirklich in der Welt gelebt hat, waren die fünfziger Jahre.

Aber ich mochte sie sehr, sie war ein wunderbarer Mensch, und wir wurden Freundinnen. Nach meinem Besuch schrieben wir uns regelmäßig, und sie wollte wirklich wissen, was in meinem Leben passierte. Sie gab mir das Gefühl, dass Nachrichten von mir sie interessierten und dass sie auf meiner Seite war. Ich wollte unbedingt ihre Biografie schreiben, aber sie war dagegen und meinte: ›Nicht, solange ich noch am Leben bin, danke.‹ Das habe ich respektiert. Sie wollte sich nicht zu ihrer Homosexualität bekennen, weil sie glaubte, dass sie dann eine noch obskurere Gestalt würde. Außerdem glaubte sie an Ambiguität – sie hielt es nicht für sinnvoll, die eigene sexuelle Orientierung klarzustellen. Der ganze Spaß hing mit der Ambiguität zusammen.«[11]

Trotz ihrer zwanghaften Ordnungsliebe war Patricia Highsmith, als sie am 5. Oktober in Istanbul ankam, um für eine deutsche Zeitschrift einen Reisebericht zu schreiben, begeistert von den Eindrücken, die diese chaotische Stadt hinterließ. Als sie mit dem Taxi vom Flughafen zum Hotel fuhr und aus dem Fenster blickte, sah sie die hoch aufragenden Minarette, die Ruinen alter Festungen und die Wachtürme über dem Bosporus. Sie blieb zwei Tage in Istanbul und wohnte im Hilton Hotel, das langweilig war, verglichen mit der pulsierenden Stadt. Sie bedauerte, dass sie vor ihrer Abreise nicht auch noch die Slums sehen konnte. Dann fuhr sie drei Tage mit dem Orient-Express, mit Aufenthalten in Budapest und Wien, wo sie an einem Abendessen mit anschließendem Ball im Palais Schwarzenberg teilnahm. Am 11. Oktober war sie wieder in Zürich. »Ich frage mich, was für Leute sich die 5500 sFr für diese sechs Tage leisten können«, schrieb sie an Marc Brandel.[12]

Patricia Highsmiths Verhältnis zum Geld war unvorhersehbar und widersprüchlich. Einerseits zögerte sie nicht, Brandel einen Vorschuss von 8000 Dollar zu zahlen, andererseits fuhr sie über die Grenze nach Italien und ließ sich eine Lesebrille anfertigen, weil sie dort 20 Prozent billiger war als in der Schweiz. »Ihre Einstellung zum Geld war beknackt«, sagt Vivien De Bernardi. »Sie hatte dieses viele Geld, aber nichts davon war zu sehen. Einmal ließ sie die Winterreifen an ihrem Auto wechseln und weigerte sich dann, die Rechnung zu bezahlen, weil sie ihr zu hoch erschien. Sie trug die gleichen Kleider wie mit achtzehn, und nach ihrem Tod fand ich ihren Badeanzug, den sie noch aus Teenagerzeiten hatte, und es war ihr einziger Badeanzug.«[13] Frieda Sommer erzählte Joan Dupont: »Sie muss tiefe Ängste gehabt haben; die Art, wie sie lebte und sich nie irgendeinen Luxus gönnte, deutete darauf hin, dass sie zu verarmen fürchtete.«[14]

Peter Huber, ihr Freund und ab 1988 ihr Nachbar in Tegna, erinnert sich, dass sie einen alten Stapel Brennholz, der mit Zement und rostigen Nägeln überzogen war, wie einen Schatz hütete und ihn von Moncourt nach Aurigeno und dann nach Tegna mitnahm. »Eines Nachmittags rief Pat uns an und fragte meine Frau Anita und mich, ob wir eine Tasse Tee trinken und einen Blick auf ihr Feuer werfen möchten. Wir gingen zu ihr, und in ihrem Kamin lagen zwei

Bretter von diesem Bauholz, an denen eine kleine Flamme nagte. Wir setzten uns, und sie trat an den Kamin und stocherte herum, um das Feuer zu löschen. Ich sagte: ›Pat, Pat, hör auf, sonst geht das Feuer aus.‹ Aber sie warf mir einen sehr komischen Blick zu, und mir wurde klar, dass das der Sinn der Sache war – sie wollte, dass es ausging, um das Holz nicht zu verschwenden. Schließlich hatte es eine weite Reise hinter sich. Es war wirklich höchst ungewöhnlich.«[15] Jack Bond allerdings glaubt nicht, dass Geiz ihr Verhalten bestimmte. »Ich denke, sie wollte eher bewahren, als dass sie knauserig war. Vielleicht empfand sie ihr Vermögen als sehr hart verdient, und weil es so schnell wieder zerrinnen konnte, sparte sie für schlechte Zeiten.«[16]

Im November tippte Patricia Highsmith eine Aufstellung der Kosten, die für ihre Mutter in dem Altersheim in Fort Worth anfielen. Das Heim kostete jedes Jahr 15 300 Dollar, wovon Mary Highsmiths Pension 7486 Dollar abdeckte. Die restlichen 7814 Dollar musste Patricia aus ihren Ersparnissen begleichen, was sie nicht gern tat. »Wenn ich rückwirkend eine ›Steuererleichterung‹ bekäme«, schrieb sie zwei Jahre später an ihren Cousin Dan Coates, »wäre das eine große Hilfe. Die Rechnungen meiner Mutter sind mittlerweile höher als die Ausgaben für meinen eigenen Lebensunterhalt.«[17]

Obwohl sie in der Vergangenheit konservative Persönlichkeiten wie Margaret Thatcher bewundert hatte, gab sie bei den US-Präsidentschaftswahlen 1984 dem Demokraten Walter Mondale ihre Stimme, der für nukleare Abrüstung eintrat und Reagan mangelnde Fairness in der Wirtschaftspolitik vorwarf. Allerdings wurde Reagan wiedergewählt. Die amerikanische Außenpolitik widerte sie so sehr an, dass sie in einem Brief an Marc Brandel schrieb: »Allmählich schäme ich mich für meinen amerikanischen Pass angesichts dessen, wen die USA jetzt stützen.«[18]

Anfang Dezember reiste Patricia Highsmith noch einmal zu Recherchezwecken in die USA. Sie verbrachte sechs Tage bei Charles Latimer in East Hampton und weitere sechs Tage in New York, wo sie im Royalton abstieg und dreimal ins Village ging, um für *Elsie's*

Lebenslust zu recherchieren. Sie aß mit Otto Penzler zu Mittag, der ihre Bücher jetzt in seinem Imprint, Penzler Books, in den USA verlegte. In ihrem Hotelzimmer signierte Patricia Highsmith 180 Blätter, die als Titelseiten einer Sonderausgabe von *Leise, leise im Wind* bestimmt waren. Patricia Highsmith mochte Penzler, der Verleger jedoch hat keine guten Erinnerungen an sie. In einer Besprechung des von W. W. Norton herausgegebenen Bandes *The Selected Stories of Patricia Highsmith* im *Wall Street Journal* vom August 2001 schrieb Penzler: »Zwei Dinge möchte ich sofort klarstellen: Patricia Highsmith gehört zu dem Dutzend der besten Autoren von Kurzgeschichten des 20. Jahrhunderts, aber sie war auch eine der unangenehmsten und bösartigsten Schriftstellerinnen … Das Foto auf dem Schutzumschlag dieses schönen Bandes zeigt das harte, verhärmte Gesicht einer liebesunfähigen, nicht liebenswürdigen Frau.«[19]

In einem Interview erläuterte er seine Ansicht. »Abgesehen von ihren Büchern – die großartig und originell sind –, gibt es nichts, was ich an ihr mochte. Sie hatte etwas schrecklich Hässliches. Ich habe nie erlebt, dass sie ein freundliches Wort von sich gab, eine nette Geste machte. Ich ging mit ihr zu den Interviews, und zwischen zwei Terminen mussten wir oft eine Stunde totschlagen, dann tranken wir ein Bier und verbrachten die Zeit meist schweigend. Ich habe mich in ihrer Gegenwart nie wohl gefühlt.

Als junge Frau war sie ausgesprochen hübsch, wirklich attraktiv, aber in späteren Jahren war sie hässlich. Ich glaube, viel von dieser Hässlichkeit – von diesem Zorn und diesem Hass, Hass auf alles und jeden – kam von innen. Vielleicht hatte es etwas damit zu tun, dass sie in Amerika nicht anerkannt war. Vielleicht war sie verbittert, weil sie meinte, dass viele, die weniger talentiert waren als sie, mehr Geld verdienten.

Ich bin von Natur aus ein Enthusiast, ein Optimist und ein gut gelaunter Mensch, aber sie war eine der widerlichsten Personen, denen ich je begegnet bin. Sie war eine schreckliche Frau. Sie war bösartig, unfreundlich, kalt und nutzte jede Gelegenheit, um sich schäbig zu verhalten. Ich erinnere mich an ein Essen mit meiner damaligen Frau und dem Direktor einer Werbeagentur in einem meiner Lieblingsrestaurants in New York, bei dem sie sich entsetzlich benahm. Der Mann kam mit zwei Rosen, eine für meine Frau und eine für Pat. Als er sie ihr reichte, ließ sie sie einfach auf den Boden fallen, ohne Kommentar, ohne sich zu bedanken. Sie war ein so merkwürdiger Mensch, ich habe sie nie begriffen.«[20]

Als Highsmith im Dezember 1984 nach Hause zurückkehrte, war es im Tessin extrem kalt, mit den niedrigsten Temperaturen seit hundert Jahren. Da das Dorf auf der Schattenseite des Tals lag, schien im Winter die Sonne in Aurigeno nur selten. Der Anblick der Sonne, die zwischen den schneebedeckten Berggipfeln hervorlugte, war so neu, dass Patricia Highsmith ihn ihren Katzen nicht vorenthalten wollte und mit ihnen ins Freie ging. Wenn im Dezember Schnee fiel, lag er für gewöhnlich auch ein paar Monate später noch. »In den letzten sechs Wochen bin ich durch schulterhohe Gräben aus Schnee gegangen, jetzt reicht er nur noch bis zu den Knien, aber die Wege sind vereist und tückisch«, schrieb sie Anfang Februar 1985 an Bettina Berch.[21]

Patricia Highsmith schrieb ein paar kurze Essays, darunter einen über Bücher, die sie liebte oder die sie beeinflusst hatten. Sie zählte alte Lieblingsautoren auf wie Bram Stoker, Edgar Allan Poe, Joseph Conrad, Hermann Melville, Djuna Barnes und Cyril Connolly, aber auch moderne Werke von Ronald Blythe und Tom Sharpe, insbesondere *Schwanenschmaus in Porterhouse* und *Klex in der Landschaft*. »Wenn man ein Buch von Tom Sharpe für ein paar Minuten aus der Hand legen muss, möchte man so schnell wie möglich weiterlesen, gleichgültig, was man sonst noch zu erledigen hat.«[22] Im Februar schickte sie einen Artikel an *Liberation* zum Thema »Warum ich schreibe«. Sie schrieb, um Gefühle zu äußern, um sich zu unterhalten, Erfahrungen zu ordnen und weil sie süchtig danach war. »Die Belohnung der Kunst ist nicht Ruhm oder Erfolg, sondern Rausch«, zitierte sie aus *The Unquiet Grave* von Cyril Connolly, »deswegen sind so viele schlechte Künstler nicht in der Lage, die Kunst aufzugeben.«[23] Für das Magazin der *Frankfurter Allgemeinen Zeitung* beantwortete sie den Proust-Fragenbogen – einen Fragebogen mit siebenunddreißig Fragen, den unter anderem schon Karl Marx, Georges Simenon und Eugène Ionesco beantwortet hatten. Ihre Vorstellung vom vollkommenen irdischen Glück war, ins *Jeu de Paume* in Paris zu gehen. Als Lieblingsmaler nannte sie Munch und Balthus, als ihre Lieblingskomponisten Mozart und Strawinsky. Bei Männern bewunderte sie am meisten die Fähigkeit, an Prinzipien festzuhalten, bei Frauen Intelligenz, bei Freunden Ehrlichkeit und Zuverlässigkeit; als ihren eigenen Hauptcharakterzug bezeichnete sie Ausdauer. Sie verabscheute Selbstsucht und Täuschung. Ihr größter Fehler war ihre Unfähigkeit, sich schnell oder ohne große Mühe zu entscheiden. Die Frage nach ihrem Traum vom Glück beantwortete sie mit: »Ich träume nicht vom Glück.« Ihre Lieblingsfarbe war gelb, ihre Lieblingsblumen waren Nelken, und ihr Lieblingsvogel war das Rotkehlchen. Als Lieblingsschriftsteller nannte sie Dostojewski, als Lieblingsdichter W. H. Auden. Ihre Lieblingsgestalten in der Geschichte waren Horatio Nelson und Lady Wortley Montagu, während sie Girolamo Savonarola – den italienischen Sittenprediger und Dominikaner aus dem 15. Jahrhundert – und die meisten Päpste verachtete. Die Reform, die sie am meisten bewunderte, war das Wahlrecht für Frauen. Auf die Frage, wie sie sterben möchte, antwortete sie: »Plötzlich.« Ihr Motto war ein Zitat von Noel Coward: »Arbeit macht mehr Spaß als Spiel.«[24] Im Frühjahr tippte sie die endgültige Fassung von *Elsie's Lebenslust*, und am 23. Mai schickte sie das Manuskript an ihre Verleger. Alain Oulman fand es hervorragend, hatte aber ein Problem: Er verstand die Beziehung zwischen Jack und Natalia nicht. »Wenn sie zusammen sind, sprechen oder verhalten sie sich nicht wie Mann und Frau, sie tun so, als gäbe es keine Nähe oder Intimität zwischen ihnen, das geht insbesondere von ihrer Seite aus. Ist das Absicht, und wenn ja, warum?«[25] Pat erwiderte: »Ich sehe Natalia so. Sie zeigt ihre Gefühle nicht; und wenn jemand versuchen sollte, sie festzunageln, würde sie davonlaufen.«[26]

Sie hatte sechzehn Monate lang an dem Roman gearbeitet und hatte nun das Bedürfnis, eine Pause einzulegen. Im Juni fuhr sie für vier Tage nach Amsterdam, aber die meiste Zeit nahm sie Pressetermine wahr. Nach ihrer Rückkehr nach Aurigeno beschloss sie, sich zu »entspannen«, indem sie ihre Bibliothek aufräumte und sechzig Bücher aussonderte. »Ich mache seit Ende Mai ›Ferien‹, das ist eine verblüffende Erfahrung«, schrieb sie an Marc Brandel.[27]

Aber Patricia Highsmith war nie wirklich entspannt, wenn sie nicht arbeitete, und sie war immer bestrebt, besser zu werden, vor allem was das Schreiben anbelangte. Im November 1984 hatte sie erfahren, dass ihr Freund Julian Jebb mit einer Überdosis Tabletten Selbstmord begangen hatte. Diese Nachricht beunruhigte sie; in den Nachrufen stand, dass er sich wahrscheinlich umgebracht hatte, weil er mit dem, was er erreicht hatte, zutiefst unzufrieden war. »Mit fünfzig«, schrieb Patricia Highsmith in ihrem Beitrag für das Buch *A Dedicated Fan: Julian Jebb 1934–1984*, hatte Jebb »sich danach gesehnt, bedeutende Dinge zu tun, als Fernseh- oder Filmproduzent wirklich ernst genommen zu werden, oder beides«.[28] Vielleicht, so mutmaßte sie, war Jebb nicht in der Lage gewesen, noch einmal so erfolgreich zu sein wie beim Studium in Cambridge und bei der Arbeit an einer Satiresendung, die im West End spielte. Wer in jungen Jahren vom Erfolg verwöhnt war, endete ihrer Meinung nach oft tragisch. »Talent ist dann nicht ein Geschenk, mit dem man arbeiten und das man entwickeln kann, sondern ein Komet, der schnell aufgestiegen und ebenso schnell wieder verglüht ist.«[29] In einem Brief an Francis Wyndham meinte sie, dass er sich vielleicht zu Tode gequält hatte, »was viele von uns tun«.[30]

Es besteht kein Zweifel, dass Patricia Highsmith stolz auf ihr Werk war – in ihren Augen das Ergebnis von Disziplin, harter Arbeit und großer Ausdauer –, aber gleichzeitig war sie wie Jebb ständig unzufrieden. »Das Einzige, was einen glücklich und lebendig macht, ist der Versuch, etwas zu bekommen, was man nicht kriegen kann«, schrieb sie 1985 in ihr Notizbuch.[31]

Anfang August erhielt sie die gute Nachricht, dass der englische Verlag Heinemann sich entschlossen hatte, *Elsie's Lebenslust* zu publizieren, und ihren Vorschuss von 3000 auf 5000 Pfund erhöhte. Aber der Diogenes Verlag hielt Patricia Highsmith für mehr wert und schickte das Manuskript, nachdem Heinemann bereits den Schutzumschlag hatte entwerfen lassen, an andere englische Verlage. Hamish Hamilton bot sehr rasch 8000 Pfund Vorschuss, aber Heinemann wollte eine seiner Starautorinnen nicht verlieren und erwirkte eine einstweilige Verfügung gegen Diogenes und Patricia Highsmith, »ein dreitägiges Ultimatum, damit wir aufhören zu versuchen, ihm mein Buch wegzunehmen«.[32] Zwei Abgesandte wurden von London in die Schweiz geschickt, die sie dazu überreden sollten, den Verlag nicht zu wechseln. Die Angelegenheit beunruhigte sie. »All das macht mich nervös, obwohl es das nicht sollte; und ich bedauere, dass es sich so lange hinzieht.«[33] Im November war die Angelegenheit geklärt, Heinemann war mit den Bedingungen des Diogenes Verlags einverstanden – 12 000 Pfund Vorschuss, Werbung für 10 000 Pfund und keine Option auf ihr nächstes Buch. Obwohl Heinemann im September einen weiteren Band mit Kurzgeschichten von ihr veröffentlicht hatte, *Nixen auf dem Golfplatz*, war Diogenes der Ansicht, dass ihr nächstes Buch in einem anderen Verlag erscheinen sollte, »aber ich werde aufpassen, dass Heinemann meine Bücher lieferbar halten muss«.[34]

Kurz vor Weihnachten erkrankte Patricia Highsmith an einer, wie sie glaubte, schweren Darmgrippe, die sich fünf Wochen hinzog. Heinemann hatte sie versprochen, Anfang Februar 1986 für eine Woche nach London zu kommen, um *Elsie's Lebenslust* zu promoten. Obwohl sie sich noch nicht wohl fühlte, wollte sie ihren englischen Verlag nicht im Stich lassen. Am 1. Februar traf sie in London ein und gab in den folgenden Tagen zahllose Interviews; »sie haben sich wirklich angestrengt«, sagte sie über Heinemanns Presseabteilung. »Vier Interviews pro Tag.«[35]

Am 6. Februar veranstaltete Heinemann ein Abendessen für die Schriftstellerin im Chelsea Arts Club. Patricia Highsmith – laut

Craig Brown, der ebenfalls anwesend war, eine »kleine vornübergebeugte Gestalt«[36] – saß zwischen Gordon Burn, Autor von *Somebody's Husband, Somebody's Son*, ein Buch über Peter Sutcliffe, den »Yorkshire Ripper«, das sie für das *Times Literary Supplement* besprochen hatte, und Julian Symons, Schriftsteller und Doyen der britischen Kriminalliteratur. »Die drei unterhielten sich über Sutcliffe, Highsmith saß in der Mitte und wirkte konzentriert und hellwach. Aber im Lauf des Abends wurde es immer voller und lauter … Während der Lärm betrunkenen Gelächters anschwoll, wurde Highsmith … immer stiller, zog sich zurück wie eine Schnecke. Als der Nachtisch serviert wurde, sprach sie nicht mehr, weder über Sutcliffe noch über irgendetwas anderes, und hielt sich mit den Händen die Ohren zu.«[37]

Als Patricia Highsmith nach Hause zurückkehrte, war ihr Wagen in eisigem Schnee versunken, und anstatt jemanden für das Freischaufeln zu bezahlen, machte sie sich selbst an die Arbeit, »gekleidet in Levi's und ohne dicke Unterwäsche«.[38] Sie erkältete sich wieder, die Erkältung wuchs sich zu einer Bronchitis aus, die mit Antibiotika behandelt werden musste. Nachdem sie sich erholt hatte, riet ihr der Arzt, sich im Krankenhaus von Locarno die Lungen röntgen zu lassen. Auf dem rechten Lungenflügel war ein Schatten zu erkennen. Um eine Diagnose stellen zu können, mussten weitere Untersuchungen durchgeführt werden – weitere Röntgenaufnahmen und eine Biopsie. Während sie auf die Ergebnisse wartete, reiste Patricia Highsmith nach Paris, um für *Elsie's Lebenslust* zu werben. Ihre Ängste behielt sie für sich. »Ich sagte nichts von meinen Sorgen und meiner Angst zu Kollegen oder Freunden, während ich in Frankreich war.«[39]

Am 26. März hatte sie einen Termin bei ihrem Schweizer Hausarzt, der sich die Untersuchungsergebnisse hatte zuschicken lassen. »Pat bat mich, sie zu begleiten, weil sie Angst hatte, sich zu sehr aufzuregen und nicht mehr Auto fahren zu können, wenn es schlechte Nachrichten wären«, erinnert sich Vivien De Bernardi. »Es war ein Samstagvormittag, und ich holte sie um zehn Uhr ab. Nach einer

Stunde wurden wir hineingerufen, und der Arzt sagte, dass sie sich würde operieren lassen müssen. Die Frage war, ob in Locarno oder in London. Dann klingelte sein Telefon, und der Arzt verschwand für anderthalb Stunden, um sich um einen Notfall zu kümmern. Pat holte einen Flachmann aus der Tasche und trank in der Arztpraxis ihren Whisky.«[40]

Die Zukunft sah düster aus, aber sie fand ein wenig Trost in der Zuneigung und Unterstützung von Freunden – Vivien De Bernardi lud sie ein, bei ihr zu übernachten, und Ellen Hill riet ihr, sich in London operieren zu lassen. Innerhalb von wenigen Tagen hatte sie einen Termin im Brompton Hospital. Am 3. April wurde sie von John Batten untersucht – dem ihre graue Gesichtsfarbe auffiel –, danach musste sie sich weiteren Tests unterziehen, darunter wieder Röntgenaufnahmen und eine Biopsie. Am 5. April waren bereits die Ergebnisse da, und Batten bat die Schriftstellerin, sich zu setzen. Ihr rechter Lungenflügel wies einen Tumor auf, der operativ entfernt werden musste. »Das klingt wie ein Todesurteil, ob er nun entfernt wird oder nicht, weil ich noch nie von jemandem gehört habe, der so was überlebt hätte, zumindest nicht lange.«[41]

Am 10. April wurde Patricia Highsmith operiert und der Tumor entfernt. Ihr blieb entlang der fünften Rippe eine vierzig Zentimeter lange Narbe, die unter ihrer rechten Brust endete. Es war, wie sie Marc Brandel schrieb, »eine grauenhafte Operation, und ich hatte zugegebenermaßen Angst«.[42] Vivien De Bernardi – die Highsmith »ein Juwel« nannte – schickte ihr Blumen ins Krankenhaus, ebenso Daniel Keel und Roland Gant, ihr Lektor bei Heinemann, und Kingsley bedachte ihre Freundin mit einer Flasche Champagner. Sie blieb einunddreißig Tage in London und kehrte am 1. Mai in die Schweiz zurück. In drei Monaten sollte sie sich wieder bei den Ärzten melden. Die Wartezeit erschien ihr endlos, und sie konnte sich nicht auf die Arbeit konzentrieren. »Die Angst im Kopf kann mit tausend Worten nicht beschrieben werden. Es ist, als wäre der Tod – plötzlich – da, und doch fühlt man keinen Schmerz.«[43]

Bevor Patricia Highsmith, die seit ihrem sechzehnten Lebensjahr geraucht hatte, in Zürich das Flugzeug nach London bestieg, rauchte sie ihre letzte Zigarette. Sie wusste, dass sie nur dann eine Chance hatte, den Krebs zu überleben, wenn sie mit dem Rauchen aufhörte. »Ich war sehr beeindruckt, als sie das Rauchen aufgab«, sagt Jack Bond. »Sie war eine Kettenraucherin, aber nach ihrer Krankheit musste sie aufhören. Und sie hat es geschafft.« [44]

Patricia Highsmith arbeitete zwar nicht an einem Roman oder an Kurzgeschichten, aber sie schrieb fortwährend Briefe an ihre Freunde. »Du brauchst nicht zu glauben, dass ich mich disziplinieren musste, um mit dem Rauchen aufzuhören ... die Angst allein hat gereicht«, schrieb sie an Patricia Losey. »Das schiere Entsetzen, als mir gesagt wurde, ich müsste mich operieren lassen. So etwas möchte ich nie wieder durchmachen, deswegen fällt es mir leicht, nicht zu paffen, auch wenn ich den Geruch mag, wie auch den von Espresso.« [45]

Im selben Brief erwähnte sie auch, wie sehr sie Gore Vidal mochte, mit dem sie zu korrespondieren begonnen hatte. Die beiden Schriftsteller lernten sich nie persönlich kennen, aber Vidal mochte »ihre unerbittliche Klarheit«.[46] Und beide hegten Misstrauen gegen Israel. Am 22. Mai las Patricia Highsmith in der *International Herald Tribune* einen Kommentar von William Safire, der bereits in der *New York Times* erschienen war und in dem er Vidal angriff wegen seiner in *The Nation* geäußerten Ansichten. »Um sicherzustellen, dass nahezu ein Drittel des Bundeshaushalts an das Pentagon und Israel geht, müssen die Israel-Lobbyisten gemeinsame Sache mit den geisteskranken Rechten machen«, hatte Vidal geschrieben.[47] Vidal, der in seinem Artikel auch Norman Podhoretz, den proisraelischen Herausgeber der neokonservativen Zeitschrift *Commentary* angriff, warf den amerikanischen Bürgern, die Israel unterstützten, doppelte Loyalitäten vor und schloss: »Ich muss sagen, dass ich Ihr Land nicht besonders mag, und dieses Land ist Israel.«[48] Patricia Highsmith stimmte aus ganzem Herzen mit ihm überein, setzte sich am Abend desselben Tages hin und schrieb einen Brief an die *Tribune*, in dem sie ihre Unterstützung für Vidal kundtat. Am 9. Juni schrieb sie an Vidal, dass sie den Leserbrief, der an diesem Tag in der *International Herald Tribune* unter dem Namen Edgar S. Sallich aus Brione, Schweiz, erschienen war, verfasst hatte. Sie widersprach Safire, der Israel als demokratisch bezeichnete; ihrer Ansicht nach war der Staat eher eine Theokratie, da er seine Grenzen alttestamentarisch definierte. »Darum kann man die Loyalität von jüdischen US-Bürgern immer infrage stellen, mit mehr oder weniger Erfolg«, schrieb sie. »Ein Amerikaner kann jeder Religion gegenüber loyal sein, aber er kann keinem Land außer Amerika gegenüber loyal sein, wenn er oder sie weiterhin Amerikaner bleiben will.«[49] Vidal erklärte sie, warum sie unter einem Pseudonym geschrieben hatte. »Ich will meinen eigenen Namen nicht so oft benutzen, deswegen erfinde ich Namen. Ich hätte schreiben können, dass viele Juden in den USA Amerika zu mögen scheinen als sicheren Hafen und Geldquelle für Israel. Aber würde so ein Brief abgedruckt?«[50]

Seitdem der Tumor operativ entfernt worden war, hatte Patricia Highsmith Angst, dass er wieder auftauchen könne. Am 11. Juli – drei Monate nach der Operation – war sie wieder im Brompton Hospital in London und ließ sich röntgen. Während sie auf das Ergebnis wartete, trank sie ihren Flachmann aus, rechnete mit dem Schlimmsten und war erleichtert, als ihr mitgeteilt wurde, dass der Befund negativ war. Außerdem erfuhr sie, dass es sich um eine Tumorart gehandelt hatte, die in keinem Zusammenhang mit dem Rauchen stand. »Das ist wie eine Gnadenfrist«, notierte sie.[51]

Kein Ende abzusehen

(1986–1988)

»Pat hatte Angst, dass sie nicht mehr lange leben würde, und sie wollte nicht ewig in dem Haus in Aurigeno wohnen«, sagt Vivien De Bernardi. »Wenn sie noch einmal ein neues Zuhause wollte, dann jetzt.«[1] Highsmith wusste, dass die schattige Düsternis der Berge ihrer Gesundheit nicht zuträglich war – »das Klima hier sagt mir überhaupt nicht zu«[2] –, und ihre Freunde waren entsetzt über die Bedingungen, unter denen sie lebte. »Sie hat mich einmal in den Keller mitgenommen, wo Pilze an der Decke wuchsen«, erinnert sich Christa Maerker. »Es war wirklich gespenstisch.«[3] »Ich konnte kaum glauben, dass sie in diesem Haus in Aurigeno lebte«, kommentiert Jack Bond. Es war feucht, kalt und dunkel, einfach schrecklich.«[4]

Patricia Highsmith wusste zwar, dass sie umziehen wollte, aber sie wusste nicht, wohin. Im Februar 1986 spielte sie mit dem Gedanken, nach Santa Fe oder Mexiko zu ziehen, aber im Juni desselben Jahres versuchte sie, die Auktion für ihr Haus in Moncourt abzusagen, um in das französische Dorf zurückkehren zu können, denn das Haus am Kanal war »sehr gesund für mich«.[5] Doch obwohl sie 125 000 Francs extra bot, schlug der Versuch, den Käufer zu überbieten, fehl. »Jetzt bin ich unentschlossen, wo ich leben möchte«, schrieb sie an Gore Vidal. »Die Schweizer Winter sind hart und nicht gut für mich.«[6] Nachdem sie beim Filmfestival in Locarno gewesen war – wo sie Stephen Frears *Mein wunderbarer Waschsalon* sah und als »brillanten Kommentar zu den derzeitigen sozialen Bedingungen in London« empfand[7] –, fuhr sie im August nach Moncourt und brachte fünf Tage mit der Suche nach einem Haus in der Gegend zu, fand jedoch das leichte, luftige Anwesen ihrer Träume nicht. Sie wusste, dass sie niemals in einer Stadt würde leben können, weil ihr das moderne Stadtleben zu anstrengend erschien. Frankfurt, wohin sie im Oktober anlässlich der Buchmesse fuhr, war in ihren Augen eine Geisterstadt, »alles neues Chrom und Glas ... alle hatten sich heiser geredet, überall Menschen und Kameras«[8], und nach ihrer Reise nach Washington am 17. Oktober, wo sie an einer Diskussion über den *film noir* teilnahm, und anschließend nach New York fühlte sie sich geschwächt.

Kaum war sie wieder in der Schweiz, teilte ihr der Architekt Tobias Ammann mit, dass in Tegna, einem kleinen Dorf sieben Kilometer von Locarno entfernt, ein Grundstück zum Verkauf stand. Als sie im November das Grundstück besichtigte, ein herrlich offenes, sonniges Stück Land über den Centovalli, wusste sie sofort, dass es das Richtige für sie war. Ein Hausbau war eine teure Angelegenheit – das Grundstück allein kostete 490 000 sFr –, aber sie wollte unbedingt ein Haus, das ihren spezifischen Bedürfnissen entsprach. Im April 1987 schloss sie den Kaufvertrag ab und arbeitete das ganze Jahr über mit Ammann an den Plänen für die »Casa Highsmith«.

»Der Entwurf des Hauses spiegelte in mancherlei Hinsicht ihre Persönlichkeit wider«, sagt Ammann. »Von der Straße aus sieht es streng und abweisend aus, aber auf der Rückseite ist es aus Glas und offen, und der Blick geht auf das wunderschöne Tal hinaus. Sie hielt immer Abstand und mochte es nicht, Hände zu schütteln, sie hatte Angst vor der Welt und den Menschen. Aber ich bin sicher, dass sie auf ihre eigene Weise charmant sein konnte. Nachdem das Haus fertig war, rief sie mich immer wieder an und beschwerte sich über kleine Dinge, die noch erledigt werden mussten – das ging so zwei Jahre nach der Fertigstellung des Hauses –, aber schließlich wurde mir klar, dass sie Gesellschaft wollte. Ich sprach meistens Deutsch mit ihr, manchmal auch Italienisch, was nicht so gut war, und einmal im Monat besuchte ich sie, um Whisky zu trinken. Ich weiß noch, dass sie für ihre Gäste immer einen sehr guten Whisky hatte, sie selbst aber eine billigere Marke trank.«[9]

»Da liegt sie nun, bestimmt hundertneunzig, manche behaupten auch zweihundertzehn Jahre alt, und kein Ende abzusehen«, lautet der erste Satz von Highsmiths Kurzgeschichte »Kein Ende abzusehen«, veröffentlicht in *Geschichten von natürlichen und unnatürlichen Katastrophen.*[10] Die Geschichte, die von der unnatürlich alten, im Alten- und Pflegeheim »Alte Heimstatt« untergebrachten Naomi Barton Markham handelt, ist eine sarkastische Charakterstudie ihrer senilen Mutter, Bewohnerin des Altersheims »Fireside Lodge« in Fort Worth. »Woran denkt man so? Was brabbelt man so mit zahnlosen Kiefern – rabäh, rabäh – wie früher als Säugling, wenn man seine Windeln um die Lenden gewickelt bekam?«[11] Naomi wird dreimal am Tag mit dem Löffel gefüttert (ihr Gebiss hat sie vor hundert Jahren die Toilette hinuntergespült), mindestens zehnmal am Tag gewickelt und plappert mit imaginären alten Bekannten.

Patricia Highsmith schrieb die Geschichte im September und Oktober 1986, aber sie trug sich schon länger mit diesem Gedanken. Bereits 1961 hatte sie gegenüber ihrem Stiefvater geäußert, dass ihre Mutter langsam verrückt würde. »Meine eigene Mutter lebt ewig dank Antibiotika, Bluttransfusionen und den anderen Dingen, die die Alten heutzutage am Leben erhalten«, schrieb sie im Februar 1976 an Kingsley. »Nicht, dass sie überhaupt krank wäre. Nur nicht ganz bei Trost.«[12] Im Altersheim musste Mary Highsmith während der Mahlzeiten auf einem Hochstuhl sitzen, weil sie sonst ziellos umherwanderte, die Gebisse anderer Leute vertauschte und allen den Orangensaft wegtrank, außerdem verbrauchte sie im Monat acht Dutzend Windeln, eine Ausgabe, die Patricia Highsmith widerstrebte. »Sie will Aufmerksamkeit wie eine Schauspielerin«, kritzelte die Schriftstellerin im Februar 1974 an den Rand eines

Briefs von ihrem Cousin Dan Coates. »Kein Ende und keine Hoffnung.«[13]

Im Jahr bevor Patricia Highsmith »Kein Ende abzusehen« schrieb, fiel ihr auf, dass die Geisteskrankheit ihrer Mutter auf unerbittliche Weise mit ihrer eigenen Existenz verbunden war. »Meine Mutter wäre nicht halb verrückt geworden, wenn es mich nicht gäbe.«[14] Sie glaubte, der Wahnsinn ihrer Mutter sei in der schmerzhaften Erkenntnis begründet, dass sie als Künstlerin, Ehefrau und Mutter versagt hatte; die gleichen Gründe treiben Naomi in den Wahnsinn.

Die Parallelen zwischen Fiktion und Realität sind auffällig. Wie Mary war die junge Naomi »blond, schlank, kess und nicht sonderlich intellektuell, denn nach der Absolvierung einer mittelmäßigen Oberschule in Iowa war sie nicht weiter zur Schule gegangen«.[15] Anfang zwanzig heiratet sie einen etwas älteren Mann, Eugene, der wie Bernhard Plangman vorschlägt, sie solle abtreiben und sich auf ihre Karriere konzentrieren, nicht wie Mary Highsmith als Künstlerin, sondern als Revue- und Balletttänzerin. »Naomi versuchte es mit heißen Bädern und Gin, wovon sie ein rotes Gesicht und Schweißausbrüche bekam, aber keine Periode.«[16] Da seine Frau das Kind nicht loswird, beteuert ihr Eugene seine Liebe und meint, sie solle ihre Karriere ein halbes Jahr unterbrechen, aber Naomi bleibt hart und lässt sich scheiden. Sie bringt das Kind auf die Welt – in der Geschichte ist es ein Junge namens Stevey – und verlässt ein paar Wochen später das Haus ihrer Eltern, um sich wieder ihrer Karriere zu widmen. Als der Junge fast vier Jahre alt ist, heiratet Naomi Doug, der »ein einfacher, aber anständiger Mann«[17] wie Stanley Highsmith ist, und streitet ständig mit ihm. Stevey hat wie Patricia anfangs ein sehr enges Verhältnis zu seiner Großmutter, bei der er bis zu seinem vierten Lebensjahr aufwächst. Im Alter von zehn Jahren ist er in seine Mutter verliebt, und als er älter wird, wird ihm klar, dass er »eine Mutter [brauchte], laut Freud einen mütterlichen Typus«.[18] Nach dem Tod seines Stiefvaters muss Stevey feststellen, dass seine Mutter mit dem Leben allein nicht mehr zurechtkommt, und er ist gezwungen, sie in einem Heim unterzubringen. Naomi schreibt ihrem Sohn einen bösen Brief. »Stevey kannte seine Mutter gut genug, um zu wissen, dass sie einen brieflichen Streit mit ihm anfangen wollte, hin und her.«[19] Die grotesk alte Naomi, die mit Antibiotika und Vitaminen am Leben erhalten wird, überlebt alle um sie herum, darunter ihren Sohn. Stevey stirbt mit vierundsiebzig Jahren. Genauso alt war Patricia Highsmith, als sie Anfang Februar 1995 starb. Am letzten Abend seines Lebens kehren Steveys Gedanken noch einmal zu seiner Mutter zurück, die »allen ihren Mitmenschen eine Heimsuchung gewesen [war], gute Männer weinen gemacht [hatte] ... Und sie lebte weiter.«[20]

Im Dezember 1990 dachte Patricia Highsmith über eine Fortsetzung der Geschichte nach, der sie vorläufig den Titel »The Tube« (Der Schlauch) gab. Im Mittelpunkt der Geschichte, die sie in ihrem Notizbuch skizzierte, aber nie schrieb, stand eine alte, gehirntote Frau, die zu einem Schlauch geworden war, in dessen eines Ende das Essen gesteckt wurde und aus dessen anderem Ende es wieder herauskam. Mary Highsmith wurde nicht so alt wie Naomi Barton Markham, aber sie starb nur vier Jahre vor ihrer Tochter. Sie verschied um halb neun Uhr morgens am 12. März 1991. Sie war fünfundneunzig Jahre alt und hatte »alle ihre Freunde überlebt«.[21]

Das ganze Jahr 1987 über notierte Patricia Highsmith ihre Träume, Visionen, die man als Fantasien von Tod und Erneuerung interpretieren kann: auf der Straße erstochen zu werden; einen Sohn mit Lynn Roth zu bekommen, die sie geheiratet hatte und mit der sie in Italien lebte; die tiefen, selbst zugefügten Rasiermesserschnitte auf den Handgelenken eines Freundes zu betrachten; zuzusehen, wie ihr Arzt mit einem Metallbohrer aus ihrem linken Oberschenkelknochen eine Knochenmarksprobe entnimmt.

Seit der Lungenoperation war sich Patricia Highsmith trotz der halbjährlichen Untersuchungen, die sie für gesund und fit erklärten, zunehmend bewusst, dass sie vielleicht nicht sehr alt werden würde. Infolgedessen beschloss sie, in der ihr verbleibenden Zeit so viele

Erfahrungen wie möglich zu machen und den Menschen, die ihr nahe standen, etwas mehr von sich selbst zu enthüllen. »Obwohl sie sich nicht laut selbst analysierte, dachte Pat gegen Ende ihres Lebens doch über sich selbst nach und sprach hin und wieder über die Vergangenheit«, sagt Vivien De Bernardi. »Da ich sie nur während ihres letzten Lebensjahrzehnts kannte, erstaunte es mich, wie glücklich sie zwischen zwanzig und vierzig gewesen sein muss – oder vielmehr, dass es glückliche Phasen gegeben haben muss. Einen wirklich glücklichen Eindruck hat sie nie gemacht. Ihr ganzes Leben lang litt sie unter Depressionen, und ich glaube, dass sie immer ein schwieriger Mensch gewesen ist. Ich kann mir nicht vorstellen, dass Leute erst mit siebzig schwierig werden.«[22]

Im Januar und Februar arbeitete sie an der letzten Erzählung für *Geschichten von natürlichen und unnatürlichen Katastrophen*, »Präsident Buck Jones zeigt Flagge«, die mit dem Unfalltod des Führers der freien Welt und seiner Frau, gefolgt von einer totalen globalen Apokalypse, endet. »Der rotierende Erdball war jetzt ganz und gar von Radioaktivität übersättigt und hielt sie mit seiner Schwerkraft fest. Winde wurden weniger und schwächer – der allerletzte Fluch.«[23]

Im April machte Patricia Highsmith für ihren spanischen Verlag eine Pressereise durch Spanien und hielt in Lleida, in Katalonien, einen Vortrag über ihre Karriere, wobei sie auch Fragen aus dem Publikum beantwortete. Las sie Berichte über tatsächliche Verbrechen? »Ich muss sagen, dass mich die finsteren Aspekte dieser Ereignisse faszinieren«, erwiderte sie. Wie beeinflusste ihr Interesse für Malerei ihre Arbeit? Ihre Lieblingsmaler seien Kokoschka, Munch und Manet, und in ihren Büchern versuche sie, bestimmte Szenen visuell realistisch zu beschreiben. »Ich möchte, dass die Schauplätze oder das Innere von Häusern meinen Lesern klar vor Augen stehen.« Sollten sich Schriftsteller außerhalb ihrer Arbeit sozial und politisch engagieren? »Wenn ein Schriftsteller (oder Maler) in seinem Werk bewusst zu predigen beginnt, dann schafft er keine Kunst mehr«, sagte Patricia Highsmith. Aber sie habe gewisse politische

Ansichten und sei gewillt, »zu boykottieren und boykottiert zu werden«. Galt die Widmung der europäischen Ausgaben von *Leute, die an die Tür klopfen* – »Dem Mut des palästinensischen Volkes und seiner Führer, die dafür kämpfen, einen Teil ihrer Heimat zurückzugewinnen. Dieses Buch hat nichts mit ihren Problemen zu tun«[24] – der PLO? »Ja, sie wendet sich an den oder die Führer des palästinensischen Volkes, das seine Führer selbst wählen muss. Wenn es sich für die PLO entscheidet, wie es im Augenblick 96 Prozent der Palästinenser zu tun scheinen, dann gilt meine Widmung der PLO. Nächste Woche kann es eine andere Organisation sein – wenn sich das palästinensische Volk für einen anderen Führer entscheidet.«[25]

Diese Widmung bewirkte jedoch eine weitere Entfremdung des amerikanischen Marktes und setzte letztlich ihrer Zusammenarbeit mit ihrem amerikanischen Verleger ein Ende. Als Otto Penzler die Widmung sah, rief er Highsmiths Agentin an und fragte, ob man sie nicht durch eine andere ersetzen oder ganz weglassen könnte. »Ich sagte, sie würde in Amerika nicht gut ankommen. In der Buchbranche – Verlage, Kritiker – gibt es viele Juden, das ist Teil der New Yorker Kultur. Aber ich hörte nichts von ihr, das Erscheinungsdatum rückte näher und näher, und schließlich rief ich noch einmal in der Agentur an und sagte: ›Hört mal, ich brauche eine Antwort – ja oder nein.‹ Und ihre Agentin sagte: ›Okay, lass sie weg.‹ Und das tat ich. Jahre später wurde Pat von einem Journalisten interviewt und sagte, dass sie nicht mehr mit mir sprechen würde, weil ich die Widmung in einem ihrer Bücher weggelassen hätte. Sie meinte, ich hätte die Zustimmung ihrer Agentin nicht eingeholt, was ich nie getan hätte, auch wenn es das Aus für ihre literarische Karriere bedeutet hätte. Damals wusste ich nicht einmal, dass ich mit Pat im Streit lag, weil sie ja immer so unfreundlich und feindselig war.«[26]

Verärgert über die in ihren Augen schäbige Behandlung seitens Penzler Books, unterschrieb Patricia Highsmith im April 1987 einen Vertrag mit The Atlantic Monthly Press. Im folgenden Monat handelten ihre Agenten auch in England einen neuen Vertrag aus, sie wechselte vom Heinemann Verlag zu Bloomsbury, der ihr einen

Vorschuss von 25 000 Pfund für *Geschichten von natürlichen und unnatürlichen Katastrophen* bot. »Ich habe mich über Heinemann geärgert, weil sie im Büro zu schlafen schienen …«, erzählte sie später *Publishers Weekly.* »Sie hielten es für selbstverständlich, dass ich meine Bücher bei ihnen veröffentlichte. Sie unternahmen keinerlei Anstrengung, ein Buch zu pushen.«[27]

Im Sommer 1987 sorgte der Kampf um die Filmrechte an den Ripley-Romanen für Aufregung. Im Jahr zuvor hatte sich der Filmproduzent Joseph Janni an sie gewandt mit dem Wunsch, *Der Junge, der Ripley folgte* zu verfilmen. Sie traf Janni und den Drehbuchautor David Sherwin im Juli 1986 in London, war jedoch nicht gerade begeistert von dem achtseitigen Exposé, das sie als »so–so«[28] bezeichnete. Im März 1987 schlug ihr die BBC vor, alle vier Ripley-Romane als achtteilige Serie unter der Regie von Jonathan Powell zu verfilmen. Patricia Highsmith war von der Idee angetan, vor allem weil sie ihr 100 000 Dollar netto und eine fünfprozentige Beteiligung an etwaigen Verkäufen einbringen würde. »Seit sechs Tagen stecke ich in einer Zwickmühle, ob Film oder BBC-Serie«, schrieb sie an Patricia Losey.[29] »Ich kann nicht beides haben, die BBC und Janni, es heißt entweder – oder«, schrieb sie im Mai.[30] Die Sache wurde für sie entschieden, als sie im September in Deauville Robert Hakim traf, einen der Produzenten von *Nur die Sonne war Zeuge.* »Habe ich dir erzählt, dass ich in Deauville kurz mit R. Hakim gesprochen habe …, der in der Lobby ziemlich über mich hergefallen ist«, schrieb sie an Marc Brandel. »Er sagte, er und nicht ich besäße die Filmrechte an *Der talentierte Mr. Ripley* … Diogenes kann im Augenblick gegen diesen Typ nichts ausrichten.«[31]

Patricia Highsmith war nach Deauville – das elegante Seebad an der französischen Atlantikküste und Veranstaltungsort des amerikanischen Filmfestivals – eingeladen worden, um den »Prix Littéraire« als Anerkennung ihres Beitrags zur Filmindustrie entgegenzunehmen. Filmemacher wussten, dass Highsmiths Bücher sich für eine Verfilmung eigneten. In diesem Jahr kam Chabrols *Der Schrei der Eule* mit Christophe Malavoy und Mathilda May in die Kinos, und obwohl Jannis Adaption von *Der Junge, der Ripley folgte* aufgrund finanzieller Schwierigkeiten nicht zustande kam, wurden ihre Romane weiterhin verfilmt.

In Deauville traf sie auch die Schauspieler Douglas Fairbanks jr. und Bette Davis. In einem Brief an Christa Maerker beschrieb Patricia Highsmith die Audienz, die ihr Bette Davis in ihrer Hotelsuite gewährte. Die Schauspielerin sei »sehr dünn, nervös und aktiv. Sie stand da, schwarzes Kleid und kleiner runder schwarzer Hut, und begrüßte mich, aber mit einer Miene, die besagte: je schneller du wieder gehst, umso besser. Sie fordert dich zum Gehen auf, indem sie eine Hand hervorschießen lässt und die deine schüttelt, die du natürlich ausgestreckt hast.«[32]

Obwohl sie nur zwei Nächte – den 8. und 9. September – in Deauville verbrachte, war Patricia Highsmith nach ihrer Rückkehr erschöpft und nervös. Am 14. September sollte sie nach Mallorca fliegen, um für die *Sunday Times* einen Reisebericht zu schreiben, aber sie sagte ab, um Schlimmeres zu verhindern. »Nach dem Trip nach Frankreich habe ich jetzt den sechsten Tag Durchfall, und ich habe weder unbedacht gegessen noch getrunken. Ich habe keine Erklärung. Aber es schwächt mich.«[33] Reisen beeinträchtigten immer ihr Wohlbefinden, und sie wusste, dass sie im Verlauf der nächsten Monate nach Toronto, New York und London würde fliegen müssen, um die Verpflichtungen ihren Verlagen gegenüber zu erfüllen. »Medizinische Nachrichten: alle Beschwerden vorbei«, notierte sie am 10. Oktober, eine Woche vor ihrem Flug nach Kanada. »Aber es dauert fünf Tage, bis alles wieder in Ordnung ist, statt einen oder zwei wie früher. Wie lästig!«[34]

Am 20. Oktober las sie in Toronto aus *Elsie's Lebenslust* – sie war einer der Stars des Toronto Festival of Authors –, und am nächsten Tag wurde sie nach Niagara chauffiert, wo sie erneut las, anschließend einen blauen Regenmantel anzog und in Begleitung von William Trevor eine Bootsfahrt zu den spektakulären Wasserfällen unternahm. »Ich mochte ihre Bücher sehr und hielt sie für eine der besten Stimmen ihrer Generation«, erzählt er. »Als ich sie in Toronto kennen lernte, hatte ich das Gefühl, dass sie tatsächlich die Frau war, die diese Bücher geschrieben hatte. Eines Abends, nach dem Essen, suchte ich sie, um etwas mit ihr zu trinken, und ich fand sie auf dem dunklen Hotelparkplatz, wo sie herumschlich und wahrscheinlich Informationen sammelte oder sich die Atmosphäre einprägte. Ich mochte sie von Anfang an, sie war wie viele Schriftsteller sehr verschlossen, spielte sich nicht in den Vordergrund und sprach nicht von ihrer Arbeit. Sie blieb gern im Schatten.«[35] Zurück in Toronto, folgte sie einer Einladung zum Tee mit der kanadischen Schriftstellerin Margaret Atwood. Patricia Highsmith liebte Kanada – die Sauberkeit und Ordnung erinnerten sie zweifellos an die Schweiz –, in New York hingegen widerten sie – um mit ihr zu sprechen – die Vulgarität und Unverfrorenheit des modernen Amerika an. Sie spielte mit dem Gedanken, die Schweizer Staatsbürgerschaft anzunehmen – so weit kam es jedoch nicht; sie starb als US-Bürgerin –, da sie wusste, dass eine endgültige Rückkehr in die USA höchst unwahrscheinlich war. »Allein schon der Gedanke an die US-Nachrichtensendungen deprimiert mich.«[36]

In New York traf sie ihren neuen amerikanischen Lektor Gary Fisketjon von Atlantic Monthly Press. »Es ist merkwürdig, trotz der vielen Jahre, die sie in Europa verbrachte, wirkte Pat auf mich immer sehr amerikanisch«, sagt Fisketjon. »Sie interessierte sich für den amerikanischen Bürgerkrieg, und ich habe ihr eine Menge Bücher zu dem Thema geschickt. Wir verstanden uns von Anfang an – wir hatten beide nichts gegen einen Drink einzuwenden –, und einmal veranstalteten wir eine kleine Party in einem französischen Lokal für sie. Es gab immer Schriftsteller, die sie sehr schätzten, darum war es kein Problem, noch andere Leute dazu einzuladen. Sie hatte eine gewisse Art, ihr Gesicht hinter den Haaren zu verstecken, die ich interessant fand. Sie war sehr direkt, man wusste immer, mit wem man es zu tun hatte. Sie war eine faszinierende Frau mit einem guten Instinkt für andere Menschen. Sie war auch sehr nett. Nachdem im Januar 1989 mein Sohn geboren wurde, dachte sie immer an seinen Geburtstag und schickte jedes Jahr eine Karte. Wir kannten uns nicht wirklich gut, aber ich mochte sie sehr. Ich wusste nicht, dass sie krank war, darüber hat sie nie mit mir gesprochen.«[37]

Angesichts der Tatsache, dass Patricia Highsmith im Jahr zuvor mit ihrer eigenen Sterblichkeit konfrontiert gewesen war, zeugt ihre Entscheidung, im Auftrag der *New York Times* einen Artikel über den Green-Wood-Friedhof in Brooklyn zu schreiben, von Mut. Sie war nicht sentimental, was ihren eigenen Tod betraf, aber Vivien De Bernardi gegenüber äußerte sie ihre Ängste. »Sie sagte, sie hätte Angst vorm Sterben. Ich fragte sie, warum, und sie erwiderte: ›Wahrscheinlich ist es das Unbekannte.‹«[38]

Am 26. Oktober fuhr sie mit Phyllis Nagy, die damals Recherchen für die *New York Times* machte, nach Brooklyn. »Es war eine schweigsame, schreckliche Fahrt zum Friedhof, abgesehen von den drei Malen, die Pat mich ansprach. Als Erstes fragte sie mich, ob es stimmte, dass ich Schriftstellerin werden wollte. ›Ja‹, erwiderte ich. Darauf folgte Schweigen. ›Was halten Sie von Eugene O'Neill?‹, fragte sie mich dann. ›Nicht viel‹, antwortete ich. ›Gut‹, sagte sie. Nach weiteren zwanzig Minuten Schweigen: ›Und was ist mit Tennessee Williams?‹ Ich gab zu, dass ich ihn mochte, und wieder sagte sie: ›Gut.‹ Schweigend gingen wir über den Friedhof, hin und wieder stocherte sie mit einem Stock herum, den sie bei sich trug. Schließlich wurden wir zu den Öfen geführt, in denen die Leichen verbrannt wurden. Wir sollten die Hände hineinhalten. Der Ofen war noch warm, und wir hörten, wie die Knochen in dem riesigen Mixer zerrieben wurden. Es war ziemlich gruselig. Nach der Tour, so gegen elf Uhr morgens, standen wir im Freien, und sie holte ihren Flachmann heraus und sagte mit ihrem typischen amerikanischen Akzent, den sie nie ablegte: ›Ich weiß nicht, was mit Ihnen ist, aber ich brauche einen Schluck.‹ Nachdem sie getrunken hatte, nippte ich an dem Scotch, und ich glaube, ich hatte damit irgendeine Prüfung bestanden, denn anschließend lud sie mich zum Essen in ihr Hotel ein.«[39]

Patricia Highsmith schrieb den Artikel für die *New York Times* Ende 1987, er wurde jedoch nie publiziert. Er hatte den Titel

»Green-Wood: Listening to the Talking Dead« (Ein Gespräch mit den Toten) und ist eine spannende Lektüre. Unterwegs zum Friedhof war ihr ein Müllauto aufgefallen, das im dichten Verkehr von Manhattan langsam neben ihnen herfuhr und ständig Abfälle verlor. »Sein scheinbar unerschöpflicher Vorrat an zerdrücktem Gemüse oder Orangensaftresten erinnert mich an die Sterblichkeit der Menschen mit der dazugehörigen Hässlichkeit, dem Gestank und der Unvermeidlichkeit.«[40] Sie war neugierig auf die Grabsteine der Soldaten, die im Bürgerkrieg gefallen waren, und die Statue des zwölfjährigen Trommlers Clarence McKenzie, der in Brooklyn geboren und in Annapolis gestorben war. Nach dem Spaziergang über einen Teil des Friedhofs fuhr Patricia Highsmith mit dem Aufzug hinunter zu den Öfen des Krematoriums. Die Särge, so erzählte man ihr, wurden in die fünf Öfen geschoben, ein Gasfeuer wurde eingeschaltet, und zwei Stunden später waren nur noch zwei Pfund Asche übrig.

»Ich steckte die Hand und den Unterarm ein Stück weit in einen offenen Ofen und war überrascht, dass es darin noch ziemlich warm war, vielleicht von einer Verbrennung am Vortag oder auch erst heute Morgen ... Die Wärme dieses Ofens, auch wenn sie von der ständig brennenden Zündflamme stammte, führte mir den Tod vor Augen, wie es keines der steinernen Denkmäler oben vermocht hatte.«[41]

Von New York flog Patricia Highsmith am 30. Oktober nach London, um *Geschichten von natürlichen und unnatürlichen Katastrophen* zu promoten. Nach einem Wochenende Erholung gab sie ein Interview nach dem anderen, darunter auch für *Cover to Cover* im 2. Programm der BBC, das am 3. November aufgezeichnet und zwei Tage später gesendet wurde. Außer ihr waren der Schauspieler Jack Klaff, die Biografin und Schriftstellerin Victoria Glendinning und der Schauspieler Kenneth Williams eingeladen, den Patricia Highsmith als »unglaublich schwul, aber sehr nett« beschrieb.[42] Williams, ein Highsmith-Fan, machte sich Aufzeichnungen über die Begegnung in seinem Tagebuch. »Patricia kam im Gästeraum mit ausgestreckter

Hand auf mich zu. ›Sie sind also Kenneth Williams? Ich wollte sie unbedingt kennen lernen.‹ Ich konnte es kaum glauben ... Ich war erstaunt, dass sie überhaupt von mir *gehört* hatte, sie lebt schon so lange in Frankreich oder der Schweiz ... Ich versuchte, einsichtig zu sein, was das Highsmith-Buch angeht, machte aber klar, dass ich es enttäuschend fand. Sie sagte: ›Kenneth glaubt offenbar, dass ich ein moralisches Traktat geschrieben habe statt wie üblich einen Thriller.‹ Aber ich schaltete mich schnell ein und sagte: ›Nein, es ist ein unterhaltsames Buch ... nur nicht, was ich erwartet habe.‹«[43] Während der Diskussion machte Patricia Highsmith ihre Absicht klar. »Ich wollte ... über bestimmte Probleme unserer Zeit sprechen.«[44] Diesen Punkt griff Glendinning auf und erläuterte, dass die Geschichten »die Psychopathologie unserer Welt« veranschaulichten und dass sie »sowohl politisch wichtig als auch komisch waren, auf die gleiche Art, wie *Farm der Tiere* politisch wichtig war, weil es kaum eine Fehlentwicklung gibt, die sie in diesen Geschichten nicht anspricht«.[45]

In London musste sich Patricia Highsmith auch den sehr persönlichen Fragen von Duncan Fallowell stellen. War sie je verliebt gewesen? »Ja, ich glaube schon«, erwiderte sie nach einer langen Pause. Wann war sie zum letzten Mal verliebt gewesen? »Vor neun Jahren. In Deutschland.« Gemeint war Tabea Blumenschein. Wie würde sie Liebe definieren? »Es ist ... eine Art Wahnsinn.«[46] In dem Interview, das erst nach ihrem Tod veröffentlicht wurde, beschrieb Fallowell die Schriftstellerin: Sie trug eine schwarze Hose, weiße Socken, schwarze Lacklederschuhe und eine lila Seidenkrawatte; sie war »nach innen gewandt, als müsste sie ein schreckliches Geheimnis hüten; und wenn sie auf leise Art humorvoll war, und das war sie ziemlich häufig, dann wirkte sie auf unheimliche Weise faszinierend; ›unheimlich‹ ist vielleicht nicht gerechtfertigt und deutet nur auf eine Mischung von großer Verletzlichkeit und eisernem Willen.«[47] Sie trug kein Make-up, ihre dicken Lippen waren sinnlich, und ihre »sanften braunen Augen« blickten »argwöhnisch«. Offensichtlich war Patricia Highsmith diese Situation zuwider. »Sie war wieder ihr langsames, schweigsames, echsenhaftes Selbst und sagte kein Wort mehr, als zur Beantwortung der Frage unbedingt nötig war. Ich wusste, dass sie nicht gern über ihre Arbeit sprach. Noch weniger über ihr Privatleben. Sie hatte etwas Verkrampftes, es mangelte ihr an geistiger Großzügigkeit, sie wirkte sparsam, als müsste jede kleine Information gehortet und aufgehoben werden und dürfte nur in ihre Arbeit fließen.«[48]

Sie nutzte die Gelegenheit und traf sich in London mit ihren Freunden: Jonathan Kent, Roger Clarke, Patricia Losey, Phyllis Nagy, die zufällig in England war, Liz Calder, ihre neue Lektorin bei Bloomsbury, und die Literaturagentin Tanja Howarth, die Diogenes in Großbritannien vertrat. »Bevor ich sie kennen lernte, hatte ich Angst vor ihr, weil ich annahm, dass sie eine sehr dunkle Seite haben musste«, sagt Tanja Howarth. »Aber als ich sie besser kannte, empfand ich sie als liebevollen, warmherzigen Menschen. Sie schrieb meinem Sohn, wollte wissen, wie es ihm ging, und ermunterte ihn, und weil sie selbst keine richtige Familie hatte, hoffte ich, dass sie meinen Sohn Peter und mich als ›Ersatzverwandte‹ annehmen würde. Ich rief sie jeden Freitag an – ich wusste, dass sie zu diesem Zeitpunkt ihre Arbeit erledigt und ein paar Whisky getrunken hatte –, und nachdem ich jahrelang ihre Londoner Kontaktperson war, wurden wir Freundinnen. Am besten erinnere ich mich an ihre *Ausstrahlung*, ihre physische Präsenz, die unglaublich stark und zugleich eigenartig war. Wenn sie einen Raum betrat, vergaß man sie nie wieder. Ich glaube, sie war ein Genie, das man erst noch richtig entdecken muss.«[49] Phyllis Nagy zufolge war sie »einer der empfindlichsten, verletzlichsten und unsichersten Menschen, die ich je kennen gelernt habe. Nachdem ich sie in London getroffen hatte, schrieb sie mir nach New York: ›Ich gehe davon aus, dass Sie nicht vom Brand in der U-Bahn-Station King's Cross betroffen waren.‹ Das war's – von da an schrieb sie mir jede Woche.«[50] Sie war, um mit Phyllis Nagy zu sprechen, »von einer verschwenderischen Großzügigkeit«. »Als ich nach London zog, hat Pat mir geholfen, wo immer sie nur konnte.«[51] Patricia Highsmith war zudem stolz auf

Phyllis' Fortschritte als Autorin von Theaterstücken. »In den letzten zwei Jahren ihres Lebens hat sie immer wieder gesagt, was für ein Vergnügen es ihr bereitet habe, meinen beruflichen Werdegang zu verfolgen ... Sie schickte mir Zeitungsausschnitte aus ausländischen Zeitungen über mich und andere junge Schriftsteller, mit denen sie sich verbunden fühlte oder auf die sie stolz war.«[52]

Wieder zurück in der Schweiz, schrieb Patricia Highsmith einen Essay über Jack the Ripper für das *Times Literary Supplement* und den Artikel über den Green-Wood-Friedhof. Der Tod beschäftigte sie offenbar, und kurz vor Ende des Jahres träumte sie, dass eine nicht identifizierte Leiche von Nachbarn herumgereicht wurde, die damit ihren Garten düngten. Um ein wenig Ordnung in ihre Angelegenheiten zu bringen, lud sie Kingsley nach Aurigeno ein; sie blieb sechs Tage und sortierte einige ihrer Papiere.

»Ich dachte, hier werde ich in ein paar Jahren enden«, schrieb sie in dem Artikel über den Green-Wood-Friedhof und meinte damit die Verbrennungsöfen. »Am liebsten würde ich verbrannt werden, und meine Asche soll verstreut werden, wo immer es erlaubt ist.«[53]

Ein an seine Gespenster gewöhntes Gesicht

(1988)

»Ripley ist dem Wahnsinn nahe«, schrieb Patricia Highsmith am 1. Januar 1988 in ihr Notizbuch.[1] Seit einiger Zeit spielte sie mit dem Gedanken, einen fünften Ripley-Roman zu schreiben; Ende 1986 hatte sie ein Szenario skizziert, in dem Kunsthändlern und Kunstsammlern eine wichtige Rolle zukam, und im April 1987 hatte sie in Lleida angekündigt, dass sie ein weiteres Buch über den amoralischen, aber charmanten Mörder schreiben wolle. Der Plot, den sie im Januar 1988 ins Auge fasste, konzentrierte sich auf Ripleys Zusammenbruch, ein mentaler Kollaps aufgrund der Anstrengung, zwei verschiedene Identitäten aufrechtzuerhalten: die bequeme weltmännische Existenz zu Hause, wo er Aquarelle malt und auf dem Cembalo spielt, und das Vergnügen an den dunkleren Aspekten des Lebens wie Fälschung und Mord. Aber einen Tag nachdem sie diese wenigen Details notiert hatte, teilte sie Marc Brandel in einem Brief mit, dass sie nicht glaube, noch einmal ein Buch schreiben zu können. »Ich habe mich noch nicht genügend gesammelt, leider. Ein sehr unangenehmes Gefühl.«[2]

Sie dachte zwei Monate über diese Idee nach und nahm im März wieder ihr Notizbuch zur Hand, um das Verhältnis zwischen dem Streben nach Schönheit und Edelmut und dem gleichzeitigen Wunsch nach Gewalt und Erniedrigung auszuloten. Es ist eines der Themen, die sie in der endgültigen Version des neuen Ripley-Buches,

Ripley Under Water, 1991 in England und ein Jahr später in Amerika veröffentlicht, behandeln sollte. Das Buch setzt fünf Jahre nach der Murchison-Affäre aus *Ripley Under Ground* ein, als ein seltsames amerikanisches Paar, David und Janice Pritchard, in Toms Leben tritt. Er nennt sie »das komische Pärchen«.[3] Die Pritchards verfolgen Tom, sie fotografieren sein Haus und rufen ihn, wie Ripley richtig mutmaßt, unter Dickie Greenleafs Namen an. Als er Janice befragt, findet Ripley heraus, dass David Vergnügen daran findet, die Menschen um sich herum zu quälen, und Tom ist sein jüngstes Opfer. Pritchard folgt Ripley, seiner Frau Héloïse und deren Freundin Noëlle nach Tanger und lässt sie auch dort nicht aus den Augen. Als sich die beiden Männer im Café *La Haffa* begegnen, trinken sie Tee miteinander, und anschließend schlägt Tom Pritchard zusammen und lässt ihn liegen. Dann fliegt er nach Frankreich zurück, ohne dass sein Verfolger davon weiß. In London findet Ripley den Grund, warum Pritchard so viel über ihn weiß: Cynthia Gradnor, frühere Freundin von Bernard Tufts, die überzeugt ist, dass Tom Murchison umgebracht und Bernard in den Selbstmord getrieben hat, hat ihm die Informationen gegeben. Wieder in »Belle Ombre«, muss Tom voll Entsetzen feststellen, dass Pritchard die örtlichen Flüsse und Kanäle absucht, vermutlich nach Murchisons Leiche. Ripley fürchtet, dass seine früheren Verbrechen aufgedeckt werden, und lädt den Journalisten Ed Banbury – einen Nutznießer der Derwatt-Fälschungen – in sein Haus ein. Eines Morgens öffnet er die Tür und findet ein in eine Plane gewickeltes Bündel davor, Murchisons kopfloses Skelett. Aus Rache verfrachten Tom und Ed die Knochen in Pritchards Teich, und nachdem sie ein Geräusch gehört haben, kommen David und Janice in den dunklen Garten. David versucht das geheimnisvolle Objekt, das im Teich treibt, herauszuholen, und fällt hinein, und als Janice ihm zu Hilfe eilt, rutscht auch sie in das schlammige Wasser, in dem beide ertrinken. Am nächsten Tag werden ihre Leichen zusammen mit dem nicht identifizierten Skelett gefunden. Ripley wird von der Polizei vernommen, aber wieder einmal ist ihm nichts nachzuweisen.

Als Thriller hat der Roman seine Mängel – Julian Symons, sonst ein großer Highsmith-Fan, meinte, er ende »unzweifelhaft undramatisch« und der Stil sei gelegentlich »schlecht und unbeholfen«[4] –, aber er kann auch als eine Studie über die Ästhetik und eine Analyse der Beziehung zwischen den edlen Bestrebungen des Geistes und dem niederen animalischen Verlangen des Fleisches gelesen werden. Auf den ersten Blick scheint jeweils ein Protagonist einen dieser beiden Pole zu verkörpern. Ripley, weltgewandt, wohlhabend und kultiviert, lebt in der exquisiten Umgebung von »Belle Ombre« mit seiner Kunstsammlung, den antiken Möbeln, dem Cembalo, dem gut gefüllten Weinkeller, den beruhigenden Düften von frisch gekochtem Kaffe, Rosenblättern und *cirage de lavande.* Pritchard dagegen, Sohn eines Holzhändlers, aus dem Staat Washington, führt eine schäbigere Existenz. Als Tom ihn in seinem gemieteten Haus besucht, betrachtet er angewidert den hässlichen, mit Holz eingefassten Kamin, »die Borde in einem unglückseligen Dubonnet-Rot« gestrichen, und das Mobiliar, das »von einer falschen Rustikalität« war.[5] Genauso entsetzt ist er vom Esstisch und den Stühlen, »pseudoantike Scheußlichkeiten«[6], und den billigen Blumenbildern an den Wänden. David gehört nicht zu uns, ein Urteil, dem sich der Leser anschließen muss, da er Ripleys Standpunkt übernimmt.

Highsmith zwingt uns, uns mit Ripley zu identifizieren, indem sie ihre bevorzugte Technik anwendet und uns in Ripleys narrative Perspektive einbindet und die Pritchards als noch psychopathischer schildert als Tom. Nicht nur sind David und Janice »falsch«[7], »komische Vögel«[8] und »*geisteskrank*«[9], sondern offenbar auch in eine merkwürdige sadomasochistische Beziehung verstrickt. Während sie für den Roman recherchierte, suchte Patricia Highsmith in den Büchern von Menninger und Fromm nach psychologischen Einblicken in den Sadomasochismus und bat ihre Freunde um Informationen zu diesem Phänomen. Ursprünglich sollte die sadomasochistische Dynamik ein wichtiges Thema sein, und sie dachte dabei an ein Szenario, in dem David und Janice Ripley bitten, jemanden umzubringen, und selbst zusehen oder sich gegenseitig foltern. Als sie Ende Mai 1989 anfing, das Buch zu schreiben, beschloss sie jedoch, das Thema hintanzustellen und die wahre Natur ihrer Beziehung durch Details anzudeuten wie Janices blaue Flecken und den angeblichen Fund einer Peitsche und einer Kette, als die Polizei ihr Haus durchsucht.

Trotz dieses narrativen Kunstgriffs – die subtile Art, wie die Autorin den Leser dazu verführt, Ripleys Standpunkt als vollkommen normal und akzeptabel zu betrachten – ist Toms Perspektive unglaublich verzerrt. Ursprünglich sollte Ripleys Abstieg in den Wahnsinn Patricia Highsmiths Thema sein. Vielleicht, so überlegte sie, würde ein Gang durch ein leeres, zum Verkauf stehendes Haus eine Identitätskrise beschleunigen. Oder sollte möglicherweise eine schonungslos ehrliche Beurteilung seiner Vergangenheit den Zusammenbruch herbeiführen? »Er flüchtet sich in eine andere Person«, schrieb sie in ihr Notizbuch. »Eine Form von Schizophrenie.«[10] Obwohl die Schriftstellerin die Idee, das Thema ausführlich zu bearbeiten, verwarf, wird bei eingehender Lektüre klar, dass Ripley trotz all seines oberflächlichen Charmes nicht weit vom Wahnsinn entfernt ist. Er fühlt sich oft verfolgt und versinkt in traumähnliche Zustände – »Seine Fantasien waren manchmal so deutlich wie wirkliche Erinnerungen«[11] –, und an einer Stelle bezieht er sich in der dritten Person auf sich selbst, ein Symptom von Entpersonalisierung. Aber was, so fragt Patricia Highsmith, verhindert, dass er tatsächlich in den Wahnsinn abgleitet? Er hatte einen »Schirm«, der zwischen Wirklichkeit und Erinnerung trennte, und dieser Schirm war »Selbsterhaltung«.[12] Ripley mag der Ansicht sein, er sei etwas Besseres als Pritchard, aber beide Männer halten sich an Konkretes, beurteilen Menschen nach ihrer Kleidung, ihren Accessoires, den Gegenständen, mit denen sie sich umgeben. Tom kann Davids sich lichtendes Haar, seine billigen Möbel, seine weißen geflochtenen Schuhe und seine Armbanduhr mit dem elastischen goldenen Metallband nicht ertragen. Er zieht seine Patek-Philippe-Uhr mit dem braunen Lederband vor. Andererseits fühlt sich Pritchard zu Ripley hingezogen und quält ihn nicht aus irgendeinem persönlichen Motiv – die beiden Männer kennen sich schließlich nicht –, sondern weil er Tom auf einem Flughafen gesehen hat, als er einen teuren Ledermantel mit Pelzkragen trug, was seinen Neid erregte. Pritchards Mission besteht, so erklärt er Ripley, in dem »Spaß, einen überheblichen Gauner wie Sie mit dem Bauch nach oben schwimmen zu sehen«.[13]

Ripley erkennt in Pritchard eine Variation seines eigenen Themas, einen ins Extrem getriebenen Aspekt seiner eigenen Persönlichkeit, und das ist einer der Gründe, warum er sich Pritchard »vom Hals schaffen«[14] möchte. Tatsächlich ist Ripley genauso ein Sadist wie Pritchard. Er mag seine charmante Frau nicht schlagen, aber er ist fähig, das Zufügen von Schmerzen zu genießen – natürlich nur, wenn er glaubt, dass jemand die Qualen verdient. »Tritt nie einen Mann, wenn er am Boden liegt, dachte Tom und versetzte Pritchard noch einen kräftigen Tritt in die Magengegend.«[15] Und der Anblick des ertrinkenden Paars erfüllt ihn mit Freude, Erleichterung und Heiterkeit. Er hat gut lachen – schließlich hegt Ripley seit langem eine irrationale Angst vor Wasser. Seine Eltern sind im Meer vor Boston ertrunken, und seit seiner Kindheit wird Ripley beim Anblick von Wasser nahezu schlecht. In *Der Junge, der Ripley folgte* betrachtet er eine Postkarte von einem Kreuzfahrtschiff in einem Fjord, ein Bild, das ihn beunruhigt, denn »oft dachte er, dass er einmal im Wasser enden werde«.[16] Aber Tom bleibt natürlich auf der sicheren *terra firma.* Das letzte Mal sehen wir ihn – denn dies ist Highsmiths letzter Ripley-Roman –, als er auf einer Brücke in Moret steht und das einzige Beweisstück in Händen hält, das ihn mit seinen früheren Morden in Verbindung bringt, Murchisons Ring. Ein Polizist nähert sich ihm. Ist man ihm auf die Spur gekommen? Nein, der Polizist bittet ihn nur, seinen weißen Kombi aus dem Parkverbot zu fahren. Ripley holt aus und wirft den Ring in den Fluss. Jetzt, da seine Vergangenheit sicher unter Wasser ruht, ist der Mann mit der wechselvollsten Identität der modernen Literatur wieder in Sicherheit.

Nachdem man in Amerika jahrelang kaum Notiz von ihr nahm, wurde Patricia Highsmith im Januar 1988 endlich die verdiente Aufmerksamkeit zuteil, als Terrence Rafferty im *New Yorker* eine gründliche Analyse ihres Werks veröffentlichte, die zur gleichen Zeit wie *Elsie's Lebenslust* in den USA erschien. »Diese Romane füllen unsere Köpfe mit unappetitlichen Bildern, mit klammen Albträumen, unschmeichelhaften Gedanken, der Bestätigung unserer schlimmsten Ängste und der Zerstörung dessen, was uns normalerweise Trost spendet«, schrieb Rafferty. »Und dann – und das ist die entscheidende Demütigung – müssen wir feststellen, dass wir die Dekonstruktion unserer Identität, diese schrecklichen, öden Halluzinationen nicht nur akzeptiert, sondern uns davon auch noch auf unheimliche Weise stimuliert gefühlt haben.«[17] Trotz all ihrer früheren Beteuerungen, dass ihr an den Reaktionen in den USA nichts liege, konnte sie ihre Freude über diese Aufnahme in die amerikanische literarische Gemeinde nicht für sich behalten. »Hast du zufällig die sehr gute Kritik meiner Bücher im *New Yorker* vom 4. Jan. gelesen?«, schrieb Highsmith an Kingsley. »Du kannst sicher sein, dass meine Lektoren (und ich) darüber sehr glücklich sind.«[18] Rezensionen wie die von Rafferty waren gut für ihren Ruf, änderten jedoch nichts an den schlechten Absatzzahlen ihrer Bücher. Von *Elsie's Lebenslust* wurden in Deutschland 40 000 Exemplare verkauft, in den USA armselige 4000.[19] »In Deutschland ist sie seit langem bekannt, in München bittet man sie auf der Straße um Autogramme«, erzählte Daniel Keel der Journalistin Joan Dupont 1988. »Und in Spanien wird sie vom Ministerpräsidenten zum Essen eingeladen. Aber nirgendwo werden so wenig Bücher von ihr verkauft wie in den USA.«[20]

Joan Dupont traf am 15. März in Aurigeno ein, und sofort fiel ihr auf, dass Patricia Highsmith weniger gehetzt, aber wachsamer wirkte als bei ihrem ersten Interview elf Jahre zuvor. Sie trug Jeans, ein Hemd mit offenem Kragen, ein fliederfarbenes Halstuch und weiße Turnschuhe, und ihr Gesicht schien sich »an seine Gespenster gewöhnt zu haben, wirkte selbstsicher, aber auch argwöhnisch«.[21] Dupont sprach ihre Unbeliebtheit in Amerika an, vermutete, dass ihre amoralischen Erkundungen perversen Verhaltens die amerikanischen Leser kalt ließen, und zitierte Gary Fisketjon, der meinte, dass »sie hier fünfunddreißig Jahre warten musste, bis sie akzeptiert wurde«.[22] Aber Dupont sprach einen wesentlichen Faktor nicht an, der Highsmiths Aufnahme in Amerika erschwerte, und das war ihre kontroverse Einstellung zum Nahen Osten. »Ich glaube, ihr Eintreten für die PLO hat ihr bei vielen Amerikanern geschadet, darunter Gary Fisketjon, der sich deswegen Sorgen machte«, schreibt Joan Dupont. »Sie hat mit ihrer Meinung nicht hinter dem Berg gehalten, sie hasste die Israelis und vielleicht auch die Juden. Begin hielt sie für den bösartigsten Menschen der Welt. Ich möchte hier ihre Tiraden nicht wiedergeben, weil sie ihr nur schaden würden.«[23]

Patricia Highsmith hatte unmissverständliche Ansichten zu den komplexen Fragen des Nahostkonflikts und war entsetzt über den Aufstand im Gazastreifen und im Westjordanland, der im Dezember 1987 ausbrach und auch 1988 die Nachrichten beherrschte. »Ich verbringe viel Zeit damit, Briefe zu schreiben, die vielleicht dem Frieden nützen und helfen, das Töten zu beenden. Bislang 72 Palästinenser getötet, keine Juden.«[24] Sie war motiviert von einem starken Sinn für Gerechtigkeit, und als Mitglied von Amnesty International sah sie sich gezwungen, kein Blatt vor den Mund zu nehmen und sich einzusetzen. In ihren Augen war es ein Kampf zwischen David und Goliath, und ihre Sympathien lagen eindeutig auf Seiten des Unterlegenen. Aber die Art, wie sie ihre Meinung artikulierte, war alles andere als subtil. So bestand sie zum Beispiel im Februar 1989 bei Fototerminen in Mailand darauf, ihr Palästinensertuch zu tragen. »In vielleicht 4 von 12 Interviews konnte ich eine authentische amerikanische Meinung zu den israelischen Gräueltaten in Gaza & Westjordanland äußern.«[25] Die Widmung von *Ripley Under Water* lautet: »Gewidmet den Toten der Intifada, den sterbenden Kurden, all denen in jedwedem Land, die gegen Unterdrückung kämpfen, die sich erheben und für ihre Sache stehen – und fallen.«[26] Zudem spendete sie dem Jewish Committee on the Middle East

Geld, einer Organisation amerikanischer Juden, die für die Selbstbestimmung der Palästinenser eintrat.

In einem unveröffentlichten Essay vom August 1992 skizzierte Patricia Highsmith den historischen Hintergrund des Nahostkonflikts und machte ihre Position klar. Als nach dem Rückzug der Briten Israel gegründet wurde – im Mai 1948, als Pat in der Künstlerkolonie Yaddo war und *Zwei Fremde im Zug* schrieb –, war sie optimistisch, was die Zukunft des Landes anbelangte. »Wie glücklich und froh wir damals alle waren, Christen und Juden gleichermaßen!«, schrieb sie. »Ein neuer Staat war geboren und wurde in der Gemeinschaft der Demokratien willkommen geheißen.«[27] Aber kaum war der Staat Israel gegründet – zusammengesetzt aus jüdischem und arabischem Land sowie einer international verwalteten Zone um Jerusalem –, drangen arabische Truppen in sein Gebiet ein, woraufhin Israel drei Viertel von Palästina besetzte und unter seine Kontrolle brachte. Highsmith war entsetzt über das, was sie als israelische Brutalität und Rücksichtslosigkeit betrachtete, und darüber, dass palästinensische Freunde von ihr gezwungen waren, ihre Heimat zu verlassen. Seitdem war das Gebiet natürlich Schauplatz komplexer, zunehmend gewalttätiger Machtkämpfe. Von Anfang an schlug sich Patricia Highsmith auf die Seite von Schriftstellern wie Gore Vidal, Alexander Cockburn, Noam Chomsky und Edward Said, die für das palästinensische Selbstbestimmungsrecht eintraten. Im Dezember 1994 erkor sie bei einer Umfrage des *Times Literary Supplement* Saids *The Politics of Dispossession: The Struggle for Palestinian Self-Determination 1969–1994* zu »ihrem« Buch des Jahres und kommentierte, dass Said »einerseits bekannt ist, andererseits ignoriert wird. Seine Beredtheit hinsichtlich der wirklich wichtigen Themen, lässt Amerikas Schweigen nur umso lauter hallen.«[28] Patricia Highsmith stimmte mit Said darin überein, dass die prozionistische Haltung der Vereinigten Staaten zur Vertreibung der Palästinenser geführt hatte. Nachdem Menachem Begin 1977 zum Ministerpräsidenten gewählt worden war, fühlte sie sich gezwungen, Stellung zu beziehen, und untersagte fortan die Veröffentlichung ihrer Bücher in Israel. »Ich bin sicher, dass es der Welt vollkommen gleichgültig ist, aber es beweist, dass nicht alle Amerikaner vor dem, was passiert, die Augen verschließen«, sagte sie.[29] In Interviews machte sie keinen Hehl aus ihrer heftigen Abneigung gegen Ariel Scharon und den rechten Likud-Block und erklärte immer wieder, dass sie Amerikas Unterstützung für das israelische Regime abstoßend fand.

»Die Amerikaner und die Welt wissen, dass Amerika Israel so großzügig unterstützt«, schrieb sie, »weil die Vereinigten Staaten während des Kalten Kriegs Israel als starkes militärisches Bollwerk gegen die Sowjetunion brauchten. Jetzt ist der Kalte Krieg vorbei, Amerika hat seine finanzielle Hilfe nicht gekürzt ... Was soll ein amerikanischer Steuerzahler aus der Tatsache schließen, dass die USA noch immer täglich dreizehn Millionen Dollar an Israel zahlen, ohne sie jemals zurückzufordern ... Ich gebe meinem eigenen Land die Schuld an den meisten Ungerechtigkeiten, die die Israelis in den besetzten Gebieten begehen ... Ich gebe der amerikanischen Regierung die Schuld an der schlechten Presse, die die Araber in den USA bekommen.«[30]

In diesem Essay versucht Patricia Highsmith, rational zu argumentieren, in Gesprächen über den Nahostkonflikt war ihre Argumentation jedoch alles andere als logisch oder folgerichtig. »Ich war mit ihr einer Meinung, dass die Palästinenser einen eigenen Staat haben sollten, aber ihre Geringschätzung Israels war manchmal ungerechtfertigt harsch«, schreibt Kingsley.[31] Freunde erinnern sich, dass Patricia Highsmith ihnen bestimmte Bücher zu diesem Thema empfahl. Eines davon war *The Controversy of Zion* von Douglas Reed, das 1978 erschienen war und das sie 1988 las. Reed war Korrespondent der *Times* in Mitteleuropa gewesen und war 1976 im Alter von zweiundachtzig Jahren in Südafrika gestorben. 1938 entschloss er sich, kürzer zu treten, und begann Bücher zu schreiben, darunter Sachbuchbestseller wie *Insanity Fair* und *Disgrace Abounding*. Ein Thema lag ihm jedoch besonders am Herzen – der zionistische Nationalismus –, das seines Erachtens weder in der britischen noch in der amerikanischen Presse angemessen analysiert wurde, da dort normalerweise jeder abweichende Kommentar der Zensur zum Opfer fiel. In seinem Buch *Far and Wide* von 1951 stellte Reed die übereinstimmend auf sechs Millionen veranschlagte Zahl der im Zweiten Weltkrieg umgekommenen Juden infrage. Im Anschluss daran wurden seine Bücher nicht weiter verlegt, und das Manuskript von *The Controversy of Zion* wurde nach seinem Tod in seinem Kleiderschrank gefunden. Hier versucht Reed, den Verbindungen zwischen dem fundamentalistischen Zionismus und der modernen politischen Landschaft nachzuspüren, und schreibt, dass der Anschlag der jüdischen Untergrundstreitkräfte auf das jüdische arabische Dorf Deir Jasin am 9. April 1948 zurückzuführen war auf die wortwörtliche Lesart »›des Gesetzes‹, wie es im Fünften Buch Mose niedergelegt ist ... Das war der wichtigste Tag in der Geschichte des Zionismus.«[32] Reed glaubte, dass eine fundamentalistische Interpretation von Talmud und Thora in einer Katastrophe enden würde. »Ein barbarischer Aberglaube, entstanden in alten Zeiten und über die Zeit von einer halb geheimen Priesterschaft am Leben erhalten, ist wiedergekehrt, um uns in Form einer politischen Bewegung zu terrorisieren, die vom großen Reichtum in allen Hauptstädten der Welt unterstützt wird.«[33]

Patricia Highsmith erwähnt im Dezember 1989 in einem Brief an Gore Vidal, dass sie kurz zuvor drei Exemplare von Reeds Buch gekauft habe, um sie an Freunde zu verschenken. Sie glaubte, dass die Israelis keinen Frieden wollten, weil sie den nächsten Holocaust herbeiwünschten und »es lieben, gehasst zu werden«.[34] Aber in dem Aufsatz über den Nahen Osten schrieb sie, dass sie immer noch auf Frieden hoffe. Obschon einige ihrer Ansichten zu diesem Thema inakzeptabel sind, setzte sich die Schriftstellerin letztlich nur für eine ehrlichere und ausgeglichenere Analyse der Situation ein. Jeder Mensch müsse einen Standpunkt zu solchen Themen entwickeln, schrieb sie, ein Prozess, der die Auseinandersetzung mit einer komplexen Matrix historischer und kultureller Fragen erfordere. »Wichtig ist, die eigene Meinung zu sagen und sich nicht wie ein Schaf zu verhalten oder vorzukommen und nicht zuzulassen, dass die (mutmaßlich gewählte) Regierung glaubt, das Volk, das sie regiert, sei eine Herde Schafe.«[35]

Am 18. Juni 1988 hatte Patricia Highsmith erneut Gelegenheit, ihre Ansichten zu äußern – diesmal zum Thema Mord –, als sie zu der live gesendeten Talkshow *After Dark* im 4. Programm eingeladen war, die um 23.30 Uhr begann und oft bis in den Morgen dauerte. Thema war, wie man einen Mord überlebt, und die Gäste waren neben Highsmith Lord Longford, Autor und Strafrechtsreformer; Georgina Lawton, Tochter von Ruth Ellis; June Patient, Mitbegründerin des Vereins »Eltern ermordeter Kinder«, deren Tochter 1976 umgebracht worden war; David Howden, dessen Tochter 1986 ermordet worden war; James Nelson, Pfarrer der Kirche von Schottland, der neun Jahre einer lebenslänglichen Strafe abgebüßt hatte für den 1969 an seiner Mutter verübten Mord; Peter Whent, Kriminalkommissar bei der Polizei von Essex und Sarah Boyle, Sozialarbeiterin und Frau des Exkriminellen Jimmy Boyle. Die Diskussion leitete Professor Anthony Clare.

Patricia Highsmith trug einen blauen Anzug, eine rote Bluse und eine Krawatte und interessierte sich insbesondere für den Fall von David Howdens Tochter, die im Haus der Familie im Januar 1986 erwürgt aufgefunden worden war. Sie saß neben Howden und fragte den Vater betont sachlich aus. Was für ein Mann war der Mörder? Hatte er die Tochter über längere Zeit beobachtet? War Raub ein Motiv gewesen? War sie vergewaltigt worden? Als Howden erzählte, wie er und ein Freund das Zimmer geputzt hatten, in dem seine Tochter ermordet worden war, reagierte die Schriftstellerin sofort. Was für Flecken hatte der Teppich aufgewiesen? Während der gesamten Sendung fühlte sie sich in der Rolle der Fragestellerin wohler als in derjenigen der Befragten. Wurden ihr direkte Fragen gestellt, antwortete sie entweder gar nicht oder sprach so vage, dass ihre Ansichten nebulös und verschwommen blieben. Aber Professor Clare tat sein Bestes, um sie festzunageln. Hatte sie echte Mörder kennen gelernt? »Man kann sie in Texas oder Marseille treffen … oh ja!«, sagte sie lässig. Was war Sünde? »Sünde ist, was die Leute Sünde nennen.« Konnte sie sich das Grauen eines Mords vorstellen? »Das Böse, ja …« Was bedeutete das Böse für sie? »Abstrakt gesprochen, etwas Schlechtes oder Antisoziales oder Falsches oder auch etwas Ungesundes.« Wie würde sie einen bösen Menschen beschreiben? Menschen, die »bösartig oder engstirnig oder verleumderisch sind.« Und Mörder? »Ehrlich gesagt, ich würde sie krank nennen … geisteskrank.« Im Mittelpunkt der Diskussion stand die Frage der Absolution – war es möglich, einem Mörder zu vergeben? Highsmiths atheistische Einstellung bildete einen starken Kontrast zur Gläubigkeit von Reverend James Nelson, der die Ansicht vertrat, dass letztlich nur Gott vergeben könne. »Ich habe keine so guten Kontakte zu Gott«, sagte sie bissig. »Wenn Sie sagen, nur Gott [kann vergeben], wie kann ich sicher sein, dass er es mich überhaupt wissen lässt?«[36]

Patricia Highsmith glaubte nicht an ein Leben nach dem Tod, hasste institutionalisierte Religionen und hielt letztlich das Leben für sinnlos. Im Laufe des Jahres ordnete sie ihre Angelegenheiten für den Fall, dass sie sterben sollte. Im Mai schickte sie Kinglsey eine Kopie ihres Testaments vom 19. April, in dem sie ihre Kleidung, Einrichtung, Haushaltsgegenstände, persönliche Habe und Versicherungspolicen ihrer alten Freundin vermachte, die sie zudem zu ihrer literarischen Testamentsvollstreckerin bestimmte. Sie ermächtigte Kingsley, ihre Unterlagen an die Universität von Texas zu verkaufen; der Erlös sollte direkt an die Künstlerkolonie Yaddo fließen, der sie auch ihren Grundbesitz hinterließ. Als sie im Juni für die Sendung *After Dark* in London war, ließ sie sich von John Batten erneut gründlich untersuchen. Die Ergebnisse belegten, dass sie den Lungenkrebs besiegt hatte. Trotzdem wollte sich Patricia Highsmith offenbar auf das Schlimmste vorbereiten, trat später der Organisation EXIT bei und verfügte, dass ihr Leben im Fall einer hoffnungslos tödlichen Krankheit nicht medikamentös verlängert werden sollte. Im Falle eines Herzinfarkts wollte sie nicht wiederbelebt werden; sollte sie senil werden, wollte sie höchstens künstlich ernährt werden. »Und wenn mein Zustand als hoffnungslos diagnostiziert wird, möchte ich genügend schmerzstillende Mittel, auch wenn ihre Wirkung tödlich sein sollte.«[37]

Patricia Highsmith war entschlossen, sich in der ihr verbleibenden Zeit keine Erfahrung entgehen zu lassen, und nahm im Juli die Einladung von Buffie Johnson an, sie in Tanger zu besuchen. Sie wollte nicht nur ihre Freundin wiedersehen, sondern reiste auch im Auftrag der *Sunday Times*, und außerdem fand die Stadt als Schauplatz Eingang in *Ripley Under Water.* Sie traf in der marokkanischen Hafenstadt an der Straße von Gibraltar am 17. August ein, nahm ein Taxi vom Flughafen zu Buffies Wohnung in 15, Immeuble Itesa. Die Wohnung befand sich unter der von Paul Bowles und hatte früher Jane Bowles gehört. Buffie jedoch war nicht zu Hause, darum wandte sich Patricia an Bowles, der sie vom Bett aus essend willkommen hieß. »Als ich nach Hause kam, hatte sie es sich bei Paul bequem gemacht und trank seinen Scotch«, erinnert sich Buffie.[38] Patricia Highsmith war begeistert von der exotischen Atmosphäre in Tanger und verglich den Blick von ihrem Fenster auf die Altstadt mit einem Bild von Braque oder Klee; sie nahm einen Drink zu sich im berühmten Hotel El Minzah aus den dreißiger Jahren, in dem auch Cecil Beaton abgestiegen war und das sie in *Ripley Under Water* einsetzte; sie besichtigte das Haus der Woolworth-Erbin Barbara Hutton, die angeblich General Franco überboten hatte. Aber der Besuch war nicht nur ein Erfolg, da sich Pat und Buffie, die einst enge Freundinnen waren, nicht gut verstanden. »Da das Gästezimmer eigentlich mein Arbeitszimmer war, musste ich die nächste Woche meine Arbeit opfern, um Pat unterzubringen …«, schreibt Buffie, die gerade die Fahnen ihres Buches *Lady of the Beasts: Ancient Images of the Goddess and her Sacred Animals* las. »Sie sah jetzt aus wie jemand, der keinen Spaß mehr am Leben hat.«[39] Patricia ihrerseits fand Buffie merkwürdig distanziert, und als sie Ende des Monats in die Schweiz zurückkehrte, schrieb sie in einem Brief an Christa Maerker, dass sie sich in Tanger isoliert gefühlt habe. »Ich kam mir vor wie jemand, den man auf den Mond verpflanzt hat.«[40] Die *Sunday Times* lehnte ihren dreizehnseitigen Artikel ab, aber *Le Monde* nahm ein Feature über Paul Bowles an.

Nach ein paar Wochen zu Hause war Patricia Highsmith wieder unterwegs, diesmal nach Hamburg, wo sie auf dem Frauenfestival aus *Suspense oder Wie man einen Thriller schreibt* und *Kleine Geschichten für Weiberfeinde* las – sie auf Englisch und die Schauspielerin Angela Winkler auf Deutsch. Ihre Tessiner Freundin, die Malerin Gudrun Müller, holte die Schriftstellerin vom Flughafen ab, fuhr mit ihr im Taxi ins Hotel Intercontinental und begleitete sie zum Festival. »In ihrem Hotelzimmer stand eine Flasche Champagner für sie, aber sie trank sie nicht«, erzählt Gudrun. »Stattdessen nahm sie eine Flasche billigen Whisky aus ihrer Handtasche, holte ein Glas aus dem Bad und schenkte sich ziemlich viel ein. Sie kippte ein paar Gläser und ging dabei im Zimmer auf und ab. Ich sagte zu ihr, sie solle sich ausruhen und nicht zu viel trinken. Schließlich zwang sie sich, in die Lobby des Hotels hinunterzugehen, wo eine Menge Fotografen und Journalisten auf sie warteten. Obwohl sie ziemlich viel getrunken hatte, beantwortete sie die Fragen der Journalisten klar und professionell. Sie war überhaupt nicht betrunken.«[41]

In Gudruns Erinnerung an Pat mischen sich Zuneigung, Enttäuschung, Verwunderung und Verwirrung. In ihrer fünfzehnjährigen Freundschaft war es Gudrun nur gelegentlich vergönnt, einen Blick in Patricia Highsmiths Inneres zu werfen. »Es war schwierig, mit ihr zu reden. Bisweilen fragte ich sie etwas, und sie wurde wütend und sagte, ich wäre wie die Journalisten, die sie belästigten. Ich erwiderte: ›Ich bin keine Journalistin, ich bin deine *Freundin.*‹ Manchmal wollte ich wissen: ›Wer bist du?‹, aber sie hat nie geantwortet. Sie zeigte nie ihre Gefühle, und ich weiß nicht, was sie von mir gedacht hat. Wenn jemand sie berühren oder begrüßen wollte, wich sie immer ein, zwei Schritte zurück. Aber ihr Gesicht war voller Leben, und alles, was sie dachte oder fühlte, sah man ihren Augen an.«[42]

Kunst ist nicht immer gesund – warum sollte sie es denn auch sein?

(1988–1992)

Nach einer zehntägigen Reise nach Amerika zog Highsmith am 13. Dezember 1988 in ihr neues Haus in Tegna. Semyon, ihre Siamkatze, schrie ununterbrochen zehn Tage und Nächte, aber Pat und Charlotte, ihre rotbraune Hauskatze, gewöhnten sich schnell ein. Von vorn sah die Casa Highsmith ziemlich abweisend aus – die Fenster waren winzige Schlitze im unauffälligen grauen Putz –, aber auf der Rückseite führten Fenstertüren in einen großen Garten, von dem aus man auf das Tal hinunterschauen konnte. Der Anblick der Berge war überwältigend, wiewohl Pat immer wieder darauf hinwies, dass die Alpen noch ein sehr junges Gebirge waren, verglichen mit den Rocky Mountains.

Das Haus war u-förmig gebaut mit zwei Flügeln um einen freien Platz in der Mitte. Patricia Highsmiths Schlafzimmer und Bad befanden sich an einem, das Gästezimmer mit dem dazugehörigen Bad am anderen Ende, die beiden Flügel waren durch ein großes Wohnzimmer voneinander getrennt. Es war ein einstöckiges Gebäude, abgesehen von der Terrasse über dem Wohnzimmer, einem Keller und einem unterirdischen Atombunker, über den alle neu gebauten Häuser in der Schweiz verfügen müssen. »Pats Bunker bot genügend Platz für acht bis zehn Personen und wurde von der Gemeinde Tegna subventioniert«, erinnert sich Vivien De Bernardi. »Ich habe immer Gott angefleht, er möge Pat und allen beistehen, die mit ihr in diesem engen Raum ausharren müssten.«[1]

Auf den ersten Blick mutete das Haus wie ein »Bunker«[2], ein »städtisches Schwimmbad«[3] oder eine »Festung«[4] an, aber das helle, geräumige Innere mit dem Terrakotta-Fußboden, dem Nebeneinander von alten und neuen Möbeln und dem gelegentlichen dekorativen Touch überraschte den Besucher. »An einem Ende des Wohnzimmers steht eine Skulptur, eine Hand, die ein hellblaues Auge hält, und in dem Auge steckt ein Draht, aber ihre eigenen Bilder sind unerwartet fröhlich«, schrieb Craig Brown.[5] Janet Watts interviewte Patricia Highsmith 1990 und beschrieb ihr Schlafzimmer. »Ein Bett steht in einer Ecke. Auf ihrem französischen Sekretär steht eine Olympia-Schreibmaschine, bedeckt mit einem bedruckten Taschentuch. Darüber ein kleines Bild eines Mönchs, der auf ein Kruzifix und einen Totenschädel blickt.«[6] Mavis Guinard, die die Schriftstellerin für die *International Herald Tribune* interviewte, schilderte die offen angelegten Zimmer als »geräumig und kühl«, die Fläche zwischen den beiden Flügeln als einen »Fleck vertrockneten Rasen« mit hier und da einer Ringelblume. »Auf dem langen Esstisch liegen Stapel Papier und Bücher. An einem Ende ist gerade genug Platz für ein Bambus-Tischset, eine offene Schachtel Gauloises neben dem Teller.«[7]

In den fünf Jahren, die sie in Tegna lebte, schloss Patricia Highsmith Freundschaft mit ihren Nachbarn. Irma Andina, die in einem kleinen Haus in der Nähe des Bahnhofs wohnt, hat sie als eine bescheidene, freundliche Frau in Erinnerung, die sich in Gesellschaft anderer Menschen ausgesprochen unwohl fühlte. »Für mich war sie kein Genie und keine Schriftstellerin, sie war einfach ein absolut nicht eingebildeter Mensch. Ich habe in ihrem Garten Unkraut gejätet, und eines Tages tauchte sie mit einem großen Eimer voller Rosen für mich auf. Das Einzige, was mir an ihr nicht gefiel, war, dass sie einem nie die Hand geschüttelt hat, wenn man sie begrüßen wollte. Sie wusste nicht, wie sie reagieren sollte. Sie war nicht gern mit anderen Menschen zusammen.«[8] Ingeborg Lüscher weiß noch, dass sie die Schriftstellerin zum ersten Mal sah, als sie im Dorf einkaufte. Sie wollte sich ihr vorstellen, hielt sich jedoch zurück, was sich im Nachhinein als klug erwies, da Patricia Highsmith für diese Art Verhalten nichts übrig hatte. Im Lauf der Zeit wurden die Nachbarinnen auch Freundinnen. »Sie war eine faszinierende Schriftstellerin, aber lange Zeit redeten wir nur über höchst langweilige Dinge. Sie sprach von ihren Rechnungen und den Kosten für die Krankenversicherung, lauter praktische Angelegenheiten. Aber irgendwann haben wir angefangen, auch über andere Dinge zu sprechen, wie Gertrude Stein und Oscar Wilde. Es war nie möglich, ein Thema gründlich zu analysieren, aber sie hatte die Fähigkeit, kurz und bündig etwas zu sagen, wofür andere eine Stunde gebraucht hätten. Nach fünf Sätzen war die Diskussion wieder beendet, und wir sprachen über Rechnungen oder etwas Ähnliches. Sie war eine sehr sensible Persönlichkeit, und ich hatte immer das Gefühl, ihr helfen zu müssen. Sie war aber auch sehr witzig. Sie machte die komischsten Witze, sie ahmte andere Leute nach, sie war eine gute Schauspielerin. Sie brachte mich gern zum Lachen.«[9]

Kurz nachdem Patricia Highsmith das neue Haus bezogen hatte, fand ihre lange, qualvolle Freundschaft mit Ellen Hill – die Ingeborg Lüscher als eine Frau im Gedächtnis geblieben ist, die »nicht nur voller Gift für Pat war, sondern voller Gift für die ganze Welt«[10] – endlich ein Ende. Die Schriftstellerin hatte »ihr Gemecker und ihr tyrannisches Auftreten satt«.[11] »Als das Haus in Tegna bezugsfertig war, durfte Ellen es nicht betreten«, sagt Peter Huber. »Aber eines Tages tauchte Ellen einfach auf und stürmte hinein wie ein Rugby-Spieler. Sie ging herum, sah sich alles an, aber Pat warf sie hinaus. Sie wollte nichts mehr mit ihr zu tun haben.«[12] Vivien De Bernardi erinnert sich ebenfalls. »Pat hat mir erzählt, dass sie wütend war, weil Ellen sie beleidigt hatte. Das glaube ich sofort, denn mich hat Ellen auch beleidigt. Ständig hat sie zu Pat gesagt, sie sei dumm, und eines Tages hatte Pat die Nase voll von ihr.«[13]

Da überrascht es auch nicht, dass Patricia Highsmith Ellen nicht zu der Einweihungsparty einlud, die sie für fünfundzwanzig Gäste am 25. Februar gab. Kurz vor der Party bat sie Vivien De Bernardi um Hilfe, da sie natürlich keine Ahnung hatte, wie man so etwas organisiert. »Sie war völlig hilflos, wenn es um grundlegende einfache Dinge ging«, sagt Vivien. »Sie war eine wirklich gute Schriftstellerin, und das war's.«[14] Als sie im Supermarkt des kleinen Ortes einkaufen gingen, geriet Patricia in Panik. »Die sinnlichen Eindrücke überwältigten Pat – es waren zu viele Menschen und Geräusche, sie wurde mit dem Supermarkt einfach nicht fertig. Ständig zuckte sie zusammen, aus Angst, dass jemand sie erkennen oder berühren würde. Sie war nicht in der Lage, die simpelsten Entscheidungen zu treffen – welches Brot sie wollte oder welche Salami. Ich versuchte, die Einkäufe so schnell wie möglich zu erledigen, aber an der Kasse geriet sie in Panik. Sie nahm ihre Brieftasche heraus, dabei riss sie sich die Brille von der Nase, dann fiel das Geld zu Boden und lag überall verstreut herum.«[15] Am nächsten Tag kam Vivien zur Party, der Boden im Flur war mit nassen Zeitungen ausgelegt – es regnete –, und ein gelber Eimer mit langstieligen roten Rosen stand herum. »Daniel [Keel] hatte ihr fünfzig rote Rosen geschickt, und sie hatte sie einfach in den Plastikeimer gesteckt. Sie war hysterisch. Am Vormittag hatte ein Kollege von mir, der ihr beim Umzug geholfen hatte, Pat angerufen und sie nach ihren Lieblingsfarben gefragt. Sie nannte Gelb und Orange, und er kaufte ihr einen sagenhaften Strauß in diesen Farben. Er überreichte ihr die Blumen, die sehr kunstvoll mit viel Grünzeug arrangiert waren, und sie riss das ganze Grün heraus. ›Pat, das Grün gehört dazu‹, sagte ich zu ihr. Sie wusste es einfach nicht besser. Sie legte Zeitungen auf den Boden, stellte die Rosen in einen Eimer und riss das Grünzeug aus einem Zweihundert-Francs-Strauß.«[16]

Die Party war ein Erfolg, aber nach anderthalb Stunden hielt Vivien, die Pats begrenzte Fähigkeit, Gesellschaft zu ertragen, kannte, es für angebracht, mit ihrem Mann wegzugehen. Sie schaute sich nach ihrer Freundin um, konnte sie aber nirgendwo entdecken. Schließlich fand sie Pat eingesperrt im Bad. »Sie hatte es einfach nicht ausgehalten – es waren zu viele Leute da, es wurde zu viel geredet, sie wusste nicht, was sie sagen, was sie tun oder wie sie sich verhalten sollte. Es war zu viel für sie.«[17]

Im Frühjahr verfasste Patricia Highsmith eine Reihe Essays und Features – für die Literaturzeitschrift *Granta* »Scene of the Crime« (Schauplatz des Verbrechens) über ihre Anregungen zu Ripley; einen Artikel für *Die Welt*, einen Artikel über Cézanne für eine Schweizer Publikation und ein Vorwort für die Neuausgabe von *The Price of Salt* bei Naiad Press. Ende Mai begann sie, *Ripley Under Water* zu schreiben – für die erste Fassung brauchte sie ein Jahr –, und beaufsichtigte die Bearbeitung von zwölf ihrer Kurzgeschichten als Fernsehspiele, eine französisch-englische Koproduktion von Vamp in Paris und Crossbow und HTV in England. Im Juni reiste sie nach London und Cardiff. Dort lernte sie den Schauspieler Anthony Perkins kennen, der in die unheimlichen Geschichten einführen sollte; unter anderem wurden verfilmt »Unter eines dunklen Engels Auge« mit Ian Richardson und Anna Massey; »Tag der Abrechnung« mit Philippe Léotard und Cris Campion; »Warten« mit Paul Rhys; »Ein seltsamer Selbstmord« mit Jane Lapotaire und »Was die Katze hereinschleppte« mit Edward Fox, Michael Horden und Bill Nighy.

Obwohl Reisen sich auf ihre Gesundheit auswirkten – als sie aus England zurückkam, fühlte sie sich krank und litt unter Verdauungsstörungen –, flog sie im September für zwei Wochen nach Amerika, wo sie unter anderem ihren Cousin Dan und seine Frau Florine in Texas besuchte. »Ich sollte jetzt eigentlich an einem Roman arbeiten, tue es aber nicht«, schrieb sie an Christa Maerker und meinte damit *Ripley Under Water*.[18] Nach ihrer Rückkehr aus den USA spielte sie mit dem Gedanken, eine Kurzgeschichte mit dem Titel »Das Loch« über eine Stadt in Nevada zu schreiben, in der Amerikas Außenseiter und Verlierer, die Kranken, Verrückten und Behinderten leben. Die Touristen sind von der modernen Freak-Show so fasziniert, dass sie mit dem Hubschrauber über dieses Gebiet fliegen, um sich die Unglückseligen anzusehen, aber schließlich sind es ihrer so viele, dass sie sich in ganz Amerika ausbreiten. Die USA wurden so in Highsmiths apokalyptischer Fantasie zu einer riesigen, von Krankheiten heimgesuchten Fallgrube. Sie schnitt Meldungen über die Vertuschung politischer Skandale, nukleare Unfälle und Umweltkatastrophen aus und sammelte die Ausschnitte in einer Akte, die sie »The Pits« nannte. Eine andere Geschichte, die in eine neue Sammlung Eingang finden sollte und die sie sich 1992 ausdachte, hatte den Titel »Abenteuer eines ungewollten, befruchteten Eis«. Ein befruchtetes Ei wird in einem Labor für künstliche Befruchtung das Waschbecken oder die Toilette hinuntergespült, überlebt jedoch in der Kanalisation, indem es Nährstoffe aus menschlichen Exkrementen, Erbrochenem und Blut aufnimmt, bis ihm schließlich Gliedmaßen und Organe wachsen. Die Behörden versuchen, es zu erschießen, aber die Kugeln prallen wirkungslos von ihm ab, und das Monster fristet sein Dasein in der Kanalisation und verwüstet das Land und die Städte.

Beide Geschichten, die nur als Notizen existieren, können als Metaphern für die Bedrohung gesehen werden, die von den im modernen Amerika Unterdrückten und Marginalisierten ausgeht. Und sie sind wohl auch Ausdruck von Patricia Highsmiths Zorn auf ihr Land, dessen Außenpolitik sie entsetzte und dessen Buchmarkt sie ignorierte und ausgrenzte. »Meine Verleger, Calmann-Lévy in Frankreich und Bloomsbury und Heinemann [in London], sind mit mir durch dick und dünn gegangen«, sagte sie zu Neil Gordon 1992. »Hier in Amerika sagen sie, verschwinde, wir interessieren uns nicht für die Geschichte, die Qualität ist uns egal, uns geht es nur darum, wie gut sich dein letztes Buch verkauft hat.«[19]

Zu Beginn des Jahres 1990 skizzierte Patricia Highsmith die Grundzüge einer Geschichte über den Tod mit dem Arbeitstitel »Mr. D.« oder »Mr. Death«. Sie handelt von einem sterbenden Mann, Joe, der wie die Schriftstellerin selbst Mitglied von EXIT ist. Nachdem er die Person getroffen hat, die ihm das tödliche Medikament verabreichen soll, erzählt Joe einem Freund, dass er den Fremden nicht mag. Er sucht einen anderen Mann, aber auch dieses Mal ist er nicht zufrieden, und er entscheidet sich wieder für den ersten Mann. Patricia Highsmith konzipierte die Geschichte als Kampf zwischen dem urwüchsig-kreatürlichen Instinkt, leben zu wollen, und der logischen Sehnsucht nach dem Tod oder, mit Joes Worten, nach dem »langen Schlaf«[20], wenn das Alter einen aller Würde beraubt hat.

Es war eine ominöse Geschichte. Mitte Februar musste die Schriftstellerin ihre Katze Semyon wegen Nierenversagens einschläfern lassen, und Ende März starb Alain Oulman, ihr französischer Lektor und Verlagsleiter von Calmann-Lévy, im Alter von einundsechzig Jahren an einem Herzinfarkt. Nachdem sie davon erfahren hatte, war sie »mehrere Stunden wie vor den Kopf gestoßen«.[21] Sie hatte Oulman zuletzt am 5. März gesehen, als er sie in die Cinémathèque Française begleitete, wo sie zum Officier dans l'Ordre des Arts et des Lettres ernannt wurde. Wie immer war Patricia Highsmith überaus bescheiden, was ihre eigenen Meriten betraf, und lobte in dem Nachruf, den sie für den *Guardian* schrieb, ihren Lektor für sein Geschick, seine Geduld und seine Aufmerksamkeit für die Details und betonte, dass Oulman es war, »der meine holprigen Sätze in elegantes Französisch übertragen hat, das ich dem Kulturminister vorlas«.[22]

Während sie über Weihnachten und Ostern versuchte, die erste Fassung von *Ripley Under Water* zu Ende zu bringen, las sie Richard Ellmanns Biografie von Oscar Wilde, ein Buch, das auch Ripley liest. Am 21. April machte sie in ihrem Notizbuch einen Eintrag, der in leicht abgeänderter Form auch in *Ripley Under Water* steht: »Oscars Lebensbeschreibung zu lesen hatte etwas Läuterndes, sie war des Menschen Schicksal in gedrängter Form: ein Mann von gutem Willen und Talent, der den Menschen so viel Freude geschenkt hatte, ward niedergemacht von der Rachsucht des Pöbels, welcher ein sadistisches Vergnügen daran hatte, ihn ruiniert zu sehen.«[23] Im nächsten Monat vermerkte Patricia Highsmith, dass Oscar Wilde seine besten Arbeiten schrieb, als er mit Lord Alfred Douglas zusammen war, einem Mann, der sich in jeder anderen Hinsicht schlecht auf ihn auswirkte. Später, allein in Paris, versuchte Wilde wieder zu arbeiten, aber »nicht mit dem gleichen Pep und der Begeisterung«.[24] Sie fühlte sich an Prousts Bemerkung erinnert, dass es uns eine große Freude verschafft, in jemandes Arme zu fallen, der schlecht für uns ist. »Kunst ist nicht immer gesund – warum sollte sie es denn auch sein?«[25] Blickte Patricia Highsmith jetzt, da sie keine Geliebte mehr hatte, zurück auf die Zeiten, als sie sich von ihren diversen Musen abwechselnd gequält und inspiriert gefühlt hatte?

Sie war gezwungen, sich dieser Frage zu stellen, als sie Mitte Juni nach London flog, um *Carol*, das umbenannte *The Price of Salt*, zu promoten, das Bloomsbury herausbrachte, nachdem Diogenes die deutsche Fassung veröffentlicht hatte. Jahrelang hatte Daniel Keel sie gefragt, ob er den Roman auf Deutsch verlegen könne – in Holland kursierten bereits Raubdrucke, und obwohl sie ihr altes Pseudonym vorgezogen hätte, ließ sie sich schließlich überreden, mit ihrem eigenen Namen dafür einzustehen. Das bedeutete jedoch nicht, dass Patricia Highsmith bereit war, in der Öffentlichkeit über ihre sexuelle Orientierung zu sprechen. »Pat schickte mir ein Exemplar der Ausgabe, und danach konnte doch niemand mehr Zweifel haben, oder?«, meint Patricia Losey. »Es war also eine Art Coming-out, auch wenn sie nicht darüber reden wollte.«[26] David Sexton vom *Sunday Correspondent* fragte, warum sie nach *The Price of Salt* nie wieder das Thema lesbische Liebe aufgegriffen habe. »Ich hatte nie eine Idee für ein weiteres Buch über dieses Thema«, erwiderte sie.[27] Habe sie Beziehungen mit Frauen gehabt? fragte sie Janet Watts vom *Observer Magazine*. Sie verweigerte eine Antwort. Die Schriftstellerin hasste persönliche Fragen dieser Art, aber nach der Veröffentlichung von *Carol* musste sie doch damit rechnen. Als Sarah Dunant nach Tegna fuhr, um Patricia Highsmith für die *Late Show* von BBC 2 zu interviewen, sprach sie sie darauf an – warum überraschten sie Fragen nach ihrem Privatleben, da die Publikation von *Carol* doch genau dazu aufforderte? Sie begriff nicht. Das Buch war doch als literarisches Coming-out zu verstehen, oder etwa nicht? hakte Dunant nach. »Die Antwort überlasse ich Mrs. Grundy«, entgegnete Patricia Highsmith und blickte ausgesprochen verstimmt drein.[28] »Als Schriftstellerkollegin dachte ich, dass sie die Sache perfekt im Griff hatte«, meint Sarah Dunant. »Sie sagte nur, was sie sagen wollte, und das respektierte ich vollkommen. Aber ich war hin und her gerissen, weil ich als Fernsehmoderatorin fand, dass sie durchaus mehr von sich preisgeben könnte. Sie war unglaublich angespannt und zickig und wollte einfach nicht darüber reden, was dieses Buch für sie bedeutete. Ich war beeindruckt von ihrem Haus, architektonisch schien es eine Festung zu sein. Ich fand es faszinierend, dass sie in der Schweiz lebte, die für ihre Sicherheit und Schönheit bekannt ist, und dass sie lieber hinein- als hinausblickte. Auch das Porträt von ihr als junger Frau in ihrem Wohnzimmer [gemalt von Allela Cornell] faszinierte mich. Es war verblüffend, aber auch rührend, weil es in so auffälligem Kontrast zu der vornübergebeugten ältlichen Frau stand, die so sehr auf ihre Privatsphäre achtete.«[29]

Patricia Highsmith fürchtete die Besprechungen von *Carol*, da sie glaubte, man würde den Roman fast vierzig Jahre nach seiner Erstveröffentlichung kitschig und sentimental finden. Den Rezensenten jedoch gefiel die Vorstellung eines »vergessenen« Highsmith-Romans, noch dazu mit einer lesbischen Liebe im Mittelpunkt. Victoria Glendinning hielt es für »intensiv und perfekt ... Eine Aschenputtelgeschichte, geschrieben mit Verve und ein bisschen unzweideutiger Boshaftigkeit.«[30] Für Craig Brown war das Buch »ebenso Teil von Highsmiths Vision wie *Ediths Tagebuch* oder *Tiefe Wasser* und nahezu genauso frostig«.[31] Susannah Clapp verglich es in der *London Review of Books* mit einem Highsmith-Thriller, weil es »Seiten voll beunruhigender Ereignislosigkeit, abgelöst von plötzlichem Aufruhr«, enthielt.[32] Sie lobte Highsmiths Gespür für Orte, das Hoppersche Ambiente mancher Schauplätze und den Einsatz unheimlicher Beschreibungen und Metaphern. Sie ordnete *Carol* auch in Highsmiths Gesamtwerk ein und schloss, dass der Roman »so spannend ist wie ein Thriller, und Highsmiths Thriller sind so verführerisch wie Liebesromane«.[33]

Im August besuchte Christa Maerker die Schriftstellerin für eine Woche. »Pat hatte zugestimmt, ein ›unmögliches Interview‹ für den Hörfunk, den *Südwestfunk*, zu schreiben, der eine Reihe kurzer Hörspiele sendet, in denen Autoren eine Person ihrer Wahl interviewen. Aber Pat hatte den Auftrag missverstanden. Das ›unmögliche Interview‹ musste mit einem Verstorbenen geführt werden, Pat hingegen hatte sich für einen lebenden Politiker entschieden und nahm erfreut meinen Vorschlag an, ihr bei der Überarbeitung zu helfen.«[34] Nach ihrer Ankunft bestand Christa darauf, den Kühlschrank aufzufüllen, damit sie sich nach Belieben an Lebensmitteln und Getränken bedienen konnte. Aber als sie einkaufen gingen, belud Pat den Wagen mit Whisky und Bier, ein paar Orangen und Bananen. »Obwohl ich für die Einkäufe gezahlt hatte, war mir der Zutritt zur Küche verboten, und darum bin ich noch mal los und habe Kekse gekauft.«[35] Eines Nachts, um zwei Uhr morgens, kündigte Patricia Highsmith ein Abendessen an. »Sie kam aus der Küche mit einem kleinen Teller, auf dem etwas lag, das ich für Gulasch hielt, mit brauner Sauce und ein paar angebrannten Paprikastreifen. Ich wollte ein Stück Fleisch auf die Gabel aufspießen, aber es flog vom Teller – es war ein Knochen. Die Katze, Charlotte, hatte wohl das Fleisch bekommen, und mir hatte Pat vier Knochen vorgesetzt. Ich war nicht sicher, ob sie das getan hatte, um mich zu testen, oder ob sie einfach nicht wusste, was sie gekocht hatte. Wann immer man sie in ein Restaurant einlud, bestellte Pat etwas und stocherte dann im Essen herum. Nach ihrem Tod sagte eine ihrer Freundinnen, Pat habe sich zu Tode gehungert.«[36]

Im Lauf der Woche fühlte sich Christa immer unbehaglicher. »›Opium‹ ist ein tolles Parfüm, aber als Patricia Highsmith verkündete, dass ihre Katze Charlotte es nicht ausstehen könne, duschte ich, woraufhin sie mich ermahnte: ›Wir müssen Wasser sparen.‹ Ich hatte das Gefühl, was immer ich tat, es war falsch, und wenn ich das Hörspiel und die Überarbeitung auch nur mit einem Wort erwähnte, brach sie das Gespräch ab. Pat verschwand in den Garten oder suchte Charlotte. Unnötig zu erwähnen, dass das ›unmögliche Interview‹ nie geschrieben wurde. Ich muss sagen, als ich wieder abreiste, war ich erleichtert. Ich dachte, das könnte das Ende unserer Freundschaft gewesen sein, aber bald darauf schrieb mir Pat, dass es eine fantastische Zeit mit mir gewesen sei und ich sei ein sehr angenehmer Gast.«[37]

Im nächsten Monat kamen Barbara Skelton und Mary Ryan, Pats Nachbarinnen in Moncourt, zu Besuch. Patricia Highsmith war seit Jahren eine harte Trinkerin, laut Skelton griff sie unmittelbar nach dem Aufstehen zur Wodkaflasche und markierte die Flasche, um ihr tägliches Quantum nicht zu überschreiten; aber Trunkenheit und ungehobeltes Verhalten, insbesondere in der Öffentlichkeit, ertrug sie nicht. Als Mary, offensichtlich angetrunken, beim Aussteigen aus dem Auto stürzte, rief Pat: »Was sollen die Nachbarn denken! Die Leute hier benehmen sich nicht so. Das ist ein sehr puritanisches Land! Und wenn jetzt ein Nachbar gesehen hat, wie du betrunken auf meiner Einfahrt liegst? Dann entzieht man mir meine Aufenthaltsgenehmigung!«[38] Angeblich sagte Pat das »mit sadistischer Geringschätzung und legte damit den Tonfall für den Besuch fest«.[39]

Ende Oktober 1990 schickte Patricia Highsmith das Manuskript von *Ripley Under Water* an ihre Verleger. Am 10. Dezember notierte sie in ihrem Tagebuch, dass Liz Calder von dem Buch sehr angetan sei, und zu Beginn des Jahres 1991 bot ihr Bloomsbury 60 000 Pfund Vorschuss für den Roman, die höchste Vorauszahlung, die sie je erhielt. »Ich war ziemlich überrascht. Ich wäre mit einem Drittel zufrieden gewesen.«[40] Andererseits musste sie den »horrenden« Schweizer Steuerforderungen nachkommen und hatte sich genötigt gesehen, Diogenes um eine vorzeitige Überweisung eines Teils ihrer Verkaufserlöse zu bitten, um die Steuern zahlen zu können. »Wie gewonnen, so zerronnen«, lautete ihre Schlussfolgerung.[41]

Das neue Jahr brachte kaum erfreuliche Nachrichten: die Drohung der USA, Krieg gegen den Irak zu führen, weil dieser Kuwait besetzt hatte – eine Drohung, die am 17. Januar 1991 wahr gemacht wurde. Patricia Highsmith war entsetzt über Präsident Bushs schikanöse Taktik und schrieb an Patricia Losey, der Golfkrieg sei »die widerlichste Vorstellung von politischer Heuchelei seit langer Zeit«.[42] Zudem bedrückte sie der Tod von Graham Greene, Max

Frisch und Martha Graham, die alle drei Ende März beziehungsweise Anfang April starben. Patricia Highsmith hatte Greene nie persönlich kennen gelernt, hatte aber mit ihm korrespondiert, und sein Tod »erschütterte«[43] sie. Sie suchte ihren Arzt auf, ließ sich die Lungen röntgen und war erleichtert, als sie erfuhr, dass alles in Ordnung war.

Ihre Stimmung besserte sich, als sie anfing, mit Ölfarben zu malen. Daniel Keel hatte ihr zu ihrem 70. Geburtstag die nötige Ausstattung geschenkt, und sie beschloss, bei ihrer Freundin Gudrun Müller regelmäßig Unterricht zu nehmen. Die beiden Frauen vereinbarten, sich einmal in der Woche zu treffen, aber nach zwei Zusammenkünften kam Pat nicht mehr. »Ich weiß nicht, warum«, sagt Gudrun Müller. »Es war sehr schwer, ihr etwas beibringen zu wollen. Sie war schüchtern, starrsinnig und hatte ihre eigenen Vorstellungen.«[44] Ende Juli fuhr sie zusammen mit Charles Latimer und einer Nachbarin nach Bayreuth, um der Aufführung von Wagners *Der Ring des Nibelungen* beizuwohnen. Als die Schriftstellerin Ingeborg Lüscher von diesem Vorhaben erzählte, wies Lüscher sie auf die zu diesem festlichen Anlass erforderliche formelle Kleidung hin. Wenn sie ihre übliche Kluft tragen würde – Jeans, ein Männerhemd und eine Krawatte –, würde sie natürlich auffallen, und das wolle sie doch nicht, oder? Pat erwiderte, dass sie einen wunderschönen Rock habe, den sie zur Verleihung des Officier dans l'Ordre des Arts et des Lettres getragen hätte. »Als sie ihn holte, war es ein dickes wollenes Ding mit einem Gummizug als Bund«, erzählt Ingeborg Lüscher. »Und die Schuhe, die sie dazu anziehen wollte, passten zu einem Teenager, hellblaue Schuhe mit kleinen Blumen darauf.«[45] Patricia Highsmith verwarf jedoch dieses Ensemble und kaufte sich stattdessen einen schwarzen Faltenrock in Locarno. In Bayreuth traf sie Wolfgang Wagner und seine Frau und schrieb in einem Brief an Kingsley, der Höhepunkt sei die Flussszene in *Rheingold* gewesen. Auf dem Rückweg Anfang August fuhr die Nachbarin, die am Steuer saß, den Albulapass hinunter zu rasant in eine Kurve. »Nicht so schnell!«, rief Patricia Highsmith vom Beifahrersitz aus auf Deutsch. Die Straße war nass, die Geschwindigkeit zu hoch, und einen Augenblick später wurden die Insassen nach vorn geschleudert, als der Wagen gegen eine Leitplanke krachte. »Gott sei Dank hatten Pat und ihre Freundin die Sicherheitsgurte angelegt«, sagt Charles Latimer. »Ich saß hinten und hatte mich nicht angeschnallt und wurde gegen den Vordersitz geschleudert. Es war ein Wunder, dass wir nicht ums Leben kamen. Ich glaube, der Unfall hat Pat aufgerüttelt. Es war eine Erinnerung an den Tod.« [46]

Im September flog sie nach London, als *Ripley Under Water* herauskam. Sie wohnte in der Frith Street in Hazlitt's Hotel, wo der berühmte Essayist 1830 gestorben war. »Ich habe sie dort eines Abends abgeholt«, erzählt Liz Calder, »und sie hatte festgestellt, dass der Boden so schief war, dass ihre Whiskyflasche von allein über ihre Kommode rutschte, und als sie herunterfiel, fing Pat sie gut gelaunt auf. Sie hat den Vorgang mehrmals wiederholt, so wie Pu der Bär mit seinem Luftballon. Sie hatte eine kindliche Freude an solchen Sachen.« [47]

Die Kritiker schwärmten nicht von dem Buch, aber ihre Fans dankten ihr für einen weiteren Ripley-Roman. James Campbell schrieb, dass er »weniger komplex als *Der talentierte Mr. Ripley* oder *Ripley Under Ground* und schwächer als die vier vorhergehenden war – in etwa so wie ein einstündiges Fernsehspiel, verglichen mit einem Spielfilm«.[48] Hugo Barnacle schrieb im *Independent*: »Highsmiths Plots hatten schon immer etwas Kärgliches, aber jetzt kommt noch die wirre Psychologie dazu, wodurch das Ganze unbeholfener wirkt als üblich. Dem Leser bleibt jedoch der angenehm unprätentiöse Stil und der unwiderstehlich dunkle Eskapismus, die sich einer kritischen Betrachtungsweise und erst recht kritischen Vorwürfen entziehen.« [49]

Nach einem Aufenthalt von neun Tagen in Tegna war Patricia Highsmith wieder unterwegs, diesmal auf einer PR-Reise durch Deutschland, begleitet von Kingsley. Sie verbrachten jeweils zwei Tage in Frankfurt, Hamburg und Berlin. Wieder zu Hause, musste sie sich mit weiteren Unannehmlichkeiten befassen – mit Einkommenssteuer, Erbschaftssteuer, Arztterminen und Einzelheiten ihres Testaments. Sie spielte mit dem Gedanken, ihr Haus in Tegna zu einer Schweizer Yaddo-Stiftung für Schriftsteller und Maler zu machen, um die 48 Prozent Erbschaftssteuer zu umgehen. In einem Brief an Marc Brandel bezeichnete sie das Jahr rückblickend als »schwierig« und »langweilig«; sie hatte »wenig erreicht, trotz der Anstrengung. Miese Atmosphäre zum Arbeiten, leider.«[50]

Die verschlossene Arterie in ihrem rechten Bein verursachte Pat noch immer Probleme. Monatelang hatte sie Schmerzen, vor allem beim Gehen. Als sie im Dezember mit ihrem Arzt in London einen Termin vereinbarte, erwähnte sie in ihrem Tagebuch ihre Angst, sich einer Bypass-Operation unterziehen zu müssen, aber nach der Untersuchung Mitte Januar bezweifelte der Arzt, ob sie einen derartigen Eingriff überstehen würde, und riet ihr, mit den Schmerzen zu leben. Es wurden jedoch weitere Tests für den 20. Januar im Royal Free Hospital in Hampstead vereinbart. Am Tag davor veranstaltete Heather Chasen in ihrem Londoner Haus eine Geburtstagsparty für sie. »Ich glaube, sie hat sich amüsiert, und sie hat sich gefreut, dass ich mir die Mühe gemacht hatte«, sagt Heather. »Ich weiß noch, wir diskutierten über die Natur des Bewusstseins, wofür sie sich sehr interessierte. Sie war krank, aber sie sprach nicht darüber. Manche Leute sind ganz versessen darauf, über ihre Operationen und Wehwehchen zu reden, aber sie war überhaupt nicht so.«[51] Im Krankenhaus wurde am nächsten Tag beschlossen, eine Angioplastie durchzuführen oder, wie Patricia Highsmith es nannte, »die alte Pfeifenputzer-Methode«[52] anzuwenden. Unter lokaler Betäubung erweiterten die Ärzte in einer zweistündigen Operation den Durchmesser ihrer rechten Oberschenkelarterie von einem auf sechs Millimeter. Die Ärzte betrachteten die Operation als erfolgreich verlaufen. »Sie haben Glück gehabt«, sagte ihr der Arzt ein paar Tage später nach einer Nachuntersuchung. »Ich bin glücklich«, erwiderte die Schriftstellerin.[53]

Ich zögere, etwas zu versprechen

(1992–1995)

»Ich habe eine Idee für einen Roman, der in Zürich spielt, wenn es mir gelingt, die Sache zu Stande zu bringen«, schrieb Patricia Highsmith am 19. März 1992 an Liz Calder. »Zürich kann eine sehr gewalttätige Stadt sein.«[1] Sie skizzierte den Plot ursprünglich als Thriller – ein junger schwuler Mann liegt tot im Bett seines Freundes; die Züricher Polizei durchsucht die Wohnung und nimmt an, dass der Mörder durch ein Balkonfenster eingedrungen ist; Hauptverdächtige sind zwei homosexuelle Männer. Aber kurz darauf überlegte sie es sich anders und drängte das Verbrechen an den Rand. Das Buch beginnt zwar mit der Beschreibung eines schockierenden Mords – Petey Ritter, der zwanzigjährige Freund von Rickie Markwalder, wird auf der Straße brutal niedergestochen und umgebracht –, aber wenn es denn überhaupt einer Gattung zuzuordnen ist, dann ist es ein Liebesroman, wie auch der Titel nahe legt, *›Small g‹ – eine Sommeridylle.* Ein Großteil der Handlung findet in Jakobs Bierstube statt, das in internationalen Zürich-Führern mit »g« für »gay« gekennzeichnet war und »auf eine teilweise, aber nicht ausschließlich schwule Kundschaft hinwies«.[2] Patricia Highsmith entnahm den Ausdruck dem Kalender »Metro Man 92«, einem Taschenkalender für schwule Männer. Er enthielt Fotos nackter Männer und führte durch die Schwulenszene verschiedener Städte einschließlich Zürichs. Erläuternd wurde darauf hingewiesen, dass ein großes »G«

für »Gay: überwiegend oder nur männliche Homosexuelle« und ein kleines »g« für »teilweise gay« stand.

Als Vorbild für Jakobs Bierstube diente Patricia Highsmith eine Kneipe in der Nähe der Wohnung ihrer Freundin Frieda Sommer, die in der Dorfstraße in Zürich wohnte. »Sie bestand aus einer dunklen Bar mit niedriger Decke vorn und ein paar Tischen hinten, an denen man essen konnte«, erinnert sich Vivien De Bernardi.[3] Der Protagonist, der sechsundvierzigjährige Werbegrafiker Rickie Markwalder, dem sein Arzt sagte, er sei HIV-positiv, damit er Safer Sex praktiziere, war einem zweiundfünfzigjährigen Bekannten nachempfunden, der in der Nähe von Frieda wohnte und den Patricia Highsmith als »wohlmeinend, großzügig und beliebt in der Kneipe« beschrieb.[4] Obwohl es unglaubwürdig klingt, dass Rickie fälschlicherweise glaubt, er sei HIV-positiv, basierte auch dieser Aspekt auf der Erfahrung von Friedas Freund. »Ich erinnere mich, dass Frieda von ihm erzählt hat, als wir zum Mittagessen in das kleine Restaurant gingen, das im Roman ›Small g‹ ist. Ich war erstaunt, dass ihm sein Arzt eine Fehldiagnose gegeben hatte, nur um ihm Angst einzujagen.«[5]

Im ersten Kapitel wird der Mord an Petey Ritter beschrieben, das zweite Kapitel spielt ein halbes Jahr später. Rickie Markwalder lebt sein Leben weiter, arbeitet und geht in Jakobs Bierstube, ebenso wie Renate Hagnauer, die klumpfüßige Couturière, Luisa Zimmermann, ihre Auszubildende und Untermieterin, und der geistig behinderte Willi Biber, den Renate als Faktotum benutzt. Rickie und Luisa freunden sich an, als Rickie ihr einen Schal schenkt, der Petey gehört hatte. Luisa hatte Petey geliebt, aber diese platonische Liebe war von Renate, die von Homosexuellen fasziniert und zugleich angewidert ist, ins Lächerliche gezogen worden. Beide, Rickie und Luisa, fühlen sich zu Teddie Stevenson hingezogen, einem jungen Schriftsteller, den sie in Jakobs Bierstube kennen lernen. Renate, die sich Luisa gegenüber immer besitzergreifender erweist, beauftragt Willi, Teddie, den sie für schwul hält, zusammenzuschlagen. Und eines Nachts folgt der große Willi dem

Jungen, schlägt ihn mit einer Metallstange nieder und lässt ihn leicht verletzt auf der Straße liegen. Teddie und Luisa treffen sich ein paarmal, aber Luisa interessiert sich auch für Dorrie Wyss, eine junge freiberufliche Schaufensterdekorateurin. Während Luisa versucht, ihre Unabhängigkeit zu behaupten, hecken ihre Freunde einen Plan aus, um sie aus der Tyrannei ihrer Chefin und Vermieterin zu befreien. »Also, sie erwischt dich nachts mit Dorrie bei dir im Bett ... Platzt zum Beispiel einfach ins Zimmer. Ein spitzer Schrei des Entsetzens ... Dann schmeißt sie dich garantiert raus. Oder sie kriegt mal wirklich einen Herzschlag.«[6] Renate findet Luisa und Dorrie gemeinsam im Bett, und als Dorrie die Treppe hinunterläuft, folgt ihr die Frau mit dem Klumpfuß und stürzt zu Tode. Schließlich stellt sich heraus, dass Luisa Renates Alleinerbin ist; sie schläft weiterhin mit Teddie und Dorrie, und der Roman endet mit der Hoffnung auf größere sexuelle Toleranz.

Wenn man *›Small g‹* wie die anderen Romane von Patricia Highsmith liest, wird man zwangsläufig enttäuscht: Das Buch ist nicht spannend, die Charaktere sind nur angedeutet, thematisch ist es nicht sehr ergiebig. Wenn man es jedoch als das Märchen liest, das es ganz offensichtlich ist, hat man wesentlich mehr davon. Willi wird mit einem »finsteren Gesellen im Märchen«[7] verglichen, Rickie nennt Renate eine »alte Hexe«[8], und Luisa wird mit einer Märchenkönigin mit leuchtenden Augen gleichgesetzt. Als Luisa die Schwarz-Weiß-Zeichnung einer Burg mit spitzen Türmen betrachtet, fühlt sie sich in ihre unschuldige Kindheit zurückversetzt, sie ist wieder eine Vierjährige, »die ein Bilderbuch ansieht und noch alles für echt hält«.[9]

In früheren Romanen hatte Patricia Highsmith den negativen Wirkungen von Fantasien nachgespürt, ihrer Macht, die Gedanken zu verblenden, was häufig in Enttäuschung, Gewalttätigkeit und Mord geendet hatte. In *›Small g‹* jedoch scheint sie nahe zu legen, dass die Nebenwirkungen der Imagination doch nicht so schädlich sind. Die Figuren des Romans mögen eine selbst erschaffene Fantasiewelt bewohnen, aber abgesehen von dem einfältigen Willi und der bösartigen, verklemmten Renate nehmen sie keinen Schaden. Im Gegenteil, die Fantasien helfen ihnen zu überleben. Luisas Liebe für Petey, von dessen Homosexualität sie wusste, mag nur ein Traum gewesen sein, aber vielleicht half sie ihr, den sexuellen Missbrauch seitens ihres Stiefvaters zu verarbeiten. Und ähnlich mag Rickies Verknalltheit in Teddie, der als »Traumwesen«[10] beschrieben wird, ihm helfen, Peteys Verlust zu überwinden. Teddie nennt sich selbst manchmal Georg, »weil er ab und zu gern jemand anders spielte«.[11] Er schreibt unter einem Pseudonym für eine Zeitung, unter anderem von einer ersten Verabredung »mit einem Mädchen, das, schlimmer als Aschenputtel, *vor* elf wieder zu Hause sein musste«.[12] Seine Artikel zeugen von Naivität und haben wie das Buch selbst etwas Wunderliches und Irreales. So wie auf den Mord an Petey die romantischen Verstrickungen von Jakobs Gästen folgen, so folgt auf die Tragödie eine Komödie, die Handlung ist in mildes Sommerlicht getaucht, und das Leben wird auf eine Weise gefeiert, die an die späten Stücke von Shakespeare erinnert. Es ist wohl kaum ein Zufall, dass Patricia Highsmith – wenn auch auf sehr platte Weise – auf *Das Wintermärchen* anspielt, und zwar in der Szene, als Lulu, Rickies Hund, mit ihrem Besitzer bei Jakob tanzt. Als Rickie mit dem Hund auf den Schultern tanzt, deuten die Leute auf ihn und meinen, Lulu sei eine Statue, bevor ihnen klar wird, dass es ein echter Hund ist. »Lulu hielt sich tatsächlich so still wie eine Statue, selbst das Gesicht ganz ruhig. Sie spielte ihren Part mit Genuss.«[13]

Das Buch endet optimistisch. Luisa ist nicht länger Renates Gefangene, weder Rickie noch sein Liebhaber, der Polizist Fredy, sind HIV-positiv, Fredys Frau, Gertrud, akzeptiert die unkonventionelle Beziehung ihres Mannes, und Teddie scheint es zufrieden, Luisa mit Dorrie zu teilen. Sexuelle Ambiguität triumphiert, aber man sollte nicht vergessen, dass die Sommeridylle nicht von Dauer ist. Glück ist zerbrechlich, scheint uns die Schriftstellerin sagen zu wollen, man sollte die Liebe rückhaltlos willkommen heißen, zulassen und genießen. Liebe war, wie sie sehr wohl wusste, nicht so sehr die Begegnung zweier Seelen als vielmehr die Vermischung und Verstrickung unterschiedlicher Fantasien. Das war nichts Neues – die Idee liegt all ihren Büchern von Anfang an zu Grunde –, aber die Form und der Tonfall des Romans sind erstaunlich. Patricia Highsmith wusste, dass ihr nicht mehr viel Zeit blieb, und am Ende ihres Lebens beschloss sie, das Genre zu wechseln, keinen Krimi mehr, sondern so etwas wie einen Liebesroman zu schreiben. »Bei ›*Small g*‹, das kein besonders gutes Buch ist«, meint Craig Brown, »hat man das Gefühl, dass sie den Punkt erreicht hat, an dem sie so etwas wie glücklich war.«[14] ›*Small g*‹ ist der faszinierende Versuch einer Schriftstellerin, Frieden mit sich selbst zu schließen. »Wenn man es als letztes Zeugnis lesen will, dann starb Patricia Highsmith im Frieden mit ihren Dämonen«, schreibt James Campbell. »Das Gute triumphierte über das Böse. Jammerschade für ihre Leser.«[15]

Patricia Highsmith hatte von Anfang an Zweifel an dem Roman. Sie begann im Frühjahr 1992 zu schreiben, bis zum 22. Mai hatte sie zweiundneunzig Seiten zustande gebracht. Sie war jedoch unzufrieden und bezeichnete das bislang Geschriebene als »zäh, diffus«, das unbedingt »überdacht« werden müsste.[16] Das Problem war ihrer Ansicht nach, dass die Geschichte nicht »leicht zu glauben« war und sie es nur schaffen würde, wenn sie wirklich gut schrieb.[17] Als sie für das Buch recherchierte, erbat sie unter anderem von Julia Diethelm Informationen über die Modebranche. »Ich erinnere mich, dass sie mir diese vielen Fragen zur Ausbildung stellte«, sagt Julia, die früher eine Schneiderei besaß. »Sie war sehr gut, was Details anbelangte, recherchierte sehr ernsthaft, manchmal ganz unauffällig. Sie fragte beiläufig: ›Ach, übrigens, was passiert, wenn man in Zürich stirbt? Kann ein Lehrling ein Unternehmen erben?‹ Sie war sehr dankbar für die Antworten, weil sie einen Höchstgrad an Authentizität anstrebte. Sie wollte nicht so tun, als ob.«[18] Sie widmete das Buch ihrer Freundin Frieda Sommer, die sie über die Schwulenszene in Zürich ausfragte.

Während sie an dem Roman arbeitete, schrieb sie zwei Artikel für *The Oldie* – ein Feature über Venedig, das sie auch illustrierte, und einen Artikel über Greta Garbo, »Danke für deine Filme, deinen Stil, deine Schönheit«, schrieb sie[19] – und rezensierte für das *Times Literary Supplement* Patrick Marnhams Simenon-Biografie, die sie für das Buch des Jahres hielt. Am 23. April wurde sie von einem Chauffeur von Tegna nach Rolle nahe Genf zu Peter Ustinovs Haus gefahren, wo die beiden für die deutsche Ausgabe von *Vogue* interviewt werden sollten. Sie bewunderte die Ölgemälde an den Wänden und vermerkte in ihrem Tagebuch, wie ungezwungen und freundlich Ustinov war. »Ustinov ist ein sehr sympathischer, warmherziger Mann«, schrieb sie an Liz Calder.[20] Nach dem Mittagessen fuhr sie weiter nach Genf, wo sie einen Termin mit der Steuerberaterin Marylin Scowden hatte, die ihr bei ihrer amerikanischen Steuererklärung half. Im Lauf der Zeit wurden die beiden Frauen Freundinnen.

»Sie war ein seltsamer Mensch, sie war so zurückhaltend. Vermutlich habe ich sie für eine typische Künstlerin gehalten, weil sie so exzentrisch war. Ich habe sie hin und wieder am Wochenende besucht, aber sie ließ mich nicht an sich heran. Ich hatte den Eindruck, dass sie sehr unglücklich war, darum hat sie so viel getrunken. Wenn sie morgens aufstand, trank sie Bier, am Abend ging sie zu Scotch über, aber nie lallte sie, sie war sozusagen immun gegen Alkohol. Sie bemühte sich, gastfreundlich zu sein, und da sie abends oft arbeitete, befürchtete sie, dass ich mich langweilte. Sie bestellte ein paar Videos, eines davon war *Ernst sein ist alles*, aber sie sah es nicht mit mir zusammen an. Manchmal kochte sie, aber weil sie fast nichts aß, ließ sie die Sachen im Kühlschrank stehen, bis sie verdarben. Sie aß immer nur ein paar Bissen. Es gab so viele Dinge, über die wir nicht gesprochen haben – ich versuchte, Fragen zu stellen, aber sie antwortete mir nicht. Sie war sehr verschlossen.«[21]

Patricia Highsmith war entsetzt über die Unruhen in Los Angeles – in deren Verlauf fünfzig Menschen starben und zweitausend verletzt wurden – infolge des Freispruchs der Polizisten im Fall Rodney King. Bei der bevorstehenden Präsidentschaftswahl wollte sie aus Protest für Ross Perot stimmen, den in Texas geborenen Milliardär und Gründer der Reformpartei. Bei der letzten Wahl hatte sie Bush ihre Stimme gegeben; obwohl sie ihn nicht ausstehen konnte – ihm lag ihrer Meinung nach nur »an den Reichen und am Golfspielen«[22] –, hoffte sie, dass »er einen realistischen Standpunkt zur Situation der Palästinenser vertreten würde«.[23] Sie hatte sich getäuscht. »Stattdessen wird den Leuten da, den Israelis, immer noch mehr Geld gegeben.«[24] Ross Perot erlitt eine Niederlage – bekam aber immerhin 19 Prozent der Stimmen –, und sie freute sich, als Clinton Präsident wurde.

Im Oktober reiste Patricia Highsmith zu PR-Zwecken für *Ripley Under Water* in die USA, wo das Buch im Verlag Knopf erschienen war. Sie verbrachte neun Tage in New York, las in der Buchhandlung Rizzoli in Soho und traf Donald Rice, den Vorstandsvorsitzenden von Yaddo. Die Schriftstellerin wollte ihr Haus in Tegna der Künstlerkolonie vermachen, damit die Stiftung es als Schweizer Dependance nutze. Rice war klar, dass diese Idee nicht realisierbar war – das Haus mit den zwei Schlafzimmern und Bädern war einfach nicht groß genug –, aber er hoffte, dass Yaddo auf andere Weise von ihrer Großzügigkeit profitieren könnte. »Sie hatte diese wunderbare, barsche, kettenrauchende, hartgesottene Art zu sprechen, und ich mochte sie auf Anhieb«, erzählt Rice. »Ich bin Steuerberater und weiß, dass die Leute, die Geld haben, in der Regel andere Menschen kontrollieren wollen. Ich glaube, Pat war eine Expertin, wenn es darum ging, andere zu manipulieren. Ich meine es nicht böse, ich glaube einfach, dass es ihr Spaß machte.«[25] Rice erinnert sich, dass sie bei ihren Geschäften immer sehr geheimnisvoll tat – »die Anrufe aus Telefonzellen, die kryptischen Briefe, immer wieder neue Dokumente, die aberwitzigen Intrigen ... Ich vermisse ihre heisere Stimme und den Geruch nach Gauloises, vermischt mit einer Spur Scotch.«[26] Rices Geduld zahlte sich aus. Im Juli 1994 schickte Patricia Highsmith anonym einen Scheck über 27 500 Dollar, im Dezember desselben Jahres beauftragte sie ihre Bank, an Yaddo 300 000 Dollar zu überweisen, und in ihrem Testament setzte sie die Stiftung als ihre Alleinerbin ein. »Pat Highsmiths Vermächtnis ist ein Ausdruck dessen, wofür sie stand. Sie war durch und durch eine Künstlerin, deren Werk ihr Leben war und umgekehrt.«[27]

In New York traf sie auch mit Neil Gordon zusammen, der eine Kritik ihres Werks für die *Threepenny Review* schrieb. Die beiden Schriftsteller unterhielten sich in der Lobby ihres Hotels. »Highsmith kam zu spät, sie hatte Bücher signiert. Sie war eine eher kleine und wenig anziehende Frau, freundlich und überhaupt nicht prätentiös. Es fiel mir schwer, drei konträre Aspekte in Einklang zu bringen: Diese sanftmütige, höfliche Frau hatte die schauerlichsten Mordgeschichten geschrieben, die ich je gelesen hatte; diese ziemlich bigotte Frau war die Autorin des meines Erachtens politisch radikalsten Werks in der zeitgenössischen Literatur; die Kluft zwischen der Komplexität ihres Werks und der Schlichtheit ihrer Haltung dazu war verblüffend. So bestritt sie zum Beispiel, dass Ripley homosexuell ist – sie meinte, seine Haltung zu Frauen sei ›gemäßigt‹. Aber Ripleys Homosexualität ist der Schlüssel, mit dem die radikale Komplexität der Ripley-Romane zu knacken ist. Man muss noch nicht einmal die Psychoanalyse bemühen, man muss sich nur die Ripley-Filme ansehen, und schon merkt man, wie schwer es den Regisseuren gefallen ist, mit seiner nicht fassbaren Sexualität zurande zu kommen, und wie sehr sie die Filmadaptionen beeinflusst hat.

Und natürlich hat das alles eine Bedeutung. Ripleys Homosexualität ist für mich entscheidend, weil diese Bücher von der Anpassung an die unerträglich bigotte Realität handeln. Die psychotische Spaltung, die Ripley gestattet, folgenlos zu töten, ermöglicht ihm auch, in der grauenhaft homophoben Atmosphäre der fünfziger Jahre zu überleben. So wie Ripley im Kontext der amerikanischen fünfziger Jahre durchgängig die unerträgliche Realität seiner Homosexualität unbewusst abwehrt, so verdrängt er auch, dass er gemordet hat. Darum hat es mich natürlich fasziniert, eine ähnliche psychotische Spaltung in der Persönlichkeit von Patricia Highsmith selbst zu entdecken, die es ihr ermöglichte, die zentrale Thematik ihrer Bücher sowie ihre Radikalität zu verdrängen.«[28]

Von New York flog Pat nach Texas, wo sie ihren Cousin Dan

Coates auf seiner Ranch in Weatherford besuchte und von einem Journalisten der Zeitschrift *People* interviewt wurde. Obwohl sie ihren Cousin und seine Frau mochte, bedrückten sie der krasse Materialismus, das vulgäre Banausentum und die prorepublikanische Einstellung in Texas. Nach sechs Tagen Aufenthalt in dem Staat, in dem sie geboren war, sich aber nicht mehr zu Hause fühlte, flog sie nach Toronto, wo sie am 18. Oktober anlässlich des Harbourfront Festivals eine Lesung hielt und an einer Party teilnahm, zu der auch Margaret Atwood und Michael Ondaatje geladen waren. Sie war froh, Ende des Monats nach Hause zurückzufliegen. »Wenn man in Texas ist, fehlt etwas: Es fehlt Europa, es fehlt die Welt«, schrieb sie in ihr Tagebuch.[29]

Der Journalist von *People* beschrieb Patricia Highsmith als »Einsiedlerin«[30], was sie jedoch weit von sich wies. »Zu behaupten, ich wäre eine Einsiedlerin, ist journalistischer Unsinn … Ich telefoniere gern, ich habe es gern, wenn Leute auf eine Tasse Kaffee vorbeikommen. Ich halte mich nicht für eine Einsiedlerin.«[31] Diese Aussage kann Bee Loggenberg, den die Schriftstellerin Ende 1992 kennen lernte, bestätigen. Sie mag verschlossen gewesen sein, aber das bedeutete nicht, dass sie nicht gern neue Bekanntschaften machte. »Pat und ich verstanden uns vom ersten Augenblick an«, erzählt Loggenberg. »Sie sagte immer, ich sei so überschwänglich und lebensfroh, und sie genoss es, mich zu besuchen und zu plaudern, weil sie sonst sehr grüblerisch war. Wir sprachen über Sexualität – ich bin homosexuell, und sie war homosexuell. In vielerlei Hinsicht war sie nicht einfach – sie fühlte sich wohl in Gesellschaft von schwulen Männern, aber lesbische Frauen mochte sie nicht besonders. Sie wirkte ziemlich maskulin, und wenn wir zusammen waren, war es für mich, als wäre ich mit einem anderen Mann zusammen. Sie redete viel über Ripley und identifizierte sich stark mit ihm.«[32] Loggenberg muss lachen, wenn er an ein Gespräch mit Patricia Highsmith zurückdenkt, bei dem sie über die Unterhaltskosten ihres Gartens in Tegna klagte. Sie soll gesagt haben, sie könne es sich einfach nicht leisten, einen Gärtner in Anspruch zu nehmen, und sie sei auch nicht bereit, für das Rasenmähen zu zahlen. Loggenberg, der für sein Haus in Monte Bré in der Nähe von Locarno einen Gärtner angestellt hatte, bot freundlicherweise an, ihr zu helfen. Kurz vor ihrem Tod besprach Pat ihr Testament mit Loggenberg und erwähnte beiläufig einen beträchtlichen Betrag auf einem ihrer Konten. »Da wurde mir klar, dass sie wahrscheinlich genauso viel Geld hatte wie ich, und ich hatte ihren verdammten Rasen gemäht. Die Instandhaltung meines Gartens kostet mich ungefähr zweitausend Pfund im Monat – aber ich habe einen ganzen Tag bei ihr Unkraut gejätet!«[33]

Es begann mit einer Erkältung und wiederholtem Nasenbluten. Während sie darum kämpfte, die erste Fassung von ›*Small g*‹ fertig zu stellen, was ihr Mitte März 1993 gelang, fühlte sich Patricia Highsmith zunehmend elend. Aber sie ließ nicht zu, dass die Krankheit die Oberhand gewann. Am 14. Juli ging sie endlich zum Arzt. Er diagnostizierte eine schwere Anämie, und ein Bluttest ergab, dass sie statt der 150 000 Thrombozyten, wie es bei einem gesunden Menschen die Norm ist, nur 40 000 hatte. Um die Ursache festzustellen, ordnete der Arzt weitere Untersuchungen im Krankenhaus von Locarno an; außerdem durfte sie drei Wochen lang keinen Alkohol trinken. »Ich dachte nicht, dass sie das schaffen würde, aber sie schaffte es, sie ging für drei Wochen auf Entzug«, sagt Vivien. »Ihr Verhalten änderte sich nicht. Ich glaube, zu diesem Zeitpunkt war sie bereits eine Alkoholikerin. Nur wenn sie trank, fühlte sich Pat einigermaßen wohl, denn ihr Alkoholismus war schon so weit fortgeschritten, dass sie depressiv war, ob sie nun trank oder nicht. Sie wurde nicht mehr fröhlich, nur weil sie trank. Am Ende lebte sie eigentlich nur von Bier. In ihrer Handtasche hatte sie immer ein Glas Erdnussbutter dabei, etwas anderes konnte sie nicht mehr essen.«[34]

Dieser Sommer, so sagte Patricia Highsmith, war »hart«.[35] Am 14. September wurde ihr in Locarno ein gutartiger Dickdarmtumor entfernt, und am 10. Oktober wurde sie in das Kantonspital in Basel eingeliefert, ein modernes Krankenhaus, das auf Hämopathie spezialisiert ist. Dort erhielt sie täglich eine Neupogen-Spritze, ein Medikament zur Behandlung von Neutropenie, einer Verminderung der der Infektionsabwehr dienenden weißen Blutkörperchen. »Es heißt, mein Zustand sei jetzt stabil«, schrieb sie an Barbara Skelton. »Für mich bedeutet das, dass ich in den nächsten Monaten nicht sterben werde, womit ich letztes und dieses Jahr eigentlich dauernd gerechnet habe. Ich habe in einem Jahr 15 Kilo abgenommen, habe viel weniger Kraft und werde immer schwächer, aber ich habe gelernt, mich mit Kalorien voll zu stopfen in der Hoffnung, ein paar Gramm zuzunehmen.«[36] Schließlich wurde festgestellt, dass sie an aplastischer Anämie litt, einer Fehlfunktion des Knochenmarks, das nicht genügend rote Blutkörperchen bildete, und mehrere kleine Tumoren in der Lunge und der Nebenniere hatte. Eine Behandlung erwies sich als schwierig – die Tumoren konnten nicht operativ entfernt werden, weil sie zu klein waren, Bestrahlung oder Chemotherapie kamen erst infrage, wenn sich das Knochenmark erholt hatte. Die Ärzte verschrieben ihr ein Medikament, das die Fehlfunktion des Knochenmarks unterdrückte; drei Tage lang intravenös eine hohe Dosis Immunglobuline und ein anderes Mittel, um die Produktion von Blutzellen zu stimulieren. Im Anschluss an diese Behandlung musste Patricia Highsmiths Blut zweimal wöchentlich getestet werden, und alle neun Tage bekam sie Hämoglobin- und Thrombozytentransfusionen. Sie fühlte sich wie »ein Hund an der Leine«.[37]

Patricia Highsmith versuchte, optimistisch zu sein, was ihre Zukunft anbelangte. Sie hoffte, die aplastische Anämie würde, was manchmal der Fall war, von selbst heilen, und sprach sogar von der Möglichkeit einer Knochenmarktransplantation. Aber letztlich fühlte sie sich schwach und müde und wusste, dass ihre Zeit sich dem Ende neigte. Im September 1993 erwarb der Diogenes Verlag die Weltrechte an ihrem Gesamtwerk, und im Januar 1994 stellte sie Frieda Sommer eine Vollmacht aus. Im Mai 1994 wurde Bruno Sager, der einige Zeit im Kloster von Einsiedeln verbracht hatte, ihr

Haushälter. »Sie war klein, dünn, nahezu durchsichtig, hatte diese eleganten Hände, die niemand berühren durfte«, erinnert sich Sager, der von Juni bis Dezember bei der Schriftstellerin wohnte. »Ich mochte sie – sie war intelligent und sensibel, hatte einen guten Geschmack für Literatur und Kunst. Sie sprach nicht viel. Am Anfang wollte sie nur, dass jemand im Haus war für den Notfall und sie ins Krankenhaus fahren konnte. Als ich da war, half ich im Haus und im Garten. Sie liebte ihre Rosen, und sie zeigte mir, wie ich sie schneiden sollte. Sie selbst hatte nicht mehr die Kraft für Gartenarbeit. Sie sagte, dass es schwierig sein könnte, mit ihr zusammenzuleben, aber wir wohnten in unterschiedlichen Teilen des Hauses und benutzten nur das große Wohnzimmer gemeinsam. Sie stand gegen acht Uhr morgens auf, und wir frühstückten getrennt. Vormittags arbeitete sie, gegen eins aßen wir zu Mittag, am Nachmittag schlief sie ein wenig, anschließend las oder schrieb sie. Ich betätigte mich viel in der Küche, weil ihr die Kraft dazu fehlte. Manchmal sagte sie: ›Ich hätte gern Maisbrot.‹ Und ich machte mich daran, es zu backen. Sie hatte eine Vorliebe für amerikanische Speisen wie Bohnen mit Speck, aß aber immer nur winzige Portionen. Nach dem Abendessen sahen wir manchmal fern – sie blickte auf ihre Uhr, wie um zu sagen: ›Oh, es ist Zeit für die *EastEnders*‹, eine Sendung, die sie gern sah – oder schauten uns Videos von den Verfilmungen ihrer Bücher an. Zwischen zehn und elf Uhr abends ging sie ins Bett. Ihr Schlafzimmer war zugleich ihr Arbeitszimmer, darin standen ein Bett, ein kleiner Tisch und ihr Sekretär.

Sie war sehr auf Sauberkeit und Ordnung bedacht; die Wäsche musste auf eine ganz bestimmte Art und Weise gemacht werden. Und sie achtete darauf, dass ich sorgsam mit Geld umging. Ich kaufte ein, und sie kontrollierte, was ich gekauft hatte, und sagte: ›Warum hast du das gekauft, das ist viel zu teuer.‹ Sie zahlte mir nur sehr wenig, ich glaube, vierhundert Franken im Monat, aber ich habe es nicht wegen des Geldes getan. Am Anfang war es schwierig, weil ich nicht recht wusste, was sie eigentlich wollte, aber ich werde diese Erfahrung und sie nie vergessen. Sie war ein richtiges Original.«[38]

Patricia Highsmith wusste Brunos Mühen durchaus zu schätzen – Kingsley schrieb sie, dass mit ihm »das Leben besser«[39] sei –, und Vivien De Bernardi stellte fest, dass sich ihre Laune besserte. »Sie blühte noch einmal auf. Er übernahm die Alltagsarbeiten, sie aß ein wenig, es waren sechs wunderbare Monate für sie.«[40] Auf Fotos, die Ingeborg Lüscher in diesem Sommer machte, trägt Pat einen weiten Pullover, eine elegante Krawatte und grinst übers ganze Gesicht, ihre dunklen Augen funkeln, als hätte sie gerade einen schmutzigen Witz gehört. Trotz des schrecklichen Mangels an Energie arbeitete sie weiterhin, schrieb Buchbesprechungen für das *Times Literary Supplement* und *The Oldie*, einen Artikel über O. J. Simpson für die *Washington Post*, und im September und Oktober überprüfte sie die Lektorierung von ›*Small g*‹, dem Roman, der ihr einen Vorschuss von 20 000 Pfund von Bloomsbury einbrachte. Jean-Etienne Cohen-Séat, Präsident von Calmann-Lévy, drückte seine Bewunderung schriftlich aus: »Zweifellos werden viele Leser begeistert sein von der modernen Darstellung unvergänglicher Themen wie Vergnügungssucht und durch Sexualität, Liebe, Freundschaft und Gesellschaft verursachtes Leid.«[41]

Knopf, ihr amerikanischer Verlag, lehnte jedoch das Buch ab. »Es war ein süßes, verblüffendes Buch«, sagt Gary Fisketjon. »Wenn Knopf es veröffentlicht hätte, wäre der Erfolg von Jahren zerstört worden. Aber sie schrieb, dass sie die Ablehnung nicht persönlich nahm. Ich glaube, sie wusste, dass es nicht ganz den Erwartungen entsprach.«[42] Und so hatte sie am Ende ihres Lebens keinen amerikanischen Verlag mehr, ein letzter Ausdruck der gespannten Beziehungen zwischen der ausgewanderten Schriftstellerin und ihrem Geburtsland. Neil Gordon meint, dass Patricia Highsmiths Ausgrenzung symptomatisch für die Weigerung der USA sei, sich mit der Bedeutung ihres Werks auseinander zu setzen. Amerika hat »ihre Einsichten verdrängt – ihre schmerzhaften und komplizierten Einsichten in Schuld und Verdrängung –, so wie ihre Romanfiguren die eigene Schuld verdrängen. Und damit wird sie sozusagen in das Unbewusste unserer Literatur verdrängt, so wie die Schuld ins Unbewusste ihrer Figuren verdrängt wird: immer präsent, nie geheilt, nie anerkannt und nie verstanden.«[43]

Im November reiste Patricia Highsmith mit Bee Loggenberg nach Paris, wo sie ihre Freundin, die Schauspielerin Jeanne Moreau, anlässlich des dreißigjährigen Bestehens von *Le Nouvel Observateur* traf. »Sie fuhr nach Paris, obwohl sie sich sehr schwach fühlte – es war so etwas wie ein letztes Aufbäumen«, meint Kingsley.[44] Auf den Fotos, die Loggenberg in einem Restaurant von ihr machte, sieht sie zerbrechlich aus, ist jedoch gut gekleidet, trägt eine weiße Bluse, einen kobaltblauen Anhänger und eine mexikanische Weste. »Als wir nach Paris fuhren, war sie schon sehr krank und schwach«, sagt er, »aber wir hatten viel Spaß.«[45] Sie tat alles, um ihre Aufgaben zu bewältigen, aber sie weigerte sich, neue Verpflichtungen einzugehen. »Ich zögere, etwas für den nächsten März zu versprechen«, schrieb Patricia Highsmith an Jean-Etienne Cohen-Séat, nachdem dieser sie gefragt hatte, ob sie im März 1995 zum Erscheinen von ›*Small g*‹ nach Paris kommen könne. »Ich wünschte, ich könnte ... Ich habe nicht mehr so viel Kraft wie noch vor einem Jahr.«[46]

Nach Hause zurückgekehrt, machte sich Patricia Highsmith wieder daran, ihre Angelegenheiten zu regeln. Am 15. November bat sie Daniel Keel in einem Brief um seine Vermittlerdienste für den Verkauf ihrer Schriftstücke an das Schweizerische Literaturarchiv in Bern. Sie hatte erwogen, ihre Manuskriptunterlagen dem Harry Ransom Humanities Research Center der Universität von Texas in Austin zu verkaufen. Ende September hatte sie dem Direktor, Tom Staley, geschrieben und so bescheiden wie möglich ihren schriftstellerischen Status skizziert, allerdings nicht unerwähnt gelassen, dass sie 1991 für den Nobelpreis für Literatur nominiert worden war, den jedoch Nadine Gordimer erhalten hatte. Texas hatte 26 000 Dollar für ihren literarischen Nachlass geboten. Patricia Highsmith empfand diesen Betrag als »beleidigend und beschloss deshalb, ihre Unterlagen in der Schweiz zu belassen. Das Schweizerische Literaturarchiv zahlte ihr 150 000 Franken, fast das Vierfache.«[47]

Vivien hatte angenommen, dass sie die Angelegenheit zum Abschluss gebracht hatte. Als sie jedoch die Schriftstellerin sechs Wochen vor ihrem Tod zu Hause besuchte, rief Pat sie in ihr Schlafzimmer. »Sie hatte Rückenschmerzen und lag im Bett. Als sie aufstand, um ins Bad zu gehen, sagte sie zu mir: ›Wirf doch bitte einen Blick auf mein Testament auf dem Schreibtisch.‹ Sie befürchtete, nicht genug Energie zu haben, um es ins Reine zu schreiben. Ich fragte sie, warum sie es ändern wolle, und sie erwiderte, dass sie ihre Unterlagen dem Schweizerischen Literaturarchiv hinterlassen wolle. Ich sagte: ›Machst du Witze? Hast du das noch nicht getan?‹ Sie antwortete: ›Nein, es dauert so lange, alles mit der Hand niederzuschreiben.‹ Worauf ich zurückgab: ›Das schreibt man nicht mit der Hand, damit geht man zu einem Notar.‹ Aber sie wollte kein Geld für einen Notar ausgeben – das war der Grund. Ich habe ihr dann gesagt, dass ich es mit nach Hause nehmen und dort tippen würde, was ich auch tat. Wir sind gemeinsam ihr Testament durchgegangen, und sie hat mir die Absätze gezeigt – es waren zwei –, die geändert werden sollten. Es ging um ihre Testamentsvollstrecker und das Archiv. Wenn sie ihre Unterlagen einer Institution in den USA hinterlassen hätte, hätte sie Kingsley zur Nachlassverwalterin ernannt, aber da sie in der Schweiz bleiben sollten, entschied sie sich für Daniel Keel.«[48] Am 12. Januar schrieb Patricia Highsmith Kingsley ein letztes Mal und informierte ihre Freundin von ihren geänderten Plänen und der Tatsache, dass Daniel Keel – den sie als sehr hilfreich beschrieb und als »mein Vermittler (nicht Agent) in dieser Sache«[49] – mit ihrer Erlaubnis Zeichnungen und Bilder mitgenommen habe, um daraus ein Buch zu machen – der Band *Zeichnungen* wurde vom Diogenes Verlag nach ihrem Tod veröffentlicht.

Nach Bruno Sager kümmerte sich einen Monat lang ein zwanzigjähriges Mädchen um die Schriftstellerin. Sie bekam regelmäßig Besuch von ihren Freunden und Freundinnen, und Ingeborg Lüscher massierte sie. Pat genoss die Massagen, was bemerkenswert war für eine Frau, die sich nicht gern berühren ließ. »Ich war sehr sanft, weil sie am Ende nur noch Haut und Knochen war«, sagt Ingeborg. »Sie wollte mit mir nicht über den Tod sprechen, aber in den letzten zwei Wochen ihres Lebens kamen wir einander sehr nah. Sie sah mich auf eine ganz bestimmte Weise an, die über Worte hinausging. Mir war es wichtig, nicht wegzusehen, sondern den Blickkontakt aufrechtzuerhalten. Sie sagte mir: ›Schau, ich sterbe, vielleicht ist dies das letzte Mal, dass wir uns sehen. Ich sterbe, ich sterbe.‹ Sie wollte, dass ich ihr beistand, allerdings wortlos.«[50] In den letzten Wochen ihres Lebens erbrach sie Blut, und ihre Haut verfärbte sich gelb, ein Zeichen, dass sie eine weitere Transfusion brauchte, aber nach eigenen Angaben hatte sie kaum Schmerzen. »Ich hatte damit gerechnet, dass sie größere Angst hätte«, sagt Vivien. »In den sechs Wochen vor ihrem Tod schien Pat nicht besonders deprimiert. Es war komisch, sie hat sich so oft aufgeregt über irgendetwas, was am anderen Ende der Welt passierte, aber bevor sie starb, war sie ruhig. Sie hatte etwas sehr Stilles. Sie wirkte sehr friedlich und so klar bei Verstand wie immer.«[51]

Am 1. Februar setzte sie ihr endgültiges Testament auf und ernannte Daniel Keel zu ihrem literarischen Nachlassverwalter und gemeinsam mit Vivien De Bernardi und Frieda Sommer auch zu ihrem Testamentsvollstrecker. Sie legte fest, dass der Erlös aus ihrem literarischen Nachlass ebenfalls an die Künstlerkolonie Yaddo gehen sollte. Am nächsten Abend war sie so schwach, dass sie nicht mehr aufstehen und auf die Toilette gehen konnte. Sie rief Bert und Julia Diethelm an und sagte: »Ich bin völlig hoffnungslos und in einem sehr schlechten Zustand.«[52] Als die beiden eintrafen, lag Patricia Highsmith im Bett, »was bisher noch nicht vorgekommen war, sie hatte uns immer korrekt bekleidet begrüßt. Ich dachte, jetzt geht es wirklich mit ihr zu Ende.«[53] Die Diethelms führten sie vorsichtig zu ihrem Wagen, Pat umarmte Julia, und dann fuhren sie sie nach Locarno ins Krankenhaus.

An diesem Tag hätte Patricia Highsmith Marylin Scowden treffen sollen, um ihre finanziellen Angelegenheiten zu regeln, aber da sie sich unwohl fühlte, hatte sie den Termin abgesagt. »Wir wussten alle, dass sie nicht mehr lange leben würde, und ich habe zu ihr gesagt, dass wir uns wirklich bald treffen sollten«, beteuert Marylin, die sie am 3. Februar im Krankenhaus besuchte und die letzte aus dem Freundeskreis war, die Patricia Highsmith noch lebend sah. »Es war schrecklich. Sie war nur noch ein Nichts. Ihre Beine schmerzten so sehr, dass sie mich bat, sie zu massieren. Als ich sie anfasste, merkte ich, dass nur noch der Knochen da war. Ich wollte länger bleiben, aber das ließ sie nicht zu. Die Ärzte versicherten mir, dass sie bald wieder zu Hause sein würde, und ich ging.«[54] Vivien rief an und fragte Pat, ob ihr Besuch erwünscht sei, aber sie lehnte ab, weil der ganze Tag für Untersuchungen verplant war. Um 6.30 Uhr am Morgen des 4. Februar 1995 starb Patricia Highsmith, allein. »Ich bedaure sehr, weggegangen zu sein«, sagt Marylin, »aber ich frage mich, ob sie wusste, dass sie sterben würde. Vielleicht wollte sie allein sein.«[55] Vivien war entsetzt, als sie am Samstagvormittag von Pats Tod erfuhr, da Marylin ihr erzählt hatte, wie munter sie am Abend zuvor noch war. »Sterben oder krank sein ist kein Vergnügen«, resümiert Vivien, »aber alles in allem bin ich der Ansicht, dass der Tod eines der kleineren Traumen in ihrem Leben war.«[56]

Epilog

Am Morgen des 6. Februar wurde die Leiche von Patricia Highsmith ihrem Wunsch entsprechend verbrannt. Ihre Freundinnen zogen ihr eine schlichte weiße Bluse an, von der sie den Spitzenbesatz entfernt hatten. Ein Dutzend Trauergäste fanden sich im Aufbahrungszimmer des Krankenhauses ein, wo Pat in einem offenen Sarg lag, bevor sie nach Bellinzona überführt wurde. Dort folgten Highsmiths Freunde zu Fuß dem Leichenwagen, der langsam zum Krematorium fuhr. »Es war kalt, die Stimmung gedrückt, die Trauerfeier war sehr schlicht, und ich war überzeugt, dass es in Pats Sinn war, genauso wie die begrenzte Zahl der Trauernden, Menschen, die sie gekannt und geliebt hatten«, schreibt Vivien, die bei der Trauerzeremonie auch eine kurze Gedenkrede hielt. »Ich hatte das Gefühl, dass es so war, wie Pat es sich gewünscht hätte.«[1]

Wie es in der Schweiz üblich ist, sollte Patricia Highsmiths Haus in Tegna versiegelt werden, da jedoch Marylin Scowden dort wohnte, beschlossen die Behörden, das, was ihrer Meinung nach von Wert war, in einen Raum zu bringen und diesen zu versiegeln. Ihre Auswahl war bizarr – der Esstisch mit allem, was darauf lag, darunter eine kleine Pralinenschachtel von Lindt als Werbegeschenk, ein englischer Teekuchen und eine ledergebundene Ausgabe der *Encyclopaedia Britannica.* Als sie allein war, öffnete Marylin Scowden eine Schranktür und stand vor einer literarischen Schatztruhe – der

Schrank war voller Manuskripte. »Als ich das hörte, wurde mir klar, wie sehr ich Pat vermisste, weil das etwas war, weswegen ich sie angerufen hätte«, sagt Vivien. »Ich hätte sie so gern angerufen und ihr erzählt: ›Weißt du, was sie versiegelt haben – deine *Encyclopaedia Britannica*.‹ Pat wäre entzückt gewesen.«[2] Bevor der Schrank ausgeräumt wurde, autorisierte der Diogenes Verlag den Filmemacher Philippe Kohly zu Dreharbeiten im Haus für einen Dokumentarfilm über Patricia Highsmiths Leben und Werk. Anschließend machten sich Daniel Keel und Anna von Planta daran, den literarischen Nachlass der Schriftstellerin zu sichten. »Die Unterlagen«, schreibt Anna von Planta, seit 1985 Highsmiths Lektorin bei Diogenes, »sind so umfangreich, dass sie aneinander gestellt dreißig Meter lang sind.«[3]

Zusätzlich zu den üblichen Nachrufen, die Patricia Highsmiths Leben Revue passieren ließen, widmete ihr die *Times* einen Leitartikel. »Krimis müssen kein zweitklassiges literarisches Genre sein«, lautete die Überschrift. In dem Artikel wurde eine Neubestimmung ihres Werks gefordert und beschrieben, wie sie den Kriminalroman neu erfunden habe, »indem das Interesse für den Verbrecher und die Psychologie des Verbrechens die Lösung des Rätsels ersetzt«.[4] Aber das war nicht ihr einziges Verdienst. Man würde sich wegen der Erschaffung von Ripley an sie erinnern, einer der faszinierendsten Figuren der modernen Literatur; wegen ihrer geistigen Verwandtschaft mit Nietzsche, Dostojewski und den Meistern des Existenzialismus und wegen der Amoralität, die ihre Romane aufkommen lassen. Der Regisseur und Autor Michael Tolkin schrieb in der *Los Angeles Times*, Patricia Highsmith sei »die beste im Ausland lebende amerikanische Autorin seit Henry James«[5], und bekannte: »Sie ist eine der besten Schriftstellerinnen der Welt … Ich glaube nicht, dass ich *The Player* ohne sie hätte schreiben können.«[6]

Eine Woche nach ihrem Tod trafen die Fahnen von ›*Small g*‹ bei Bloomsbury in Soho ein, und Anfang März kam das Buch auf den Markt. »Ich wünschte, sie hätte es noch sehen können, aber sie mochte den Umschlag«, schreibt Liz Calder.[7] Grey Gowrie bezeichnete das Buch im *Daily Telegraph* als »eine wahre Freude« und als faszinierenden Abschluss ihres Gesamtwerks.[8] Geoffrey Elborn fand, dass der Roman »eine für Highsmiths Welt seltene Heiterkeit«[9] besaß, und William Trevor erkannte darin ein Märchen, obwohl es kein »und sie lebten glücklich bis an ihr Lebensende gab. Das war nie Highsmiths Stil. Ihr ging es immer um die Wahrheit.«[10] Lorna Sage mochte das Buch aus ähnlichen Gründen wie William Trevor und hob hervor, dass Patricia Highsmith die sterile, geordnete Welt der Schweiz durch die Einführung von Ambiguität durcheinander gebracht hätte. »In ihrem letzten Roman stellte sie sich eine neue Generation hoffnungsvoller Jungen und Mädchen vor, die dem Pfefferkuchenhäuschen von entweder – oder entkommen sollten.«[11]

Andere Rezensenten konnten sich mit dem Roman nicht anfreunden. In der *Sunday Times* wurde darauf hingewiesen, dass dem Buch »das Markenzeichen der Autorin, die bedrohliche Unterströmung aus Angst und Grausamkeit«[12], fehlte, und Rose Wild war enttäuscht, weil »die Hohepriesterin des Bösen« beschlossen hatte, brav zu werden. »Highsmiths Homosexualität war in ihren früheren Werken nur andeutungsweise präsent. Der Verdacht, dass sie beschlossen hat, der wahren Botschaft hier freien Lauf zu lassen, ist schwer zu entkräften. Enttäuschend ist ihre blauäugige Sichtweise.«[13] Andere gingen noch weiter. Michael Dobbs hielt das Buch für ein »trauriges Epitaph für eine so namhafte Schriftstellerin«[14], und Brian Glanville, ein Freund von Patricia Highsmith, bezeichnete den Roman als »Auster ohne Sandkorn … ›*Small g*‹ ist ein trostloses Buch. Ich wünschte, es wäre nicht erschienen.«[15]

Die Trauerfeier für Highsmith wurde am Nachmittag des 11. März, am Faschingssamstag, in der kleinen Kirche von Tegna »mit ihren pastellfarbenen Fresken und fliegenden Cherubinen«[16] abgehalten. Die Kirche war gerammelt voll: ein deutsches Fernsehteam, »schwarz gekleidete Menschen aus dem Dorf«[17], Fans und viele Freunde, darunter Kate Kingsley und Frieda Sommer. Ellen Hill hatte sich fürs Fernbleiben entschieden mit der Begründung: »Ich hatte am Schluss

Schwierigkeiten mit Miss Highsmith.«[18] Ihre Verleger – aus England, Frankreich, Spanien, Italien und Deutschland, jedoch keiner aus Amerika – hoben Patricia Highsmiths außergewöhnliche schriftstellerische Fähigkeiten hervor, und Vivien De Bernardi sprach über Pat als Freundin. »Aufgrund ihrer Abkapselung waren ihre Gedanken frei von Moden, Konventionen oder Hemmungen. Sie war wie ein wildes Pferd, das niemand zähmen konnte ... Besuche bei Pat waren, als ob man sich die Brille putzen würde ... Auf die honigsüßen Darstellungen ihres Wesens nach ihrem Tod reagierte mein Sohn folgendermaßen: ›Sie hatte einen *caratteraccio*, und deswegen haben wir sie gemocht!‹ Und er hat Recht. Sie war manchmal eine schwierige Freundin, faszinierend, wild und wunderbar. Und ihr Tod hat eine große, schmerzliche Lücke im Leben derjenigen hinterlassen, denen so viel an ihr lag.«[19] Nach dem Gottesdienst trug Kate Kingsley die Urne mit der Asche ihrer Freundin aus der Kirche, durch den kleinen Friedhof hindurch und deponierte sie in einer kleinen Nische in der Friedhofsmauer, wo sie versiegelt wurde. »Dann stellte ein Mann ein Foto von Patricia Highsmith mit ihrer Katze vor die Nische«, erinnert sich Tanja Howarth. »Da er Tränen in den Augen hatte, fragte ich ihn, ob er ein Verwandter sei. ›Nein‹, sagte er. ›Aber ich habe gerade alle ihre Bücher gelesen.‹«[20]

Auf dem Weg zum Friedhof erzählte Daniel Keel der Journalistin Joan Dupont, dass Patricia Highsmith »immer größer und größer werden wird, sie wird ein Klassikerin werden«.[21] Keel verteilte zwei Gedichte der Schriftstellerin, eines aus *Ediths Tagebuch*, in dem Edith sich die angesichts ihres Todes gleichgültigen Bäume in ihrem Garten vorstellt, das andere, geschrieben 1979, mit dem Titel »A Toast« feiert das menschliche Streben und den Wunsch, etwas zu erschaffen: »Hoch lebe der Optimismus und der Mut! / Ein Hoch dem Wagemut! / Und Lorbeer dem, der springt!«[22] Nach der Trauerfeier, als alle auf dem Friedhof standen, war plötzlich ein donnerähnliches Geräusch zu vernehmen. »Nach dem emotional aufgeladenen Schweigen drehten wir uns um und sahen auf dem Gleis neben dem Friedhof einen Zug auf uns zukommen«, erzählt Tanja

Howarth. »Einen Steinwurf entfernt winkte uns eine Gruppe junger Leute zu und schrie etwas, wahrlich [*Zwei*] *Fremde im Zug*.«[23]

Zeit ihres Lebens hatte Patricia Highsmith Notizen über den Tod, ihre Ängste, ihre letzten Gedanken und die veränderliche Natur des Bewusstseins gemacht. Auf gewisse Weise war der Tod etwas, was sie anstrebte, weil sie ihn als Zustand reinen Denkens, als transzendente Vollkommenheit betrachtete. 1973 notierte sie ihre mutmaßlichen letzten Worte: »Es war alles so vorhersehbar.«[24] Aber in diesem Fall hatte sie sich getäuscht; statt einem klaren, gut ausgetretenen Pfad zu folgen, trieb es die Schriftstellerin zu den dunklen Aspekten der Seele, die normalerweise im Schatten versteckt sind. Ihre Sichtweise ist trotz aller Verzerrungen und fantastischer Täuschungen einzigartig, und ironischerweise wird die Bedeutung ihres Werks erst jetzt, nach ihrem Tod, wirklich erkannt, auch in Amerika. Zum Teil ist das Anthony Minghellas Verfilmung von *Der talentierte Mr. Ripley* von 1999 und der Neuausgabe ihrer Bücher zu verdanken. Im Oktober 2002 brachte der Verlag W. W. Norton *Nothing That Meets the Eye* heraus, eine Sammlung von achtundzwanzig meist unveröffentlichten Geschichten, die James Campbell beschrieb als Werke »einer geborenen Geschichtenerzählerin ... Ihre Schauplätze und Figuren, die sie mit ein paar kräftigen Strichen charakterisiert, und ihr endloser Vorrat an scheinbar simplen Situationen erinnern an einen anderen Meister des alltäglichen Lebens, Guy de Maupassant.«[25] Auch der Diogenes Verlag veröffentlichte 2002 zwei Bände mit bislang unveröffentlichten Stories aus dem Nachlass: »Die stille Mitte der Welt« und »Die Augen der Mrs. Blynn«.

Bis zu einem gewissen Grad verdankt sich die Highsmith-Renaissance auch einem kulturellen Wandel. »Ich glaube, Pat war zu früh geboren, als dass ihr Werk zu ihren Lebzeiten richtig verstanden werden konnte«, sagt Tanja Howarth. »Aber in vielerlei Hinsicht dient sie als Beispiel für das 20. Jahrhundert, sie war ihrer Zeit voraus mit ihren sexuellen Vorstellungen und ihrem Freiheitsempfinden.«[26] Einige Kritiker sind der Ansicht, dass Patricia Highsmith aufgrund der eingetretenen Veränderungen in der amerikanischen Gesellschaft und aufgrund der Ereignisse von Oklahoma City und an der High School von Columbine neue Bedeutung erlangt hat. Ed Siegel meint, dass ihr Werk uns einige wichtige Lehren mit auf den Weg geben kann. »Nach dem 11. September ist unsere Welt der Welt von Patricia Highsmith ähnlicher; wenn Verbrechen und Strafe oder Ursache und Wirkung nicht mehr notwendigerweise Hand in Hand gehen, scheint sie eine wichtigere Schriftstellerin zu sein als je zuvor.«[27]

So wie Patricia Highsmith beim Schreiben die Welt durch die Augen ihrer Figuren zu sehen begann, merkte auch ich, während ich an ihrer Biografie arbeitete, wie sich meine Perspektive wandelte. Wenn ich allein in meinem Arbeitszimmer saß und eine Kopie von Allela Cornells Porträt der jungen, rassigen, sonderbar schönen Schriftstellerin betrachtete, ahnte ich bisweilen, wie es wäre, die Welt mit ihren Augen zu sehen. Für einen kurzen Augenblick verstand ich, wie schwierig das Leben für sie gewesen sein muss, warum sie Beziehungen einging, von denen sie wusste, dass sie bitter enden würden, warum sie ihre Sinne mit Alkohol betäubte und warum sie sich von einer Schönheit in eine nahezu groteske Gestalt verwandelte und sich ihre seelischen Schmerzen in ihr markantes Gesicht einkerbten. Das Schreiben war für sie eine Überlebenshilfe; was sie getan hätte, wenn sie nicht geschrieben hätte, ist ein Schrecken erregender Gedanke.

Während der Recherchen für dieses Buch, bei einem meiner vielen Gespräche mit Kate Kingsley in ihrer New Yorker Wohnung, überreichte mir Highsmiths beste Freundin ein Geschenk – Pats alten Morgenmantel. Es war eine rührende Geste, ein Zeichen des Vertrauens und ein Symbol für die heikle Aufgabe, die vor mir lag – buchstäblich in ihr Leben, in ihre Haut zu schlüpfen und herauszufinden, wie sie die Welt erfuhr. Zurück in London, betrachtete ich das Kleidungsstück. Es war aus einem dicken dunkelblauen Wollstoff mit schwarzen, beigefarbenen und blauen Streifen auf den

Manschetten und dem Futter und mit einer Kordel als Gürtel; es stammte von Harrods. Obwohl er gereinigt worden war, waren noch Spuren seiner früheren Besitzerin erkennbar – graue Haare am Kragen und ein leicht modriger Geruch, als wäre Highsmith in der Nähe und würde sich standhaft weigern, den Morgenmantel endgültig herzugeben.

Vorsichtig nahm ich ihn in die Hand und zog das weiche dunkle Kleidungsstück an, in dem einst ihre schmächtige Gestalt gesteckt hatte. Ich band die Kordel um die Taille, setzte mich an meinen Schreibtisch und blickte auf meine Hände, die eines Tages das vorliegende Buch schreiben würden. Ich hatte ihr gesamtes literarisches Werk gelesen, ihre Tagebücher, ihre Briefe, und war mit ihren geheimsten Gedanken vertraut. Ich hatte wiederholt von ihr geträumt und wusste wahrscheinlich mehr über sie als jeder andere auf der Welt. Jetzt trug ich den Morgenmantel, der einst ihre nackte Haut berührt hatte. So wie sie die Einfälle zu neuen Texten einmal mit Vögeln verglich, die am Rand ihres Gesichtfeldes auftauchten, bin ich mir sicher, dass ich in einem bestimmten Moment die Vision ihrer unverwechselbaren Gestalt in meiner Imagination aufleuchten sah. Ich konnte einen flüchtigen Blick auf sie werfen, und dann war sie verschwunden.

1. »Es gibt einen eklatanten Unterschied – zwischen meinem Inneren, das mein wahres Ich ist, und seinen verschiedenen Erscheinungsformen in der Außenwelt.« Patricia Highsmith auf der Fähre nach Staten Island in den frühen dreißiger Jahren.

2. *Oben*: Gideon Coats, Patricia Highsmiths Urgroßvater mütterlicherseits.

3. *Rechts*: Minna Hartman (links), Patricia Highsmiths Großmutter väterlicherseits, Aufnahme aus dem Jahr 1885.

4. Daniel und Willie Mae Coates, Patricia Highsmiths Großeltern mütterlicherseits, mit denen sie mehrere Jahre ihrer Kindheit verbrachte.

5. Mary Coates, Patricia Highsmiths Mutter.
Als Mary feststellte, dass sie schwanger war, versuchte sie das Kind abzutreiben, indem sie Terpentin trank. »Es ist sonderbar, dass du den Geruch von Terpentin so magst«, sagte sie einmal zu ihrer Tochter. Die versuchte Abtreibung misslang, und das Paar ließ sich neun Tage vor der Geburt seines einzigen Kindes scheiden.

6. Jay Bernard Plangman, Patricia Highsmiths Vater.

9. »Patsy« auf der Veranda des Hauses ihrer Großmutter in Fort Worth. Später beschrieb sie ihre Kindheit als eine »kleine Hölle«.

7. *Links oben*: Mary mit »Patsy«, wie Patricia Highsmith von ihrer Familie genannt wurde.

8. *Links unten*: Mary mit Stanley Highsmith, den sie heiratete. Später vertraute Patricia Highsmith ihrem Tagebuch an, dass sie »schlechte Gedanken hatte, meinen Stiefvater zu ermorden ... als ich acht war, oder noch früher«.

10. Patricia Highsmith als junges Mädchen, vermutlich in Texas aufgenommen.

11. *Oben links*: Am Barnard College in New York. »Hier fand ich Geschmack an der Freiheit, die ich so sehnlich begehrte«, sagte Patricia Highsmith über ihre College-Zeit.

12. *Oben rechts*: Patricia Highsmith mit einundzwanzig Jahren, kurz nachdem sie vom Barnard College abgegangen war. Fotografiert von Rolf Tietgens.

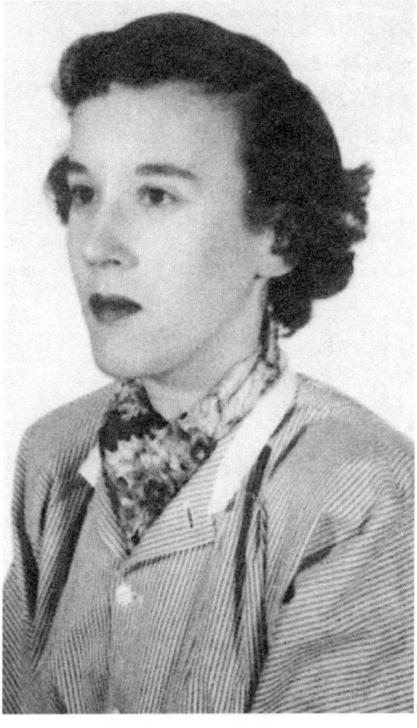

13. *Links*: Kate Kingsley Skattebol, Pats Freundin von der College-Zeit bis zu ihrem Tod.

14. Der Fotograf Rolf Tietgens, dem Patricia Highsmith im Sommer 1942 begegnete. Er war einer der wenigen Männer, von denen sie sich angezogen fühlte.

16. Die Künstlerin Allela Cornell, mit der Patricia Highsmith 1943 ein Verhältnis hatte.

15. *Links*: Aktfoto von Pat aus dem Jahr 1942.
Aufnahme von Rolf Tietgens.

17. Virginia Kent heiratet 1935 Cummins Catherwood.

18. Virginia Kent Catherwood, Patricia Highsmiths Geliebte 1946–1947, inspirierte die Schriftstellerin zu der Figur der Carol in *The Price of Salt*, dem Roman, der später den Titel *Carol* bekam. »Wo ist Ginnie, ohne die *Carol* nie geschrieben worden wäre«, schrieb Patricia 1966 in ihr Tagebuch, zwei Monate bevor Virginia mit einundfünfzig Jahren starb.

19. Die Schriftsteller- und Künstlerkolonie Yaddo in Saratoga Springs im Bundesstaat New York. Patricia Highsmith setzte die Künstlerkolonie später als ihre Alleinerbin ein.

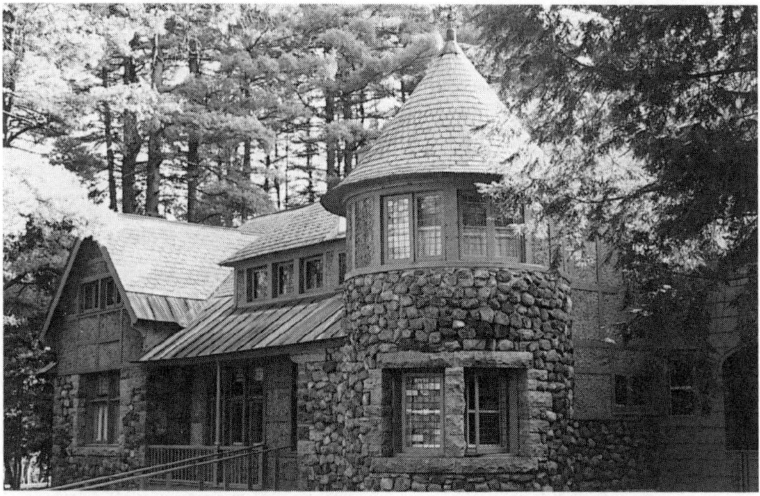

20. Pats »Schreibstudio« in Yaddo, West House, in einer heutigen Aufnahme. Sie war Yaddo »in tiefster Dankbarkeit für den friedvollen Sommer« 1948 verbunden, in dem sie einen Großteil ihres ersten veröffentlichten Romans *Zwei Fremde im Zug* schrieb.

21. Der Schriftsteller Marc Brandel, Patricia Highsmiths Verlobter. Ihm zuliebe unterzog sie sich einer sechsmonatigen Therapie in New York, um heterosexuell zu werden.

22. Farley Granger als Guy und Robert Walker als Bruno in Hitchcocks Verfilmung von *Zwei Fremde im Zug*, 1951.

23./24. *Oben und links*: Patricia Highsmith fuhr am 4. Juni 1949 mit dem Schiff von New York nach Europa. Zwei Jahre zuvor hatte sie ihrem Notizbuch anvertraut: »Meine hartnäckigste Obsession ist, dass Amerika sich fatalerweise ... von der eigentlichen Wirklichkeit wegbewegt, dass nur die Europäer über diese Wirklichkeit verfügen.«

25. Kathryn Cohen, die Frau von Patricia Highsmiths englischem Verleger, war in ihrer Jugend als Revuegirl in den »Ziegfeld Follies« aufgetreten. Sie arbeitete als Ärztin im St. George's Hospital in London. Im September 1949 hatte die Schriftstellerin eine intensive Affäre mit ihr.

26. Kathleen Senn, die »Carol aus dem wirklichen Leben«.

27. Patricia Highsmith mit einer ihrer geliebten Katzen. Katzen waren für sie – im Gegensatz zu den Menschen – der ideale Umgang für einen Schriftsteller: Sie leisteten Gesellschaft, ohne Fragen zu stellen und ohne zu stören.

28. Ellen Hill, mit der Patricia Highsmith vier Jahre lang ein quälendes Verhältnis hatte.

29. Lynn Roth (links) und Ann Clark – zwei Frauen, die in Patricia Highsmiths Träumen zeitlebens präsent waren.

30. Der Umschlag der ersten Taschenbuchausgabe des Romans *The Price of Salt*, der 1952 unter dem Pseudonym Claire Morgan veröffentlicht wurde.

31. Das Haus in Sneden's Landing, Palisades, New York, wo Patricia Highsmith von 1956 bis 1958 wohnte.

32. Mary Ronin, der die Schriftstellerin die Inspiration zu *Der süße Wahn* verdankte. Ohne sie »wäre es ein anderes Buch geworden«.

33. Patricia Highsmith vor Bridge Cottage, Earl Soham, Suffolk, dem Landhaus, das sie im April 1964 kaufte.

34. *Unten*: Bridge Cottage heute.

35. Das Dorf Montmachoux in Frankreich, wo Patricia Highsmith von 1968 bis 1970 lebte.

36. Patricia Highsmiths Haus in Moncourt (Frankreich), in einer heutigen Aufnahme.

37. Patricia Highsmith mit ihrem Freund Arthur Koestler in seinem Chalet in Alpbach im Juli 1969, wo die beiden Schriftsteller die erste bemannte Mondlandung im Fernsehen verfolgten.

38. *Unten*: Marion Aboudaram, Pats Liebe von 1975 bis 1978.

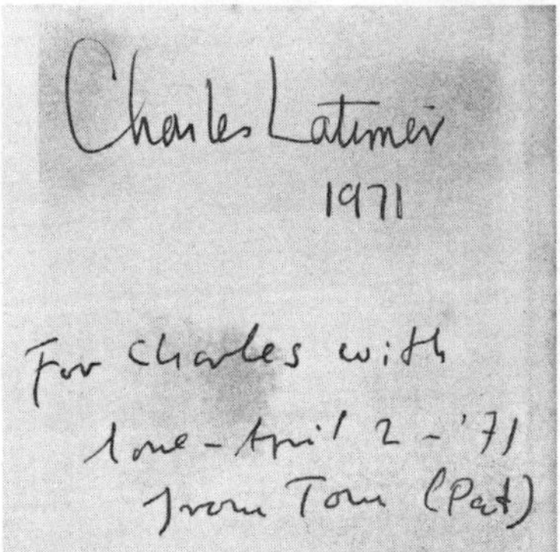
Charles Latimer
1971
For Charles with
love - April 2 - '71
from Tom (Pat)

39. *Oben*: Die verschiedenen Gesichter des Mr. Ripley … Alain Delon in René Cléments Film *Plein Soleil*, 1959. Die Schriftstellerin fand ihn »sehr schön fürs Auge und interessant für den Geist«.

40. *Links*: Widmung der Autorin in einem Exemplar von *Ripley Under Ground*.

41. Dennis Hopper in Wim Wenders Film *Der amerikanische Freund*, 1977. »Hopper entspricht nicht meiner Vorstellung von Ripley«, sagte Patricia Highsmith 1992 in einem Interview.

42. Matt Damon als Tom Ripley in Anthony Minghellas Film *The Talented Mr Ripley (Der talentierte Mr. Ripley)*, 1999, in dem auch Jude Law, Gwyneth Paltrow und Cate Blanchett mitspielten.

43. Jonathan Kent und Patricia Highsmith, 1982, bei Drehaufnahmen für die *South Bank Show*. Kent ist »der beste Ripley seit Alain Delon«, sagte die Schriftstellerin.

44. Die Schauspielerin Tabea Blumenschein, der Patricia Highsmith in Berlin begegnete. »Ich fand Pat ein bisschen streng, aber sehr attraktiv, sie war ein wenig wie Getrude Stein«, sagt Tabea.

45. Die Schauspielerin Tabea Blumenschein. »Pat war völlig hin und weg von ihr«, sagt eine Freundin von Patricia Highsmith. »Tabeas Aussehen faszinierte sie, und obwohl die beiden Frauen physisch so verschieden waren, war ihre Beziehung nichts Besonderes. Berlin war damals eine so komische, schwule Stadt, eine Insel. Ja, ihr Verhältnis war nahezu ein Muss.«

46. Patricia Highsmith mit Monique Buffet, »einem Mädchen, das mich zum Träumen verleitet«.

47. Patricia Highsmith lebte dreizehn Jahre in Frankreich, aber zuletzt hatte sie genug von »einem Land, in dem jeder wie ein kleiner Gauner behandelt wird«.

48. Patricia Highsmith kaufte 1980 dieses Haus in Aurigeno in der Schweiz.

49. Patricia Highsmiths letztes Haus in Tegna in der Schweiz, entworfen von Tobias Ammann.

50. Patricia Highsmith in spaßiger Stimmung. »Pat hatte einen rauen, bodenständigen, nicht intellektuellen Sinn für Humor«, sagt Charles Latimer.

51. Patricia Highsmith mit Jeanne Moreau und Bee Loggenberg im November 1994.

52. Die Kirche von Tegna, wo im März 1995 die Trauerfeier für Patricia Highsmith abgehalten wurde.

53. Patricia Highsmiths Gedenktafel auf dem Friedhof von Tegna, wo ihre Asche in einer Urne aufbewahrt wird.

54. Patricia Highsmith im Sommer 1994.

Anhang

Abkürzungen

AK	Alfred A. Knopf Archive, Harry Ransom Humanities Research Center, University of Texas, Austin
BCA	Barnard-College-Archiv, New York
CLA	Calmann-Lévy-Archiv, Paris
CM	Private Sammlung von Christa Maerker
DS	Donald L. Swaim Collection, MSS Collection Nr. 177, Bibliothek der Ohio University
EB	Private Sammlung von Edith Brandel
FW	Private Sammlung von Francis Wyndham
GV	Gore Vidal Collection, Wisconsin Center for Film and Theater Research, aufbewahrt in der Houghton Library, Harvard University
HA	Harper Archive, Harry Ransom Humanities Research Center, University of Texas, Austin
HRA	Harper & Row Archives, Rare Book and Manuscript Library, Columbia University, New York
JR	Private Sammlung von Janice Robertson
KA	Koestler Archive, Bibliothek der Edinburgh University
NY	*The New Yorker* Records, Manuscripts and Archives Division, New York Public Library, Astor, Lenox and Tilden Foundations
PH	Patricia Highsmith
PL	Private Sammlung von Peggy Lewis
RB	Private Sammlung von Ronald Blythe
SLA	Schweizerisches Literaturarchiv, Bern
TU	Temple University, Paley Library, Urban Archives, Philadelphia
WBA	William A. Bradley Literary Agency Archive, Harry Ransom Humanities Research Center, University of Texas, Austin
YA	Yaddo Archive, Saratoga Springs, New York

Anmerkungen

Einführung

1 Søren Kierkegaard: *Die Wiederholung*. Ein Versuch in der experimentierenden Psychologie von Constantin Constantius, übers. und hg. von Liselotte Richter. Frankfurt a.M. 1984, S.28.
2 PH: *Carol*, Zürich 1990, Nachwort, S.402.
3 Ebd., S.402.
4 PH: Notizbuch 19, 1.1.1950, SLA.
5 PH: Tagebuch 10, 21.1.1951, SLA.
6 Susannah Clapp: »The Simple Art of Murder«, in: *The New Yorker*, 20.12.1999.
7 PH: Tagebuch 2, 24.5.1942, SLA.
8 PH: Notizbuch 20, 14.9.1951, SLA.
9 Craig Brown: »Too Busy Writing to be a Writer«, in: *Daily Telegraph*, 29.1.2000.
10 Janet Watts: »Love and Highsmith«, in: *Observer Magazine*, 9.9.1990. Teilabdruck deutsch in: *Patricia Highsmith. Leben und Werk*, hg. von Franz Cavigelli, Fritz Senn und Anna von Planta, Zürich 1980.
11 Ebd., S.55.
12 Interview mit Daniel Keel, 27.10.1999.
13 Interview mit Carl Laszlo, 22.8.1999.
14 Interview mit Barbara Roett, 5.5.1999.
15 Interview mit Vivien De Bernardi, 23.7.1999.
16 *World Authors 1950–1979*, hg. von John Wakeman, New York 1975, S.642.
17 PH: Notizbuch 18, Umschlaginnenseite, undatiert, SLA.
18 PH: *Suspense oder Wie man einen Thriller schreibt*, Zürich 1985, S.55.
19 PH: Notizbuch 15, 18.3.1947, SLA.
20 PH: Äußerung in *Harper's Bazaar*, Februar 1989.

21 Terrence Rafferty: »Fear and Trembling«, in: *The New Yorker*, 4.1.1988.
22 Ebd.
23 *The Late Show*, BBC 2, 7.2.1995.
24 Interview mit Daniel Keel.
25 W.H. Auden: »The Guilty Vicarage«, in: *The Dyer's Hand and Other Essays*, New York 1962, S.147.
26 Diana Cooper-Clark: »Patricia Highsmith«, Interview in: *The Armchair Detective*, Bd.14, Nr.4, 1981, S.320.
27 Ebd., S.316.
28 Ebd., S.316.
29 Graham Greene, in: *Patricia Highsmith. Leben und Werk*, hg. von Franz Carigelli, Fritz Senn und Anna von Planta, Zürich 1980, S.125.
30 Ebd., S.123.
31 Ebd., S.123.
32 PH: Notizbuch 6, 14.2.1942, SLA.
33 Interview mit Julia Diethelm, 27.3.1999.
34 Interview mit Bert Diethelm, 27.3.1999.
35 PH: Tagebuch 8, 21.9.1949, SLA.
36 Interview mit Daniel Keel.
37 Interview mit Larry Ashmead, 20.5.1999.
38 Craig Brown: »No Ordinary Crime«, in: *Homes & Gardens*, März 1981.
39 PH: Notizbuch 15, 25.3.1947, SLA.
40 PH: Tagebuch 2, 1942, SLA.
41 PH: Brief an Charles Latimer, 22.3.1979.
42 PH: Brief an Charles Latimer, 20.7.1978.
43 PH: Notizbuch 2, 18.7.1940, SLA.
44 PH: Notizbuch 22, 9.10.1953, SLA.
45 PH: *Der Stümper*, Zürich, 1974, S.129.
46 PH: Notizbuch 6, 10.5.1942, SLA.
47 Ebd.

1 *Die ewig Suchende* (1921 und davor)

1 PH: Notizbuch 8, 18.11.1942, SLA.
2 PH: Notizbuch 16, 13.11.1947, SLA.
3 PH: Notizbuch 4, 7.8.1940, SLA.
4 Interview mit Phyllis Nagy, 7.10.1999.

5 PH: *Zwei Fremde im Zug*, Zürich 2002, S. 50.
6 Duncan Fallowell: »The Talented Miss Highsmith«, in: *Sunday Telegraph Magazine*, 20.2.2000.
7 PH: Brief an Calmann-Lévy, 6.11.1951, CLA.
8 T.R. Fehrenbach: *Lone Star: A History of Texas and the Texans*, New York 1983, S. 257.
9 Ebd.
10 Ebd., S. 717.
11 Ebd., S. 304.
12 PH: *Zwei Fremde im Zug*, a.a.O., S. 9.
13 Ebd., S. 48.
14 Joan Dupont: »The Mysterious Patricia Highsmith«, in: *Paris Metro*, 9.11.1977.
15 Rub Kneasel, Brief an PH, 9.11.1967, SLA.
16 Samuel Smith Stewart: *Family History*, 1935, SLA.
17 Interview mit Don Coates, 26.11.1999.
18 Interview mit Dan Coates, 20.11.1999.
19 *World Authors 1950–1970. A Companion Volume to Twentieth Century Authors*, hg. von John Wakeman, New York 1975, S. 641.
20 PH: Notizbuch 8, 23.8.1942, SLA.
21 Interview mit Dan Coates.
22 Dan Coates, Brief an PH, 20.4.1990, SLA.
23 PH: Notizbuch 13, 20.9.1945, SLA.
24 Dan Coates, Brief an PH, 20.4.1990, SLA.
25 Joan Juliet Buck: »A Terrifying Talent«, in: *Observer Magazine*, 20.11.1977.
26 Sarah Jane Deutsch: »From Ballots To Breadlines 1920–1940«, in: *No Somall Change: A History of Women in the United States*, hg. von Nancy F. Cott, London 2000, S. 440.
27 Mary Highsmith, Brief an PH, undatiert, SLA.
28 Interview mit Don Coates.
29 Interview mit Dan Coates.
30 Walter Plangman, Brief an PH, 28.9.1973, SLA.
31 Jay Bernard Plangman, Brief an PH, 4.1.1971, SLA.
32 PH: Brief an Marc Brandel, 11.11.1985, EB.
33 Ebd.
34 Walter Plangman, Brief an PH, 22.8.1971, SLA.
35 Pat Patrick: »Plangman Gave Them Brush With Life«, in: *Fort Worth Star-Telegram*, 19.1.1975.
36 Joan Dupont: »Criminal Pursuits«, in: *New York Times Magazine*, 12.6.1988.

37 PH: Brief an Jay Bernard Plangman, 15.7.1971, SLA.
38 Jay Bernard Plangman, Brief an PH, 30.7.1971, SLA.
39 Dan Coates, Brief an PH, 6.8.1988, SLA.
40 Sarah Jane Deutsch: »From Ballots To Breadlines«, a.a.O., S.441.
41 Ebd., S.413.
42 Frederick Lewis Allen: *Only Yesterday: An Informal History of the Nineteen-Twenties*, New York/London 1931, S.108.
43 Jay Bernard Plangman, Brief an PH, 30.7.1971, SLA.
44 Dan Coates, Brief an PH, 6.8.1988, SLA.
45 Interview mit Dan Coates.
46 PH: Brief an Mary Highsmith, undatiert, SLA.

2 *Geboren unter einem unglücklichen Stern* (1921–1927)

1 Michael E. Parrish: *Anxious Decades: America in Prosperity and Depression 1920–1941*, New York/London 1992, S.75.
2 Harold Stearns: *Civilization in the United States*, zit. in: Michael E. Parrish, *Anxious Decades*, a.a.O., S.191.
3 Ebd., S.154.
4 Vgl. F. Scott Fitzgerald, *Diesseits vom Paradies*, Zürich 1988.
5 PH: Notizbuch 5, 1.9.1941, SLA.
6 PH: »Daran glaube ich«, in: *Welt am Sonntag*, 9.10.1977.
7 Diana Cooper-Clark: »Patricia Highsmith Interview«, in: *The Armchair Detective*, Bd.14, Nr.4, 1981, S.317.
8 PH: Notizbuch 6, 11.4.1942, SLA.
9 Bettina Berch: »A Talk With Patricia Highsmith«, 15.6.1984, unveröffentlichtes Interview, SLA.
10 PH: Notizbuch 3, 30.1.1941, SLA.
11 PH: Brief an Bettina Berch, 2.7.1983, SLA.
12 Duncan Fallowell: »The Talented Miss Highsmith«, in: *Sunday Telegraph Magazine*, 20.2.2000.
13 Bettina Berch: »A Talk With Patricia Highsmith«, 15.6.1984, SLA.
14 PH: »An Weihnachten gewöhnt man sich«, in: *Frankfurter Allgemeine Zeitung, Magazin*, 20.1.1991.
15 Vgl. ebd.
16 PH: »An American Book Bag«, 1974, SLA.
17 Duncan Fallowell: »The Talented Miss Highsmith«, a.a.O.
18 *World Authors 1950–1970, A Companion Volume to Twentieth Century Authors*, hg. von John Wakeman, New York 1975, S.642.
19 William Trevor, in: *Independent on Sunday*, 26.3.1995.

20 Susannah Clapp: »The Simple Art of Murder«, in: *The New Yorker*, 20.12.1999.
21 PH: Notizbuch 17, 8.3.1948, SLA.
22 PH: Notizbuch 6, 12.4.1942, SLA.
23 Interview mit Vivien De Bernardi, 23.7.1999.
24 PH: Brief an Anita Bryant, 13.5.1978, SLA.
25 PH: »Between Jane Austen and Philby«, geschrieben für *Vogue*, September 1968, SLA.
26 PH: Notizbuch 2, 8.7.1940, SLA.
27 PH: »An American Book Bag«, 1974, SLA.
28 PH: Brief an Stanley Highsmith, 29.8.1970, SLA.
29 PH: Notizbuch 27, 28.12.1964, SLA.
30 PH: Notizbuch 23, 16.10.1954, SLA.
31 PH: Tagebuch 2, 11.6.1942, SLA.
32 PH: Notizbuch 31, 12.1.1970, SLA.
33 Hannah Carter: »Queens of Crime«, in: *The Guardian*, 1.5.1968.

3 *Eine Familie ohne inneren Zusammenhalt* (1927–1933)

1 Robert A.M. Stern, Gregory Gilmartin, Thomas Mellins: *New York 1930: Architecture and Urbanism Between the Two World Wars*, New York 1987, S. 29.
2 St John Ervine: »New York – The City of Beauty«, in: *Vanity Fair*, März 1921.
3 William Bristol Shaw, zit. in: Stern u.a., *New York 1930*, a.a.O., S. 35.
4 Works Progress Administration Guild's Committee for Federal Writers' Publications Inc.: *New York City Guide*, New York 1939, S. 52.
5 Ann Douglas: *Terrible Honesty: Mongrel Manhattan in the 1920s*, London 1995, S. 17.
6 PH: »The World's Champion Ball-Bouncer«, in: *Woman's Home Companion*, April 1947.
7 Ebd.
8 Walter Lippmann: *A Preface to Morals*, zit. in: Ann Douglas, *Terrible Honesty*, a.a.O., S. 17.
9 F. Scott Fitzgerald: »My Lost City«, in: *The Crack-Up*, hg. von Edmund Wilson, New York 1945, S. 25.
10 Ebd.
11 Jane Mushabac, Angela Wigan: *A Short and Remarkable History of New York City*, New York 1999.

12 Vgl. Ford Madox Ford: *New York Is Not America*, New York 1927.
13 Vgl. Peter Marcus: *New York: The Nation's Metropolis*, New York 1921.
14 *Book Beat*, Interview mit Donald Swaim, CBS-Radio, 29.10.1987, DS.
15 In einem unveröffentlichten Essay »A Try At Freedom« lokalisiert Patricia Highsmith die Schule an der 99. Straße West, doch auch nach einer Anfrage bei der New York Historical Society konnte eine Schule dort nicht ausfindig gemacht werden. Wahrscheinlich besuchte Patricia Highsmith 1927 die Primary School 166 an der 89. Straße West, die 1898 von C. B. J. Snyder erbaut wurde.
16 PH: »A Try At Freedom«, SLA.
17 PH: Notizbuch 26, 3.5.1962, SLA.
18 PH: »Sherlock Holmes From Home«, in: *Queen*, November 1969.
19 *Patricia Highsmith. Leben und Werk*, a.a.O., S. 79.
20 PH: Notizbuch 7, 23.6.1942, SLA.
21 PH: Notizbuch 11, 29.5.1944, SLA.
22 Vgl. Pupil Records, PS 122 Queens, Astoria, New York.
23 Vincent F. Seyfried, William Asadorian: *Old Queens, N.Y. in Early Photographs*, New York 1991.
24 Werbetexte von Arleigh Homes, in: *New York Herald*, 10.6.1923.
25 Lewis Mumford: »The Sky Line: Bridges and Beaches«, in: *The New Yorker*, 17.7.1937.
26 *The New Yorker*, zit. in: Ann Douglas, *Terrible Honesty*, a.a.O., S. 17.
27 PH: Notizbuch 13, 8.2.1946, SLA.
28 Vgl. Pupil Records, PS 122 Queens, Astoria, New York.
29 PH: Notizbuch 26, 6.9.1962, SLA.
30 PH: »A Try At Freedom«, SLA.
31 *The Human Mind Revisited: Essays in Honor of Karl A. Menninger*, hg. von Sydney Smith, New York 1978, S. 14.
32 Karl Menninger: *The Human Mind*, New York 1930, S. 3.
33 PH: Brief an Karl Menninger, 8.4.1989, SLA.
34 Karl Menninger: *The Human Mind*, a.a.O., S. IX.
35 Janet Watts: »Love and Highsmith«, in: *Observer Magazine*, 9.9.1990.
36 PH: Brief an den Diogenes Verlag, Korrekturen zu *Patricia Highsmith. Leben und Werk*, SLA.
37 Ian Hamilton: »Patricia Highsmith«, in: *New Review*, August 1977.
38 Craig Brown: »The Hitman and Her«, in: *The Times Saturday Review*, 28.9.1991.
39 »Patricia Highsmith: A Gift for Murder«, in: *The South Bank Show*, 14.11.1982.
40 PH: Brief an Willie Mae Coates, undatiert, SLA.

41 PH: »A Try At Freedom«, SLA.
42 Ebd.
43 Ebd.
44 Interview mit Vivien De Bernardi, 23.7.1999.
45 PH: Brief an Stanley Highsmith, 1.9.1970, SLA.
46 PH: Brief an Mary Highsmith, 16.3.1973, SLA.
47 PH: »Girl Campers«, in: *Woman's World*, Juli 1935.
48 Ebd.
49 Ebd.
50 Ebd.
51 PH: Brief an Mary Highsmith, 16.3.1973, SLA.
52 Interview mit Vivien De Bernardi.
53 PH: Brief an Stanley Highsmith, 29.8.1970, SLA.
54 PH: Brief an Jay Bernard Plangman, 8.8.1970, SLA.
55 PH: Brief an Nini Wells, 29.3.1972, SLA.

4 *Verdrängte Wünsche* (1933–1938)

1 PH: Notizbuch 36, 31.10.1983, SLA.
2 PH: Notizbuch 19, 22.7.1950, SLA.
3 PH: Tagebuch 8, 2.4.1948, SLA.
4 PH: Brief an Dan Coates, 26.12.1968, SLA.
5 PH: Notizbuch 4, 24.8.1940, SLA.
6 Naim Attallah: »The Oldie Interview: Patricia Highsmith«, in: *The Oldie*, 3.9.1993.
7 PH: Brief an Nini Wells, 29.3.1972, SLA.
8 Ebd.
9 PH: Notizbuch 36, 9.3.1983, SLA.
10 Interview mit Bert Diethelm, 27.3.1999.
11 PH: Brief an Alex Szogyi, 18.1.1969, SLA.
12 PH: Notizbuch 10, 22.5.1943, SLA.
13 George J. Lankevich: *American Metropolis: A History of New York City*, New York/London 1998, S.163.
14 Zit. in: Michael E. Parrish: *Anxious Decades: America in Prosperity and Depression 1920–1941*, New York/London 1992, S.289.
15 PH: *Zwei Fremde im Zug*, Zürich 2002, S.292.
16 Works Progress Administration Guilds' Committee for Federal Writers' Publication Inc.: *New York City Guide*, New York 1939, S.124.

17 Caroline F. Ware: *Greenwich Village, 1920–30*, 1935, zit. in: George Chauncey: *Gay New York: The Making of the Gay Male World 1890–1940*, New York 1995, S. 233.
18 Bruce Rogers: »Degenerates of Greenwich Village«, in: *Current Psychology and Psychoanalysis*, Dezember 1936, zit. in: Chauncey: *Gay New York*, a.a.O., S. 234.
19 Selma Berrol: *Empire City: New York and its People, 1624–1996*, London 1997, S. 117.
20 Board of Education: *New York City School Buildings, 1806–1956*, zit. in: Robert A. M. Stern, Gregory Gilmartin, Thomas Mellins: *New York 1930: Architecture and Urbanism Between the Two World Wars*, New York 1987, S. 120.
21 PH: »A Try At Freedom«, SLA.
22 Ebd.
23 Julia Richman, Isabel Richman Wallach: *Good Citizenship*, New York 1908, S. 70.
24 Diana Cooper-Clark: »Patricia Highsmith – Interview«, in: *The Armchair Detective*, Bd. 14, Nr. 4, 1981, S. 318.
25 PH: »A Try At Freedom«, SLA.
26 PH: »Books in Childhood«, Beitrag für: *Good Books*, London, abgeschickt im Januar 1986, SLA.
27 PH: »Questions and Answers«, Beitrag für: *Ellery Queen's Mystery Magazine*, abgeschickt im November 1981, SLA.
28 PH: »Books in Childhood«, a.a.O.
29 PH: *Zwei Fremde im Zug*, a.a.O., S. 328.
30 PH: Notizbuch 9, Transkription des Tagebuchs von 1935, SLA.
31 PH: Brief an Stanley Highsmith, 1.9.1970, SLA.
32 Ebd.
33 PH: Notizbuch 26, 3.2.1962, SLA.
34 PH: Brief an Mary Highsmith, 12.4.1966, SLA.
35 Ebd.
36 PH: Notizbuch 26, 3.2.1962, SLA.
37 Interview mit Muriel Mandelbaum, 10.2.2000.
38 PH: Notizbuch 9, Transkription des Tagebuchs von 1935, SLA.
39 Edna McKnight: »Jobs – For Men Only? Shall We Send Workers Home?«, in: *Outlook and Independent*, 2.9.1931, zit. in: Lillian Faderman: *Odd Girls and Twilight Lovers. A History of Lesbian Life in Twentieth-Century America*, London 1992, S. 96.
40 Karl A. Menninger: *The Human Mind*, New York 1930, S. 252.

41 »Women's Personalities Changed by Adrenal Gland Operations«, in: *New York Times*, 28.10.1935, zit. in: Lillian Faderman: *Odd Girls* ..., a.a.O., S.100.
42 Sheila Donisthorpe: *Lovliest of Friends*, New York, 1931, zit. in: Lillian Faderman: *Odd Girls* ..., a.a.O., S.101.
43 *New York Evening Graphic*, 1931, zit. in: Lillian Faderman: *Odd Girls* ..., a.a.O., S.107.
44 Lillian Faderman, *Odd Girls* ..., a.a.O., S.119.
45 PH: »First Love«, in: *Sunday Times Magazine*, 20.1.1974.
46 Bettina Berch: »A Talk With Patricia Highsmith«, 15.6.1984, SLA.
47 PH: Notizbuch 20, 20.10.1950, SLA.
48 PH: Notizbuch 9, Transkription des Tagebuchs von 1935, SLA.
49 Ebd.
50 PH: »Between Jane Austen and Philby«, geschrieben für *Vogue*, September 1968, SLA.
51 Ebd.
52 Eugene Wood: »What the Public Wants to Read«, in: *Atlantic Monthly*, Oktober 1901, zit. in: Stuart E. Knee: »Christian Science in the Age of Mary Baker Eddy«, in: *Contributions in American History*, Nr. 154, Westport/London 1994, S.117f.
53 Diana Cooper-Clark: »Patricia Highsmith – Interview«, a.a.O., S.320.
54 PH: Tagebuch 8, 24.3.1948, SLA.
55 PH: Notizbuch 9, Transkription des Tagesbuchs von 1935, SLA.
56 *Kaleidoscope*, in: BBC-Radio, 17.3.1975.
57 »Patricia Highsmith: A Gift for Murder«, in: *The South Bank Show*, 14.11.1982.
58 PH: »Primroses Are Pink«, in: *The Bluebird*, Bd. 25, Nr. 1, 1937, S.57
59 PH: »Primroses Are Pink«, Manuskript, SLA.
60 PH: »Why I Write«, Beitrag für: *Libération*, Paris, abgeschickt 22.2.1985 (erschienen im März 1985), SLA.
61 PH: Notizbuch 30, SLA.
62 PH: Notizbuch 23, 16.10.1954, SLA.
63 PH: Notizbuch 7, 7.6.1942, SLA.
64 PH: Brief an Stanley Highsmith, 1.9.1970, SLA.
65 Ebd.
66 Interview mit Vivien De Bernardi, 23.7.1999.
67 PH: Tagebuch 5, 18.10.1943, SLA.
68 Gary Carey: *Judy Holliday. An Intimate Life Story*, London 1983, S.12.
69 PH: »A Try At Freedom«, SLA.

70 PH: Brief an Stanley Highsmith, 29.8.1970, SLA.
71 PH: Notizbuch 9, Transkription des Tagebuchs von 1938, SLA.
72 PH: *Suspense oder Wie man einen Thriller schreibt*, Zürich 1985, S.27.
73 »The Book Programme«, in: BBC 2, 11.11.1976.
74 PH: Notizbuch 9, Transkription des Tagebuchs von 1938, SLA.
75 Ebd.

5 *Geschmack an der Freiheit* (1938–1940)

1 PH: »A Try At Freedom«, SLA.
2 Donald Glassman, Brief an den Autor, 12.5.2000.
3 Joan Dupont: »The Mysterious Patricia Highsmith«, in: *The Paris Metro*, 9.11.1977.
4 PH: *Suspense oder Wie man einen Thriller schreibt*, Zürich 1985, S.72.
5 Kate Kingsley Skattebol, Brief an den Autor, 6.5.2001.
6 Virginia Gildersleeve: *The Dean's Report,* 1926, S.7, zit. in: Marian Churchill White: *A History of Barnard College*, New York 1954, S.124.
7 Ebd.
8 Julia Treacy Wintjen: »An Interview with Miss Sturtevant«, in: *Barnard College Alumnae Monthly*, Januar 1939, S.12, BCA.
9 Professor Cabell Greet: *A Minute on the Death of Miss Ethel G. Sturtevant,* 28.10.1968, BCA.
10 PH: Tagebuch 10, 23.5.1950, SLA.
11 PH: Notizbuch 1, 1938, SLA.
12 PH: »Stille Nacht«, in: *Die stille Mitte der Welt*, Zürich 2002, S.345.
13 PH: Notizbuch 4, 19.9.1940, SLA.
14 PH: Notizbuch 2, Februar 1940, SLA.
15 PH: Notizbuch 2, 27.5.1940, SLA.
16 PH: Brief an Arthur Koestler, 21.3.1966, KA, MS 2385/3.
17 Ebd.
18 W. H. Auden, zit. in: Hugh Thomas: *The Spanish Civil War*, London 1961, S.222.
19 C.S. Lewis: *The Nabara, Ouvertures to Death and Other Poems*, London 1938.
20 PH: Brief an Patricia Losey, 20.5.1992, SLA.
21 Frederick R. Benson: *Writers in Arms. The Literary Impact of the Spanish Civil War*, London 1968, S.52.
22 Auriol Stevens: »Private Highsmith«, in: *The Guardian*, 29.1.1969.
23 PH: Notizbuch 9, August 1939, SLA.

24 Interview mit Rita Semel, 6.4.2000.
25 Joseph R. Starobin: *American Communism in Crisis, 1943–1957*, Cambridge/Massachusetts 1972, S.23.
26 Lewis Miller, zit. in: James Oneal und G. A. Werner: *American Communism. A Critical Analysis of Its Origins, Development and Programs*, New York 1947, S.248.
27 Earl Browder: »The Way Out of the Imperialist War«, 23. Januar 1941, in: *The Way Out*, Gesammelte Reden, New York 1941, S.199.
28 Ebd., S.208.
29 PH: Tagebuch 1, 8.9.1941, SLA.
30 Vgl. Arthur Koestler: *Die Geheimschrift*, Wien/München/Basel 1954.
31 PH: Notizbuch 2, 7.7.1940, SLA.
32 PH: Notizbuch 4, 1949, SLA.
33 PH: Notizbuch 10, 18.7.1943, SLA.
34 *Mortarboard*, 1942, BCA.
35 PH: *Die stille Mitte der Welt*, a.a.O., S.361.
36 William Leith: »Mighty Nice, Really Tasty«, in: *Independent on Sunday*, 7.10.1990.
37: PH: »The Legend of The Convent of Saint Fotheringay«, in: *Barnard Quarterly*, XV, Frühjahr 1941.
38 PH: Notizbuch 16, 24.10.1947, SLA.
39 PH: Notizbuch 3, 1940, SLA.
40 Interview mit Deborah Karp, 9.2.2000.
41 Interview mit Rita Semel.
42 Interview mit Mary Cable, 1.2.2000.
43 PH: Notizbuch 1, 1938, SLA.
44 PH: Notizbuch 4, 26.10.1940, SLA.
45 PH: Brief an Arthur Koestler, 20.1.1965, KA, MS 2385/2.
46 PH: Brief an Alex Szogyi, 10.7.1967, SLA.
47 PH: Notizbuch 2, 9.7.1940, SLA.
48 Ein Beispiel ist das folgende, aus PH: Notizbuch 2, 6.6.1940, SLA:
»A clever old maid in Hampstead
Kept a burglar for year half-dead
By threat of betrayal
Should he ever fail
To bugger her nightly in bed.«
49 Interview mit Kate Kingsley Skattebol, 19.5.1999.
50 Programm der Greek Games, 13.4.1940, Barnard College, SLA.
51 Interview mit Rita Semel, 6.4.2000.
52 Interview mit Deborah Karp.
53 PH: Notizbuch 1, undatiert, SLA.

54 PH: Notizbuch 4, 12.8.1940, SLA.
55 PH: Notizbuch 3, 16.4.1940, SLA.
56 PH: Notizbuch 2, Dezember 1939, SLA.
57 PH: Notizbuch 3, 19.6.1940, SLA.
58 PH: Notizbuch 9, 3.3.1939, SLA.
59 PH: Notizbuch 9, 9.12.1939, SLA.

6 *Zerwühlte Betten* (1940–1942)

1 Marian Churchill White: *A History of Barnard College*, New York 1954, S. 142.
2 Thomas Wolfe, zit. bei David Herberd Donald: *Look Homeward. A Life of Thomas Wolfe*, London 1987, S. 280.
3 PH: Tagebuch 1, 20.6.1941, SLA.
4 PH: Brief an Charles Latimer, 3.3.1974, SLA.
5 PH: Tagebuch 1, 1941, SLA.
6 Ebd.
7 PH: Notizbuch 5, 25.9.1941, SLA.
8 PH: Tagebuch 1, 1.9.1941, SLA.
9 Vgl. Marcel Proust: *Auf der Suche nach der verlorenen Zeit. In Swanns Welt*, Frankfurt a. M. 2001.
10 Interview mit Rita Semel, 6.4.2000.
11 Interview mit Kate Kingsley Skattebol, 14.5.1999.
12 PH: Tagebuch 1, 27.6.1941, SLA.
13 PH: Tagebuch 1, 7.7.1941, SLA.
14 Interview mit Buffie Johnson, 18.5.1999.
15 Buffie Johnson: *Patricia Highsmith*, undatiertes, unveröffentlichtes Manuskript.
16 Ebd.
17 »Between the Lines«, New York, 16.12.1968.
18 Interview mit Kate Kingsley Skattebol.
19 PH: Tagebuch 1, 22.7.1941, SLA.
20 PH: Tagebuch 1, 1.8.1941, SLA.
21 PH: Tagebuch 1, 23.8.1941, SLA.
22 Vgl. »Between the Lines«, New York, 16.12.1968.
23 PH: Notizbuch 5, 16.7.1941, SLA.
24 PH: Tagebuch 2, 11.4.1942, SLA.
25 PH: Tagebuch 1, 11.9.1941, SLA.
26 PH: Notizbuch 5, 29.9.1941, SLA.
27 Interview mit Kate Kingsley Skattebol.

28 Brief von Mary Highsmith an PH, undatiert.
29 PH: Brief an Stanley Highsmith, 29.8.1970, SLA.
30 PH: Tagebuch 2, 3.1.1942, SLA.
31 PH: Tagebuch 2, 10.1.1942, SLA.
32 PH: Tagebuch 2, 15.1.1942, SLA.
33 PH: Tagebuch 2, 29.3.1942, SLA.
34 PH: Tagebuch 2, 11.6.1942, SLA.
35 PH: Tagebuch 2, 21.6.1942, SLA.
36 Ebd.
37 Vgl. PH: »Die Heldin«, in: *Der Schneckenforscher*, Zürich 2003.
38 PH: Notizbuch 7, 8.7.1942, SLA.
39 PH: Notizbuch 6, 19.12.1941, SLA.
40 PH: Notizbuch 6, 17.12.1941, SLA.
41 Virginia C. Gildersleeve: *Educating Girls for the War and the Postwar World*, zit. in: Marian Churchill White: *A History of Barnard College*, a.a.O., S.148.
42 PH: Tagebuch 1, 1.11.1941, SLA.
43 PH: Tagebuch 1, 18.12.1941, SLA.
44 PH: Notizbuch 6, 17.12.1941, SLA.
45 PH: Notizbuch 6, 13.5.1942, SLA.
46 PH: Notizbuch 6, 2.3.1942, SLA.
47 Ebd.
48 PH: Tagebuch 2, 2.3.1942, SLA.
49 PH: Notizbuch 6, 14.4.1942, SLA.
50 PH: Notizbuch 6, 26.3.1942, SLA.
51 PH: Tagebuch 2, 22.2.1942, SLA.
52 Dante Alighieri, *Die Göttliche Komödie*, dt. von Karl Vossler, München 1969, S.36.
53 PH: Notizbuch 7, 27.6.1942, SLA.

7 *Der Kerker deiner selbst* (1942–1943)

1 PH: Tagebuch 6, 15.12.1944, SLA.
2 Julien Green: *Tagebücher 1926–1942*, München 1991, S.23.
3 PH: Tagebuch 4, 21.7.1943, SLA.
4 Julien Green, a.a.O., S.172.
5 Ebd., S.527.
6 Ebd., S.622.
7 Julien Green: *Tagebücher 1943–1954*, München 1992, S.385.
8 Zit. nach: Julien Green: *Wenn ich du wäre.* Wien/München 1999, Vorbemerkung, S.7.

9 Ebd., S. 35.
10 Ebd., Vorbemerkung, S. 7.
11 Ebd., S. 8.
12 PH: Tagebuch 10, 20.2.1943, SLA.
13 *Book Beat*, Interview mit Donald Swaim, CBS-Radio, 29.10.1987, DS.
14 PH: Tagebuch 2, 17.6.1942, SLA.
15 Ebd.
16 PH: Brief an William Shawn, 8.7.1942, NY.
17 PH: Tagebuch 2, 25.6.1942, SLA.
18 Kate Kingsley Skattebol, Brief an den Autor, 5.5.2000.
19 PH: »Der Schatz«, in: *Die stille Mitte der Welt*, Zürich 2002, S. 60.
20 PH: »My First Job«, in: *The Oldie*, 14.5.1993.
21 *Book Beat*, Interview mit Donald Swaim, CBS-Radio, 29.10.1987, DS.
22 PH: Vorwort zu *New York Stories*, Paris (A. Hatier), SLA.
23 PH: Brief an Winifer Skattebol, 9.1.1983, SLA.
24 Works Progress Administration: *New York City Guide*, a.a.O., S. 226.
25 PH: Tagebuch 3, 7.9.1942, SLA.
26 PH: »Lleida Speech«, 26.4.1987, SLA.
27 Susannah Clapp: »The Simple Art of Murder«, in: *New Yorker*, 20.12.1999.
28 Interview mit PH in *The Book Programme*, BBC 2, 11.11.1976.
29 PH: *Suspense oder Wie man einen Thriller schreibt*, a.a.O, S. 52.
30 PH: Notizbuch 7, 21.6.1942, SLA.
31 Anonyme Notiz, angeheftet an einen Brief von William Shawn an PH, 24.9.1942, NY.
32 PH: Notizbuch 6, 23.2.1942, SLA.
33 PH: Notizbuch 9, 5.12.1942, SLA.
34 Interview mit Peter Huber, 14.3.1999.
35 PH: Notizbuch 8, 27.9.1942, SLA.
36 PH: Notizbuch 9, 25.10.1942, SLA.
37 PH: Notizbuch 8, August 1942, SLA.
38 PH: Notizbuch 8, 27.9.1942, SLA.
39 PH: Notizbuch 8, 10.10.1942, SLA.
40 PH: Tagebuch 3, 13.9.1942, SLA.
41 Ebd.
42 PH: Notizbuch 9, 2.12.1943, SLA.
43 PH: Notizbuch 9, 29.12.1942, SLA.
44 PH: Notizbuch 8, 27.9.1942, SLA.
45 PH: Notizbuch 9, 1942, SLA.

46 Ebd.
47 PH: Notizbuch 8, 18.11.1942, SLA.
48 Interview mit Ruth Bernhard, 9.6.2000.
49 PH: Tagebuch 3, 9.8.1942, SLA.
50 Ebd.
51 PH: Tagebuch 3, 11.8.1942, SLA.
52 PH: »An American Book Bag«, 1974, SLA.
53 Dorothy Edson, Brief an den Autor, 29.2.2000.
54 PH: Tagebuch 3, 13.8.1942, SLA.
55 PH: Tagebuch 3, 21.8.1942, SLA.
56 PH: Tagebuch 3, 16.8.1942, SLA.
57 PH: Tagebuch 3, 18.9.1942, SLA.
58 Ebd.
59 PH: Tagebuch 3, 20.9.1942, SLA.
60 Interview mit David Diamond, 17.8.2000.
61 Interview mit Kate Kingsley Skattebol, 31.8.2000.
62 PH: Tagebuch 5, 15.10.1943, SLA.
63 PH: Liste von Geliebten, undatiert, SLA.
64 PH: Tagebuch 4, 10.9.1943, SLA.
65 Ebd.
66 PH: Tagebuch 5, 21.10.1943, SLA.
67 PH: Tagebuch 5, 8.11.1943, SLA.

8 *Ein sorgsam gepflegtes Bohemeleben* (1943–1945)

1 Vgl. PH: *Ein Spiel für die Lebenden*, Zürich 1978.
2 PH: Notizbuch 9, 10.1.1943, SLA.
3 PH: Brief an Kate Kingsley Skattebol, 22.3.1952, SLA.
4 Zit. nach: John Unterecker, *Voyager: A Life of Hart Crane*, New York 1970, S.658.
5 Edith Mackie, Sheldon Dick: *Mexican Journey: An Intimate Guide To Mexico*, New York 1935, S.xi.
6 Zit. nach: Gordon Bowker: *Pursued by Furies: A Life of Malcolm Lowry*, London 1993, S.205.
7 PH: Brief an Kate Kingsley Skattebol, 12.5.1944, SLA.
8 Vgl. PH: »An Weihnachten gewöhnt man sich«, in: *Frankfurter Allgemeine Magazin*, 20.1.1991.
9 PH: Notizbuch 6, 25.12.1944, SLA.
10 PH: Notizbuch 11, 6.1.1944, SLA.
11 Aldous Huxley: *Beyond The Mexique Bay*, London 1934, S.309.

12 Malcolm Lowry, Brief an Jonathan Cape, 2.1.1946, in: *Sursum Corda! The Collected Letters of Malcolm Lowry*, Bd.1, London 1995, S.502.
13 Paul Bowles: Vorwort zu *O My Land, My Friends: The Selected Letters of Hart Crane*, hg. von L. Hammer und B. Weber, New York/London 1997, S.vii.
14 Paul Bowles, zit. nach: Millicent Dillon: *A Little Original Sin: The Life and Work of Jane Bowles*, Berkeley/Los Angeles/London 1998, S.88.
15 Aldous Huxley, *Beyond the Mexique Bay*, a.a.O., S.309.
16 Paul Bowles, Brief an Virgil Thomson, 27.7.1941, zit. nach: Dillon, *A Little Original Sin ...*, a.a.O., S.97.
17 William Spratling: *A Small Mexican World*, Boston/Toronto 1964 (Originaltitel *Little Mexico*, 1932), S.10.
18 Ebd., S.12.
19 PH: Mexikanisches Tagebuch, 25.4.1944, SLA.
20 PH: Notizbuch 11, 16.4.1944, SLA.
21 PH: Notizbuch 11, 10.2.1944, SLA.
22 PH: Mexikanisches Tagebuch, 9.4.1944, SLA.
23 PH: Mexikanisches Tagebuch, 17.4.1944, SLA.
24 PH: Notizbuch 11, 2.4.1944, SLA.
25 PH: Mexikanisches Tagebuch, 19.3.1944, SLA.
26 PH: *Ein Spiel für die Lebenden*, a.a.O., S.285.
27 PH: Notizbuch 11, 14.4.1944, SLA.
28 PH: Mexikanisches Tagebuch, 30.3.1944, SLA.
29 PH: Notizbuch 12, 24.11.1944, SLA.
30 PH: *The Click of the Shutting*, S.1, SLA.
31 Ebd., S.5.
32 Ebd., S.113.
33 Ebd., S.145.
34 Ebd.
35 PH: Mexikanisches Tagebuch, 6.4.1944, SLA.
36 PH: Notizbuch 8, 25.9.1942, SLA.
37 Vgl. André Gide: *Die Falschmünzer*, Stuttgart 1964.
38 Graham Greene, Vorwort zu *Der Schneckenforscher*, in: *Patricia Highsmith. Leben und Werk*, Zürich 1980, S.124.
39 PH: Notizbuch 11, 16.4.1944, SLA.
40 PH: Mexikanisches Tagebuch, 13.4.1944, SLA.
41 PH: Notizbuch 11, 16.10.1944, SLA.
42 PH: *Zwei Fremde im Zug*, Zürich 2002, S.80.
43 PH: Brief an Kate Kingsley Skattebol, 12.5.1944, SLA.

44 Ebd.
45 Ebd.
46 Kate Kingsley Skattebol, Brief an den Autor, 13.7.2001, SLA.
47 PH: Notizbuch 11, 11.6.1944, SLA.
48 PH: Notizbuch 11, 22.6.1944, SLA.
49 Ebd.
50 Lucretia Stewart: »Animal Lover's Beastly Murders«, in: *Sunday Telegraph*, 8.9.1991.
51 PH: Notizbuch 16, 4.12.1947, SLA.
52 PH: Notizbuch 14, 18.12.1946, SLA.
53 PH: Tagebuch 9, 30.6.1947, SLA.
54 PH: *Zeichnungen*, ausgewählt und herausgegeben von Daniel Keel, Zürich 1985.
55 Vivien De Bernardi, Brief an den Autor, 9.8.2001.
56 Interview mit Janice Robertson, 10.10.2002.
57 Kate Kingsley Skattebol, Briefe an den Autor, 23.7.2001, 28.7.2001, 1.8.2001.
58 PH: *Ripley Under Ground*, Zürich 2002, S.29.
59 Vgl. PH: *Carol*, Zürich 2003.
60 PH: *Der Stümper*, Zürich 1974, S.70.
61 PH: Notizbuch 11, 29.9.1944, SLA.
62 PH: Notizbuch 12, 26.11.1944, SLA.
63 PH: Notizbuch 12, 20.3.1945, SLA.

9 *Sonderbare Angstschwingungen* (1945–1948)

1 Anatole Broyard: *Verrückt nach Kafka*, Berlin 2001, S.97.
2 Ebd., S.41.
3 Ebd., S.43.
4 Vgl. Charles Neider in: *New York Times Book Review*, 5.8.1945.
5 Ebd.
6 Edwin Berry Burgum: *The Novel and the World's Dilemma*, New York 1947, S.93.
7 PH: Notizbuch 17, 16.2.1948, SLA.
8 PH: Tagebuch 9, 22.2.1948, SLA.
9 PH: Notizbuch 13, 31.10.1945, SLA.
10 PH: Notizbuch 13, 16.8.1945, SLA.
11 PH: Notizbuch 13, 8.9.1945, SLA.
12 PH: Notizbuch 12, 11.4.1945, SLA.
13 PH: Notizbuch 13, 19.10.1945, SLA.

14 Emily M. Morison, Brief an PH, 8.8.1945, AK.
15 PH: Notizbuch 13, 21.8.1945, SLA.
16 Janet Flanner: *Paris Journal*, Bd. 1, 1944–1965, New York 1965, S. 49.
17 Jean Wahl: »Existentialism: A Preface«, in: *The New Republic*, 1.10.1945, S. 442.
18 *Time*, 28.1.1946, S. 16.
19 John Patrick Diggins: *The Proud Decades: America in War and Peace, 1941–1960*, New York/London 1988, S. 51.
20 PH: Notizbuch 13, 8.5.1946, SLA.
21 Vgl. Albert Camus: *Der Fremde*, übers. von Uli Aumüller, Reinbek 1994, S. 7
22 Ebd., S. 118.
23 PH: Notizbuch 13, 3.5.1946, SLA.
24 PH: Notizbuch 13, 25.11.1945, SLA.
25 PH: Notizbuch 14, 26.12.1946, SLA.
26 PH: Notizbuch 13, 16.12.1945, SLA.
27 PH: Notizbuch 16, 28.8.1947, SLA.
28 PH: *Suspense oder Wie man einen Thriller schreibt*, Zürich 1985, S. 52.
29 PH: Tagebuch 9, 23.6.1947, SLA.
30 PH: Tagebuch 9, 30.8.1947, SLA.
31 PH: *Suspense* …, a.a.O., S. 125.
32 PH: Tagebuch 9, 3.8.1947, SLA.
33 PH: Notizbuch 16, 22.11.1947, SLA.
34 PH: Tagebuch 21, undatiert, SLA.
35 Marion Chamberlain, Brief an Margot Johnson, 15.1.1948, SLA.
36 PH: Tagebuch 9, 20.1.1948, SLA.
37 Marion Chamberlain, Brief an Margot Johnson, 15.1.1948, SLA.

10 *Wie liebe ich meine Virginias!* (1945–1948)

1 PH: Antworten auf ein Interview mit dem *Ellery Queen's Mystery Magazine*, geschickt am 18.11.1981, SLA.
2 PH: Notizbuch 13, undatiert, SLA.
3 Thomas Mann: Einführung zu *The Short Novels of Dostoevsky*, New York 1946.
4 F. M. Dostojewski: *Rodion Raskolnikoff (Schuld und Sühne)*, München 1971, S. 11.
5 PH: *Zwei Fremde im Zug*, Zürich 2002, S. 207.
6 Ebd., S. 12 f.
7 Ebd., S. 219.

8 PH: Notizbuch 15, undatiert, SLA.
9 F. M. Dostojewski, *Rodion Raskolnikoff*, a.a.O., S. 254.
10 PH: *Zwei Fremde im Zug*, a.a.O., S. 266.
11 Ebd., S. 267.
12 PH: Notizbuch 33, 30.8.1975.
13 PH: *Zwei Fremde im Zug*, a.a.O., S. 28.
14 Ebd., S. 422.
15 F. M. Dostojewski, zit. in: Sven Linner: *Dostoevsky on Realism*, Stockholm 1967, S. 35.
16 Ebd., S. 178.
17 Vgl. Tzvetan Todorov: *Introduction à la littérature fantastique*, Paris 1976.
18 Vgl. Michail Bachtin: *Probleme der Poetik Dostoevskijs*, München 1971.
19 PH: Notizbuch 25, 18.2.1959, SLA.
20 PH: Notizbuch 19, 22.7.1950, SLA.
21 PH: Notizbuch 15, 16.4.1947, SLA.
22 Ebd.
23 Adoptionsakte beim Surrogate's Court, Westchester County, New York, November 1946, SLA.
24 Ebd.
25 »Cholly Knickerbocker Says«, 21.12.1933, unbekannte Zeitung, TU.
26 *Philadelphia Evening Bulletin*, 24.4.1935, TU.
27 Ann Clark, Brief an den Autor, 5.2.2000.
28 PH: Tagebuch 10, 11.10.1950, SLA.
29 PH: Tagebuch 15, 9.2.1968, SLA.
30 PH: Notizbuch 15, 29.4.1947, SLA.
31 PH: Notizbuch 16, 1.9.1947, SLA.
32 Interview mit Maggie Eversol, 13.3.2000.
33 Maggie Eversol, Brief an den Autor, 4.4.2000.
34 Interview mit David Diamond, 17.8.2000.
35 PH: Notizbuch 14, Oktober 1946, SLA.
36 PH: *Zwei Fremde im Zug*, a.a.O., S. 333.
37 PH: Notizbuch 16, 4.9.1947, SLA.
38 PH: Notizbuch 16, 23.10.1947, SLA.
39 PH: Tagebuch 11, 28.7.1951, SLA.
40 PH: Notizbuch 16, 13.11.1947, SLA.
41 PH: Tagebuch 9, 4.1.1948, SLA.
42 PH: Notizbuch 16, 24.9.1947, SLA.
43 *Woman's Hour*, in: BBC-Radio, 29.6.1965.
44 PH: Brief an Kate Kingsley Skattebol, 2.6.1948, SLA.

45 Graham Greene, Vorwort zu *Der Schneckenforscher*, dt. in: *Patricia Highsmith. Leben und Werk*, Zürich 1980, S. 126.
46 PH: Brief an Millicent Dillon, 5.6.1977, SLA.
47 Kate Kingsley Skattebol, Brief an den Autor, 28.7.2001.
48 PH: Tagebuch 9, Dezember 1947, SLA.
49 PH: Tagebuch 9, 11.12.1947, SLA.
50 PH: Tagebuch 9, 11.3.1948, SLA.
51 Ebd.
52 Susan Smith: »A Painter of Psychological Portraits«, in: *Fort Worth Star-Telegram*, 15.6.1976.
53 Craig Brown: »The Hitman and Her«, in: *The Times Saturday Review*, 28.9.1991.
54 PH: Bewerbung für die Yaddo-Künstlerkolonie, 2.3.1948, YA.
55 PH: Bewerbung für die Yaddo-Künstlerkolonie, 15.3.1948, YA.
56 Margot Johnson, Brief an Elizabeth Ames, 11.3.1948, YA.
57 Anonym, Brief an Elizabeth Ames, 9.4.1948, YA.
58 PH: Tagebuch 8, 19.4.1948, SLA.
59 Ebd.
60 PH: Analyse der Beziehungen, undatiert, SLA.

11 *Yaddo, Schatten und Licht* (1948)

1 PH: Widmung in *Strangers on a Train*, London 1950, YA.
2 Marjorie Peabody Waite: *Yaddo Yesterday and Today*, 1933, Neuauflage New York 1995, S. 22.
3 Katrina Trask: *Yaddo Chronicles of 1888*, zit. in: Marjorie Peabody Waite: *Yaddo* …, a.a.O., S. 22.
4 Katrina Trask: *Yaddo*, zit. in: Marjorie Peabody Waite, *Yaddo* …, a.a.O., S. 26.
5 Gerald Clarke: *Capote: A Biography*, London 1988, S. 100.
6 PH: Tagebuch 8, 5.7.1948, SLA.
7 Chester Himes: *The Quality of Hurt. The Autobiography of Chester Himes*, Bd. 1, London 1971, S. 104.
8 PH: Brief an Ronald Blythe, 3.9.1967, RB.
9 PH: Brief an Kate Kingsley Skattebol, 2.6.1948, SLA.
10 PH: Tagebuch 8, 11.5.1948, SLA.
11 Ian Hamilton: »Patricia Highsmith«, in: *New Review*, August 1977.
12 PH: Tagebuch 8, 17.6.1948, SLA.
13 PH: *Zwei Fremde im Zug*, Zürich 2002, S. 267.
14 Clifford Wright, Brief an PH, 13.12.1976, EB.

15 *Kaleidoscope*, in: BBC-Radio, 17.3.1975.
16 PH: Tagebuch 8, 17.6.1948, SLA.
17 PH: Tagebuch 8, 5.7.1948, SLA.
18 Ebd.
19 PH: Tagebuch 8, 24.6.1948, SLA.
20 J.H.Jackson im *San Francisco Chronicle*, 14.2.1947.
21 PH: Tagebuch 8, 5.7.1948, SLA.
22 PH: Tagebuch 8, 26.8.1948, SLA.
23 Interview mit Edith Brandel, 7.9.1999.
24 Ann Clark, Brief an den Autor, 12.4.2000.
25 Ebd.
26 PH: Notizbuch 25, 8.10.1958, SLA.
27 Ann Clark, Brief an den Autor, 12.4.2000.
28 Ebd.
29 Anatole Broyard: *Verrückt nach Kafka*, Berlin 2001, S.58.
30 Lillian Faderman: *Odd Girls and Twilight Lovers: A History of Lesbian Life in Twentieth-Century America*, London 1992, S.132.
31 Richard Robertiello: *Voyage From Lesbos: The Psychoanalysis of a Female Homosexual*, New York 1959.
32 PH: Brief an Stanley Highsmith, 1.9.1970, SLA.
33 Ebd.
34 PH: Tagebuch 8, Therapie-Tagebuch, Erster Besuch, SLA.
35 Ebd.
36 PH: Tagebuch 8, Therapie-Tagebuch, Sechster Besuch, SLA.
37 PH: Tagebuch 8, Therapie-Tagebuch, Vierzehnter Besuch, SLA.
38 PH: Tagebuch 8, 18.5.1949, SLA.
39 PH: Tagebuch 8, 6.5.1949, SLA.

12 *Auf der Stelle verliebt* (1948–1949)

1 PH: Nachwort zu *Carol*, Zürich 1990, S.402.
2 *The Late Show*, BBC 2, 3.10.1990.
3 Interview mit Priscilla Kennedy, 19.4.2000.
4 PH: Notizbuch 18, 9.12.1948, SLA.
5 Ebd.
6 PH: Tagebuch 8, 22.12.1948, SLA.
7 PH: Brief an Barbara Ker-Seymer, 5.3.1969, SLA.
8 PH: Brief an Stanley Highsmith, 29.8.1970, SLA.
9 Interview mit Ann Clark, 18.2.2000, SLA.
10 PH: Tagebuch 8, 30.3.1949, SLA.

11 PH: Tagebuch 8, 8.5.1949, SLA.
12 PH: Tagebuch 8, 24.5.1949, SLA.
13 PH: Notizbuch 16, 20.11.1947, SLA.
14 PH: Notizbuch 22, 27.10.1953, SLA.
15 Kate Kingsley Skattebol: Brief an den Autor, 13.8.2001.
16 PH: Tagebuch 8, 20.5.1949, SLA.
17 PH: Tagebuch 8, 4.6.1949, SLA.
18 PH: Tagebuch 8, 26.6.1949, SLA.
19 PH: Notizbuch 18, undatiert, SLA.
20 PH: Tagebuch 8, 1.7.1949, SLA.
21 PH: *Carol*, a.a.O., S.244.
22 PH: Tagebuch 8, 7.9.1949, SLA.
23 PH: Tagebuch 8, 8.9.1949, SLA.
24 PH: Notizbuch 19, 29.7.1949, SLA.
25 PH: Tagebuch 8, 3.10.1949, SLA.
26 Søren Kierkegaard: *Die Krankheit zum Tode*, Reinbek 1995, S.53.
27 PH: Notizbuch 20, 2.11.1950, SLA.

13 *Carol in tausend Städten* (1949–1951)

1 PH: Tagebuch 8, 22.10.1949, SLA.
2 PH: »Warten«, in: *Der Schneckenforscher*, Zürich 1973, S.23.
3 PH: Tagebuch 10, 15.11.1949, SLA.
4 PH: Tagebuch 8, 9.10.1949, SLA.
5 PH: *Carol*, Zürich 1990, S.97.
6 PH: Notizbuch 8, 22.9.1942, SLA.
7 PH: *Carol*, a.a.O., S.88.
8 Ebd., S.74.
9 PH: Tagebuch 10, 5.5.1950, SLA.
10 PH: Tagebuch 10, 19.11.1949, SLA.
11 PH: Nachwort zu *Carol*, a.a.O., S.405.
12 PH: Tagebuch 10, 12.10.1950, SLA.
13 Lillian Faderman: *Odd Girls and Twilight Lovers. A History of Lesbian Life in Twentieth-Century America*, London 1992, S.141.
14 Ebd.
15 Rosie G. Waldeck: »Homosexual International«, in: *Human Events* (New York Lesbian Herstory Archives), zit. in: Faderman, *Odd Girls* …, a.a.O., S.146.
16 PH: *Carol*, a.a.O., S.319.
17 Ebd., S.352.

18 Ebd., S. 400
19 PH: Nachwort zu *Carol*, a.a.O., S. 405.
20 Zit. in: Jaye Zimet: *Strange Sisters. The Art of Lesbian Pulp Fiction 1949–1969*, London 1999, S. 20.
21 Ebd.
22 Ebd., S. 27.
23 PH: Notizbuch 19, 7.8.1950, SLA.
24 PH: Tagebuch 10, Januar 1950, SLA.
25 PH: Notizbuch 19, 26.1.1950, SLA.
26 PH: Notizbuch 19, 19.1.1950, SLA.
27 PH: Tagebuch 10, 19.4.1950, SLA.
28 PH: Tagebuch 10, 23.5.1950, SLA.
29 PH: Tagebuch 10, 31.5.1950, SLA.
30 PH: Notizbuch 19, 6.6.1950, SLA.
31 PH: Tagebuch 10, 30.6.1950, SLA.
32 PH: Notizbuch 19, 30.6.1950, SLA.
33 PH: Notizbuch 19, 2.7.1950, SLA.
34 *Book Beat*, Interview mit Donald Swaim, in: CBS-Radio, 29.10.1987, DS.
35 PH: Brief an Ronald Blythe, 30.8.1971, RB.
36 *The New Yorker*, 18.3.1950, S. 114.
37 *The New York Herald Tribune Book Review*, 16.4.1950, S. 26.
38 Alfred Hitchcock, Brief an Ramona Herdman, 17.5.1950, SLA.
39 PH: Brief an Robert Calmann-Lévy, 21.1.1967, CLA.
40 Gerald Peary: »Highsmith«, in: *Sight & Sound*, Frühjahr 1988.
41 Ann Clark, Brief an den Autor, 12.4.2000.
42 Brian Glanville: »Sad finale to a literary life's work«, in: *The European Magazine*, 10–16.3.1995.
43 Raymond Chandler, Brief an Bernice Baumgarten, 13.9.1950, in: Tom Hiney und Frank MacShane (Hg.): *The Raymond Chandler Papers. Selected Letters and Non-Fiction*, London 2000, S. 135.
44 Raymond Chandler, Brief an Alfred Hitchcock (nicht abgeschickt), 6.12.1950, in: Frank MacShane (Hg.): *Selected Letters of Raymond Chandler*, London 1981, S. 244.
45 Tom Hiney: *Raymond Chandler: A Biography*, London 1997, S. 193.
46 Raymond Chandler, Brief an Carl Brandt, 11.12.1950, in: Frank MacShane (Hg.): *Selected Letters* …, a.a.O., S. 247.
47 PH: Einführung zu: Miriam Gross (Hg.): *The World of Raymond Chandler*, London 1977, S. 5 f.
48 Gerald Peary: »Highsmith«, in: *Sight & Sound*, Frühjahr 1988.
49 PH: Tagebuch 10, 24.11.1950, SLA.

50 Marc Brandel: *The Choice*, New York 1950, London 1952, S.34.
51 Ebd., S.123.
52 Ebd., S.124.
53 Ann Clark, Brief an den Autor, 12.4.2000.
54 Ebd.
55 PH: Tagebuch 10, 29.10.1950, SLA.
56 PH: Tagebuch 10, 6.1.1951, SLA.
57 Ebd.
58 Charles J. Role: »Carol and Therese«, in: *The New York Times Book Review*, 18.5.1952, S.23.
59 Ann Clark, Brief an den Autor, 27.4.2000.

14 *Zwei Identitäten: Opfer und Mörder* (1951–1953)

1 PH: Notizbuch 21, 30.11.1952, SLA.
2 PH: Brief an Kate Kingsley Skattebol, 14.6.1952, SLA.
3 *Evening News*, 16.2.1951.
4 PH: Notizbuch 20, 16.2.1951, SLA.
5 PH: Notizbuch 20, 2.11.1950, SLA.
6 PH: Tagebuch 11, 25.2.1951, SLA.
7 PH: Tagebuch 11, 20.4.1951, SLA.
8 PH: Tagebuch 11, 17.5.1951, SLA.
9 PH: Notizbuch 20, 5.5.1951, SLA.
10 PH: Tagebuch 11, 11.8.1951, SLA.
11 Ian Hamilton: »Patricia Highsmith«, in: *New Review*, August 1977.
12 PH: Brief an Kate Kingsley Skattebol, 23.3.1953, SLA.
13 Interview mit Kate Kingsley Skattebol, 14.5.1999.
14 PH: *The Traffic of Jacob's Ladder*, SLA.
15 PH: Notizbuch 20, 15.8.1951, SLA.
16 Interview mit Kate Kingsley Skattebol.
17 Interview mit Peggy Lewis, 14.12.1999.
18 Interview mit Peter Huber, 14.3.1999.
19 PH: Tagebuch 11, 2.9.1951, SLA.
20 PH: Tagebuch 11, 4.9.1951, SLA.
21 Interview mit Kate Kingsley Skattebol.
22 PH: Tagebuch 11, 14.10.1951, SLA.
23 PH: Notizbuch 20, undatiert, SLA.
24 Diana Cooper-Clark: »Patricia Highsmith – Interview«, in: *The Armchair Detective*, Bd.14, Nr.4, 1981, S.313.
25 PH: Tagebuch 11, 29.12.1951, SLA.

26 PH: Tagebuch 11, 21.5.1951, SLA.
27 PH: Tagebuch 11, 22.5.1951, SLA.
28 PH: Notizbuch 22, 18.6.1952, SLA.
29 PH: *Der talentierte Mr. Ripley*, Zürich 2002, Anhang, S.410.
30 PH: Tagebuch 11, 4.7.1952, SLA.
31 PH: *Der Stümper*, Zürich 1974, S.14.
32 Ebd., S.19.
33 PH: Tagebuch 11, 15.8.1952, SLA.
34 PH: Brief an Kate Kingsley Skattebol, 26.10.1952, SLA.
35 PH: Tagebuch 11, 10.9.1952, SLA
36 PH: Brief an Kate Kingsley Skattebol, 26.10.1952, SLA.
37 PH: Tagebuch 11, 6.11.1952, SLA.
38 PH: Tagebuch 11, 11.11.1952, SLA.
39 Brian Glanville: »Sad finale to a literary life's work«, in: *The European Magazine*, 10.–16.3.1995.
40 Ebd.
41 Interview mit Brian Glanville, 12.9.1999.
42 PH: Tagebuch 12, 24.5.1953, SLA.
43 PH: Tagebuch 12, 3.7.1953, SLA.
44 PH: Tagebuch 12, 4.7.1953, SLA.
45 PH: *Der Stümper*, a.a.O., S.54.
46 PH: Tagebuch 12, 14.8.1953, SLA.
47 PH: Tagebuch 12, 7.8.1953, SLA.

15 *Pat H. alias Ripley* (1953–1955)

1 PH: Notizbuch 20, 10.9.1950, SLA.
2 PH: Tagebuch 12, 16.6.1953, SLA.
3 John Patrick Diggins: *The Proud Decades: America in War and Peace, 1941–1960*, New York/London 1988, S.181.
4 Zit. ebd., S.178.
5 Ebd., S.187.
6 PH: *Der Stümper*, Zürich 1974, S.20.
7 Ebd., S.10.
8 Ebd., S.22.
9 Ebd., S.11.
10 Ebd., S.10.
11 Ebd., S.263f.
12 PH: Brief an Kate Kingsley Skattebol, 27.10.1953, SLA.
13 »Plenty of Quiet and Afternoon Beer. One Autor's Recipe for

Success«, in: *The Fort Worth Star-Telegram*, von PH auf September oder Oktober 1953 datiert, SLA.
14 PH: Brief an Kate Kingsley Skattebol, 24.12.1953, SLA.
15 PH: Brief an Kate Kingsley Skattebol, 27.10.1953, SLA.
16 PH: Notizbuch 22, 7.10.1953, SLA.
17 PH: Tagebuch 12, 9.11.1953, SLA.
18 PH: Tagebuch 12, 16.3.1954, SLA.
19 Ebd.
20 PH: Vgl. LR, TB, undatiert, SLA.
21 PH: Notizbuch 23, 8.5.1954, SLA.
22 PH: Notizbuch 23, 22.4.1954, SLA.
23 PH: Notizbuch 23, 30.7.1954, SLA.
24 »Patricia Highsmith: A Gift for Murder«, in: *The South Bank Show*, 14.11.1982.
25 PH: Notizbuch 18, 19.4.1949, SLA.
26 PH: Notizbuch 18, 26.9.1949, SLA.
27 PH: Notizbuch 23, 15.6.1954, SLA.
28 PH: Notizbuch 23, 15.6.1954, SLA.
29 Vgl. PH: *Suspense oder Wie man einen Thriller schreibt*, Zürich 1985, S 69.
30 PH: *Der talentierte Mr. Ripley*, Zürich 2002, S. 127.
31 PH: *Suspense* …, a.a.O., S. 69.
32 Ebd.
33 Das Buch befindet sich in der Charles Latimer Collection der University of British Columbia.
34 Interview mit Charles Latimer, 2.11.1998.
35 Interview mit Bettina Berch, 18.5.1999.
36 PH: Brief an Barbara Ker-Seymer, 24.5.1969.
37 Interview mit Peter Thomson, 16.5.2000.
38 PH: Notizbuch 23, 1.10.1954, SLA.
39 PH: *Der talentierte Mr. Ripley*, a.a.O., S. 353.
40 Ebd., S. 55.
41 Ebd., S. 112.
42 Ebd., S. 170.
43 Ebd., S. 253.
44 Ebd., S. 265 f.
45 PH: Notizbuch 18, 1.10.1949, SLA.
46 PH: Notizbuch 23, 1.10.1954, SLA.
47 »Patricia Highsmith: A Gift for Murder«, in: *The South Bank Show*, 14.11.1982.
48 PH: Brief an Alex Szogyi, 8.1.1969, SLA.
49 PH: Notizbuch 23, 19.11.1954, SLA.

50 Interview mit Peggy Lewis, 14.12.1999.
51 Interview mit Dan Coates, 20.11.1999.
52 Interview mit Kate Kingsley Skattebol, 14.5.1999.
53 Craig Brown: »The Hitman and Her«, in: *The Times Saturday Review*, 28.9.1991.
54 *The New Yorker*, 7.1.1956.
55 Ebd.
56 Anthony Boucher, in: *The New York Times Book Review*, 25.12.1955.
57 PH: *Suspense* …, a.a.O., S.70.

16 *Jeder Mensch steht im Bann seines Schattens* (1955–1958)

1 PH: Notizbuch 23, 14.2.1955, SLA.
2 PH: Notizbuch 23, 21.3.1955, SLA.
3 PH: Tagebuch 14, 7.6.1962, SLA.
4 PH: Notizbuch 23, 30.4.1955, SLA.
5 PH: Notizbuch 23, 12.7.1955, SLA.
6 PH: *Tiefe Wasser*. Zürich 1976, S.5f.
7 PH: Notizbuch 23, 6.4.1955, SLA.
8 PH: *Tiefe Wasser*, a.a.O., S.109.
9 Anthony Boucher, in: *The New York Times Book Review*, 6.10.1957.
10 PH: *Tiefe Wasser*, a.a.O., S.302.
11 Ebd., S.200.
12 Ebd.
13 Ebd., S.51.
14 Russell Harrison: *Patricia Highsmith*, New York 1997, S.X.
15 PH: Notizbuch 24, 13.1.1956, SLA.
16 Ebd.
17 PH: *Suspense oder Wie man einen Thriller schreibt*, Zürich 1985, S.25.
18 PH: Notizbuch 24, 8.6.1956, SLA.
19 PH: Notizbuch 24, 31.7.1956, SLA.
20 PH: Notizbuch 24, 21.10.1956, SLA.
21 Ebd.
22 PH: Notizbuch 24, 22.5.1957, SLA.
23 PH: *Ein Spiel für die Lebenden*. Zürich 1978, S.11f.
24 PH: Notizbuch 24, 20.2.1957, SLA.
25 PH: Notizbuch 24, 18.1.1957, SLA.
26 PH: Notizbuch 24, 1.5.1957, SLA.
27 PH: Brief an Joan Kahn, 27.7.1957, HA.
28 PH: Brief an Joan Kahn, 5.10.1957, HA.

29 PH: Notizbuch 24, 29.9.1957, SLA, vgl. PH: *Suspense*…, a.a.O., S.71f.
30 PH: Notizbuch 24, 30.9.1957, SLA.
31 Zit. bei Colin Wilson, *The Outsider*, London 1956, S.12.
32 Ebd., S.15
33 Ebd., S.79.
34 Ebd., S.23.
35 Vgl. William Blake, »Each Man in his Spectres Power«, *The Complete Poems*. London 1989, S.494.
36 Francis Wyndham: »Sick of Psychopaths«, in: *The Sunday Times*, 11.4.1965.
37 PH: *The Straightforward Lie*, unveröffentlichtes Manuskript, S.240, SLA.
38 PH: *Ein Spiel für die Lebenden*, a.a.O., S.146.
39 PH: Notizbuch 24, 3.1.1958, SLA.
40 Joan Kahn, Brief an PH, 14.2.1958, HRA.
41 PH: Brief an Joan Kahn, 19.2.1958, HRA.
42 Dorothy B.Hughes, Brief an Joan Kahn, 9.11.1958, HRA.
43 Joan Kahn, Brief an Dorothy B.Hughes, 12.9.1958, HRA.
44 PH: *Suspense*…, a.a.O., S.126f.
45 Ebd., S.127.
46 PH: Notizbuch 25, 3.6.1958, SLA.

17 *Der süße Wahn* (1958–1959)

1 PH: *Der süße Wahn*, Zürich 2002, S.41.
2 PH: Notizbuch 2, undatiert (Jahre 1939 und 1940), SLA.
3 Friedrich Nietzsche, *Menschliches, Allzumenschliches. Ein Buch für freie Geister*, München 1969, Zweiter Band, S.862.
4 PH: *Der süße Wahn*, a.a.O., S.33.
5 Friedrich Nietzsche, *Menschliches, Allzumenschliches*…, a.a.O., Erster Band, S.536f.
6 PH: *Der süße Wahn*, a.a.O., S.32.
7 Ebd., S.35.
8 Ebd.
9 Ebd., S.49.
10 Ebd., S.135.
11 Ebd., S.239.
12 Ebd., S.471.
13 Ebd., S.473.

14 PH: Notizbuch 25, 13.6.1958, SLA.
15 PH: Notizbuch 25, 5.11.1958, SLA.
16 *Meet Your Instructor … Mary Ronin. Famous Artists School*, Westport, Connecticut, undatiert.
17 Ebd.
18 Brief an PH, unterschrieben: »m.«, von PH datiert auf Oktober oder November 1958, SLA.
19 Ebd.
20 Ebd.
21 PH: Notizbuch 25, 30.12.1958, SLA.
22 PH: Notizbuch 25, 5.11.1958, SLA.
23 Ebd.
24 PH: Brief an Kate Kingsley Skattebol, 12.2.1959, SLA.
25 Joan Kahn, Brief an PH, 8.5.1959, HRA.
26 Ebd.
27 PH: Notizbuch 25, 18.2.1959, SLA.
28 PH: Notizbuch 25, 15.2.1959, SLA.
29 PH: Notizbuch 25, 24.5.1959, SLA.
30 PH: Notizbuch 25, 11.6.1959, SLA.
31 PH: Notizbuch 25, 21.10.1959, SLA.
32 Duncan Fallowell: »The Talented Miss Highsmith«, in: *The Sunday Telegraph Magazine*, 20.2.2000.
33 PH, Brief an Jenny Bradley, 29.12.1958, WBA.
34 Patricia S. Myrer, Brief an den Autor, 1.10.2000.
35 Patricia S. Myrer, Brief an den Autor, 23.2.2001.
36 Patricia S. Myrer, Brief an den Autor, 1.10.2000.
37 Ebd.
38 Patricia S. Myrer, Brief an den Autor, 3.9.2000.

18 *Klammheimliche Sympathie für Missetäter* (1959–1960)

1 PH: Notizbuch 25, 14.11.1959, SLA.
2 David M. Potter: *People of Plenty: Economic Abundance and the American Character*, Chicago 1954, S. 71.
3 C. Wright Mills: *White Collar: The American Middle Classes*, New York 1951, S. xx.
4 Daniel Bell: *The End of Ideology: On the Exhaustion of Political Ideas in the Fifties*, Glencoe 1960, S. 116.
5 Chris Matthew: »Writing the wrong-doers«, in: *Radio Times*, 2.12.1972.

6 Neil Gordon, Brief an den Autor, 9.11.2001.
7 PH: *Zwei Fremde im Zug*, Zürich 2002, S.422.
8 *Current Biography Yearbook*, 1990, S.302.
9 Craig Brown: »Too Busy Writing to be a Writer«, in: *Daily Telegraph*, 29.1.2000.
10 Interview mit Otto Penzler, 21.5.1999.
11 Interview mit H.R.F. Keating, 20.6.2000.
12 Zit. in: Julian Symons: *Bloody Murder. From the Detective Story to the Crime Novel: A History*, London 1972, S.91.
13 Julian Symons: »Life with a Likeable Killer«, in: *The New York Times Book Review*, 18.10.1992.
14 Julian Symons: *The Modern Crime Story*, Edinburgh, 1980, S.14.
15 PH: *Suspense oder Wie man einen Thriller schreibt*, Zürich 1985, S.55.
16 Diana Cooper-Clark: »Patricia Highsmith – Interview«, in: *The Armchair Detective*, Bd.14, Nr.4, 1981.
17 Ebd.
18 Hannah Carter: »Queens of Crime«, in: *The Guardian*, 1.5.1968.
19 PH: Brief an Jenny Bradley, 30.9.1961, WBA.
20 Margaret Pringle: »The Criminal Not the Crime«, in: *Nova*, Mai 1971.
21 Francis Wyndham: »Sick of Psychopaths«, in: *The Sunday Times*, 11.4.1965.
22 Louise Roddon: »View to a kill«, in: *Today*, 6.4.1986.
23 Interview mit Roger Clarke, 15.1.2001.
24 Interview mit Vivien De Bernardi, 23.7.1999.
25 Interview mit Kate Kingsley Skattebol, 12.12.2001.
26 PH: Notizbuch 23, 2.4.1954, SLA.
27 PH: Tagebuch 10, 27.10.1950, SLA.
28 PH: Notizbuch 25, 7.2.1959, SLA.
29 Ebd.
30 Ebd.
31 PH: Brief an Dan Coates, 12.12.1974, SLA.
32 Ebd.
33 PH: Tagebuch 25, 28.9.1959, SLA.
34 PH: Notizbuch 25, 28.9.1959, SLA.
35 PH: Notizbuch 25, 20.11.1959, SLA.
36 PH: Brief an Joan Kahn, 17.11.1959, HRA.
37 PH: Notizbuch 25, 3.2.1960, SLA.
38 PH: Notizbuch 25, 11.2.1960, SLA.

19 *Das Ultraneurotische* (1960–1962)

1 James Sandoe: *New York Herald Tribune Book Review*, 7.2.1960, S.11.
2 PH: *Suspense oder Wie man einen Thriller schreibt*, Zürich 1985, S.17.
3 PH: Notizbuch 25, 3.5.1960, SLA.
4 PH: Brief an Joan Kahn, 6.9.1960, HRA.
5 PH: Brief an Jenny Bradley, 13.10.1960, WBA.
6 PH: Notizbuch 26, 14.10.1960, SLA.
7 PH: *Suspense oder Wie man einen Thriller schreibt*, a.a.O., S.117.
8 Joan Kahn: Brief an Patricia Schartle, 21.2.1961, HRA.
9 Ebd.
10 PH: Brief an Joan Kahn, 29.2.1961, HRA.
11 Joan Kahn: Brief an PH, 3.5.1961, HRA.
12 PH: Brief an Joan Kahn, 10.5.1961, HRA.
13 PH: Brief an Jenny Bradley, 31.5.1961, WBA.
14 Anonymes Gutachten für Joan Kahn, 28.5.1962, HRA.
15 Joan Kahn: Brief an PH, 6.6.1962, HRA.
16 Brigid Brophy: *Don't Never Forget, Collected Views and Reviews*, London 1966, S.155.
17 Brigid Brophy: »Swindler and Son«, in: *New Statesman*, 28.2.1964.
18 Julian Symons: »Terror all the way«, in: *Sunday Times*, 23.2.1964.
19 PH: *Suspense oder Wie man einen Thriller schreibt*, a.a.O., S.117f.
20 PH: Notizbuch 26, 3.3.1961, SLA.
21 Vgl. PH: *Die zwei Gesichter des Januars*, Zürich 1974.
22 Vgl. PH: Ebd.
23 Dostojewski: *Aufzeichnungen aus dem Untergrund*, München 1996, S.437.
24 Colin Wilson: *The Outsider*, London 1956, S.157.
25 PH: Notizbuch 15, 18.3.1947, SLA.
26 PH: *Die zwei Gesichter des Januars*, a.a.O., S.32.
27 Ebd., S.106.
28 Ebd., S.23.
29 Ebd., S.211.
30 Ebd., S.61.
31 Dostojewski: *Aufzeichnungen aus dem Untergrund*, a.a.O., S.435f.
32 Ebd., S.574.
33 Interview mit Peggy Lewis, 25.8.2000.
34 Dorothy Hermann: *The Genius Belt: The Story of the Arts in Bucks County*, Pennsylvania, James A. Michener Art Museum. Doylestown, 1996, S.46.
35 PH: Notizbuch 26, 16.12.1960, SLA.

36 PH: *First Person Novel*, unveröffentlicht, 1961, SLA.
37 Ebd.
38 Ebd.
39 Notizbuch 26, 9.2.1961, SLA.
40 Ebd., 4.2.1961, SLA.
41 Ebd.
42 Ebd., 9.2.1961, SLA.
43 PH: *Der Schrei der Eule*, Zürich 2002, S.14f., 18.
44 PH: Brief an Kate Kingsley Skattebol, 30.5.1961, SLA.
45 PH: Notizbuch 26, 31.8.1961, SLA.
46 PH: »Suspense: Rules and Non-Rules«, in: *Writer Magazine*, November 1964.
47 Brigid Brophy: *Don't Never Forget. Collected Views and Reviews*, a.a.O., S.154.
48 Phyllis Meras: »A Talk with Brigid Brophy«, in: *The New York Times Book Review*, 21.5.1967.
49 PH: *Der Schrei der Eule*, a.a.O., S.14.
50 Ebd. S.13.
51 Ebd. S.48.
52 Ebd. S.19.
53 Ebd. S.180.
54 Ebd. S.25.
55 Ebd. S.251f.
56 Ebd. S.407.
57 Ebd. S.409.
58 Joan Kahn: Brief an PH, 8.2.1962, HRA.
59 Ebd.
60 PH: Notizbuch 26, 1.6.1961, SLA.
61 Ebd.
62 Interview mit Peggy Lewis, 25.8.2000.
63 Interview mit Phillip Powell, 25.8.2000.
64 PH: Notizbuch 26, 8.8.1961, SLA.
65 Daisy Winston: Brief an PH, 28.12.1991, SLA.
66 PH: Brief an Kate Kingsley Skattebol, 19.4.1967, SLA.
67 PH: Notizbuch 26, 22.12.1961, SLA.
68 Interview mit Alex Szogyi, 16.5.1999.
69 PH: Notizbuch 26, 8.6.1962, SLA.
70 Oscar Wilde: Brief an H.C. Marillier, zit. nach PH: *Ripley Under Ground*, Zürich 2002.

20 *Freisein von Verantwortung* (1962–1964)

1 PH: »First Love«, in: *Sunday Times Magazine*, 20.1.1974.
2 PH: Tagebuch, SLA.
3 Ebd.
4 Ebd.
5 Lucretia Stewart: »Animal Lover's Beastly Murders«, in: *Sunday Telegraph*, 8.9.1991.
6 PH: *Suspense oder Wie man einen Thriller schreibt*, Zürich 1985, S.99.
7 Ebd., S.100.
8 Ebd.
9 John Bartlow Martin: *Break Down The Walls – American Prisons: Present, Past and Future*, New York 1954, Vorwort.
10 Ebd., S.268.
11 PH: *Suspense oder Wie man einen Thriller schreibt*, a.a.O., S.100.
12 Ebd.
13 PH: Tagebuch, SLA.
14 Ebd.
15 Ebd.
16 Interview mit Francis Wyndham, 1.3.2000.
17 Francis Wyndham: »Miss Highsmith«, in: *New Statesman*, 31.5.1963.
18 Ebd.
19 Ebd.
20 PH: Tagebuch, SLA.
21 Ebd.
22 PH: Tagebuch 15, 3.5.1963, SLA.
23 Ebd., 5.6.1963, SLA.
24 Interview mit Peter Thomson, 16.5.2000.
25 PH: Notizbuch 27, 14.7.1963, SLA.
26 PH: Tagebuch 15, 8.8.1963, SLA.
27 Joan Kahn: Brief an Patricia Schartle, 15.10.1963, HRA.
28 Joan Kahn: Brief an PH, 13.11.1963, HRA.
29 PH: Tagebuch 15, 26.10.1963, SLA.
30 Richard Ingham: Brief an den Autor, undatiert, erhalten am 14.5.2002.
31 PH: *Suspense oder Wie man einen Thriller schreibt*, a.a.O., S.119.
32 Ebd.
33 »Worse and Worse«, in: *Times Literary Supplement*, 25.2.1965.
34 Ebd.
35 PH: Notizbuch 9, transkribiert aus einem früheren Tagebuch, undatierter Eintrag, SLA.

36 PH: Notizbuch 32, 30.7.1973, SLA.
37 John Wakeman (Hg): *World Authors 1950–70: A Companion Volume to Twentieth Century Authors*, New York 1975, S.642.
38 Julian Symons: *The Modern Crime Story*, Edinburgh 1980, S.14.
39 PH: Brief an Arthur Koestler, KA, MS 2385/1.
40 PH: Brief an Kate Kingsley Skattebol, 19.4.1964, SLA.
41 Interview mit Ronald Blythe, 15.1.2002.
42 PH: *Suspense oder Wie man einen Thriller schreibt*, a.a.O., S.42.
43 PH: *Der Geschichtenerzähler*, Zürich 1977, S.7.
44 In Patricia Highsmiths Story »Quitt«, veröffentlicht in: *Die Augen der Mrs. Blynn.* Stories aus dem Nachlass, Zürich 2002, lautet der Name Vanderholt.
45 Richard Ingham: *It's a Deal*, Richard Ingham Collection, S.51.
46 Richard Ingham: Brief an den Autor, undatiert, erhalten am 14.5.2002.
47 PH: Brief an Ronald Blythe, 15.9.1969, RB.
48 PH: *Suspense oder Wie man einen Thriller schreibt*, a.a.O., S.13.
49 PH: Brief an Kate Kingsley Skattebol, 27.7.1964, SLA.
50 PH: *Suspense oder Wie man einen Thriller schreibt*, a.a.O., S.42f.
51 Diana Cooper-Clark: »Patricia Highsmith – Interview«, in: *The Armchair Detective*, Bd.14, Nr.4, 1981.
52 Ebd.
53 Bettina Berch: »A Talk With Patricia Highsmith«, 15.6.1984, SLA.
54 PH: Notizbuch 27, 1.8.1964.
55 Charles Latimer: Brief an den Autor, 17.12.2001.
56 Interview mit Charles Latimer, 2.11.1998.
57 Interview mit Ronald Blythe.
58 PH: Brief an Ronald Blythe, 26.11.1966, RB.
59 Interview mit Ronald Blythe.
60 PH: Notizbuch 25, 30.12.1958, SLA.
61 Bettina Berch: »A Talk With Patricia Highsmith«, 15.6.1984, SLA.
62 PH: *Der Geschichtenerzähler*, a.a.O., S.35.
63 Ebd., S.206.
64 Ebd., S.217.
65 PH: Brief an Peggy Lewis, 16.10.1964, PL.
66 PH: Notizbuch 27, 15.12.1964, SLA.

21 *Liebe ist eine Gabe* (1964–1967)

1 PH: Notizbuch 27, 16.12.1964, SLA.
2 PH: Brief an Arthur Koestler, 28.1.1966, KA, MS 2385/3.
3 PH: Brief an Arthur Koestler, 20.1.1965, KA, MS 2385/2.
4 PH: Brief an Kate Kingsley Skattebol, 8.1.1965, SLA.
5 PH: *Suspense oder Wie man einen Thriller schreibt*, Zürich 1985, S.14.
6 Ebd., S.15.
7 Ebd., S.7.
8 PH: »Not-Thinking With the Dishes«, in H.R.F. Keating (Hg.): *Whodunit? A Guide to Crime, Suspense and Spy Fiction*, London 1982, S.92.
9 Ebd.
10 Ebd.
11 Interview mit Ronald Blythe, 15.1.2002.
12 PH: Tagebuch 13, 16.11.1962, SLA.
13 PH: Brief an Robert Calmann-Lévy, 16.3.1965, CLA.
14 Manès Sperber: Brief an PH, 27.3.1965, CLA.
15 PH: Brief an Manès Sperber, 30.3.1965, CLA.
16 Ebd.
17 Manès Sperber: Brief an PH, 5.4.1965, CLA.
18 PH: Brief an Peggy Lewis, 29.7.1964, PL.
19 PH: Brief an Stanley Highsmith, 1.9.1970, SLA.
20 PH: Brief an Jenny Bradley, 18.5.1965, WBA.
21 *The Arts This Week*, BBC Radio Three, 21.1.1971.
22 Pooter: *The Times*, 25.1.1969.
23 PH: Notizbuch 34, 13.3.1977, SLA.
24 PH: Brief an Dan Coates, 31.8.1976, SLA.
25 PH: Brief an Alex Szogyi, 12.5.1965, SLA.
26 PH: Tagebuch, SLA.
27 Ebd.
28 Mary Highsmith: Brief an PH, undatiert, SLA.
29 Ebd.
30 PH: Tagebuch, SLA.
31 PH: Notizbuch 27, SLA.
32 Ebd.
33 PH: Brief an Alex Szogyi, SLA.
34 Ebd.
35 Ebd.
36 PH: Brief an Kate Kingsley Skattebol, 26.6.1965, SLA.
37 Sir Michael Levey: Brief an den Autor, 8.2.2002.

38 PH: Notizbuch 28, SLA.
39 Ebd., 12.9.1965, SLA.
40 Ebd., 19.8.1965, SLA.
41 Ebd., 23.12.1965, SLA.
42 Ebd.
43 Vgl. PH: *Der Schneckenforscher*, Stories, Zürich 2003.
44 Zitiert nach Graham Greene: »Die Welt der Patricia Highsmith«, *Patricia Highsmith. Leben und Werk*, Zürich 1996, S. 125 f.
45 Interview mit Peter Thomson, 16.5.2000.
46 Interview mit Larry Ashmead, 20.5.1999.
47 PH: Notizbuch 28, 7.2.1966, SLA.
48 Vgl. PH: »The Quest for Blank Claveringi«, in: *Der Schneckenforscher*, a.a.O.
49 PH: Brief an Mary Highsmith, 12.4.1966, SLA.
50 PH: Notizbuch 28, 30.6.1966, SLA.
51 Ebd.
52 Auriol Stevens: »Private Highsmith«, in: *The Guardian*, 29.1.1969.
53 PH: Brief an Alex Szogyi, SLA.
54 PH: Notizbuch 28, 2.1.1967, SLA.
55 Interview mit Barbara Roett, 5.5.1999.
56 PH: Notizbuch 28, SLA.
57 Ebd.
58 Ebd., 3.11.1966, SLA.
59 Julian Symons: *Bloody Murder, From the Detective Story to the Crime Novel: A History*, London 1972, S. 178.
60 PH: *Venedig kann sehr kalt sein*, Zürich 1979, S. 19.
61 Ebd., S. 64.
62 Ebd., S. 78.
63 Anthony Boucher: *New York Times Book Review*, 30.4.1967.
64 J. M. Edelstein: »Cat and Mouse«, in: *New Republic*, 20.5.1967.
65 *Times Literary Supplement*, 1.6.1967.
66 Julian Symons: *Bloody Murder*, a.a.O., S. 179.
67 PH: *Venedig kann sehr kalt sein*, a.a.O., S. 35 f.
68 Ebd., S. 59.
69 Ebd., S. 117.
70 Ebd.
71 Ebd., S. 294.

22 *Diese flirrende Leere* (1967–1968)

1 Edmund Pilon: *The Country Round Paris (Île-de-France)*, London 1929, S. 15.
2 Ebd., S. 11.
3 Ebd., S. 241.
4 PH: Notizbuch 29, 27.1.1967, SLA.
5 Ebd.
6 PH: Brief an Alex Szogyi, SLA.
7 PH: Brief an Alex Szogyi, SLA.
8 PH: Brief an Alex Szogyi, SLA.
9 Ebd.
10 Ebd.
11 PH: Widmung, *Das Zittern des Fälschers*, Zürich 2002.
12 PH: Notizbuch 29, 12.12.1967, SLA.
13 Graham Greene: Vorwort zu *Der Schneckenforscher*, Zürich 2003, S. 125.
14 PH: *Das Zittern des Fälschers*, a.a.O., S. 23.
15 Ebd., S. 104.
16 PH: Notizbuch 28, 1.1.1967, SLA.
17 PH: *Das Zittern des Fälschers*, a.a.O., S. 337.
18 Ebd., S. 336.
19 Ebd.
20 Ian Hamilton: »Patricia Highsmith«, in: *New Review*, August 1977.
21 PH: *Das Zittern des Fälschers*, a.a.O., S. 136.
22 Ebd., S. 158.
23 PH: Notizbuch 29, 11.2.1968, SLA.
24 Ebd., 12.3.1967, SLA.
25 Ian Hamilton: »Patricia Highsmith«, a.a.O.
26 PH: *Das Zittern des Fälschers*, a.a.O., S. 43.
27 Ebd. S. 112.
28 PH: Brief an Barbara Ker-Seymer, 12.11.1967, SLA.
29 PH: Notizbuch 29, 26.1.1968, SLA.
30 Interview mit Larry Ashmead, 20.5.1999.
31 PH: Brief an Alain Oulman, 2.7.1968, CLA.
32 PH: Notizbuch 29, 18.1.1968, SLA.
33 PH: Brief an Alain Oulman, 28.8.1974, CLA.
34 PH: Brief an Alain Oulman, 20.7.1968, CLA.
35 Julian Symons: »Patricia Highsmith: Criminals in Society«, in: *London Magazine*, Juni 1969.
36 Ebd.

37 Janice Elliot, *New Statesman*, 24.1.1969.
38 Terrence Rafferty: »Fear and Trembling«, in: *The New Yorker*, 4.1.1988.
39 PH: Notizbuch 29, 28.1.1967, SLA.
40 Ebd., 3.2.1968, SLA.
41 Ebd., 11.3.1968, SLA.
42 Ebd., 1.11.1967, SLA.
43 PH: Tagebuch 15, 14.12.1967, SLA.
44 Ebd., 2.1.1968, SLA.
45 PH: Notizbuch 30, 7.8.1968, SLA.
46 PH: Brief an Barbara Ker-Seymer, 17.2.1968, SLA.
47 PH: Brief an Kate Kingsley Skattebol, 14.3.1968, SLA.
48 Interview mit Madeleine Harmsworth, 23.8.2000.
49 PH: Tagebuch 15, 17.3.1968, SLA.
50 Ebd.
51 PH: Brief an Barbara Ker-Seymer, 17.5.1968, SLA.
52 PH: Brief an Alex Szogyi, 8.1.1969, SLA.
53 PH: Brief an Barbara Ker-Seymer, 17.5.1968, SLA.
54 Tariq Ali, Susan Watkins: *1968: Marching in the Streets*, London 1998, S.86.
55 PH: Notizbuch 29, 5.6.1968, SLA.
56 PH: Tagebuch 15, 15.6.1968, SLA.
57 PH: Brief an Arthur Koestler, 2.6.1968, KA, MS 2386/1.
58 Auriol Stevens: »Private Highsmith«, in: *The Guardian*, 19.1.1969.
59 PH: Notizbuch 29, 17.7.1968, SLA.
60 Interview mit Madeleine Harmsworth, 23.8.2000.
61 PH: Brief an Barbara Ker-Seymer, 20.7.1968, SLA.
62 Interview mit Heather Chasen, 6.10.1999.
63 Interview mit Madeleine Harmsworth, 23.8.2000.
64 PH: Brief an Alex Szogyi, 1.2.1969, SLA.
65 Ebd.
66 Interview mit Madeleine Harmsworth, 23.8.2000.

23 *Das Falsche, das Gefälschte und die Fälschung* (1968–1969)

1 PH: Notizbuch 28, 22.7.1965, SLA.
2 PH: Notizbuch 29, 23.2.1966, SLA.
3 PH: Notizbuch 30, 3.10.1968, SLA.
4 Ebd., 20.11.1968, SLA.
5 Ebd., 5.11.1968, SLA.
6 Ebd., 11.10.1968, SLA.

7 PH: Brief an Alex Szogyi, 26.12.1968, SLA.
8 PH: Brief an Barbara Ker-Seymer, 29./30.11.1968, SLA.
9 PH: Notizbuch 30, 15.11.1968, SLA.
10 Vgl. PH: »Die Hand«, in: *Kleine Geschichten für Weiberfeinde*, Zürich 1975.
11 PH: Brief an Barbara Ker-Seymer, 18.12.1968, SLA.
12 PH: Brief an Barbara Ker-Seymer, 4.1.1969, SLA.
13 Auriol Stevens: »Private Highsmith«, in: *The Guardian*, 19.1.1969.
14 PH: Brief an Barbara Ker-Seymer, 10.2.1969, SLA.
15 Cynthia Koestler: Tagebuch Dezember 1968–Dezember 1969, 21.1.1969, KA.
16 Ebd.
17 PH: »Togetherness«, Notizbuch 30, 6.1.1969, SLA.
18 PH: Brief an Alex Szogyi, 25.6.1969, SLA.
19 Cynthia Koestler: a.a.O., 20.7.1969, KA.
20 Ebd.
21 PH: Tagebuch 16, 20.8.1969, SLA.
22 PH: *Ripley Under Ground*, Widmung, Zürich 2002.
23 Interview mit Hester Green, 16.11.2000.
24 PH: *Ripley Under Ground*, a.a.O., S.15.
25 Chris Matthew: »Writing the Wrong-Doers«, *Radio Times*, 2.12.1972.
26 PH: *Ripley Under Ground*, a.a.O., S.261.
27 »The Talented Miss Highsmith«, in: *Times Literary Supplement*, 24.9.1971.
28 PH: *Ripley Under Ground*, a.a.O., S.234.
29 Michiko Kakutani: »The Kinship of Macabre and Banal«, in: *The New York Times*, 19.11.1999.
30 PH: *Ripley Under Ground*, a.a.O., S.22.
31 Ebd., S.370.
32 Ebd., S.376.
33 Ebd., S.386.
34 Ebd., S.417.
35 *The Times*, 21.1.1969.
36 Pooter: *The Times*, 25.1.1969.
37 Ebd.
38 PH: *Ripley Under Ground*, a.a.O., S.100.
39 Ebd., S.297.
40 Ebd., S.242.
41 Ebd., S.392.
42 Oscar Wilde: zit. in: Richard Ellmann: *Oscar Wilde*, London 1987, S.529.

43 Vgl. Oscar Wilde: »Das Bildnis des Dorian Gray«, in: *Das Bildnis des Dorian Gray, Märchen, Erzählungen, Essays*, München 1988, S. 151.
44 Ebd., S. 185.
45 PH: *Ripley Under Ground*, a.a.O., S. 105.
46 Vgl. Oscar Wilde: *Das Bildnis des Dorian Gray*, a.a.O., S. 86 f.
47 Bettina Berch: »A Talk With Patricia Highsmith«, 15.6.1984, SLA.
48 Vgl. Oscar Wilde: *Das Bildnis des Dorian Gray*, a.a.O., S. 151.
49 Oscar Wilde: »Feder, Stift und Gift«, in: *Das Bildnis des Dorian Gray*, a.a.O., S. 517.
50 Oscar Wilde: »Lecture on Thomas Chatterton«, zit. in: Ellmann, *Oscar Wilde*, a.a.O., S. 269.
51 Oscar Wilde: »Der Verfall des Lügens«, in: *Das Bildnis des Dorian Gray*, a.a.O., S. 513.
52 PH: *Ripley Under Ground*, a.a.O., S. 215.

24 *Eine gegen alle* (1969–1970)

1 Tom Paulin: »Mortem Virumque Cano«, in: *New Statesman*, 25.11.1977.
2 Ebd.
3 PH: Brief an Kate Kingsley Skattebol, 20.3.1969, SLA.
4 Kathleen Gregory Klein: *And Then There Were Nine … More Women of Mystery*, Bowling Green/Ohio 1985, S. 174.
5 Vgl. Philippa Burton: »Patricia Highsmith: Male Perspective and Little Tales of Mysogeny«, in: *Quarto* 11, 1999.
6 Interview mit Barbara Roett, 5.5.1999.
7 Interview mit Heather Chasen, 6.10.1999.
8 PH: Brief an Ronald Blythe, 26.11.1966, RB.
9 Bettina Berch: »A Talk with Patricia Highsmith«, 15.6.1984, unveröffentlichtes Interview, SLA.
10 Ebd.
11 Ebd.
12 Interview mit Michael Kerr, 10.4.2002.
13 PH: Notizbuch 6, 27.2.1942, SLA.
14 PH: Notizbuch 8, 17.11.1942, SLA.
15 PH: Notizbuch 27, SLA.
16 Interview mit Vivien De Bernardi, 23.7.1999.
17 PH: Brief an Alex Szogyi, 10./11.3.1969, SLA.
18 PH: Brief an Barbara Ker-Seymer, SLA.
19 Ebd.

20 PH: Brief an Barbara Ker-Seymer, 15.3.1969, SLA.
21 Ebd.
22 PH: Brief an Alex Szogyi, 10./11.3.1969, SLA.
23 PH: Brief an Alex Szogyi, 31.3.1969, SLA.
24 PH: Notizbuch 28, 19.12.1964, SLA.
25 PH: Brief an Barbara Ker-Seymer, 15.4.1969, SLA.
26 Interview mit Charles Latimer, 2.11.1998.
27 PH: Notizbuch 30, 27.5.1969, SLA.
28 PH: Brief an Alex Szogyi, 20.5.1969, SLA.
29 PH: Notizbuch 30, 30.12.1969, SLA.
30 Ebd., 23.6.1969, SLA.
31 PH: Brief an Alex Szogyi, 14.11.1969, SLA.
32 PH: Notizbuch 30, 14.11.1969, SLA.
33 Interview mit Barbara Roett, 5.5.1999.
34 PH: Brief an Alex Szogyi, 17.12.1969, SLA.
35 Mary Highsmith: Brief an PH, 3.3.1970, SLA.
36 PH: Brief an Stanley Highsmith, 11.6.1970, SLA.
37 Mary Highsmith: Brief an PH, 3.3.1970, SLA.
38 Ebd.
39 PH: Brief an Ronald Blythe, 17.3.1970, RB.
40 PH: »Must We Always Write for Money?«, 1974, SLA.
41 PH: Brief an Arthur Koestler, 26.4.1970, KA, MS 2386/5.
42 Ebd.
43 PH: Brief an Alex Szogyi, 3.8.1970, SLA.
44 Ebd.
45 PH: Brief an Kate Kingsley Skattebol, 30.7.1978, SLA.
46 Stanley Highsmith: Brief an PH, 23.8.1970, SLA.
47 Ebd.
48 Ebd.
49 Ebd.
50 Ebd.
51 PH: Brief an Stanley Highsmith, 1.9.1970, SLA.
52 PH: Brief an Stanley Highsmith, 10.11.1970, SLA.
53 PH: Brief an Kate Kingsley Skattebol, 29.11.1970, SLA.
54 PH: Notizbuch 31, 20.12.1970, SLA.
55 Mary Highsmith: Brief an PH, 6.2.1971, SLA.
56 Mary Highsmith: Brief an PH, 3.2.1971, SLA.

25 *Name: Ismael* (1970–1971)

1 PH: Brief an Alex Szogyi, 3.1.1970, SLA.
2 PH: Brief an Ronald Blythe, 24.5.1970, RB.
3 Ebd.
4 PH: Notizbuch 31, 5.5.1970, SLA.
5 PH: Brief an Alex Szogyi, 29.7.1970, SLA.
6 PH: Brief an Alex Szogyi, 18.8.1970, SLA.
7 PH: Brief an Ronald Blythe, 18.2.1971, RB.
8 PH: Brief an Ronald Blythe, 16.8.1970, RB.
9 Ebd.
10 PH: *Lösegeld für einen Hund*, Zürich 2002, S.158.
11 Ebd., S.166.
12 Ebd., S.53.
13 Ebd., S.189.
14 PH: Brief an Ronald Blythe, 18.2.1971, RB.
15 PH: *Lösegeld für einen Hund*, a.a.O., S.404.
16 Ebd., S.173.
17 Ebd., S.30.
18 PH: Notizbuch 31, 26.1.1970, SLA.
19 Gore Vidal: Brief an den Autor, undatiert, erhalten im Januar 2000.
20 PH: »My Favorite Writer(s)«, geschickt an *Konkret Sonderhefte*, Hamburg, 20.7.1987, SLA.
21 Ebd.
22 PH: »The Novel«, geschrieben für *New Review*, unveröffentlicht, SLA.
23 PH: Notizbuch 31, nicht datiert, SLA.
24 PH: »My Favorite Writer(s)«, a.a.O.
25 PH: Brief an Janice Robertson, 14.4.1973, JR.
26 PH: »Tradition in American Literature«, Aufsatz in Barnard, 23.4.1942, SLA. Patricia Highsmith bekam eine Eins im Aufsatz, und Professor Thornbury kommentierte: »Interessant, aber einige Verallgemeinerungen sind fragwürdig.«
27 PH: Notizbuch 23, 28.6.1954, SLA.
28 Frank Rich: »American Pseudo«, in: *New York Times Magazine*, 12.12.1999.
29 Lucretia Stewart: »Animal Lover's Beastly Murders«, in: *Sunday Telegraph*, 8.9.1991.
30 *Kaleidoscope*, BBC 2, 17.3.1975.
31 PH: »The Novel«, a.a.O.
32 PH: Brief an Alain Oulman, 6.8.1979, CLA.

33 James Campbell: »Murder, She (Usually) Wrote«, in: *New York Times*, 27.10.2002.
34 PH: Brief an Alain Oulman, 26.7.1979, CLA.
35 Kate Kingsley Skattebol: Brief an den Autor, 21.5.2002; PHs Geschichte »Die Augen der Mrs. Blynn«, in: *New Yorker*, 27.5.2002.
36 Joan Dupont: »Criminal Pursuits«, in: *New York Times Magazine*, 12.6.1988.
37 Ian Hamilton: »Patricia Highsmith«, in: *New Review*, August 1977.
38 Craig Brown: »Too Busy Writing to Be a Writer«, in: *Daily Telegraph*, 29.1.2000.
39 Larry Ashmead: Brief an den Autor, 7.11.2002.
40 Janice Robertson: Brief an den Autor, 10.10.2002.
41 PH: Brief an Janice Robertson, 15.2.1973, JR.
42 Interview mit Janice Robertson, 10.10.2002.
43 Interview mit Roger Smith, 14.10.2002.
44 Auflagenvorschlag für *Lösegeld für einen Hund*, Heinemann, JR; die Absatzzahlen beziehen sich auf Verkäufe in Großbritannien und im Ausland.
45 Interview mit Gary Fisketjon, 21.5.1999.
46 Ebd.
47 Larry Ashmead, Brief an den Autor, 7.11.2002.
48 Rosemarie Pfluger: *Von Büchern und ihren Machern: Diogenes, Porträt eines Verlags*, September 1998, SF, DRS und 3sat.
49 Ebd.
50 Ebd.
51 PH: Brief an Barbara Ker-Seymer, 7.11.1970, SLA.
52 PH: Brief an Barbara Ker-Seymer, 5.10.1972, SLA.
53 Interview mit Kate Kingsley Skattebol, 14.5.1999.
54 Rosemarie Pfluger: *Von Büchern und ihren Machern*, a.a.O.
55 PH: Notizbuch 31, 5.1.1970, SLA.
56 Lucretia Stewart: »Animal Lover's Beastly Murders«, a.a.O.
57 PH: Brief an Alex Szogyi, 25.6.1969, SLA.
58 PH: Brief an Ronald Blythe, 16.8.1970, RB.
59 PH: *Lösegeld für einen Hund*, a.a.O., S. 236.
60 Alain Oulman: Brief an PH, 28.9.1971, CLA.
61 PH: Brief an Alain Oulman, 1.10.1971, CLA.
62 PH: Brief an Barbara Ker-Seymer, 9.5.1971, SLA.
63 PH: Notizbuch 31, 5.6.1971, SLA.
64 Ebd., 14.7.1971, SLA.
65 Ebd., 25.8.1971, SLA.
66 PH: Brief an Barbara Ker-Seymer, 24./25.10.1970, SLA.

67 Interview mit Daniel Keel, 27.10.1999.
68 Interview mit Vivien De Bernardi, 23.7.1999.
69 PH: Brief an Ronald Blythe, 24.5.1970, RB.
70 Joan Juliet Buck: »A Terrifying Talent«, in: *Oberserver Magazine*, 20.11.1977.
71 Interview mit Winifer Skattebol, 18.5.1999.
72 Interview mit Barbara Roett, 5.5.1999.
73 PH: Notizbuch 31, 25.8.1971, SLA.
74 Ebd., 17.10.1971, SLA.
75 Interview mit Tristram Powell, 25.3.2002.
76 PH: Brief an Arthur Koestler, 20.6.1971, KA, MS 2387/2.
77 PH: Brief an Barbara Ker-Seymer, 2.12.1971, SLA.
78 Alain Oulman: Brief an PH, 28.9.1971, CLA.
79 Mary Borg: »Violent Rations«, in: *New Statesman*, 28.4.1972.
80 »Man Hunts Dog«, in: *Times Literary Supplement*, 12.5.1972.
81 Graham Greene: Brief an PH, 5.5.1972, zit. in: PH: Brief an Alain Oulman, 6.6.1972, CLA.
82 Diane LeClercq: *Books and Bookmen*, August 1972.
83 »A need to go to the very edge«, in: *The Times*, 27.4.1972.
84 Reg Gadney: »Criminal Tendencies«, in: *London Magazine*, Juni/Juli 1972.
85 Brigid Brophy: »Poodle«, in: *Listener*, 11.5.1972.

26 *Wie stehen die Chancen zwischen Katze und Mensch?* (1971–1973)

1 PH: Notizbuch 32, 2.11.1971, SLA.
2 Ebd., 24.11.1971, SLA.
3 PH: Brief an Barbara Ker-Seymer, 8.12.1971, SLA.
4 PH: *Ripley's Game oder Der amerikanische Freund*, Zürich 2003, S.9.
5 PH: Notizbuch 31, 20.8.1971, SLA.
6 PH: *Ripley's Game oder Der amerikanische Freund*, a.a.O., S.226.
7 Ebd., S.172.
8 Ebd., S.286.
9 Ebd., S.358.
10 PH: Notizbuch 32, 26.11.1971, SLA.
11 Ebd., 20.11.1971, SLA.
12 PH: *Ripley's Game oder Der amerikanische Freund*, a.a.O., S.238.
13 Ebd., S.367.
14 Ebd.
15 *Spectator*, 23.3.1974.

16 Tony Henderson: *Books and Bookmen*, Mai 1974, S.84.
17 Ebd.
18 PH: »Mings größte Beute«, in: *Kleine Mordgeschichten für Tierfreunde*, Zürich 1979, S.97.
19 PH: Brief an Barbara Ker-Seymer, 15./16.3.1972, SLA.
20 Margharita Laski: »Long Crimes, Short Crimes«, in: *Listener*, 20.11.1975.
21 PH: »The Cat Complex«, in: Dilys Winn (Hg.): *Murderess Ink: The Better Half of the Mystery*, New York 1981, S.37.
22 Kate Kingsley Skattebol: Brief an den Autor, 13.2.2002.
23 Interview mit Janice Robertson, 10.10.2002.
24 Interview mit Bruno Sager, 25.9.1999.
25 PH: Notizbuch 13, 3.6.1946, SLA.
26 PH: Brief an Alex Szogyi, 12.9.1967, SLA.
27 PH: Brief an Arthur Koestler, 10.4.1968, KA, MS 2386/1.
28 PH: »Der Tag der Abrechnung«, in: *Kleine Mordgeschichten für Tierfreunde*, a.a.O., S.206.
29 PH: Notizbuch 31, 13.8.1970, SLA.
30 Interview mit Gudrun Müller, 25.7.1999.
31 Neil Gordon: Brief an den Autor, 9.11.2001.
32 PH: »Aufzeichnungen eines achtbaren Kakerlaken«, in: *Kleine Mordgeschichten für Tierfreunde*, a.a.O., S.325.
33 Ebd., S.323.
34 PH: Brief an Barbara Ker-Seymer, 20./21.1.1972, SLA.
35 PH: »Der Teich«, in: *Leise, leise im Wind.* Zürich 1982, S.73f.
36 PH: Notizbuch 32, 4.4.1972, SLA.
37 PH: Brief an Ronald Blythe, 28.5.1972, RB.
38 Ebd.
39 PH: Brief an Barbara Ker-Seymer, 3.6.1972.
40 Interview mit Hester Green, 16.11.2000.
41 Jay Bernard Plangman: Brief an PH, 26.5.1972, SLA.
42 Mary Highsmith: Brief an PH, 27.6.1972, SLA.
43 Ebd.
44 PH: Brief an Barbara Ker-Seymer, 5.10.1972, SLA.
45 PH: Brief an Ronald Blythe, 6.10.1972, RB.
46 PH: Brief an Barbara Ker-Seymer, 14.2.1973, SLA.
47 PH: Brief an Alex Szogyi, 1.3.1973, SLA.
48 Charles Latimer: Briefe an den Autor, 20.3. und 31.3.2001.
49 Vivien De Bernardi: Brief an den Autor, 27.3.2001.
50 Sir Michael Levey: Brief an den Autor, 8.2.2002.
51 PH: Postkarte an Arthur Koestler, 24.8.1973, KA, MS 2388/3.

52 PH: Notizbuch 32, 19.7.1973, SLA.
53 Ebd., 27.7.1973, SLA.
54 Interview mit Heather Chasen, 6.10.1999.
55 Daisy Winston: Brief an PH, 22.3.1974, SLA.
56 PH: Brief an Barbara Ker-Seymer, 31.8.1973, SLA.
57 PH: »First Love«, in: *Sunday Times Magazine*, 20.1.1974.
58 Ebd.

27 *Der Schönwetter-Soldat und der Sonnenschein-Patriot* (1973–1976)

1 Michel Block: Brief an den Autor, 7.5.2002.
2 Patrick Cosgrave, in: *Spectator*, 23.3.1974.
3 Hugh Herbert: »Maid a ›Killing‹«, in: *Guardian*, 18.3.1974.
4 PH: Notizbuch 33, 12.7.1974, SLA.
5 Interview mit Don Coates, 26.11.1999.
6 Interview mit Dan Coates, 20.11.1999.
7 Mary Highsmith: Brief an PH, 31.9.1974, SLA.
8 Interview mit Phyllis Nagy, 7.10.1999.
9 PH: Notizbuch 33, 2.8.1974, SLA.
10 Ebd., 1.9.1974, SLA.
11 PH: Notizbuch 6, 19.4.1942, SLA.
12 PH: *Ediths Tagebuch*. Zürich 2003, S.13.
13 Ebd., S.15.
14 Ebd., S.95.
15 Ebd., S.283.
16 Ebd., S.440.
17 PH: Notizbuch 33, 21.11.1974, SLA.
18 Erich Fromm: *Die Kunst des Liebens*, Stuttgart 1979, S.26.
19 Vgl. Erich Fromm: *Die Anatomie der menschlichen Destruktivität*, Stuttgart 1974.
20 PH: *Ediths Tagebuch*, a.a.O., S.124.
21 Ebd., S.469.
22 Vgl. Erich Fromm: *Die Anatomie der menschlichen Destruktivität*, a.a.O.
23 PH: Brief an Barbara Ker-Seymer, 9.9.1973, SLA.
24 Dennis Gabor: *The Mature Society*, London 1972, S.1.
25 Ebd.
26 Ebd., S.4.
27 PH: *Ediths Tagebuch*, a.a.O., S.10.
28 Ebd., S.27.

29 PH: Notizbuch 23, 11.7.1954, SLA.
30 PH: *Ediths Tagebuch*, a.a.O., S. 28.
31 Ebd., S. 113.
32 Ebd., S. 368 f.
33 Ian Hamilton: »Patricia Highsmith«, in: *New Review*, August 1977.
34 Susan Smith: »Trouble With Patricia Highsmith: No Label«, in: *International Herald Tribune*, 2.8.1977.
35 PH: *Ediths Tagebuch*, a.a.O., S. 243.
36 Ebd., S. 479 f.
37 Noelle Loriot: »Drei Tage mit Patricia Highsmith«, in: *Patricia Highsmith. Leben und Werk*, Zürich 1996, S. 24–47.
38 PH: *Ediths Tagebuch*, a.a.O., S. 106.
39 Bettina Berch: »A Talk With Patricia Highsmith«, 15.6.1984, SLA.
40 Interview mit Kate Kingsley Skattebol, 14.5.1999.
41 PH: Brief an Alain Oulman, 26.6.1976, CLA.
42 *The Book Programme*, BBC 2, 11.11.1976.
43 Ian Hamilton, a.a.O.
44 Neil Hepburn: »Nuclear Reaction«, in: *Listener*, 26.5.1977.
45 Emma Tennant: »Frighteningly Normal«, in: *Times Literary Supplement*, 20.5.1977.
46 *The New Yorker*, 29.8.1977.
47 Michael Wood: »A Heavy Legacy«, in: *New York Review of Books*, 15.10.1977.
48 Ebd.
49 Interview mit Marion Aboudaram, 17.7.1999.
50 PH: Brief an Charles Latimer, 28.2.1975, SLA.
51 Interview mit Marion Aboudaram, 17.7.1999.
52 Ebd.
53 PH: Notizbuch 33, 6.6.1975, SLA.
54 Interview mit Peter Huber, 14.3.1999.
55 Ebd.
56 PH: Notizbuch 33, 11.11.1975, SLA.
57 Interview mit Marion Aboudaram, 17.7.1999.

28 *Deine Küsse erfüllen mich mit Angst* (1976–1978)

1 PH: Brief an Kate Kingsley Skattebol, 11.2.1976, SLA.
2 Ebd.
3 PH: Notizbuch 34, 1.9.1976, SLA.
4 Ian Hamilton: »Patricia Highsmith«, in: *New Review*, August 1977.

5 PH: *Der Junge, der Ripley folgte*, Zürich 1982, S. 123.
6 PH: Notizbuch 32, 20.10.1971, SLA.
7 PH: Brief an Arthur Koestler, 25.6.1978, KA, MS 2391/3.
8 PH: *Der Junge, der Ripley folgte*, a.a.O., S. 54f.
9 Ebd., S. 11.
10 Ebd., S. 374.
11 Ebd., S. 131.
12 Ebd., S. 151.
13 Ebd., S. 211.
14 Ebd., S. 214.
15 Ebd., S. 301.
16 Ebd., S. 465.
17 Mark Todd: »Silhouettes«, in: *New Statesman*, 9.5.1980.
18 Craig Brown: »Perspectives of Guilt«, in: *Times Literary Supplement*, 25.4.1980.
19 Helen Birch: »Patricia Highsmith«, in: *City Limits*, 20.–27.3.1986.
20 PH: *Der Junge, der Ripley folgte*, a.a.O., S. 194.
21 PH: Notizbuch 34, 22.9.1976, SLA.
22 Ebd., 23.9.1976, SLA.
23 PH: Brief an Ronald Blythe, 28.4.1977, RB.
24 Wim Wenders: Brief an den Autor, 22.2.2002.
25 Ebd.
26 PH: Notizbuch 34, 23.9.1976, SLA.
27 Wim Wenders: Brief an den Autor, 22.2.2002.
28 Ebd.
29 Craig Little: »Patricia Highsmith«, in: *Publishers Weekly*, 2.11.1992.
30 PH: Notizbuch 34, 23.9.1976, SLA.
31 Ebd., 31.1.1977, SLA.
32 PH: Brief an Charles Latimer, 10.2.1977, SLA.
33 PH: »Vienna revisited«, in: *Radio Times*, 30.4.–6.5.1977.
34 Ebd.
35 PH: Brief an Ronald Blythe, 26.2.1977, RB.
36 PH: Notizbuch 34, 17.8.1977, SLA.
37 Joan Juliet Buck: »A Terrifying Talent«, in: *Oberserver Magazine*, 20.11.1977.
38 Ebd.
39 Ebd.
40 Ebd.
41 PH: Brief an Kate Kingsley Skattebol, 22.9.1977, SLA.
42 PH: Brief an Barbara Ker-Seymer, 5.10.1977, SLA.
43 Sam White: »That Lady From Texas«, in: *Evening Standard*, 30.9.1977.

44 PH: Brief an Barbara Ker-Seymer, 5.10.1977, SLA.
45 PH: »Daran glaube ich«, in: *Welt am Sonntag*, 9.10.1977.
46 PH: Brief an Barbara Ker-Seymer, 29.11.1977, SLA.
47 PH: Brief an Charles Latimer, 21.11.1977, SLA.
48 PH: Notizbuch 34, SLA.
49 PH: *Jahrbuch Film 78/79, Berichte, Kritiken, Daten*, hg. von Hans Günter Pflaum, München 1979.
50 Interview mit Christa Maerker, 13.1.2000.
51 PH: *Jahrbuch Film 78/79*, a.a.O.
52 Interview mit Christa Maerker, 13.1.2000.
53 Interview mit Anne Morneweg, 14.1.2000.
54 PH: *Jahrbuch Film 78/79*, a.a.O.
55 Ebd.
56 Interview mit Tabea Blumenschein, 13.1.2000.
57 Interview mit Anne Morneweg, 14.1.2000.
58 PH: »Poem for T, Written Not on Horseback But on the Typewriter«, Notizbuch 34, 9.4.1978, SLA.
59 Interview mit Marion Aboudaram, 17.7.1999.
60 PH: Brief an Barbara Ker-Seymer, 18.5.1978, SLA.
61 PH: Vgl. LR, TB, undatiert, SLA.
62 PH: Notizbuch 34, 11.4.1978, SLA.
63 Interview mit Linda Ladurner, 8.1.2001.
64 Interview mit Tabea Blumenschein, 13.1.2000.
65 PH: Brief an Kate Kingsley Skattebol, 15.5.1978, SLA.
66 Interview mit Tabea Blumenschein, 13.1.2000.
67 PH: Notizbuch 34, 10.5.1978, SLA.
68 Alex Szogyi: Brief an PH, 19.6.1978, SLA.
69 PH: Notizbuch 34, 2.6.1978, SLA.
70 PH: Brief an Charles Latimer, 19.6.1978, SLA.
71 Brief an Barbara Ker-Seymer, 3.7.1978, SLA.
72 Interview mit Tabea Blumenschein, 13.1.2000.
73 Brief an Barbara Ker-Seymer, 10.9.1978, SLA.

29 *Ein Mädchen, das mich zum Träumen verleitet* (1978–1980)

1 Interview mit Monique Buffet, 27.1.2001.
2 PH: Brief an Alain Oulman, 6.5.1979, CLA.
3 PH: Brief an Alain Oulman, 8.6.1979, CLA.
4 PH: Notiz an Monique Buffet, 29.10.1978, SLA.
5 PH: Brief an Alain Oulman, 14.12.1978, CLA.

6 PH: Brief an Kate Kingsley Skattebol, 28.4.1979, SLA.
7 *Desert Island Discs*, BBC Radio4, 21.4.1979.
8 Ebd.
9 PH: *Der Junge, der Ripley folgte*, Zürich 1982, S.104.
10 Lorna Sage: »Black Mischief«, in: *Observer*, 1.4.1979.
11 Blake Morrison: »Hot Stuff«, in: *New Statesman*, 30.3.1979.
12 PH: »Bitte nicht auf die Bäume schießen«, in: *Leise, leise im Wind*, Zürich 1982, S.283f.
13 Kate Kingsley Skattebol: Brief an den Autor, 19.3.2002.
14 Interview mit Jonathan Kent, 19.1.2000.
15 Interview mit Bettina Berch, 18.5.1999.
16 PH: Brief an Barbara Ker-Seymer, 3.11.1979, SLA.
17 Interview mit Carl Laszlo, 22.8.1999.
18 Barbara Skelton: »Patricia Highsmith at Home«, in: *London Magazine*, August/September 1995.
19 Ebd.
20 Interview mit Anne Morneweg, 14.1.2000.
21 PH: Brief an Alain Oulman, 2.8.1979, CLA.
22 Patricia Schartle Myrer: Brief an PH, 21.8.1979, SLA.
23 PH: Brief an Alain Oulman, 10.2.1980, CLA.
24 PH: Notizbuch 35, 15.1.1980, SLA.
25 Ebd.
26 Ebd.
27 Ebd., 24.2.1980, SLA.
28 PH: Brief an Barbara Ker-Seymer, 21.3.1980, SLA.
29 PH: Brief an Christa Maerker, 14.4.1980, CM.
30 PH: Brief an Mr. Okoshken, 27.6.1980, CLA.
31 PH: Notizbuch 35, 1.6.1983, SLA.
32 Sally Vincent: »Wave from afar«, in: *Observer*, 27.4.1980.
33 Interview mit Carl Laszlo, 22.8.1999.
34 Interview mit Patricia Losey, 6.10.1999.
35 Ebd.

30 *Leute, die an die Tür klopfen* (1980–1982)

1 PH: Notizbuch 35, 10.7.1980, SLA.
2 Ebd.
3 Ebd., 13.7.1980, SLA.
4 PH: »Der Drachen«, in: *Keiner von uns*, Zürich 1982, S.319.

5 Thomas Sutcliffe: »Graphs of Innocence and Guilt«, in: *Times Literary Supplement*, 2.10.1981.
6 PH: Brief an Alain Oulman, 13.9.1979, CLA.
7 Vgl. Thomas Sutcliffe: »Graphs of Innocence and Guilt«, a.a.O.
8 John Gross: »3 Mystery Books Offer Crimes High and Low«, in: *New York Times*, 18.3.1988.
9 Charles Latimer: Brief an PH, November 1980, SLA.
10 Vgl. Steve Brouwer, Paul Gifford, Susan D. Rose: *Exploring the American Gospel: Global Christian Fundamentalism*, New York/London 1996, S. 15.
11 Ebd., S. 28.
12 Interview mit Charles Latimer, 2.11.1998.
13 PH: Notizbuch 35, 16.1.1981, SLA.
14 Interview mit Charles Latimer, 2.11.1998.
15 Vgl. PH: *Leute, die an die Tür klopfen*, Zürich 1983.
16 Helen Birch: »Patricia Highsmith«, in: *City Limits*, 20.–27.3.1986.
17 PH: Brief an Marc Brandel, 18.4.1986, EB.
18 PH: *Twenty Things that I Do Not Like*, 20.3.1983.
19 Holly Eley: »The Landscape of Unease«, in: *Times Literary Supplement*, 4.2.1983.
20 H. R. F. Keating: »The vaguest of dooms ahead«, in: *Times*, 24.2.1983.
21 Interview mit Larry Ashmead, 20.5.1999.
22 PH: Brief an Marc Brandel, 23.4.1982, EB.
23 PH: Brief an Ronald Blythe, 21.10.1988, RB.
24 *Book Beat*, Interview mit Donald Swaim, CBS Radio, 29.10.1987, DS.
25 Barbara Skelton: »Patricia Highsmith at Home«, in: *London Magazine*, August/September 1995.
26 Interview mit Tobias Ammann, 24.7.1999.
27 Ena Kendall: »Patricia Highsmith, A Room of My Own«, in: *Observer*, 15.6.1986.
28 Interview mit Anne Morneweg, 14.1.2000.
29 Interview mit Christa Maerker, 13.1.2000.
30 Interview mit Peter Huber, 24.7.1999.
31 Interview mit Monique Buffet, 27.1.2001.
32 Michel Block: Brief an den Autor, 7.5.2002.
33 PH: Fragebogen für *Ellery Queen's Mystery Magazine*, abgeschickt am 18.11.1981, SLA.
34 PH: Brief an Barbara Ker-Seymer, 30.1.1982, SLA.
35 PH: Notizbuch 35, 26.1.1982, SLA.

36 Interview mit Linda Ladurner, 8.1.2001.
37 PH: Brief an Marc Brandel, 22.4.1982, EB.
38 PH: Brief an Marc Brandel, 23.4.1982, EB.
39 PH: Brief an Barbara Ker-Seymer, 18.3.1982, SLA.
40 Interview mit Monique Buffet, 27.1.2001.

31 *Ein wunderliches Innenleben* (1982–1983)

1 »Patricia Highsmith: A Gift For Murder«, in: *The South Bank Show*, London Weekend Television, 14.11.1982.
2 Ebd.
3 Ebd.
4 Ebd.
5 Ebd.
6 Interview mit Jack Bond, 13.3.2001.
7 PH: Brief an Alain Oulman, 18.9.1982, CLA.
8 Interview mit Jack Bond, 13.3.2001.
9 Frank Rich: »American Pseudo«, in: *New York Times Magazine*, 12.12.1999.
10 Interview mit Jonathan Kent, 19.1.2000.
11 Interview mit Roger Clarke, 15.1.2001.
12 PH: Notizbuch 35, 11.10.1982, SLA.
13 Interview mit Vivien De Bernardi, 23.8.1999.
14 Interview mit Jonathan Kent, 19.1.2000.
15 PH: Brief an Barbara Ker-Seymer, 14.9.1973, SLA.
16 PH: Brief an Alain Oulman, 4.3.1983, CLA.
17 PH: Brief an Kate Kingsley Skattebol, 14.5.1983, SLA.
18 Interview mit Kate Kingsley Skattebol, 14.5.1999.
19 Interview mit Jonathan Kent, 19.1.2000.
20 PH: Brief an Marc Brandel, 15.5.1983, EB.
21 Interview mit Christa Maerker, 13.1.2000.
22 PH: Brief an Bettina Berch, 23.8.1983, SLA.
23 Interview mit Barbara Grier, 11.10.1999.
24 Alain Oulman: Brief an PH, 23.5.1985, CLA.
25 Alain Oulman: Brief an PH, 25.9.1985, CLA.
26 Tim Bouquet: »Sweet Smell of Cyanide«, in: *Midweek*, 10.4.1986.
27 PH: *Suspense oder Wie man einen Thriller schreibt*, Zürich 1990, S.56.
28 Helen Birch: »Patricia Highsmith«, in: *City Limits*, 20.–27.3.1986.
29 PH: Notizbuch 35, 20.7.1983, SLA.
30 PH: Brief an Barbara Ker-Seymer, 16.9.1984, SLA.

31 *Book Beat*, Interview mit Donald Swaim, CBS Radio, 29.10.1987, DS.
32 PH: *Elsie's Lebenslust*, Zürich 1988, S.128.
33 Ebd., S.219.
34 Ebd., S.344.
35 Ebd., S.13.
36 PH: Brief an Barbara Ker-Seymer, 7.8.1983, SLA.
37 David Streiff: Brief an den Autor, 20.1.2001.
38 PH: Brief an Barbara Ker-Seymer, 13.9.1983, SLA.
39 PH: Brief an Patricia Losey, 16.4.1984, SLA.
40 PH: Notizbuch 36, 18.9.1983, SLA.
41 Interview mit Anne Morneweg, 14.1.2000.
42 Peter Kemp: »Led down murky, twisted ways«, in: *Sunday Times*, 8.11.1987.
43 PH: Notizbuch 36, 27.8.1983, SLA.
44 PH: Klappentext der englischen Ausgabe von *Geschichten von natürlichen und unnatürlichen Katastrophen*, London 1987.
45 PH: Brief an Marc Brandel, 11.1.1984, EB.
46 PH: Brief an Barbara Ker-Seymer, 13.1.1984, SLA.
47 Interview mit Kate Kingsley Skattebol, 14.5.1999.
48 Interview mit Anne Elisabeth Suter, 8.1.2001.
49 Interview mit Otto Penzler, 21.5.1999.

32 *Arbeit macht mehr Spaß als Spiel* (1983–1986)

1 Marc Brandel: Brief an PH, 29.3.1984, SLA.
2 Interview mit Edith Brandel, 7.9.1999.
3 PH: Brief an Marc Brandel, 12.6.1985, EB.
4 Marc Brandel: Brief an PH, 22.11.1985, EB.
5 PH: Notizbuch 36, 3.4.1984, SLA.
6 Interview mit Bettina Berch, 18.5.1999.
7 Ebd.
8 Ebd.
9 Ebd.
10 Ebd.
11 Ebd.
12 PH: Brief an Marc Brandel, 1.10.1984, EB.
13 Interview mit Vivien De Bernardi, 23.7.1999.
14 Joan Dupont: »The Poet of Apprehension«, in: *Village Voice*, 30.5.1995.
15 Interview mit Peter Huber, 14.3.1999.

16 Interview mit Jack Bond, 13.3.2001.
17 PH: Brief an Dan Coates, 11.11.1986, SLA.
18 PH: Brief an Marc Brandel, 1.10.1984, EB.
19 Otto Penzler, in: *Wall Street Journal*, 31.8.2001.
20 Interview mit Otto Penzler, 21.5.1999.
21 PH: Brief an Bettina Berch, 7.2.1985, SLA.
22 PH: *Good Books*, geschrieben am 6.1.1985, SLA.
23 PH: *Why I Write*, SLA.
24 Vgl. *Frankfurter Allgemeine Zeitung*, *Magazin*, 10.5.1985.
25 Alain Oulman: Brief an PH, 19.8.1985, CLA.
26 PH: Brief an Alain Oulman, 23.8.1985, CLA.
27 PH: Brief an Marc Brandel, 3.7.1985, EB.
28 PH: »Berlin and After«, in: *A Dedicated Fan: Julian Jebb 1934–1984*, hg. von Tristram und Georgia Powell, 1993, S.160.
29 Ebd.
30 PH: Brief an Francis Wyndham, 7.11.1984, FW.
31 PH: Notizbuch 36, 5.8.1985, SLA.
32 PH: Brief an Francis Wyndham, 25.10.1985, FW.
33 PH: Brief an Marc Brandel, 11.10.1985, EB.
34 PH: Brief an Marc Brandel, 11.12.1985, EB.
35 PH: Brief an Marc Brandel, 25.2.1986, EB.
36 Craig Brown: »The Hitman and Her«, in: *Times Saturday Review*, 28.9.1991.
37 Ebd.
38 PH: Notizbuch 36, 30.8.1986, SLA.
39 Ebd.
40 Interview mit Vivien De Bernardi, 23.7.1999.
41 PH: Notizbuch 36, 30.8.1986, SLA.
42 PH: Brief an Marc Brandel, 18.4.1986, EB.
43 PH: Notizbuch 36, 30.8.1986, SLA.
44 Interview mit Jack Bond, 13.3.2001.
45 PH: Brief an Patricia Losey, 12.6.1986, SLA.
46 Gore Vidal: Brief an den Autor, undatiert; erhalten im April 2000.
47 Gore Vidal, zit. in: William Safire: »Vidal's Injurious Equation: Friends of Isreal = Traitors«, in: *International Herald Tribune*, 22.5.1986.
48 Ebd.
49 PH als Edgar S. Sallich, Leserbriefseite, in: *International Herald Tribune*, 9.6.1986.
50 PH: Brief an Gore Vidal, 9.6.1986, GV.
51 PH: Notizbuch 36, 30.8.1986, SLA.

33 *Kein Ende abzusehen* (1986–1988)

1 Interview mit Vivien De Bernardi, 23.7.1999.
2 PH: Brief an Alain Oulman, 10.6.1986, CLA.
3 Interview mit Christa Maerker, 13.1.2000.
4 Interview mit Jack Bond, 13.3.2001.
5 PH: Brief an Marc Brandel, 25.2.1986, EB.
6 PH: Brief an Gore Vidal, 25.6.1986, GV.
7 PH: Brief an Marc Brandel, 12.10.1986, EB.
8 Ebd.
9 Interview mit Tobias Ammann, 24.7.1999.
10 PH: »Kein Ende abzusehen«, in: *Geschichten von natürlichen und unnatürlichen Katastrophen*, Zürich 1990, S. 174.
11 Ebd., S. 192.
12 PH: Brief an Kate Kingsley Skattebol, 11.2.1976, SLA.
13 PH: Bemerkung auf einem Brief von Dan Coates, 28.2.1974, SLA.
14 PH: Notizbuch 36, 28.5.1985, SLA.
15 PH: »Kein Ende abzusehen«, a.a.O., S. 182.
16 Ebd.
17 Ebd., S. 184.
18 Ebd., S. 185.
19 Ebd., S. 186.
20 Ebd., S. 188.
21 PH: Tagebuch 17, 14.3.1991, SLA.
22 Interview mit Vivien De Bernardi, 23.7.1999.
23 PH: »Präsident Buck Jones zeigt Flagge«, in: *Geschichten von natürlichen und unnatürlichen Katastrophen*, a.a.O., S. 263.
24 Vgl. PH: *Leute, die an die Tür klopfen*, Widmung, Zürich 1986.
25 PH: Vortrag in Lleida, 26.4.1987, SLA.
26 Interview mit Otto Penzler, 21.5.1999.
27 Craig Little: »Patricia Highsmith«, in: *Publishers Weekly*, 2.11.1992.
28 PH: Brief an Marc Brandel, 3.8.1986, EB.
29 PH: Brief an Patricia Losey, 22.3.1987, SLA.
30 PH: Brief an Patricia Losey, 19.5.1987, SLA.
31 PH: Brief an Marc Brandel, 2.1.1988, EB.
32 PH: Brief an Christa Maerker, 28.9.1987, CM.
33 PH: Tagebuch 17, 15.9.1987, SLA.
34 Ebd., 10.10.1987, SLA.
35 Interview mit William Trevor, 22.4.2002.
36 PH: Tagebuch 17, 10.10.1987, SLA.
37 Interview mit Gary Fisketjon, 21.5.1999.

38 Interview mit Vivien De Bernardi, 23.7.1999.
39 Interview mit Phyllis Nagy, 7.10.1999.
40 PH: »Green-Wood: Listening to the Talking Dead«, unveröffentlicht, SLA.
41 Ebd.
42 PH: Tagebuch 17, November 1987, SLA.
43 Russell Davies (Hg.): *The Kenneth Williams Diaries*, London 1993, S.773.
44 *Cover to Cover*, BBC 2, 5.11.1987.
45 Ebd.
46 Duncan Fallowell: »The Talented Miss Highsmith«, in: *Sunday Telegraph Magazine*, 20.2.2000.
47 Ebd.
48 Ebd.
49 Interview mit Tanja Howarth, 13.12.1999.
50 Interview mit Phyllis Nagy, 7.10.1999.
51 Phyllis Nagy: Brief an den Autor, 18.8.2002.
52 Ebd.
53 PH: »Green-Wood: Listening to the Talking Dead«, a.a.O.

34 *Ein an seine Gespenster gewöhntes Gesicht* (1988)

1 PH: Notizbuch 36, 1.1.1988, SLA.
2 PH: Brief an Marc Brandel, 2.1.1988, EB.
3 PH: *Ripley Under Water*, Zürich 1991, S.9.
4 Julian Symons: »Life with a Likable Killer«, in: *New York Times Book Review*, 18.10.1992.
5 PH: *Ripley Under Water*, a.a.O., S.50.
6 Ebd., S.51.
7 Ebd., S.12.
8 Ebd., S.63.
9 Ebd., S.24.
10 PH: Notizbuch 36, 12.6.1988, SLA.
11 PH: *Ripley Under Water*, a.a.O., S.172.
12 Ebd.
13 Ebd., S.149.
14 Ebd., S.199.
15 Ebd., S.152.
16 PH: *Der Junge, der Ripley folgte*, Zürich 1982, S.27.
17 Terrence Rafferty: »Fear and Trembling«, *New Yorker*, 4.1.1988.

18 PH: Brief an Kate Kingsley Skattebol, 3.1.1988, SLA.
19 Joan Dupont: »The Poet of Apprehension«, in: *Village Voice*, 30.5.1995.
20 Joan Dupont: »Criminal Pursuits«, in: *New York Times Magazine*, 12.6.1988.
21 Ebd.
22 Ebd.
23 Joan Dupont: Brief an den Autor, 10.4.2001.
24 PH: Tagebuch 17, 28.2.1988, SLA.
25 PH: Notizbuch 36, 15.–17.2.1989, SLA.
26 PH: *Ripley Under Water*, a.a.O., Widmung.
27 PH: »Peace in the Middle East«, unveröffentlicht, August 1992, SLA.
28 PH: »International Book of the Year«, in: *Times Literary Supplement*, 2.12.1994.
29 Naim Attallah: »The Oldie Interview, Patricia Highsmith«, in: *The Oldie*, 3.9.1993.
30 PH: »Peace in the Middle East«, a.a.O.
31 Kate Kingsley Skattebol: Brief an den Autor, 12.4.2002.
32 Douglas Reed: *The Controversy of Zion*, Sudbury 1978, S.448.
33 Ebd., S.568.
34 PH: Brief an Gore Vidal, 12.12.1989, GV.
35 PH: »Daran glaube ich«, in: *Welt am Sonntag*, 9.10.1977, SLA.
36 *After Dark*, Open Media, Channel 4, 18.6.1988.
37 EXIT-Mitgliedskarte vom Juni 1990, SLA.
38 Buffie Johnson: »Patricia Highsmith«, unveröffentlicht, undatiert.
39 Ebd.
40 PH: Brief an Christa Maerker, 2.9.1988, CM.
41 Interview mit Gudrun Müller, 25.7.1999.
42 Ebd.

35 *Kunst ist nicht immer gesund – warum sollte sie es denn auch sein?* (1988–1992)

1 Vivien De Bernardi: Brief an den Autor, 28.4.2002.
2 Craig Brown: »The Hitman and Her«, in: *Times Saturday Review*, 28.9.1991.
3 Interview mit Kate Kingsley Skattebol, 25.5.1999.
4 Janet Watts: »Love and Highsmith«, in: *Observer Magazine*, 9.9.1990.
5 Craig Brown: »The Hitman and Her«, a.a.O.

6 Janet Watts: »Love and Highsmith«, a.a.O.
7 Mavis Guinard: »Patricia Highsmith: Alone With Ripley«, in: *International Herald Tribune*, 17./18.8.1991.
8 Interview mit Irma Andina, 24.7.1999.
9 Interview mit Ingeborg Lüscher, 24.7.1999.
10 Ebd.
11 PH: Brief an Kate Kingsley Skattebol, 6.2.1989, SLA.
12 Interview mit Peter Huber, 14.3.1999.
13 Interview mit Vivien De Bernardi, 23.7.1999.
14 Ebd.
15 Ebd.
16 Ebd.
17 Ebd.
18 PH: Brief an Christa Maerker, 11.10.1989, CM.
19 Neil Gordon: Brief an den Autor, 9.11.2001.
20 PH: Notizbuch 37, 2.2.1990, SLA.
21 PH: Nachruf auf Alain Oulman, in: *Guardian*, 12.4.1990.
22 Ebd.
23 PH: *Ripley Under Water*, Zürich 1991, S.298.
24 PH: Notizbuch 37, 20.5.1990, SLA.
25 Ebd.
26 Interview mit Patricia Losey, 6.10.1999.
27 David Sexton: »Forbidden love story«, in: *Sunday Correspondent*, 30.9.1990.
28 *The Late Show*, BBC 2, 3.10.1990.
29 Interview mit Sarah Dunant, 2.5.2002.
30 Victoria Glendinning: »Forbidden love story comes out«, in: *Times*, 11.10.1990.
31 Craig Brown: »Packing a Sapphic punch«, in: *Sunday Times*, 14.10.1990.
32 Susannah Clapp: »Lovers on a Train«, in: *London Review of Books*, 10.1.1991.
33 Ebd.
34 Interview mit Christa Maerker, 13.1.2000.
35 Ebd.
36 Ebd.
37 Ebd.
38 Barbara Skelton: »Patricia Highsmith at Home«, in: *London Magazine*, August/September 1995.
39 Ebd.
40 Craig Little: »Patricia Highsmith«, in: *Publishers Weekly*, 2.11.1992.

41 PH: Tagebuch 17, 14.1.1991, SLA.
42 PH: Brief an Patricia Losey, 23.2.1991, SLA.
43 PH: Brief an Patricia Losey, 4.4.1991, SLA.
44 Interview mit Gudrun Müller, 25.7.1999.
45 Interview mit Ingeborg Lüscher, 24.7.1999.
46 Interview mit Charles Latimer, 2.11.1998.
47 Liz Calder: »Patricia Highsmith«, in: *The Oldie*, März 1995.
48 James Campbell: »How pleasant to meet Mr Tom«, in: *Times Literary Supplement*, 4.10.1991.
49 Hugo Barnacle: »The gentle art, or how to get away with murder«, *Independent*, 12.10.1991.
50 PH: Brief an Marc Brandel, 6.1.1992, EB.
51 Interview mit Heather Chasen, 6.10.1999.
52 PH: Brief an Bettina Berch, 26.1.1992, SLA.
53 PH: Notizbuch 37, 8.2.1992, SLA.

36 *Ich zögere, etwas zu versprechen* (1992–1995)

1 PH: Brief an Liz Calder, 19.3.1992.
2 PH: *›Small g‹ – eine Sommeridylle*, Zürich 1995, S. 11.
3 Vivien De Bernardi: Brief an den Autor, 30.4.2002.
4 PH: Notizbuch 37, 14.3.1992, SLA.
5 Vivien De Bernardi: Brief an den Autor, 29.4.2002.
6 PH: *›Small g‹ – eine Sommeridylle*, a.a.O., S. 353.
7 Ebd., S. 19.
8 Ebd., S. 370.
9 Ebd., S. 77.
10 Ebd., S. 121.
11 Ebd., S. 117.
12 Ebd., S. 241.
13 Ebd., S. 298.
14 Interview mit Craig Brown, 30.4.2001.
15 James Campbell: »Criminal negligence«, in: *Times Literary Supplement*, 24.2.1995.
16 PH: Tagebuch 17, 22. und 23.5.1992, SLA.
17 PH: Brief an Charles Latimer, 30.5.1992, SLA.
18 Interview mit Julia Diethelm, 27.3.1999.
19 PH: »My Life with Greta Garbo«, 3.4.1992, SLA.
20 Liz Calder: »Patricia Highsmith«, in: *The Oldie*, März 1995.
21 Interview mit Marylin Scowden, 28.3.1999.

22 Lucretia Stewart: »Animal Lover's Beastly Murders«, in: *Sunday Telegraph*, 8.9.1991.
23 Ebd.
24 Ebd.
25 Interview mit Donald S. Rice, 17.11.1999.
26 Donald Rice: »A Personal Remembrance from Our Chairman«, *Yaddo News*, Sonderausgabe Frühjahr 1998, S. 2.
27 Ebd.
28 Neil Gordon: Brief an den Autor, 9.11.2001.
29 PH: Notizbuch 37, 27.11.1992, SLA.
30 Paula Chin, Michael Haederle: »Through A Mind Darkly«, in: *People*, 11.1.1993.
31 Naim Attallah: »The Oldie Interview, Patricia Highsmith«, in: *The Oldie*, 3.9.1993.
32 Interview mit Bee Loggenberg, 31.8.1999.
33 Ebd.
34 Interview mit Vivien De Bernardi, 23.7.1999.
35 PH: Brief an Dan Coates, 31.10.1993, SLA.
36 Barbara Skelton: »Patricia Highsmith at Home«, in: *London Magazine*, August/September 1995.
37 PH: Brief an Bettina Berch, 19.3.1994, SLA.
38 Interview mit Bruno Sager, 25.9.1999.
39 PH: Brief an Kate Kingsley Skattebol, 20.8.1994, SLA.
40 Interview mit Vivien De Bernardi, 23.7.1999.
41 Jean-Etienne Cohen-Séat: Brief an PH, 25.5.1994, CLA.
42 Interview mit Gary Fisketjon, 21.5.1999.
43 Neil Gordon: »Murder of the Middle Class«, in: *The Nation*, 1.10.2001.
44 Kate Kingsley Skattebol: Brief an den Autor, 27.8.2002.
45 Interview mit Bee Loggenberg, 31.8.1999.
46 PH: Brief an Jean-Etienne Cohen-Séat, 27.10.1994, CLA.
47 Interview mit Vivien De Bernardi, 23.7.1999.
48 Ebd.
49 PH: Brief an Kate Kingsley Skattebol, 12.1.1995, SLA.
50 Interview mit Ingeborg Lüscher, 24.7.1999.
51 Interview mit Vivien De Bernardi, 23.7.1999.
52 Interview mit Bert Diethelm, 27.3.1999.
53 Ebd.
54 Interview mit Marylin Scowden, 28.3.1999.
55 Ebd.
56 Interview mit Vivien De Bernardi, 23.7.1999.

Epilog

1 Vivien De Bernardi: Brief an den Autor, 8.5.2002.
2 Interview mit Vivien De Bernardi, 23.7.1999.
3 Anna von Planta: »Notes on the Stories«, in: *Nothing That Meets the Eye: The Uncollected Stories of Patricia Highsmith*, New York 2002, S. 451.
4 »Crime need not be a second-class genre of literature«, in: *The Times*, 6.2.1995.
5 Michael Tolkin: »In Memory of Patricia Highsmith«, in: *Los Angeles Times Book Review*, 12.2.1995.
6 Brooks Peters: »Stranger Than Fiction«, in: *Out*, Juni 1995.
7 Liz Calder: »Patricia Highsmith«, in: *The Oldie*, März 1995.
8 Greg Gowrie: »Why her place is secure«, in: *Daily Telegraph*, 11.3.1995.
9 Geoffrey Elborn: »Mellow at the last«, in: *Guardian*, 7.3.1995.
10 William Trevor, in: *Independent on Sunday*, 26.3.1995.
11 Lorna Sage: »Savage Swiss army knife«, in: *Observer*, 12.3.1995.
12 T. J. Binyon: »Murder Most Fair«, in: *Sunday Times*, 12.3.1995.
13 Rose Wild: »Ms Nasty turns out nice«, in: *The Times*, 25.3.1995.
14 Michael Dobbs: »A dark and oppressive world«, in: *Sunday Telegraph*, 5.3.1995.
15 Brian Glanville: »Sad finale to a literary life's work«, in: *The European Magazine*, 10.–16.3.1995.
16 Joan Dupont: »The Poet of Apprehension«, in: *Village Voice*, 30.5.1995.
17 Ebd.
18 Ebd.
19 Vivien De Bernardi, Trauerrede, 11.3.1995.
20 Interview mit Tanja Howarth, 13.12.1999.
21 Joan Dupont: »The Poet of Apprehension«, a.a.O.
22 PH: »A Toast«, Notizbuch 34, 1979, SLA.
23 Interview mit Tanja Howarth, 13.12.1999.
24 PH: Notizbuch 32, 30.7.1973, SLA.
25 James Campbell: »Murder, She (Usually) Wrote«, in: *New York Times*, 27.10.2002.
26 Interview mit Tanja Howarth, 13.12.1999
27 Ed Siegel: »Killer Instinct«, in: *Boston Globe*, 27.1.2002.

Bildnachweis

1 Patricia Highsmith auf der Fähre nach Staten Island in der New York Bay in den frühen dreißiger Jahren. (© Schweizerisches Literaturarchiv Bern)
2 Patricia Highsmiths Urgroßvater mütterlicherseits, Gideon Coats. (© Schweizerisches Literaturarchiv Bern)
3 Minna Hartman, Patricia Highsmiths Großmutter väterlicherseits, Aufnahme aus dem Jahr 1885. (© Schweizerisches Literaturarchiv Bern)
4 Daniel und Willie Mae Coates, Patricia Highsmiths Großeltern mütterlicherseits. (© Schweizerisches Literaturarchiv Bern)
5 Mary Coates, Patricia Highsmiths Mutter. (© Schweizerisches Literaturarchiv Bern)
6 Jay Bernard Plangman, Patricia Highsmiths Vater. (© Schweizerisches Literaturarchiv Bern)
7 Mary mit »Patsy«. (© Schweizerisches Literaturarchiv Bern)
8 Mary mit Stanley Highsmith, den sie 1924 heiratete. (© Schweizerisches Literaturarchiv Bern)
9 »Patsy« auf der Veranda des Hauses ihrer Großmutter in Fort Worth. (© Schweizerisches Literaturarchiv Bern)
10 Patricia Highsmith als junges Mädchen, vermutlich in Texas aufgenommen. (© Schweizerisches Literaturarchiv Bern)
11 Pat am Barnard College, New York. (© Schweizerisches Literaturarchiv Bern)
12 Patricia Highsmith mit einundzwanzig Jahren, kurz nachdem sie vom Barnard College abgegangen war. Fotografiert von Rolf Tietgens. (© Schweizerisches Literaturarchiv Bern)

13 Kate Kingsley Skattebol. (Mit freundlicher Genehmigung von Kate Kingsley Skattebol)
14 Rolf Tietgens. (© Schweizerisches Literaturarchiv Bern)
15 Aktfoto von Pat aus dem Jahr 1942. Aufnahme von Rolf Tietgens. (© Rolf Tietgens/Schweizerisches Literaturarchiv Bern)
16 Die Künstlerin Allela Cornell. (© Schweizerisches Literaturarchiv Bern)
17 Virginia Kent heiratet Cummins Catherwood, 1935. (© Temple University, Urban Archives, Philadelphia)
18 Virginia Kent Catherwood. (© Temple University, Urban Archives, Philadelphia)
19 Die Schriftsteller- und Künstlerkolonie Yaddo in Saratoga Springs im Bundesstaat New York. (© Andrew Wilson)
20 Pats »Schreibstudio« in Yaddo, West House, heutige Aufnahme. (© Andrew Wilson)
21 Der Schriftsteller Marc Brandel, Patricia Highsmiths Verlobter. (Mit freundlicher Genehmigung von Naomi Brandel)
22 Farley Granger als Guy und Robert Walker als Bruno in Hitchcocks Verfilmung von *Zwei Fremde im Zug*. (© Warner Brothers, mit freundlicher Genehmigung von Kobal)
23/24 Patricia Highsmith fährt im Mai 1949 mit dem Schiff von New York nach Europa. (© Schweizerisches Literaturarchiv Bern)
25 Kathryn Cohen. (© Associated Newspapers)
26 Kathleen Senn, die »Carol aus dem wirklichen Leben«. (Mit freundlicher Genehmigung von Priscilla Kennedy)
27 Patricia Highsmith mit einer ihrer geliebten Katzen. (© Schweizerisches Literaturarchiv Bern)
28 Ellen Hill, mit der Patricia Highsmith vier Jahre lang ein quälendes Verhältnis hatte. (© Schweizerisches Literaturarchiv Bern)
29 Lynn Roth und Ann Clark. (Mit freundlicher Genehmigung von Ann Clark)
30 Der Umschlag der ersten Taschenbuchausgabe von *The Price of Salt*. (Mit freundlicher Genehmigung von Bantam Press/Random House Inc.)
31 Patricia Highsmiths Haus in Sneden's Landing, Palisades, New York. (© Schweizerisches Literaturarchiv Bern)
32 Mary Ronin. (© Schweizerisches Literaturarchiv Bern)
33 Patricia Highsmith vor Bridge Cottage, Earl Soham, Suffolk. (© Schweizerisches Literaturarchiv Bern)
34 Bridge Cottage heute. (© Andrew Wilson)
35 Das Dorf Montmachoux in Frankreich. (© Andrew Wilson)

36 Patricia Highsmiths Haus in Moncourt (Frankreich), wie es heute aussieht. (© Andrew Wilson)
37 Patricia Highsmith mit Arthur Koestler in seinem Chalet in Alpbach im Juli 1969. (© Schweizerisches Literaturarchiv Bern)
38 Marion Aboudaram. (© Schweizerisches Literaturarchiv Bern)
39 Alain Delon in René Cléments Film *Plein Soleil*, 1959. (© Canal + und Jacques-Eric Strauss/BFI Stills, Poster and Designs)
40 Highsmiths Widmung in einem Exemplar von *Ripley Under Ground* (© The Charles Latimer Collection, University of British Columbia)
41 Dennis Hopper in Wim Wenders' Film *Der amerikanische Freund*, 1977. (© Road Movies Filmproduktion GmbH, 1977/BFI Stills, Posters and Designs)
42 Matt Damon als Tom Ripley in Anthony Minghellas Film *The talented Mr Ripley* (Der talentierte Mr. Ripley), 1999. (© Miramax Films/BFI Stills, Posters and Designs)
43 Jonathan Kent und Patricia Highsmith, 1982, bei Drehaufnahmen für die *South Bank Show*. (© LWT/BFI Stills, Posters and Designs)
44 Die Schauspielerin Tabea Blumenschein, der Patricia Highsmith in Berlin begegnete. (© Schweizerisches Literaturarchiv Bern)
45 Die Schauspielerin Tabea Blumenschein. (© Schweizerisches Literaturarchiv Bern)
46 Patricia Highsmith mit Monique Buffet. (© Schweizerisches Literaturarchiv Bern)
47 Patricia Highsmith lebte dreizehn Jahre in Frankreich. (© Bassouls/Sygma)
48 Patricia Highsmiths Haus in Aurigeno in der Schweiz. (© Schweizerisches Literaturarchiv Bern)
49 Patricia Highsmiths letztes Haus in Tegna in der Schweiz. (© Alberto Flammer)
50 Patricia Highsmith in spaßiger Stimmung. (© Schweizerisches Literaturarchiv Bern)
51 Patricia Highsmith mit Jeanne Moreau und Bee Loggenberg im November 1994. (Mit freundlicher Genehmigung von Bee Loggenberg)
52 Die Kirche von Tegna, wo im März 1995 die Trauerfeier für Patricia Highsmith abgehalten wurde. (© Andrew Wilson)
53 Patricia Highsmiths Gedenktafel auf dem Friedhof von Tegna. (© Andrew Wilson)
54 Patricia Highsmith im Sommer 1994. (© Ingeborg Lüscher)

Personenregister

Dank

Dieses Buch hätte nicht geschrieben werden können ohne die Hilfe von Daniel Keel, Patricia Highsmiths Nachlassverwalter und Leiter des Diogenes Verlags in Zürich, sowie seiner bewährten Lektorin Anna von Planta. Sie ermöglichten mir den unbeschränkten Zugang zu Patricia Highsmiths privaten Aufzeichnungen – ihren Tagebüchern – und erlaubten mir, sowohl aus ihren unveröffentlichten Notizen als auch aus ihren veröffentlichten Werken zu zitieren. Dafür und für ihre kontinuierliche Unterstützung während meiner Recherchen und der Niederschrift dieses Buches kann ich ihnen nicht genug danken.

Der Großteil von Patricia Highsmiths Unterlagen – Tagebücher, Notizbücher, Briefe, Essays und Skizzen – befindet sich im Schweizerischen Literaturarchiv (SLA) in Bern, das mir die Erlaubnis gab, Material aus seiner riesigen Sammlung zu publizieren. Allen Mitarbeitern des SLA, insbesondere aber Dr. Thomas Feitknecht, Ulrich Weber, Stéphanie Cudré-Mauroux und Lucienne Schwery, bin ich zu tiefem Dank verpflichtet. Nicht nur für ihre hervorragenden kuratorischen Fähigkeiten und ihre erstaunliche Professionalität möchte ich ihnen danken, sondern auch für ihre Freundlichkeit und Offenheit. Durch sie wurden meine häufigen Reisen in die Schweizer Hauptstadt zu einem angenehmen Erlebnis.

Ich habe auch Archivmaterial in einer Reihe von privaten Sammlungen zu Rate gezogen. Dank an Ronald Blythe, Edith Brandel, Peggy Lewis, Christa Maerker, Janice Robertson und Francis Wyndham, die mir ihren Briefwechsel zugänglich machten.

Dank schulde ich außerdem den folgenden Verlagen, Universitäten und Institutionen für die Benutzung und Veröffentlichung weiteren archivierten Materials: Barnard College, New York; Bloomsbury, London; Verlag Calmann-Lévy, Paris; Rare Book and Manuscript Library an der Columbia

University, New York (Harper & Row Archives); Edinburgh University Library (Koestler-Archiv); Harry Ransom Humanities Research Center an der University of Texas at Austin (das die Sammlungen von Alfred A. Knopf, Harper und William A. Bradley Literary Agency enthält); Temple University, Paley Library, Urban Archives, Philadelphia; Wisconsin Center for Film and Theater Research, Madison, Wisconsin, wo sich die Gore-Vidal-Collection befindet (jetzt in der Houghton Library, Harvard University); und Yaddo in Saratoga Springs, Bundesstaat New York. Besonders möchte ich Donald Glassman, Archivar am Barnard College, danken; ebenso Elisabeth Laye bei Calmann-Lévy; Jean Ashton an der Rare Book and Manuscript Library, Columbia University, New York; Tara Wenger am Harry Ransom Humanities Research Center an der University of Texas in Austin; Wayne Furman, Office of Special Collections der New York Public Library; Brenda Wright und Sarah Sherman, Temple University, Urban Archives; Benjamin Brewster am Wisconsin Center for Film and Theater Research, Madison, Wisconsin; und Lesley Leduc bei der Künstlerstiftung Yaddo.

Weitere Kuratoren, Bibliotheken und Institutionen, die wertvolle Hilfe leisteten, waren: Douglas Anderson und Tammy Hiltz an der Ashtabula Reference Library, Ohio; Blaine County Court Records Library, Idaho; National Library, British Film Institute, London; Dr. Christopher Fletcher an der British Library, London; British Library Newspaper Library; Fort Worth Public Library, Texas; Fort Worth Independent School District, Texas; Walt Reed bei Illustration House, New York; Julia Richman High School, New York; New Hope Public Library, Pennsylvania; New York Historical Society; Birgitta H. Bond am James Michener Arts Museum, Doylestown, Pennsylvania; PS 122 Queens, Astoria, New York; the Queens Borough Public Library, New York; Ridgewood Public Library, New Jersey; Tarrant County Records Library, Fort Worth, Texas.

Für die Erlaubnis, durch Copyright geschütztes Material zu zitieren, danke ich auch: Jean-Etienne Cohen-Séat, Verlagsleiter von Calmann-Lévy; Richard Ovenden, Edinburgh University, für die unveröffentlichten Briefe und Tagebücher von Arthur und Cynthia Koestler; und Olivia Kahn, Schwester der verstorbenen Joan Kahn.

Für die Übersetzung von Teilen der Tagebücher Patricia Highsmiths, die in einer Mischung aus Französisch, Deutsch, Spanisch und Italienisch verfasst wurden, in klares, verständliches Englisch danke ich Anna von Planta, Ulrich Weber und Lucienne Schwery.

Sehr viele Menschen haben sich erfreulicherweise bereit erklärt, mit mir über ihre Erinnerungen an Patricia Highsmith zu sprechen; jedem von ihnen möchte ich für die mir zur Verfügung gestellte Zeit, für ihre Aufrichtigkeit und ihre Erkenntnisse danken. Jeder von ihnen hat zum Zustandekommen dieses Buches beigetragen. Mit folgenden Personen habe ich Interviews geführt: Marion Aboudaram, Tobias Ammann, Irma Andina, Larry Ashmead, Bettina Berch, Vivien De Bernardi, Ruth Bernhard, Ronald Blythe, Tabea Blumenschein, Jack Bond, Edith Brandel, Craig Brown, Susan Brynteson, Monique Buffet, Peter Burton, Mary Cable, Frederique Chambrelent, Heather Chasen, Ann Clark, Roger Clarke, Dan Coates, Don Coates, Betty Curry, David Diamond, Burt Diethelm, Julia Diethelm, Sarah Dunant, Joan Dupont, Maggie Eversol, Gary Fisketjon, Brian Glanville, Hester Green, Barbara Grier, Madeleine Harmsworth, Tanja Howarth, Anita Huber, Peter Huber, Richard Ingham, Buffie Johnson, Deborah Karp, H. R. F. Keating, Daniel Keel, Priscilla Kennedy, Jonathan Kent, Michael Kerr, Linda Ladurner, Carl Laszlo, Charles Latimer, Peggy Lewis, Bee Loggenberg, Patricia Losey, Ingeborg Lüscher, Christa Maerker, Muriel Mandelbaum, Anne Morneweg, Gudrun Mueller, Phyllis Nagy, Ulrike Ottinger, Otto Penzler, Phillip Powell, Tristram Powell, Donald S. Rice, Janice Robertson, Barbara Roett, Bruno Sager, Marylin Scowden, Rita Semel, Kate Kingsley Skattebol, Roger Smith, Anne Elisabeth Suter, Alex Szogyi, Peter Thomson, William Trevor, David Williams und Francis Wyndham.

Für die Briefe, die sie mir schickten, danke ich: Pamela Anderson, Larry Ashmead, Thomas Beckman, Vivien De Bernardi, Michel Block, Ann Clark, Philip Davis, Jennifer Dewey, Joan Dupont, Dorothy Edson, Maggie Eversol, Donald Glassman, Neil Gordon, Charles Latimer, Henry Lea, Sir Michael Levey, Marijane Meaker, Patricia Schartle Myrer, Janice Robertson, Kate Kingsley Skattebol, Winifer Skattebol, David Streiff, Gore Vidal und Wim Wenders.

Die Zitate aus Zeitungen und Zeitschriften stammen von folgenden Autoren, denen ich ebenfalls zu Dank verpflichtet bin: Naim Attallah, Hugo Barnacle, Helen Birch, Brigid Brophy (†), Craig Brown, Joan Juliet Buck, James Campbell, Susannah Clapp, Diana Cooper-Clark, Michael Dobbs, Joan Dupont, Geoffrey Elborn, Duncan Fallowell, Victoria Glendinning, Grey Gowrie, Ian Hamilton (†), Ena Kendall, William Leith, Craig Little, Blake Morrison, Gerald Peary, Margaret Pringle, Terrence Rafferty, Frank Rich, Lorna Sage (†), David Sexton, Barbara Skelton (†), Lucretia Stewart, Julian Symons (†), William Trevor, Sally Vincent, Janet Watts, Francis Wyndham. Ich möchte besonders Bettina Berch für die Erlaubnis danken, ausführlich aus der Abschrift des unveröffentlichten Interviews »A Talk With Patricia Highsmith« zu zitieren, das sie am 15. Juni 1984 führte, sowie Natasha De Bernardi, die mir ihre Doktorarbeit über Patricia Highsmith mit dem Titel »The Eye Reflecting the Whole« schickte; und

Lucienne Schwery für ihre Untersuchung »Der Nachlass von Patricia Highsmith«.

Dank schulde ich auch einer Reihe von Rundfunkarchiven: den BBC Information and Archives; dem Sender LWT; Sebastian Cody bei Open Media, London; Donald L. Swaims Interview für Book Best (CBS Radio) in der Sammlung Archives & Special Collections der Ohio University Libraries; und dem National Sound Archive in London.

Für die Nutzung der Fotos in diesem Buch danke ich folgenden Firmen, Institutionen und Personen: Associated Newspapers; Bantam Press; Naomi Brandel; British Film Institute; Canal +; Ann Clark; Alberto Flammer; Priscilla Kennedy und ihrer Familie; Kobal collection; Bee Loggenberg; London Weekend Television; Ingeborg Lüscher; Miramax Films; Road Movies Filmproduktion GmbH; Kate Kingsley Skattebol; Jacques-Eric Strauss; Temple University, Urban Archives, Philadelphia – und selbstverständlich dem Schweizerischen Literaturarchiv Bern.

Weiterhin möchte ich Liz Calder vom Bloomsbury-Verlag danken, die mir den Auftrag erteilte, dieses Buch zu schreiben, und deren Begeisterung nie nachließ, ebenso wie meiner englischen Lektorin Victoria Millar, der Lektoratsassistentin Katherine Greenwood und der Leiterin der Lizenzabteilung Ruth Logan. Meine Agentin Clare Alexander von der Agentur Gillon Aitken trug nicht nur zur Realisierung des Projekts bei, sondern stand mir unablässig mit Rat und Tat zur Seite. Auch Fanny Blake und Deborah Singmaster schulde ich Dank, die beide bei der Entstehung des Buches eine wichtige Rolle spielten.

Dankbarkeit und Sympathie verbindet mich mit all jenen, die zusammen mit mir in den letzten Jahren im Schatten von Patricia Highsmith standen. Dank an meine Familie, meine Freunde, alle Bewohner der Alpeneggstraße 10 in Bern und an Marcus Field.

Dieses Buch ist Kate Kingsley Skattebol und dem verstorbenen Charles Latimer gewidmet. Sie wurden von Patricia Highsmith mit der Aufgabe betraut, nach ihrem Tod »die falschen Biografen abzuweisen«. Ich hoffe, ich habe sie nicht enttäuscht.

Die Originalausgabe erscheint im September 2003 unter dem Titel
Beautiful Shadow. A Life of Patricia Highsmith
bei Bloomsbury Publishing Plc, London

Umschlaggestaltung:
Nina Rothfos und Patrick Gabler, Hamburg
Typografie: Renate Stefan, Berlin
Gesetzt aus der Galliard
durch Offizin Götz Gorissen, Berlin
Druck & Bindung: Clausen & Bosse, Leck
Printed in Germany 2003
ISBN 3-8270-0517-5